[맥체인 성경 읽기표]

맥체인 성경 읽기표는 1842년 맥체인이 자신이 목양하던 성베드로교회 성도들의 영적 성장을 위해 개발한 것으로, 매일 구약과 신약을 각각 2장씩 읽음으로써 1년에 구약 1회, 신약과 시편을 각 2회 정독할 수 있도록 만든 표입니다. 이와 같은 맥체인의 방법에 따라 신구약 성경 전체를 골고루 4등분해서 동시에 읽으면, 성경에 기록된 장구한 구속사를 크게 네 시대로 나누어 동시에 묵상할 수 있습니다.

(1) 창세기 ~ 역대하 : 만물의 시작과 이스라엘의 시작
(2) 에스라 ~ 말라기 : 이스라엘의 멸망과 새 시대의 시작
(3) 마태복음 ~ 요한복음 : 예수의 복음사역과 십자가 구속
(4) 사도행전 ~ 요한계시록 : 교회의 시작과 선교

▶ 《맥체인 성경 365》 말씀연결 사용하는 법

① 네 성경 본문의 소주제를 통해 중심 단어나 문장을 말씀으로 묵상한다.
② 네 본문의 말씀을 순서대로, 천천히 읽는다.
③ 두 본문에서 반복되는 단어나 유사한 문맥을 찾아 서로 연결한다.
④ 본문에서 반대의 뜻을 가진 단어나 문장을 찾는다.
⑤ 두 권의 책에서 공통되는 하나님의 말씀을 연결하여 기록한다.
⑥ 연결되는 말씀을 다른 두 권으로 확대하여 네 권 전체에 흐르는 하나님의 생각과 베푸신 은혜를 누리고, 그 내용을 적어본다.
⑦ 본문에서 지도자나 인도자로부터 배운 신학 주제나 교리들이 함축하고 있는 문맥의 짝을 찾아본다.
⑧ 중심 주제를 필두로, 삶에 적용할 일들을 적어보고 생활 중에 실천함으로써 변화를 경험해 본다.
⑨ 하나님이 오늘 나에게 주신 말씀들을 통하여 가르침, 명령과 약속 권면, 경고 및 행해야 할 일들을 하나님과 대화하는 마음으로(기도) 성경읽기를 마무리한다.

July 07

날짜	page	가정		개인	
1	991	수 3	시126~128	사63	마11
2	995	수 4	시129~131	사64	마12
3	1000	수5·6:1~5	시132~134	사65	마13
4	1006	수6:6~27	시135·136	사66	마14
5	1013	수 7	시137·138	렘 1	마15
6	1018	수 8	시139	렘 2	마16
7	1025	수 9	시140·141	렘 3	마17
8	1031	수10	시142·143	렘 4	마18
9	1038	수11	시144	렘 5	마19
10	1043	수12·13	시145	렘 6	마20
11	1050	수14·15	시146·147	렘 7	마21
12	1058	수16·17	시148	렘 8	마22
13	1064	수18·19	시149·150	렘 9	마23
14	1071	수20·21	행 1	렘10	마24
15	1078	수22	행 2	렘11	마25
16	1087	수23	행 3	렘12	마26
17	1094	수24	행 4	렘13	마27
18	1102	삿 1	행 5	렘14	마28
19	1108	삿 2	행 6	렘15	막 1
20	1114	삿 3	행 7	렘16	막 2
21	1121	삿 4	행 8	렘17	막 3
22	1127	삿 5	행 9	렘18	막 4
23	1134	삿 6	행10	렘19	막 5
24	1142	삿 7	행11	렘20	막 6
25	1149	삿 8	행12	렘21	막 7
26	1154	삿 9	행13	렘22	막 8
27	1164	삿10·11:1~11	행14	렘23	막 9
28	1171	삿11:12~40	행15	렘24	막10
29	1178	삿12	행16	렘25	막11
30	1185	삿13	행17	렘26	막12
31	1192	삿14	행18	렘27	막13

August 08

날짜	page	가정		개인	
1	1199	삿15	행19	렘28	막14
2	1206	삿16	행20	렘29	막15
3	1214	삿17	행21	렘30·31	막16
4	1222	삿18	행22	렘32	시1·2
5	1228	삿19	행23	렘33	시3·4
6	1234	삿20	행24	렘34	시5·6
7	1241	삿21	행25	렘35	시7·8
8	1246	룻 1	행26	렘36·37	시 9
9	1253	룻 2	행27	렘38	시10
10	1259	룻3·4	행28	렘39	시11·12
11	1264	삼상1	롬 1	렘40	시13·14
12	1270	삼상2	롬 2	렘41	시15·16
13	1275	삼상3	롬 3	렘42	시17
14	1280	삼상4	롬 4	렘43	시18
15	1285	삼상5·6	롬 5	렘44	시19
16	1292	삼상7·8	롬 6	렘45	시20·21
17	1296	삼상9	롬 7	렘46	시22
18	1302	삼상10	롬 8	렘47	시23·24
19	1307	삼상11	롬 9	렘48	시25
20	1313	삼상12	롬10	렘49	시26·27
21	1319	삼상13	롬11	렘50	시28·29
22	1326	삼상14	롬12	렘51	시30
23	1334	삼상15	롬13	렘52	시31
24	1340	삼상16	롬14	애 1	시32
25	1345	삼상17	롬15	애 2	시33
26	1352	삼상18	롬16	애 3	시34
27	1358	삼상19	고전1	애 4	시35
28	1363	삼상20	고전2	애 5	시36
29	1368	삼상21·22	고전3	겔 1	시37
30	1374	삼상23	고전4	겔 2	시38
31	1379	삼상24	고전5	겔 3	시39

September 09

날짜	page	가정		개인	
1	1385	삼상25	고전 6	겔 4	시40·41
2	1391	삼상26	고전 7	겔 5	시42·43
3	1396	삼상27	고전 8	겔 6	시44
4	1400	삼상28	고전 9	겔 7	시45·46
5	1405	삼상29·30	고전10	겔 8	시47
6	1411	삼상31	고전11	겔 9	시48
7	1414	삼하 1	고전12	겔10	시49
8	1419	삼하 2	고전13	겔11	시50
9	1424	삼하 3	고전14	겔12	시51
10	1430	삼하4·5	고전15	겔13	시52~54
11	1438	삼하 6	고전16	겔14	시55
12	1442	삼하 7	고후 1	겔15	시56·57
13	1447	삼하8·9	고후 2	겔16	시58·59
14	1454	삼하10	고후 3	겔17	시60·61
15	1459	삼하11	고후 4	겔18	시62·63
16	1464	삼하12	고후 5	겔19	시64·65
17	1469	삼하13	고후 6	겔20	시66·67
18	1476	삼하14	고후 7	겔21	시68
19	1483	삼하15	고후 8	겔22	시69
20	1489	삼하16	고후 9	겔23	시70·71
21	1495	삼하17	고후10	겔24	시72
22	1500	삼하18	고후11	겔25	시73
23	1506	삼하19	고후12	겔26	시74
24	1513	삼하20	고후13	겔27	시75·76
25	1518	삼하21	갈 1	겔28	시77
26	1523	삼하22	갈 2	겔29	시78:1~37
27	1529	삼하23	갈 3	겔30	시78:38~72
28	1535	삼하24	갈 4	겔31	시79
29	1540	왕상 1	갈 5	겔32	시80
30	1547	왕상 2	갈 6	겔33	시81·82

October 10

날짜	page	가정		개인	
1	1555	왕상 3	엡 1	겔34	시83·84
2	1560	왕상4·5	엡 2	겔35	시85
3	1565	왕상 6	엡 3	겔36	시86
4	1571	왕상 7	엡 4	겔37	시87·88
5	1578	왕상 8	엡 5	겔38	시89
6	1586	왕상 9	엡 6	겔39	시90
7	1591	왕상10	빌 1	겔40	시91
8	1598	왕상11	빌 2	겔41	시92·93
9	1603	왕상12	빌 3	겔42	시94
10	1608	왕상13	빌 4	겔43	시95·96
11	1614	왕상14	골 1	겔44	시97·98
12	1620	왕상15	골 2	겔45	시99~101
13	1625	왕상16	골 3	겔46	시102
14	1631	왕상17	골 4	겔47	시103
15	1635	왕상18	살전 1	겔48	시104
16	1642	왕상19	살전 2	단 1	시105
17	1647	왕상20	살전 3	단 2	시106
18	1655	왕상21	살전 4	단 3	시107
19	1661	왕상22	살전 5	단 4	시108·109
20	1669	왕하 1	살후 1	단 5	시110·111
21	1674	왕하 2	살후 2	단 6	시112·113
22	1679	왕하 3	살후 3	단 7	시114·115
23	1684	왕하 4	딤전 1	단 8	시116
24	1690	왕하 5	딤전 2	단 9	시117·118
25	1695	왕하 6	딤전 3	단10	시119:1~24
26	1700	왕하 7	딤전 4	단11	시119:25~48
27	1706	왕하 8	딤전 5	단12	시119:49~72
28	1710	왕하 9	딤전 6	호 1	시119:73~96
29	1715	왕하10	딤후 1	호 2	시119:97~120
30	1721	왕하11·12	딤후 2	호3·4	시119:121~144
31	1726	왕하13	딤후 3	호5·6	시119:145~176

November 11

날짜	page	가정		개인	
1	**1733**	왕하14	딤후4	호 7	시120~122
2	**1737**	왕하15	딛 1	호 8	시123~125
3	**1741**	왕하16	딛 2	호 9	시126~128
4	**1745**	왕하17	딛 3	호10	시129~131
5	**1750**	왕하18	몬 1	호11	시132~134
6	**1755**	왕하19	히 1	호12	시135·136
7	**1760**	왕하20	히 2	호13	시137·138
8	**1765**	왕하21	히 3	호14	시139
9	**1768**	왕하22	히 4	욜 1	시140·141
10	**1773**	왕하23	히 5	욜 2	시142
11	**1778**	왕하24	히 6	욜 3	시143
12	**1782**	왕하25	히 7	암 1	시144
13	**1787**	대상1·2	히 8	암 2	시145
14	**1793**	대상3·4	히 9	암 3	시146·147
15	**1799**	대상5·6	히10	암 4	시148·150
16	**1807**	대상7·8	히11	암 5	눅1:1~38
17	**1815**	대상9·10	히12	암 6	눅1:39~80
18	**1822**	대상11·12	히13	암 7	눅 2
19	**1830**	대상13·14	약 1	암 8	눅 3
20	**1836**	대상15	약 2	암 9	눅 4
21	**1841**	대상16	약 3	옵 1	눅 5
22	**1847**	대상17	약 4	욘 1	눅 6
23	**1853**	대상18	약 5	욘 2	눅 7
24	**1858**	대상19·20	벧전1	욘 3	눅 8
25	**1864**	대상21	벧전2	욘 4	눅 9
26	**1871**	대상22	벧전3	미 1	눅10
27	**1877**	대상23	벧전4	미 2	눅11
28	**1882**	대상24·25	벧전5	미 3	눅12
29	**1889**	대상26·27	벧후1	미 4	눅13
30	**1896**	대상28	벧후2	미 5	눅14

December 12

날짜	page	가정		개인	
1	**1903**	대상29	벧후3	미 6	눅15
2	**1908**	대하 1	요일 1	미 7	눅16
3	**1912**	대하 2	요일 2	나 1	눅17
4	**1917**	대하3·4	요일 3	나 2	눅18
5	**1923**	대하5·6:1~11	요일 4	나 3	눅19
6	**1929**	대하6:12~42	요일 5	합 1	눅20
7	**1935**	대하 7	요이 1	합 2	눅21
8	**1940**	대하 8	요삼 1	합 3	눅22
9	**1946**	대하 9	유 1	습 1	눅23
10	**1952**	대하10	계 1	습 2	눅24
11	**1958**	대하11·12	계 2	습 3	요 1
12	**1965**	대하13	계 3	학 1	요 2
13	**1969**	대하14·15	계 4	학 2	요 3
14	**1975**	대하16	계 5	슥 1	요 4
15	**1980**	대하17	계 6	슥 2	요 5
16	**1985**	대하18	계 7	슥 3	요 6
17	**1992**	대하19·20	계 8	슥 4	요 7
18	**1998**	대하21	계 9	슥 5	요 8
19	**2004**	대하22·23	계10	슥 6	요 9
20	**2009**	대하24	계11	슥 7	요10
21	**2015**	대하25	계12	슥 8	요11
22	**2021**	대하26	계13	슥 9	요12
23	**2027**	대하27·28	계14	슥10	요13
24	**2033**	대하29	계15	슥11	요14
25	**2038**	대하30	계16	슥12·13:1	요15
26	**2043**	대하31	계17	슥13:2~9	요16
27	**2048**	대하32	계18	슥14	요17
28	**2054**	대하33	계19	말 1	요18
29	**2060**	대하34	계20	말 2	요19
30	**2066**	대하35	계21	말 3	요20
31	**2072**	대하36	계22	말 4	요21

⊕ 맥체인 성경 읽기표 ⊕

January 01

날짜	page	가정		개인	
1	**1**	창 1	마 1	스 1	행 1
2	**5**	창 2	마 2	스 2	행 2
3	**12**	창 3	마 3	스 3	행 3
4	**16**	창 4	마 4	스 4	행 4
5	**22**	창 5	마 5	스 5	행 5
6	**28**	창 6	마 6	스 6	행 6
7	**33**	창 7	마 7	스 7	행 7
8	**39**	창 8	마 8	스 8	행 8
9	**46**	창9·10	마 9	스 9	행 9
10	**53**	창11	마10	스10	행10
11	**60**	창12	마11	느 1	행11
12	**65**	창13	마12	느 2	행12
13	**70**	창14	마13	느 3	행13
14	**78**	창15	마14	느 4	행14
15	**83**	창16	마15	느 5	행15
16	**89**	창17	마16	느 6	행16
17	**95**	창18	마17	느 7	행17
18	**102**	창19	마18	느 8	행18
19	**108**	창20	마19	느 9	행19
20	**115**	창21	마20	느10	행20
21	**121**	창22	마21	느11	행21
22	**128**	창23	마22	느12	행22
23	**135**	창24	마23	느13	행23
24	**144**	창25	마24	에 1	행24
25	**150**	창26	마25	에 2	행25
26	**157**	창27	마26	에 3	행26
27	**165**	창28	마27	에 4	행27
28	**172**	창29	마28	에 5	행28
29	**177**	창30	막 1	에 6	롬 1
30	**184**	창31	막 2	에 7	롬 2
31	**190**	창32	막 3	에 8	롬 3

February 02

날짜	page	가정		개인	
1	**197**	창33	막 4	에9·10	롬 4
2	**202**	창34	막 5	욥 1	롬 5
3	**208**	창35·36	막 6	욥 2	롬 6
4	**216**	창37	막 7	욥 3	롬 7
5	**222**	창38	막 8	욥 4	롬 8
6	**228**	창39	막 9	욥 5	롬 9
7	**234**	창40	막10	욥 6	롬10
8	**239**	창41	막11	욥 7	롬11
9	**246**	창42	막12	욥 8	롬12
10	**252**	창43	막13	욥 9	롬13
11	**258**	창44	막14	욥10	롬14
12	**265**	창45	막15	욥11	롬15
13	**271**	창46	막16	욥12	롬16
14	**276**	창47	눅1:1~38	욥13	고전1
15	**282**	창48	눅1:39~80	욥14	고전2
16	**286**	창49	눅 2	욥15	고전3
17	**292**	창50	눅 3	욥16·17	고전4
18	**298**	출 1	눅 4	욥18	고전5
19	**303**	출 2	눅 5	욥19	고전6
20	**308**	출 3	눅 6	욥20	고전7
21	**315**	출 4	눅 7	욥21	고전8
22	**321**	출 5	눅 8	욥22	고전9
23	**327**	출 6	눅 9	욥23	고전10
24	**334**	출 7	눅10	욥24	고전11
25	**340**	출 8	눅11	욥25·26	고전12
26	**346**	출 9	눅12	욥27	고전13
27	**352**	출10	눅13	욥28	고전14
28	**359**	출11·12:1~21	눅14	욥29	고전15

March 03

날짜	page	가정		개인	
1	367	출12:22~51	눅15	욥30	고전16
2	372	출13	눅16	욥31	고후 1
3	377	출14	눅17	욥32	고후 2
4	382	출15	눅18	욥33	고후 3
5	388	출16	눅19	욥34	고후 4
6	394	출17	눅20	욥35	고후 5
7	399	출18	눅21	욥36	고후 6
8	404	출19	눅22	욥37	고후 7
9	411	출20	눅23	욥38	고후 8
10	417	출21	눅24	욥39	고후 9
11	422	출22	요 1	욥40	고후10
12	428	출23	요 2	욥41	고후11
13	433	출24	요 3	욥42	고후12
14	438	출25	요 4	잠 1	고후13
15	444	출26	요 5	잠 2	갈 1
16	449	출27	요 6	잠 3	갈 2
17	456	출28	요 7	잠 4	갈 3
18	463	출29	요 8	잠 5	갈 4
19	470	출30	요 9	잠 6	갈 5
20	476	출31	요10	잠 7	갈 6
21	480	출32	요11	잠 8	엡 1
22	487	출33	요12	잠 9	엡 2
23	492	출34	요13	잠10	엡 3
24	498	출35	요14	잠11	엡 4
25	504	출36	요15	잠12	엡 5
26	509	출37	요16	잠13	엡 6
27	514	출38	요17	잠14	빌 1
28	520	출39	요18	잠15	빌 2
29	526	출40	요19	잠16	빌 3
30	532	레 1	요20	잠17	빌 4
31	537	레2·3	요21	잠18	골 1

April 04

날짜	page	가정		개인	
1	543	레 4	시1·2	잠19	골 2
2	547	레 5	시3·4	잠20	골 3
3	551	레 6	시5·6	잠21	골 4
4	556	레 7	시7·8	잠22	살전1
5	560	레 8	시 9	잠23	살전2
6	565	레 9	시10	잠24	살전3
7	569	레10	시11·12	잠25	살전4
8	573	레11·12	시13·14	잠26	살전5
9	578	레13	시15·16	잠27	살후1
10	583	레14	시17	잠28	살후2
11	589	레15	시18	잠29	살후3
12	594	레16	시19	잠30	딤전1
13	599	레17	시20·21	잠31	딤전2
14	603	레18	시22	전 1	딤전3
15	607	레19	시23·24	전 2	딤전4
16	611	레20	시25	전 3	딤전5
17	616	레21	시26·27	전 4	딤전6
18	620	레22	시28·29	전 5	딤후1
19	625	레23	시30	전 6	딤후2
20	629	레24	시31	전 7	딤후3
21	634	레25	시32	전 8	딤후4
22	639	레26	시33	전 9	딛 1
23	644	레27	시34	전10	딛 2
24	648	민 1	시35	전11	딛 3
25	653	민 2	시36	전12	몬 1
26	656	민 3	시37	아 1	히 1
27	662	민 4	시38	아 2	히 2
28	666	민 5	시39	아 3	히 3
29	670	민 6	시40·41	아 4	히 4
30	675	민 7	시42·43	아 5	히 5

May 05

날짜	page	가정		개인	
1	**683**	민 8	시44	아 6	히 6
2	**687**	민 9	시45	아 7	히 7
3	**691**	민10	시46·47	아 8	히 8
4	**695**	민11	시48	사 1	히 9
5	**700**	민12·13	시49	사 2	히10
6	**706**	민14	시50	사3·4	히11
7	**712**	민15	시51	사 5	히12
8	**718**	민16	시52~54	사 6	히13
9	**724**	민17·18	시55	사 7	약 1
10	**730**	민19	시56·57	사8·9:1~7	약 2
11	**735**	민20	시58·59	사9:8~10:4	약 3
12	**740**	민21	시60·61	사10:5~34	약 4
13	**745**	민22	시62·63	사11·12	약 5
14	**751**	민23	시64·65	사13	벧전1
15	**756**	민24	시66·67	사14	벧전2
16	**761**	민25	시68	사15	벧전3
17	**766**	민26	시69	사16	벧전4
18	**772**	민27	시70·71	사17·18	벧전5
19	**776**	민28	시72	사19·20	벧후1
20	**781**	민29	시73	사21	벧후2
21	**786**	민30	시74	사22	벧후3
22	**790**	민31	시75·76	사23	요일1
23	**795**	민32	시77	사24	요일2
24	**800**	민33	시78:1~37	사25	요일3
25	**806**	민34	시78:38~72	사26	요일4
26	**810**	민35	시79	사27	요일5
27	**815**	민36	시80	사28	요이1
28	**819**	신 1	시81·82	사29	요삼1
29	**824**	신 2	시83·84	사30	유 1
30	**831**	신 3	시85	사31	계 1
31	**835**	신 4	시86·87	사32	계 2

June 06

날짜	page	가정		개인	
1	**843**	신 5	시88	사33	계 3
2	**848**	신 6	시89	사34	계 4
3	**853**	신 7	시90	사35	계 5
4	**856**	신 8	시91	사36	계 6
5	**860**	신 9	시92·93	사37	계 7
6	**866**	신10	시94	사38	계 8
7	**870**	신11	시95·96	사39	계 9
8	**874**	신12	시97·98	사40	계10
9	**879**	신13·14	시99~101	사41	계11
10	**885**	신15	시102	사42	계12
11	**890**	신16	시103	사43	계13
12	**894**	신17	시104	사44	계14
13	**900**	신18	시105	사45	계15
14	**905**	신19	시106	사46	계16
15	**910**	신20	시107	사47	계17
16	**914**	신21	시108·109	사48	계18
17	**920**	신22	시110·111	사49	계19
18	**925**	신23	시112·113	사50	계20
19	**929**	신24	시114·115	사51	계21
20	**934**	신25	시116	사52	계22
21	**938**	신26	시117·118	사53	마 1
22	**942**	신27·28:1~19	시119:1~24	사54	마 2
23	**947**	신28:20~68	시119:25~48	사55	마 3
24	**953**	신29	시119:49~72	사56	마 4
25	**957**	신30	시119:73~96	사57	마 5
26	**963**	신31	시119:97~120	사58	마 6
27	**968**	신32	시119:121~144	사59	마 7
28	**974**	신33·34	시119:145~176	사60	마 8
29	**981**	수 1	시120~122	사61	마 9
30	**985**	수 2	시123~125	사62	마10

맥체인 성경 읽기표

QT와 성경통독을 하나로

[맥체인성경365_목차]

구약 page

창세기(창)	1	역대하(대하)	1908	다니엘(단)	1644
출애굽기(출)	298	에스라(스)	3	호세아(호)	1713
레위기(레)	532	느헤미야(느)	62	요엘(욜)	1770
민수기(민)	648	에스더(에)	147	아모스(암)	1785
신명기(신)	819	욥기(욥)	206	오바댜(옵)	1844
여호수아(수)	981	시편(시)	544/1228	요나(욘)	1850
사사기(삿)	1102	잠언(잠)	442	미가(미)	1874
룻기(룻)	1246	전도서(전)	605	나훔(나)	1915
사무엘상(삼상)	1264	아가(아)	660	하박국(합)	1932
사무엘하(삼하)	1414	이사야(사)	697	스바냐(습)	1949
열왕기상(왕상)	1540	예레미야(렘)	1015	학개(학)	1967
열왕기하(왕하)	1669	예레미야애가(애)	1342	스가랴(슥)	1977
역대상(대상)	1787	에스겔(겔)	1371	말라기(말)	2057

신약 page

마태복음(마)	2/941	에베소서(엡)	485/1556	히브리서(히)	661/1757
마가복음(막)	179/1112	빌립보서(빌)	518/1593	야고보서(약)	729/1832
누가복음(눅)	277/1813	골로새서(골)	540/1616	베드로전서(벧전)	754/1860
요한복음(요)	424/1962	데살로니가전서(살전)	560/1638	베드로후서(벧후)	780/1892
사도행전(행)	4/1073	데살로니가후서(살후)	582/1670	요한일서(요일)	794/1909
로마서(롬)	182/1266	디모데전서(딤전)	598/1686	요한이서(요이)	818/1937
고린도전서(고전)	280/1359	디모데후서(딤후)	624/1718	요한삼서(요삼)	823/1941
고린도후서(고후)	376/1444	디도서(딛)	643/1739	유다서(유)	829/1947
갈라디아서(갈)	448/1519	빌레몬서(몬)	655/1752	요한계시록(계)	834/1952

새벽기도회 살리기 · 구역모임(소그룹) 살리기

마틴로이드존스, 존스토트 목사가 수십년간 사용했던 검증된 방식

신교횃불 www.ccm2u.com

[맥체인 성경 읽기표]

맥체인 성경 읽기표는 1842년 맥체인이 자신이 목양하던 성베드로교회 성도들의 영적 성장을 위해 개발한 것으로, 매일 구약과 신약을 각각 2장씩 읽음으로써 1년에 구약 1회, 신약과 시편을 각 2회 정독할 수 있도록 만든 표입니다. 이와 같은 맥체인의 방법에 따라 신구약 성경 전체를 골고루 4등분해서 동시에 읽으면, 성경에 기록된 장구한 구속사를 크게 네 시대로 나누어 동시에 묵상할 수 있습니다.

(1) 창세기 ~ 역대하 : 만물의 시작과 이스라엘의 시작
(2) 에스라 ~ 말라기 : 이스라엘의 멸망과 새 시대의 시작
(3) 마태복음 ~ 요한복음 : 예수의 복음사역과 십자가 구속
(4) 사도행전 ~ 요한계시록 : 교회의 시작과 선교

▶《맥체인 성경 365》 말씀연결 사용하는 법

① 네 성경 본문의 소주제를 통해 중심 단어나 문장을 말씀으로 묵상한다.
② 네 본문의 말씀을 순서대로, 천천히 읽는다.
③ 두 본문에서 반복되는 단어나 유사한 문맥을 찾아 서로 연결한다.
④ 본문에서 반대의 뜻을 가진 단어나 문장을 찾는다.
⑤ 두 권의 책에서 공통되는 하나님의 말씀을 연결하여 기록한다.
⑥ 연결되는 말씀을 다른 두 권으로 확대하여 네 권 전체에 흐르는 하나님의 생각과 베푸신 은혜를 누리고, 그 내용을 적어본다.
⑦ 본문에서 지도자나 인도자로부터 배운 신학 주제나 교리들이 함축하고 있는 문맥의 짝을 찾아본다.
⑧ 중심 주제를 필두로, 삶에 적용할 일들을 적어보고 생활 중에 실천함으로써 변화를 경험해 본다.
⑨ 하나님이 오늘 나에게 주신 말씀들을 통하여 가르침, 명령과 약속 권면, 경고 및 행해야 할 일들을 하나님과 대화하는 마음으로(기도) 성경읽기를 마무리한다.

July 07

날짜	page	가정		개인	
1	991	수 3	시126~128	사63	마11
2	995	수 4	시129~131	사64	마12
3	1000	수5·6:1~5	시132~134	사65	마13
4	1006	수6:6~27	시135·136	사66	마14
5	1013	수 7	시137·138	렘 1	마15
6	1018	수 8	시139	렘 2	마16
7	1025	수 9	시140·141	렘 3	마17
8	1031	수10	시142·143	렘 4	마18
9	1038	수11	시144	렘 5	마19
10	1043	수12·13	시145	렘 6	마20
11	1050	수14·15	시146·147	렘 7	마21
12	1058	수16·17	시148	렘 8	마22
13	1064	수18·19	시149·150	렘 9	마23
14	1071	수20·21	행 1	렘10	마24
15	1078	수22	행 2	렘11	마25
16	1087	수23	행 3	렘12	마26
17	1094	수24	행 4	렘13	마27
18	1102	삿 1	행 5	렘14	마28
19	1108	삿 2	행 6	렘15	막 1
20	1114	삿 3	행 7	렘16	막 2
21	1121	삿 4	행 8	렘17	막 3
22	1127	삿 5	행 9	렘18	막 4
23	1134	삿 6	행10	렘19	막 5
24	1142	삿 7	행11	렘20	막 6
25	1149	삿 8	행12	렘21	막 7
26	1154	삿 9	행13	렘22	막 8
27	1164	삿10·11:1~11	행14	렘23	막 9
28	1171	삿11:12~40	행15	렘24	막10
29	1178	삿12	행16	렘25	막11
30	1185	삿13	행17	렘26	막12
31	1192	삿14	행18	렘27	막13

August 08

날짜	page	가정		개인	
1	1199	삿15	행19	렘28	막14
2	1206	삿16	행20	렘29	막15
3	1214	삿17	행21	렘30·31	막16
4	1222	삿18	행22	렘32	시1·2
5	1228	삿19	행23	렘33	시3·4
6	1234	삿20	행24	렘34	시5·6
7	1241	삿21	행25	렘35	시7·8
8	1246	룻 1	행26	렘36·37	시 9
9	1253	룻 2	행27	렘38	시10
10	1259	룻3·4	행28	렘39	시11·12
11	1264	삼상1	롬 1	렘40	시13·14
12	1270	삼상2	롬 2	렘41	시15·16
13	1275	삼상3	롬 3	렘42	시17
14	1280	삼상4	롬 4	렘43	시18
15	1285	삼상5·6	롬 5	렘44	시19
16	1292	삼상7·8	롬 6	렘45	시20·21
17	1296	삼상9	롬 7	렘46	시22
18	1302	삼상10	롬 8	렘47	시23·24
19	1307	삼상11	롬 9	렘48	시25
20	1313	삼상12	롬10	렘49	시26·27
21	1319	삼상13	롬11	렘50	시28·29
22	1326	삼상14	롬12	렘51	시30
23	1334	삼상15	롬13	렘52	시31
24	1340	삼상16	롬14	애 1	시32
25	1345	삼상17	롬15	애 2	시33
26	1352	삼상18	롬16	애 3	시34
27	1358	삼상19	고전1	애 4	시35
28	1363	삼상20	고전2	애 5	시36
29	1368	삼상21·22	고전3	겔 1	시37
30	1374	삼상23	고전4	겔 2	시38
31	1379	삼상24	고전5	겔 3	시39

September 09

날짜	page	가정		개인	
1	1385	삼상25	고전 6	겔 4	시40·41
2	1391	삼상26	고전 7	겔 5	시42·43
3	1396	삼상27	고전 8	겔 6	시44
4	1400	삼상28	고전 9	겔 7	시45·46
5	1405	삼상29·30	고전10	겔 8	시47
6	1411	삼상31	고전11	겔 9	시48
7	1414	삼하 1	고전12	겔10	시49
8	1419	삼하 2	고전13	겔11	시50
9	1424	삼하 3	고전14	겔12	시51
10	1430	삼하4·5	고전15	겔13	시52~54
11	1438	삼하 6	고전16	겔14	시55
12	1442	삼하 7	고후 1	겔15	시56·57
13	1447	삼하8·9	고후 2	겔16	시58·59
14	1454	삼하10	고후 3	겔17	시60·61
15	1459	삼하11	고후 4	겔18	시62·63
16	1464	삼하12	고후 5	겔19	시64·65
17	1469	삼하13	고후 6	겔20	시66·67
18	1476	삼하14	고후 7	겔21	시68
19	1483	삼하15	고후 8	겔22	시69
20	1489	삼하16	고후 9	겔23	시70·71
21	1495	삼하17	고후10	겔24	시72
22	1500	삼하18	고후11	겔25	시73
23	1506	삼하19	고후12	겔26	시74
24	1513	삼하20	고후13	겔27	시75·76
25	1518	삼하21	갈 1	겔28	시77
26	1523	삼하22	갈 2	겔29	시78:1~37
27	1529	삼하23	갈 3	겔30	시78:38~72
28	1535	삼하24	갈 4	겔31	시79
29	1540	왕상 1	갈 5	겔32	시80
30	1547	왕상 2	갈 6	겔33	시81·82

October 10

날짜	page	가정		개인	
1	1555	왕상 3	엡 1	겔34	시83·84
2	1560	왕상4·5	엡 2	겔35	시85
3	1565	왕상 6	엡 3	겔36	시86
4	1571	왕상 7	엡 4	겔37	시87·88
5	1578	왕상 8	엡 5	겔38	시89
6	1586	왕상 9	엡 6	겔39	시90
7	1591	왕상10	빌 1	겔40	시91
8	1598	왕상11	빌 2	겔41	시92·93
9	1603	왕상12	빌 3	겔42	시94
10	1608	왕상13	빌 4	겔43	시95·96
11	1614	왕상14	골 1	겔44	시97·98
12	1620	왕상15	골 2	겔45	시99~101
13	1625	왕상16	골 3	겔46	시102
14	1631	왕상17	골 4	겔47	시103
15	1635	왕상18	살전 1	겔48	시104
16	1642	왕상19	살전 2	단 1	시105
17	1647	왕상20	살전 3	단 2	시106
18	1655	왕상21	살전 4	단 3	시107
19	1661	왕상22	살전 5	단 4	시108·109
20	1669	왕하 1	살후 1	단 5	시110·111
21	1674	왕하 2	살후 2	단 6	시112·113
22	1679	왕하 3	살후 3	단 7	시114·115
23	1684	왕하 4	딤전 1	단 8	시116
24	1690	왕하 5	딤전 2	단 9	시117·118
25	1695	왕하 6	딤전 3	단10	시119:1~24
26	1700	왕하 7	딤전 4	단11	시119:25~48
27	1706	왕하 8	딤전 5	단12	시119:49~72
28	1710	왕하 9	딤전 6	호 1	시119:73~96
29	1715	왕하10	딤후 1	호 2	시119:97~120
30	1721	왕하11·12	딤후 2	호3·4	시119:121~144
31	1726	왕하13	딤후 3	호5·6	시119:145~176

November 11

날짜	page	가정		개인	
1	**1733**	왕하14	딤후4	호 7	시120~122
2	**1737**	왕하15	딛 1	호 8	시123~125
3	**1741**	왕하16	딛 2	호 9	시126~128
4	**1745**	왕하17	딛 3	호10	시129~131
5	**1750**	왕하18	몬 1	호11	시132~134
6	**1755**	왕하19	히 1	호12	시135·136
7	**1760**	왕하20	히 2	호13	시137·138
8	**1765**	왕하21	히 3	호14	시139
9	**1768**	왕하22	히 4	욜 1	시140·141
10	**1773**	왕하23	히 5	욜 2	시142
11	**1778**	왕하24	히 6	욜 3	시143
12	**1782**	왕하25	히 7	암 1	시144
13	**1787**	대상1·2	히 8	암 2	시145
14	**1793**	대상3·4	히 9	암 3	시146·147
15	**1799**	대상5·6	히10	암 4	시148·150
16	**1807**	대상7·8	히11	암 5	눅1:1~38
17	**1815**	대상9·10	히12	암 6	눅1:39~80
18	**1822**	대상11·12	히13	암 7	눅 2
19	**1830**	대상13·14	약 1	암 8	눅 3
20	**1836**	대상15	약 2	암 9	눅 4
21	**1841**	대상16	약 3	옵 1	눅 5
22	**1847**	대상17	약 4	욘 1	눅 6
23	**1853**	대상18	약 5	욘 2	눅 7
24	**1858**	대상19·20	벧전1	욘 3	눅 8
25	**1864**	대상21	벧전2	욘 4	눅 9
26	**1871**	대상22	벧전3	미 1	눅10
27	**1877**	대상23	벧전4	미 2	눅11
28	**1882**	대상24·25	벧전5	미 3	눅12
29	**1889**	대상26·27	벧후1	미 4	눅13
30	**1896**	대상28	벧후2	미 5	눅14

December 12

날짜	page	가정		개인	
1	**1903**	대상29	벧후3	미 6	눅15
2	**1908**	대하 1	요일 1	미 7	눅16
3	**1912**	대하 2	요일 2	나 1	눅17
4	**1917**	대하3·4	요일 3	나 2	눅18
5	**1923**	대하5·6:1~11	요일 4	나 3	눅19
6	**1929**	대하6:12~42	요일 5	합 1	눅20
7	**1935**	대하 7	요이 1	합 2	눅21
8	**1940**	대하 8	요삼 1	합 3	눅22
9	**1946**	대하 9	유 1	습 1	눅23
10	**1952**	대하10	계 1	습 2	눅24
11	**1958**	대하11·12	계 2	습 3	요 1
12	**1965**	대하13	계 3	학 1	요 2
13	**1969**	대하14·15	계 4	학 2	요 3
14	**1975**	대하16	계 5	슥 1	요 4
15	**1980**	대하17	계 6	슥 2	요 5
16	**1985**	대하18	계 7	슥 3	요 6
17	**1992**	대하19·20	계 8	슥 4	요 7
18	**1998**	대하21	계 9	슥 5	요 8
19	**2004**	대하22·23	계10	슥 6	요 9
20	**2009**	대하24	계11	슥 7	요10
21	**2015**	대하25	계12	슥 8	요11
22	**2021**	대하26	계13	슥 9	요12
23	**2027**	대하27·28	계14	슥10	요13
24	**2033**	대하29	계15	슥11	요14
25	**2038**	대하30	계16	슥12·13:1	요15
26	**2043**	대하31	계17	슥13:2~9	요16
27	**2048**	대하32	계18	슥14	요17
28	**2054**	대하33	계19	말 1	요18
29	**2060**	대하34	계20	말 2	요19
30	**2066**	대하35	계21	말 3	요20
31	**2072**	대하36	계22	말 4	요21

⊕ 맥체인 성경 읽기표 ⊕

January 01

날짜	page	가정		개인	
1	**1**	창 1	마 1	스 1	행 1
2	**5**	창 2	마 2	스 2	행 2
3	**12**	창 3	마 3	스 3	행 3
4	**16**	창 4	마 4	스 4	행 4
5	**22**	창 5	마 5	스 5	행 5
6	**28**	창 6	마 6	스 6	행 6
7	**33**	창 7	마 7	스 7	행 7
8	**39**	창 8	마 8	스 8	행 8
9	**46**	창9·10	마 9	스 9	행 9
10	**53**	창11	마10	스10	행10
11	**60**	창12	마11	느 1	행11
12	**65**	창13	마12	느 2	행12
13	**70**	창14	마13	느 3	행13
14	**78**	창15	마14	느 4	행14
15	**83**	창16	마15	느 5	행15
16	**89**	창17	마16	느 6	행16
17	**95**	창18	마17	느 7	행17
18	**102**	창19	마18	느 8	행18
19	**108**	창20	마19	느 9	행19
20	**115**	창21	마20	느10	행20
21	**121**	창22	마21	느11	행21
22	**128**	창23	마22	느12	행22
23	**135**	창24	마23	느13	행23
24	**144**	창25	마24	에 1	행24
25	**150**	창26	마25	에 2	행25
26	**157**	창27	마26	에 3	행26
27	**165**	창28	마27	에 4	행27
28	**172**	창29	마28	에 5	행28
29	**177**	창30	막 1	에 6	롬 1
30	**184**	창31	막 2	에 7	롬 2
31	**190**	창32	막 3	에 8	롬 3

February 02

날짜	page	가정		개인	
1	**197**	창33	막 4	에9·10	롬 4
2	**202**	창34	막 5	욥 1	롬 5
3	**208**	창35·36	막 6	욥 2	롬 6
4	**216**	창37	막 7	욥 3	롬 7
5	**222**	창38	막 8	욥 4	롬 8
6	**228**	창39	막 9	욥 5	롬 9
7	**234**	창40	막10	욥 6	롬10
8	**239**	창41	막11	욥 7	롬11
9	**246**	창42	막12	욥 8	롬12
10	**252**	창43	막13	욥 9	롬13
11	**258**	창44	막14	욥10	롬14
12	**265**	창45	막15	욥11	롬15
13	**271**	창46	막16	욥12	롬16
14	**276**	창47	눅1:1~38	욥13	고전1
15	**282**	창48	눅1:39~80	욥14	고전2
16	**286**	창49	눅 2	욥15	고전3
17	**292**	창50	눅 3	욥16·17	고전4
18	**298**	출 1	눅 4	욥18	고전5
19	**303**	출 2	눅 5	욥19	고전6
20	**308**	출 3	눅 6	욥20	고전7
21	**315**	출 4	눅 7	욥21	고전8
22	**321**	출 5	눅 8	욥22	고전9
23	**327**	출 6	눅 9	욥23	고전10
24	**334**	출 7	눅10	욥24	고전11
25	**340**	출 8	눅11	욥25·26	고전12
26	**346**	출 9	눅12	욥27	고전13
27	**352**	출10	눅13	욥28	고전14
28	**359**	출11·12:1~21	눅14	욥29	고전15

March 03

날짜	page	가정		개인	
1	**367**	출12:22~51	눅15	욥30	고전16
2	**372**	출13	눅16	욥31	고후 1
3	**377**	출14	눅17	욥32	고후 2
4	**382**	출15	눅18	욥33	고후 3
5	**388**	출16	눅19	욥34	고후 4
6	**394**	출17	눅20	욥35	고후 5
7	**399**	출18	눅21	욥36	고후 6
8	**404**	출19	눅22	욥37	고후 7
9	**411**	출20	눅23	욥38	고후 8
10	**417**	출21	눅24	욥39	고후 9
11	**422**	출22	요 1	욥40	고후10
12	**428**	출23	요 2	욥41	고후11
13	**433**	출24	요 3	욥42	고후12
14	**438**	출25	요 4	잠 1	고후13
15	**444**	출26	요 5	잠 2	갈 1
16	**449**	출27	요 6	잠 3	갈 2
17	**456**	출28	요 7	잠 4	갈 3
18	**463**	출29	요 8	잠 5	갈 4
19	**470**	출30	요 9	잠 6	갈 5
20	**476**	출31	요10	잠 7	갈 6
21	**480**	출32	요11	잠 8	엡 1
22	**487**	출33	요12	잠 9	엡 2
23	**492**	출34	요13	잠10	엡 3
24	**498**	출35	요14	잠11	엡 4
25	**504**	출36	요15	잠12	엡 5
26	**509**	출37	요16	잠13	엡 6
27	**514**	출38	요17	잠14	빌 1
28	**520**	출39	요18	잠15	빌 2
29	**526**	출40	요19	잠16	빌 3
30	**532**	레 1	요20	잠17	빌 4
31	**537**	레2·3	요21	잠18	골 1

April 04

날짜	page	가정		개인	
1	**543**	레 4	시1·2	잠19	골 2
2	**547**	레 5	시3·4	잠20	골 3
3	**551**	레 6	시5·6	잠21	골 4
4	**556**	레 7	시7·8	잠22	살전1
5	**560**	레 8	시 9	잠23	살전2
6	**565**	레 9	시10	잠24	살전3
7	**569**	레10	시11·12	잠25	살전4
8	**573**	레11·12	시13·14	잠26	살전5
9	**578**	레13	시15·16	잠27	살후1
10	**583**	레14	시17	잠28	살후2
11	**589**	레15	시18	잠29	살후3
12	**594**	레16	시19	잠30	딤전1
13	**599**	레17	시20·21	잠31	딤전2
14	**603**	레18	시22	전 1	딤전3
15	**607**	레19	시23·24	전 2	딤전4
16	**611**	레20	시25	전 3	딤전5
17	**616**	레21	시26·27	전 4	딤전6
18	**620**	레22	시28·29	전 5	딤후1
19	**625**	레23	시30	전 6	딤후2
20	**629**	레24	시31	전 7	딤후3
21	**634**	레25	시32	전 8	딤후4
22	**639**	레26	시33	전 9	딛 1
23	**644**	레27	시34	전10	딛 2
24	**648**	민 1	시35	전11	딛 3
25	**653**	민 2	시36	전12	몬 1
26	**656**	민 3	시37	아 1	히 1
27	**662**	민 4	시38	아 2	히 2
28	**666**	민 5	시39	아 3	히 3
29	**670**	민 6	시40·41	아 4	히 4
30	**675**	민 7	시42·43	아 5	히 5

May 05

날짜	page	가정		개인	
1	**683**	민 8	시44	아 6	히 6
2	**687**	민 9	시45	아 7	히 7
3	**691**	민10	시46·47	아 8	히 8
4	**695**	민11	시48	사 1	히 9
5	**700**	민12·13	시49	사 2	히10
6	**706**	민14	시50	사3·4	히11
7	**712**	민15	시51	사 5	히12
8	**718**	민16	시52~54	사 6	히13
9	**724**	민17·18	시55	사 7	약 1
10	**730**	민19	시56·57	사8·9:1~7	약 2
11	**735**	민20	시58·59	사9:8~10:4	약 3
12	**740**	민21	시60·61	사10:5~34	약 4
13	**745**	민22	시62·63	사11·12	약 5
14	**751**	민23	시64·65	사13	벧전1
15	**756**	민24	시66·67	사14	벧전2
16	**761**	민25	시68	사15	벧전3
17	**766**	민26	시69	사16	벧전4
18	**772**	민27	시70·71	사17·18	벧전5
19	**776**	민28	시72	사19·20	벧후1
20	**781**	민29	시73	사21	벧후2
21	**786**	민30	시74	사22	벧후3
22	**790**	민31	시75·76	사23	요일1
23	**795**	민32	시77	사24	요일2
24	**800**	민33	시78:1~37	사25	요일3
25	**806**	민34	시78:38~72	사26	요일4
26	**810**	민35	시79	사27	요일5
27	**815**	민36	시80	사28	요이1
28	**819**	신 1	시81·82	사29	요삼1
29	**824**	신 2	시83·84	사30	유 1
30	**831**	신 3	시85	사31	계 1
31	**835**	신 4	시86·87	사32	계 2

June 06

날짜	page	가정		개인	
1	**843**	신 5	시88	사33	계 3
2	**848**	신 6	시89	사34	계 4
3	**853**	신 7	시90	사35	계 5
4	**856**	신 8	시91	사36	계 6
5	**860**	신 9	시92·93	사37	계 7
6	**866**	신10	시94	사38	계 8
7	**870**	신11	시95·96	사39	계 9
8	**874**	신12	시97·98	사40	계10
9	**879**	신13·14	시99~101	사41	계11
10	**885**	신15	시102	사42	계12
11	**890**	신16	시103	사43	계13
12	**894**	신17	시104	사44	계14
13	**900**	신18	시105	사45	계15
14	**905**	신19	시106	사46	계16
15	**910**	신20	시107	사47	계17
16	**914**	신21	시108·109	사48	계18
17	**920**	신22	시110·111	사49	계19
18	**925**	신23	시112·113	사50	계20
19	**929**	신24	시114·115	사51	계21
20	**934**	신25	시116	사52	계22
21	**938**	신26	시117·118	사53	마 1
22	**942**	신27·28:1~19	시119:1~24	사54	마 2
23	**947**	신28:20~68	시119:25~48	사55	마 3
24	**953**	신29	시119:49~72	사56	마 4
25	**957**	신30	시119:73~96	사57	마 5
26	**963**	신31	시119:97~120	사58	마 6
27	**968**	신32	시119:121~144	사59	마 7
28	**974**	신33·34	시119:145~176	사60	마 8
29	**981**	수 1	시120~122	사61	마 9
30	**985**	수 2	시123~125	사62	마10

[맥체인 성경 읽기표]

맥체인 성경 읽기표는 1842년 맥체인이 자신이 목양하던 성베드로교회 성도들의 영적 성장을 위해 개발한 것으로, 매일 구약과 신약을 각각 2장씩 읽음으로써 1년에 구약 1회, 신약과 시편을 각 2회 정독할 수 있도록 만든 표입니다. 이와 같은 맥체인의 방법에 따라 신구약 성경 전체를 골고루 4등분해서 동시에 읽으면, 성경에 기록된 장구한 구속사를 크게 네 시대로 나누어 동시에 묵상할 수 있습니다.

(1) 창세기 ~ 역대하 : 만물의 시작과 이스라엘의 시작
(2) 에스라 ~ 말라기 : 이스라엘의 멸망과 새 시대의 시작
(3) 마태복음 ~ 요한복음 : 예수의 복음사역과 십자가 구속
(4) 사도행전 ~ 요한계시록 : 교회의 시작과 선교

▶《맥체인 성경 365》 말씀연결 사용하는 법

① 네 성경 본문의 소주제를 통해 중심 단어나 문장을 말씀으로 묵상한다.
② 네 본문의 말씀을 순서대로, 천천히 읽는다.
③ 두 본문에서 반복되는 단어나 유사한 문맥을 찾아 서로 연결한다.
④ 본문에서 반대의 뜻을 가진 단어나 문장을 찾는다.
⑤ 두 권의 책에서 공통되는 하나님의 말씀을 연결하여 기록한다.
⑥ 연결되는 말씀을 다른 두 권으로 확대하여 네 권 전체에 흐르는 하나님의 생각과 베푸신 은혜를 누리고, 그 내용을 적어본다.
⑦ 본문에서 지도자나 인도자로부터 배운 신학 주제나 교리들이 함축하고 있는 문맥의 짝을 찾아본다.
⑧ 중심 주제를 필두로, 삶에 적용할 일들을 적어보고 생활 중에 실천함으로써 변화를 경험해 본다.
⑨ 하나님이 오늘 나에게 주신 말씀들을 통하여 가르침, 명령과 약속 권면, 경고 및 행해야 할 일들을 하나님과 대화하는 마음으로(기도) 성경읽기를 마무리한다.

July 07

날짜	page	가정		개인	
1	**991**	수 3	시126~128	사63	마11
2	**995**	수 4	시129~131	사64	마12
3	**1000**	수5·6:1~5	시132~134	사65	마13
4	**1006**	수6:6~27	시135·136	사66	마14
5	**1013**	수 7	시137·138	렘 1	마15
6	**1018**	수 8	시139	렘 2	마16
7	**1025**	수 9	시140·141	렘 3	마17
8	**1031**	수10	시142·143	렘 4	마18
9	**1038**	수11	시144	렘 5	마19
10	**1043**	수12·13	시145	렘 6	마20
11	**1050**	수14·15	시146·147	렘 7	마21
12	**1058**	수16·17	시148	렘 8	마22
13	**1064**	수18·19	시149·150	렘 9	마23
14	**1071**	수20·21	행 1	렘10	마24
15	**1078**	수22	행 2	렘11	마25
16	**1087**	수23	행 3	렘12	마26
17	**1094**	수24	행 4	렘13	마27
18	**1102**	삿 1	행 5	렘14	마28
19	**1108**	삿 2	행 6	렘15	막 1
20	**1114**	삿 3	행 7	렘16	막 2
21	**1121**	삿 4	행 8	렘17	막 3
22	**1127**	삿 5	행 9	렘18	막 4
23	**1134**	삿 6	행10	렘19	막 5
24	**1142**	삿 7	행11	렘20	막 6
25	**1149**	삿 8	행12	렘21	막 7
26	**1154**	삿 9	행13	렘22	막 8
27	**1164**	삿10·11:1~11	행14	렘23	막 9
28	**1171**	삿11:12~40	행15	렘24	막10
29	**1178**	삿12	행16	렘25	막11
30	**1185**	삿13	행17	렘26	막12
31	**1192**	삿14	행18	렘27	막13

August 08

날짜	page	가정		개인	
1	**1199**	삿15	행19	렘28	막14
2	**1206**	삿16	행20	렘29	막15
3	**1214**	삿17	행21	렘30·31	막16
4	**1222**	삿18	행22	렘32	시1·2
5	**1228**	삿19	행23	렘33	시3·4
6	**1234**	삿20	행24	렘34	시5·6
7	**1241**	삿21	행25	렘35	시7·8
8	**1246**	룻 1	행26	렘36·37	시 9
9	**1253**	룻 2	행27	렘38	시10
10	**1259**	룻3·4	행28	렘39	시11·12
11	**1264**	삼상1	롬 1	렘40	시13·14
12	**1270**	삼상2	롬 2	렘41	시15·16
13	**1275**	삼상3	롬 3	렘42	시17
14	**1280**	삼상4	롬 4	렘43	시18
15	**1285**	삼상5·6	롬 5	렘44	시19
16	**1292**	삼상7·8	롬 6	렘45	시20·21
17	**1296**	삼상9	롬 7	렘46	시22
18	**1302**	삼상10	롬 8	렘47	시23·24
19	**1307**	삼상11	롬 9	렘48	시25
20	**1313**	삼상12	롬10	렘49	시26·27
21	**1319**	삼상13	롬11	렘50	시28·29
22	**1326**	삼상14	롬12	렘51	시30
23	**1334**	삼상15	롬13	렘52	시31
24	**1340**	삼상16	롬14	애 1	시32
25	**1345**	삼상17	롬15	애 2	시33
26	**1352**	삼상18	롬16	애 3	시34
27	**1358**	삼상19	고전1	애 4	시35
28	**1363**	삼상20	고전2	애 5	시36
29	**1368**	삼상21·22	고전3	겔 1	시37
30	**1374**	삼상23	고전4	겔 2	시38
31	**1379**	삼상24	고전5	겔 3	시39

September 09

날짜	page	가정		개인	
1	**1385**	삼상25	고전 6	겔 4	시40·41
2	**1391**	삼상26	고전 7	겔 5	시42·43
3	**1396**	삼상27	고전 8	겔 6	시44
4	**1400**	삼상28	고전 9	겔 7	시45·46
5	**1405**	삼상29·30	고전10	겔 8	시47
6	**1411**	삼상31	고전11	겔 9	시48
7	**1414**	삼하 1	고전12	겔10	시49
8	**1419**	삼하 2	고전13	겔11	시50
9	**1424**	삼하 3	고전14	겔12	시51
10	**1430**	삼하4·5	고전15	겔13	시52~54
11	**1438**	삼하 6	고전16	겔14	시55
12	**1442**	삼하 7	고후 1	겔15	시56·57
13	**1447**	삼하8·9	고후 2	겔16	시58·59
14	**1454**	삼하10	고후 3	겔17	시60·61
15	**1459**	삼하11	고후 4	겔18	시62·63
16	**1464**	삼하12	고후 5	겔19	시64·65
17	**1469**	삼하13	고후 6	겔20	시66·67
18	**1476**	삼하14	고후 7	겔21	시68
19	**1483**	삼하15	고후 8	겔22	시69
20	**1489**	삼하16	고후 9	겔23	시70·71
21	**1495**	삼하17	고후10	겔24	시72
22	**1500**	삼하18	고후11	겔25	시73
23	**1506**	삼하19	고후12	겔26	시74
24	**1513**	삼하20	고후13	겔27	시75·76
25	**1518**	삼하21	갈 1	겔28	시77
26	**1523**	삼하22	갈 2	겔29	시78:1~37
27	**1529**	삼하23	갈 3	겔30	시78:38~72
28	**1535**	삼하24	갈 4	겔31	시79
29	**1540**	왕상 1	갈 5	겔32	시80
30	**1547**	왕상 2	갈 6	겔33	시81·82

October 10

날짜	page	가정		개인	
1	**1555**	왕상 3	엡 1	겔34	시83·84
2	**1560**	왕상4·5	엡 2	겔35	시85
3	**1565**	왕상 6	엡 3	겔36	시86
4	**1571**	왕상 7	엡 4	겔37	시87·88
5	**1578**	왕상 8	엡 5	겔38	시89
6	**1586**	왕상 9	엡 6	겔39	시90
7	**1591**	왕상10	빌 1	겔40	시91
8	**1598**	왕상11	빌 2	겔41	시92·93
9	**1603**	왕상12	빌 3	겔42	시94
10	**1608**	왕상13	빌 4	겔43	시95·96
11	**1614**	왕상14	골 1	겔44	시97·98
12	**1620**	왕상15	골 2	겔45	시99~101
13	**1625**	왕상16	골 3	겔46	시102
14	**1631**	왕상17	골 4	겔47	시103
15	**1635**	왕상18	살전 1	겔48	시104
16	**1642**	왕상19	살전 2	단 1	시105
17	**1647**	왕상20	살전 3	단 2	시106
18	**1655**	왕상21	살전 4	단 3	시107
19	**1661**	왕상22	살전 5	단 4	시108·109
20	**1669**	왕하 1	살후 1	단 5	시110·111
21	**1674**	왕하 2	살후 2	단 6	시112·113
22	**1679**	왕하 3	살후 3	단 7	시114·115
23	**1684**	왕하 4	딤전 1	단 8	시116
24	**1690**	왕하 5	딤전 2	단 9	시117·118
25	**1695**	왕하 6	딤전 3	단10	시119:1~24
26	**1700**	왕하 7	딤전 4	단11	시119:25~48
27	**1706**	왕하 8	딤전 5	단12	시119:49~72
28	**1710**	왕하 9	딤전 6	호 1	시119:73~96
29	**1715**	왕하10	딤후 1	호 2	시119:97~120
30	**1721**	왕하11·12	딤후 2	호3·4	시119:121~144
31	**1726**	왕하13	딤후 3	호5·6	시119:145~176

November 11

날짜	page	가정		개인	
1	**1733**	왕하14	딤후4	호 7	시120~122
2	**1737**	왕하15	딛 1	호 8	시123~125
3	**1741**	왕하16	딛 2	호 9	시126~128
4	**1745**	왕하17	딛 3	호10	시129~131
5	**1750**	왕하18	몬 1	호11	시132~134
6	**1755**	왕하19	히 1	호12	시135·136
7	**1760**	왕하20	히 2	호13	시137·138
8	**1765**	왕하21	히 3	호14	시139
9	**1768**	왕하22	히 4	욜 1	시140·141
10	**1773**	왕하23	히 5	욜 2	시142
11	**1778**	왕하24	히 6	욜 3	시143
12	**1782**	왕하25	히 7	암 1	시144
13	**1787**	대상1·2	히 8	암 2	시145
14	**1793**	대상3·4	히 9	암 3	시146·147
15	**1799**	대상5·6	히10	암 4	시148·150
16	**1807**	대상7·8	히11	암 5	눅1:1~38
17	**1815**	대상9·10	히12	암 6	눅1:39~80
18	**1822**	대상11·12	히13	암 7	눅 2
19	**1830**	대상13·14	약 1	암 8	눅 3
20	**1836**	대상15	약 2	암 9	눅 4
21	**1841**	대상16	약 3	옵 1	눅 5
22	**1847**	대상17	약 4	욘 1	눅 6
23	**1853**	대상18	약 5	욘 2	눅 7
24	**1858**	대상19·20	벧전1	욘 3	눅 8
25	**1864**	대상21	벧전2	욘 4	눅 9
26	**1871**	대상22	벧전3	미 1	눅10
27	**1877**	대상23	벧전4	미 2	눅11
28	**1882**	대상24·25	벧전5	미 3	눅12
29	**1889**	대상26·27	벧후1	미 4	눅13
30	**1896**	대상28	벧후2	미 5	눅14

December 12

날짜	page	가정		개인	
1	**1903**	대상29	벧후3	미 6	눅15
2	**1908**	대하 1	요일 1	미 7	눅16
3	**1912**	대하 2	요일 2	나 1	눅17
4	**1917**	대하3·4	요일 3	나 2	눅18
5	**1923**	대하5·6:1~11	요일 4	나 3	눅19
6	**1929**	대하6:12~42	요일 5	합 1	눅20
7	**1935**	대하 7	요이 1	합 2	눅21
8	**1940**	대하 8	요삼 1	합 3	눅22
9	**1946**	대하 9	유 1	습 1	눅23
10	**1952**	대하10	계 1	습 2	눅24
11	**1958**	대하11·12	계 2	습 3	요 1
12	**1965**	대하13	계 3	학 1	요 2
13	**1969**	대하14·15	계 4	학 2	요 3
14	**1975**	대하16	계 5	슥 1	요 4
15	**1980**	대하17	계 6	슥 2	요 5
16	**1985**	대하18	계 7	슥 3	요 6
17	**1992**	대하19·20	계 8	슥 4	요 7
18	**1998**	대하21	계 9	슥 5	요 8
19	**2004**	대하22·23	계10	슥 6	요 9
20	**2009**	대하24	계11	슥 7	요10
21	**2015**	대하25	계12	슥 8	요11
22	**2021**	대하26	계13	슥 9	요12
23	**2027**	대하27·28	계14	슥10	요13
24	**2033**	대하29	계15	슥11	요14
25	**2038**	대하30	계16	슥12·13:1	요15
26	**2043**	대하31	계17	슥13:2~9	요16
27	**2048**	대하32	계18	슥14	요17
28	**2054**	대하33	계19	말 1	요18
29	**2060**	대하34	계20	말 2	요19
30	**2066**	대하35	계21	말 3	요20
31	**2072**	대하36	계22	말 4	요21

⊕ 맥체인 성경 읽기표 ⊕

January 01

날짜	page	가정		개인	
1	**1**	창 1	마 1	스 1	행 1
2	**5**	창 2	마 2	스 2	행 2
3	**12**	창 3	마 3	스 3	행 3
4	**16**	창 4	마 4	스 4	행 4
5	**22**	창 5	마 5	스 5	행 5
6	**28**	창 6	마 6	스 6	행 6
7	**33**	창 7	마 7	스 7	행 7
8	**39**	창 8	마 8	스 8	행 8
9	**46**	창9·10	마 9	스 9	행 9
10	**53**	창11	마10	스10	행10
11	**60**	창12	마11	느 1	행11
12	**65**	창13	마12	느 2	행12
13	**70**	창14	마13	느 3	행13
14	**78**	창15	마14	느 4	행14
15	**83**	창16	마15	느 5	행15
16	**89**	창17	마16	느 6	행16
17	**95**	창18	마17	느 7	행17
18	**102**	창19	마18	느 8	행18
19	**108**	창20	마19	느 9	행19
20	**115**	창21	마20	느10	행20
21	**121**	창22	마21	느11	행21
22	**128**	창23	마22	느12	행22
23	**135**	창24	마23	느13	행23
24	**144**	창25	마24	에 1	행24
25	**150**	창26	마25	에 2	행25
26	**157**	창27	마26	에 3	행26
27	**165**	창28	마27	에 4	행27
28	**172**	창29	마28	에 5	행28
29	**177**	창30	막 1	에 6	롬 1
30	**184**	창31	막 2	에 7	롬 2
31	**190**	창32	막 3	에 8	롬 3

February 02

날짜	page	가정		개인	
1	**197**	창33	막 4	에9·10	롬 4
2	**202**	창34	막 5	욥 1	롬 5
3	**208**	창35·36	막 6	욥 2	롬 6
4	**216**	창37	막 7	욥 3	롬 7
5	**222**	창38	막 8	욥 4	롬 8
6	**228**	창39	막 9	욥 5	롬 9
7	**234**	창40	막10	욥 6	롬10
8	**239**	창41	막11	욥 7	롬11
9	**246**	창42	막12	욥 8	롬12
10	**252**	창43	막13	욥 9	롬13
11	**258**	창44	막14	욥10	롬14
12	**265**	창45	막15	욥11	롬15
13	**271**	창46	막16	욥12	롬16
14	**276**	창47	눅1:1~38	욥13	고전1
15	**282**	창48	눅1:39~80	욥14	고전2
16	**286**	창49	눅 2	욥15	고전3
17	**292**	창50	눅 3	욥16·17	고전4
18	**298**	출 1	눅 4	욥18	고전5
19	**303**	출 2	눅 5	욥19	고전6
20	**308**	출 3	눅 6	욥20	고전7
21	**315**	출 4	눅 7	욥21	고전8
22	**321**	출 5	눅 8	욥22	고전9
23	**327**	출 6	눅 9	욥23	고전10
24	**334**	출 7	눅10	욥24	고전11
25	**340**	출 8	눅11	욥25·26	고전12
26	**346**	출 9	눅12	욥27	고전13
27	**352**	출10	눅13	욥28	고전14
28	**359**	출11·12:1~21	눅14	욥29	고전15

March 03

날짜	page	가정		개인	
1	**367**	출12:22~51	눅15	욥30	고전16
2	**372**	출13	눅16	욥31	고후 1
3	**377**	출14	눅17	욥32	고후 2
4	**382**	출15	눅18	욥33	고후 3
5	**388**	출16	눅19	욥34	고후 4
6	**394**	출17	눅20	욥35	고후 5
7	**399**	출18	눅21	욥36	고후 6
8	**404**	출19	눅22	욥37	고후 7
9	**411**	출20	눅23	욥38	고후 8
10	**417**	출21	눅24	욥39	고후 9
11	**422**	출22	요 1	욥40	고후10
12	**428**	출23	요 2	욥41	고후11
13	**433**	출24	요 3	욥42	고후12
14	**438**	출25	요 4	잠 1	고후13
15	**444**	출26	요 5	잠 2	갈 1
16	**449**	출27	요 6	잠 3	갈 2
17	**456**	출28	요 7	잠 4	갈 3
18	**463**	출29	요 8	잠 5	갈 4
19	**470**	출30	요 9	잠 6	갈 5
20	**476**	출31	요10	잠 7	갈 6
21	**480**	출32	요11	잠 8	엡 1
22	**487**	출33	요12	잠 9	엡 2
23	**492**	출34	요13	잠10	엡 3
24	**498**	출35	요14	잠11	엡 4
25	**504**	출36	요15	잠12	엡 5
26	**509**	출37	요16	잠13	엡 6
27	**514**	출38	요17	잠14	빌 1
28	**520**	출39	요18	잠15	빌 2
29	**526**	출40	요19	잠16	빌 3
30	**532**	레 1	요20	잠17	빌 4
31	**537**	레2·3	요21	잠18	골 1

April 04

날짜	page	가정		개인	
1	**543**	레 4	시1·2	잠19	골 2
2	**547**	레 5	시3·4	잠20	골 3
3	**551**	레 6	시5·6	잠21	골 4
4	**556**	레 7	시7·8	잠22	살전1
5	**560**	레 8	시 9	잠23	살전2
6	**565**	레 9	시10	잠24	살전3
7	**569**	레10	시11·12	잠25	살전4
8	**573**	레11·12	시13·14	잠26	살전5
9	**578**	레13	시15·16	잠27	살후1
10	**583**	레14	시17	잠28	살후2
11	**589**	레15	시18	잠29	살후3
12	**594**	레16	시19	잠30	딤전1
13	**599**	레17	시20·21	잠31	딤전2
14	**603**	레18	시22	전 1	딤전3
15	**607**	레19	시23·24	전 2	딤전4
16	**611**	레20	시25	전 3	딤전5
17	**616**	레21	시26·27	전 4	딤전6
18	**620**	레22	시28·29	전 5	딤후1
19	**625**	레23	시30	전 6	딤후2
20	**629**	레24	시31	전 7	딤후3
21	**634**	레25	시32	전 8	딤후4
22	**639**	레26	시33	전 9	딛 1
23	**644**	레27	시34	전10	딛 2
24	**648**	민 1	시35	전11	딛 3
25	**653**	민 2	시36	전12	몬 1
26	**656**	민 3	시37	아 1	히 1
27	**662**	민 4	시38	아 2	히 2
28	**666**	민 5	시39	아 3	히 3
29	**670**	민 6	시40·41	아 4	히 4
30	**675**	민 7	시42·43	아 5	히 5

May 05

날짜	page	가정		개인	
1	**683**	민 8	시44	아 6	히 6
2	**687**	민 9	시45	아 7	히 7
3	**691**	민10	시46·47	아 8	히 8
4	**695**	민11	시48	사 1	히 9
5	**700**	민12·13	시49	사 2	히10
6	**706**	민14	시50	사3·4	히11
7	**712**	민15	시51	사 5	히12
8	**718**	민16	시52~54	사 6	히13
9	**724**	민17·18	시55	사 7	약 1
10	**730**	민19	시56·57	사8·9:1~7	약 2
11	**735**	민20	시58·59	사9:8~10:4	약 3
12	**740**	민21	시60·61	사10:5~34	약 4
13	**745**	민22	시62·63	사11·12	약 5
14	**751**	민23	시64·65	사13	벧전1
15	**756**	민24	시66·67	사14	벧전2
16	**761**	민25	시68	사15	벧전3
17	**766**	민26	시69	사16	벧전4
18	**772**	민27	시70·71	사17·18	벧전5
19	**776**	민28	시72	사19·20	벧후1
20	**781**	민29	시73	사21	벧후2
21	**786**	민30	시74	사22	벧후3
22	**790**	민31	시75·76	사23	요일1
23	**795**	민32	시77	사24	요일2
24	**800**	민33	시78:1~37	사25	요일3
25	**806**	민34	시78:38~72	사26	요일4
26	**810**	민35	시79	사27	요일5
27	**815**	민36	시80	사28	요이1
28	**819**	신 1	시81·82	사29	요삼1
29	**824**	신 2	시83·84	사30	유 1
30	**831**	신 3	시85	사31	계 1
31	**835**	신 4	시86·87	사32	계 2

June 06

날짜	page	가정		개인	
1	**843**	신 5	시88	사33	계 3
2	**848**	신 6	시89	사34	계 4
3	**853**	신 7	시90	사35	계 5
4	**856**	신 8	시91	사36	계 6
5	**860**	신 9	시92·93	사37	계 7
6	**866**	신10	시94	사38	계 8
7	**870**	신11	시95·96	사39	계 9
8	**874**	신12	시97·98	사40	계10
9	**879**	신13·14	시99~101	사41	계11
10	**885**	신15	시102	사42	계12
11	**890**	신16	시103	사43	계13
12	**894**	신17	시104	사44	계14
13	**900**	신18	시105	사45	계15
14	**905**	신19	시106	사46	계16
15	**910**	신20	시107	사47	계17
16	**914**	신21	시108·109	사48	계18
17	**920**	신22	시110·111	사49	계19
18	**925**	신23	시112·113	사50	계20
19	**929**	신24	시114·115	사51	계21
20	**934**	신25	시116	사52	계22
21	**938**	신26	시117·118	사53	마 1
22	**942**	신27·28:1~19	시119:1~24	사54	마 2
23	**947**	신28:20~68	시119:25~48	사55	마 3
24	**953**	신29	시119:49~72	사56	마 4
25	**957**	신30	시119:73~96	사57	마 5
26	**963**	신31	시119:97~120	사58	마 6
27	**968**	신32	시119:121~144	사59	마 7
28	**974**	신33·34	시119:145~176	사60	마 8
29	**981**	수 1	시120~122	사61	마 9
30	**985**	수 2	시123~125	사62	마10

맥체인 성경 읽기표

QT와 성경통독을 하나로

[맥체인성경365_목차]

구약 page

창세기(창)	1	역대하(대하)	1908	다니엘(단)	1644
출애굽기(출)	298	에스라(스)	3	호세아(호)	1713
레위기(레)	532	느헤미야(느)	62	요엘(욜)	1770
민수기(민)	648	에스더(에)	147	아모스(암)	1785
신명기(신)	819	욥기(욥)	206	오바댜(옵)	1844
여호수아(수)	981	시편(시)	544/1228	요나(욘)	1850
사사기(삿)	1102	잠언(잠)	442	미가(미)	1874
룻기(룻)	1246	전도서(전)	605	나훔(나)	1915
사무엘상(삼상)	1264	아가(아)	660	하박국(합)	1932
사무엘하(삼하)	1414	이사야(사)	697	스바냐(습)	1949
열왕기상(왕상)	1540	예레미야(렘)	1015	학개(학)	1967
열왕기하(왕하)	1669	예레미야애가(애)	1342	스가랴(슥)	1977
역대상(대상)	1787	에스겔(겔)	1371	말라기(말)	2057

신약 page

마태복음(마)	2/941	에베소서(엡)	485/1556	히브리서(히)	661/1757
마가복음(막)	179/1112	빌립보서(빌)	518/1593	야고보서(약)	729/1832
누가복음(눅)	277/1813	골로새서(골)	540/1616	베드로전서(벧전)	754/1860
요한복음(요)	424/1962	데살로니가전서(살전)	560/1638	베드로후서(벧후)	780/1892
사도행전(행)	4/1073	데살로니가후서(살후)	582/1670	요한일서(요일)	794/1909
로마서(롬)	182/1266	디모데전서(딤전)	598/1686	요한이서(요이)	818/1937
고린도전서(고전)	280/1359	디모데후서(딤후)	624/1718	요한삼서(요삼)	823/1941
고린도후서(고후)	376/1444	디도서(딛)	643/1739	유다서(유)	829/1947
갈라디아서(갈)	448/1519	빌레몬서(몬)	655/1752	요한계시록(계)	834/1952

[맥체인 성경 읽기표]

맥체인 성경 읽기표는 1842년 맥체인이 자신이 목양하던 성베드로교회 성도들의 영적 성장을 위해 개발한 것으로, 매일 구약과 신약을 각각 2장씩 읽음으로써 1년에 구약 1회, 신약과 시편을 각 2회 정독할 수 있도록 만든 표입니다. 이와 같은 맥체인의 방법에 따라 신구약 성경 전체를 골고루 4등분해서 동시에 읽으면, 성경에 기록된 장구한 구속사를 크게 네 시대로 나누어 동시에 묵상할 수 있습니다.

(1) 창세기 ~ 역대하 : 만물의 시작과 이스라엘의 시작
(2) 에스라 ~ 말라기 : 이스라엘의 멸망과 새 시대의 시작
(3) 마태복음 ~ 요한복음 : 예수의 복음사역과 십자가 구속
(4) 사도행전 ~ 요한계시록 : 교회의 시작과 선교

▶《맥체인 성경 365》말씀연결 사용하는 법

① 네 성경 본문의 소주제를 통해 중심 단어나 문장을 말씀으로 묵상한다.
② 네 본문의 말씀을 순서대로, 천천히 읽는다.
③ 두 본문에서 반복되는 단어나 유사한 문맥을 찾아 서로 연결한다.
④ 본문에서 반대의 뜻을 가진 단어나 문장을 찾는다.
⑤ 두 권의 책에서 공통되는 하나님의 말씀을 연결하여 기록한다.
⑥ 연결되는 말씀을 다른 두 권으로 확대하여 네 권 전체에 흐르는 하나님의 생각과 베푸신 은혜를 누리고, 그 내용을 적어본다.
⑦ 본문에서 지도자나 인도자로부터 배운 신학 주제나 교리들이 함축하고 있는 문맥의 짝을 찾아본다.
⑧ 중심 주제를 필두로, 삶에 적용할 일들을 적어보고 생활 중에 실천함으로써 변화를 경험해 본다.
⑨ 하나님이 오늘 나에게 주신 말씀들을 통하여 가르침, 명령과 약속 권면, 경고 및 행해야 할 일들을 하나님과 대화하는 마음으로(기도) 성경읽기를 마무리한다.

July 07					
날짜	page	가정		개인	
1	**991**	수 3	시126~128	사63	마11
2	**995**	수 4	시129~131	사64	마12
3	**1000**	수5·6:1~5	시132~134	사65	마13
4	**1006**	수6:6~27	시135·136	사66	마14
5	**1013**	수 7	시137·138	렘 1	마15
6	**1018**	수 8	시139	렘 2	마16
7	**1025**	수 9	시140·141	렘 3	마17
8	**1031**	수10	시142·143	렘 4	마18
9	**1038**	수11	시144	렘 5	마19
10	**1043**	수12·13	시145	렘 6	마20
11	**1050**	수14·15	시146·147	렘 7	마21
12	**1058**	수16·17	시148	렘 8	마22
13	**1064**	수18·19	시149·150	렘 9	마23
14	**1071**	수20·21	행 1	렘10	마24
15	**1078**	수22	행 2	렘11	마25
16	**1087**	수23	행 3	렘12	마26
17	**1094**	수24	행 4	렘13	마27
18	**1102**	삿 1	행 5	렘14	마28
19	**1108**	삿 2	행 6	렘15	막 1
20	**1114**	삿 3	행 7	렘16	막 2
21	**1121**	삿 4	행 8	렘17	막 3
22	**1127**	삿 5	행 9	렘18	막 4
23	**1134**	삿 6	행10	렘19	막 5
24	**1142**	삿 7	행11	렘20	막 6
25	**1149**	삿 8	행12	렘21	막 7
26	**1154**	삿 9	행13	렘22	막 8
27	**1164**	삿10·11:1~11	행14	렘23	막 9
28	**1171**	삿11:12~40	행15	렘24	막10
29	**1178**	삿12	행16	렘25	막11
30	**1185**	삿13	행17	렘26	막12
31	**1192**	삿14	행18	렘27	막13

August 08					
날짜	page	가정		개인	
1	**1199**	삿15	행19	렘28	막14
2	**1206**	삿16	행20	렘29	막15
3	**1214**	삿17	행21	렘30·31	막16
4	**1222**	삿18	행22	렘32	시1·2
5	**1228**	삿19	행23	렘33	시3·4
6	**1234**	삿20	행24	렘34	시5·6
7	**1241**	삿21	행25	렘35	시7·8
8	**1246**	룻 1	행26	렘36·37	시 9
9	**1253**	룻 2	행27	렘38	시10
10	**1259**	룻3·4	행28	렘39	시11·12
11	**1264**	삼상1	롬 1	렘40	시13·14
12	**1270**	삼상2	롬 2	렘41	시15·16
13	**1275**	삼상3	롬 3	렘42	시17
14	**1280**	삼상4	롬 4	렘43	시18
15	**1285**	삼상5·6	롬 5	렘44	시19
16	**1292**	삼상7·8	롬 6	렘45	시20·21
17	**1296**	삼상9	롬 7	렘46	시22
18	**1302**	삼상10	롬 8	렘47	시23·24
19	**1307**	삼상11	롬 9	렘48	시25
20	**1313**	삼상12	롬10	렘49	시26·27
21	**1319**	삼상13	롬11	렘50	시28·29
22	**1326**	삼상14	롬12	렘51	시30
23	**1334**	삼상15	롬13	렘52	시31
24	**1340**	삼상16	롬14	애 1	시32
25	**1345**	삼상17	롬15	애 2	시33
26	**1352**	삼상18	롬16	애 3	시34
27	**1358**	삼상19	고전1	애 4	시35
28	**1363**	삼상20	고전2	애 5	시36
29	**1368**	삼상21·22	고전3	겔 1	시37
30	**1374**	삼상23	고전4	겔 2	시38
31	**1379**	삼상24	고전5	겔 3	시39

September 09

날짜	page	가정		개인	
1	**1385**	삼상25	고전 6	겔 4	시40·41
2	**1391**	삼상26	고전 7	겔 5	시42·43
3	**1396**	삼상27	고전 8	겔 6	시44
4	**1400**	삼상28	고전 9	겔 7	시45·46
5	**1405**	삼상29·30	고전10	겔 8	시47
6	**1411**	삼상31	고전11	겔 9	시48
7	**1414**	삼하 1	고전12	겔10	시49
8	**1419**	삼하 2	고전13	겔11	시50
9	**1424**	삼하 3	고전14	겔12	시51
10	**1430**	삼하4·5	고전15	겔13	시52~54
11	**1438**	삼하 6	고전16	겔14	시55
12	**1442**	삼하 7	고후 1	겔15	시56·57
13	**1447**	삼하8·9	고후 2	겔16	시58·59
14	**1454**	삼하10	고후 3	겔17	시60·61
15	**1459**	삼하11	고후 4	겔18	시62·63
16	**1464**	삼하12	고후 5	겔19	시64·65
17	**1469**	삼하13	고후 6	겔20	시66·67
18	**1476**	삼하14	고후 7	겔21	시68
19	**1483**	삼하15	고후 8	겔22	시69
20	**1489**	삼하16	고후 9	겔23	시70·71
21	**1495**	삼하17	고후10	겔24	시72
22	**1500**	삼하18	고후11	겔25	시73
23	**1506**	삼하19	고후12	겔26	시74
24	**1513**	삼하20	고후13	겔27	시75·76
25	**1518**	삼하21	갈 1	겔28	시77
26	**1523**	삼하22	갈 2	겔29	시78:1~37
27	**1529**	삼하23	갈 3	겔30	시78:38~72
28	**1535**	삼하24	갈 4	겔31	시79
29	**1540**	왕상 1	갈 5	겔32	시80
30	**1547**	왕상 2	갈 6	겔33	시81·82

October 10

날짜	page	가정		개인	
1	**1555**	왕상 3	엡 1	겔34	시83·84
2	**1560**	왕상4·5	엡 2	겔35	시85
3	**1565**	왕상 6	엡 3	겔36	시86
4	**1571**	왕상 7	엡 4	겔37	시87·88
5	**1578**	왕상 8	엡 5	겔38	시89
6	**1586**	왕상 9	엡 6	겔39	시90
7	**1591**	왕상10	빌 1	겔40	시91
8	**1598**	왕상11	빌 2	겔41	시92·93
9	**1603**	왕상12	빌 3	겔42	시94
10	**1608**	왕상13	빌 4	겔43	시95·96
11	**1614**	왕상14	골 1	겔44	시97·98
12	**1620**	왕상15	골 2	겔45	시99~101
13	**1625**	왕상16	골 3	겔46	시102
14	**1631**	왕상17	골 4	겔47	시103
15	**1635**	왕상18	살전 1	겔48	시104
16	**1642**	왕상19	살전 2	단 1	시105
17	**1647**	왕상20	살전 3	단 2	시106
18	**1655**	왕상21	살전 4	단 3	시107
19	**1661**	왕상22	살전 5	단 4	시108·109
20	**1669**	왕하 1	살후 1	단 5	시110·111
21	**1674**	왕하 2	살후 2	단 6	시112·113
22	**1679**	왕하 3	살후 3	단 7	시114·115
23	**1684**	왕하 4	딤전 1	단 8	시116
24	**1690**	왕하 5	딤전 2	단 9	시117·118
25	**1695**	왕하 6	딤전 3	단10	시119:1~24
26	**1700**	왕하 7	딤전 4	단11	시119:25~48
27	**1706**	왕하 8	딤전 5	단12	시119:49~72
28	**1710**	왕하 9	딤전 6	호 1	시119:73~96
29	**1715**	왕하10	딤후 1	호 2	시119:97~120
30	**1721**	왕하11·12	딤후 2	호3·4	시119:121~144
31	**1726**	왕하13	딤후 3	호5·6	시119:145~176

November 11

날짜	page	가정		개인	
1	**1733**	왕하14	딤후4	호 7	시120~122
2	**1737**	왕하15	딛 1	호 8	시123~125
3	**1741**	왕하16	딛 2	호 9	시126~128
4	**1745**	왕하17	딛 3	호10	시129~131
5	**1750**	왕하18	몬 1	호11	시132~134
6	**1755**	왕하19	히 1	호12	시135·136
7	**1760**	왕하20	히 2	호13	시137·138
8	**1765**	왕하21	히 3	호14	시139
9	**1768**	왕하22	히 4	욜 1	시140·141
10	**1773**	왕하23	히 5	욜 2	시142
11	**1778**	왕하24	히 6	욜 3	시143
12	**1782**	왕하25	히 7	암 1	시144
13	**1787**	대상1·2	히 8	암 2	시145
14	**1793**	대상3·4	히 9	암 3	시146·147
15	**1799**	대상5·6	히10	암 4	시148·150
16	**1807**	대상7·8	히11	암 5	눅1:1~38
17	**1815**	대상9·10	히12	암 6	눅1:39~80
18	**1822**	대상11·12	히13	암 7	눅 2
19	**1830**	대상13·14	약 1	암 8	눅 3
20	**1836**	대상15	약 2	암 9	눅 4
21	**1841**	대상16	약 3	옵 1	눅 5
22	**1847**	대상17	약 4	욘 1	눅 6
23	**1853**	대상18	약 5	욘 2	눅 7
24	**1858**	대상19·20	벧전1	욘 3	눅 8
25	**1864**	대상21	벧전2	욘 4	눅 9
26	**1871**	대상22	벧전3	미 1	눅10
27	**1877**	대상23	벧전4	미 2	눅11
28	**1882**	대상24·25	벧전5	미 3	눅12
29	**1889**	대상26·27	벧후1	미 4	눅13
30	**1896**	대상28	벧후2	미 5	눅14

December 12

날짜	page	가정		개인	
1	**1903**	대상29	벧후3	미 6	눅15
2	**1908**	대하 1	요일 1	미 7	눅16
3	**1912**	대하 2	요일 2	나 1	눅17
4	**1917**	대하3·4	요일 3	나 2	눅18
5	**1923**	대하5·6:1~11	요일 4	나 3	눅19
6	**1929**	대하6:12~42	요일 5	합 1	눅20
7	**1935**	대하 7	요이 1	합 2	눅21
8	**1940**	대하 8	요삼 1	합 3	눅22
9	**1946**	대하 9	유 1	습 1	눅23
10	**1952**	대하10	계 1	습 2	눅24
11	**1958**	대하11·12	계 2	습 3	요 1
12	**1965**	대하13	계 3	학 1	요 2
13	**1969**	대하14·15	계 4	학 2	요 3
14	**1975**	대하16	계 5	슥 1	요 4
15	**1980**	대하17	계 6	슥 2	요 5
16	**1985**	대하18	계 7	슥 3	요 6
17	**1992**	대하19·20	계 8	슥 4	요 7
18	**1998**	대하21	계 9	슥 5	요 8
19	**2004**	대하22·23	계10	슥 6	요 9
20	**2009**	대하24	계11	슥 7	요10
21	**2015**	대하25	계12	슥 8	요11
22	**2021**	대하26	계13	슥 9	요12
23	**2027**	대하27·28	계14	슥10	요13
24	**2033**	대하29	계15	슥11	요14
25	**2038**	대하30	계16	슥12·13:1	요15
26	**2043**	대하31	계17	슥13:2~9	요16
27	**2048**	대하32	계18	슥14	요17
28	**2054**	대하33	계19	말 1	요18
29	**2060**	대하34	계20	말 2	요19
30	**2066**	대하35	계21	말 3	요20
31	**2072**	대하36	계22	말 4	요21

맥체인 성경 읽기표

January 01

날짜	page	가정		개인	
1	**1**	창 1	마 1	스 1	행 1
2	**5**	창 2	마 2	스 2	행 2
3	**12**	창 3	마 3	스 3	행 3
4	**16**	창 4	마 4	스 4	행 4
5	**22**	창 5	마 5	스 5	행 5
6	**28**	창 6	마 6	스 6	행 6
7	**33**	창 7	마 7	스 7	행 7
8	**39**	창 8	마 8	스 8	행 8
9	**46**	창9·10	마 9	스 9	행 9
10	**53**	창11	마10	스10	행10
11	**60**	창12	마11	느 1	행11
12	**65**	창13	마12	느 2	행12
13	**70**	창14	마13	느 3	행13
14	**78**	창15	마14	느 4	행14
15	**83**	창16	마15	느 5	행15
16	**89**	창17	마16	느 6	행16
17	**95**	창18	마17	느 7	행17
18	**102**	창19	마18	느 8	행18
19	**108**	창20	마19	느 9	행19
20	**115**	창21	마20	느10	행20
21	**121**	창22	마21	느11	행21
22	**128**	창23	마22	느12	행22
23	**135**	창24	마23	느13	행23
24	**144**	창25	마24	에 1	행24
25	**150**	창26	마25	에 2	행25
26	**157**	창27	마26	에 3	행26
27	**165**	창28	마27	에 4	행27
28	**172**	창29	마28	에 5	행28
29	**177**	창30	막 1	에 6	롬 1
30	**184**	창31	막 2	에 7	롬 2
31	**190**	창32	막 3	에 8	롬 3

February 02

날짜	page	가정		개인	
1	**197**	창33	막 4	에9·10	롬 4
2	**202**	창34	막 5	욥 1	롬 5
3	**208**	창35·36	막 6	욥 2	롬 6
4	**216**	창37	막 7	욥 3	롬 7
5	**222**	창38	막 8	욥 4	롬 8
6	**228**	창39	막 9	욥 5	롬 9
7	**234**	창40	막10	욥 6	롬10
8	**239**	창41	막11	욥 7	롬11
9	**246**	창42	막12	욥 8	롬12
10	**252**	창43	막13	욥 9	롬13
11	**258**	창44	막14	욥10	롬14
12	**265**	창45	막15	욥11	롬15
13	**271**	창46	막16	욥12	롬16
14	**276**	창47	눅1:1~38	욥13	고전1
15	**282**	창48	눅1:39~80	욥14	고전2
16	**286**	창49	눅 2	욥15	고전3
17	**292**	창50	눅 3	욥16·17	고전4
18	**298**	출 1	눅 4	욥18	고전5
19	**303**	출 2	눅 5	욥19	고전6
20	**308**	출 3	눅 6	욥20	고전7
21	**315**	출 4	눅 7	욥21	고전8
22	**321**	출 5	눅 8	욥22	고전9
23	**327**	출 6	눅 9	욥23	고전10
24	**334**	출 7	눅10	욥24	고전11
25	**340**	출 8	눅11	욥25·26	고전12
26	**346**	출 9	눅12	욥27	고전13
27	**352**	출10	눅13	욥28	고전14
28	**359**	출11·12:1~21	눅14	욥29	고전15

March 03

날짜	page	가정		개인	
1	**367**	출12:22~51	눅15	욥30	고전16
2	**372**	출13	눅16	욥31	고후 1
3	**377**	출14	눅17	욥32	고후 2
4	**382**	출15	눅18	욥33	고후 3
5	**388**	출16	눅19	욥34	고후 4
6	**394**	출17	눅20	욥35	고후 5
7	**399**	출18	눅21	욥36	고후 6
8	**404**	출19	눅22	욥37	고후 7
9	**411**	출20	눅23	욥38	고후 8
10	**417**	출21	눅24	욥39	고후 9
11	**422**	출22	요 1	욥40	고후10
12	**428**	출23	요 2	욥41	고후11
13	**433**	출24	요 3	욥42	고후12
14	**438**	출25	요 4	잠 1	고후13
15	**444**	출26	요 5	잠 2	갈 1
16	**449**	출27	요 6	잠 3	갈 2
17	**456**	출28	요 7	잠 4	갈 3
18	**463**	출29	요 8	잠 5	갈 4
19	**470**	출30	요 9	잠 6	갈 5
20	**476**	출31	요10	잠 7	갈 6
21	**480**	출32	요11	잠 8	엡 1
22	**487**	출33	요12	잠 9	엡 2
23	**492**	출34	요13	잠10	엡 3
24	**498**	출35	요14	잠11	엡 4
25	**504**	출36	요15	잠12	엡 5
26	**509**	출37	요16	잠13	엡 6
27	**514**	출38	요17	잠14	빌 1
28	**520**	출39	요18	잠15	빌 2
29	**526**	출40	요19	잠16	빌 3
30	**532**	레 1	요20	잠17	빌 4
31	**537**	레2·3	요21	잠18	골 1

April 04

날짜	page	가정		개인	
1	**543**	레 4	시1·2	잠19	골 2
2	**547**	레 5	시3·4	잠20	골 3
3	**551**	레 6	시5·6	잠21	골 4
4	**556**	레 7	시7·8	잠22	살전1
5	**560**	레 8	시 9	잠23	살전2
6	**565**	레 9	시10	잠24	살전3
7	**569**	레10	시11·12	잠25	살전4
8	**573**	레11·12	시13·14	잠26	살전5
9	**578**	레13	시15·16	잠27	살후1
10	**583**	레14	시17	잠28	살후2
11	**589**	레15	시18	잠29	살후3
12	**594**	레16	시19	잠30	딤전1
13	**599**	레17	시20·21	잠31	딤전2
14	**603**	레18	시22	전 1	딤전3
15	**607**	레19	시23·24	전 2	딤전4
16	**611**	레20	시25	전 3	딤전5
17	**616**	레21	시26·27	전 4	딤전6
18	**620**	레22	시28·29	전 5	딤후1
19	**625**	레23	시30	전 6	딤후2
20	**629**	레24	시31	전 7	딤후3
21	**634**	레25	시32	전 8	딤후4
22	**639**	레26	시33	전 9	딛 1
23	**644**	레27	시34	전10	딛 2
24	**648**	민 1	시35	전11	딛 3
25	**653**	민 2	시36	전12	몬 1
26	**656**	민 3	시37	아 1	히 1
27	**662**	민 4	시38	아 2	히 2
28	**666**	민 5	시39	아 3	히 3
29	**670**	민 6	시40·41	아 4	히 4
30	**675**	민 7	시42·43	아 5	히 5

May 05

날짜	page	가정		개인	
1	**683**	민 8	시44	아 6	히 6
2	**687**	민 9	시45	아 7	히 7
3	**691**	민10	시46·47	아 8	히 8
4	**695**	민11	시48	사 1	히 9
5	**700**	민12·13	시49	사 2	히10
6	**706**	민14	시50	사3·4	히11
7	**712**	민15	시51	사 5	히12
8	**718**	민16	시52~54	사 6	히13
9	**724**	민17·18	시55	사 7	약 1
10	**730**	민19	시56·57	사8·9:1~7	약 2
11	**735**	민20	시58·59	사9:8~10:4	약 3
12	**740**	민21	시60·61	사10:5~34	약 4
13	**745**	민22	시62·63	사11·12	약 5
14	**751**	민23	시64·65	사13	벧전1
15	**756**	민24	시66·67	사14	벧전2
16	**761**	민25	시68	사15	벧전3
17	**766**	민26	시69	사16	벧전4
18	**772**	민27	시70·71	사17·18	벧전5
19	**776**	민28	시72	사19·20	벧후1
20	**781**	민29	시73	사21	벧후2
21	**786**	민30	시74	사22	벧후3
22	**790**	민31	시75·76	사23	요일1
23	**795**	민32	시77	사24	요일2
24	**800**	민33	시78:1~37	사25	요일3
25	**806**	민34	시78:38~72	사26	요일4
26	**810**	민35	시79	사27	요일5
27	**815**	민36	시80	사28	요이1
28	**819**	신 1	시81·82	사29	요삼1
29	**824**	신 2	시83·84	사30	유 1
30	**831**	신 3	시85	사31	계 1
31	**835**	신 4	시86·87	사32	계 2

June 06

날짜	page	가정		개인	
1	**843**	신 5	시88	사33	계 3
2	**848**	신 6	시89	사34	계 4
3	**853**	신 7	시90	사35	계 5
4	**856**	신 8	시91	사36	계 6
5	**860**	신 9	시92·93	사37	계 7
6	**866**	신10	시94	사38	계 8
7	**870**	신11	시95·96	사39	계 9
8	**874**	신12	시97·98	사40	계10
9	**879**	신13·14	시99~101	사41	계11
10	**885**	신15	시102	사42	계12
11	**890**	신16	시103	사43	계13
12	**894**	신17	시104	사44	계14
13	**900**	신18	시105	사45	계15
14	**905**	신19	시106	사46	계16
15	**910**	신20	시107	사47	계17
16	**914**	신21	시108·109	사48	계18
17	**920**	신22	시110·111	사49	계19
18	**925**	신23	시112·113	사50	계20
19	**929**	신24	시114·115	사51	계21
20	**934**	신25	시116	사52	계22
21	**938**	신26	시117·118	사53	마 1
22	**942**	신27·28:1~19	시119:1~24	사54	마 2
23	**947**	신28:20~68	시119:25~48	사55	마 3
24	**953**	신29	시119:49~72	사56	마 4
25	**957**	신30	시119:73~96	사57	마 5
26	**963**	신31	시119:97~120	사58	마 6
27	**968**	신32	시119:121~144	사59	마 7
28	**974**	신33·34	시119:145~176	사60	마 8
29	**981**	수 1	시120~122	사61	마 9
30	**985**	수 2	시123~125	사62	마10

맥체인 성경 읽기표

QT와 성경통독을 하나로

[맥체인성경365_목차]

구약 page

창세기(창)	1	역대하(대하)	1908	다니엘(단)	1644
출애굽기(출)	298	에스라(스)	3	호세아(호)	1713
레위기(레)	532	느헤미야(느)	62	요엘(욜)	1770
민수기(민)	648	에스더(에)	147	아모스(암)	1785
신명기(신)	819	욥기(욥)	206	오바댜(옵)	1844
여호수아(수)	981	시편(시)	544/1228	요나(욘)	1850
사사기(삿)	1102	잠언(잠)	442	미가(미)	1874
룻기(룻)	1246	전도서(전)	605	나훔(나)	1915
사무엘상(삼상)	1264	아가(아)	660	하박국(합)	1932
사무엘하(삼하)	1414	이사야(사)	697	스바냐(습)	1949
열왕기상(왕상)	1540	예레미야(렘)	1015	학개(학)	1967
열왕기하(왕하)	1669	예레미야애가(애)	1342	스가랴(슥)	1977
역대상(대상)	1787	에스겔(겔)	1371	말라기(말)	2057

신약 page

마태복음(마)	2/941	에베소서(엡)	485/1556	히브리서(히)	661/1757
마가복음(막)	179/1112	빌립보서(빌)	518/1593	야고보서(약)	729/1832
누가복음(눅)	277/1813	골로새서(골)	540/1616	베드로전서(벧전)	754/1860
요한복음(요)	424/1962	데살로니가전서(살전)	560/1638	베드로후서(벧후)	780/1892
사도행전(행)	4/1073	데살로니가후서(살후)	582/1670	요한일서(요일)	794/1909
로마서(롬)	182/1266	디모데전서(딤전)	598/1686	요한이서(요이)	818/1937
고린도전서(고전)	280/1359	디모데후서(딤후)	624/1718	요한삼서(요삼)	823/1941
고린도후서(고후)	376/1444	디도서(딛)	643/1739	유다서(유)	829/1947
갈라디아서(갈)	448/1519	빌레몬서(몬)	655/1752	요한계시록(계)	834/1952

새벽기도회 살리기 · 구역모임(소그룹) 살리기

마틴로이드존스, 존스토트 목사가 수십년간 사용했던 검증된 방식

[맥체인 성경 읽기표]

맥체인 성경 읽기표는 1842년 맥체인이 자신이 목양하던 성베드로교회 성도들의 영적 성장을 위해 개발한 것으로, 매일 구약과 신약을 각각 2장씩 읽음으로써 1년에 구약 1회, 신약과 시편을 각 2회 정독할 수 있도록 만든 표입니다. 이와 같은 맥체인의 방법에 따라 신구약 성경 전체를 골고루 4등분해서 동시에 읽으면, 성경에 기록된 장구한 구속사를 크게 네 시대로 나누어 동시에 묵상할 수 있습니다.

(1) 창세기 ~ 역대하 : 만물의 시작과 이스라엘의 시작

(2) 에스라 ~ 말라기 : 이스라엘의 멸망과 새 시대의 시작

(3) 마태복음 ~ 요한복음 : 예수의 복음사역과 십자가 구속

(4) 사도행전 ~ 요한계시록 : 교회의 시작과 선교

▶《맥체인 성경 365》 말씀연결 사용하는 법

① 네 성경 본문의 소주제를 통해 중심 단어나 문장을 말씀으로 묵상한다.

② 네 본문의 말씀을 순서대로, 천천히 읽는다.

③ 두 본문에서 반복되는 단어나 유사한 문맥을 찾아 서로 연결한다.

④ 본문에서 반대의 뜻을 가진 단어나 문장을 찾는다.

⑤ 두 권의 책에서 공통되는 하나님의 말씀을 연결하여 기록한다.

⑥ 연결되는 말씀을 다른 두 권으로 확대하여 네 권 전체에 흐르는 하나님의 생각과 베푸신 은혜를 누리고, 그 내용을 적어본다.

⑦ 본문에서 지도자나 인도자로부터 배운 신학 주제나 교리들이 함축하고 있는 문맥의 짝을 찾아본다.

⑧ 중심 주제를 필두로, 삶에 적용할 일들을 적어보고 생활 중에 실천함으로써 변화를 경험해 본다.

⑨ 하나님이 오늘 나에게 주신 말씀들을 통하여 가르침, 명령과 약속 권면, 경고 및 행해야 할 일들을 하나님과 대화하는 마음으로(기도) 성경읽기를 마무리한다.

July 07

날짜	page	가정		개인	
1	**991**	수 3	시126~128	사63	마11
2	**995**	수 4	시129~131	사64	마12
3	**1000**	수5·6:1~5	시132~134	사65	마13
4	**1006**	수6:6~27	시135·136	사66	마14
5	**1013**	수 7	시137·138	렘 1	마15
6	**1018**	수 8	시139	렘 2	마16
7	**1025**	수 9	시140·141	렘 3	마17
8	**1031**	수10	시142·143	렘 4	마18
9	**1038**	수11	시144	렘 5	마19
10	**1043**	수12·13	시145	렘 6	마20
11	**1050**	수14·15	시146·147	렘 7	마21
12	**1058**	수16·17	시148	렘 8	마22
13	**1064**	수18·19	시149·150	렘 9	마23
14	**1071**	수20·21	행 1	렘10	마24
15	**1078**	수22	행 2	렘11	마25
16	**1087**	수23	행 3	렘12	마26
17	**1094**	수24	행 4	렘13	마27
18	**1102**	삿 1	행 5	렘14	마28
19	**1108**	삿 2	행 6	렘15	막 1
20	**1114**	삿 3	행 7	렘16	막 2
21	**1121**	삿 4	행 8	렘17	막 3
22	**1127**	삿 5	행 9	렘18	막 4
23	**1134**	삿 6	행10	렘19	막 5
24	**1142**	삿 7	행11	렘20	막 6
25	**1149**	삿 8	행12	렘21	막 7
26	**1154**	삿 9	행13	렘22	막 8
27	**1164**	삿10·11:1~11	행14	렘23	막 9
28	**1171**	삿11:12~40	행15	렘24	막10
29	**1178**	삿12	행16	렘25	막11
30	**1185**	삿13	행17	렘26	막12
31	**1192**	삿14	행18	렘27	막13

August 08

날짜	page	가정		개인	
1	**1199**	삿15	행19	렘28	막14
2	**1206**	삿16	행20	렘29	막15
3	**1214**	삿17	행21	렘30·31	막16
4	**1222**	삿18	행22	렘32	시1·2
5	**1228**	삿19	행23	렘33	시3·4
6	**1234**	삿20	행24	렘34	시5·6
7	**1241**	삿21	행25	렘35	시7·8
8	**1246**	룻 1	행26	렘36·37	시 9
9	**1253**	룻 2	행27	렘38	시10
10	**1259**	룻3·4	행28	렘39	시11·12
11	**1264**	삼상1	롬 1	렘40	시13·14
12	**1270**	삼상2	롬 2	렘41	시15·16
13	**1275**	삼상3	롬 3	렘42	시17
14	**1280**	삼상4	롬 4	렘43	시18
15	**1285**	삼상5·6	롬 5	렘44	시19
16	**1292**	삼상7·8	롬 6	렘45	시20·21
17	**1296**	삼상9	롬 7	렘46	시22
18	**1302**	삼상10	롬 8	렘47	시23·24
19	**1307**	삼상11	롬 9	렘48	시25
20	**1313**	삼상12	롬10	렘49	시26·27
21	**1319**	삼상13	롬11	렘50	시28·29
22	**1326**	삼상14	롬12	렘51	시30
23	**1334**	삼상15	롬13	렘52	시31
24	**1340**	삼상16	롬14	애 1	시32
25	**1345**	삼상17	롬15	애 2	시33
26	**1352**	삼상18	롬16	애 3	시34
27	**1358**	삼상19	고전1	애 4	시35
28	**1363**	삼상20	고전2	애 5	시36
29	**1368**	삼상21·22	고전3	겔 1	시37
30	**1374**	삼상23	고전4	겔 2	시38
31	**1379**	삼상24	고전5	겔 3	시39

September 09

날짜	page	가정		개인	
1	**1385**	삼상25	고전 6	겔 4	시40·41
2	**1391**	삼상26	고전 7	겔 5	시42·43
3	**1396**	삼상27	고전 8	겔 6	시44
4	**1400**	삼상28	고전 9	겔 7	시45·46
5	**1405**	삼상29·30	고전10	겔 8	시47
6	**1411**	삼상31	고전11	겔 9	시48
7	**1414**	삼하 1	고전12	겔10	시49
8	**1419**	삼하 2	고전13	겔11	시50
9	**1424**	삼하 3	고전14	겔12	시51
10	**1430**	삼하4·5	고전15	겔13	시52~54
11	**1438**	삼하 6	고전16	겔14	시55
12	**1442**	삼하 7	고후 1	겔15	시56·57
13	**1447**	삼하8·9	고후 2	겔16	시58·59
14	**1454**	삼하10	고후 3	겔17	시60·61
15	**1459**	삼하11	고후 4	겔18	시62·63
16	**1464**	삼하12	고후 5	겔19	시64·65
17	**1469**	삼하13	고후 6	겔20	시66·67
18	**1476**	삼하14	고후 7	겔21	시68
19	**1483**	삼하15	고후 8	겔22	시69
20	**1489**	삼하16	고후 9	겔23	시70·71
21	**1495**	삼하17	고후10	겔24	시72
22	**1500**	삼하18	고후11	겔25	시73
23	**1506**	삼하19	고후12	겔26	시74
24	**1513**	삼하20	고후13	겔27	시75·76
25	**1518**	삼하21	갈 1	겔28	시77
26	**1523**	삼하22	갈 2	겔29	시78:1~37
27	**1529**	삼하23	갈 3	겔30	시78:38~72
28	**1535**	삼하24	갈 4	겔31	시79
29	**1540**	왕상 1	갈 5	겔32	시80
30	**1547**	왕상 2	갈 6	겔33	시81·82

October 10

날짜	page	가정		개인	
1	**1555**	왕상 3	엡 1	겔34	시83·84
2	**1560**	왕상4·5	엡 2	겔35	시85
3	**1565**	왕상 6	엡 3	겔36	시86
4	**1571**	왕상 7	엡 4	겔37	시87·88
5	**1578**	왕상 8	엡 5	겔38	시89
6	**1586**	왕상 9	엡 6	겔39	시90
7	**1591**	왕상10	빌 1	겔40	시91
8	**1598**	왕상11	빌 2	겔41	시92·93
9	**1603**	왕상12	빌 3	겔42	시94
10	**1608**	왕상13	빌 4	겔43	시95·96
11	**1614**	왕상14	골 1	겔44	시97·98
12	**1620**	왕상15	골 2	겔45	시99~101
13	**1625**	왕상16	골 3	겔46	시102
14	**1631**	왕상17	골 4	겔47	시103
15	**1635**	왕상18	살전 1	겔48	시104
16	**1642**	왕상19	살전 2	단 1	시105
17	**1647**	왕상20	살전 3	단 2	시106
18	**1655**	왕상21	살전 4	단 3	시107
19	**1661**	왕상22	살전 5	단 4	시108·109
20	**1669**	왕하 1	살후 1	단 5	시110·111
21	**1674**	왕하 2	살후 2	단 6	시112·113
22	**1679**	왕하 3	살후 3	단 7	시114·115
23	**1684**	왕하 4	딤전 1	단 8	시116
24	**1690**	왕하 5	딤전 2	단 9	시117·118
25	**1695**	왕하 6	딤전 3	단10	시119:1~24
26	**1700**	왕하 7	딤전 4	단11	시119:25~48
27	**1706**	왕하 8	딤전 5	단12	시119:49~72
28	**1710**	왕하 9	딤전 6	호 1	시119:73~96
29	**1715**	왕하10	딤후 1	호 2	시119:97~120
30	**1721**	왕하11·12	딤후 2	호3·4	시119:121~144
31	**1726**	왕하13	딤후 3	호5·6	시119:145~176

November 11

날짜	page	가정		개인	
1	**1733**	왕하14	딤후4	호 7	시120~122
2	**1737**	왕하15	딛 1	호 8	시123~125
3	**1741**	왕하16	딛 2	호 9	시126~128
4	**1745**	왕하17	딛 3	호10	시129~131
5	**1750**	왕하18	몬 1	호11	시132~134
6	**1755**	왕하19	히 1	호12	시135·136
7	**1760**	왕하20	히 2	호13	시137·138
8	**1765**	왕하21	히 3	호14	시139
9	**1768**	왕하22	히 4	욜 1	시140·141
10	**1773**	왕하23	히 5	욜 2	시142
11	**1778**	왕하24	히 6	욜 3	시143
12	**1782**	왕하25	히 7	암 1	시144
13	**1787**	대상1·2	히 8	암 2	시145
14	**1793**	대상3·4	히 9	암 3	시146·147
15	**1799**	대상5·6	히10	암 4	시148·150
16	**1807**	대상7·8	히11	암 5	눅1:1~38
17	**1815**	대상9·10	히12	암 6	눅1:39~80
18	**1822**	대상11·12	히13	암 7	눅 2
19	**1830**	대상13·14	약 1	암 8	눅 3
20	**1836**	대상15	약 2	암 9	눅 4
21	**1841**	대상16	약 3	옵 1	눅 5
22	**1847**	대상17	약 4	욘 1	눅 6
23	**1853**	대상18	약 5	욘 2	눅 7
24	**1858**	대상19·20	벧전1	욘 3	눅 8
25	**1864**	대상21	벧전2	욘 4	눅 9
26	**1871**	대상22	벧전3	미 1	눅10
27	**1877**	대상23	벧전4	미 2	눅11
28	**1882**	대상24·25	벧전5	미 3	눅12
29	**1889**	대상26·27	벧후1	미 4	눅13
30	**1896**	대상28	벧후2	미 5	눅14

December 12

날짜	page	가정		개인	
1	**1903**	대상29	벧후3	미 6	눅15
2	**1908**	대하 1	요일 1	미 7	눅16
3	**1912**	대하 2	요일 2	나 1	눅17
4	**1917**	대하3·4	요일 3	나 2	눅18
5	**1923**	대하5·6:1~11	요일 4	나 3	눅19
6	**1929**	대하6:12~42	요일 5	합 1	눅20
7	**1935**	대하 7	요이 1	합 2	눅21
8	**1940**	대하 8	요삼 1	합 3	눅22
9	**1946**	대하 9	유 1	습 1	눅23
10	**1952**	대하10	계 1	습 2	눅24
11	**1958**	대하11·12	계 2	습 3	요 1
12	**1965**	대하13	계 3	학 1	요 2
13	**1969**	대하14·15	계 4	학 2	요 3
14	**1975**	대하16	계 5	슥 1	요 4
15	**1980**	대하17	계 6	슥 2	요 5
16	**1985**	대하18	계 7	슥 3	요 6
17	**1992**	대하19·20	계 8	슥 4	요 7
18	**1998**	대하21	계 9	슥 5	요 8
19	**2004**	대하22·23	계10	슥 6	요 9
20	**2009**	대하24	계11	슥 7	요10
21	**2015**	대하25	계12	슥 8	요11
22	**2021**	대하26	계13	슥 9	요12
23	**2027**	대하27·28	계14	슥10	요13
24	**2033**	대하29	계15	슥11	요14
25	**2038**	대하30	계16	슥12·13:1	요15
26	**2043**	대하31	계17	슥13:2~9	요16
27	**2048**	대하32	계18	슥14	요17
28	**2054**	대하33	계19	말 1	요18
29	**2060**	대하34	계20	말 2	요19
30	**2066**	대하35	계21	말 3	요20
31	**2072**	대하36	계22	말 4	요21

맥체인 성경 읽기표

January 01

날짜	page	가정		개인	
1	**1**	창 1	마 1	스 1	행 1
2	**5**	창 2	마 2	스 2	행 2
3	**12**	창 3	마 3	스 3	행 3
4	**16**	창 4	마 4	스 4	행 4
5	**22**	창 5	마 5	스 5	행 5
6	**28**	창 6	마 6	스 6	행 6
7	**33**	창 7	마 7	스 7	행 7
8	**39**	창 8	마 8	스 8	행 8
9	**46**	창9·10	마 9	스 9	행 9
10	**53**	창11	마10	스10	행10
11	**60**	창12	마11	느 1	행11
12	**65**	창13	마12	느 2	행12
13	**70**	창14	마13	느 3	행13
14	**78**	창15	마14	느 4	행14
15	**83**	창16	마15	느 5	행15
16	**89**	창17	마16	느 6	행16
17	**95**	창18	마17	느 7	행17
18	**102**	창19	마18	느 8	행18
19	**108**	창20	마19	느 9	행19
20	**115**	창21	마20	느10	행20
21	**121**	창22	마21	느11	행21
22	**128**	창23	마22	느12	행22
23	**135**	창24	마23	느13	행23
24	**144**	창25	마24	에 1	행24
25	**150**	창26	마25	에 2	행25
26	**157**	창27	마26	에 3	행26
27	**165**	창28	마27	에 4	행27
28	**172**	창29	마28	에 5	행28
29	**177**	창30	막 1	에 6	롬 1
30	**184**	창31	막 2	에 7	롬 2
31	**190**	창32	막 3	에 8	롬 3

February 02

날짜	page	가정		개인	
1	**197**	창33	막 4	에9·10	롬 4
2	**202**	창34	막 5	욥 1	롬 5
3	**208**	창35·36	막 6	욥 2	롬 6
4	**216**	창37	막 7	욥 3	롬 7
5	**222**	창38	막 8	욥 4	롬 8
6	**228**	창39	막 9	욥 5	롬 9
7	**234**	창40	막10	욥 6	롬10
8	**239**	창41	막11	욥 7	롬11
9	**246**	창42	막12	욥 8	롬12
10	**252**	창43	막13	욥 9	롬13
11	**258**	창44	막14	욥10	롬14
12	**265**	창45	막15	욥11	롬15
13	**271**	창46	막16	욥12	롬16
14	**276**	창47	눅1:1~38	욥13	고전1
15	**282**	창48	눅1:39~80	욥14	고전2
16	**286**	창49	눅 2	욥15	고전3
17	**292**	창50	눅 3	욥16·17	고전4
18	**298**	출 1	눅 4	욥18	고전5
19	**303**	출 2	눅 5	욥19	고전6
20	**308**	출 3	눅 6	욥20	고전7
21	**315**	출 4	눅 7	욥21	고전8
22	**321**	출 5	눅 8	욥22	고전9
23	**327**	출 6	눅 9	욥23	고전10
24	**334**	출 7	눅10	욥24	고전11
25	**340**	출 8	눅11	욥25·26	고전12
26	**346**	출 9	눅12	욥27	고전13
27	**352**	출10	눅13	욥28	고전14
28	**359**	출11·12:1~21	눅14	욥29	고전15

March 03

날짜	page	가정		개인	
1	**367**	출12:22~51	눅15	욥30	고전16
2	**372**	출13	눅16	욥31	고후 1
3	**377**	출14	눅17	욥32	고후 2
4	**382**	출15	눅18	욥33	고후 3
5	**388**	출16	눅19	욥34	고후 4
6	**394**	출17	눅20	욥35	고후 5
7	**399**	출18	눅21	욥36	고후 6
8	**404**	출19	눅22	욥37	고후 7
9	**411**	출20	눅23	욥38	고후 8
10	**417**	출21	눅24	욥39	고후 9
11	**422**	출22	요 1	욥40	고후10
12	**428**	출23	요 2	욥41	고후11
13	**433**	출24	요 3	욥42	고후12
14	**438**	출25	요 4	잠 1	고후13
15	**444**	출26	요 5	잠 2	갈 1
16	**449**	출27	요 6	잠 3	갈 2
17	**456**	출28	요 7	잠 4	갈 3
18	**463**	출29	요 8	잠 5	갈 4
19	**470**	출30	요 9	잠 6	갈 5
20	**476**	출31	요10	잠 7	갈 6
21	**480**	출32	요11	잠 8	엡 1
22	**487**	출33	요12	잠 9	엡 2
23	**492**	출34	요13	잠10	엡 3
24	**498**	출35	요14	잠11	엡 4
25	**504**	출36	요15	잠12	엡 5
26	**509**	출37	요16	잠13	엡 6
27	**514**	출38	요17	잠14	빌 1
28	**520**	출39	요18	잠15	빌 2
29	**526**	출40	요19	잠16	빌 3
30	**532**	레 1	요20	잠17	빌 4
31	**537**	레2·3	요21	잠18	골 1

April 04

날짜	page	가정		개인	
1	**543**	레 4	시1·2	잠19	골 2
2	**547**	레 5	시3·4	잠20	골 3
3	**551**	레 6	시5·6	잠21	골 4
4	**556**	레 7	시7·8	잠22	살전1
5	**560**	레 8	시 9	잠23	살전2
6	**565**	레 9	시10	잠24	살전3
7	**569**	레10	시11·12	잠25	살전4
8	**573**	레11·12	시13·14	잠26	살전5
9	**578**	레13	시15·16	잠27	살후1
10	**583**	레14	시17	잠28	살후2
11	**589**	레15	시18	잠29	살후3
12	**594**	레16	시19	잠30	딤전1
13	**599**	레17	시20·21	잠31	딤전2
14	**603**	레18	시22	전 1	딤전3
15	**607**	레19	시23·24	전 2	딤전4
16	**611**	레20	시25	전 3	딤전5
17	**616**	레21	시26·27	전 4	딤전6
18	**620**	레22	시28·29	전 5	딤후1
19	**625**	레23	시30	전 6	딤후2
20	**629**	레24	시31	전 7	딤후3
21	**634**	레25	시32	전 8	딤후4
22	**639**	레26	시33	전 9	딛 1
23	**644**	레27	시34	전10	딛 2
24	**648**	민 1	시35	전11	딛 3
25	**653**	민 2	시36	전12	몬 1
26	**656**	민 3	시37	아 1	히 1
27	**662**	민 4	시38	아 2	히 2
28	**666**	민 5	시39	아 3	히 3
29	**670**	민 6	시40·41	아 4	히 4
30	**675**	민 7	시42·43	아 5	히 5

May 05

날짜	page	가정		개인	
1	683	민 8	시44	아 6	히 6
2	687	민 9	시45	아 7	히 7
3	691	민10	시46·47	아 8	히 8
4	695	민11	시48	사 1	히 9
5	700	민12·13	시49	사 2	히10
6	706	민14	시50	사3·4	히11
7	712	민15	시51	사 5	히12
8	718	민16	시52~54	사 6	히13
9	724	민17·18	시55	사 7	약 1
10	730	민19	시56·57	사8·9:1~7	약 2
11	735	민20	시58·59	사9:8~10:4	약 3
12	740	민21	시60·61	사10:5~34	약 4
13	745	민22	시62·63	사11·12	약 5
14	751	민23	시64·65	사13	벧전1
15	756	민24	시66·67	사14	벧전2
16	761	민25	시68	사15	벧전3
17	766	민26	시69	사16	벧전4
18	772	민27	시70·71	사17·18	벧전5
19	776	민28	시72	사19·20	벧후1
20	781	민29	시73	사21	벧후2
21	786	민30	시74	사22	벧후3
22	790	민31	시75·76	사23	요일1
23	795	민32	시77	사24	요일2
24	800	민33	시78:1~37	사25	요일3
25	806	민34	시78:38~72	사26	요일4
26	810	민35	시79	사27	요일5
27	815	민36	시80	사28	요이1
28	819	신 1	시81·82	사29	요삼1
29	824	신 2	시83·84	사30	유 1
30	831	신 3	시85	사31	계 1
31	835	신 4	시86·87	사32	계 2

June 06

날짜	page	가정		개인	
1	843	신 5	시88	사33	계 3
2	848	신 6	시89	사34	계 4
3	853	신 7	시90	사35	계 5
4	856	신 8	시91	사36	계 6
5	860	신 9	시92·93	사37	계 7
6	866	신10	시94	사38	계 8
7	870	신11	시95·96	사39	계 9
8	874	신12	시97·98	사40	계10
9	879	신13·14	시99~101	사41	계11
10	885	신15	시102	사42	계12
11	890	신16	시103	사43	계13
12	894	신17	시104	사44	계14
13	900	신18	시105	사45	계15
14	905	신19	시106	사46	계16
15	910	신20	시107	사47	계17
16	914	신21	시108·109	사48	계18
17	920	신22	시110·111	사49	계19
18	925	신23	시112·113	사50	계20
19	929	신24	시114·115	사51	계21
20	934	신25	시116	사52	계22
21	938	신26	시117·118	사53	마 1
22	942	신27·28:1~19	시119:1~24	사54	마 2
23	947	신28:20~68	시119:25~48	사55	마 3
24	953	신29	시119:49~72	사56	마 4
25	957	신30	시119:73~96	사57	마 5
26	963	신31	시119:97~120	사58	마 6
27	968	신32	시119:121~144	사59	마 7
28	974	신33·34	시119:145~176	사60	마 8
29	981	수 1	시120~122	사61	마 9
30	985	수 2	시123~125	사62	마10

[맥체인 성경 읽기표]

맥체인 성경 읽기표는 1842년 맥체인이 자신이 목양하던 성베드로교회 성도들의 영적 성장을 위해 개발한 것으로, 매일 구약과 신약을 각각 2장씩 읽음으로써 1년에 구약 1회, 신약과 시편을 각 2회 정독할 수 있도록 만든 표입니다. 이와 같은 맥체인의 방법에 따라 신구약 성경 전체를 골고루 4등분해서 동시에 읽으면, 성경에 기록된 장구한 구속사를 크게 네 시대로 나누어 동시에 묵상할 수 있습니다.

(1) 창세기 ~ 역대하 : 만물의 시작과 이스라엘의 시작
(2) 에스라 ~ 말라기 : 이스라엘의 멸망과 새 시대의 시작
(3) 마태복음 ~ 요한복음 : 예수의 복음사역과 십자가 구속
(4) 사도행전 ~ 요한계시록 : 교회의 시작과 선교

▶《맥체인 성경 365》 말씀연결 사용하는 법

① 네 성경 본문의 소주제를 통해 중심 단어나 문장을 말씀으로 묵상한다.
② 네 본문의 말씀을 순서대로, 천천히 읽는다.
③ 두 본문에서 반복되는 단어나 유사한 문맥을 찾아 서로 연결한다.
④ 본문에서 반대의 뜻을 가진 단어나 문장을 찾는다.
⑤ 두 권의 책에서 공통되는 하나님의 말씀을 연결하여 기록한다.
⑥ 연결되는 말씀을 다른 두 권으로 확대하여 네 권 전체에 흐르는 하나님의 생각과 베푸신 은혜를 누리고, 그 내용을 적어본다.
⑦ 본문에서 지도자나 인도자로부터 배운 신학 주제나 교리들이 함축하고 있는 문맥의 짝을 찾아본다.
⑧ 중심 주제를 필두로, 삶에 적용할 일들을 적어보고 생활 중에 실천함으로써 변화를 경험해 본다.
⑨ 하나님이 오늘 나에게 주신 말씀들을 통하여 가르침, 명령과 약속 권면, 경고 및 행해야 할 일들을 하나님과 대화하는 마음으로(기도) 성경읽기를 마무리한다.

July 07

날짜	page	가정		개인	
1	991	수 3	시126~128	사63	마11
2	995	수 4	시129~131	사64	마12
3	1000	수5·6:1~5	시132~134	사65	마13
4	1006	수6:6~27	시135·136	사66	마14
5	1013	수 7	시137·138	렘 1	마15
6	1018	수 8	시139	렘 2	마16
7	1025	수 9	시140·141	렘 3	마17
8	1031	수10	시142·143	렘 4	마18
9	1038	수11	시144	렘 5	마19
10	1043	수12·13	시145	렘 6	마20
11	1050	수14·15	시146·147	렘 7	마21
12	1058	수16·17	시148	렘 8	마22
13	1064	수18·19	시149·150	렘 9	마23
14	1071	수20·21	행 1	렘10	마24
15	1078	수22	행 2	렘11	마25
16	1087	수23	행 3	렘12	마26
17	1094	수24	행 4	렘13	마27
18	1102	삿 1	행 5	렘14	마28
19	1108	삿 2	행 6	렘15	막 1
20	1114	삿 3	행 7	렘16	막 2
21	1121	삿 4	행 8	렘17	막 3
22	1127	삿 5	행 9	렘18	막 4
23	1134	삿 6	행10	렘19	막 5
24	1142	삿 7	행11	렘20	막 6
25	1149	삿 8	행12	렘21	막 7
26	1154	삿 9	행13	렘22	막 8
27	1164	삿10·11:1~11	행14	렘23	막 9
28	1171	삿11:12~40	행15	렘24	막10
29	1178	삿12	행16	렘25	막11
30	1185	삿13	행17	렘26	막12
31	1192	삿14	행18	렘27	막13

August 08

날짜	page	가정		개인	
1	1199	삿15	행19	렘28	막14
2	1206	삿16	행20	렘29	막15
3	1214	삿17	행21	렘30·31	막16
4	1222	삿18	행22	렘32	시1·2
5	1228	삿19	행23	렘33	시3·4
6	1234	삿20	행24	렘34	시5·6
7	1241	삿21	행25	렘35	시7·8
8	1246	룻 1	행26	렘36·37	시 9
9	1253	룻 2	행27	렘38	시10
10	1259	룻3·4	행28	렘39	시11·12
11	1264	삼상1	롬 1	렘40	시13·14
12	1270	삼상2	롬 2	렘41	시15·16
13	1275	삼상3	롬 3	렘42	시17
14	1280	삼상4	롬 4	렘43	시18
15	1285	삼상5·6	롬 5	렘44	시19
16	1292	삼상7·8	롬 6	렘45	시20·21
17	1296	삼상9	롬 7	렘46	시22
18	1302	삼상10	롬 8	렘47	시23·24
19	1307	삼상11	롬 9	렘48	시25
20	1313	삼상12	롬10	렘49	시26·27
21	1319	삼상13	롬11	렘50	시28·29
22	1326	삼상14	롬12	렘51	시30
23	1334	삼상15	롬13	렘52	시31
24	1340	삼상16	롬14	애 1	시32
25	1345	삼상17	롬15	애 2	시33
26	1352	삼상18	롬16	애 3	시34
27	1358	삼상19	고전1	애 4	시35
28	1363	삼상20	고전2	애 5	시36
29	1368	삼상21·22	고전3	겔 1	시37
30	1374	삼상23	고전4	겔 2	시38
31	1379	삼상24	고전5	겔 3	시39

September 09

날짜	page	가정		개인	
1	**1385**	삼상25	고전 6	겔 4	시40·41
2	**1391**	삼상26	고전 7	겔 5	시42·43
3	**1396**	삼상27	고전 8	겔 6	시44
4	**1400**	삼상28	고전 9	겔 7	시45·46
5	**1405**	삼상29·30	고전10	겔 8	시47
6	**1411**	삼상31	고전11	겔 9	시48
7	**1414**	삼하 1	고전12	겔10	시49
8	**1419**	삼하 2	고전13	겔11	시50
9	**1424**	삼하 3	고전14	겔12	시51
10	**1430**	삼하4·5	고전15	겔13	시52~54
11	**1438**	삼하 6	고전16	겔14	시55
12	**1442**	삼하 7	고후 1	겔15	시56·57
13	**1447**	삼하8·9	고후 2	겔16	시58·59
14	**1454**	삼하10	고후 3	겔17	시60·61
15	**1459**	삼하11	고후 4	겔18	시62·63
16	**1464**	삼하12	고후 5	겔19	시64·65
17	**1469**	삼하13	고후 6	겔20	시66·67
18	**1476**	삼하14	고후 7	겔21	시68
19	**1483**	삼하15	고후 8	겔22	시69
20	**1489**	삼하16	고후 9	겔23	시70·71
21	**1495**	삼하17	고후10	겔24	시72
22	**1500**	삼하18	고후11	겔25	시73
23	**1506**	삼하19	고후12	겔26	시74
24	**1513**	삼하20	고후13	겔27	시75·76
25	**1518**	삼하21	갈 1	겔28	시77
26	**1523**	삼하22	갈 2	겔29	시78:1~37
27	**1529**	삼하23	갈 3	겔30	시78:38~72
28	**1535**	삼하24	갈 4	겔31	시79
29	**1540**	왕상 1	갈 5	겔32	시80
30	**1547**	왕상 2	갈 6	겔33	시81·82

October 10

날짜	page	가정		개인	
1	**1555**	왕상 3	엡 1	겔34	시83·84
2	**1560**	왕상4·5	엡 2	겔35	시85
3	**1565**	왕상 6	엡 3	겔36	시86
4	**1571**	왕상 7	엡 4	겔37	시87·88
5	**1578**	왕상 8	엡 5	겔38	시89
6	**1586**	왕상 9	엡 6	겔39	시90
7	**1591**	왕상10	빌 1	겔40	시91
8	**1598**	왕상11	빌 2	겔41	시92·93
9	**1603**	왕상12	빌 3	겔42	시94
10	**1608**	왕상13	빌 4	겔43	시95·96
11	**1614**	왕상14	골 1	겔44	시97·98
12	**1620**	왕상15	골 2	겔45	시99~101
13	**1625**	왕상16	골 3	겔46	시102
14	**1631**	왕상17	골 4	겔47	시103
15	**1635**	왕상18	살전 1	겔48	시104
16	**1642**	왕상19	살전 2	단 1	시105
17	**1647**	왕상20	살전 3	단 2	시106
18	**1655**	왕상21	살전 4	단 3	시107
19	**1661**	왕상22	살전 5	단 4	시108·109
20	**1669**	왕하 1	살후 1	단 5	시110·111
21	**1674**	왕하 2	살후 2	단 6	시112·113
22	**1679**	왕하 3	살후 3	단 7	시114·115
23	**1684**	왕하 4	딤전 1	단 8	시116
24	**1690**	왕하 5	딤전 2	단 9	시117·118
25	**1695**	왕하 6	딤전 3	단10	시119:1~24
26	**1700**	왕하 7	딤전 4	단11	시119:25~48
27	**1706**	왕하 8	딤전 5	단12	시119:49~72
28	**1710**	왕하 9	딤전 6	호 1	시119:73~96
29	**1715**	왕하10	딤후 1	호 2	시119:97~120
30	**1721**	왕하11·12	딤후 2	호3·4	시119:121~144
31	**1726**	왕하13	딤후 3	호5·6	시119:145~176

November 11

날짜	page	가정		개인	
1	**1733**	왕하14	딤후4	호 7	시120~122
2	**1737**	왕하15	딛 1	호 8	시123~125
3	**1741**	왕하16	딛 2	호 9	시126~128
4	**1745**	왕하17	딛 3	호10	시129~131
5	**1750**	왕하18	몬 1	호11	시132~134
6	**1755**	왕하19	히 1	호12	시135·136
7	**1760**	왕하20	히 2	호13	시137·138
8	**1765**	왕하21	히 3	호14	시139
9	**1768**	왕하22	히 4	욜 1	시140·141
10	**1773**	왕하23	히 5	욜 2	시142
11	**1778**	왕하24	히 6	욜 3	시143
12	**1782**	왕하25	히 7	암 1	시144
13	**1787**	대상1·2	히 8	암 2	시145
14	**1793**	대상3·4	히 9	암 3	시146·147
15	**1799**	대상5·6	히10	암 4	시148·150
16	**1807**	대상7·8	히11	암 5	눅1:1~38
17	**1815**	대상9·10	히12	암 6	눅1:39~80
18	**1822**	대상11·12	히13	암 7	눅 2
19	**1830**	대상13·14	약 1	암 8	눅 3
20	**1836**	대상15	약 2	암 9	눅 4
21	**1841**	대상16	약 3	옵 1	눅 5
22	**1847**	대상17	약 4	욘 1	눅 6
23	**1853**	대상18	약 5	욘 2	눅 7
24	**1858**	대상19·20	벧전1	욘 3	눅 8
25	**1864**	대상21	벧전2	욘 4	눅 9
26	**1871**	대상22	벧전3	미 1	눅10
27	**1877**	대상23	벧전4	미 2	눅11
28	**1882**	대상24·25	벧전5	미 3	눅12
29	**1889**	대상26·27	벧후1	미 4	눅13
30	**1896**	대상28	벧후2	미 5	눅14

December 12

날짜	page	가정		개인	
1	**1903**	대상29	벧후3	미 6	눅15
2	**1908**	대하 1	요일 1	미 7	눅16
3	**1912**	대하 2	요일 2	나 1	눅17
4	**1917**	대하3·4	요일 3	나 2	눅18
5	**1923**	대하5·6:1~11	요일 4	나 3	눅19
6	**1929**	대하6:12~42	요일 5	합 1	눅20
7	**1935**	대하 7	요이 1	합 2	눅21
8	**1940**	대하 8	요삼 1	합 3	눅22
9	**1946**	대하 9	유 1	습 1	눅23
10	**1952**	대하10	계 1	습 2	눅24
11	**1958**	대하11·12	계 2	습 3	요 1
12	**1965**	대하13	계 3	학 1	요 2
13	**1969**	대하14·15	계 4	학 2	요 3
14	**1975**	대하16	계 5	슥 1	요 4
15	**1980**	대하17	계 6	슥 2	요 5
16	**1985**	대하18	계 7	슥 3	요 6
17	**1992**	대하19·20	계 8	슥 4	요 7
18	**1998**	대하21	계 9	슥 5	요 8
19	**2004**	대하22·23	계10	슥 6	요 9
20	**2009**	대하24	계11	슥 7	요10
21	**2015**	대하25	계12	슥 8	요11
22	**2021**	대하26	계13	슥 9	요12
23	**2027**	대하27·28	계14	슥10	요13
24	**2033**	대하29	계15	슥11	요14
25	**2038**	대하30	계16	슥12·13:1	요15
26	**2043**	대하31	계17	슥13:2~9	요16
27	**2048**	대하32	계18	슥14	요17
28	**2054**	대하33	계19	말 1	요18
29	**2060**	대하34	계20	말 2	요19
30	**2066**	대하35	계21	말 3	요20
31	**2072**	대하36	계22	말 4	요21

⊕ 맥체인 성경 읽기표 ⊕

January 01					
날짜	page	가정		개인	
1	**1**	창 1	마 1	스 1	행 1
2	**5**	창 2	마 2	스 2	행 2
3	**12**	창 3	마 3	스 3	행 3
4	**16**	창 4	마 4	스 4	행 4
5	**22**	창 5	마 5	스 5	행 5
6	**28**	창 6	마 6	스 6	행 6
7	**33**	창 7	마 7	스 7	행 7
8	**39**	창 8	마 8	스 8	행 8
9	**46**	창9·10	마 9	스 9	행 9
10	**53**	창11	마10	스10	행10
11	**60**	창12	마11	느 1	행11
12	**65**	창13	마12	느 2	행12
13	**70**	창14	마13	느 3	행13
14	**78**	창15	마14	느 4	행14
15	**83**	창16	마15	느 5	행15
16	**89**	창17	마16	느 6	행16
17	**95**	창18	마17	느 7	행17
18	**102**	창19	마18	느 8	행18
19	**108**	창20	마19	느 9	행19
20	**115**	창21	마20	느10	행20
21	**121**	창22	마21	느11	행21
22	**128**	창23	마22	느12	행22
23	**135**	창24	마23	느13	행23
24	**144**	창25	마24	에 1	행24
25	**150**	창26	마25	에 2	행25
26	**157**	창27	마26	에 3	행26
27	**165**	창28	마27	에 4	행27
28	**172**	창29	마28	에 5	행28
29	**177**	창30	막 1	에 6	롬 1
30	**184**	창31	막 2	에 7	롬 2
31	**190**	창32	막 3	에 8	롬 3

February 02					
날짜	page	가정		개인	
1	**197**	창33	막 4	에9·10	롬 4
2	**202**	창34	막 5	욥 1	롬 5
3	**208**	창35·36	막 6	욥 2	롬 6
4	**216**	창37	막 7	욥 3	롬 7
5	**222**	창38	막 8	욥 4	롬 8
6	**228**	창39	막 9	욥 5	롬 9
7	**234**	창40	막10	욥 6	롬10
8	**239**	창41	막11	욥 7	롬11
9	**246**	창42	막12	욥 8	롬12
10	**252**	창43	막13	욥 9	롬13
11	**258**	창44	막14	욥10	롬14
12	**265**	창45	막15	욥11	롬15
13	**271**	창46	막16	욥12	롬16
14	**276**	창47	눅1:1~38	욥13	고전1
15	**282**	창48	눅1:39~80	욥14	고전2
16	**286**	창49	눅 2	욥15	고전3
17	**292**	창50	눅 3	욥16·17	고전4
18	**298**	출 1	눅 4	욥18	고전5
19	**303**	출 2	눅 5	욥19	고전6
20	**308**	출 3	눅 6	욥20	고전7
21	**315**	출 4	눅 7	욥21	고전8
22	**321**	출 5	눅 8	욥22	고전9
23	**327**	출 6	눅 9	욥23	고전10
24	**334**	출 7	눅10	욥24	고전11
25	**340**	출 8	눅11	욥25 26	고전12
26	**346**	출 9	눅12	욥27	고전13
27	**352**	출10	눅13	욥28	고전14
28	**359**	출11·12:1~21	눅14	욥29	고전15

March 03

날짜	page	가정		개인	
1	**367**	출12:22~51	눅15	욥30	고전16
2	**372**	출13	눅16	욥31	고후 1
3	**377**	출14	눅17	욥32	고후 2
4	**382**	출15	눅18	욥33	고후 3
5	**388**	출16	눅19	욥34	고후 4
6	**394**	출17	눅20	욥35	고후 5
7	**399**	출18	눅21	욥36	고후 6
8	**404**	출19	눅22	욥37	고후 7
9	**411**	출20	눅23	욥38	고후 8
10	**417**	출21	눅24	욥39	고후 9
11	**422**	출22	요 1	욥40	고후10
12	**428**	출23	요 2	욥41	고후11
13	**433**	출24	요 3	욥42	고후12
14	**438**	출25	요 4	잠 1	고후13
15	**444**	출26	요 5	잠 2	갈 1
16	**449**	출27	요 6	잠 3	갈 2
17	**456**	출28	요 7	잠 4	갈 3
18	**463**	출29	요 8	잠 5	갈 4
19	**470**	출30	요 9	잠 6	갈 5
20	**476**	출31	요10	잠 7	갈 6
21	**480**	출32	요11	잠 8	엡 1
22	**487**	출33	요12	잠 9	엡 2
23	**492**	출34	요13	잠10	엡 3
24	**498**	출35	요14	잠11	엡 4
25	**504**	출36	요15	잠12	엡 5
26	**509**	출37	요16	잠13	엡 6
27	**514**	출38	요17	잠14	빌 1
28	**520**	출39	요18	잠15	빌 2
29	**526**	출40	요19	잠16	빌 3
30	**532**	레 1	요20	잠17	빌 4
31	**537**	레2·3	요21	잠18	골 1

April 04

날짜	page	가정		개인	
1	**543**	레 4	시1·2	잠19	골 2
2	**547**	레 5	시3·4	잠20	골 3
3	**551**	레 6	시5·6	잠21	골 4
4	**556**	레 7	시7·8	잠22	살전1
5	**560**	레 8	시 9	잠23	살전2
6	**565**	레 9	시10	잠24	살전3
7	**569**	레10	시11·12	잠25	살전4
8	**573**	레11·12	시13·14	잠26	살전5
9	**578**	레13	시15·16	잠27	살후1
10	**583**	레14	시17	잠28	살후2
11	**589**	레15	시18	잠29	살후3
12	**594**	레16	시19	잠30	딤전1
13	**599**	레17	시20·21	잠31	딤전2
14	**603**	레18	시22	전 1	딤전3
15	**607**	레19	시23·24	전 2	딤전4
16	**611**	레20	시25	전 3	딤전5
17	**616**	레21	시26·27	전 4	딤전6
18	**620**	레22	시28·29	전 5	딤후1
19	**625**	레23	시30	전 6	딤후2
20	**629**	레24	시31	전 7	딤후3
21	**634**	레25	시32	전 8	딤후4
22	**639**	레26	시33	전 9	딛 1
23	**644**	레27	시34	전10	딛 2
24	**648**	민 1	시35	전11	딛 3
25	**653**	민 2	시36	전12	몬 1
26	**656**	민 3	시37	아 1	히 1
27	**662**	민 4	시38	아 2	히 2
28	**666**	민 5	시39	아 3	히 3
29	**670**	민 6	시40·41	아 4	히 4
30	**675**	민 7	시42·43	아 5	히 5

May 05

날짜	page	가정		개인	
1	**683**	민 8	시44	아 6	히 6
2	**687**	민 9	시45	아 7	히 7
3	**691**	민10	시46·47	아 8	히 8
4	**695**	민11	시48	사 1	히 9
5	**700**	민12·13	시49	사 2	히10
6	**706**	민14	시50	사3·4	히11
7	**712**	민15	시51	사 5	히12
8	**718**	민16	시52~54	사 6	히13
9	**724**	민17·18	시55	사 7	약 1
10	**730**	민19	시56·57	사8·9:1~7	약 2
11	**735**	민20	시58·59	사9:8~10:4	약 3
12	**740**	민21	시60·61	사10:5~34	약 4
13	**745**	민22	시62·63	사11·12	약 5
14	**751**	민23	시64·65	사13	벧전1
15	**756**	민24	시66·67	사14	벧전2
16	**761**	민25	시68	사15	벧전3
17	**766**	민26	시69	사16	벧전4
18	**772**	민27	시70·71	사17·18	벧전5
19	**776**	민28	시72	사19·20	벧후1
20	**781**	민29	시73	사21	벧후2
21	**786**	민30	시74	사22	벧후3
22	**790**	민31	시75·76	사23	요일1
23	**795**	민32	시77	사24	요일2
24	**800**	민33	시78:1~37	사25	요일3
25	**806**	민34	시78:38~72	사26	요일4
26	**810**	민35	시79	사27	요일5
27	**815**	민36	시80	사28	요이1
28	**819**	신 1	시81·82	사29	요삼1
29	**824**	신 2	시83·84	사30	유 1
30	**831**	신 3	시85	사31	계 1
31	**835**	신 4	시86·87	사32	계 2

June 06

날짜	page	가정		개인	
1	**843**	신 5	시88	사33	계 3
2	**848**	신 6	시89	사34	계 4
3	**853**	신 7	시90	사35	계 5
4	**856**	신 8	시91	사36	계 6
5	**860**	신 9	시92·93	사37	계 7
6	**866**	신10	시94	사38	계 8
7	**870**	신11	시95·96	사39	계 9
8	**874**	신12	시97·98	사40	계10
9	**879**	신13·14	시99~101	사41	계11
10	**885**	신15	시102	사42	계12
11	**890**	신16	시103	사43	계13
12	**894**	신17	시104	사44	계14
13	**900**	신18	시105	사45	계15
14	**905**	신19	시106	사46	계16
15	**910**	신20	시107	사47	계17
16	**914**	신21	시108·109	사48	계18
17	**920**	신22	시110·111	사49	계19
18	**925**	신23	시112·113	사50	계20
19	**929**	신24	시114·115	사51	계21
20	**934**	신25	시116	사52	계22
21	**938**	신26	시117·118	사53	마 1
22	**942**	신27·28:1~19	시119:1~24	사54	마 2
23	**947**	신28:20~68	시119:25~48	사55	마 3
24	**953**	신29	시119:49~72	사56	마 4
25	**957**	신30	시119:73~96	사57	마 5
26	**963**	신31	시119:97~120	사58	마 6
27	**968**	신32	시119:121~144	사59	마 7
28	**974**	신33·34	시119:145~176	사60	마 8
29	**981**	수 1	시120~122	사61	마 9
30	**985**	수 2	시123~125	사62	마10

[맥체인 성경 읽기표]

맥체인 성경 읽기표는 1842년 맥체인이 자신이 목양하던 성베드로교회 성도들의 영적 성장을 위해 개발한 것으로, 매일 구약과 신약을 각각 2장씩 읽음으로써 1년에 구약 1회, 신약과 시편을 각 2회 정독할 수 있도록 만든 표입니다. 이와 같은 맥체인의 방법에 따라 신구약 성경 전체를 골고루 4등분해서 동시에 읽으면, 성경에 기록된 장구한 구속사를 크게 네 시대로 나누어 동시에 묵상할 수 있습니다.

(1) 창세기 ~ 역대하 : 만물의 시작과 이스라엘의 시작
(2) 에스라 ~ 말라기 : 이스라엘의 멸망과 새 시대의 시작
(3) 마태복음 ~ 요한복음 : 예수의 복음사역과 십자가 구속
(4) 사도행전 ~ 요한계시록 : 교회의 시작과 선교

▶《맥체인 성경 365》말씀연결 사용하는 법

① 네 성경 본문의 소주제를 통해 중심 단어나 문장을 말씀으로 묵상한다.
② 네 본문의 말씀을 순서대로, 천천히 읽는다.
③ 두 본문에서 반복되는 단어나 유사한 문맥을 찾아 서로 연결한다.
④ 본문에서 반대의 뜻을 가진 단어나 문장을 찾는다.
⑤ 두 권의 책에서 공통되는 하나님의 말씀을 연결하여 기록한다.
⑥ 연결되는 말씀을 다른 두 권으로 확대하여 네 권 전체에 흐르는 하나님의 생각과 베푸신 은혜를 누리고, 그 내용을 적어본다.
⑦ 본문에서 지도자나 인도자로부터 배운 신학 주제나 교리들이 함축하고 있는 문맥의 짝을 찾아본다.
⑧ 중심 주제를 필두로, 삶에 적용할 일들을 적어보고 생활 중에 실천함으로써 변화를 경험해 본다.
⑨ 하나님이 오늘 나에게 주신 말씀들을 통하여 가르침, 명령과 약속 권면, 경고 및 행해야 할 일들을 하나님과 대화하는 마음으로(기도) 성경읽기를 마무리한다.

July 07

날짜	page	가정		개인	
1	991	수 3	시126~128	사63	마11
2	995	수 4	시129~131	사64	마12
3	1000	수5·6:1~5	시132~134	사65	마13
4	1006	수6:6~27	시135·136	사66	마14
5	1013	수 7	시137·138	렘 1	마15
6	1018	수 8	시139	렘 2	마16
7	1025	수 9	시140·141	렘 3	마17
8	1031	수10	시142·143	렘 4	마18
9	1038	수11	시144	렘 5	마19
10	1043	수12·13	시145	렘 6	마20
11	1050	수14·15	시146·147	렘 7	마21
12	1058	수16·17	시148	렘 8	마22
13	1064	수18·19	시149·150	렘 9	마23
14	1071	수20·21	행 1	렘10	마24
15	1078	수22	행 2	렘11	마25
16	1087	수23	행 3	렘12	마26
17	1094	수24	행 4	렘13	마27
18	1102	삿 1	행 5	렘14	마28
19	1108	삿 2	행 6	렘15	막 1
20	1114	삿 3	행 7	렘16	막 2
21	1121	삿 4	행 8	렘17	막 3
22	1127	삿 5	행 9	렘18	막 4
23	1134	삿 6	행10	렘19	막 5
24	1142	삿 7	행11	렘20	막 6
25	1149	삿 8	행12	렘21	막 7
26	1154	삿 9	행13	렘22	막 8
27	1164	삿10·11:1~11	행14	렘23	막 9
28	1171	삿11:12~40	행15	렘24	막10
29	1178	삿12	행16	렘25	막11
30	1185	삿13	행17	렘26	막12
31	1192	삿14	행18	렘27	막13

August 08

날짜	page	가정		개인	
1	1199	삿15	행19	렘28	막14
2	1206	삿16	행20	렘29	막15
3	1214	삿17	행21	렘30·31	막16
4	1222	삿18	행22	렘32	시1·2
5	1228	삿19	행23	렘33	시3·4
6	1234	삿20	행24	렘34	시5·6
7	1241	삿21	행25	렘35	시7·8
8	1246	룻 1	행26	렘36·37	시 9
9	1253	룻 2	행27	렘38	시10
10	1259	룻3·4	행28	렘39	시11·12
11	1264	삼상1	롬 1	렘40	시13·14
12	1270	삼상2	롬 2	렘41	시15·16
13	1275	삼상3	롬 3	렘42	시17
14	1280	삼상4	롬 4	렘43	시18
15	1285	삼상5·6	롬 5	렘44	시19
16	1292	삼상7·8	롬 6	렘45	시20·21
17	1296	삼상9	롬 7	렘46	시22
18	1302	삼상10	롬 8	렘47	시23·24
19	1307	삼상11	롬 9	렘48	시25
20	1313	삼상12	롬10	렘49	시26·27
21	1319	삼상13	롬11	렘50	시28·29
22	1326	삼상14	롬12	렘51	시30
23	1334	삼상15	롬13	렘52	시31
24	1340	삼상16	롬14	애 1	시32
25	1345	삼상17	롬15	애 2	시33
26	1352	삼상18	롬16	애 3	시34
27	1358	삼상19	고전1	애 4	시35
28	1363	삼상20	고전2	애 5	시36
29	1368	삼상21·22	고전3	겔 1	시37
30	1374	삼상23	고전4	겔 2	시38
31	1379	삼상24	고전5	겔 3	시39

September 09

날짜	page	가정		개인	
1	**1385**	삼상25	고전 6	겔 4	시40·41
2	**1391**	삼상26	고전 7	겔 5	시42·43
3	**1396**	삼상27	고전 8	겔 6	시44
4	**1400**	삼상28	고전 9	겔 7	시45·46
5	**1405**	삼상29·30	고전10	겔 8	시47
6	**1411**	삼상31	고전11	겔 9	시48
7	**1414**	삼하 1	고전12	겔10	시49
8	**1419**	삼하 2	고전13	겔11	시50
9	**1424**	삼하 3	고전14	겔12	시51
10	**1430**	삼하4·5	고전15	겔13	시52~54
11	**1438**	삼하 6	고전16	겔14	시55
12	**1442**	삼하 7	고후 1	겔15	시56·57
13	**1447**	삼하8·9	고후 2	겔16	시58·59
14	**1454**	삼하10	고후 3	겔17	시60·61
15	**1459**	삼하11	고후 4	겔18	시62·63
16	**1464**	삼하12	고후 5	겔19	시64·65
17	**1469**	삼하13	고후 6	겔20	시66·67
18	**1476**	삼하14	고후 7	겔21	시68
19	**1483**	삼하15	고후 8	겔22	시69
20	**1489**	삼하16	고후 9	겔23	시70·71
21	**1495**	삼하17	고후10	겔24	시72
22	**1500**	삼하18	고후11	겔25	시73
23	**1506**	삼하19	고후12	겔26	시74
24	**1513**	삼하20	고후13	겔27	시75·76
25	**1518**	삼하21	갈 1	겔28	시77
26	**1523**	삼하22	갈 2	겔29	시78:1~37
27	**1529**	삼하23	갈 3	겔30	시78:38~72
28	**1535**	삼하24	갈 4	겔31	시79
29	**1540**	왕상 1	갈 5	겔32	시80
30	**1547**	왕상 2	갈 6	겔33	시81·82

October 10

날짜	page	가정		개인	
1	**1555**	왕상 3	엡 1	겔34	시83·84
2	**1560**	왕상4·5	엡 2	겔35	시85
3	**1565**	왕상 6	엡 3	겔36	시86
4	**1571**	왕상 7	엡 4	겔37	시87·88
5	**1578**	왕상 8	엡 5	겔38	시89
6	**1586**	왕상 9	엡 6	겔39	시90
7	**1591**	왕상10	빌 1	겔40	시91
8	**1598**	왕상11	빌 2	겔41	시92·93
9	**1603**	왕상12	빌 3	겔42	시94
10	**1608**	왕상13	빌 4	겔43	시95·96
11	**1614**	왕상14	골 1	겔44	시97·98
12	**1620**	왕상15	골 2	겔45	시99~101
13	**1625**	왕상16	골 3	겔46	시102
14	**1631**	왕상17	골 4	겔47	시103
15	**1635**	왕상18	살전 1	겔48	시104
16	**1642**	왕상19	살전 2	단 1	시105
17	**1647**	왕상20	살전 3	단 2	시106
18	**1655**	왕상21	살전 4	단 3	시107
19	**1661**	왕상22	살전 5	단 4	시108·109
20	**1669**	왕하 1	살후 1	단 5	시110·111
21	**1674**	왕하 2	살후 2	단 6	시112·113
22	**1679**	왕하 3	살후 3	단 7	시114·115
23	**1684**	왕하 4	딤전 1	단 8	시116
24	**1690**	왕하 5	딤전 2	단 9	시117·118
25	**1695**	왕하 6	딤전 3	단10	시119:1~24
26	**1700**	왕하 7	딤전 4	단11	시119:25~48
27	**1706**	왕하 8	딤전 5	단12	시119:49~72
28	**1710**	왕하 9	딤전 6	호 1	시119:73~96
29	**1715**	왕하10	딤후 1	호 2	시119:97~120
30	**1721**	왕하11·12	딤후 2	호3·4	시119:121~144
31	**1726**	왕하13	딤후 3	호5·6	시119:145~176

November 11

날짜	page	가정		개인	
1	**1733**	왕하14	딤후4	호 7	시120~122
2	**1737**	왕하15	딛 1	호 8	시123~125
3	**1741**	왕하16	딛 2	호 9	시126~128
4	**1745**	왕하17	딛 3	호10	시129~131
5	**1750**	왕하18	몬 1	호11	시132~134
6	**1755**	왕하19	히 1	호12	시135·136
7	**1760**	왕하20	히 2	호13	시137·138
8	**1765**	왕하21	히 3	호14	시139
9	**1768**	왕하22	히 4	욜 1	시140·141
10	**1773**	왕하23	히 5	욜 2	시142
11	**1778**	왕하24	히 6	욜 3	시143
12	**1782**	왕하25	히 7	암 1	시144
13	**1787**	대상1·2	히 8	암 2	시145
14	**1793**	대상3·4	히 9	암 3	시146·147
15	**1799**	대상5·6	히10	암 4	시148·150
16	**1807**	대상7·8	히11	암 5	눅1:1~38
17	**1815**	대상9·10	히12	암 6	눅1:39~80
18	**1822**	대상11·12	히13	암 7	눅 2
19	**1830**	대상13·14	약 1	암 8	눅 3
20	**1836**	대상15	약 2	암 9	눅 4
21	**1841**	대상16	약 3	옵 1	눅 5
22	**1847**	대상17	약 4	욘 1	눅 6
23	**1853**	대상18	약 5	욘 2	눅 7
24	**1858**	대상19·20	벧전1	욘 3	눅 8
25	**1864**	대상21	벧전2	욘 4	눅 9
26	**1871**	대상22	벧전3	미 1	눅10
27	**1877**	대상23	벧전4	미 2	눅11
28	**1882**	대상24·25	벧전5	미 3	눅12
29	**1889**	대상26·27	벧후1	미 4	눅13
30	**1896**	대상28	벧후2	미 5	눅14

December 12

날짜	page	가정		개인	
1	**1903**	대상29	벧후3	미 6	눅15
2	**1908**	대하 1	요일 1	미 7	눅16
3	**1912**	대하 2	요일 2	나 1	눅17
4	**1917**	대하3·4	요일 3	나 2	눅18
5	**1923**	대하5·6:1~11	요일 4	나 3	눅19
6	**1929**	대하6:12~42	요일 5	합 1	눅20
7	**1935**	대하 7	요이 1	합 2	눅21
8	**1940**	대하 8	요삼 1	합 3	눅22
9	**1946**	대하 9	유 1	습 1	눅23
10	**1952**	대하10	계 1	습 2	눅24
11	**1958**	대하11·12	계 2	습 3	요 1
12	**1965**	대하13	계 3	학 1	요 2
13	**1969**	대하14·15	계 4	학 2	요 3
14	**1975**	대하16	계 5	슥 1	요 4
15	**1980**	대하17	계 6	슥 2	요 5
16	**1985**	대하18	계 7	슥 3	요 6
17	**1992**	대하19·20	계 8	슥 4	요 7
18	**1998**	대하21	계 9	슥 5	요 8
19	**2004**	대하22·23	계10	슥 6	요 9
20	**2009**	대하24	계11	슥 7	요10
21	**2015**	대하25	계12	슥 8	요11
22	**2021**	대하26	계13	슥 9	요12
23	**2027**	대하27·28	계14	슥10	요13
24	**2033**	대하29	계15	슥11	요14
25	**2038**	대하30	계16	슥12·13:1	요15
26	**2043**	대하31	계17	슥13:2~9	요16
27	**2048**	대하32	계18	슥14	요17
28	**2054**	대하33	계19	말 1	요18
29	**2060**	대하34	계20	말 2	요19
30	**2066**	대하35	계21	말 3	요20
31	**2072**	대하36	계22	말 4	요21

⊕ 맥체인 성경 읽기표 ⊕

January 01

날짜	page	가정		개인	
1	**1**	창 1	마 1	스 1	행 1
2	**5**	창 2	마 2	스 2	행 2
3	**12**	창 3	마 3	스 3	행 3
4	**16**	창 4	마 4	스 4	행 4
5	**22**	창 5	마 5	스 5	행 5
6	**28**	창 6	마 6	스 6	행 6
7	**33**	창 7	마 7	스 7	행 7
8	**39**	창 8	마 8	스 8	행 8
9	**46**	창9·10	마 9	스 9	행 9
10	**53**	창11	마10	스10	행10
11	**60**	창12	마11	느 1	행11
12	**65**	창13	마12	느 2	행12
13	**70**	창14	마13	느 3	행13
14	**78**	창15	마14	느 4	행14
15	**83**	창16	마15	느 5	행15
16	**89**	창17	마16	느 6	행16
17	**95**	창18	마17	느 7	행17
18	**102**	창19	마18	느 8	행18
19	**108**	창20	마19	느 9	행19
20	**115**	창21	마20	느10	행20
21	**121**	창22	마21	느11	행21
22	**128**	창23	마22	느12	행22
23	**135**	창24	마23	느13	행23
24	**144**	창25	마24	에 1	행24
25	**150**	창26	마25	에 2	행25
26	**157**	창27	마26	에 3	행26
27	**165**	창28	마27	에 4	행27
28	**172**	창29	마28	에 5	행28
29	**177**	창30	막 1	에 6	롬 1
30	**184**	창31	막 2	에 7	롬 2
31	**190**	창32	막 3	에 8	롬 3

February 02

날짜	page	가정		개인	
1	**197**	창33	막 4	에9·10	롬 4
2	**202**	창34	막 5	욥 1	롬 5
3	**208**	창35·36	막 6	욥 2	롬 6
4	**216**	창37	막 7	욥 3	롬 7
5	**222**	창38	막 8	욥 4	롬 8
6	**228**	창39	막 9	욥 5	롬 9
7	**234**	창40	막10	욥 6	롬10
8	**239**	창41	막11	욥 7	롬11
9	**246**	창42	막12	욥 8	롬12
10	**252**	창43	막13	욥 9	롬13
11	**258**	창44	막14	욥10	롬14
12	**265**	창45	막15	욥11	롬15
13	**271**	창46	막16	욥12	롬16
14	**276**	창47	눅1:1~38	욥13	고전1
15	**282**	창48	눅1:39~80	욥14	고전2
16	**286**	창49	눅 2	욥15	고전3
17	**292**	창50	눅 3	욥16·17	고전4
18	**298**	출 1	눅 4	욥18	고전5
19	**303**	출 2	눅 5	욥19	고전6
20	**308**	출 3	눅 6	욥20	고전7
21	**315**	출 4	눅 7	욥21	고전8
22	**321**	출 5	눅 8	욥22	고전9
23	**327**	출 6	눅 9	욥23	고전10
24	**334**	출 7	눅10	욥24	고전11
25	**340**	출 8	눅11	욥25 26	고전12
26	**346**	출 9	눅12	욥27	고전13
27	**352**	출10	눅13	욥28	고전14
28	**359**	출11·12:1~21	눅14	욥29	고전15

March 03

날짜	page	가정		개인	
1	**367**	출12:22~51	눅15	욥30	고전16
2	**372**	출13	눅16	욥31	고후 1
3	**377**	출14	눅17	욥32	고후 2
4	**382**	출15	눅18	욥33	고후 3
5	**388**	출16	눅19	욥34	고후 4
6	**394**	출17	눅20	욥35	고후 5
7	**399**	출18	눅21	욥36	고후 6
8	**404**	출19	눅22	욥37	고후 7
9	**411**	출20	눅23	욥38	고후 8
10	**417**	출21	눅24	욥39	고후 9
11	**422**	출22	요 1	욥40	고후10
12	**428**	출23	요 2	욥41	고후11
13	**433**	출24	요 3	욥42	고후12
14	**438**	출25	요 4	잠 1	고후13
15	**444**	출26	요 5	잠 2	갈 1
16	**449**	출27	요 6	잠 3	갈 2
17	**456**	출28	요 7	잠 4	갈 3
18	**463**	출29	요 8	잠 5	갈 4
19	**470**	출30	요 9	잠 6	갈 5
20	**476**	출31	요10	잠 7	갈 6
21	**480**	출32	요11	잠 8	엡 1
22	**487**	출33	요12	잠 9	엡 2
23	**492**	출34	요13	잠10	엡 3
24	**498**	출35	요14	잠11	엡 4
25	**504**	출36	요15	잠12	엡 5
26	**509**	출37	요16	잠13	엡 6
27	**514**	출38	요17	잠14	빌 1
28	**520**	출39	요18	잠15	빌 2
29	**526**	출40	요19	잠16	빌 3
30	**532**	레 1	요20	잠17	빌 4
31	**537**	레2·3	요21	잠18	골 1

April 04

날짜	page	가정		개인	
1	**543**	레 4	시1·2	잠19	골 2
2	**547**	레 5	시3·4	잠20	골 3
3	**551**	레 6	시5·6	잠21	골 4
4	**556**	레 7	시7·8	잠22	살전1
5	**560**	레 8	시 9	잠23	살전2
6	**565**	레 9	시10	잠24	살전3
7	**569**	레10	시11·12	잠25	살전4
8	**573**	레11·12	시13·14	잠26	살전5
9	**578**	레13	시15·16	잠27	살후1
10	**583**	레14	시17	잠28	살후2
11	**589**	레15	시18	잠29	살후3
12	**594**	레16	시19	잠30	딤전1
13	**599**	레17	시20·21	잠31	딤전2
14	**603**	레18	시22	전 1	딤전3
15	**607**	레19	시23·24	전 2	딤전4
16	**611**	레20	시25	전 3	딤전5
17	**616**	레21	시26·27	전 4	딤전6
18	**620**	레22	시28·29	전 5	딤후1
19	**625**	레23	시30	전 6	딤후2
20	**629**	레24	시31	전 7	딤후3
21	**634**	레25	시32	전 8	딤후4
22	**639**	레26	시33	전 9	딛 1
23	**644**	레27	시34	전10	딛 2
24	**648**	민 1	시35	전11	딛 3
25	**653**	민 2	시36	전12	몬 1
26	**656**	민 3	시37	아 1	히 1
27	**662**	민 4	시38	아 2	히 2
28	**666**	민 5	시39	아 3	히 3
29	**670**	민 6	시40·41	아 4	히 4
30	**675**	민 7	시42·43	아 5	히 5

May 05

날짜	page	가정		개인	
1	**683**	민 8	시44	아 6	히 6
2	**687**	민 9	시45	아 7	히 7
3	**691**	민10	시46·47	아 8	히 8
4	**695**	민11	시48	사 1	히 9
5	**700**	민12·13	시49	사 2	히10
6	**706**	민14	시50	사3·4	히11
7	**712**	민15	시51	사 5	히12
8	**718**	민16	시52~54	사 6	히13
9	**724**	민17·18	시55	사 7	약 1
10	**730**	민19	시56·57	사8·9:1~7	약 2
11	**735**	민20	시58·59	사9:8~10:4	약 3
12	**740**	민21	시60·61	사10:5~34	약 4
13	**745**	민22	시62·63	사11·12	약 5
14	**751**	민23	시64·65	사13	벧전1
15	**756**	민24	시66·67	사14	벧전2
16	**761**	민25	시68	사15	벧전3
17	**766**	민26	시69	사16	벧전4
18	**772**	민27	시70·71	사17·18	벧전5
19	**776**	민28	시72	사19·20	벧후1
20	**781**	민29	시73	사21	벧후2
21	**786**	민30	시74	사22	벧후3
22	**790**	민31	시75·76	사23	요일1
23	**795**	민32	시77	사24	요일2
24	**800**	민33	시78:1~37	사25	요일3
25	**806**	민34	시78:38~72	사26	요일4
26	**810**	민35	시79	사27	요일5
27	**815**	민36	시80	사28	요이1
28	**819**	신 1	시81·82	사29	요삼1
29	**824**	신 2	시83·84	사30	유 1
30	**831**	신 3	시85	사31	계 1
31	**835**	신 4	시86·87	사32	계 2

June 06

날짜	page	가정		개인	
1	**843**	신 5	시88	사33	계 3
2	**848**	신 6	시89	사34	계 4
3	**853**	신 7	시90	사35	계 5
4	**856**	신 8	시91	사36	계 6
5	**860**	신 9	시92·93	사37	계 7
6	**866**	신10	시94	사38	계 8
7	**870**	신11	시95·96	사39	계 9
8	**874**	신12	시97·98	사40	계10
9	**879**	신13·14	시99~101	사41	계11
10	**885**	신15	시102	사42	계12
11	**890**	신16	시103	사43	계13
12	**894**	신17	시104	사44	계14
13	**900**	신18	시105	사45	계15
14	**905**	신19	시106	사46	계16
15	**910**	신20	시107	사47	계17
16	**914**	신21	시108·109	사48	계18
17	**920**	신22	시110·111	사49	계19
18	**925**	신23	시112·113	사50	계20
19	**929**	신24	시114·115	사51	계21
20	**934**	신25	시116	사52	계22
21	**938**	신26	시117·118	사53	마 1
22	**942**	신27·28:1~19	시119:1~24	사54	마 2
23	**947**	신28:20~68	시119:25~48	사55	마 3
24	**953**	신29	시119:49~72	사56	마 4
25	**957**	신30	시119:73~96	사57	마 5
26	**963**	신31	시119:97~120	사58	마 6
27	**968**	신32	시119:121~144	사59	마 7
28	**974**	신33·34	시119:145~176	사60	마 8
29	**981**	수 1	시120~122	사61	마 9
30	**985**	수 2	시123~125	사62	마10

[맥체인 성경 읽기표]

맥체인 성경 읽기표는 1842년 맥체인이 자신이 목양하던 성베드로교회 성도들의 영적 성장을 위해 개발한 것으로, 매일 구약과 신약을 각각 2장씩 읽음으로써 1년에 구약 1회, 신약과 시편을 각 2회 정독할 수 있도록 만든 표입니다. 이와 같은 맥체인의 방법에 따라 신구약 성경 전체를 골고루 4등분해서 동시에 읽으면, 성경에 기록된 장구한 구속사를 크게 네 시대로 나누어 동시에 묵상할 수 있습니다.

(1) 창세기 ~ 역대하 : 만물의 시작과 이스라엘의 시작
(2) 에스라 ~ 말라기 : 이스라엘의 멸망과 새 시대의 시작
(3) 마태복음 ~ 요한복음 : 예수의 복음사역과 십자가 구속
(4) 사도행전 ~ 요한계시록 : 교회의 시작과 선교

▶ 《맥체인 성경 365》 말씀연결 사용하는 법

① 네 성경 본문의 소주제를 통해 중심 단어나 문장을 말씀으로 묵상한다.
② 네 본문의 말씀을 순서대로, 천천히 읽는다.
③ 두 본문에서 반복되는 단어나 유사한 문맥을 찾아 서로 연결한다.
④ 본문에서 반대의 뜻을 가진 단어나 문장을 찾는다.
⑤ 두 권의 책에서 공통되는 하나님의 말씀을 연결하여 기록한다.
⑥ 연결되는 말씀을 다른 두 권으로 확대하여 네 권 전체에 흐르는 하나님의 생각과 베푸신 은혜를 누리고, 그 내용을 적어본다.
⑦ 본문에서 지도자나 인도자로부터 배운 신학 주제나 교리들이 함축하고 있는 문맥의 짝을 찾아본다.
⑧ 중심 주제를 필두로, 삶에 적용할 일들을 적어보고 생활 중에 실천함으로써 변화를 경험해 본다.
⑨ 하나님이 오늘 나에게 주신 말씀들을 통하여 가르침, 명령과 약속 권면, 경고 및 행해야 할 일들을 하나님과 대화하는 마음으로(기도) 성경읽기를 마무리한다.

July 07

날짜	page	가정		개인	
1	**991**	수 3	시126~128	사63	마11
2	**995**	수 4	시129~131	사64	마12
3	**1000**	수5·6:1~5	시132~134	사65	마13
4	**1006**	수6:6~27	시135·136	사66	마14
5	**1013**	수 7	시137·138	렘 1	마15
6	**1018**	수 8	시139	렘 2	마16
7	**1025**	수 9	시140·141	렘 3	마17
8	**1031**	수10	시142·143	렘 4	마18
9	**1038**	수11	시144	렘 5	마19
10	**1043**	수12·13	시145	렘 6	마20
11	**1050**	수14·15	시146·147	렘 7	마21
12	**1058**	수16·17	시148	렘 8	마22
13	**1064**	수18·19	시149·150	렘 9	마23
14	**1071**	수20·21	행 1	렘10	마24
15	**1078**	수22	행 2	렘11	마25
16	**1087**	수23	행 3	렘12	마26
17	**1094**	수24	행 4	렘13	마27
18	**1102**	삿 1	행 5	렘14	마28
19	**1108**	삿 2	행 6	렘15	막 1
20	**1114**	삿 3	행 7	렘16	막 2
21	**1121**	삿 4	행 8	렘17	막 3
22	**1127**	삿 5	행 9	렘18	막 4
23	**1134**	삿 6	행10	렘19	막 5
24	**1142**	삿 7	행11	렘20	막 6
25	**1149**	삿 8	행12	렘21	막 7
26	**1154**	삿 9	행13	렘22	막 8
27	**1164**	삿10·11:1~11	행14	렘23	막 9
28	**1171**	삿11:12~40	행15	렘24	막10
29	**1178**	삿12	행16	렘25	막11
30	**1185**	삿13	행17	렘26	막12
31	**1192**	삿14	행18	렘27	막13

August 08

날짜	page	가정		개인	
1	**1199**	삿15	행19	렘28	막14
2	**1206**	삿16	행20	렘29	막15
3	**1214**	삿17	행21	렘30·31	막16
4	**1222**	삿18	행22	렘32	시1·2
5	**1228**	삿19	행23	렘33	시3·4
6	**1234**	삿20	행24	렘34	시5·6
7	**1241**	삿21	행25	렘35	시7·8
8	**1246**	룻 1	행26	렘36·37	시 9
9	**1253**	룻 2	행27	렘38	시10
10	**1259**	룻3·4	행28	렘39	시11·12
11	**1264**	삼상1	롬 1	렘40	시13·14
12	**1270**	삼상2	롬 2	렘41	시15·16
13	**1275**	삼상3	롬 3	렘42	시17
14	**1280**	삼상4	롬 4	렘43	시18
15	**1285**	삼상5·6	롬 5	렘44	시19
16	**1292**	삼상7·8	롬 6	렘45	시20·21
17	**1296**	삼상9	롬 7	렘46	시22
18	**1302**	삼상10	롬 8	렘47	시23·24
19	**1307**	삼상11	롬 9	렘48	시25
20	**1313**	삼상12	롬10	렘49	시26·27
21	**1319**	삼상13	롬11	렘50	시28·29
22	**1326**	삼상14	롬12	렘51	시30
23	**1334**	삼상15	롬13	렘52	시31
24	**1340**	삼상16	롬14	애 1	시32
25	**1345**	삼상17	롬15	애 2	시33
26	**1352**	삼상18	롬16	애 3	시34
27	**1358**	삼상19	고전1	애 4	시35
28	**1363**	삼상20	고전2	애 5	시36
29	**1368**	삼상21·22	고전3	겔 1	시37
30	**1374**	삼상23	고전4	겔 2	시38
31	**1379**	삼상24	고전5	겔 3	시39

September 09

날짜	page	가정		개인	
1	1385	삼상25	고전 6	겔 4	시40·41
2	1391	삼상26	고전 7	겔 5	시42·43
3	1396	삼상27	고전 8	겔 6	시44
4	1400	삼상28	고전 9	겔 7	시45·46
5	1405	삼상29·30	고전10	겔 8	시47
6	1411	삼상31	고전11	겔 9	시48
7	1414	삼하 1	고전12	겔10	시49
8	1419	삼하 2	고전13	겔11	시50
9	1424	삼하 3	고전14	겔12	시51
10	1430	삼하4·5	고전15	겔13	시52~54
11	1438	삼하 6	고전16	겔14	시55
12	1442	삼하 7	고후 1	겔15	시56·57
13	1447	삼하8·9	고후 2	겔16	시58·59
14	1454	삼하10	고후 3	겔17	시60·61
15	1459	삼하11	고후 4	겔18	시62·63
16	1464	삼하12	고후 5	겔19	시64·65
17	1469	삼하13	고후 6	겔20	시66·67
18	1476	삼하14	고후 7	겔21	시68
19	1483	삼하15	고후 8	겔22	시69
20	1489	삼하16	고후 9	겔23	시70·71
21	1495	삼하17	고후10	겔24	시72
22	1500	삼하18	고후11	겔25	시73
23	1506	삼하19	고후12	겔26	시74
24	1513	삼하20	고후13	겔27	시75·76
25	1518	삼하21	갈 1	겔28	시77
26	1523	삼하22	갈 2	겔29	시78:1~37
27	1529	삼하23	갈 3	겔30	시78:38~72
28	1535	삼하24	갈 4	겔31	시79
29	1540	왕상 1	갈 5	겔32	시80
30	1547	왕상 2	갈 6	겔33	시81·82

October 10

날짜	page	가정		개인	
1	1555	왕상 3	엡 1	겔34	시83·84
2	1560	왕상4·5	엡 2	겔35	시85
3	1565	왕상 6	엡 3	겔36	시86
4	1571	왕상 7	엡 4	겔37	시87·88
5	1578	왕상 8	엡 5	겔38	시89
6	1586	왕상 9	엡 6	겔39	시90
7	1591	왕상10	빌 1	겔40	시91
8	1598	왕상11	빌 2	겔41	시92·93
9	1603	왕상12	빌 3	겔42	시94
10	1608	왕상13	빌 4	겔43	시95·96
11	1614	왕상14	골 1	겔44	시97·98
12	1620	왕상15	골 2	겔45	시99~101
13	1625	왕상16	골 3	겔46	시102
14	1631	왕상17	골 4	겔47	시103
15	1635	왕상18	살전 1	겔48	시104
16	1642	왕상19	살전 2	단 1	시105
17	1647	왕상20	살전 3	단 2	시106
18	1655	왕상21	살전 4	단 3	시107
19	1661	왕상22	살전 5	단 4	시108·109
20	1669	왕하 1	살후 1	단 5	시110·111
21	1674	왕하 2	살후 2	단 6	시112·113
22	1679	왕하 3	살후 3	단 7	시114·115
23	1684	왕하 4	딤전 1	단 8	시116
24	1690	왕하 5	딤전 2	단 9	시117·118
25	1695	왕하 6	딤전 3	단10	시119:1~24
26	1700	왕하 7	딤전 4	단11	시119:25~48
27	1706	왕하 8	딤전 5	단12	시119:49~72
28	1710	왕하 9	딤전 6	호 1	시119:73~96
29	1715	왕하10	딤후 1	호 2	시119:97~120
30	1721	왕하11·12	딤후 2	호3·4	시119:121~144
31	1726	왕하13	딤후 3	호5·6	시119:145~176

November 11

날짜	page	가정		개인	
1	1733	왕하14	딤후4	호 7	시120~122
2	1737	왕하15	딛 1	호 8	시123~125
3	1741	왕하16	딛 2	호 9	시126~128
4	1745	왕하17	딛 3	호10	시129~131
5	1750	왕하18	몬 1	호11	시132~134
6	1755	왕하19	히 1	호12	시135·136
7	1760	왕하20	히 2	호13	시137·138
8	1765	왕하21	히 3	호14	시139
9	1768	왕하22	히 4	욜 1	시140·141
10	1773	왕하23	히 5	욜 2	시142
11	1778	왕하24	히 6	욜 3	시143
12	1782	왕하25	히 7	암 1	시144
13	1787	대상1·2	히 8	암 2	시145
14	1793	대상3·4	히 9	암 3	시146·147
15	1799	대상5·6	히10	암 4	시148·150
16	1807	대상7·8	히11	암 5	눅1:1~38
17	1815	대상9·10	히12	암 6	눅1:39~80
18	1822	대상11·12	히13	암 7	눅 2
19	1830	대상13·14	약 1	암 8	눅 3
20	1836	대상15	약 2	암 9	눅 4
21	1841	대상16	약 3	옵 1	눅 5
22	1847	대상17	약 4	욘 1	눅 6
23	1853	대상18	약 5	욘 2	눅 7
24	1858	대상19·20	벧전1	욘 3	눅 8
25	1864	대상21	벧전2	욘 4	눅 9
26	1871	대상22	벧전3	미 1	눅10
27	1877	대상23	벧전4	미 2	눅11
28	1882	대상24·25	벧전5	미 3	눅12
29	1889	대상26·27	벧후1	미 4	눅13
30	1896	대상28	벧후2	미 5	눅14

December 12

날짜	page	가정		개인	
1	1903	대상29	벧후3	미 6	눅15
2	1908	대하 1	요일 1	미 7	눅16
3	1912	대하 2	요일 2	나 1	눅17
4	1917	대하3·4	요일 3	나 2	눅18
5	1923	대하5·6:1~11	요일 4	나 3	눅19
6	1929	대하6:12~42	요일 5	합 1	눅20
7	1935	대하 7	요이 1	합 2	눅21
8	1940	대하 8	요삼 1	합 3	눅22
9	1946	대하 9	유 1	습 1	눅23
10	1952	대하10	계 1	습 2	눅24
11	1958	대하11·12	계 2	습 3	요 1
12	1965	대하13	계 3	학 1	요 2
13	1969	대하14·15	계 4	학 2	요 3
14	1975	대하16	계 5	슥 1	요 4
15	1980	대하17	계 6	슥 2	요 5
16	1985	대하18	계 7	슥 3	요 6
17	1992	대하19·20	계 8	슥 4	요 7
18	1998	대하21	계 9	슥 5	요 8
19	2004	대하22·23	계10	슥 6	요 9
20	2009	대하24	계11	슥 7	요10
21	2015	대하25	계12	슥 8	요11
22	2021	대하26	계13	슥 9	요12
23	2027	대하27·28	계14	슥10	요13
24	2033	대하29	계15	슥11	요14
25	2038	대하30	계16	슥12·13:1	요15
26	2043	대하31	계17	슥13:2~9	요16
27	2048	대하32	계18	슥14	요17
28	2054	대하33	계19	말 1	요18
29	2060	대하34	계20	말 2	요19
30	2066	대하35	계21	말 3	요20
31	2072	대하36	계22	말 4	요21

⊕ 맥체인 성경 읽기표 ⊕

January 01

날짜	page	가정		개인	
1	**1**	창 1	마 1	스 1	행 1
2	**5**	창 2	마 2	스 2	행 2
3	**12**	창 3	마 3	스 3	행 3
4	**16**	창 4	마 4	스 4	행 4
5	**22**	창 5	마 5	스 5	행 5
6	**28**	창 6	마 6	스 6	행 6
7	**33**	창 7	마 7	스 7	행 7
8	**39**	창 8	마 8	스 8	행 8
9	**46**	창9·10	마 9	스 9	행 9
10	**53**	창11	마10	스10	행10
11	**60**	창12	마11	느 1	행11
12	**65**	창13	마12	느 2	행12
13	**70**	창14	마13	느 3	행13
14	**78**	창15	마14	느 4	행14
15	**83**	창16	마15	느 5	행15
16	**89**	창17	마16	느 6	행16
17	**95**	창18	마17	느 7	행17
18	**102**	창19	마18	느 8	행18
19	**108**	창20	마19	느 9	행19
20	**115**	창21	마20	느10	행20
21	**121**	창22	마21	느11	행21
22	**128**	창23	마22	느12	행22
23	**135**	창24	마23	느13	행23
24	**144**	창25	마24	에 1	행24
25	**150**	창26	마25	에 2	행25
26	**157**	창27	마26	에 3	행26
27	**165**	창28	마27	에 4	행27
28	**172**	창29	마28	에 5	행28
29	**177**	창30	막 1	에 6	롬 1
30	**184**	창31	막 2	에 7	롬 2
31	**190**	창32	막 3	에 8	롬 3

February 02

날짜	page	가정		개인	
1	**197**	창33	막 4	에9·10	롬 4
2	**202**	창34	막 5	욥 1	롬 5
3	**208**	창35·36	막 6	욥 2	롬 6
4	**216**	창37	막 7	욥 3	롬 7
5	**222**	창38	막 8	욥 4	롬 8
6	**228**	창39	막 9	욥 5	롬 9
7	**234**	창40	막10	욥 6	롬10
8	**239**	창41	막11	욥 7	롬11
9	**246**	창42	막12	욥 8	롬12
10	**252**	창43	막13	욥 9	롬13
11	**258**	창44	막14	욥10	롬14
12	**265**	창45	막15	욥11	롬15
13	**271**	창46	막16	욥12	롬16
14	**276**	창47	눅1:1~38	욥13	고전1
15	**282**	창48	눅1:39~80	욥14	고전2
16	**286**	창49	눅 2	욥15	고전3
17	**292**	창50	눅 3	욥16·17	고전4
18	**298**	출 1	눅 4	욥18	고전5
19	**303**	출 2	눅 5	욥19	고전6
20	**308**	출 3	눅 6	욥20	고전7
21	**315**	출 4	눅 7	욥21	고전8
22	**321**	출 5	눅 8	욥22	고전9
23	**327**	출 6	눅 9	욥23	고전10
24	**334**	출 7	눅10	욥24	고전11
25	**340**	출 8	눅11	욥25·26	고전12
26	**346**	출 9	눅12	욥27	고전13
27	**352**	출10	눅13	욥28	고전14
28	**359**	출11·12:1~21	눅14	욥29	고전15

March 03

날짜	page	가정		개인	
1	**367**	출12:22~51	눅15	욥30	고전16
2	**372**	출13	눅16	욥31	고후 1
3	**377**	출14	눅17	욥32	고후 2
4	**382**	출15	눅18	욥33	고후 3
5	**388**	출16	눅19	욥34	고후 4
6	**394**	출17	눅20	욥35	고후 5
7	**399**	출18	눅21	욥36	고후 6
8	**404**	출19	눅22	욥37	고후 7
9	**411**	출20	눅23	욥38	고후 8
10	**417**	출21	눅24	욥39	고후 9
11	**422**	출22	요 1	욥40	고후10
12	**428**	출23	요 2	욥41	고후11
13	**433**	출24	요 3	욥42	고후12
14	**438**	출25	요 4	잠 1	고후13
15	**444**	출26	요 5	잠 2	갈 1
16	**449**	출27	요 6	잠 3	갈 2
17	**456**	출28	요 7	잠 4	갈 3
18	**463**	출29	요 8	잠 5	갈 4
19	**470**	출30	요 9	잠 6	갈 5
20	**476**	출31	요10	잠 7	갈 6
21	**480**	출32	요11	잠 8	엡 1
22	**487**	출33	요12	잠 9	엡 2
23	**492**	출34	요13	잠10	엡 3
24	**498**	출35	요14	잠11	엡 4
25	**504**	출36	요15	잠12	엡 5
26	**509**	출37	요16	잠13	엡 6
27	**514**	출38	요17	잠14	빌 1
28	**520**	출39	요18	잠15	빌 2
29	**526**	출40	요19	잠16	빌 3
30	**532**	레 1	요20	잠17	빌 4
31	**537**	레2·3	요21	잠18	골 1

April 04

날짜	page	가정		개인	
1	**543**	레 4	시1·2	잠19	골 2
2	**547**	레 5	시3·4	잠20	골 3
3	**551**	레 6	시5·6	잠21	골 4
4	**556**	레 7	시7·8	잠22	살전1
5	**560**	레 8	시 9	잠23	살전2
6	**565**	레 9	시10	잠24	살전3
7	**569**	레10	시11·12	잠25	살전4
8	**573**	레11·12	시13·14	잠26	살전5
9	**578**	레13	시15·16	잠27	살후1
10	**583**	레14	시17	잠28	살후2
11	**589**	레15	시18	잠29	살후3
12	**594**	레16	시19	잠30	딤전1
13	**599**	레17	시20·21	잠31	딤전2
14	**603**	레18	시22	전 1	딤전3
15	**607**	레19	시23·24	전 2	딤전4
16	**611**	레20	시25	전 3	딤전5
17	**616**	레21	시26·27	전 4	딤전6
18	**620**	레22	시28·29	전 5	딤후1
19	**625**	레23	시30	전 6	딤후2
20	**629**	레24	시31	전 7	딤후3
21	**634**	레25	시32	전 8	딤후4
22	**639**	레26	시33	전 9	딛 1
23	**644**	레27	시34	전10	딛 2
24	**648**	민 1	시35	전11	딛 3
25	**653**	민 2	시36	전12	몬 1
26	**656**	민 3	시37	아 1	히 1
27	**662**	민 4	시38	아 2	히 2
28	**666**	민 5	시39	아 3	히 3
29	**670**	민 6	시40·41	아 4	히 4
30	**675**	민 7	시42·43	아 5	히 5

May 05

날짜	page	가정		개인	
1	**683**	민 8	시44	아 6	히 6
2	**687**	민 9	시45	아 7	히 7
3	**691**	민10	시46·47	아 8	히 8
4	**695**	민11	시48	사 1	히 9
5	**700**	민12·13	시49	사 2	히10
6	**706**	민14	시50	사3·4	히11
7	**712**	민15	시51	사 5	히12
8	**718**	민16	시52~54	사 6	히13
9	**724**	민17·18	시55	사 7	약 1
10	**730**	민19	시56·57	사8·9:1~7	약 2
11	**735**	민20	시58·59	사9:8~10:4	약 3
12	**740**	민21	시60·61	사10:5~34	약 4
13	**745**	민22	시62·63	사11·12	약 5
14	**751**	민23	시64·65	사13	벧전1
15	**756**	민24	시66·67	사14	벧전2
16	**761**	민25	시68	사15	벧전3
17	**766**	민26	시69	사16	벧전4
18	**772**	민27	시70·71	사17·18	벧전5
19	**776**	민28	시72	사19·20	벧후1
20	**781**	민29	시73	사21	벧후2
21	**786**	민30	시74	사22	벧후3
22	**790**	민31	시75·76	사23	요일1
23	**795**	민32	시77	사24	요일2
24	**800**	민33	시78:1~37	사25	요일3
25	**806**	민34	시78:38~72	사26	요일4
26	**810**	민35	시79	사27	요일5
27	**815**	민36	시80	사28	요이1
28	**819**	신 1	시81·82	사29	요삼1
29	**824**	신 2	시83·84	사30	유 1
30	**831**	신 3	시85	사31	계 1
31	**835**	신 4	시86·87	사32	계 2

June 06

날짜	page	가정		개인	
1	**843**	신 5	시88	사33	계 3
2	**848**	신 6	시89	사34	계 4
3	**853**	신 7	시90	사35	계 5
4	**856**	신 8	시91	사36	계 6
5	**860**	신 9	시92·93	사37	계 7
6	**866**	신10	시94	사38	계 8
7	**870**	신11	시95·96	사39	계 9
8	**874**	신12	시97·98	사40	계10
9	**879**	신13·14	시99~101	사41	계11
10	**885**	신15	시102	사42	계12
11	**890**	신16	시103	사43	계13
12	**894**	신17	시104	사44	계14
13	**900**	신18	시105	사45	계15
14	**905**	신19	시106	사46	계16
15	**910**	신20	시107	사47	계17
16	**914**	신21	시108·109	사48	계18
17	**920**	신22	시110·111	사49	계19
18	**925**	신23	시112·113	사50	계20
19	**929**	신24	시114·115	사51	계21
20	**934**	신25	시116	사52	계22
21	**938**	신26	시117·118	사53	마 1
22	**942**	신27·28:1~19	시119:1~24	사54	마 2
23	**947**	신28:20~68	시119:25~48	사55	마 3
24	**953**	신29	시119:49~72	사56	마 4
25	**957**	신30	시119:73~96	사57	마 5
26	**963**	신31	시119:97~120	사58	마 6
27	**968**	신32	시119:121~144	사59	마 7
28	**974**	신33·34	시119:145~176	사60	마 8
29	**981**	수 1	시120~122	사61	마 9
30	**985**	수 2	시123~125	사62	마10

맥체인 성경 읽기표

QT와 성경통독을 하나로

[맥체인성경365_목차]

구약 page

책	page	책	page	책	page
창세기(창)	1	역대하(대하)	1908	다니엘(단)	1644
출애굽기(출)	298	에스라(스)	3	호세아(호)	1713
레위기(레)	532	느헤미야(느)	62	요엘(욜)	1770
민수기(민)	648	에스더(에)	147	아모스(암)	1785
신명기(신)	819	욥기(욥)	206	오바댜(옵)	1844
여호수아(수)	981	시편(시)	544/1228	요나(욘)	1850
사사기(삿)	1102	잠언(잠)	442	미가(미)	1874
룻기(룻)	1246	전도서(전)	605	나훔(나)	1915
사무엘상(삼상)	1264	아가(아)	660	하박국(합)	1932
사무엘하(삼하)	1414	이사야(사)	697	스바냐(습)	1949
열왕기상(왕상)	1540	예레미야(렘)	1015	학개(학)	1967
열왕기하(왕하)	1669	예레미야애가(애)	1342	스가랴(슥)	1977
역대상(대상)	1787	에스겔(겔)	1371	말라기(말)	2057

신약 page

책	page	책	page	책	page
마태복음(마)	2/941	에베소서(엡)	485/1556	히브리서(히)	661/1757
마가복음(막)	179/1112	빌립보서(빌)	518/1593	야고보서(약)	729/1832
누가복음(눅)	277/1813	골로새서(골)	540/1616	베드로전서(벧전)	754/1860
요한복음(요)	424/1962	데살로니가전서(살전)	560/1638	베드로후서(벧후)	780/1892
사도행전(행)	4/1073	데살로니가후서(살후)	582/1670	요한일서(요일)	794/1909
로마서(롬)	182/1266	디모데전서(딤전)	598/1686	요한이서(요이)	818/1937
고린도전서(고전)	280/1359	디모데후서(딤후)	624/1718	요한삼서(요삼)	823/1941
고린도후서(고후)	376/1444	디도서(딛)	643/1739	유다서(유)	829/1947
갈라디아서(갈)	448/1519	빌레몬서(몬)	655/1752	요한계시록(계)	834/1952

새벽기도회 살리기 · 구역모임(소그룹) 살리기

마틴로이드존스, 존스토트 목사가 수십년간 사용했던 검증된 방식

[맥체인 성경 읽기표]

맥체인 성경 읽기표는 1842년 맥체인이 자신이 목양하던 성베드로교회 성도들의 영적 성장을 위해 개발한 것으로, 매일 구약과 신약을 각각 2장씩 읽음으로써 1년에 구약 1회, 신약과 시편을 각 2회 정독할 수 있도록 만든 표입니다. 이와 같은 맥체인의 방법에 따라 신구약 성경 전체를 골고루 4등분해서 동시에 읽으면, 성경에 기록된 장구한 구속사를 크게 네 시대로 나누어 동시에 묵상할 수 있습니다.

(1) 창세기 ~ 역대하 : 만물의 시작과 이스라엘의 시작
(2) 에스라 ~ 말라기 : 이스라엘의 멸망과 새 시대의 시작
(3) 마태복음 ~ 요한복음 : 예수의 복음사역과 십자가 구속
(4) 사도행전 ~ 요한계시록 : 교회의 시작과 선교

▶《맥체인 성경 365》 말씀연결 사용하는 법

① 네 성경 본문의 소주제를 통해 중심 단어나 문장을 말씀으로 묵상한다.
② 네 본문의 말씀을 순서대로, 천천히 읽는다.
③ 두 본문에서 반복되는 단어나 유사한 문맥을 찾아 서로 연결한다.
④ 본문에서 반대의 뜻을 가진 단어나 문장을 찾는다.
⑤ 두 권의 책에서 공통되는 하나님의 말씀을 연결하여 기록한다.
⑥ 연결되는 말씀을 다른 두 권으로 확대하여 네 권 전체에 흐르는 하나님의 생각과 베푸신 은혜를 누리고, 그 내용을 적어본다.
⑦ 본문에서 지도자나 인도자로부터 배운 신학 주제나 교리들이 함축하고 있는 문맥의 짝을 찾아본다.
⑧ 중심 주제를 필두로, 삶에 적용할 일들을 적어보고 생활 중에 실천함으로써 변화를 경험해 본다.
⑨ 하나님이 오늘 나에게 주신 말씀들을 통하여 가르침, 명령과 약속 권면, 경고 및 행해야 할 일들을 하나님과 대화하는 마음으로(기도) 성경읽기를 마무리한다.

July 07

날짜	page	가정		개인	
1	**991**	수 3	시126~128	사63	마11
2	**995**	수 4	시129~131	사64	마12
3	**1000**	수5·6:1~5	시132~134	사65	마13
4	**1006**	수6:6~27	시135·136	사66	마14
5	**1013**	수 7	시137·138	렘 1	마15
6	**1018**	수 8	시139	렘 2	마16
7	**1025**	수 9	시140·141	렘 3	마17
8	**1031**	수10	시142·143	렘 4	마18
9	**1038**	수11	시144	렘 5	마19
10	**1043**	수12·13	시145	렘 6	마20
11	**1050**	수14·15	시146·147	렘 7	마21
12	**1058**	수16·17	시148	렘 8	마22
13	**1064**	수18·19	시149·150	렘 9	마23
14	**1071**	수20·21	행 1	렘10	마24
15	**1078**	수22	행 2	렘11	마25
16	**1087**	수23	행 3	렘12	마26
17	**1094**	수24	행 4	렘13	마27
18	**1102**	삿 1	행 5	렘14	마28
19	**1108**	삿 2	행 6	렘15	막 1
20	**1114**	삿 3	행 7	렘16	막 2
21	**1121**	삿 4	행 8	렘17	막 3
22	**1127**	삿 5	행 9	렘18	막 4
23	**1134**	삿 6	행10	렘19	막 5
24	**1142**	삿 7	행11	렘20	막 6
25	**1149**	삿 8	행12	렘21	막 7
26	**1154**	삿 9	행13	렘22	막 8
27	**1164**	삿10·11:1~11	행14	렘23	막 9
28	**1171**	삿11:12~40	행15	렘24	막10
29	**1178**	삿12	행16	렘25	막11
30	**1185**	삿13	행17	렘26	막12
31	**1192**	삿14	행18	렘27	막13

August 08

날짜	page	가정		개인	
1	**1199**	삿15	행19	렘28	막14
2	**1206**	삿16	행20	렘29	막15
3	**1214**	삿17	행21	렘30·31	막16
4	**1222**	삿18	행22	렘32	시1·2
5	**1228**	삿19	행23	렘33	시3·4
6	**1234**	삿20	행24	렘34	시5·6
7	**1241**	삿21	행25	렘35	시7·8
8	**1246**	룻 1	행26	렘36·37	시 9
9	**1253**	룻 2	행27	렘38	시10
10	**1259**	룻3·4	행28	렘39	시11·12
11	**1264**	삼상1	롬 1	렘40	시13·14
12	**1270**	삼상2	롬 2	렘41	시15·16
13	**1275**	삼상3	롬 3	렘42	시17
14	**1280**	삼상4	롬 4	렘43	시18
15	**1285**	삼상5·6	롬 5	렘44	시19
16	**1292**	삼상7·8	롬 6	렘45	시20·21
17	**1296**	삼상9	롬 7	렘46	시22
18	**1302**	삼상10	롬 8	렘47	시23·24
19	**1307**	삼상11	롬 9	렘48	시25
20	**1313**	삼상12	롬10	렘49	시26·27
21	**1319**	삼상13	롬11	렘50	시28·29
22	**1326**	삼상14	롬12	렘51	시30
23	**1334**	삼상15	롬13	렘52	시31
24	**1340**	삼상16	롬14	애 1	시32
25	**1345**	삼상17	롬15	애 2	시33
26	**1352**	삼상18	롬16	애 3	시34
27	**1358**	삼상19	고전1	애 4	시35
28	**1363**	삼상20	고전2	애 5	시36
29	**1368**	삼상21·22	고전3	겔 1	시37
30	**1374**	삼상23	고전4	겔 2	시38
31	**1379**	삼상24	고전5	겔 3	시39

September 09

날짜	page	가정		개인	
1	**1385**	삼상25	고전 6	겔 4	시40·41
2	**1391**	삼상26	고전 7	겔 5	시42·43
3	**1396**	삼상27	고전 8	겔 6	시44
4	**1400**	삼상28	고전 9	겔 7	시45·46
5	**1405**	삼상29·30	고전10	겔 8	시47
6	**1411**	삼상31	고전11	겔 9	시48
7	**1414**	삼하 1	고전12	겔10	시49
8	**1419**	삼하 2	고전13	겔11	시50
9	**1424**	삼하 3	고전14	겔12	시51
10	**1430**	삼하4·5	고전15	겔13	시52~54
11	**1438**	삼하 6	고전16	겔14	시55
12	**1442**	삼하 7	고후 1	겔15	시56·57
13	**1447**	삼하8·9	고후 2	겔16	시58·59
14	**1454**	삼하10	고후 3	겔17	시60·61
15	**1459**	삼하11	고후 4	겔18	시62·63
16	**1464**	삼하12	고후 5	겔19	시64·65
17	**1469**	삼하13	고후 6	겔20	시66·67
18	**1476**	삼하14	고후 7	겔21	시68
19	**1483**	삼하15	고후 8	겔22	시69
20	**1489**	삼하16	고후 9	겔23	시70·71
21	**1495**	삼하17	고후10	겔24	시72
22	**1500**	삼하18	고후11	겔25	시73
23	**1506**	삼하19	고후12	겔26	시74
24	**1513**	삼하20	고후13	겔27	시75·76
25	**1518**	삼하21	갈 1	겔28	시77
26	**1523**	삼하22	갈 2	겔29	시78:1~37
27	**1529**	삼하23	갈 3	겔30	시78:38~72
28	**1535**	삼하24	갈 4	겔31	시79
29	**1540**	왕상 1	갈 5	겔32	시80
30	**1547**	왕상 2	갈 6	겔33	시81·82

October 10

날짜	page	가정		개인	
1	**1555**	왕상 3	엡 1	겔34	시83·84
2	**1560**	왕상4·5	엡 2	겔35	시85
3	**1565**	왕상 6	엡 3	겔36	시86
4	**1571**	왕상 7	엡 4	겔37	시87·88
5	**1578**	왕상 8	엡 5	겔38	시89
6	**1586**	왕상 9	엡 6	겔39	시90
7	**1591**	왕상10	빌 1	겔40	시91
8	**1598**	왕상11	빌 2	겔41	시92·93
9	**1603**	왕상12	빌 3	겔42	시94
10	**1608**	왕상13	빌 4	겔43	시95·96
11	**1614**	왕상14	골 1	겔44	시97·98
12	**1620**	왕상15	골 2	겔45	시99~101
13	**1625**	왕상16	골 3	겔46	시102
14	**1631**	왕상17	골 4	겔47	시103
15	**1635**	왕상18	살전 1	겔48	시104
16	**1642**	왕상19	살전 2	단 1	시105
17	**1647**	왕상20	살전 3	단 2	시106
18	**1655**	왕상21	살전 4	단 3	시107
19	**1661**	왕상22	살전 5	단 4	시108·109
20	**1669**	왕하 1	살후 1	단 5	시110·111
21	**1674**	왕하 2	살후 2	단 6	시112·113
22	**1679**	왕하 3	살후 3	단 7	시114·115
23	**1684**	왕하 4	딤전 1	단 8	시116
24	**1690**	왕하 5	딤전 2	단 9	시117·118
25	**1695**	왕하 6	딤전 3	단10	시119:1~24
26	**1700**	왕하 7	딤전 4	단11	시119:25~48
27	**1706**	왕하 8	딤전 5	단12	시119:49~72
28	**1710**	왕하 9	딤전 6	호 1	시119:73~96
29	**1715**	왕하10	딤후 1	호 2	시119:97~120
30	**1721**	왕하11·12	딤후 2	호3·4	시119:121~144
31	**1726**	왕하13	딤후 3	호5·6	시119:145~176

November 11

날짜	page	가정		개인	
1	**1733**	왕하14	딤후4	호 7	시120~122
2	**1737**	왕하15	딛 1	호 8	시123~125
3	**1741**	왕하16	딛 2	호 9	시126~128
4	**1745**	왕하17	딛 3	호10	시129~131
5	**1750**	왕하18	몬 1	호11	시132~134
6	**1755**	왕하19	히 1	호12	시135·136
7	**1760**	왕하20	히 2	호13	시137·138
8	**1765**	왕하21	히 3	호14	시139
9	**1768**	왕하22	히 4	욜 1	시140·141
10	**1773**	왕하23	히 5	욜 2	시142
11	**1778**	왕하24	히 6	욜 3	시143
12	**1782**	왕하25	히 7	암 1	시144
13	**1787**	대상1·2	히 8	암 2	시145
14	**1793**	대상3·4	히 9	암 3	시146·147
15	**1799**	대상5·6	히10	암 4	시148·150
16	**1807**	대상7·8	히11	암 5	눅1:1~38
17	**1815**	대상9·10	히12	암 6	눅1:39~80
18	**1822**	대상11·12	히13	암 7	눅 2
19	**1830**	대상13·14	약 1	암 8	눅 3
20	**1836**	대상15	약 2	암 9	눅 4
21	**1841**	대상16	약 3	옵 1	눅 5
22	**1847**	대상17	약 4	욘 1	눅 6
23	**1853**	대상18	약 5	욘 2	눅 7
24	**1858**	대상19·20	벧전1	욘 3	눅 8
25	**1864**	대상21	벧전2	욘 4	눅 9
26	**1871**	대상22	벧전3	미 1	눅10
27	**1877**	대상23	벧전4	미 2	눅11
28	**1882**	대상24·25	벧전5	미 3	눅12
29	**1889**	대상26·27	벧후1	미 4	눅13
30	**1896**	대상28	벧후2	미 5	눅14

December 12

날짜	page	가정		개인	
1	**1903**	대상29	벧후3	미 6	눅15
2	**1908**	대하 1	요일 1	미 7	눅16
3	**1912**	대하 2	요일 2	나 1	눅17
4	**1917**	대하3·4	요일 3	나 2	눅18
5	**1923**	대하5·6:1~11	요일 4	나 3	눅19
6	**1929**	대하6:12~42	요일 5	합 1	눅20
7	**1935**	대하 7	요이 1	합 2	눅21
8	**1940**	대하 8	요삼 1	합 3	눅22
9	**1946**	대하 9	유 1	습 1	눅23
10	**1952**	대하10	계 1	습 2	눅24
11	**1958**	대하11·12	계 2	습 3	요 1
12	**1965**	대하13	계 3	학 1	요 2
13	**1969**	대하14·15	계 4	학 2	요 3
14	**1975**	대하16	계 5	슥 1	요 4
15	**1980**	대하17	계 6	슥 2	요 5
16	**1985**	대하18	계 7	슥 3	요 6
17	**1992**	대하19·20	계 8	슥 4	요 7
18	**1998**	대하21	계 9	슥 5	요 8
19	**2004**	대하22·23	계10	슥 6	요 9
20	**2009**	대하24	계11	슥 7	요10
21	**2015**	대하25	계12	슥 8	요11
22	**2021**	대하26	계13	슥 9	요12
23	**2027**	대하27·28	계14	슥10	요13
24	**2033**	대하29	계15	슥11	요14
25	**2038**	대하30	계16	슥12·13:1	요15
26	**2043**	대하31	계17	슥13:2~9	요16
27	**2048**	대하32	계18	슥14	요17
28	**2054**	대하33	계19	말 1	요18
29	**2060**	대하34	계20	말 2	요19
30	**2066**	대하35	계21	말 3	요20
31	**2072**	대하36	계22	말 4	요21

⊕ 맥체인 성경 읽기표 ⊕

January 01

날짜	page	가정		개인	
1	1	창 1	마 1	스 1	행 1
2	5	창 2	마 2	스 2	행 2
3	12	창 3	마 3	스 3	행 3
4	16	창 4	마 4	스 4	행 4
5	22	창 5	마 5	스 5	행 5
6	28	창 6	마 6	스 6	행 6
7	33	창 7	마 7	스 7	행 7
8	39	창 8	마 8	스 8	행 8
9	46	창9·10	마 9	스 9	행 9
10	53	창11	마10	스10	행10
11	60	창12	마11	느 1	행11
12	65	창13	마12	느 2	행12
13	70	창14	마13	느 3	행13
14	78	창15	마14	느 4	행14
15	83	창16	마15	느 5	행15
16	89	창17	마16	느 6	행16
17	95	창18	마17	느 7	행17
18	102	창19	마18	느 8	행18
19	108	창20	마19	느 9	행19
20	115	창21	마20	느10	행20
21	121	창22	마21	느11	행21
22	128	창23	마22	느12	행22
23	135	창24	마23	느13	행23
24	144	창25	마24	에 1	행24
25	150	창26	마25	에 2	행25
26	157	창27	마26	에 3	행26
27	165	창28	마27	에 4	행27
28	172	창29	마28	에 5	행28
29	177	창30	막 1	에 6	롬 1
30	184	창31	막 2	에 7	롬 2
31	190	창32	막 3	에 8	롬 3

February 02

날짜	page	가정		개인	
1	197	창33	막 4	에9·10	롬 4
2	202	창34	막 5	욥 1	롬 5
3	208	창35·36	막 6	욥 2	롬 6
4	216	창37	막 7	욥 3	롬 7
5	222	창38	막 8	욥 4	롬 8
6	228	창39	막 9	욥 5	롬 9
7	234	창40	막10	욥 6	롬10
8	239	창41	막11	욥 7	롬11
9	246	창42	막12	욥 8	롬12
10	252	창43	막13	욥 9	롬13
11	258	창44	막14	욥10	롬14
12	265	창45	막15	욥11	롬15
13	271	창46	막16	욥12	롬16
14	276	창47	눅1:1~38	욥13	고전1
15	282	창48	눅1:39~80	욥14	고전2
16	286	창49	눅 2	욥15	고전3
17	292	창50	눅 3	욥16·17	고전4
18	298	출 1	눅 4	욥18	고전5
19	303	출 2	눅 5	욥19	고전6
20	308	출 3	눅 6	욥20	고전7
21	315	출 4	눅 7	욥21	고전8
22	321	출 5	눅 8	욥22	고전9
23	327	출 6	눅 9	욥23	고전10
24	334	출 7	눅10	욥24	고전11
25	340	출 8	눅11	욥25·26	고전12
26	346	출 9	눅12	욥27	고전13
27	352	출10	눅13	욥28	고전14
28	359	출11·12:1~21	눅14	욥29	고전15

March 03

날짜	page	가정		개인	
1	367	출12:22~51	눅15	욥30	고전16
2	372	출13	눅16	욥31	고후 1
3	377	출14	눅17	욥32	고후 2
4	382	출15	눅18	욥33	고후 3
5	388	출16	눅19	욥34	고후 4
6	394	출17	눅20	욥35	고후 5
7	399	출18	눅21	욥36	고후 6
8	404	출19	눅22	욥37	고후 7
9	411	출20	눅23	욥38	고후 8
10	417	출21	눅24	욥39	고후 9
11	422	출22	요 1	욥40	고후10
12	428	출23	요 2	욥41	고후11
13	433	출24	요 3	욥42	고후12
14	438	출25	요 4	잠 1	고후13
15	444	출26	요 5	잠 2	갈 1
16	449	출27	요 6	잠 3	갈 2
17	456	출28	요 7	잠 4	갈 3
18	463	출29	요 8	잠 5	갈 4
19	470	출30	요 9	잠 6	갈 5
20	476	출31	요10	잠 7	갈 6
21	480	출32	요11	잠 8	엡 1
22	487	출33	요12	잠 9	엡 2
23	492	출34	요13	잠10	엡 3
24	498	출35	요14	잠11	엡 4
25	504	출36	요15	잠12	엡 5
26	509	출37	요16	잠13	엡 6
27	514	출38	요17	잠14	빌 1
28	520	출39	요18	잠15	빌 2
29	526	출40	요19	잠16	빌 3
30	532	레 1	요20	잠17	빌 4
31	537	레2·3	요21	잠18	골 1

April 04

날짜	page	가정		개인	
1	543	레 4	시1·2	잠19	골 2
2	547	레 5	시3·4	잠20	골 3
3	551	레 6	시5·6	잠21	골 4
4	556	레 7	시7·8	잠22	살전1
5	560	레 8	시 9	잠23	살전2
6	565	레 9	시10	잠24	살전3
7	569	레10	시11·12	잠25	살전4
8	573	레11·12	시13·14	잠26	살전5
9	578	레13	시15·16	잠27	살후1
10	583	레14	시17	잠28	살후2
11	589	레15	시18	잠29	살후3
12	594	레16	시19	잠30	딤전1
13	599	레17	시20·21	잠31	딤전2
14	603	레18	시22	전 1	딤전3
15	607	레19	시23·24	전 2	딤전4
16	611	레20	시25	전 3	딤전5
17	616	레21	시26·27	전 4	딤전6
18	620	레22	시28·29	전 5	딤후1
19	625	레23	시30	전 6	딤후2
20	629	레24	시31	전 7	딤후3
21	634	레25	시32	전 8	딤후4
22	639	레26	시33	전 9	딛 1
23	644	레27	시34	전10	딛 2
24	648	민 1	시35	전11	딛 3
25	653	민 2	시36	전12	몬 1
26	656	민 3	시37	아 1	히 1
27	662	민 4	시38	아 2	히 2
28	666	민 5	시39	아 3	히 3
29	670	민 6	시40·41	아 4	히 4
30	675	민 7	시42·43	아 5	히 5

May 05

날짜	page	가정		개인	
1	683	민 8	시44	아 6	히 6
2	687	민 9	시45	아 7	히 7
3	691	민10	시46·47	아 8	히 8
4	695	민11	시48	사 1	히 9
5	700	민12·13	시49	사 2	히10
6	706	민14	시50	사3·4	히11
7	712	민15	시51	사 5	히12
8	718	민16	시52~54	사 6	히13
9	724	민17·18	시55	사 7	약 1
10	730	민19	시56·57	사8·9:1~7	약 2
11	735	민20	시58·59	사9:8~10:4	약 3
12	740	민21	시60·61	사10:5~34	약 4
13	745	민22	시62·63	사11·12	약 5
14	751	민23	시64·65	사13	벧전1
15	756	민24	시66·67	사14	벧전2
16	761	민25	시68	사15	벧전3
17	766	민26	시69	사16	벧전4
18	772	민27	시70·71	사17·18	벧전5
19	776	민28	시72	사19·20	벧후1
20	781	민29	시73	사21	벧후2
21	786	민30	시74	사22	벧후3
22	790	민31	시75·76	사23	요일1
23	795	민32	시77	사24	요일2
24	800	민33	시78:1~37	사25	요일3
25	806	민34	시78:38~72	사26	요일4
26	810	민35	시79	사27	요일5
27	815	민36	시80	사28	요이1
28	819	신 1	시81·82	사29	요삼1
29	824	신 2	시83·84	사30	유 1
30	831	신 3	시85	사31	계 1
31	835	신 4	시86·87	사32	계 2

June 06

날짜	page	가정		개인	
1	843	신 5	시88	사33	계 3
2	848	신 6	시89	사34	계 4
3	853	신 7	시90	사35	계 5
4	856	신 8	시91	사36	계 6
5	860	신 9	시92·93	사37	계 7
6	866	신10	시94	사38	계 8
7	870	신11	시95·96	사39	계 9
8	874	신12	시97·98	사40	계10
9	879	신13·14	시99~101	사41	계11
10	885	신15	시102	사42	계12
11	890	신16	시103	사43	계13
12	894	신17	시104	사44	계14
13	900	신18	시105	사45	계15
14	905	신19	시106	사46	계16
15	910	신20	시107	사47	계17
16	914	신21	시108·109	사48	계18
17	920	신22	시110·111	사49	계19
18	925	신23	시112·113	사50	계20
19	929	신24	시114·115	사51	계21
20	934	신25	시116	사52	계22
21	938	신26	시117·118	사53	마 1
22	942	신27·28:1~19	시119:1~24	사54	마 2
23	947	신28:20~68	시119:25~48	사55	마 3
24	953	신29	시119:49~72	사56	마 4
25	957	신30	시119:73~96	사57	마 5
26	963	신31	시119:97~120	사58	마 6
27	968	신32	시119:121~144	사59	마 7
28	974	신33·34	시119:145~176	사60	마 8
29	981	수 1	시120~122	사61	마 9
30	985	수 2	시123~125	사62	마10

맥체인 성경 읽기표

QT와 성경통독을 하나로

[맥체인성경365_목차]

구약 page

창세기(창)	1	역대하(대하)	1908	다니엘(단)	1644
출애굽기(출)	298	에스라(스)	3	호세아(호)	1713
레위기(레)	532	느헤미야(느)	62	요엘(욜)	1770
민수기(민)	648	에스더(에)	147	아모스(암)	1785
신명기(신)	819	욥기(욥)	206	오바댜(옵)	1844
여호수아(수)	981	시편(시)	544/1228	요나(욘)	1850
사사기(삿)	1102	잠언(잠)	442	미가(미)	1874
룻기(룻)	1246	전도서(전)	605	나훔(나)	1915
사무엘상(삼상)	1264	아가(아)	660	하박국(합)	1932
사무엘하(삼하)	1414	이사야(사)	697	스바냐(습)	1949
열왕기상(왕상)	1540	예레미야(렘)	1015	학개(학)	1967
열왕기하(왕하)	1669	예레미야애가(애)	1342	스가랴(슥)	1977
역대상(대상)	1787	에스겔(겔)	1371	말라기(말)	2057

신약 page

마태복음(마)	2/941	에베소서(엡)	485/1556	히브리서(히)	661/1757
마가복음(막)	179/1112	빌립보서(빌)	518/1593	야고보서(약)	729/1832
누가복음(눅)	277/1813	골로새서(골)	540/1616	베드로전서(벧전)	754/1860
요한복음(요)	424/1962	데살로니가전서(살전)	560/1638	베드로후서(벧후)	780/1892
사도행전(행)	4/1073	데살로니가후서(살후)	582/1670	요한일서(요일)	794/1909
로마서(롬)	182/1266	디모데전서(딤전)	598/1686	요한이서(요이)	818/1937
고린도전서(고전)	280/1359	디모데후서(딤후)	624/1718	요한삼서(요삼)	823/1941
고린도후서(고후)	376/1444	디도서(딛)	643/1739	유다서(유)	829/1947
갈라디아서(갈)	448/1519	빌레몬서(몬)	655/1752	요한계시록(계)	834/1952

새벽기도회 살리기 · 구역모임(소그룹) 살리기

마틴로이드존스, 존스토트 목사가 수십년간 사용했던 검증된 방식

[맥체인 성경 읽기표]

맥체인 성경 읽기표는 1842년 맥체인이 자신이 목양하던 성베드로교회 성도들의 영적 성장을 위해 개발한 것으로, 매일 구약과 신약을 각각 2장씩 읽음으로써 1년에 구약 1회, 신약과 시편을 각 2회 정독할 수 있도록 만든 표입니다. 이와 같은 맥체인의 방법에 따라 신구약 성경 전체를 골고루 4등분해서 동시에 읽으면, 성경에 기록된 장구한 구속사를 크게 네 시대로 나누어 동시에 묵상할 수 있습니다.

(1) 창세기 ~ 역대하 : 만물의 시작과 이스라엘의 시작

(2) 에스라 ~ 말라기 : 이스라엘의 멸망과 새 시대의 시작

(3) 마태복음 ~ 요한복음 : 예수의 복음사역과 십자가 구속

(4) 사도행전 ~ 요한계시록 : 교회의 시작과 선교

▶ 《맥체인 성경 365》 말씀연결 사용하는 법

① 네 성경 본문의 소주제를 통해 중심 단어나 문장을 말씀으로 묵상한다.

② 네 본문의 말씀을 순서대로, 천천히 읽는다.

③ 두 본문에서 반복되는 단어나 유사한 문맥을 찾아 서로 연결한다.

④ 본문에서 반대의 뜻을 가진 단어나 문장을 찾는다.

⑤ 두 권의 책에서 공통되는 하나님의 말씀을 연결하여 기록한다.

⑥ 연결되는 말씀을 다른 두 권으로 확대하여 네 권 전체에 흐르는 하나님의 생각과 베푸신 은혜를 누리고, 그 내용을 적어본다.

⑦ 본문에서 지도자나 인도자로부터 배운 신학 주제나 교리들이 함축하고 있는 문맥의 짝을 찾아본다.

⑧ 중심 주제를 필두로, 삶에 적용할 일들을 적어보고 생활 중에 실천함으로써 변화를 경험해 본다.

⑨ 하나님이 오늘 나에게 주신 말씀들을 통하여 가르침, 명령과 약속 권면, 경고 및 행해야 할 일들을 하나님과 대화하는 마음으로(기도) 성경읽기를 마무리한다.

July 07

날짜	page	가정		개인	
1	**991**	수 3	시126~128	사63	마11
2	**995**	수 4	시129~131	사64	마12
3	**1000**	수5·6:1~5	시132~134	사65	마13
4	**1006**	수6:6~27	시135·136	사66	마14
5	**1013**	수 7	시137·138	렘 1	마15
6	**1018**	수 8	시139	렘 2	마16
7	**1025**	수 9	시140·141	렘 3	마17
8	**1031**	수10	시142·143	렘 4	마18
9	**1038**	수11	시144	렘 5	마19
10	**1043**	수12·13	시145	렘 6	마20
11	**1050**	수14·15	시146·147	렘 7	마21
12	**1058**	수16·17	시148	렘 8	마22
13	**1064**	수18·19	시149·150	렘 9	마23
14	**1071**	수20·21	행 1	렘10	마24
15	**1078**	수22	행 2	렘11	마25
16	**1087**	수23	행 3	렘12	마26
17	**1094**	수24	행 4	렘13	마27
18	**1102**	삿 1	행 5	렘14	마28
19	**1108**	삿 2	행 6	렘15	막 1
20	**1114**	삿 3	행 7	렘16	막 2
21	**1121**	삿 4	행 8	렘17	막 3
22	**1127**	삿 5	행 9	렘18	막 4
23	**1134**	삿 6	행10	렘19	막 5
24	**1142**	삿 7	행11	렘20	막 6
25	**1149**	삿 8	행12	렘21	막 7
26	**1154**	삿 9	행13	렘22	막 8
27	**1164**	삿10·11:1~11	행14	렘23	막 9
28	**1171**	삿11:12~40	행15	렘24	막10
29	**1178**	삿12	행16	렘25	막11
30	**1185**	삿13	행17	렘26	막12
31	**1192**	삿14	행18	렘27	막13

August 08

날짜	page	가정		개인	
1	**1199**	삿15	행19	렘28	막14
2	**1206**	삿16	행20	렘29	막15
3	**1214**	삿17	행21	렘30·31	막16
4	**1222**	삿18	행22	렘32	시1·2
5	**1228**	삿19	행23	렘33	시3·4
6	**1234**	삿20	행24	렘34	시5·6
7	**1241**	삿21	행25	렘35	시7·8
8	**1246**	룻 1	행26	렘36·37	시 9
9	**1253**	룻 2	행27	렘38	시10
10	**1259**	룻3·4	행28	렘39	시11·12
11	**1264**	삼상1	롬 1	렘40	시13·14
12	**1270**	삼상2	롬 2	렘41	시15·16
13	**1275**	삼상3	롬 3	렘42	시17
14	**1280**	삼상4	롬 4	렘43	시18
15	**1285**	삼상5·6	롬 5	렘44	시19
16	**1292**	삼상7·8	롬 6	렘45	시20·21
17	**1296**	삼상9	롬 7	렘46	시22
18	**1302**	삼상10	롬 8	렘47	시23·24
19	**1307**	삼상11	롬 9	렘48	시25
20	**1313**	삼상12	롬10	렘49	시26·27
21	**1319**	삼상13	롬11	렘50	시28·29
22	**1326**	삼상14	롬12	렘51	시30
23	**1334**	삼상15	롬13	렘52	시31
24	**1340**	삼상16	롬14	애 1	시32
25	**1345**	삼상17	롬15	애 2	시33
26	**1352**	삼상18	롬16	애 3	시34
27	**1358**	삼상19	고전1	애 4	시35
28	**1363**	삼상20	고전2	애 5	시36
29	**1368**	삼상21·22	고전3	겔 1	시37
30	**1374**	삼상23	고전4	겔 2	시38
31	**1379**	삼상24	고전5	겔 3	시39

September 09

날짜	page	가정		개인	
1	**1385**	삼상25	고전 6	겔 4	시40·41
2	**1391**	삼상26	고전 7	겔 5	시42·43
3	**1396**	삼상27	고전 8	겔 6	시44
4	**1400**	삼상28	고전 9	겔 7	시45·46
5	**1405**	삼상29·30	고전10	겔 8	시47
6	**1411**	삼상31	고전11	겔 9	시48
7	**1414**	삼하 1	고전12	겔10	시49
8	**1419**	삼하 2	고전13	겔11	시50
9	**1424**	삼하 3	고전14	겔12	시51
10	**1430**	삼하4·5	고전15	겔13	시52~54
11	**1438**	삼하 6	고전16	겔14	시55
12	**1442**	삼하 7	고후 1	겔15	시56·57
13	**1447**	삼하8·9	고후 2	겔16	시58·59
14	**1454**	삼하10	고후 3	겔17	시60·61
15	**1459**	삼하11	고후 4	겔18	시62·63
16	**1464**	삼하12	고후 5	겔19	시64·65
17	**1469**	삼하13	고후 6	겔20	시66·67
18	**1476**	삼하14	고후 7	겔21	시68
19	**1483**	삼하15	고후 8	겔22	시69
20	**1489**	삼하16	고후 9	겔23	시70·71
21	**1495**	삼하17	고후10	겔24	시72
22	**1500**	삼하18	고후11	겔25	시73
23	**1506**	삼하19	고후12	겔26	시74
24	**1513**	삼하20	고후13	겔27	시75·76
25	**1518**	삼하21	갈 1	겔28	시77
26	**1523**	삼하22	갈 2	겔29	시78:1~37
27	**1529**	삼하23	갈 3	겔30	시78:38~72
28	**1535**	삼하24	갈 4	겔31	시79
29	**1540**	왕상 1	갈 5	겔32	시80
30	**1547**	왕상 2	갈 6	겔33	시81·82

October 10

날짜	page	가정		개인	
1	**1555**	왕상 3	엡 1	겔34	시83·84
2	**1560**	왕상4·5	엡 2	겔35	시85
3	**1565**	왕상 6	엡 3	겔36	시86
4	**1571**	왕상 7	엡 4	겔37	시87·88
5	**1578**	왕상 8	엡 5	겔38	시89
6	**1586**	왕상 9	엡 6	겔39	시90
7	**1591**	왕상10	빌 1	겔40	시91
8	**1598**	왕상11	빌 2	겔41	시92·93
9	**1603**	왕상12	빌 3	겔42	시94
10	**1608**	왕상13	빌 4	겔43	시95·96
11	**1614**	왕상14	골 1	겔44	시97·98
12	**1620**	왕상15	골 2	겔45	시99~101
13	**1625**	왕상16	골 3	겔46	시102
14	**1631**	왕상17	골 4	겔47	시103
15	**1635**	왕상18	살전 1	겔48	시104
16	**1642**	왕상19	살전 2	단 1	시105
17	**1647**	왕상20	살전 3	단 2	시106
18	**1655**	왕상21	살전 4	단 3	시107
19	**1661**	왕상22	살전 5	단 4	시108·109
20	**1669**	왕하 1	살후 1	단 5	시110·111
21	**1674**	왕하 2	살후 2	단 6	시112·113
22	**1679**	왕하 3	살후 3	단 7	시114·115
23	**1684**	왕하 4	딤전 1	단 8	시116
24	**1690**	왕하 5	딤전 2	단 9	시117·118
25	**1695**	왕하 6	딤전 3	단10	시119:1~24
26	**1700**	왕하 7	딤전 4	단11	시119:25~48
27	**1706**	왕하 8	딤전 5	단12	시119:49~72
28	**1710**	왕하 9	딤전 6	호 1	시119:73~96
29	**1715**	왕하10	딤후 1	호 2	시119:97~120
30	**1721**	왕하11·12	딤후 2	호3·4	시119:121~144
31	**1726**	왕하13	딤후 3	호5·6	시119:145~176

November 11

날짜	page	가정		개인	
1	**1733**	왕하14	딤후4	호 7	시120~122
2	**1737**	왕하15	딛 1	호 8	시123~125
3	**1741**	왕하16	딛 2	호 9	시126~128
4	**1745**	왕하17	딛 3	호10	시129~131
5	**1750**	왕하18	몬 1	호11	시132~134
6	**1755**	왕하19	히 1	호12	시135·136
7	**1760**	왕하20	히 2	호13	시137·138
8	**1765**	왕하21	히 3	호14	시139
9	**1768**	왕하22	히 4	욜 1	시140·141
10	**1773**	왕하23	히 5	욜 2	시142
11	**1778**	왕하24	히 6	욜 3	시143
12	**1782**	왕하25	히 7	암 1	시144
13	**1787**	대상1·2	히 8	암 2	시145
14	**1793**	대상3·4	히 9	암 3	시146·147
15	**1799**	대상5·6	히10	암 4	시148·150
16	**1807**	대상7·8	히11	암 5	눅1:1~38
17	**1815**	대상9·10	히12	암 6	눅1:39~80
18	**1822**	대상11·12	히13	암 7	눅 2
19	**1830**	대상13·14	약 1	암 8	눅 3
20	**1836**	대상15	약 2	암 9	눅 4
21	**1841**	대상16	약 3	옵 1	눅 5
22	**1847**	대상17	약 4	욘 1	눅 6
23	**1853**	대상18	약 5	욘 2	눅 7
24	**1858**	대상19·20	벧전1	욘 3	눅 8
25	**1864**	대상21	벧전2	욘 4	눅 9
26	**1871**	대상22	벧전3	미 1	눅10
27	**1877**	대상23	벧전4	미 2	눅11
28	**1882**	대상24·25	벧전5	미 3	눅12
29	**1889**	대상26·27	벧후1	미 4	눅13
30	**1896**	대상28	벧후2	미 5	눅14

December 12

날짜	page	가정		개인	
1	**1903**	대상29	벧후3	미 6	눅15
2	**1908**	대하 1	요일 1	미 7	눅16
3	**1912**	대하 2	요일 2	나 1	눅17
4	**1917**	대하3·4	요일 3	나 2	눅18
5	**1923**	대하5·6:1~11	요일 4	나 3	눅19
6	**1929**	대하6:12~42	요일 5	합 1	눅20
7	**1935**	대하 7	요이 1	합 2	눅21
8	**1940**	대하 8	요삼 1	합 3	눅22
9	**1946**	대하 9	유 1	습 1	눅23
10	**1952**	대하10	계 1	습 2	눅24
11	**1958**	대하11·12	계 2	습 3	요 1
12	**1965**	대하13	계 3	학 1	요 2
13	**1969**	대하14·15	계 4	학 2	요 3
14	**1975**	대하16	계 5	슥 1	요 4
15	**1980**	대하17	계 6	슥 2	요 5
16	**1985**	대하18	계 7	슥 3	요 6
17	**1992**	대하19·20	계 8	슥 4	요 7
18	**1998**	대하21	계 9	슥 5	요 8
19	**2004**	대하22·23	계10	슥 6	요 9
20	**2009**	대하24	계11	슥 7	요10
21	**2015**	대하25	계12	슥 8	요11
22	**2021**	대하26	계13	슥 9	요12
23	**2027**	대하27·28	계14	슥10	요13
24	**2033**	대하29	계15	슥11	요14
25	**2038**	대하30	계16	슥12·13:1	요15
26	**2043**	대하31	계17	슥13:2~9	요16
27	**2048**	대하32	계18	슥14	요17
28	**2054**	대하33	계19	말 1	요18
29	**2060**	대하34	계20	말 2	요19
30	**2066**	대하35	계21	말 3	요20
31	**2072**	대하36	계22	말 4	요21

⊕ 맥체인 성경 읽기표 ⊕

January 01

날짜	page	가정		개인	
1	**1**	창 1	마 1	스 1	행 1
2	**5**	창 2	마 2	스 2	행 2
3	**12**	창 3	마 3	스 3	행 3
4	**16**	창 4	마 4	스 4	행 4
5	**22**	창 5	마 5	스 5	행 5
6	**28**	창 6	마 6	스 6	행 6
7	**33**	창 7	마 7	스 7	행 7
8	**39**	창 8	마 8	스 8	행 8
9	**46**	창9·10	마 9	스 9	행 9
10	**53**	창11	마10	스10	행10
11	**60**	창12	마11	느 1	행11
12	**65**	창13	마12	느 2	행12
13	**70**	창14	마13	느 3	행13
14	**78**	창15	마14	느 4	행14
15	**83**	창16	마15	느 5	행15
16	**89**	창17	마16	느 6	행16
17	**95**	창18	마17	느 7	행17
18	**102**	창19	마18	느 8	행18
19	**108**	창20	마19	느 9	행19
20	**115**	창21	마20	느10	행20
21	**121**	창22	마21	느11	행21
22	**128**	창23	마22	느12	행22
23	**135**	창24	마23	느13	행23
24	**144**	창25	마24	에 1	행24
25	**150**	창26	마25	에 2	행25
26	**157**	창27	마26	에 3	행26
27	**165**	창28	마27	에 4	행27
28	**172**	창29	마28	에 5	행28
29	**177**	창30	막 1	에 6	롬 1
30	**184**	창31	막 2	에 7	롬 2
31	**190**	창32	막 3	에 8	롬 3

February 02

날짜	page	가정		개인	
1	**197**	창33	막 4	에9·10	롬 4
2	**202**	창34	막 5	욥 1	롬 5
3	**208**	창35·36	막 6	욥 2	롬 6
4	**216**	창37	막 7	욥 3	롬 7
5	**222**	창38	막 8	욥 4	롬 8
6	**228**	창39	막 9	욥 5	롬 9
7	**234**	창40	막10	욥 6	롬10
8	**239**	창41	막11	욥 7	롬11
9	**246**	창42	막12	욥 8	롬12
10	**252**	창43	막13	욥 9	롬13
11	**258**	창44	막14	욥10	롬14
12	**265**	창45	막15	욥11	롬15
13	**271**	창46	막16	욥12	롬16
14	**276**	창47	눅1:1~38	욥13	고전1
15	**282**	창48	눅1:39~80	욥14	고전2
16	**286**	창49	눅 2	욥15	고전3
17	**292**	창50	눅 3	욥16·17	고전4
18	**298**	출 1	눅 4	욥18	고전5
19	**303**	출 2	눅 5	욥19	고전6
20	**308**	출 3	눅 6	욥20	고전7
21	**315**	출 4	눅 7	욥21	고전8
22	**321**	출 5	눅 8	욥22	고전9
23	**327**	출 6	눅 9	욥23	고전10
24	**334**	출 7	눅10	욥24	고전11
25	**340**	출 8	눅11	욥25 26	고전12
26	**346**	출 9	눅12	욥27	고전13
27	**352**	출10	눅13	욥28	고전14
28	**359**	출11·12:1~21	눅14	욥29	고전15

March 03

날짜	page	가정		개인	
1	**367**	출12:22~51	눅15	욥30	고전16
2	**372**	출13	눅16	욥31	고후 1
3	**377**	출14	눅17	욥32	고후 2
4	**382**	출15	눅18	욥33	고후 3
5	**388**	출16	눅19	욥34	고후 4
6	**394**	출17	눅20	욥35	고후 5
7	**399**	출18	눅21	욥36	고후 6
8	**404**	출19	눅22	욥37	고후 7
9	**411**	출20	눅23	욥38	고후 8
10	**417**	출21	눅24	욥39	고후 9
11	**422**	출22	요 1	욥40	고후10
12	**428**	출23	요 2	욥41	고후11
13	**433**	출24	요 3	욥42	고후12
14	**438**	출25	요 4	잠 1	고후13
15	**444**	출26	요 5	잠 2	갈 1
16	**449**	출27	요 6	잠 3	갈 2
17	**456**	출28	요 7	잠 4	갈 3
18	**463**	출29	요 8	잠 5	갈 4
19	**470**	출30	요 9	잠 6	갈 5
20	**476**	출31	요10	잠 7	갈 6
21	**480**	출32	요11	잠 8	엡 1
22	**487**	출33	요12	잠 9	엡 2
23	**492**	출34	요13	잠10	엡 3
24	**498**	출35	요14	잠11	엡 4
25	**504**	출36	요15	잠12	엡 5
26	**509**	출37	요16	잠13	엡 6
27	**514**	출38	요17	잠14	빌 1
28	**520**	출39	요18	잠15	빌 2
29	**526**	출40	요19	잠16	빌 3
30	**532**	레 1	요20	잠17	빌 4
31	**537**	레2·3	요21	잠18	골 1

April 04

날짜	page	가정		개인	
1	**543**	레 4	시1·2	잠19	골 2
2	**547**	레 5	시3·4	잠20	골 3
3	**551**	레 6	시5·6	잠21	골 4
4	**556**	레 7	시7·8	잠22	살전1
5	**560**	레 8	시 9	잠23	살전2
6	**565**	레 9	시10	잠24	살전3
7	**569**	레10	시11·12	잠25	살전4
8	**573**	레11·12	시13·14	잠26	살전5
9	**578**	레13	시15·16	잠27	살후1
10	**583**	레14	시17	잠28	살후2
11	**589**	레15	시18	잠29	살후3
12	**594**	레16	시19	잠30	딤전1
13	**599**	레17	시20·21	잠31	딤전2
14	**603**	레18	시22	전 1	딤전3
15	**607**	레19	시23·24	전 2	딤전4
16	**611**	레20	시25	전 3	딤전5
17	**616**	레21	시26·27	전 4	딤전6
18	**620**	레22	시28·29	전 5	딤후1
19	**625**	레23	시30	전 6	딤후2
20	**629**	레24	시31	전 7	딤후3
21	**634**	레25	시32	전 8	딤후4
22	**639**	레26	시33	전 9	딛 1
23	**644**	레27	시34	전10	딛 2
24	**648**	민 1	시35	전11	딛 3
25	**653**	민 2	시36	전12	몬 1
26	**656**	민 3	시37	아 1	히 1
27	**662**	민 4	시38	아 2	히 2
28	**666**	민 5	시39	아 3	히 3
29	**670**	민 6	시40·41	아 4	히 4
30	**675**	민 7	시42·43	아 5	히 5

May 05

날짜	page	가정		개인	
1	**683**	민 8	시44	아 6	히 6
2	**687**	민 9	시45	아 7	히 7
3	**691**	민10	시46·47	아 8	히 8
4	**695**	민11	시48	사 1	히 9
5	**700**	민12·13	시49	사 2	히10
6	**706**	민14	시50	사3·4	히11
7	**712**	민15	시51	사 5	히12
8	**718**	민16	시52~54	사 6	히13
9	**724**	민17·18	시55	사 7	약 1
10	**730**	민19	시56·57	사8·9:1~7	약 2
11	**735**	민20	시58·59	사9:8~10:4	약 3
12	**740**	민21	시60·61	사10:5~34	약 4
13	**745**	민22	시62·63	사11·12	약 5
14	**751**	민23	시64·65	사13	벧전1
15	**756**	민24	시66·67	사14	벧전2
16	**761**	민25	시68	사15	벧전3
17	**766**	민26	시69	사16	벧전4
18	**772**	민27	시70·71	사17·18	벧전5
19	**776**	민28	시72	사19·20	벧후1
20	**781**	민29	시73	사21	벧후2
21	**786**	민30	시74	사22	벧후3
22	**790**	민31	시75·76	사23	요일1
23	**795**	민32	시77	사24	요일2
24	**800**	민33	시78:1~37	사25	요일3
25	**806**	민34	시78:38~72	사26	요일4
26	**810**	민35	시79	사27	요일5
27	**815**	민36	시80	사28	요이1
28	**819**	신 1	시81·82	사29	요삼1
29	**824**	신 2	시83·84	사30	유 1
30	**831**	신 3	시85	사31	계 1
31	**835**	신 4	시86·87	사32	계 2

June 06

날짜	page	가정		개인	
1	**843**	신 5	시88	사33	계 3
2	**848**	신 6	시89	사34	계 4
3	**853**	신 7	시90	사35	계 5
4	**856**	신 8	시91	사36	계 6
5	**860**	신 9	시92·93	사37	계 7
6	**866**	신10	시94	사38	계 8
7	**870**	신11	시95·96	사39	계 9
8	**874**	신12	시97·98	사40	계10
9	**879**	신13·14	시99~101	사41	계11
10	**885**	신15	시102	사42	계12
11	**890**	신16	시103	사43	계13
12	**894**	신17	시104	사44	계14
13	**900**	신18	시105	사45	계15
14	**905**	신19	시106	사46	계16
15	**910**	신20	시107	사47	계17
16	**914**	신21	시108·109	사48	계18
17	**920**	신22	시110·111	사49	계19
18	**925**	신23	시112·113	사50	계20
19	**929**	신24	시114·115	사51	계21
20	**934**	신25	시116	사52	계22
21	**938**	신26	시117·118	사53	마 1
22	**942**	신27·28:1~19	시119:1~24	사54	마 2
23	**947**	신28:20~68	시119:25~48	사55	마 3
24	**953**	신29	시119:49~72	사56	마 4
25	**957**	신30	시119:73~96	사57	마 5
26	**963**	신31	시119:97~120	사58	마 6
27	**968**	신32	시119:121~144	사59	마 7
28	**974**	신33·34	시119:145~176	사60	마 8
29	**981**	수 1	시120~122	사61	마 9
30	**985**	수 2	시123~125	사62	마10

[맥체인 성경 읽기표]

맥체인 성경 읽기표는 1842년 맥체인이 자신이 목양하던 성베드로교회 성도들의 영적 성장을 위해 개발한 것으로, 매일 구약과 신약을 각각 2장씩 읽음으로써 1년에 구약 1회, 신약과 시편을 각 2회 정독할 수 있도록 만든 표입니다. 이와 같은 맥체인의 방법에 따라 신구약 성경 전체를 골고루 4등분해서 동시에 읽으면, 성경에 기록된 장구한 구속사를 크게 네 시대로 나누어 동시에 묵상할 수 있습니다.

(1) 창세기 ~ 역대하 : 만물의 시작과 이스라엘의 시작
(2) 에스라 ~ 말라기 : 이스라엘의 멸망과 새 시대의 시작
(3) 마태복음 ~ 요한복음 : 예수의 복음사역과 십자가 구속
(4) 사도행전 ~ 요한계시록 : 교회의 시작과 선교

▶《맥체인 성경 365》말씀연결 사용하는 법

① 네 성경 본문의 소주제를 통해 중심 단어나 문장을 말씀으로 묵상한다.
② 네 본문의 말씀을 순서대로, 천천히 읽는다.
③ 두 본문에서 반복되는 단어나 유사한 문맥을 찾아 서로 연결한다.
④ 본문에서 반대의 뜻을 가진 단어나 문장을 찾는다.
⑤ 두 권의 책에서 공통되는 하나님의 말씀을 연결하여 기록한다.
⑥ 연결되는 말씀을 다른 두 권으로 확대하여 네 권 전체에 흐르는 하나님의 생각과 베푸신 은혜를 누리고, 그 내용을 적어본다.
⑦ 본문에서 지도자나 인도자로부터 배운 신학 주제나 교리들이 함축하고 있는 문맥의 짝을 찾아본다.
⑧ 중심 주제를 필두로, 삶에 적용할 일들을 적어보고 생활 중에 실천함으로써 변화를 경험해 본다.
⑨ 하나님이 오늘 나에게 주신 말씀들을 통하여 가르침, 명령과 약속 권면, 경고 및 행해야 할 일들을 하나님과 대화하는 마음으로(기도) 성경읽기를 마무리한다.

July 07

날짜	page	가정		개인	
1	**991**	수 3	시126~128	사63	마11
2	**995**	수 4	시129~131	사64	마12
3	**1000**	수5·6:1~5	시132~134	사65	마13
4	**1006**	수6:6~27	시135·136	사66	마14
5	**1013**	수 7	시137·138	렘 1	마15
6	**1018**	수 8	시139	렘 2	마16
7	**1025**	수 9	시140·141	렘 3	마17
8	**1031**	수10	시142·143	렘 4	마18
9	**1038**	수11	시144	렘 5	마19
10	**1043**	수12·13	시145	렘 6	마20
11	**1050**	수14·15	시146·147	렘 7	마21
12	**1058**	수16·17	시148	렘 8	마22
13	**1064**	수18·19	시149·150	렘 9	마23
14	**1071**	수20·21	행 1	렘10	마24
15	**1078**	수22	행 2	렘11	마25
16	**1087**	수23	행 3	렘12	마26
17	**1094**	수24	행 4	렘13	마27
18	**1102**	삿 1	행 5	렘14	마28
19	**1108**	삿 2	행 6	렘15	막 1
20	**1114**	삿 3	행 7	렘16	막 2
21	**1121**	삿 4	행 8	렘17	막 3
22	**1127**	삿 5	행 9	렘18	막 4
23	**1134**	삿 6	행10	렘19	막 5
24	**1142**	삿 7	행11	렘20	막 6
25	**1149**	삿 8	행12	렘21	막 7
26	**1154**	삿 9	행13	렘22	막 8
27	**1164**	삿10·11:1~11	행14	렘23	막 9
28	**1171**	삿11:12~40	행15	렘24	막10
29	**1178**	삿12	행16	렘25	막11
30	**1185**	삿13	행17	렘26	막12
31	**1192**	삿14	행18	렘27	막13

August 08

날짜	page	가정		개인	
1	**1199**	삿15	행19	렘28	막14
2	**1206**	삿16	행20	렘29	막15
3	**1214**	삿17	행21	렘30·31	막16
4	**1222**	삿18	행22	렘32	시1·2
5	**1228**	삿19	행23	렘33	시3·4
6	**1234**	삿20	행24	렘34	시5·6
7	**1241**	삿21	행25	렘35	시7·8
8	**1246**	룻 1	행26	렘36·37	시 9
9	**1253**	룻 2	행27	렘38	시10
10	**1259**	룻3·4	행28	렘39	시11·12
11	**1264**	삼상1	롬 1	렘40	시13·14
12	**1270**	삼상2	롬 2	렘41	시15·16
13	**1275**	삼상3	롬 3	렘42	시17
14	**1280**	삼상4	롬 4	렘43	시18
15	**1285**	삼상5·6	롬 5	렘44	시19
16	**1292**	삼상7·8	롬 6	렘45	시20·21
17	**1296**	삼상9	롬 7	렘46	시22
18	**1302**	삼상10	롬 8	렘47	시23·24
19	**1307**	삼상11	롬 9	렘48	시25
20	**1313**	삼상12	롬10	렘49	시26·27
21	**1319**	삼상13	롬11	렘50	시28·29
22	**1326**	삼상14	롬12	렘51	시30
23	**1334**	삼상15	롬13	렘52	시31
24	**1340**	삼상16	롬14	애 1	시32
25	**1345**	삼상17	롬15	애 2	시33
26	**1352**	삼상18	롬16	애 3	시34
27	**1358**	삼상19	고전1	애 4	시35
28	**1363**	삼상20	고전2	애 5	시36
29	**1368**	삼상21·22	고전3	겔 1	시37
30	**1374**	삼상23	고전4	겔 2	시38
31	**1379**	삼상24	고전5	겔 3	시39

September 09

날짜	page	가정		개인	
1	1385	삼상25	고전 6	겔 4	시40·41
2	1391	삼상26	고전 7	겔 5	시42·43
3	1396	삼상27	고전 8	겔 6	시44
4	1400	삼상28	고전 9	겔 7	시45·46
5	1405	삼상29·30	고전10	겔 8	시47
6	1411	삼상31	고전11	겔 9	시48
7	1414	삼하 1	고전12	겔10	시49
8	1419	삼하 2	고전13	겔11	시50
9	1424	삼하 3	고전14	겔12	시51
10	1430	삼하4·5	고전15	겔13	시52~54
11	1438	삼하 6	고전16	겔14	시55
12	1442	삼하 7	고후 1	겔15	시56·57
13	1447	삼하8·9	고후 2	겔16	시58·59
14	1454	삼하10	고후 3	겔17	시60·61
15	1459	삼하11	고후 4	겔18	시62·63
16	1464	삼하12	고후 5	겔19	시64·65
17	1469	삼하13	고후 6	겔20	시66·67
18	1476	삼하14	고후 7	겔21	시68
19	1483	삼하15	고후 8	겔22	시69
20	1489	삼하16	고후 9	겔23	시70·71
21	1495	삼하17	고후10	겔24	시72
22	1500	삼하18	고후11	겔25	시73
23	1506	삼하19	고후12	겔26	시74
24	1513	삼하20	고후13	겔27	시75·76
25	1518	삼하21	갈 1	겔28	시77
26	1523	삼하22	갈 2	겔29	시78:1~37
27	1529	삼하23	갈 3	겔30	시78:38~72
28	1535	삼하24	갈 4	겔31	시79
29	1540	왕상 1	갈 5	겔32	시80
30	1547	왕상 2	갈 6	겔33	시81·82

October 10

날짜	page	가정		개인	
1	1555	왕상 3	엡 1	겔34	시83·84
2	1560	왕상4·5	엡 2	겔35	시85
3	1565	왕상 6	엡 3	겔36	시86
4	1571	왕상 7	엡 4	겔37	시87·88
5	1578	왕상 8	엡 5	겔38	시89
6	1586	왕상 9	엡 6	겔39	시90
7	1591	왕상10	빌 1	겔40	시91
8	1598	왕상11	빌 2	겔41	시92·93
9	1603	왕상12	빌 3	겔42	시94
10	1608	왕상13	빌 4	겔43	시95·96
11	1614	왕상14	골 1	겔44	시97·98
12	1620	왕상15	골 2	겔45	시99~101
13	1625	왕상16	골 3	겔46	시102
14	1631	왕상17	골 4	겔47	시103
15	1635	왕상18	살전 1	겔48	시104
16	1642	왕상19	살전 2	단 1	시105
17	1647	왕상20	살전 3	단 2	시106
18	1655	왕상21	살전 4	단 3	시107
19	1661	왕상22	살전 5	단 4	시108·109
20	1669	왕하 1	살후 1	단 5	시110·111
21	1674	왕하 2	살후 2	단 6	시112·113
22	1679	왕하 3	살후 3	단 7	시114·115
23	1684	왕하 4	딤전 1	단 8	시116
24	1690	왕하 5	딤전 2	단 9	시117·118
25	1695	왕하 6	딤전 3	단10	시119:1~24
26	1700	왕하 7	딤전 4	단11	시119:25~48
27	1706	왕하 8	딤전 5	단12	시119:49~72
28	1710	왕하 9	딤전 6	호 1	시119:73~96
29	1715	왕하10	딤후 1	호 2	시119:97~120
30	1721	왕하11·12	딤후 2	호3·4	시119:121~144
31	1726	왕하13	딤후 3	호5·6	시119:145~176

November 11

날짜	page	가정		개인	
1	**1733**	왕하14	딤후4	호 7	시120~122
2	**1737**	왕하15	딛 1	호 8	시123~125
3	**1741**	왕하16	딛 2	호 9	시126~128
4	**1745**	왕하17	딛 3	호10	시129~131
5	**1750**	왕하18	몬 1	호11	시132~134
6	**1755**	왕하19	히 1	호12	시135·136
7	**1760**	왕하20	히 2	호13	시137·138
8	**1765**	왕하21	히 3	호14	시139
9	**1768**	왕하22	히 4	욜 1	시140·141
10	**1773**	왕하23	히 5	욜 2	시142
11	**1778**	왕하24	히 6	욜 3	시143
12	**1782**	왕하25	히 7	암 1	시144
13	**1787**	대상1·2	히 8	암 2	시145
14	**1793**	대상3·4	히 9	암 3	시146·147
15	**1799**	대상5·6	히10	암 4	시148·150
16	**1807**	대상7·8	히11	암 5	눅1:1~38
17	**1815**	대상9·10	히12	암 6	눅1:39~80
18	**1822**	대상11·12	히13	암 7	눅 2
19	**1830**	대상13·14	약 1	암 8	눅 3
20	**1836**	대상15	약 2	암 9	눅 4
21	**1841**	대상16	약 3	옵 1	눅 5
22	**1847**	대상17	약 4	욘 1	눅 6
23	**1853**	대상18	약 5	욘 2	눅 7
24	**1858**	대상19·20	벧전1	욘 3	눅 8
25	**1864**	대상21	벧전2	욘 4	눅 9
26	**1871**	대상22	벧전3	미 1	눅10
27	**1877**	대상23	벧전4	미 2	눅11
28	**1882**	대상24·25	벧전5	미 3	눅12
29	**1889**	대상26·27	벧후1	미 4	눅13
30	**1896**	대상28	벧후2	미 5	눅14

December 12

날짜	page	가정		개인	
1	**1903**	대상29	벧후3	미 6	눅15
2	**1908**	대하 1	요일 1	미 7	눅16
3	**1912**	대하 2	요일 2	나 1	눅17
4	**1917**	대하3·4	요일 3	나 2	눅18
5	**1923**	대하5·6:1~11	요일 4	나 3	눅19
6	**1929**	대하6:12~42	요일 5	합 1	눅20
7	**1935**	대하 7	요이 1	합 2	눅21
8	**1940**	대하 8	요삼 1	합 3	눅22
9	**1946**	대하 9	유 1	습 1	눅23
10	**1952**	대하10	계 1	습 2	눅24
11	**1958**	대하11·12	계 2	습 3	요 1
12	**1965**	대하13	계 3	학 1	요 2
13	**1969**	대하14·15	계 4	학 2	요 3
14	**1975**	대하16	계 5	슥 1	요 4
15	**1980**	대하17	계 6	슥 2	요 5
16	**1985**	대하18	계 7	슥 3	요 6
17	**1992**	대하19·20	계 8	슥 4	요 7
18	**1998**	대하21	계 9	슥 5	요 8
19	**2004**	대하22·23	계10	슥 6	요 9
20	**2009**	대하24	계11	슥 7	요10
21	**2015**	대하25	계12	슥 8	요11
22	**2021**	대하26	계13	슥 9	요12
23	**2027**	대하27·28	계14	슥10	요13
24	**2033**	대하29	계15	슥11	요14
25	**2038**	대하30	계16	슥12·13:1	요15
26	**2043**	대하31	계17	슥13:2~9	요16
27	**2048**	대하32	계18	슥14	요17
28	**2054**	대하33	계19	말 1	요18
29	**2060**	대하34	계20	말 2	요19
30	**2066**	대하35	계21	말 3	요20
31	**2072**	대하36	계22	말 4	요21

⊕ 맥체인 성경 읽기표 ⊕

January 01

날짜	page	가정		개인	
1	**1**	창 1	마 1	스 1	행 1
2	**5**	창 2	마 2	스 2	행 2
3	**12**	창 3	마 3	스 3	행 3
4	**16**	창 4	마 4	스 4	행 4
5	**22**	창 5	마 5	스 5	행 5
6	**28**	창 6	마 6	스 6	행 6
7	**33**	창 7	마 7	스 7	행 7
8	**39**	창 8	마 8	스 8	행 8
9	**46**	창9·10	마 9	스 9	행 9
10	**53**	창11	마10	스10	행10
11	**60**	창12	마11	느 1	행11
12	**65**	창13	마12	느 2	행12
13	**70**	창14	마13	느 3	행13
14	**78**	창15	마14	느 4	행14
15	**83**	창16	마15	느 5	행15
16	**89**	창17	마16	느 6	행16
17	**95**	창18	마17	느 7	행17
18	**102**	창19	마18	느 8	행18
19	**108**	창20	마19	느 9	행19
20	**115**	창21	마20	느10	행20
21	**121**	창22	마21	느11	행21
22	**128**	창23	마22	느12	행22
23	**135**	창24	마23	느13	행23
24	**144**	창25	마24	에 1	행24
25	**150**	창26	마25	에 2	행25
26	**157**	창27	마26	에 3	행26
27	**165**	창28	마27	에 4	행27
28	**172**	창29	마28	에 5	행28
29	**177**	창30	막 1	에 6	롬 1
30	**184**	창31	막 2	에 7	롬 2
31	**190**	창32	막 3	에 8	롬 3

February 02

날짜	page	가정		개인	
1	**197**	창33	막 4	에9·10	롬 4
2	**202**	창34	막 5	욥 1	롬 5
3	**208**	창35·36	막 6	욥 2	롬 6
4	**216**	창37	막 7	욥 3	롬 7
5	**222**	창38	막 8	욥 4	롬 8
6	**228**	창39	막 9	욥 5	롬 9
7	**234**	창40	막10	욥 6	롬10
8	**239**	창41	막11	욥 7	롬11
9	**246**	창42	막12	욥 8	롬12
10	**252**	창43	막13	욥 9	롬13
11	**258**	창44	막14	욥10	롬14
12	**265**	창45	막15	욥11	롬15
13	**271**	창46	막16	욥12	롬16
14	**276**	창47	눅1:1~38	욥13	고전1
15	**282**	창48	눅1:39~80	욥14	고전2
16	**286**	창49	눅 2	욥15	고전3
17	**292**	창50	눅 3	욥16·17	고전4
18	**298**	출 1	눅 4	욥18	고전5
19	**303**	출 2	눅 5	욥19	고전6
20	**308**	출 3	눅 6	욥20	고전7
21	**315**	출 4	눅 7	욥21	고전8
22	**321**	출 5	눅 8	욥22	고전9
23	**327**	출 6	눅 9	욥23	고전10
24	**334**	출 7	눅10	욥24	고전11
25	**340**	출 8	눅11	욥25 26	고전12
26	**346**	출 9	눅12	욥27	고전13
27	**352**	출10	눅13	욥28	고전14
28	**359**	출11·12:1~21	눅14	욥29	고전15

March 03

날짜	page	가정		개인	
1	**367**	출12:22~51	눅15	욥30	고전16
2	**372**	출13	눅16	욥31	고후 1
3	**377**	출14	눅17	욥32	고후 2
4	**382**	출15	눅18	욥33	고후 3
5	**388**	출16	눅19	욥34	고후 4
6	**394**	출17	눅20	욥35	고후 5
7	**399**	출18	눅21	욥36	고후 6
8	**404**	출19	눅22	욥37	고후 7
9	**411**	출20	눅23	욥38	고후 8
10	**417**	출21	눅24	욥39	고후 9
11	**422**	출22	요 1	욥40	고후10
12	**428**	출23	요 2	욥41	고후11
13	**433**	출24	요 3	욥42	고후12
14	**438**	출25	요 4	잠 1	고후13
15	**444**	출26	요 5	잠 2	갈 1
16	**449**	출27	요 6	잠 3	갈 2
17	**456**	출28	요 7	잠 4	갈 3
18	**463**	출29	요 8	잠 5	갈 4
19	**470**	출30	요 9	잠 6	갈 5
20	**476**	출31	요10	잠 7	갈 6
21	**480**	출32	요11	잠 8	엡 1
22	**487**	출33	요12	잠 9	엡 2
23	**492**	출34	요13	잠10	엡 3
24	**498**	출35	요14	잠11	엡 4
25	**504**	출36	요15	잠12	엡 5
26	**509**	출37	요16	잠13	엡 6
27	**514**	출38	요17	잠14	빌 1
28	**520**	출39	요18	잠15	빌 2
29	**526**	출40	요19	잠16	빌 3
30	**532**	레 1	요20	잠17	빌 4
31	**537**	레2·3	요21	잠18	골 1

April 04

날짜	page	가정		개인	
1	**543**	레 4	시1·2	잠19	골 2
2	**547**	레 5	시3·4	잠20	골 3
3	**551**	레 6	시5·6	잠21	골 4
4	**556**	레 7	시7·8	잠22	살전1
5	**560**	레 8	시 9	잠23	살전2
6	**565**	레 9	시10	잠24	살전3
7	**569**	레10	시11·12	잠25	살전4
8	**573**	레11·12	시13·14	잠26	살전5
9	**578**	레13	시15·16	잠27	살후1
10	**583**	레14	시17	잠28	살후2
11	**589**	레15	시18	잠29	살후3
12	**594**	레16	시19	잠30	딤전1
13	**599**	레17	시20·21	잠31	딤전2
14	**603**	레18	시22	전 1	딤전3
15	**607**	레19	시23·24	전 2	딤전4
16	**611**	레20	시25	전 3	딤전5
17	**616**	레21	시26·27	전 4	딤전6
18	**620**	레22	시28·29	전 5	딤후1
19	**625**	레23	시30	전 6	딤후2
20	**629**	레24	시31	전 7	딤후3
21	**634**	레25	시32	전 8	딤후4
22	**639**	레26	시33	전 9	딛 1
23	**644**	레27	시34	전10	딛 2
24	**648**	민 1	시35	전11	딛 3
25	**653**	민 2	시36	전12	몬 1
26	**656**	민 3	시37	아 1	히 1
27	**662**	민 4	시38	아 2	히 2
28	**666**	민 5	시39	아 3	히 3
29	**670**	민 6	시40·41	아 4	히 4
30	**675**	민 7	시42·43	아 5	히 5

May 05

날짜	page	가정		개인	
1	**683**	민 8	시44	아 6	히 6
2	**687**	민 9	시45	아 7	히 7
3	**691**	민10	시46·47	아 8	히 8
4	**695**	민11	시48	사 1	히 9
5	**700**	민12·13	시49	사 2	히10
6	**706**	민14	시50	사3·4	히11
7	**712**	민15	시51	사 5	히12
8	**718**	민16	시52~54	사 6	히13
9	**724**	민17·18	시55	사 7	약 1
10	**730**	민19	시56·57	사8·9:1~7	약 2
11	**735**	민20	시58·59	사9:8~10:4	약 3
12	**740**	민21	시60·61	사10:5~34	약 4
13	**745**	민22	시62·63	사11·12	약 5
14	**751**	민23	시64·65	사13	벧전1
15	**756**	민24	시66·67	사14	벧전2
16	**761**	민25	시68	사15	벧전3
17	**766**	민26	시69	사16	벧전4
18	**772**	민27	시70·71	사17·18	벧전5
19	**776**	민28	시72	사19·20	벧후1
20	**781**	민29	시73	사21	벧후2
21	**786**	민30	시74	사22	벧후3
22	**790**	민31	시75·76	사23	요일1
23	**795**	민32	시77	사24	요일2
24	**800**	민33	시78:1~37	사25	요일3
25	**806**	민34	시78:38~72	사26	요일4
26	**810**	민35	시79	사27	요일5
27	**815**	민36	시80	사28	요이1
28	**819**	신 1	시81·82	사29	요삼1
29	**824**	신 2	시83·84	사30	유 1
30	**831**	신 3	시85	사31	계 1
31	**835**	신 4	시86·87	사32	계 2

June 06

날짜	page	가정		개인	
1	**843**	신 5	시88	사33	계 3
2	**848**	신 6	시89	사34	계 4
3	**853**	신 7	시90	사35	계 5
4	**856**	신 8	시91	사36	계 6
5	**860**	신 9	시92·93	사37	계 7
6	**866**	신10	시94	사38	계 8
7	**870**	신11	시95·96	사39	계 9
8	**874**	신12	시97·98	사40	계10
9	**879**	신13·14	시99~101	사41	계11
10	**885**	신15	시102	사42	계12
11	**890**	신16	시103	사43	계13
12	**894**	신17	시104	사44	계14
13	**900**	신18	시105	사45	계15
14	**905**	신19	시106	사46	계16
15	**910**	신20	시107	사47	계17
16	**914**	신21	시108·109	사48	계18
17	**920**	신22	시110·111	사49	계19
18	**925**	신23	시112·113	사50	계20
19	**929**	신24	시114·115	사51	계21
20	**934**	신25	시116	사52	계22
21	**938**	신26	시117·118	사53	마 1
22	**942**	신27·28:1~19	시119:1~24	사54	마 2
23	**947**	신28:20~68	시119:25~48	사55	마 3
24	**953**	신29	시119:49~72	사56	마 4
25	**957**	신30	시119:73~96	사57	마 5
26	**963**	신31	시119:97~120	사58	마 6
27	**968**	신32	시119:121~144	사59	마 7
28	**974**	신33·34	시119:145~176	사60	마 8
29	**981**	수 1	시120~122	사61	마 9
30	**985**	수 2	시123~125	사62	마10

맥체인 성경 읽기표

QT와 성경통독을 하나로

[맥체인성경365_목차]

구약 page

창세기(창)	1	역대하(대하)	1908	다니엘(단)	1644
출애굽기(출)	298	에스라(스)	3	호세아(호)	1713
레위기(레)	532	느헤미야(느)	62	요엘(욜)	1770
민수기(민)	648	에스더(에)	147	아모스(암)	1785
신명기(신)	819	욥기(욥)	206	오바댜(옵)	1844
여호수아(수)	981	시편(시)	544/1228	요나(욘)	1850
사사기(삿)	1102	잠언(잠)	442	미가(미)	1874
룻기(룻)	1246	전도서(전)	605	나훔(나)	1915
사무엘상(삼상)	1264	아가(아)	660	하박국(합)	1932
사무엘하(삼하)	1414	이사야(사)	697	스바냐(습)	1949
열왕기상(왕상)	1540	예레미야(렘)	1015	학개(학)	1967
열왕기하(왕하)	1669	예레미야애가(애)	1342	스가랴(슥)	1977
역대상(대상)	1787	에스겔(겔)	1371	말라기(말)	2057

신약 page

마태복음(마)	2/941	에베소서(엡)	485/1556	히브리서(히)	661/1757
마가복음(막)	179/1112	빌립보서(빌)	518/1593	야고보서(약)	729/1832
누가복음(눅)	277/1813	골로새서(골)	540/1616	베드로전서(벧전)	754/1860
요한복음(요)	424/1962	데살로니가전서(살전)	560/1638	베드로후서(벧후)	780/1892
사도행전(행)	4/1073	데살로니가후서(살후)	582/1670	요한일서(요일)	794/1909
로마서(롬)	182/1266	디모데전서(딤전)	598/1686	요한이서(요이)	818/1937
고린도전서(고전)	280/1359	디모데후서(딤후)	624/1718	요한삼서(요삼)	823/1941
고린도후서(고후)	376/1444	디도서(딛)	643/1739	유다서(유)	829/1947
갈라디아서(갈)	448/1519	빌레몬서(몬)	655/1752	요한계시록(계)	834/1952

[맥체인 성경 읽기표]

맥체인 성경 읽기표는 1842년 맥체인이 자신이 목양하던 성베드로교회 성도들의 영적 성장을 위해 개발한 것으로, 매일 구약과 신약을 각각 2장씩 읽음으로써 1년에 구약 1회, 신약과 시편을 각 2회 정독할 수 있도록 만든 표입니다. 이와 같은 맥체인의 방법에 따라 신구약 성경 전체를 골고루 4등분해서 동시에 읽으면, 성경에 기록된 장구한 구속사를 크게 네 시대로 나누어 동시에 묵상할 수 있습니다.

(1) 창세기 ~ 역대하 : 만물의 시작과 이스라엘의 시작
(2) 에스라 ~ 말라기 : 이스라엘의 멸망과 새 시대의 시작
(3) 마태복음 ~ 요한복음 : 예수의 복음사역과 십자가 구속
(4) 사도행전 ~ 요한계시록 : 교회의 시작과 선교

▶ 《맥체인 성경 365》 말씀연결 사용하는 법

① 네 성경 본문의 소주제를 통해 중심 단어나 문장을 말씀으로 묵상한다.
② 네 본문의 말씀을 순서대로, 천천히 읽는다.
③ 두 본문에서 반복되는 단어나 유사한 문맥을 찾아 서로 연결한다.
④ 본문에서 반대의 뜻을 가진 단어나 문장을 찾는다.
⑤ 두 권의 책에서 공통되는 하나님의 말씀을 연결하여 기록한다.
⑥ 연결되는 말씀을 다른 두 권으로 확대하여 네 권 전체에 흐르는 하나님의 생각과 베푸신 은혜를 누리고, 그 내용을 적어본다.
⑦ 본문에서 지도자나 인도자로부터 배운 신학 주제나 교리들이 함축하고 있는 문맥의 짝을 찾아본다.
⑧ 중심 주제를 필두로, 삶에 적용할 일들을 적어보고 생활 중에 실천함으로써 변화를 경험해 본다.
⑨ 하나님이 오늘 나에게 주신 말씀들을 통하여 가르침, 명령과 약속 권면, 경고 및 행해야 할 일들을 하나님과 대화하는 마음으로(기도) 성경읽기를 마무리한다.

July 07

날짜	page	가정		개인	
1	991	수 3	시126~128	사63	마11
2	995	수 4	시129~131	사64	마12
3	1000	수5·6:1~5	시132~134	사65	마13
4	1006	수6:6~27	시135·136	사66	마14
5	1013	수 7	시137·138	렘 1	마15
6	1018	수 8	시139	렘 2	마16
7	1025	수 9	시140·141	렘 3	마17
8	1031	수10	시142·143	렘 4	마18
9	1038	수11	시144	렘 5	마19
10	1043	수12·13	시145	렘 6	마20
11	1050	수14·15	시146·147	렘 7	마21
12	1058	수16·17	시148	렘 8	마22
13	1064	수18·19	시149·150	렘 9	마23
14	1071	수20·21	행 1	렘10	마24
15	1078	수22	행 2	렘11	마25
16	1087	수23	행 3	렘12	마26
17	1094	수24	행 4	렘13	마27
18	1102	삿 1	행 5	렘14	마28
19	1108	삿 2	행 6	렘15	막 1
20	1114	삿 3	행 7	렘16	막 2
21	1121	삿 4	행 8	렘17	막 3
22	1127	삿 5	행 9	렘18	막 4
23	1134	삿 6	행10	렘19	막 5
24	1142	삿 7	행11	렘20	막 6
25	1149	삿 8	행12	렘21	막 7
26	1154	삿 9	행13	렘22	막 8
27	1164	삿10·11:1~11	행14	렘23	막 9
28	1171	삿11:12~40	행15	렘24	막10
29	1178	삿12	행16	렘25	막11
30	1185	삿13	행17	렘26	막12
31	1192	삿14	행18	렘27	막13

August 08

날짜	page	가정		개인	
1	1199	삿15	행19	렘28	막14
2	1206	삿16	행20	렘29	막15
3	1214	삿17	행21	렘30·31	막16
4	1222	삿18	행22	렘32	시1·2
5	1228	삿19	행23	렘33	시3·4
6	1234	삿20	행24	렘34	시5·6
7	1241	삿21	행25	렘35	시7·8
8	1246	룻 1	행26	렘36·37	시 9
9	1253	룻 2	행27	렘38	시10
10	1259	룻3·4	행28	렘39	시11·12
11	1264	삼상1	롬 1	렘40	시13·14
12	1270	삼상2	롬 2	렘41	시15·16
13	1275	삼상3	롬 3	렘42	시17
14	1280	삼상4	롬 4	렘43	시18
15	1285	삼상5·6	롬 5	렘44	시19
16	1292	삼상7·8	롬 6	렘45	시20·21
17	1296	삼상9	롬 7	렘46	시22
18	1302	삼상10	롬 8	렘47	시23·24
19	1307	삼상11	롬 9	렘48	시25
20	1313	삼상12	롬10	렘49	시26·27
21	1319	삼상13	롬11	렘50	시28·29
22	1326	삼상14	롬12	렘51	시30
23	1334	삼상15	롬13	렘52	시31
24	1340	삼상16	롬14	애 1	시32
25	1345	삼상17	롬15	애 2	시33
26	1352	삼상18	롬16	애 3	시34
27	1358	삼상19	고전1	애 4	시35
28	1363	삼상20	고전2	애 5	시36
29	1368	삼상21·22	고전3	겔 1	시37
30	1374	삼상23	고전4	겔 2	시38
31	1379	삼상24	고전5	겔 3	시39

September 09

날짜	page	가정		개인	
1	**1385**	삼상25	고전 6	겔 4	시40·41
2	**1391**	삼상26	고전 7	겔 5	시42·43
3	**1396**	삼상27	고전 8	겔 6	시44
4	**1400**	삼상28	고전 9	겔 7	시45·46
5	**1405**	삼상29·30	고전10	겔 8	시47
6	**1411**	삼상31	고전11	겔 9	시48
7	**1414**	삼하 1	고전12	겔10	시49
8	**1419**	삼하 2	고전13	겔11	시50
9	**1424**	삼하 3	고전14	겔12	시51
10	**1430**	삼하4·5	고전15	겔13	시52~54
11	**1438**	삼하 6	고전16	겔14	시55
12	**1442**	삼하 7	고후 1	겔15	시56·57
13	**1447**	삼하8·9	고후 2	겔16	시58·59
14	**1454**	삼하10	고후 3	겔17	시60·61
15	**1459**	삼하11	고후 4	겔18	시62·63
16	**1464**	삼하12	고후 5	겔19	시64·65
17	**1469**	삼하13	고후 6	겔20	시66·67
18	**1476**	삼하14	고후 7	겔21	시68
19	**1483**	삼하15	고후 8	겔22	시69
20	**1489**	삼하16	고후 9	겔23	시70·71
21	**1495**	삼하17	고후10	겔24	시72
22	**1500**	삼하18	고후11	겔25	시73
23	**1506**	삼하19	고후12	겔26	시74
24	**1513**	삼하20	고후13	겔27	시75·76
25	**1518**	삼하21	갈 1	겔28	시77
26	**1523**	삼하22	갈 2	겔29	시78:1~37
27	**1529**	삼하23	갈 3	겔30	시78:38~72
28	**1535**	삼하24	갈 4	겔31	시79
29	**1540**	왕상 1	갈 5	겔32	시80
30	**1547**	왕상 2	갈 6	겔33	시81·82

October 10

날짜	page	가정		개인	
1	**1555**	왕상 3	엡 1	겔34	시83·84
2	**1560**	왕상4·5	엡 2	겔35	시85
3	**1565**	왕상 6	엡 3	겔36	시86
4	**1571**	왕상 7	엡 4	겔37	시87·88
5	**1578**	왕상 8	엡 5	겔38	시89
6	**1586**	왕상 9	엡 6	겔39	시90
7	**1591**	왕상10	빌 1	겔40	시91
8	**1598**	왕상11	빌 2	겔41	시92·93
9	**1603**	왕상12	빌 3	겔42	시94
10	**1608**	왕상13	빌 4	겔43	시95·96
11	**1614**	왕상14	골 1	겔44	시97·98
12	**1620**	왕상15	골 2	겔45	시99~101
13	**1625**	왕상16	골 3	겔46	시102
14	**1631**	왕상17	골 4	겔47	시103
15	**1635**	왕상18	살전 1	겔48	시104
16	**1642**	왕상19	살전 2	단 1	시105
17	**1647**	왕상20	살전 3	단 2	시106
18	**1655**	왕상21	살전 4	단 3	시107
19	**1661**	왕상22	살전 5	단 4	시108·109
20	**1669**	왕하 1	살후 1	단 5	시110·111
21	**1674**	왕하 2	살후 2	단 6	시112·113
22	**1679**	왕하 3	살후 3	단 7	시114·115
23	**1684**	왕하 4	딤전 1	단 8	시116
24	**1690**	왕하 5	딤전 2	단 9	시117·118
25	**1695**	왕하 6	딤전 3	단10	시119:1~24
26	**1700**	왕하 7	딤전 4	단11	시119:25~48
27	**1706**	왕하 8	딤전 5	단12	시119:49~72
28	**1710**	왕하 9	딤전 6	호 1	시119:73~96
29	**1715**	왕하10	딤후 1	호 2	시119:97~120
30	**1721**	왕하11·12	딤후 2	호3·4	시119:121~144
31	**1726**	왕하13	딤후 3	호5·6	시119:145~176

November 11

날짜	page	가정		개인	
1	**1733**	왕하14	딤후4	호 7	시120~122
2	**1737**	왕하15	딛 1	호 8	시123~125
3	**1741**	왕하16	딛 2	호 9	시126~128
4	**1745**	왕하17	딛 3	호10	시129~131
5	**1750**	왕하18	몬 1	호11	시132~134
6	**1755**	왕하19	히 1	호12	시135·136
7	**1760**	왕하20	히 2	호13	시137·138
8	**1765**	왕하21	히 3	호14	시139
9	**1768**	왕하22	히 4	욜 1	시140·141
10	**1773**	왕하23	히 5	욜 2	시142
11	**1778**	왕하24	히 6	욜 3	시143
12	**1782**	왕하25	히 7	암 1	시144
13	**1787**	대상1·2	히 8	암 2	시145
14	**1793**	대상3·4	히 9	암 3	시146·147
15	**1799**	대상5·6	히10	암 4	시148·150
16	**1807**	대상7·8	히11	암 5	눅1:1~38
17	**1815**	대상9·10	히12	암 6	눅1:39~80
18	**1822**	대상11·12	히13	암 7	눅 2
19	**1830**	대상13·14	약 1	암 8	눅 3
20	**1836**	대상15	약 2	암 9	눅 4
21	**1841**	대상16	약 3	옵 1	눅 5
22	**1847**	대상17	약 4	욘 1	눅 6
23	**1853**	대상18	약 5	욘 2	눅 7
24	**1858**	대상19·20	벧전1	욘 3	눅 8
25	**1864**	대상21	벧전2	욘 4	눅 9
26	**1871**	대상22	벧전3	미 1	눅10
27	**1877**	대상23	벧전4	미 2	눅11
28	**1882**	대상24·25	벧전5	미 3	눅12
29	**1889**	대상26·27	벧후1	미 4	눅13
30	**1896**	대상28	벧후2	미 5	눅14

December 12

날짜	page	가정		개인	
1	**1903**	대상29	벧후3	미 6	눅15
2	**1908**	대하 1	요일 1	미 7	눅16
3	**1912**	대하 2	요일 2	나 1	눅17
4	**1917**	대하3·4	요일 3	나 2	눅18
5	**1923**	대하5·6:1~11	요일 4	나 3	눅19
6	**1929**	대하6:12~42	요일 5	합 1	눅20
7	**1935**	대하 7	요이 1	합 2	눅21
8	**1940**	대하 8	요삼 1	합 3	눅22
9	**1946**	대하 9	유 1	습 1	눅23
10	**1952**	대하10	계 1	습 2	눅24
11	**1958**	대하11·12	계 2	습 3	요 1
12	**1965**	대하13	계 3	학 1	요 2
13	**1969**	대하14·15	계 4	학 2	요 3
14	**1975**	대하16	계 5	슥 1	요 4
15	**1980**	대하17	계 6	슥 2	요 5
16	**1985**	대하18	계 7	슥 3	요 6
17	**1992**	대하19·20	계 8	슥 4	요 7
18	**1998**	대하21	계 9	슥 5	요 8
19	**2004**	대하22·23	계10	슥 6	요 9
20	**2009**	대하24	계11	슥 7	요10
21	**2015**	대하25	계12	슥 8	요11
22	**2021**	대하26	계13	슥 9	요12
23	**2027**	대하27·28	계14	슥10	요13
24	**2033**	대하29	계15	슥11	요14
25	**2038**	대하30	계16	슥12·13:1	요15
26	**2043**	대하31	계17	슥13:2~9	요16
27	**2048**	대하32	계18	슥14	요17
28	**2054**	대하33	계19	말 1	요18
29	**2060**	대하34	계20	말 2	요19
30	**2066**	대하35	계21	말 3	요20
31	**2072**	대하36	계22	말 4	요21

⊕ 맥체인 성경 읽기표 ⊕

January 01

날짜	page	가정		개인	
1	**1**	창 1	마 1	스 1	행 1
2	**5**	창 2	마 2	스 2	행 2
3	**12**	창 3	마 3	스 3	행 3
4	**16**	창 4	마 4	스 4	행 4
5	**22**	창 5	마 5	스 5	행 5
6	**28**	창 6	마 6	스 6	행 6
7	**33**	창 7	마 7	스 7	행 7
8	**39**	창 8	마 8	스 8	행 8
9	**46**	창9·10	마 9	스 9	행 9
10	**53**	창11	마10	스10	행10
11	**60**	창12	마11	느 1	행11
12	**65**	창13	마12	느 2	행12
13	**70**	창14	마13	느 3	행13
14	**78**	창15	마14	느 4	행14
15	**83**	창16	마15	느 5	행15
16	**89**	창17	마16	느 6	행16
17	**95**	창18	마17	느 7	행17
18	**102**	창19	마18	느 8	행18
19	**108**	창20	마19	느 9	행19
20	**115**	창21	마20	느10	행20
21	**121**	창22	마21	느11	행21
22	**128**	창23	마22	느12	행22
23	**135**	창24	마23	느13	행23
24	**144**	창25	마24	에 1	행24
25	**150**	창26	마25	에 2	행25
26	**157**	창27	마26	에 3	행26
27	**165**	창28	마27	에 4	행27
28	**172**	창29	마28	에 5	행28
29	**177**	창30	막 1	에 6	롬 1
30	**184**	창31	막 2	에 7	롬 2
31	**190**	창32	막 3	에 8	롬 3

February 02

날짜	page	가정		개인	
1	**197**	창33	막 4	에9·10	롬 4
2	**202**	창34	막 5	욥 1	롬 5
3	**208**	창35·36	막 6	욥 2	롬 6
4	**216**	창37	막 7	욥 3	롬 7
5	**222**	창38	막 8	욥 4	롬 8
6	**228**	창39	막 9	욥 5	롬 9
7	**234**	창40	막10	욥 6	롬10
8	**239**	창41	막11	욥 7	롬11
9	**246**	창42	막12	욥 8	롬12
10	**252**	창43	막13	욥 9	롬13
11	**258**	창44	막14	욥10	롬14
12	**265**	창45	막15	욥11	롬15
13	**271**	창46	막16	욥12	롬16
14	**276**	창47	눅1:1~38	욥13	고전1
15	**282**	창48	눅1:39~80	욥14	고전2
16	**286**	창49	눅 2	욥15	고전3
17	**292**	창50	눅 3	욥16·17	고전4
18	**298**	출 1	눅 4	욥18	고전5
19	**303**	출 2	눅 5	욥19	고전6
20	**308**	출 3	눅 6	욥20	고전7
21	**315**	출 4	눅 7	욥21	고전8
22	**321**	출 5	눅 8	욥22	고전9
23	**327**	출 6	눅 9	욥23	고전10
24	**334**	출 7	눅10	욥24	고전11
25	**340**	출 8	눅11	욥25 26	고전12
26	**346**	출 9	눅12	욥27	고전13
27	**352**	출10	눅13	욥28	고전14
28	**359**	출11·12:1~21	눅14	욥29	고전15

March 03

날짜	page	가정		개인	
1	**367**	출12:22~51	눅15	욥30	고전16
2	**372**	출13	눅16	욥31	고후 1
3	**377**	출14	눅17	욥32	고후 2
4	**382**	출15	눅18	욥33	고후 3
5	**388**	출16	눅19	욥34	고후 4
6	**394**	출17	눅20	욥35	고후 5
7	**399**	출18	눅21	욥36	고후 6
8	**404**	출19	눅22	욥37	고후 7
9	**411**	출20	눅23	욥38	고후 8
10	**417**	출21	눅24	욥39	고후 9
11	**422**	출22	요 1	욥40	고후10
12	**428**	출23	요 2	욥41	고후11
13	**433**	출24	요 3	욥42	고후12
14	**438**	출25	요 4	잠 1	고후13
15	**444**	출26	요 5	잠 2	갈 1
16	**449**	출27	요 6	잠 3	갈 2
17	**456**	출28	요 7	잠 4	갈 3
18	**463**	출29	요 8	잠 5	갈 4
19	**470**	출30	요 9	잠 6	갈 5
20	**476**	출31	요10	잠 7	갈 6
21	**480**	출32	요11	잠 8	엡 1
22	**487**	출33	요12	잠 9	엡 2
23	**492**	출34	요13	잠10	엡 3
24	**498**	출35	요14	잠11	엡 4
25	**504**	출36	요15	잠12	엡 5
26	**509**	출37	요16	잠13	엡 6
27	**514**	출38	요17	잠14	빌 1
28	**520**	출39	요18	잠15	빌 2
29	**526**	출40	요19	잠16	빌 3
30	**532**	레 1	요20	잠17	빌 4
31	**537**	레2·3	요21	잠18	골 1

April 04

날짜	page	가정		개인	
1	**543**	레 4	시1·2	잠19	골 2
2	**547**	레 5	시3·4	잠20	골 3
3	**551**	레 6	시5·6	잠21	골 4
4	**556**	레 7	시7·8	잠22	살전1
5	**560**	레 8	시 9	잠23	살전2
6	**565**	레 9	시10	잠24	살전3
7	**569**	레10	시11·12	잠25	살전4
8	**573**	레11·12	시13·14	잠26	살전5
9	**578**	레13	시15·16	잠27	살후1
10	**583**	레14	시17	잠28	살후2
11	**589**	레15	시18	잠29	살후3
12	**594**	레16	시19	잠30	딤전1
13	**599**	레17	시20·21	잠31	딤전2
14	**603**	레18	시22	전 1	딤전3
15	**607**	레19	시23·24	전 2	딤전4
16	**611**	레20	시25	전 3	딤전5
17	**616**	레21	시26·27	전 4	딤전6
18	**620**	레22	시28·29	전 5	딤후1
19	**625**	레23	시30	전 6	딤후2
20	**629**	레24	시31	전 7	딤후3
21	**634**	레25	시32	전 8	딤후4
22	**639**	레26	시33	전 9	딛 1
23	**644**	레27	시34	전10	딛 2
24	**648**	민 1	시35	전11	딛 3
25	**653**	민 2	시36	전12	몬 1
26	**656**	민 3	시37	아 1	히 1
27	**662**	민 4	시38	아 2	히 2
28	**666**	민 5	시39	아 3	히 3
29	**670**	민 6	시40·41	아 4	히 4
30	**675**	민 7	시42·43	아 5	히 5

May 05

날짜	page	가정		개인	
1	**683**	민 8	시44	아 6	히 6
2	**687**	민 9	시45	아 7	히 7
3	**691**	민10	시46·47	아 8	히 8
4	**695**	민11	시48	사 1	히 9
5	**700**	민12·13	시49	사 2	히10
6	**706**	민14	시50	사3·4	히11
7	**712**	민15	시51	사 5	히12
8	**718**	민16	시52~54	사 6	히13
9	**724**	민17·18	시55	사 7	약 1
10	**730**	민19	시56·57	사8·9:1~7	약 2
11	**735**	민20	시58·59	사9:8~10:4	약 3
12	**740**	민21	시60·61	사10:5~34	약 4
13	**745**	민22	시62·63	사11·12	약 5
14	**751**	민23	시64·65	사13	벧전1
15	**756**	민24	시66·67	사14	벧전2
16	**761**	민25	시68	사15	벧전3
17	**766**	민26	시69	사16	벧전4
18	**772**	민27	시70·71	사17·18	벧전5
19	**776**	민28	시72	사19·20	벧후1
20	**781**	민29	시73	사21	벧후2
21	**786**	민30	시74	사22	벧후3
22	**790**	민31	시75·76	사23	요일1
23	**795**	민32	시77	사24	요일2
24	**800**	민33	시78:1~37	사25	요일3
25	**806**	민34	시78:38~72	사26	요일4
26	**810**	민35	시79	사27	요일5
27	**815**	민36	시80	사28	요이1
28	**819**	신 1	시81·82	사29	요삼1
29	**824**	신 2	시83·84	사30	유 1
30	**831**	신 3	시85	사31	계 1
31	**835**	신 4	시86·87	사32	계 2

June 06

날짜	page	가정		개인	
1	**843**	신 5	시88	사33	계 3
2	**848**	신 6	시89	사34	계 4
3	**853**	신 7	시90	사35	계 5
4	**856**	신 8	시91	사36	계 6
5	**860**	신 9	시92·93	사37	계 7
6	**866**	신10	시94	사38	계 8
7	**870**	신11	시95·96	사39	계 9
8	**874**	신12	시97·98	사40	계10
9	**879**	신13·14	시99~101	사41	계11
10	**885**	신15	시102	사42	계12
11	**890**	신16	시103	사43	계13
12	**894**	신17	시104	사44	계14
13	**900**	신18	시105	사45	계15
14	**905**	신19	시106	사46	계16
15	**910**	신20	시107	사47	계17
16	**914**	신21	시108·109	사48	계18
17	**920**	신22	시110·111	사49	계19
18	**925**	신23	시112·113	사50	계20
19	**929**	신24	시114·115	사51	계21
20	**934**	신25	시116	사52	계22
21	**938**	신26	시117·118	사53	마 1
22	**942**	신27·28:1~19	시119:1~24	사54	마 2
23	**947**	신28:20~68	시119:25~48	사55	마 3
24	**953**	신29	시119:49~72	사56	마 4
25	**957**	신30	시119:73~96	사57	마 5
26	**963**	신31	시119:97~120	사58	마 6
27	**968**	신32	시119:121~144	사59	마 7
28	**974**	신33·34	시119:145~176	사60	마 8
29	**981**	수 1	시120~122	사61	마 9
30	**985**	수 2	시123~125	사62	마10

맥체인 성경 읽기표

QT와 성경통독을 하나로

[맥체인성경365_목차]

구약 page

창세기(창)	1	역대하(대하)	1908	다니엘(단)	1644
출애굽기(출)	298	에스라(스)	3	호세아(호)	1713
레위기(레)	532	느헤미야(느)	62	요엘(욜)	1770
민수기(민)	648	에스더(에)	147	아모스(암)	1785
신명기(신)	819	욥기(욥)	206	오바댜(옵)	1844
여호수아(수)	981	시편(시)	544/1228	요나(욘)	1850
사사기(삿)	1102	잠언(잠)	442	미가(미)	1874
룻기(룻)	1246	전도서(전)	605	나훔(나)	1915
사무엘상(삼상)	1264	아가(아)	660	하박국(합)	1932
사무엘하(삼하)	1414	이사야(사)	697	스바냐(습)	1949
열왕기상(왕상)	1540	예레미야(렘)	1015	학개(학)	1967
열왕기하(왕하)	1669	예레미야애가(애)	1342	스가랴(슥)	1977
역대상(대상)	1787	에스겔(겔)	1371	말라기(말)	2057

신약 page

마태복음(마)	2/941	에베소서(엡)	485/1556	히브리서(히)	661/1757
마가복음(막)	179/1112	빌립보서(빌)	518/1593	야고보서(약)	729/1832
누가복음(눅)	277/1813	골로새서(골)	540/1616	베드로전서(벧전)	754/1860
요한복음(요)	424/1962	데살로니가전서(살전)	560/1638	베드로후서(벧후)	780/1892
사도행전(행)	4/1073	데살로니가후서(살후)	582/1670	요한일서(요일)	794/1909
로마서(롬)	182/1266	디모데전서(딤전)	598/1686	요한이서(요이)	818/1937
고린도전서(고전)	280/1359	디모데후서(딤후)	624/1718	요한삼서(요삼)	823/1941
고린도후서(고후)	376/1444	디도서(딛)	643/1739	유다서(유)	829/1947
갈라디아서(갈)	448/1519	빌레몬서(몬)	655/1752	요한계시록(계)	834/1952

[맥체인 성경 읽기표]

맥체인 성경 읽기표는 1842년 맥체인이 자신이 목양하던 성베드로교회 성도들의 영적 성장을 위해 개발한 것으로, 매일 구약과 신약을 각각 2장씩 읽음으로써 1년에 구약 1회, 신약과 시편을 각 2회 정독할 수 있도록 만든 표입니다. 이와 같은 맥체인의 방법에 따라 신구약 성경 전체를 골고루 4등분해서 동시에 읽으면, 성경에 기록된 장구한 구속사를 크게 네 시대로 나누어 동시에 묵상할 수 있습니다.

(1) 창세기 ~ 역대하 : 만물의 시작과 이스라엘의 시작
(2) 에스라 ~ 말라기 : 이스라엘의 멸망과 새 시대의 시작
(3) 마태복음 ~ 요한복음 : 예수의 복음사역과 십자가 구속
(4) 사도행전 ~ 요한계시록 : 교회의 시작과 선교

▶ 《맥체인 성경 365》 말씀연결 사용하는 법

① 네 성경 본문의 소주제를 통해 중심 단어나 문장을 말씀으로 묵상한다.
② 네 본문의 말씀을 순서대로, 천천히 읽는다.
③ 두 본문에서 반복되는 단어나 유사한 문맥을 찾아 서로 연결한다.
④ 본문에서 반대의 뜻을 가진 단어나 문장을 찾는다.
⑤ 두 권의 책에서 공통되는 하나님의 말씀을 연결하여 기록한다.
⑥ 연결되는 말씀을 다른 두 권으로 확대하여 네 권 전체에 흐르는 하나님의 생각과 베푸신 은혜를 누리고, 그 내용을 적어본다.
⑦ 본문에서 지도자나 인도자로부터 배운 신학 주제나 교리들이 함축하고 있는 문맥의 짝을 찾아본다.
⑧ 중심 주제를 필두로, 삶에 적용할 일들을 적어보고 생활 중에 실천함으로써 변화를 경험해 본다.
⑨ 하나님이 오늘 나에게 주신 말씀들을 통하여 가르침, 명령과 약속 권면, 경고 및 행해야 할 일들을 하나님과 대화하는 마음으로(기도) 성경읽기를 마무리한다.

July 07					
날짜	page	가정		개인	
1	**991**	수 3	시126~128	사63	마11
2	**995**	수 4	시129~131	사64	마12
3	**1000**	수5·6:1~5	시132~134	사65	마13
4	**1006**	수6:6~27	시135·136	사66	마14
5	**1013**	수 7	시137·138	렘 1	마15
6	**1018**	수 8	시139	렘 2	마16
7	**1025**	수 9	시140·141	렘 3	마17
8	**1031**	수10	시142·143	렘 4	마18
9	**1038**	수11	시144	렘 5	마19
10	**1043**	수12·13	시145	렘 6	마20
11	**1050**	수14·15	시146·147	렘 7	마21
12	**1058**	수16·17	시148	렘 8	마22
13	**1064**	수18·19	시149·150	렘 9	마23
14	**1071**	수20·21	행 1	렘10	마24
15	**1078**	수22	행 2	렘11	마25
16	**1087**	수23	행 3	렘12	마26
17	**1094**	수24	행 4	렘13	마27
18	**1102**	삿 1	행 5	렘14	마28
19	**1108**	삿 2	행 6	렘15	막 1
20	**1114**	삿 3	행 7	렘16	막 2
21	**1121**	삿 4	행 8	렘17	막 3
22	**1127**	삿 5	행 9	렘18	막 4
23	**1134**	삿 6	행10	렘19	막 5
24	**1142**	삿 7	행11	렘20	막 6
25	**1149**	삿 8	행12	렘21	막 7
26	**1154**	삿 9	행13	렘22	막 8
27	**1164**	삿10·11:1~11	행14	렘23	막 9
28	**1171**	삿11:12~40	행15	렘24	막10
29	**1178**	삿12	행16	렘25	막11
30	**1185**	삿13	행17	렘26	막12
31	**1192**	삿14	행18	렘27	막13

August 08					
날짜	page	가정		개인	
1	**1199**	삿15	행19	렘28	막14
2	**1206**	삿16	행20	렘29	막15
3	**1214**	삿17	행21	렘30·31	막16
4	**1222**	삿18	행22	렘32	시1·2
5	**1228**	삿19	행23	렘33	시3·4
6	**1234**	삿20	행24	렘34	시5·6
7	**1241**	삿21	행25	렘35	시7·8
8	**1246**	룻 1	행26	렘36·37	시 9
9	**1253**	룻 2	행27	렘38	시10
10	**1259**	룻3·4	행28	렘39	시11·12
11	**1264**	삼상1	롬 1	렘40	시13·14
12	**1270**	삼상2	롬 2	렘41	시15·16
13	**1275**	삼상3	롬 3	렘42	시17
14	**1280**	삼상4	롬 4	렘43	시18
15	**1285**	삼상5·6	롬 5	렘44	시19
16	**1292**	삼상7·8	롬 6	렘45	시20·21
17	**1296**	삼상9	롬 7	렘46	시22
18	**1302**	삼상10	롬 8	렘47	시23·24
19	**1307**	삼상11	롬 9	렘48	시25
20	**1313**	삼상12	롬10	렘49	시26·27
21	**1319**	삼상13	롬11	렘50	시28·29
22	**1326**	삼상14	롬12	렘51	시30
23	**1334**	삼상15	롬13	렘52	시31
24	**1340**	삼상16	롬14	애 1	시32
25	**1345**	삼상17	롬15	애 2	시33
26	**1352**	삼상18	롬16	애 3	시34
27	**1358**	삼상19	고전1	애 4	시35
28	**1363**	삼상20	고전2	애 5	시36
29	**1368**	삼상21·22	고전3	겔 1	시37
30	**1374**	삼상23	고전4	겔 2	시38
31	**1379**	삼상24	고전5	겔 3	시39

September 09

날짜	page	가정		개인	
1	1385	삼상25	고전 6	겔 4	시40·41
2	1391	삼상26	고전 7	겔 5	시42·43
3	1396	삼상27	고전 8	겔 6	시44
4	1400	삼상28	고전 9	겔 7	시45·46
5	1405	삼상29·30	고전10	겔 8	시47
6	1411	삼상31	고전11	겔 9	시48
7	1414	삼하 1	고전12	겔10	시49
8	1419	삼하 2	고전13	겔11	시50
9	1424	삼하 3	고전14	겔12	시51
10	1430	삼하4·5	고전15	겔13	시52~54
11	1438	삼하 6	고전16	겔14	시55
12	1442	삼하 7	고후 1	겔15	시56·57
13	1447	삼하8·9	고후 2	겔16	시58·59
14	1454	삼하10	고후 3	겔17	시60·61
15	1459	삼하11	고후 4	겔18	시62·63
16	1464	삼하12	고후 5	겔19	시64·65
17	1469	삼하13	고후 6	겔20	시66·67
18	1476	삼하14	고후 7	겔21	시68
19	1483	삼하15	고후 8	겔22	시69
20	1489	삼하16	고후 9	겔23	시70·71
21	1495	삼하17	고후10	겔24	시72
22	1500	삼하18	고후11	겔25	시73
23	1506	삼하19	고후12	겔26	시74
24	1513	삼하20	고후13	겔27	시75·76
25	1518	삼하21	갈 1	겔28	시77
26	1523	삼하22	갈 2	겔29	시78:1~37
27	1529	삼하23	갈 3	겔30	시78:38~72
28	1535	삼하24	갈 4	겔31	시79
29	1540	왕상 1	갈 5	겔32	시80
30	1547	왕상 2	갈 6	겔33	시81·82

October 10

날짜	page	가정		개인	
1	1555	왕상 3	엡 1	겔34	시83·84
2	1560	왕상4·5	엡 2	겔35	시85
3	1565	왕상 6	엡 3	겔36	시86
4	1571	왕상 7	엡 4	겔37	시87·88
5	1578	왕상 8	엡 5	겔38	시89
6	1586	왕상 9	엡 6	겔39	시90
7	1591	왕상10	빌 1	겔40	시91
8	1598	왕상11	빌 2	겔41	시92·93
9	1603	왕상12	빌 3	겔42	시94
10	1608	왕상13	빌 4	겔43	시95·96
11	1614	왕상14	골 1	겔44	시97·98
12	1620	왕상15	골 2	겔45	시99~101
13	1625	왕상16	골 3	겔46	시102
14	1631	왕상17	골 4	겔47	시103
15	1635	왕상18	살전 1	겔48	시104
16	1642	왕상19	살전 2	단 1	시105
17	1647	왕상20	살전 3	단 2	시106
18	1655	왕상21	살전 4	단 3	시107
19	1661	왕상22	살전 5	단 4	시108·109
20	1669	왕하 1	살후 1	단 5	시110·111
21	1674	왕하 2	살후 2	단 6	시112·113
22	1679	왕하 3	살후 3	단 7	시114·115
23	1684	왕하 4	딤전 1	단 8	시116
24	1690	왕하 5	딤전 2	단 9	시117·118
25	1695	왕하 6	딤전 3	단10	시119:1~24
26	1700	왕하 7	딤전 4	단11	시119:25~48
27	1706	왕하 8	딤전 5	단12	시119:49~72
28	1710	왕하 9	딤전 6	호 1	시119:73~96
29	1715	왕하10	딤후 1	호 2	시119:97~120
30	1721	왕하11·12	딤후 2	호3·4	시119:121~144
31	1726	왕하13	딤후 3	호5·6	시119:145~176

November 11

날짜	page	가정		개인	
1	1733	왕하14	딤후4	호 7	시120~122
2	1737	왕하15	딛 1	호 8	시123~125
3	1741	왕하16	딛 2	호 9	시126~128
4	1745	왕하17	딛 3	호10	시129~131
5	1750	왕하18	몬 1	호11	시132~134
6	1755	왕하19	히 1	호12	시135·136
7	1760	왕하20	히 2	호13	시137·138
8	1765	왕하21	히 3	호14	시139
9	1768	왕하22	히 4	욜 1	시140·141
10	1773	왕하23	히 5	욜 2	시142
11	1778	왕하24	히 6	욜 3	시143
12	1782	왕하25	히 7	암 1	시144
13	1787	대상1·2	히 8	암 2	시145
14	1793	대상3·4	히 9	암 3	시146·147
15	1799	대상5·6	히10	암 4	시148·150
16	1807	대상7·8	히11	암 5	눅1:1~38
17	1815	대상9·10	히12	암 6	눅1:39~80
18	1822	대상11·12	히13	암 7	눅 2
19	1830	대상13·14	약 1	암 8	눅 3
20	1836	대상15	약 2	암 9	눅 4
21	1841	대상16	약 3	옵 1	눅 5
22	1847	대상17	약 4	욘 1	눅 6
23	1853	대상18	약 5	욘 2	눅 7
24	1858	대상19·20	벧전1	욘 3	눅 8
25	1864	대상21	벧전2	욘 4	눅 9
26	1871	대상22	벧전3	미 1	눅10
27	1877	대상23	벧전4	미 2	눅11
28	1882	대상24·25	벧전5	미 3	눅12
29	1889	대상26·27	벧후1	미 4	눅13
30	1896	대상28	벧후2	미 5	눅14

December 12

날짜	page	가정		개인	
1	1903	대상29	벧후3	미 6	눅15
2	1908	대하 1	요일 1	미 7	눅16
3	1912	대하 2	요일 2	나 1	눅17
4	1917	대하3·4	요일 3	나 2	눅18
5	1923	대하5·6:1~11	요일 4	나 3	눅19
6	1929	대하6:12~42	요일 5	합 1	눅20
7	1935	대하 7	요이 1	합 2	눅21
8	1940	대하 8	요삼 1	합 3	눅22
9	1946	대하 9	유 1	습 1	눅23
10	1952	대하10	계 1	습 2	눅24
11	1958	대하11·12	계 2	습 3	요 1
12	1965	대하13	계 3	학 1	요 2
13	1969	대하14·15	계 4	학 2	요 3
14	1975	대하16	계 5	슥 1	요 4
15	1980	대하17	계 6	슥 2	요 5
16	1985	대하18	계 7	슥 3	요 6
17	1992	대하19·20	계 8	슥 4	요 7
18	1998	대하21	계 9	슥 5	요 8
19	2004	대하22·23	계10	슥 6	요 9
20	2009	대하24	계11	슥 7	요10
21	2015	대하25	계12	슥 8	요11
22	2021	대하26	계13	슥 9	요12
23	2027	대하27·28	계14	슥10	요13
24	2033	대하29	계15	슥11	요14
25	2038	대하30	계16	슥12·13:1	요15
26	2043	대하31	계17	슥13:2~9	요16
27	2048	대하32	계18	슥14	요17
28	2054	대하33	계19	말 1	요18
29	2060	대하34	계20	말 2	요19
30	2066	대하35	계21	말 3	요20
31	2072	대하36	계22	말 4	요21

⊕ 맥체인 성경 읽기표 ⊕

January 01

날짜	page	가정		개인	
1	**1**	창 1	마 1	스 1	행 1
2	**5**	창 2	마 2	스 2	행 2
3	**12**	창 3	마 3	스 3	행 3
4	**16**	창 4	마 4	스 4	행 4
5	**22**	창 5	마 5	스 5	행 5
6	**28**	창 6	마 6	스 6	행 6
7	**33**	창 7	마 7	스 7	행 7
8	**39**	창 8	마 8	스 8	행 8
9	**46**	창9·10	마 9	스 9	행 9
10	**53**	창11	마10	스10	행10
11	**60**	창12	마11	느 1	행11
12	**65**	창13	마12	느 2	행12
13	**70**	창14	마13	느 3	행13
14	**78**	창15	마14	느 4	행14
15	**83**	창16	마15	느 5	행15
16	**89**	창17	마16	느 6	행16
17	**95**	창18	마17	느 7	행17
18	**102**	창19	마18	느 8	행18
19	**108**	창20	마19	느 9	행19
20	**115**	창21	마20	느10	행20
21	**121**	창22	마21	느11	행21
22	**128**	창23	마22	느12	행22
23	**135**	창24	마23	느13	행23
24	**144**	창25	마24	에 1	행24
25	**150**	창26	마25	에 2	행25
26	**157**	창27	마26	에 3	행26
27	**165**	창28	마27	에 4	행27
28	**172**	창29	마28	에 5	행28
29	**177**	창30	막 1	에 6	롬 1
30	**184**	창31	막 2	에 7	롬 2
31	**190**	창32	막 3	에 8	롬 3

February 02

날짜	page	가정		개인	
1	**197**	창33	막 4	에9·10	롬 4
2	**202**	창34	막 5	욥 1	롬 5
3	**208**	창35·36	막 6	욥 2	롬 6
4	**216**	창37	막 7	욥 3	롬 7
5	**222**	창38	막 8	욥 4	롬 8
6	**228**	창39	막 9	욥 5	롬 9
7	**234**	창40	막10	욥 6	롬10
8	**239**	창41	막11	욥 7	롬11
9	**246**	창42	막12	욥 8	롬12
10	**252**	창43	막13	욥 9	롬13
11	**258**	창44	막14	욥10	롬14
12	**265**	창45	막15	욥11	롬15
13	**271**	창46	막16	욥12	롬16
14	**276**	창47	눅1:1~38	욥13	고전1
15	**282**	창48	눅1:39~80	욥14	고전2
16	**286**	창49	눅 2	욥15	고전3
17	**292**	창50	눅 3	욥16·17	고전4
18	**298**	출 1	눅 4	욥18	고전5
19	**303**	출 2	눅 5	욥19	고전6
20	**308**	출 3	눅 6	욥20	고전7
21	**315**	출 4	눅 7	욥21	고전8
22	**321**	출 5	눅 8	욥22	고전9
23	**327**	출 6	눅 9	욥23	고전10
24	**334**	출 7	눅10	욥24	고전11
25	**340**	출 8	눅11	욥25·26	고전12
26	**346**	출 9	눅12	욥27	고전13
27	**352**	출10	눅13	욥28	고전14
28	**359**	출11·12:1~21	눅14	욥29	고전15

March 03

날짜	page	가정		개인	
1	**367**	출12:22~51	눅15	욥30	고전16
2	**372**	출13	눅16	욥31	고후 1
3	**377**	출14	눅17	욥32	고후 2
4	**382**	출15	눅18	욥33	고후 3
5	**388**	출16	눅19	욥34	고후 4
6	**394**	출17	눅20	욥35	고후 5
7	**399**	출18	눅21	욥36	고후 6
8	**404**	출19	눅22	욥37	고후 7
9	**411**	출20	눅23	욥38	고후 8
10	**417**	출21	눅24	욥39	고후 9
11	**422**	출22	요 1	욥40	고후10
12	**428**	출23	요 2	욥41	고후11
13	**433**	출24	요 3	욥42	고후12
14	**438**	출25	요 4	잠 1	고후13
15	**444**	출26	요 5	잠 2	갈 1
16	**449**	출27	요 6	잠 3	갈 2
17	**456**	출28	요 7	잠 4	갈 3
18	**463**	출29	요 8	잠 5	갈 4
19	**470**	출30	요 9	잠 6	갈 5
20	**476**	출31	요10	잠 7	갈 6
21	**480**	출32	요11	잠 8	엡 1
22	**487**	출33	요12	잠 9	엡 2
23	**492**	출34	요13	잠10	엡 3
24	**498**	출35	요14	잠11	엡 4
25	**504**	출36	요15	잠12	엡 5
26	**509**	출37	요16	잠13	엡 6
27	**514**	출38	요17	잠14	빌 1
28	**520**	출39	요18	잠15	빌 2
29	**526**	출40	요19	잠16	빌 3
30	**532**	레 1	요20	잠17	빌 4
31	**537**	레2·3	요21	잠18	골 1

April 04

날짜	page	가정		개인	
1	**543**	레 4	시1·2	잠19	골 2
2	**547**	레 5	시3·4	잠20	골 3
3	**551**	레 6	시5·6	잠21	골 4
4	**556**	레 7	시7·8	잠22	살전1
5	**560**	레 8	시 9	잠23	살전2
6	**565**	레 9	시10	잠24	살전3
7	**569**	레10	시11·12	잠25	살전4
8	**573**	레11·12	시13·14	잠26	살전5
9	**578**	레13	시15·16	잠27	살후1
10	**583**	레14	시17	잠28	살후2
11	**589**	레15	시18	잠29	살후3
12	**594**	레16	시19	잠30	딤전1
13	**599**	레17	시20·21	잠31	딤전2
14	**603**	레18	시22	전 1	딤전3
15	**607**	레19	시23·24	전 2	딤전4
16	**611**	레20	시25	전 3	딤전5
17	**616**	레21	시26·27	전 4	딤전6
18	**620**	레22	시28·29	전 5	딤후1
19	**625**	레23	시30	전 6	딤후2
20	**629**	레24	시31	전 7	딤후3
21	**634**	레25	시32	전 8	딤후4
22	**639**	레26	시33	전 9	딛 1
23	**644**	레27	시34	전10	딛 2
24	**648**	민 1	시35	전11	딛 3
25	**653**	민 2	시36	전12	몬 1
26	**656**	민 3	시37	아 1	히 1
27	**662**	민 4	시38	아 2	히 2
28	**666**	민 5	시39	아 3	히 3
29	**670**	민 6	시40·41	아 4	히 4
30	**675**	민 7	시42·43	아 5	히 5

May 05

날짜	page	가정		개인	
1	**683**	민 8	시44	아 6	히 6
2	**687**	민 9	시45	아 7	히 7
3	**691**	민10	시46·47	아 8	히 8
4	**695**	민11	시48	사 1	히 9
5	**700**	민12·13	시49	사 2	히10
6	**706**	민14	시50	사3·4	히11
7	**712**	민15	시51	사 5	히12
8	**718**	민16	시52~54	사 6	히13
9	**724**	민17·18	시55	사 7	약 1
10	**730**	민19	시56·57	사8·9:1~7	약 2
11	**735**	민20	시58·59	사9:8~10:4	약 3
12	**740**	민21	시60·61	사10:5~34	약 4
13	**745**	민22	시62·63	사11·12	약 5
14	**751**	민23	시64·65	사13	벧전1
15	**756**	민24	시66·67	사14	벧전2
16	**761**	민25	시68	사15	벧전3
17	**766**	민26	시69	사16	벧전4
18	**772**	민27	시70·71	사17·18	벧전5
19	**776**	민28	시72	사19·20	벧후1
20	**781**	민29	시73	사21	벧후2
21	**786**	민30	시74	사22	벧후3
22	**790**	민31	시75·76	사23	요일1
23	**795**	민32	시77	사24	요일2
24	**800**	민33	시78:1~37	사25	요일3
25	**806**	민34	시78:38~72	사26	요일4
26	**810**	민35	시79	사27	요일5
27	**815**	민36	시80	사28	요이1
28	**819**	신 1	시81·82	사29	요삼1
29	**824**	신 2	시83·84	사30	유 1
30	**831**	신 3	시85	사31	계 1
31	**835**	신 4	시86·87	사32	계 2

June 06

날짜	page	가정		개인	
1	**843**	신 5	시88	사33	계 3
2	**848**	신 6	시89	사34	계 4
3	**853**	신 7	시90	사35	계 5
4	**856**	신 8	시91	사36	계 6
5	**860**	신 9	시92·93	사37	계 7
6	**866**	신10	시94	사38	계 8
7	**870**	신11	시95·96	사39	계 9
8	**874**	신12	시97·98	사40	계10
9	**879**	신13·14	시99~101	사41	계11
10	**885**	신15	시102	사42	계12
11	**890**	신16	시103	사43	계13
12	**894**	신17	시104	사44	계14
13	**900**	신18	시105	사45	계15
14	**905**	신19	시106	사46	계16
15	**910**	신20	시107	사47	계17
16	**914**	신21	시108·109	사48	계18
17	**920**	신22	시110·111	사49	계19
18	**925**	신23	시112·113	사50	계20
19	**929**	신24	시114·115	사51	계21
20	**934**	신25	시116	사52	계22
21	**938**	신26	시117·118	사53	마 1
22	**942**	신27·28:1~19	시119:1~24	사54	마 2
23	**947**	신28:20~68	시119:25~48	사55	마 3
24	**953**	신29	시119:49~72	사56	마 4
25	**957**	신30	시119:73~96	사57	마 5
26	**963**	신31	시119:97~120	사58	마 6
27	**968**	신32	시119:121~144	사59	마 7
28	**974**	신33·34	시119:145~176	사60	마 8
29	**981**	수 1	시120~122	사61	마 9
30	**985**	수 2	시123~125	사62	마10

[맥체인 성경 읽기표]

맥체인 성경 읽기표는 1842년 맥체인이 자신이 목양하던 성베드로교회 성도들의 영적 성장을 위해 개발한 것으로, 매일 구약과 신약을 각각 2장씩 읽음으로써 1년에 구약 1회, 신약과 시편을 각 2회 정독할 수 있도록 만든 표입니다. 이와 같은 맥체인의 방법에 따라 신구약 성경 전체를 골고루 4등분해서 동시에 읽으면, 성경에 기록된 장구한 구속사를 크게 네 시대로 나누어 동시에 묵상할 수 있습니다.

(1) 창세기 ~ 역대하 : 만물의 시작과 이스라엘의 시작
(2) 에스라 ~ 말라기 : 이스라엘의 멸망과 새 시대의 시작
(3) 마태복음 ~ 요한복음 : 예수의 복음사역과 십자가 구속
(4) 사도행전 ~ 요한계시록 : 교회의 시작과 선교

▶ 《맥체인 성경 365》 말씀연결 사용하는 법

① 네 성경 본문의 소주제를 통해 중심 단어나 문장을 말씀으로 묵상한다.
② 네 본문의 말씀을 순서대로, 천천히 읽는다.
③ 두 본문에서 반복되는 단어나 유사한 문맥을 찾아 서로 연결한다.
④ 본문에서 반대의 뜻을 가진 단어나 문장을 찾는다.
⑤ 두 권의 책에서 공통되는 하나님의 말씀을 연결하여 기록한다.
⑥ 연결되는 말씀을 다른 두 권으로 확대하여 네 권 전체에 흐르는 하나님의 생각과 베푸신 은혜를 누리고, 그 내용을 적어본다.
⑦ 본문에서 지도자나 인도자로부터 배운 신학 주제나 교리들이 함축하고 있는 문맥의 짝을 찾아본다.
⑧ 중심 주제를 필두로, 삶에 적용할 일들을 적어보고 생활 중에 실천함으로써 변화를 경험해 본다.
⑨ 하나님이 오늘 나에게 주신 말씀들을 통하여 가르침, 명령과 약속 권면, 경고 및 행해야 할 일들을 하나님과 대화하는 마음으로(기도) 성경읽기를 마무리한다.

July 07

날짜	page	가정		개인	
1	**991**	수 3	시126~128	사63	마11
2	**995**	수 4	시129~131	사64	마12
3	**1000**	수5·6:1~5	시132~134	사65	마13
4	**1006**	수6:6~27	시135·136	사66	마14
5	**1013**	수 7	시137·138	렘 1	마15
6	**1018**	수 8	시139	렘 2	마16
7	**1025**	수 9	시140·141	렘 3	마17
8	**1031**	수10	시142·143	렘 4	마18
9	**1038**	수11	시144	렘 5	마19
10	**1043**	수12·13	시145	렘 6	마20
11	**1050**	수14·15	시146·147	렘 7	마21
12	**1058**	수16·17	시148	렘 8	마22
13	**1064**	수18·19	시149·150	렘 9	마23
14	**1071**	수20·21	행 1	렘10	마24
15	**1078**	수22	행 2	렘11	마25
16	**1087**	수23	행 3	렘12	마26
17	**1094**	수24	행 4	렘13	마27
18	**1102**	삿 1	행 5	렘14	마28
19	**1108**	삿 2	행 6	렘15	막 1
20	**1114**	삿 3	행 7	렘16	막 2
21	**1121**	삿 4	행 8	렘17	막 3
22	**1127**	삿 5	행 9	렘18	막 4
23	**1134**	삿 6	행10	렘19	막 5
24	**1142**	삿 7	행11	렘20	막 6
25	**1149**	삿 8	행12	렘21	막 7
26	**1154**	삿 9	행13	렘22	막 8
27	**1164**	삿10·11:1~11	행14	렘23	막 9
28	**1171**	삿11:12~40	행15	렘24	막10
29	**1178**	삿12	행16	렘25	막11
30	**1185**	삿13	행17	렘26	막12
31	**1192**	삿14	행18	렘27	막13

August 08

날짜	page	가정		개인	
1	**1199**	삿15	행19	렘28	막14
2	**1206**	삿16	행20	렘29	막15
3	**1214**	삿17	행21	렘30·31	막16
4	**1222**	삿18	행22	렘32	시1·2
5	**1228**	삿19	행23	렘33	시3·4
6	**1234**	삿20	행24	렘34	시5·6
7	**1241**	삿21	행25	렘35	시7·8
8	**1246**	룻 1	행26	렘36·37	시 9
9	**1253**	룻 2	행27	렘38	시10
10	**1259**	룻3·4	행28	렘39	시11·12
11	**1264**	삼상1	롬 1	렘40	시13·14
12	**1270**	삼상2	롬 2	렘41	시15·16
13	**1275**	삼상3	롬 3	렘42	시17
14	**1280**	삼상4	롬 4	렘43	시18
15	**1285**	삼상5·6	롬 5	렘44	시19
16	**1292**	삼상7·8	롬 6	렘45	시20·21
17	**1296**	삼상9	롬 7	렘46	시22
18	**1302**	삼상10	롬 8	렘47	시23·24
19	**1307**	삼상11	롬 9	렘48	시25
20	**1313**	삼상12	롬10	렘49	시26·27
21	**1319**	삼상13	롬11	렘50	시28·29
22	**1326**	삼상14	롬12	렘51	시30
23	**1334**	삼상15	롬13	렘52	시31
24	**1340**	삼상16	롬14	애 1	시32
25	**1345**	삼상17	롬15	애 2	시33
26	**1352**	삼상18	롬16	애 3	시34
27	**1358**	삼상19	고전1	애 4	시35
28	**1363**	삼상20	고전2	애 5	시36
29	**1368**	삼상21·22	고전3	겔 1	시37
30	**1374**	삼상23	고전4	겔 2	시38
31	**1379**	삼상24	고전5	겔 3	시39

September 09

날짜	page	가정		개인	
1	**1385**	삼상25	고전 6	겔 4	시40·41
2	**1391**	삼상26	고전 7	겔 5	시42·43
3	**1396**	삼상27	고전 8	겔 6	시44
4	**1400**	삼상28	고전 9	겔 7	시45·46
5	**1405**	삼상29·30	고전10	겔 8	시47
6	**1411**	삼상31	고전11	겔 9	시48
7	**1414**	삼하 1	고전12	겔10	시49
8	**1419**	삼하 2	고전13	겔11	시50
9	**1424**	삼하 3	고전14	겔12	시51
10	**1430**	삼하4·5	고전15	겔13	시52~54
11	**1438**	삼하 6	고전16	겔14	시55
12	**1442**	삼하 7	고후 1	겔15	시56·57
13	**1447**	삼하8·9	고후 2	겔16	시58·59
14	**1454**	삼하10	고후 3	겔17	시60·61
15	**1459**	삼하11	고후 4	겔18	시62·63
16	**1464**	삼하12	고후 5	겔19	시64·65
17	**1469**	삼하13	고후 6	겔20	시66·67
18	**1476**	삼하14	고후 7	겔21	시68
19	**1483**	삼하15	고후 8	겔22	시69
20	**1489**	삼하16	고후 9	겔23	시70·71
21	**1495**	삼하17	고후10	겔24	시72
22	**1500**	삼하18	고후11	겔25	시73
23	**1506**	삼하19	고후12	겔26	시74
24	**1513**	삼하20	고후13	겔27	시75·76
25	**1518**	삼하21	갈 1	겔28	시77
26	**1523**	삼하22	갈 2	겔29	시78:1~37
27	**1529**	삼하23	갈 3	겔30	시78:38~72
28	**1535**	삼하24	갈 4	겔31	시79
29	**1540**	왕상 1	갈 5	겔32	시80
30	**1547**	왕상 2	갈 6	겔33	시81·82

October 10

날짜	page	가정		개인	
1	**1555**	왕상 3	엡 1	겔34	시83·84
2	**1560**	왕상4·5	엡 2	겔35	시85
3	**1565**	왕상 6	엡 3	겔36	시86
4	**1571**	왕상 7	엡 4	겔37	시87·88
5	**1578**	왕상 8	엡 5	겔38	시89
6	**1586**	왕상 9	엡 6	겔39	시90
7	**1591**	왕상10	빌 1	겔40	시91
8	**1598**	왕상11	빌 2	겔41	시92·93
9	**1603**	왕상12	빌 3	겔42	시94
10	**1608**	왕상13	빌 4	겔43	시95·96
11	**1614**	왕상14	골 1	겔44	시97·98
12	**1620**	왕상15	골 2	겔45	시99~101
13	**1625**	왕상16	골 3	겔46	시102
14	**1631**	왕상17	골 4	겔47	시103
15	**1635**	왕상18	살전 1	겔48	시104
16	**1642**	왕상19	살전 2	단 1	시105
17	**1647**	왕상20	살전 3	단 2	시106
18	**1655**	왕상21	살전 4	단 3	시107
19	**1661**	왕상22	살전 5	단 4	시108·109
20	**1669**	왕하 1	살후 1	단 5	시110·111
21	**1674**	왕하 2	살후 2	단 6	시112·113
22	**1679**	왕하 3	살후 3	단 7	시114·115
23	**1684**	왕하 4	딤전 1	단 8	시116
24	**1690**	왕하 5	딤전 2	단 9	시117·118
25	**1695**	왕하 6	딤전 3	단10	시119:1~24
26	**1700**	왕하 7	딤전 4	단11	시119:25~48
27	**1706**	왕하 8	딤전 5	단12	시119:49~72
28	**1710**	왕하 9	딤전 6	호 1	시119:73~96
29	**1715**	왕하10	딤후 1	호 2	시119:97~120
30	**1721**	왕하11·12	딤후 2	호3·4	시119:121~144
31	**1726**	왕하13	딤후 3	호5·6	시119:145~176

November 11

날짜	page	가정		개인	
1	**1733**	왕하14	딤후4	호 7	시120~122
2	**1737**	왕하15	딛 1	호 8	시123~125
3	**1741**	왕하16	딛 2	호 9	시126~128
4	**1745**	왕하17	딛 3	호10	시129~131
5	**1750**	왕하18	몬 1	호11	시132~134
6	**1755**	왕하19	히 1	호12	시135·136
7	**1760**	왕하20	히 2	호13	시137·138
8	**1765**	왕하21	히 3	호14	시139
9	**1768**	왕하22	히 4	욜 1	시140·141
10	**1773**	왕하23	히 5	욜 2	시142
11	**1778**	왕하24	히 6	욜 3	시143
12	**1782**	왕하25	히 7	암 1	시144
13	**1787**	대상1·2	히 8	암 2	시145
14	**1793**	대상3·4	히 9	암 3	시146·147
15	**1799**	대상5·6	히10	암 4	시148·150
16	**1807**	대상7·8	히11	암 5	눅1:1~38
17	**1815**	대상9·10	히12	암 6	눅1:39~80
18	**1822**	대상11·12	히13	암 7	눅 2
19	**1830**	대상13·14	약 1	암 8	눅 3
20	**1836**	대상15	약 2	암 9	눅 4
21	**1841**	대상16	약 3	옵 1	눅 5
22	**1847**	대상17	약 4	욘 1	눅 6
23	**1853**	대상18	약 5	욘 2	눅 7
24	**1858**	대상19·20	벧전1	욘 3	눅 8
25	**1864**	대상21	벧전2	욘 4	눅 9
26	**1871**	대상22	벧전3	미 1	눅10
27	**1877**	대상23	벧전4	미 2	눅11
28	**1882**	대상24·25	벧전5	미 3	눅12
29	**1889**	대상26·27	벧후1	미 4	눅13
30	**1896**	대상28	벧후2	미 5	눅14

December 12

날짜	page	가정		개인	
1	**1903**	대상29	벧후3	미 6	눅15
2	**1908**	대하 1	요일 1	미 7	눅16
3	**1912**	대하 2	요일 2	나 1	눅17
4	**1917**	대하3·4	요일 3	나 2	눅18
5	**1923**	대하5·6:1~11	요일 4	나 3	눅19
6	**1929**	대하6:12~42	요일 5	합 1	눅20
7	**1935**	대하 7	요이 1	합 2	눅21
8	**1940**	대하 8	요삼 1	합 3	눅22
9	**1946**	대하 9	유 1	습 1	눅23
10	**1952**	대하10	계 1	습 2	눅24
11	**1958**	대하11·12	계 2	습 3	요 1
12	**1965**	대하13	계 3	학 1	요 2
13	**1969**	대하14·15	계 4	학 2	요 3
14	**1975**	대하16	계 5	슥 1	요 4
15	**1980**	대하17	계 6	슥 2	요 5
16	**1985**	대하18	계 7	슥 3	요 6
17	**1992**	대하19·20	계 8	슥 4	요 7
18	**1998**	대하21	계 9	슥 5	요 8
19	**2004**	대하22·23	계10	슥 6	요 9
20	**2009**	대하24	계11	슥 7	요10
21	**2015**	대하25	계12	슥 8	요11
22	**2021**	대하26	계13	슥 9	요12
23	**2027**	대하27·28	계14	슥10	요13
24	**2033**	대하29	계15	슥11	요14
25	**2038**	대하30	계16	슥12·13:1	요15
26	**2043**	대하31	계17	슥13:2~9	요16
27	**2048**	대하32	계18	슥14	요17
28	**2054**	대하33	계19	말 1	요18
29	**2060**	대하34	계20	말 2	요19
30	**2066**	대하35	계21	말 3	요20
31	**2072**	대하36	계22	말 4	요21

맥체인 성경 읽기표

January 01

날짜	page	가정		개인	
1	1	창 1	마 1	스 1	행 1
2	5	창 2	마 2	스 2	행 2
3	12	창 3	마 3	스 3	행 3
4	16	창 4	마 4	스 4	행 4
5	22	창 5	마 5	스 5	행 5
6	28	창 6	마 6	스 6	행 6
7	33	창 7	마 7	스 7	행 7
8	39	창 8	마 8	스 8	행 8
9	46	창9·10	마 9	스 9	행 9
10	53	창11	마10	스10	행10
11	60	창12	마11	느 1	행11
12	65	창13	마12	느 2	행12
13	70	창14	마13	느 3	행13
14	78	창15	마14	느 4	행14
15	83	창16	마15	느 5	행15
16	89	창17	마16	느 6	행16
17	95	창18	마17	느 7	행17
18	102	창19	마18	느 8	행18
19	108	창20	마19	느 9	행19
20	115	창21	마20	느10	행20
21	121	창22	마21	느11	행21
22	128	창23	마22	느12	행22
23	135	창24	마23	느13	행23
24	144	창25	마24	에 1	행24
25	150	창26	마25	에 2	행25
26	157	창27	마26	에 3	행26
27	165	창28	마27	에 4	행27
28	172	창29	마28	에 5	행28
29	177	창30	막 1	에 6	롬 1
30	184	창31	막 2	에 7	롬 2
31	190	창32	막 3	에 8	롬 3

February 02

날짜	page	가정		개인	
1	197	창33	막 4	에9·10	롬 4
2	202	창34	막 5	욥 1	롬 5
3	208	창35·36	막 6	욥 2	롬 6
4	216	창37	막 7	욥 3	롬 7
5	222	창38	막 8	욥 4	롬 8
6	228	창39	막 9	욥 5	롬 9
7	234	창40	막10	욥 6	롬10
8	239	창41	막11	욥 7	롬11
9	246	창42	막12	욥 8	롬12
10	252	창43	막13	욥 9	롬13
11	258	창44	막14	욥10	롬14
12	265	창45	막15	욥11	롬15
13	271	창46	막16	욥12	롬16
14	276	창47	눅1:1~38	욥13	고전1
15	282	창48	눅1:39~80	욥14	고전2
16	286	창49	눅 2	욥15	고전3
17	292	창50	눅 3	욥16·17	고전4
18	298	출 1	눅 4	욥18	고전5
19	303	출 2	눅 5	욥19	고전6
20	308	출 3	눅 6	욥20	고전7
21	315	출 4	눅 7	욥21	고전8
22	321	출 5	눅 8	욥22	고전9
23	327	출 6	눅 9	욥23	고전10
24	334	출 7	눅10	욥24	고전11
25	340	출 8	눅11	욥25 26	고전12
26	346	출 9	눅12	욥27	고전13
27	352	출10	눅13	욥28	고전14
28	359	출11·12:1~21	눅14	욥29	고전15

March 03					
날짜	page	가정		개인	
1	**367**	출12:22~51	눅15	욥30	고전16
2	**372**	출13	눅16	욥31	고후 1
3	**377**	출14	눅17	욥32	고후 2
4	**382**	출15	눅18	욥33	고후 3
5	**388**	출16	눅19	욥34	고후 4
6	**394**	출17	눅20	욥35	고후 5
7	**399**	출18	눅21	욥36	고후 6
8	**404**	출19	눅22	욥37	고후 7
9	**411**	출20	눅23	욥38	고후 8
10	**417**	출21	눅24	욥39	고후 9
11	**422**	출22	요 1	욥40	고후10
12	**428**	출23	요 2	욥41	고후11
13	**433**	출24	요 3	욥42	고후12
14	**438**	출25	요 4	잠 1	고후13
15	**444**	출26	요 5	잠 2	갈 1
16	**449**	출27	요 6	잠 3	갈 2
17	**456**	출28	요 7	잠 4	갈 3
18	**463**	출29	요 8	잠 5	갈 4
19	**470**	출30	요 9	잠 6	갈 5
20	**476**	출31	요10	잠 7	갈 6
21	**480**	출32	요11	잠 8	엡 1
22	**487**	출33	요12	잠 9	엡 2
23	**492**	출34	요13	잠10	엡 3
24	**498**	출35	요14	잠11	엡 4
25	**504**	출36	요15	잠12	엡 5
26	**509**	출37	요16	잠13	엡 6
27	**514**	출38	요17	잠14	빌 1
28	**520**	출39	요18	잠15	빌 2
29	**526**	출40	요19	잠16	빌 3
30	**532**	레 1	요20	잠17	빌 4
31	**537**	레2·3	요21	잠18	골 1

April 04					
날짜	page	가정		개인	
1	**543**	레 4	시1·2	잠19	골 2
2	**547**	레 5	시3·4	잠20	골 3
3	**551**	레 6	시5·6	잠21	골 4
4	**556**	레 7	시7·8	잠22	살전1
5	**560**	레 8	시 9	잠23	살전2
6	**565**	레 9	시10	잠24	살전3
7	**569**	레10	시11·12	잠25	살전4
8	**573**	레11·12	시13·14	잠26	살전5
9	**578**	레13	시15·16	잠27	살후1
10	**583**	레14	시17	잠28	살후2
11	**589**	레15	시18	잠29	살후3
12	**594**	레16	시19	잠30	딤전1
13	**599**	레17	시20·21	잠31	딤전2
14	**603**	레18	시22	전 1	딤전3
15	**607**	레19	시23·24	전 2	딤전4
16	**611**	레20	시25	전 3	딤전5
17	**616**	레21	시26·27	전 4	딤전6
18	**620**	레22	시28·29	전 5	딤후1
19	**625**	레23	시30	전 6	딤후2
20	**629**	레24	시31	전 7	딤후3
21	**634**	레25	시32	전 8	딤후4
22	**639**	레26	시33	전 9	딛 1
23	**644**	레27	시34	전10	딛 2
24	**648**	민 1	시35	전11	딛 3
25	**653**	민 2	시36	전12	몬 1
26	**656**	민 3	시37	아 1	히 1
27	**662**	민 4	시38	아 2	히 2
28	**666**	민 5	시39	아 3	히 3
29	**670**	민 6	시40·41	아 4	히 4
30	**675**	민 7	시42·43	아 5	히 5

May 05

날짜	page	가정		개인	
1	**683**	민 8	시44	아 6	히 6
2	**687**	민 9	시45	아 7	히 7
3	**691**	민10	시46·47	아 8	히 8
4	**695**	민11	시48	사 1	히 9
5	**700**	민12·13	시49	사 2	히10
6	**706**	민14	시50	사3·4	히11
7	**712**	민15	시51	사 5	히12
8	**718**	민16	시52~54	사 6	히13
9	**724**	민17·18	시55	사 7	약 1
10	**730**	민19	시56·57	사8·9:1~7	약 2
11	**735**	민20	시58·59	사9:8~10:4	약 3
12	**740**	민21	시60·61	사10:5~34	약 4
13	**745**	민22	시62·63	사11·12	약 5
14	**751**	민23	시64·65	사13	벧전1
15	**756**	민24	시66·67	사14	벧전2
16	**761**	민25	시68	사15	벧전3
17	**766**	민26	시69	사16	벧전4
18	**772**	민27	시70·71	사17·18	벧전5
19	**776**	민28	시72	사19·20	벧후1
20	**781**	민29	시73	사21	벧후2
21	**786**	민30	시74	사22	벧후3
22	**790**	민31	시75·76	사23	요일1
23	**795**	민32	시77	사24	요일2
24	**800**	민33	시78:1~37	사25	요일3
25	**806**	민34	시78:38~72	사26	요일4
26	**810**	민35	시79	사27	요일5
27	**815**	민36	시80	사28	요이1
28	**819**	신 1	시81·82	사29	요삼1
29	**824**	신 2	시83·84	사30	유 1
30	**831**	신 3	시85	사31	계 1
31	**835**	신 4	시86·87	사32	계 2

June 06

날짜	page	가정		개인	
1	**843**	신 5	시88	사33	계 3
2	**848**	신 6	시89	사34	계 4
3	**853**	신 7	시90	사35	계 5
4	**856**	신 8	시91	사36	계 6
5	**860**	신 9	시92·93	사37	계 7
6	**866**	신10	시94	사38	계 8
7	**870**	신11	시95·96	사39	계 9
8	**874**	신12	시97·98	사40	계10
9	**879**	신13·14	시99~101	사41	계11
10	**885**	신15	시102	사42	계12
11	**890**	신16	시103	사43	계13
12	**894**	신17	시104	사44	계14
13	**900**	신18	시105	사45	계15
14	**905**	신19	시106	사46	계16
15	**910**	신20	시107	사47	계17
16	**914**	신21	시108·109	사48	계18
17	**920**	신22	시110·111	사49	계19
18	**925**	신23	시112·113	사50	계20
19	**929**	신24	시114·115	사51	계21
20	**934**	신25	시116	사52	계22
21	**938**	신26	시117·118	사53	마 1
22	**942**	신27·28:1~19	시119:1~24	사54	마 2
23	**947**	신28:20~68	시119:25~48	사55	마 3
24	**953**	신29	시119:49~72	사56	마 4
25	**957**	신30	시119:73~96	사57	마 5
26	**963**	신31	시119:97~120	사58	마 6
27	**968**	신32	시119:121~144	사59	마 7
28	**974**	신33·34	시119:145~176	사60	마 8
29	**981**	수 1	시120~122	사61	마 9
30	**985**	수 2	시123~125	사62	마10

맥체인 성경 읽기표

QT와 성경통독을 하나로

[맥체인성경365_목차]

구약 page

창세기(창)	1	역대하(대하)	1908	다니엘(단)	1644
출애굽기(출)	298	에스라(스)	3	호세아(호)	1713
레위기(레)	532	느헤미야(느)	62	요엘(욜)	1770
민수기(민)	648	에스더(에)	147	아모스(암)	1785
신명기(신)	819	욥기(욥)	206	오바댜(옵)	1844
여호수아(수)	981	시편(시)	544/1228	요나(욘)	1850
사사기(삿)	1102	잠언(잠)	442	미가(미)	1874
룻기(룻)	1246	전도서(전)	605	나훔(나)	1915
사무엘상(삼상)	1264	아가(아)	660	하박국(합)	1932
사무엘하(삼하)	1414	이사야(사)	697	스바냐(습)	1949
열왕기상(왕상)	1540	예레미야(렘)	1015	학개(학)	1967
열왕기하(왕하)	1669	예레미야애가(애)	1342	스가랴(슥)	1977
역대상(내상)	1787	에스겔(겔)	1371	말라기(말)	2057

신약 page

마태복음(마)	2/941	에베소서(엡)	485/1556	히브리서(히)	661/1757
마가복음(막)	179/1112	빌립보서(빌)	518/1593	야고보서(약)	729/1832
누가복음(눅)	277/1813	골로새서(골)	540/1616	베드로전서(벧전)	754/1860
요한복음(요)	424/1962	데살로니가전서(살전)	560/1638	베드로후서(벧후)	780/1892
사도행전(행)	4/1073	데살로니가후서(살후)	582/1670	요한일서(요일)	794/1909
로마서(롬)	182/1266	디모데전서(딤전)	598/1686	요한이서(요이)	818/1937
고린도전서(고전)	280/1359	디모데후서(딤후)	624/1718	요한삼서(요삼)	823/1941
고린도후서(고후)	376/1444	디도서(딛)	643/1739	유다서(유)	829/1947
갈라디아서(갈)	448/1519	빌레몬서(몬)	655/1752	요한계시록(계)	834/1952

새벽기도회 살리기 · 구역모임(소그룹) 살리기

마틴로이드존스, 존스토트 목사가 수십년간 사용했던 검증된 방식

[맥체인 성경 읽기표]

맥체인 성경 읽기표는 1842년 맥체인이 자신이 목양하던 성베드로교회 성도들의 영적 성장을 위해 개발한 것으로, 매일 구약과 신약을 각각 2장씩 읽음으로써 1년에 구약 1회, 신약과 시편을 각 2회 정독할 수 있도록 만든 표입니다. 이와 같은 맥체인의 방법에 따라 신구약 성경 전체를 골고루 4등분해서 동시에 읽으면, 성경에 기록된 장구한 구속사를 크게 네 시대로 나누어 동시에 묵상할 수 있습니다.

(1) 창세기 ~ 역대하 : 만물의 시작과 이스라엘의 시작
(2) 에스라 ~ 말라기 : 이스라엘의 멸망과 새 시대의 시작
(3) 마태복음 ~ 요한복음 : 예수의 복음사역과 십자가 구속
(4) 사도행전 ~ 요한계시록 : 교회의 시작과 선교

▶ 《맥체인 성경 365》 말씀연결 사용하는 법

① 네 성경 본문의 소주제를 통해 중심 단어나 문장을 말씀으로 묵상한다.
② 네 본문의 말씀을 순서대로, 천천히 읽는다.
③ 두 본문에서 반복되는 단어나 유사한 문맥을 찾아 서로 연결한다.
④ 본문에서 반대의 뜻을 가진 단어나 문장을 찾는다.
⑤ 두 권의 책에서 공통되는 하나님의 말씀을 연결하여 기록한다.
⑥ 연결되는 말씀을 다른 두 권으로 확대하여 네 권 전체에 흐르는 하나님의 생각과 베푸신 은혜를 누리고, 그 내용을 적어본다.
⑦ 본문에서 지도자나 인도자로부터 배운 신학 주제나 교리들이 함축하고 있는 문맥의 짝을 찾아본다.
⑧ 중심 주제를 필두로, 삶에 적용할 일들을 적어보고 생활 중에 실천함으로써 변화를 경험해 본다.
⑨ 하나님이 오늘 나에게 주신 말씀들을 통하여 가르침, 명령과 약속 권면, 경고 및 행해야 할 일들을 하나님과 대화하는 마음으로(기도) 성경읽기를 마무리한다.

July 07

날짜	page	가정		개인	
1	**991**	수 3	시126~128	사63	마11
2	**995**	수 4	시129~131	사64	마12
3	**1000**	수5·6:1~5	시132~134	사65	마13
4	**1006**	수6:6~27	시135·136	사66	마14
5	**1013**	수 7	시137·138	렘 1	마15
6	**1018**	수 8	시139	렘 2	마16
7	**1025**	수 9	시140·141	렘 3	마17
8	**1031**	수10	시142·143	렘 4	마18
9	**1038**	수11	시144	렘 5	마19
10	**1043**	수12·13	시145	렘 6	마20
11	**1050**	수14·15	시146·147	렘 7	마21
12	**1058**	수16·17	시148	렘 8	마22
13	**1064**	수18·19	시149·150	렘 9	마23
14	**1071**	수20·21	행 1	렘10	마24
15	**1078**	수22	행 2	렘11	마25
16	**1087**	수23	행 3	렘12	마26
17	**1094**	수24	행 4	렘13	마27
18	**1102**	삿 1	행 5	렘14	마28
19	**1108**	삿 2	행 6	렘15	막 1
20	**1114**	삿 3	행 7	렘16	막 2
21	**1121**	삿 4	행 8	렘17	막 3
22	**1127**	삿 5	행 9	렘18	막 4
23	**1134**	삿 6	행10	렘19	막 5
24	**1142**	삿 7	행11	렘20	막 6
25	**1149**	삿 8	행12	렘21	막 7
26	**1154**	삿 9	행13	렘22	막 8
27	**1164**	삿10·11:1~11	행14	렘23	막 9
28	**1171**	삿11:12~40	행15	렘24	막10
29	**1178**	삿12	행16	렘25	막11
30	**1185**	삿13	행17	렘26	막12
31	**1192**	삿14	행18	렘27	막13

August 08

날짜	page	가정		개인	
1	**1199**	삿15	행19	렘28	막14
2	**1206**	삿16	행20	렘29	막15
3	**1214**	삿17	행21	렘30·31	막16
4	**1222**	삿18	행22	렘32	시1·2
5	**1228**	삿19	행23	렘33	시3·4
6	**1234**	삿20	행24	렘34	시5·6
7	**1241**	삿21	행25	렘35	시7·8
8	**1246**	룻 1	행26	렘36·37	시 9
9	**1253**	룻 2	행27	렘38	시10
10	**1259**	룻3·4	행28	렘39	시11·12
11	**1264**	삼상1	롬 1	렘40	시13·14
12	**1270**	삼상2	롬 2	렘41	시15·16
13	**1275**	삼상3	롬 3	렘42	시17
14	**1280**	삼상4	롬 4	렘43	시18
15	**1285**	삼상5·6	롬 5	렘44	시19
16	**1292**	삼상7·8	롬 6	렘45	시20·21
17	**1296**	삼상9	롬 7	렘46	시22
18	**1302**	삼상10	롬 8	렘47	시23·24
19	**1307**	삼상11	롬 9	렘48	시25
20	**1313**	삼상12	롬10	렘49	시26·27
21	**1319**	삼상13	롬11	렘50	시28·29
22	**1326**	삼상14	롬12	렘51	시30
23	**1334**	삼상15	롬13	렘52	시31
24	**1340**	삼상16	롬14	애 1	시32
25	**1345**	삼상17	롬15	애 2	시33
26	**1352**	삼상18	롬16	애 3	시34
27	**1358**	삼상19	고전1	애 4	시35
28	**1363**	삼상20	고전2	애 5	시36
29	**1368**	삼상21·22	고전3	겔 1	시37
30	**1374**	삼상23	고전4	겔 2	시38
31	**1379**	삼상24	고전5	겔 3	시39

September 09

날짜	page	가정		개인	
1	1385	삼상25	고전 6	겔 4	시40·41
2	1391	삼상26	고전 7	겔 5	시42·43
3	1396	삼상27	고전 8	겔 6	시44
4	1400	삼상28	고전 9	겔 7	시45·46
5	1405	삼상29·30	고전10	겔 8	시47
6	1411	삼상31	고전11	겔 9	시48
7	1414	삼하 1	고전12	겔10	시49
8	1419	삼하 2	고전13	겔11	시50
9	1424	삼하 3	고전14	겔12	시51
10	1430	삼하4·5	고전15	겔13	시52~54
11	1438	삼하 6	고전16	겔14	시55
12	1442	삼하 7	고후 1	겔15	시56·57
13	1447	삼하8·9	고후 2	겔16	시58·59
14	1454	삼하10	고후 3	겔17	시60·61
15	1459	삼하11	고후 4	겔18	시62·63
16	1464	삼하12	고후 5	겔19	시64·65
17	1469	삼하13	고후 6	겔20	시66·67
18	1476	삼하14	고후 7	겔21	시68
19	1483	삼하15	고후 8	겔22	시69
20	1489	삼하16	고후 9	겔23	시70·71
21	1495	삼하17	고후10	겔24	시72
22	1500	삼하18	고후11	겔25	시73
23	1506	삼하19	고후12	겔26	시74
24	1513	삼하20	고후13	겔27	시75·76
25	1518	삼하21	갈 1	겔28	시77
26	1523	삼하22	갈 2	겔29	시78:1~37
27	1529	삼하23	갈 3	겔30	시78:38~72
28	1535	삼하24	갈 4	겔31	시79
29	1540	왕상 1	갈 5	겔32	시80
30	1547	왕상 2	갈 6	겔33	시81·82

October 10

날짜	page	가정		개인	
1	1555	왕상 3	엡 1	겔34	시83·84
2	1560	왕상4·5	엡 2	겔35	시85
3	1565	왕상 6	엡 3	겔36	시86
4	1571	왕상 7	엡 4	겔37	시87·88
5	1578	왕상 8	엡 5	겔38	시89
6	1586	왕상 9	엡 6	겔39	시90
7	1591	왕상10	빌 1	겔40	시91
8	1598	왕상11	빌 2	겔41	시92·93
9	1603	왕상12	빌 3	겔42	시94
10	1608	왕상13	빌 4	겔43	시95·96
11	1614	왕상14	골 1	겔44	시97·98
12	1620	왕상15	골 2	겔45	시99~101
13	1625	왕상16	골 3	겔46	시102
14	1631	왕상17	골 4	겔47	시103
15	1635	왕상18	살전 1	겔48	시104
16	1642	왕상19	살전 2	단 1	시105
17	1647	왕상20	살전 3	단 2	시106
18	1655	왕상21	살전 4	단 3	시107
19	1661	왕상22	살전 5	단 4	시108·109
20	1669	왕하 1	살후 1	단 5	시110·111
21	1674	왕하 2	살후 2	단 6	시112·113
22	1679	왕하 3	살후 3	단 7	시114·115
23	1684	왕하 4	딤전 1	단 8	시116
24	1690	왕하 5	딤전 2	단 9	시117·118
25	1695	왕하 6	딤전 3	단10	시119:1~24
26	1700	왕하 7	딤전 4	단11	시119:25~48
27	1706	왕하 8	딤전 5	단12	시119:49~72
28	1710	왕하 9	딤전 6	호 1	시119:73~96
29	1715	왕하10	딤후 1	호 2	시119:97~120
30	1721	왕하11·12	딤후 2	호3·4	시119:121~144
31	1726	왕하13	딤후 3	호5·6	시119:145~176

November 11

날짜	page	가정		개인	
1	**1733**	왕하14	딤후4	호 7	시120~122
2	**1737**	왕하15	딛 1	호 8	시123~125
3	**1741**	왕하16	딛 2	호 9	시126~128
4	**1745**	왕하17	딛 3	호10	시129~131
5	**1750**	왕하18	몬 1	호11	시132~134
6	**1755**	왕하19	히 1	호12	시135·136
7	**1760**	왕하20	히 2	호13	시137·138
8	**1765**	왕하21	히 3	호14	시139
9	**1768**	왕하22	히 4	욜 1	시140·141
10	**1773**	왕하23	히 5	욜 2	시142
11	**1778**	왕하24	히 6	욜 3	시143
12	**1782**	왕하25	히 7	암 1	시144
13	**1787**	대상1·2	히 8	암 2	시145
14	**1793**	대상3·4	히 9	암 3	시146·147
15	**1799**	대상5·6	히10	암 4	시148·150
16	**1807**	대상7·8	히11	암 5	눅1:1~38
17	**1815**	대상9·10	히12	암 6	눅1:39~80
18	**1822**	대상11·12	히13	암 7	눅 2
19	**1830**	대상13·14	약 1	암 8	눅 3
20	**1836**	대상15	약 2	암 9	눅 4
21	**1841**	대상16	약 3	옵 1	눅 5
22	**1847**	대상17	약 4	욘 1	눅 6
23	**1853**	대상18	약 5	욘 2	눅 7
24	**1858**	대상19·20	벧전1	욘 3	눅 8
25	**1864**	대상21	벧전2	욘 4	눅 9
26	**1871**	대상22	벧전3	미 1	눅10
27	**1877**	대상23	벧전4	미 2	눅11
28	**1882**	대상24·25	벧전5	미 3	눅12
29	**1889**	대상26·27	벧후1	미 4	눅13
30	**1896**	대상28	벧후2	미 5	눅14

December 12

날짜	page	가정		개인	
1	**1903**	대상29	벧후3	미 6	눅15
2	**1908**	대하 1	요일 1	미 7	눅16
3	**1912**	대하 2	요일 2	나 1	눅17
4	**1917**	대하3·4	요일 3	나 2	눅18
5	**1923**	대하5·6:1~11	요일 4	나 3	눅19
6	**1929**	대하6:12~42	요일 5	합 1	눅20
7	**1935**	대하 7	요이 1	합 2	눅21
8	**1940**	대하 8	요삼 1	합 3	눅22
9	**1946**	대하 9	유 1	습 1	눅23
10	**1952**	대하10	계 1	습 2	눅24
11	**1958**	대하11·12	계 2	습 3	요 1
12	**1965**	대하13	계 3	학 1	요 2
13	**1969**	대하14·15	계 4	학 2	요 3
14	**1975**	대하16	계 5	슥 1	요 4
15	**1980**	대하17	계 6	슥 2	요 5
16	**1985**	대하18	계 7	슥 3	요 6
17	**1992**	대하19·20	계 8	슥 4	요 7
18	**1998**	대하21	계 9	슥 5	요 8
19	**2004**	대하22·23	계10	슥 6	요 9
20	**2009**	대하24	계11	슥 7	요10
21	**2015**	대하25	계12	슥 8	요11
22	**2021**	대하26	계13	슥 9	요12
23	**2027**	대하27·28	계14	슥10	요13
24	**2033**	대하29	계15	슥11	요14
25	**2038**	대하30	계16	슥12·13:1	요15
26	**2043**	대하31	계17	슥13:2~9	요16
27	**2048**	대하32	계18	슥14	요17
28	**2054**	대하33	계19	말 1	요18
29	**2060**	대하34	계20	말 2	요19
30	**2066**	대하35	계21	말 3	요20
31	**2072**	대하36	계22	말 4	요21

⊕ 맥체인 성경 읽기표 ⊕

January 01

날짜	page	가정		개인	
1	1	창 1	마 1	스 1	행 1
2	5	창 2	마 2	스 2	행 2
3	12	창 3	마 3	스 3	행 3
4	16	창 4	마 4	스 4	행 4
5	22	창 5	마 5	스 5	행 5
6	28	창 6	마 6	스 6	행 6
7	33	창 7	마 7	스 7	행 7
8	39	창 8	마 8	스 8	행 8
9	46	창9·10	마 9	스 9	행 9
10	53	창11	마10	스10	행10
11	60	창12	마11	느 1	행11
12	65	창13	마12	느 2	행12
13	70	창14	마13	느 3	행13
14	78	창15	마14	느 4	행14
15	83	창16	마15	느 5	행15
16	89	창17	마16	느 6	행16
17	95	창18	마17	느 7	행17
18	102	창19	마18	느 8	행18
19	108	창20	마19	느 9	행19
20	115	창21	마20	느10	행20
21	121	창22	마21	느11	행21
22	128	창23	마22	느12	행22
23	135	창24	마23	느13	행23
24	144	창25	마24	에 1	행24
25	150	창26	마25	에 2	행25
26	157	창27	마26	에 3	행26
27	165	창28	마27	에 4	행27
28	172	창29	마28	에 5	행28
29	177	창30	막 1	에 6	롬 1
30	184	창31	막 2	에 7	롬 2
31	190	창32	막 3	에 8	롬 3

February 02

날짜	page	가정		개인	
1	197	창33	막 4	에9·10	롬 4
2	202	창34	막 5	욥 1	롬 5
3	208	창35·36	막 6	욥 2	롬 6
4	216	창37	막 7	욥 3	롬 7
5	222	창38	막 8	욥 4	롬 8
6	228	창39	막 9	욥 5	롬 9
7	234	창40	막10	욥 6	롬10
8	239	창41	막11	욥 7	롬11
9	246	창42	막12	욥 8	롬12
10	252	창43	막13	욥 9	롬13
11	258	창44	막14	욥10	롬14
12	265	창45	막15	욥11	롬15
13	271	창46	막16	욥12	롬16
14	276	창47	눅1:1~38	욥13	고전1
15	282	창48	눅1:39~80	욥14	고전2
16	286	창49	눅 2	욥15	고전3
17	292	창50	눅 3	욥16·17	고전4
18	298	출 1	눅 4	욥18	고전5
19	303	출 2	눅 5	욥19	고전6
20	308	출 3	눅 6	욥20	고전7
21	315	출 4	눅 7	욥21	고전8
22	321	출 5	눅 8	욥22	고전9
23	327	출 6	눅 9	욥23	고전10
24	334	출 7	눅10	욥24	고전11
25	340	출 8	눅11	욥25·26	고전12
26	346	출 9	눅12	욥27	고전13
27	352	출10	눅13	욥28	고전14
28	359	출11·12:1~21	눅14	욥29	고전15

March 03

날짜	page	가정		개인	
1	**367**	출12:22~51	눅15	욥30	고전16
2	**372**	출13	눅16	욥31	고후 1
3	**377**	출14	눅17	욥32	고후 2
4	**382**	출15	눅18	욥33	고후 3
5	**388**	출16	눅19	욥34	고후 4
6	**394**	출17	눅20	욥35	고후 5
7	**399**	출18	눅21	욥36	고후 6
8	**404**	출19	눅22	욥37	고후 7
9	**411**	출20	눅23	욥38	고후 8
10	**417**	출21	눅24	욥39	고후 9
11	**422**	출22	요 1	욥40	고후10
12	**428**	출23	요 2	욥41	고후11
13	**433**	출24	요 3	욥42	고후12
14	**438**	출25	요 4	잠 1	고후13
15	**444**	출26	요 5	잠 2	갈 1
16	**449**	출27	요 6	잠 3	갈 2
17	**456**	출28	요 7	잠 4	갈 3
18	**463**	출29	요 8	잠 5	갈 4
19	**470**	출30	요 9	잠 6	갈 5
20	**476**	출31	요10	잠 7	갈 6
21	**480**	출32	요11	잠 8	엡 1
22	**487**	출33	요12	잠 9	엡 2
23	**492**	출34	요13	잠10	엡 3
24	**498**	출35	요14	잠11	엡 4
25	**504**	출36	요15	잠12	엡 5
26	**509**	출37	요16	잠13	엡 6
27	**514**	출38	요17	잠14	빌 1
28	**520**	출39	요18	잠15	빌 2
29	**526**	출40	요19	잠16	빌 3
30	**532**	레 1	요20	잠17	빌 4
31	**537**	레2·3	요21	잠18	골 1

April 04

날짜	page	가정		개인	
1	**543**	레 4	시1·2	잠19	골 2
2	**547**	레 5	시3·4	잠20	골 3
3	**551**	레 6	시5·6	잠21	골 4
4	**556**	레 7	시7·8	잠22	살전1
5	**560**	레 8	시 9	잠23	살전2
6	**565**	레 9	시10	잠24	살전3
7	**569**	레10	시11·12	잠25	살전4
8	**573**	레11·12	시13·14	잠26	살전5
9	**578**	레13	시15·16	잠27	살후1
10	**583**	레14	시17	잠28	살후2
11	**589**	레15	시18	잠29	살후3
12	**594**	레16	시19	잠30	딤전1
13	**599**	레17	시20·21	잠31	딤전2
14	**603**	레18	시22	전 1	딤전3
15	**607**	레19	시23·24	전 2	딤전4
16	**611**	레20	시25	전 3	딤전5
17	**616**	레21	시26·27	전 4	딤전6
18	**620**	레22	시28·29	전 5	딤후1
19	**625**	레23	시30	전 6	딤후2
20	**629**	레24	시31	전 7	딤후3
21	**634**	레25	시32	전 8	딤후4
22	**639**	레26	시33	전 9	딛 1
23	**644**	레27	시34	전10	딛 2
24	**648**	민 1	시35	전11	딛 3
25	**653**	민 2	시36	전12	몬 1
26	**656**	민 3	시37	아 1	히 1
27	**662**	민 4	시38	아 2	히 2
28	**666**	민 5	시39	아 3	히 3
29	**670**	민 6	시40·41	아 4	히 4
30	**675**	민 7	시42·43	아 5	히 5

May 05					
날짜	page	가정		개인	
1	**683**	민 8	시44	아 6	히 6
2	**687**	민 9	시45	아 7	히 7
3	**691**	민10	시46·47	아 8	히 8
4	**695**	민11	시48	사 1	히 9
5	**700**	민12·13	시49	사 2	히10
6	**706**	민14	시50	사3·4	히11
7	**712**	민15	시51	사 5	히12
8	**718**	민16	시52~54	사 6	히13
9	**724**	민17·18	시55	사 7	약 1
10	**730**	민19	시56·57	사8·9:1~7	약 2
11	**735**	민20	시58·59	사9:8~10:4	약 3
12	**740**	민21	시60·61	사10:5~34	약 4
13	**745**	민22	시62·63	사11·12	약 5
14	**751**	민23	시64·65	사13	벧전1
15	**756**	민24	시66·67	사14	벧전2
16	**761**	민25	시68	사15	벧전3
17	**766**	민26	시69	사16	벧전4
18	**772**	민27	시70·71	사17·18	벧전5
19	**776**	민28	시72	사19·20	벧후1
20	**781**	민29	시73	사21	벧후2
21	**786**	민30	시74	사22	벧후3
22	**790**	민31	시75·76	사23	요일1
23	**795**	민32	시77	사24	요일2
24	**800**	민33	시78:1~37	사25	요일3
25	**806**	민34	시78:38~72	사26	요일4
26	**810**	민35	시79	사27	요일5
27	**815**	민36	시80	사28	요이1
28	**819**	신 1	시81·82	사29	요삼1
29	**824**	신 2	시83·84	사30	유 1
30	**831**	신 3	시85	사31	계 1
31	**835**	신 4	시86·87	사32	계 2

June 06					
날짜	page	가정		개인	
1	**843**	신 5	시88	사33	계 3
2	**848**	신 6	시89	사34	계 4
3	**853**	신 7	시90	사35	계 5
4	**856**	신 8	시91	사36	계 6
5	**860**	신 9	시92·93	사37	계 7
6	**866**	신10	시94	사38	계 8
7	**870**	신11	시95·96	사39	계 9
8	**874**	신12	시97·98	사40	계10
9	**879**	신13·14	시99~101	사41	계11
10	**885**	신15	시102	사42	계12
11	**890**	신16	시103	사43	계13
12	**894**	신17	시104	사44	계14
13	**900**	신18	시105	사45	계15
14	**905**	신19	시106	사46	계16
15	**910**	신20	시107	사47	계17
16	**914**	신21	시108·109	사48	계18
17	**920**	신22	시110·111	사49	계19
18	**925**	신23	시112·113	사50	계20
19	**929**	신24	시114·115	사51	계21
20	**934**	신25	시116	사52	계22
21	**938**	신26	시117·118	사53	마 1
22	**942**	신27·28:1~19	시119:1~24	사54	마 2
23	**947**	신28:20~68	시119:25~48	사55	마 3
24	**953**	신29	시119:49~72	사56	마 4
25	**957**	신30	시119:73~96	사57	마 5
26	**963**	신31	시119:97~120	사58	마 6
27	**968**	신32	시119:121~144	사59	마 7
28	**974**	신33·34	시119:145~176	사60	마 8
29	**981**	수 1	시120~122	사61	마 9
30	**985**	수 2	시123~125	사62	마10

맥체인 성경 읽기표

QT와 성경통독을 하나로

[맥체인성경365_목차]

구약 page

책	page
창세기(창)	1
출애굽기(출)	298
레위기(레)	532
민수기(민)	648
신명기(신)	819
여호수아(수)	981
사사기(삿)	1102
룻기(룻)	1246
사무엘상(삼상)	1264
사무엘하(삼하)	1414
열왕기상(왕상)	1540
열왕기하(왕하)	1669
역내상(내상)	1787
역대하(대하)	1908
에스라(스)	3
느헤미야(느)	62
에스더(에)	147
욥기(욥)	206
시편(시)	544/1228
잠언(잠)	442
전도서(전)	605
아가(아)	660
이사야(사)	697
예레미야(렘)	1015
예레미야애가(애)	1342
에스겔(겔)	1371
다니엘(단)	1644
호세아(호)	1713
요엘(욜)	1770
아모스(암)	1785
오바댜(옵)	1844
요나(욘)	1850
미가(미)	1874
나훔(나)	1915
하박국(합)	1932
스바냐(습)	1949
학개(학)	1967
스가랴(슥)	1977
말라기(말)	2057

신약 page

책	page
마태복음(마)	2/941
마가복음(막)	179/1112
누가복음(눅)	277/1813
요한복음(요)	424/1962
사도행전(행)	4/1073
로마서(롬)	182/1266
고린도전서(고전)	280/1359
고린도후서(고후)	376/1444
갈라디아서(갈)	448/1519
에베소서(엡)	485/1556
빌립보서(빌)	518/1593
골로새서(골)	540/1616
데살로니가전서(살전)	560/1638
데살로니가후서(살후)	582/1670
디모데전서(딤전)	598/1686
디모데후서(딤후)	624/1718
디도서(딛)	643/1739
빌레몬서(몬)	655/1752
히브리서(히)	661/1757
야고보서(약)	729/1832
베드로전서(벧전)	754/1860
베드로후서(벧후)	780/1892
요한일서(요일)	794/1909
요한이서(요이)	818/1937
요한삼서(요삼)	823/1941
유다서(유)	829/1947
요한계시록(계)	834/1952

[맥체인 성경 읽기표]

맥체인 성경 읽기표는 1842년 맥체인이 자신이 목양하던 성베드로교회 성도들의 영적 성장을 위해 개발한 것으로, 매일 구약과 신약을 각각 2장씩 읽음으로써 1년에 구약 1회, 신약과 시편을 각 2회 정독할 수 있도록 만든 표입니다. 이와 같은 맥체인의 방법에 따라 신구약 성경 전체를 골고루 4등분해서 동시에 읽으면, 성경에 기록된 장구한 구속사를 크게 네 시대로 나누어 동시에 묵상할 수 있습니다.

(1) 창세기 ~ 역대하 : 만물의 시작과 이스라엘의 시작
(2) 에스라 ~ 말라기 : 이스라엘의 멸망과 새 시대의 시작
(3) 마태복음 ~ 요한복음 : 예수의 복음사역과 십자가 구속
(4) 사도행전 ~ 요한계시록 : 교회의 시작과 선교

▶ 《맥체인 성경 365》 말씀연결 사용하는 법

① 네 성경 본문의 소주제를 통해 중심 단어나 문장을 말씀으로 묵상한다.
② 네 본문의 말씀을 순서대로, 천천히 읽는다.
③ 두 본문에서 반복되는 단어나 유사한 문맥을 찾아 서로 연결한다.
④ 본문에서 반대의 뜻을 가진 단어나 문장을 찾는다.
⑤ 두 권의 책에서 공통되는 하나님의 말씀을 연결하여 기록한다.
⑥ 연결되는 말씀을 다른 두 권으로 확대하여 네 권 전체에 흐르는 하나님의 생각과 베푸신 은혜를 누리고, 그 내용을 적어본다.
⑦ 본문에서 지도자나 인도자로부터 배운 신학 주제나 교리들이 함축하고 있는 문맥의 짝을 찾아본다.
⑧ 중심 주제를 필두로, 삶에 적용할 일들을 적어보고 생활 중에 실천함으로써 변화를 경험해 본다.
⑨ 하나님이 오늘 나에게 주신 말씀들을 통하여 가르침, 명령과 약속 권면, 경고 및 행해야 할 일들을 하나님과 대화하는 마음으로(기도) 성경읽기를 마무리한다.

July 07

날짜	page	가정		개인	
1	991	수 3	시126~128	사63	마11
2	995	수 4	시129~131	사64	마12
3	1000	수5·6:1~5	시132~134	사65	마13
4	1006	수6:6~27	시135·136	사66	마14
5	1013	수 7	시137·138	렘 1	마15
6	1018	수 8	시139	렘 2	마16
7	1025	수 9	시140·141	렘 3	마17
8	1031	수10	시142·143	렘 4	마18
9	1038	수11	시144	렘 5	마19
10	1043	수12·13	시145	렘 6	마20
11	1050	수14·15	시146·147	렘 7	마21
12	1058	수16·17	시148	렘 8	마22
13	1064	수18·19	시149·150	렘 9	마23
14	1071	수20·21	행 1	렘10	마24
15	1078	수22	행 2	렘11	마25
16	1087	수23	행 3	렘12	마26
17	1094	수24	행 4	렘13	마27
18	1102	삿 1	행 5	렘14	마28
19	1108	삿 2	행 6	렘15	막 1
20	1114	삿 3	행 7	렘16	막 2
21	1121	삿 4	행 8	렘17	막 3
22	1127	삿 5	행 9	렘18	막 4
23	1134	삿 6	행10	렘19	막 5
24	1142	삿 7	행11	렘20	막 6
25	1149	삿 8	행12	렘21	막 7
26	1154	삿 9	행13	렘22	막 8
27	1164	삿10·11:1~11	행14	렘23	막 9
28	1171	삿11:12~40	행15	렘24	막10
29	1178	삿12	행16	렘25	막11
30	1185	삿13	행17	렘26	막12
31	1192	삿14	행18	렘27	막13

August 08

날짜	page	가정		개인	
1	1199	삿15	행19	렘28	막14
2	1206	삿16	행20	렘29	막15
3	1214	삿17	행21	렘30·31	막16
4	1222	삿18	행22	렘32	시1·2
5	1228	삿19	행23	렘33	시3·4
6	1234	삿20	행24	렘34	시5·6
7	1241	삿21	행25	렘35	시7·8
8	1246	룻 1	행26	렘36·37	시 9
9	1253	룻 2	행27	렘38	시10
10	1259	룻3·4	행28	렘39	시11·12
11	1264	삼상1	롬 1	렘40	시13·14
12	1270	삼상2	롬 2	렘41	시15·16
13	1275	삼상3	롬 3	렘42	시17
14	1280	삼상4	롬 4	렘43	시18
15	1285	삼상5·6	롬 5	렘44	시19
16	1292	삼상7·8	롬 6	렘45	시20·21
17	1296	삼상9	롬 7	렘46	시22
18	1302	삼상10	롬 8	렘47	시23·24
19	1307	삼상11	롬 9	렘48	시25
20	1313	삼상12	롬10	렘49	시26·27
21	1319	삼상13	롬11	렘50	시28·29
22	1326	삼상14	롬12	렘51	시30
23	1334	삼상15	롬13	렘52	시31
24	1340	삼상16	롬14	애 1	시32
25	1345	삼상17	롬15	애 2	시33
26	1352	삼상18	롬16	애 3	시34
27	1358	삼상19	고전1	애 4	시35
28	1363	삼상20	고전2	애 5	시36
29	1368	삼상21·22	고전3	겔 1	시37
30	1374	삼상23	고전4	겔 2	시38
31	1379	삼상24	고전5	겔 3	시39

September 09

날짜	page	가정		개인	
1	1385	삼상25	고전 6	겔 4	시40·41
2	1391	삼상26	고전 7	겔 5	시42·43
3	1396	삼상27	고전 8	겔 6	시44
4	1400	삼상28	고전 9	겔 7	시45·46
5	1405	삼상29·30	고전10	겔 8	시47
6	1411	삼상31	고전11	겔 9	시48
7	1414	삼하 1	고전12	겔10	시49
8	1419	삼하 2	고전13	겔11	시50
9	1424	삼하 3	고전14	겔12	시51
10	1430	삼하4·5	고전15	겔13	시52~54
11	1438	삼하 6	고전16	겔14	시55
12	1442	삼하 7	고후 1	겔15	시56·57
13	1447	삼하8·9	고후 2	겔16	시58·59
14	1454	삼하10	고후 3	겔17	시60·61
15	1459	삼하11	고후 4	겔18	시62·63
16	1464	삼하12	고후 5	겔19	시64·65
17	1469	삼하13	고후 6	겔20	시66·67
18	1476	삼하14	고후 7	겔21	시68
19	1483	삼하15	고후 8	겔22	시69
20	1489	삼하16	고후 9	겔23	시70·71
21	1495	삼하17	고후10	겔24	시72
22	1500	삼하18	고후11	겔25	시73
23	1506	삼하19	고후12	겔26	시74
24	1513	삼하20	고후13	겔27	시75·76
25	1518	삼하21	갈 1	겔28	시77
26	1523	삼하22	갈 2	겔29	시78:1~37
27	1529	삼하23	갈 3	겔30	시78:38~72
28	1535	삼하24	갈 4	겔31	시79
29	1540	왕상 1	갈 5	겔32	시80
30	1547	왕상 2	갈 6	겔33	시81·82

October 10

날짜	page	가정		개인	
1	1555	왕상 3	엡 1	겔34	시83·84
2	1560	왕상4·5	엡 2	겔35	시85
3	1565	왕상 6	엡 3	겔36	시86
4	1571	왕상 7	엡 4	겔37	시87·88
5	1578	왕상 8	엡 5	겔38	시89
6	1586	왕상 9	엡 6	겔39	시90
7	1591	왕상10	빌 1	겔40	시91
8	1598	왕상11	빌 2	겔41	시92·93
9	1603	왕상12	빌 3	겔42	시94
10	1608	왕상13	빌 4	겔43	시95·96
11	1614	왕상14	골 1	겔44	시97·98
12	1620	왕상15	골 2	겔45	시99~101
13	1625	왕상16	골 3	겔46	시102
14	1631	왕상17	골 4	겔47	시103
15	1635	왕상18	살전 1	겔48	시104
16	1642	왕상19	살전 2	단 1	시105
17	1647	왕상20	살전 3	단 2	시106
18	1655	왕상21	살전 4	단 3	시107
19	1661	왕상22	살전 5	단 4	시108·109
20	1669	왕하 1	살후 1	단 5	시110·111
21	1674	왕하 2	살후 2	단 6	시112·113
22	1679	왕하 3	살후 3	단 7	시114·115
23	1684	왕하 4	딤전 1	단 8	시116
24	1690	왕하 5	딤전 2	단 9	시117·118
25	1695	왕하 6	딤전 3	단10	시119:1~24
26	1700	왕하 7	딤전 4	단11	시119:25~48
27	1706	왕하 8	딤전 5	단12	시119:49~72
28	1710	왕하 9	딤전 6	호 1	시119:73~96
29	1715	왕하10	딤후 1	호 2	시119:97~120
30	1721	왕하11·12	딤후 2	호3·4	시119:121~144
31	1726	왕하13	딤후 3	호5·6	시119:145~176

November 11

날짜	page	가정		개인	
1	**1733**	왕하14	딤후4	호 7	시120~122
2	**1737**	왕하15	딛 1	호 8	시123~125
3	**1741**	왕하16	딛 2	호 9	시126~128
4	**1745**	왕하17	딛 3	호10	시129~131
5	**1750**	왕하18	몬 1	호11	시132~134
6	**1755**	왕하19	히 1	호12	시135·136
7	**1760**	왕하20	히 2	호13	시137·138
8	**1765**	왕하21	히 3	호14	시139
9	**1768**	왕하22	히 4	욜 1	시140·141
10	**1773**	왕하23	히 5	욜 2	시142
11	**1778**	왕하24	히 6	욜 3	시143
12	**1782**	왕하25	히 7	암 1	시144
13	**1787**	대상1·2	히 8	암 2	시145
14	**1793**	대상3·4	히 9	암 3	시146·147
15	**1799**	대상5·6	히10	암 4	시148·150
16	**1807**	대상7·8	히11	암 5	눅1:1~38
17	**1815**	대상9·10	히12	암 6	눅1:39~80
18	**1822**	대상11·12	히13	암 7	눅 2
19	**1830**	대상13·14	약 1	암 8	눅 3
20	**1836**	대상15	약 2	암 9	눅 4
21	**1841**	대상16	약 3	옵 1	눅 5
22	**1847**	대상17	약 4	욘 1	눅 6
23	**1853**	대상18	약 5	욘 2	눅 7
24	**1858**	대상19·20	벧전1	욘 3	눅 8
25	**1864**	대상21	벧전2	욘 4	눅 9
26	**1871**	대상22	벧전3	미 1	눅10
27	**1877**	대상23	벧전4	미 2	눅11
28	**1882**	대상24·25	벧전5	미 3	눅12
29	**1889**	대상26·27	벧후1	미 4	눅13
30	**1896**	대상28	벧후2	미 5	눅14

December 12

날짜	page	가정		개인	
1	**1903**	대상29	벧후3	미 6	눅15
2	**1908**	대하 1	요일 1	미 7	눅16
3	**1912**	대하 2	요일 2	나 1	눅17
4	**1917**	대하3·4	요일 3	나 2	눅18
5	**1923**	대하5·6:1~11	요일 4	나 3	눅19
6	**1929**	대하6:12~42	요일 5	합 1	눅20
7	**1935**	대하 7	요이 1	합 2	눅21
8	**1940**	대하 8	요삼 1	합 3	눅22
9	**1946**	대하 9	유 1	습 1	눅23
10	**1952**	대하10	계 1	습 2	눅24
11	**1958**	대하11·12	계 2	습 3	요 1
12	**1965**	대하13	계 3	학 1	요 2
13	**1969**	대하14·15	계 4	학 2	요 3
14	**1975**	대하16	계 5	슥 1	요 4
15	**1980**	대하17	계 6	슥 2	요 5
16	**1985**	대하18	계 7	슥 3	요 6
17	**1992**	대하19·20	계 8	슥 4	요 7
18	**1998**	대하21	계 9	슥 5	요 8
19	**2004**	대하22·23	계10	슥 6	요 9
20	**2009**	대하24	계11	슥 7	요10
21	**2015**	대하25	계12	슥 8	요11
22	**2021**	대하26	계13	슥 9	요12
23	**2027**	대하27·28	계14	슥10	요13
24	**2033**	대하29	계15	슥11	요14
25	**2038**	대하30	계16	슥12·13:1	요15
26	**2043**	대하31	계17	슥13:2~9	요16
27	**2048**	대하32	계18	슥14	요17
28	**2054**	대하33	계19	말 1	요18
29	**2060**	대하34	계20	말 2	요19
30	**2066**	대하35	계21	말 3	요20
31	**2072**	대하36	계22	말 4	요21

⊕ 맥체인 성경 읽기표 ⊕

January 01

날짜	page	가정		개인	
1	**1**	창 1	마 1	스 1	행 1
2	**5**	창 2	마 2	스 2	행 2
3	**12**	창 3	마 3	스 3	행 3
4	**16**	창 4	마 4	스 4	행 4
5	**22**	창 5	마 5	스 5	행 5
6	**28**	창 6	마 6	스 6	행 6
7	**33**	창 7	마 7	스 7	행 7
8	**39**	창 8	마 8	스 8	행 8
9	**46**	창9·10	마 9	스 9	행 9
10	**53**	창11	마10	스10	행10
11	**60**	창12	마11	느 1	행11
12	**65**	창13	마12	느 2	행12
13	**70**	창14	마13	느 3	행13
14	**78**	창15	마14	느 4	행14
15	**83**	창16	마15	느 5	행15
16	**89**	창17	마16	느 6	행16
17	**95**	창18	마17	느 7	행17
18	**102**	창19	마18	느 8	행18
19	**108**	창20	마19	느 9	행19
20	**115**	창21	마20	느10	행20
21	**121**	창22	마21	느11	행21
22	**128**	창23	마22	느12	행22
23	**135**	창24	마23	느13	행23
24	**144**	창25	마24	에 1	행24
25	**150**	창26	마25	에 2	행25
26	**157**	창27	마26	에 3	행26
27	**165**	창28	마27	에 4	행27
28	**172**	창29	마28	에 5	행28
29	**177**	창30	막 1	에 6	롬 1
30	**184**	창31	막 2	에 7	롬 2
31	**190**	창32	막 3	에 8	롬 3

February 02

날짜	page	가정		개인	
1	**197**	창33	막 4	에9·10	롬 4
2	**202**	창34	막 5	욥 1	롬 5
3	**208**	창35·36	막 6	욥 2	롬 6
4	**216**	창37	막 7	욥 3	롬 7
5	**222**	창38	막 8	욥 4	롬 8
6	**228**	창39	막 9	욥 5	롬 9
7	**234**	창40	막10	욥 6	롬10
8	**239**	창41	막11	욥 7	롬11
9	**246**	창42	막12	욥 8	롬12
10	**252**	창43	막13	욥 9	롬13
11	**258**	창44	막14	욥10	롬14
12	**265**	창45	막15	욥11	롬15
13	**271**	창46	막16	욥12	롬16
14	**276**	창47	눅1:1~38	욥13	고전1
15	**282**	창48	눅1:39~80	욥14	고전2
16	**286**	창49	눅 2	욥15	고전3
17	**292**	창50	눅 3	욥16·17	고전4
18	**298**	출 1	눅 4	욥18	고전5
19	**303**	출 2	눅 5	욥19	고전6
20	**308**	출 3	눅 6	욥20	고전7
21	**315**	출 4	눅 7	욥21	고전8
22	**321**	출 5	눅 8	욥22	고전9
23	**327**	출 6	눅 9	욥23	고전10
24	**334**	출 7	눅10	욥24	고전11
25	**340**	출 8	눅11	욥25·26	고전12
26	**346**	출 9	눅12	욥27	고전13
27	**352**	출10	눅13	욥28	고전14
28	**359**	출11·12:1~21	눅14	욥29	고전15

March 03					
날짜	page	가정		개인	
1	**367**	출12:22~51	눅15	욥30	고전16
2	**372**	출13	눅16	욥31	고후 1
3	**377**	출14	눅17	욥32	고후 2
4	**382**	출15	눅18	욥33	고후 3
5	**388**	출16	눅19	욥34	고후 4
6	**394**	출17	눅20	욥35	고후 5
7	**399**	출18	눅21	욥36	고후 6
8	**404**	출19	눅22	욥37	고후 7
9	**411**	출20	눅23	욥38	고후 8
10	**417**	출21	눅24	욥39	고후 9
11	**422**	출22	요 1	욥40	고후10
12	**428**	출23	요 2	욥41	고후11
13	**433**	출24	요 3	욥42	고후12
14	**438**	출25	요 4	잠 1	고후13
15	**444**	출26	요 5	잠 2	갈 1
16	**449**	출27	요 6	잠 3	갈 2
17	**456**	출28	요 7	잠 4	갈 3
18	**463**	출29	요 8	잠 5	갈 4
19	**470**	출30	요 9	잠 6	갈 5
20	**476**	출31	요10	잠 7	갈 6
21	**480**	출32	요11	잠 8	엡 1
22	**487**	출33	요12	잠 9	엡 2
23	**492**	출34	요13	잠10	엡 3
24	**498**	출35	요14	잠11	엡 4
25	**504**	출36	요15	잠12	엡 5
26	**509**	출37	요16	잠13	엡 6
27	**514**	출38	요17	잠14	빌 1
28	**520**	출39	요18	잠15	빌 2
29	**526**	출40	요19	잠16	빌 3
30	**532**	레 1	요20	잠17	빌 4
31	**537**	레2·3	요21	잠18	골 1

April 04					
날짜	page	가정		개인	
1	**543**	레 4	시1·2	잠19	골 2
2	**547**	레 5	시3·4	잠20	골 3
3	**551**	레 6	시5·6	잠21	골 4
4	**556**	레 7	시7·8	잠22	살전1
5	**560**	레 8	시 9	잠23	살전2
6	**565**	레 9	시10	잠24	살전3
7	**569**	레10	시11·12	잠25	살전4
8	**573**	레11·12	시13·14	잠26	살전5
9	**578**	레13	시15·16	잠27	살후1
10	**583**	레14	시17	잠28	살후2
11	**589**	레15	시18	잠29	살후3
12	**594**	레16	시19	잠30	딤전1
13	**599**	레17	시20·21	잠31	딤전2
14	**603**	레18	시22	전 1	딤전3
15	**607**	레19	시23·24	전 2	딤전4
16	**611**	레20	시25	전 3	딤전5
17	**616**	레21	시26·27	전 4	딤전6
18	**620**	레22	시28·29	전 5	딤후1
19	**625**	레23	시30	전 6	딤후2
20	**629**	레24	시31	전 7	딤후3
21	**634**	레25	시32	전 8	딤후4
22	**639**	레26	시33	전 9	딛 1
23	**644**	레27	시34	전10	딛 2
24	**648**	민 1	시35	전11	딛 3
25	**653**	민 2	시36	전12	몬 1
26	**656**	민 3	시37	아 1	히 1
27	**662**	민 4	시38	아 2	히 2
28	**666**	민 5	시39	아 3	히 3
29	**670**	민 6	시40·41	아 4	히 4
30	**675**	민 7	시42·43	아 5	히 5

May 05					
날짜	page	가정		개인	
1	**683**	민 8	시44	아 6	히 6
2	**687**	민 9	시45	아 7	히 7
3	**691**	민10	시46·47	아 8	히 8
4	**695**	민11	시48	사 1	히 9
5	**700**	민12·13	시49	사 2	히10
6	**706**	민14	시50	사3·4	히11
7	**712**	민15	시51	사 5	히12
8	**718**	민16	시52~54	사 6	히13
9	**724**	민17·18	시55	사 7	약 1
10	**730**	민19	시56·57	사8·9:1~7	약 2
11	**735**	민20	시58·59	사9:8~10:4	약 3
12	**740**	민21	시60·61	사10:5~34	약 4
13	**745**	민22	시62·63	사11·12	약 5
14	**751**	민23	시64·65	사13	벧전1
15	**756**	민24	시66·67	사14	벧전2
16	**761**	민25	시68	사15	벧전3
17	**766**	민26	시69	사16	벧전4
18	**772**	민27	시70·71	사17·18	벧전5
19	**776**	민28	시72	사19·20	벧후1
20	**781**	민29	시73	사21	벧후2
21	**786**	민30	시74	사22	벧후3
22	**790**	민31	시75·76	사23	요일1
23	**795**	민32	시77	사24	요일2
24	**800**	민33	시78:1~37	사25	요일3
25	**806**	민34	시78:38~72	사26	요일4
26	**810**	민35	시79	사27	요일5
27	**815**	민36	시80	사28	요이1
28	**819**	신 1	시81·82	사29	요삼1
29	**824**	신 2	시83·84	사30	유 1
30	**831**	신 3	시85	사31	계 1
31	**835**	신 4	시86·87	사32	계 2

June 06					
날짜	page	가정		개인	
1	**843**	신 5	시88	사33	계 3
2	**848**	신 6	시89	사34	계 4
3	**853**	신 7	시90	사35	계 5
4	**856**	신 8	시91	사36	계 6
5	**860**	신 9	시92·93	사37	계 7
6	**866**	신10	시94	사38	계 8
7	**870**	신11	시95·96	사39	계 9
8	**874**	신12	시97·98	사40	계10
9	**879**	신13·14	시99~101	사41	계11
10	**885**	신15	시102	사42	계12
11	**890**	신16	시103	사43	계13
12	**894**	신17	시104	사44	계14
13	**900**	신18	시105	사45	계15
14	**905**	신19	시106	사46	계16
15	**910**	신20	시107	사47	계17
16	**914**	신21	시108·109	사48	계18
17	**920**	신22	시110·111	사49	계19
18	**925**	신23	시112·113	사50	계20
19	**929**	신24	시114·115	사51	계21
20	**934**	신25	시116	사52	계22
21	**938**	신26	시117·118	사53	마 1
22	**942**	신27·28:1~19	시119:1~24	사54	마 2
23	**947**	신28:20~68	시119:25~48	사55	마 3
24	**953**	신29	시119:49~72	사56	마 4
25	**957**	신30	시119:73~96	사57	마 5
26	**963**	신31	시119:97~120	사58	마 6
27	**968**	신32	시119:121~144	사59	마 7
28	**974**	신33·34	시119:145~176	사60	마 8
29	**981**	수 1	시120~122	사61	마 9
30	**985**	수 2	시123~125	사62	마10

맥체인 성경 읽기표

QT와 성경통독을 하나로

[맥체인성경365_목차]

구약 page

창세기(창)	1	역대하(대하)	1908	다니엘(단)	1644
출애굽기(출)	298	에스라(스)	3	호세아(호)	1713
레위기(레)	532	느헤미야(느)	62	요엘(욜)	1770
민수기(민)	648	에스더(에)	147	아모스(암)	1785
신명기(신)	819	욥기(욥)	206	오바댜(옵)	1844
여호수아(수)	981	시편(시)	544/1228	요나(욘)	1850
사사기(삿)	1102	잠언(잠)	442	미가(미)	1874
룻기(룻)	1246	전도서(전)	605	나훔(나)	1915
사무엘상(삼상)	1264	아가(아)	660	하박국(합)	1932
사무엘하(삼하)	1414	이사야(사)	697	스바냐(습)	1949
열왕기상(왕상)	1540	예레미야(렘)	1015	학개(학)	1967
열왕기하(왕하)	1669	예레미야애가(애)	1342	스가랴(슥)	1977
역대상(대상)	1707	에스겔(겔)	1371	말라기(말)	2057

신약 page

마태복음(마)	2/941	에베소서(엡)	485/1556	히브리서(히)	661/1757
마가복음(막)	179/1112	빌립보서(빌)	518/1593	야고보서(약)	729/1832
누가복음(눅)	277/1813	골로새서(골)	540/1616	베드로전서(벧전)	754/1860
요한복음(요)	424/1962	데살로니가전서(살전)	560/1638	베드로후서(벧후)	780/1892
사도행전(행)	4/1073	데살로니가후서(살후)	582/1670	요한일서(요일)	794/1909
로마서(롬)	182/1266	디모데전서(딤전)	598/1686	요한이서(요이)	818/1937
고린도전서(고전)	280/1359	디모데후서(딤후)	624/1718	요한삼서(요삼)	823/1941
고린도후서(고후)	376/1444	디도서(딛)	643/1739	유다서(유)	829/1947
갈라디아서(갈)	448/1519	빌레몬서(몬)	655/1752	요한계시록(계)	834/1952

새벽기도회 살리기 · 구역모임(소그룹) 살리기

마틴로이드존스, 존스토트 목사가 수십년간 사용했던 검증된 방식

[맥체인 성경 읽기표]

맥체인 성경 읽기표는 1842년 맥체인이 자신이 목양하던 성베드로교회 성도들의 영적 성장을 위해 개발한 것으로, 매일 구약과 신약을 각각 2장씩 읽음으로써 1년에 구약 1회, 신약과 시편을 각 2회 정독할 수 있도록 만든 표입니다. 이와 같은 맥체인의 방법에 따라 신구약 성경 전체를 골고루 4등분해서 동시에 읽으면, 성경에 기록된 장구한 구속사를 크게 네 시대로 나누어 동시에 묵상할 수 있습니다.

(1) 창세기 ~ 역대하 : 만물의 시작과 이스라엘의 시작
(2) 에스라 ~ 말라기 : 이스라엘의 멸망과 새 시대의 시작
(3) 마태복음 ~ 요한복음 : 예수의 복음사역과 십자가 구속
(4) 사도행전 ~ 요한계시록 : 교회의 시작과 선교

▶《맥체인 성경 365》 말씀연결 사용하는 법

① 네 성경 본문의 소주제를 통해 중심 단어나 문장을 말씀으로 묵상한다.
② 네 본문의 말씀을 순서대로, 천천히 읽는다.
③ 두 본문에서 반복되는 단어나 유사한 문맥을 찾아 서로 연결한다.
④ 본문에서 반대의 뜻을 가진 단어나 문장을 찾는다.
⑤ 두 권의 책에서 공통되는 하나님의 말씀을 연결하여 기록한다.
⑥ 연결되는 말씀을 다른 두 권으로 확대하여 네 권 전체에 흐르는 하나님의 생각과 베푸신 은혜를 누리고, 그 내용을 적어본다.
⑦ 본문에서 지도자나 인도자로부터 배운 신학 주제나 교리들이 함축하고 있는 문맥의 짝을 찾아본다.
⑧ 중심 주제를 필두로, 삶에 적용할 일들을 적어보고 생활 중에 실천함으로써 변화를 경험해 본다.
⑨ 하나님이 오늘 나에게 주신 말씀들을 통하여 가르침, 명령과 약속 권면, 경고 및 행해야 할 일들을 하나님과 대화하는 마음으로(기도) 성경읽기를 마무리한다.

July 07					
날짜	page	가정		개인	
1	991	수 3	시126~128	사63	마11
2	995	수 4	시129~131	사64	마12
3	1000	수5·6:1~5	시132~134	사65	마13
4	1006	수6:6~27	시135·136	사66	마14
5	1013	수 7	시137·138	렘 1	마15
6	1018	수 8	시139	렘 2	마16
7	1025	수 9	시140·141	렘 3	마17
8	1031	수10	시142·143	렘 4	마18
9	1038	수11	시144	렘 5	마19
10	1043	수12·13	시145	렘 6	마20
11	1050	수14·15	시146·147	렘 7	마21
12	1058	수16·17	시148	렘 8	마22
13	1064	수18·19	시149·150	렘 9	마23
14	1071	수20·21	행 1	렘10	마24
15	1078	수22	행 2	렘11	마25
16	1087	수23	행 3	렘12	마26
17	1094	수24	행 4	렘13	마27
18	1102	삿 1	행 5	렘14	마28
19	1108	삿 2	행 6	렘15	막 1
20	1114	삿 3	행 7	렘16	막 2
21	1121	삿 4	행 8	렘17	막 3
22	1127	삿 5	행 9	렘18	막 4
23	1134	삿 6	행10	렘19	막 5
24	1142	삿 7	행11	렘20	막 6
25	1149	삿 8	행12	렘21	막 7
26	1154	삿 9	행13	렘22	막 8
27	1164	삿10·11:1~11	행14	렘23	막 9
28	1171	삿11:12~40	행15	렘24	막10
29	1178	삿12	행16	렘25	막11
30	1185	삿13	행17	렘26	막12
31	1192	삿14	행18	렘27	막13

August 08					
날짜	page	가정		개인	
1	1199	삿15	행19	렘28	막14
2	1206	삿16	행20	렘29	막15
3	1214	삿17	행21	렘30·31	막16
4	1222	삿18	행22	렘32	시1·2
5	1228	삿19	행23	렘33	시3·4
6	1234	삿20	행24	렘34	시5·6
7	1241	삿21	행25	렘35	시7·8
8	1246	룻 1	행26	렘36·37	시 9
9	1253	룻 2	행27	렘38	시10
10	1259	룻3·4	행28	렘39	시11·12
11	1264	삼상1	롬 1	렘40	시13·14
12	1270	삼상2	롬 2	렘41	시15·16
13	1275	삼상3	롬 3	렘42	시17
14	1280	삼상4	롬 4	렘43	시18
15	1285	삼상5·6	롬 5	렘44	시19
16	1292	삼상7·8	롬 6	렘45	시20·21
17	1296	삼상9	롬 7	렘46	시22
18	1302	삼상10	롬 8	렘47	시23·24
19	1307	삼상11	롬 9	렘48	시25
20	1313	삼상12	롬10	렘49	시26·27
21	1319	삼상13	롬11	렘50	시28·29
22	1326	삼상14	롬12	렘51	시30
23	1334	삼상15	롬13	렘52	시31
24	1340	삼상16	롬14	애 1	시32
25	1345	삼상17	롬15	애 2	시33
26	1352	삼상18	롬16	애 3	시34
27	1358	삼상19	고전1	애 4	시35
28	1363	삼상20	고전2	애 5	시36
29	1368	삼상21·22	고전3	겔 1	시37
30	1374	삼상23	고전4	겔 2	시38
31	1379	삼상24	고전5	겔 3	시39

September 09

날짜	page	가정		개인	
1	**1385**	삼상25	고전 6	겔 4	시40·41
2	**1391**	삼상26	고전 7	겔 5	시42·43
3	**1396**	삼상27	고전 8	겔 6	시44
4	**1400**	삼상28	고전 9	겔 7	시45·46
5	**1405**	삼상29·30	고전10	겔 8	시47
6	**1411**	삼상31	고전11	겔 9	시48
7	**1414**	삼하 1	고전12	겔10	시49
8	**1419**	삼하 2	고전13	겔11	시50
9	**1424**	삼하 3	고전14	겔12	시51
10	**1430**	삼하4·5	고전15	겔13	시52~54
11	**1438**	삼하 6	고전16	겔14	시55
12	**1442**	삼하 7	고후 1	겔15	시56·57
13	**1447**	삼하8·9	고후 2	겔16	시58·59
14	**1454**	삼하10	고후 3	겔17	시60·61
15	**1459**	삼하11	고후 4	겔18	시62·63
16	**1464**	삼하12	고후 5	겔19	시64·65
17	**1469**	삼하13	고후 6	겔20	시66·67
18	**1476**	삼하14	고후 7	겔21	시68
19	**1483**	삼하15	고후 8	겔22	시69
20	**1489**	삼하16	고후 9	겔23	시70·71
21	**1495**	삼하17	고후10	겔24	시72
22	**1500**	삼하18	고후11	겔25	시73
23	**1506**	삼하19	고후12	겔26	시74
24	**1513**	삼하20	고후13	겔27	시75·76
25	**1518**	삼하21	갈 1	겔28	시77
26	**1523**	삼하22	갈 2	겔29	시78:1~37
27	**1529**	삼하23	갈 3	겔30	시78:38~72
28	**1535**	삼하24	갈 4	겔31	시79
29	**1540**	왕상 1	갈 5	겔32	시80
30	**1547**	왕상 2	갈 6	겔33	시81·82

October 10

날짜	page	가정		개인	
1	**1555**	왕상 3	엡 1	겔34	시83·84
2	**1560**	왕상4·5	엡 2	겔35	시85
3	**1565**	왕상 6	엡 3	겔36	시86
4	**1571**	왕상 7	엡 4	겔37	시87·88
5	**1578**	왕상 8	엡 5	겔38	시89
6	**1586**	왕상 9	엡 6	겔39	시90
7	**1591**	왕상10	빌 1	겔40	시91
8	**1598**	왕상11	빌 2	겔41	시92·93
9	**1603**	왕상12	빌 3	겔42	시94
10	**1608**	왕상13	빌 4	겔43	시95·96
11	**1614**	왕상14	골 1	겔44	시97·98
12	**1620**	왕상15	골 2	겔45	시99~101
13	**1625**	왕상16	골 3	겔46	시102
14	**1631**	왕상17	골 4	겔47	시103
15	**1635**	왕상18	살전 1	겔48	시104
16	**1642**	왕상19	살전 2	단 1	시105
17	**1647**	왕상20	살전 3	단 2	시106
18	**1655**	왕상21	살전 4	단 3	시107
19	**1661**	왕상22	살전 5	단 4	시108·109
20	**1669**	왕하 1	살후 1	단 5	시110·111
21	**1674**	왕하 2	살후 2	단 6	시112·113
22	**1679**	왕하 3	살후 3	단 7	시114·115
23	**1684**	왕하 4	딤전 1	단 8	시116
24	**1690**	왕하 5	딤전 2	단 9	시117·118
25	**1695**	왕하 6	딤전 3	단10	시119:1~24
26	**1700**	왕하 7	딤전 4	단11	시119:25~48
27	**1706**	왕하 8	딤전 5	단12	시119:49~72
28	**1710**	왕하 9	딤전 6	호 1	시119:73~96
29	**1715**	왕하10	딤후 1	호 2	시119:97~120
30	**1721**	왕하11·12	딤후 2	호3·4	시119:121~144
31	**1726**	왕하13	딤후 3	호5·6	시119:145~176

November 11

날짜	page	가정		개인	
1	**1733**	왕하14	딤후4	호 7	시120~122
2	**1737**	왕하15	딛 1	호 8	시123~125
3	**1741**	왕하16	딛 2	호 9	시126~128
4	**1745**	왕하17	딛 3	호10	시129~131
5	**1750**	왕하18	몬 1	호11	시132~134
6	**1755**	왕하19	히 1	호12	시135·136
7	**1760**	왕하20	히 2	호13	시137·138
8	**1765**	왕하21	히 3	호14	시139
9	**1768**	왕하22	히 4	욜 1	시140·141
10	**1773**	왕하23	히 5	욜 2	시142
11	**1778**	왕하24	히 6	욜 3	시143
12	**1782**	왕하25	히 7	암 1	시144
13	**1787**	대상1·2	히 8	암 2	시145
14	**1793**	대상3·4	히 9	암 3	시146·147
15	**1799**	대상5·6	히10	암 4	시148·150
16	**1807**	대상7·8	히11	암 5	눅1:1~38
17	**1815**	대상9·10	히12	암 6	눅1:39~80
18	**1822**	대상11·12	히13	암 7	눅 2
19	**1830**	대상13·14	약 1	암 8	눅 3
20	**1836**	대상15	약 2	암 9	눅 4
21	**1841**	대상16	약 3	옵 1	눅 5
22	**1847**	대상17	약 4	욘 1	눅 6
23	**1853**	대상18	약 5	욘 2	눅 7
24	**1858**	대상19·20	벧전1	욘 3	눅 8
25	**1864**	대상21	벧전2	욘 4	눅 9
26	**1871**	대상22	벧전3	미 1	눅10
27	**1877**	대상23	벧전4	미 2	눅11
28	**1882**	대상24·25	벧전5	미 3	눅12
29	**1889**	대상26·27	벧후1	미 4	눅13
30	**1896**	대상28	벧후2	미 5	눅14

December 12

날짜	page	가정		개인	
1	**1903**	대상29	벧후3	미 6	눅15
2	**1908**	대하 1	요일 1	미 7	눅16
3	**1912**	대하 2	요일 2	나 1	눅17
4	**1917**	대하3·4	요일 3	나 2	눅18
5	**1923**	대하5·6:1~11	요일 4	나 3	눅19
6	**1929**	대하6:12~42	요일 5	합 1	눅20
7	**1935**	대하 7	요이 1	합 2	눅21
8	**1940**	대하 8	요삼 1	합 3	눅22
9	**1946**	대하 9	유 1	습 1	눅23
10	**1952**	대하10	계 1	습 2	눅24
11	**1958**	대하11·12	계 2	습 3	요 1
12	**1965**	대하13	계 3	학 1	요 2
13	**1969**	대하14·15	계 4	학 2	요 3
14	**1975**	대하16	계 5	슥 1	요 4
15	**1980**	대하17	계 6	슥 2	요 5
16	**1985**	대하18	계 7	슥 3	요 6
17	**1992**	대하19·20	계 8	슥 4	요 7
18	**1998**	대하21	계 9	슥 5	요 8
19	**2004**	대하22·23	계10	슥 6	요 9
20	**2009**	대하24	계11	슥 7	요10
21	**2015**	대하25	계12	슥 8	요11
22	**2021**	대하26	계13	슥 9	요12
23	**2027**	대하27·28	계14	슥10	요13
24	**2033**	대하29	계15	슥11	요14
25	**2038**	대하30	계16	슥12·13:1	요15
26	**2043**	대하31	계17	슥13:2~9	요16
27	**2048**	대하32	계18	슥14	요17
28	**2054**	대하33	계19	말 1	요18
29	**2060**	대하34	계20	말 2	요19
30	**2066**	대하35	계21	말 3	요20
31	**2072**	대하36	계22	말 4	요21

⊕ 맥체인 성경 읽기표 ⊕

January 01

날짜	page	가정		개인	
1	**1**	창 1	마 1	스 1	행 1
2	**5**	창 2	마 2	스 2	행 2
3	**12**	창 3	마 3	스 3	행 3
4	**16**	창 4	마 4	스 4	행 4
5	**22**	창 5	마 5	스 5	행 5
6	**28**	창 6	마 6	스 6	행 6
7	**33**	창 7	마 7	스 7	행 7
8	**39**	창 8	마 8	스 8	행 8
9	**46**	창9·10	마 9	스 9	행 9
10	**53**	창11	마10	스10	행10
11	**60**	창12	마11	느 1	행11
12	**65**	창13	마12	느 2	행12
13	**70**	창14	마13	느 3	행13
14	**78**	창15	마14	느 4	행14
15	**83**	창16	마15	느 5	행15
16	**89**	창17	마16	느 6	행16
17	**95**	창18	마17	느 7	행17
18	**102**	창19	마18	느 8	행18
19	**108**	창20	마19	느 9	행19
20	**115**	창21	마20	느10	행20
21	**121**	창22	마21	느11	행21
22	**128**	창23	마22	느12	행22
23	**135**	창24	마23	느13	행23
24	**144**	창25	마24	에 1	행24
25	**150**	창26	마25	에 2	행25
26	**157**	창27	마26	에 3	행26
27	**165**	창28	마27	에 4	행27
28	**172**	창29	마28	에 5	행28
29	**177**	창30	막 1	에 6	롬 1
30	**184**	창31	막 2	에 7	롬 2
31	**190**	창32	막 3	에 8	롬 3

February 02

날짜	page	가정		개인	
1	**197**	창33	막 4	에9·10	롬 4
2	**202**	창34	막 5	욥 1	롬 5
3	**208**	창35·36	막 6	욥 2	롬 6
4	**216**	창37	막 7	욥 3	롬 7
5	**222**	창38	막 8	욥 4	롬 8
6	**228**	창39	막 9	욥 5	롬 9
7	**234**	창40	막10	욥 6	롬10
8	**239**	창41	막11	욥 7	롬11
9	**246**	창42	막12	욥 8	롬12
10	**252**	창43	막13	욥 9	롬13
11	**258**	창44	막14	욥10	롬14
12	**265**	창45	막15	욥11	롬15
13	**271**	창46	막16	욥12	롬16
14	**276**	창47	눅1:1~38	욥13	고전1
15	**282**	창48	눅1:39~80	욥14	고전2
16	**286**	창49	눅 2	욥15	고전3
17	**292**	창50	눅 3	욥16·17	고전4
18	**298**	출 1	눅 4	욥18	고전5
19	**303**	출 2	눅 5	욥19	고전6
20	**308**	출 3	눅 6	욥20	고전7
21	**315**	출 4	눅 7	욥21	고전8
22	**321**	출 5	눅 8	욥22	고전9
23	**327**	출 6	눅 9	욥23	고전10
24	**334**	출 7	눅10	욥24	고전11
25	**340**	출 8	눅11	욥25·26	고전12
26	**346**	출 9	눅12	욥27	고전13
27	**352**	출10	눅13	욥28	고전14
28	**359**	출11·12:1~21	눅14	욥29	고전15

March 03

날짜	page	가정		개인	
1	**367**	출12:22~51	눅15	욥30	고전16
2	**372**	출13	눅16	욥31	고후 1
3	**377**	출14	눅17	욥32	고후 2
4	**382**	출15	눅18	욥33	고후 3
5	**388**	출16	눅19	욥34	고후 4
6	**394**	출17	눅20	욥35	고후 5
7	**399**	출18	눅21	욥36	고후 6
8	**404**	출19	눅22	욥37	고후 7
9	**411**	출20	눅23	욥38	고후 8
10	**417**	출21	눅24	욥39	고후 9
11	**422**	출22	요 1	욥40	고후10
12	**428**	출23	요 2	욥41	고후11
13	**433**	출24	요 3	욥42	고후12
14	**438**	출25	요 4	잠 1	고후13
15	**444**	출26	요 5	잠 2	갈 1
16	**449**	출27	요 6	잠 3	갈 2
17	**456**	출28	요 7	잠 4	갈 3
18	**463**	출29	요 8	잠 5	갈 4
19	**470**	출30	요 9	잠 6	갈 5
20	**476**	출31	요10	잠 7	갈 6
21	**480**	출32	요11	잠 8	엡 1
22	**487**	출33	요12	잠 9	엡 2
23	**492**	출34	요13	잠10	엡 3
24	**498**	출35	요14	잠11	엡 4
25	**504**	출36	요15	잠12	엡 5
26	**509**	출37	요16	잠13	엡 6
27	**514**	출38	요17	잠14	빌 1
28	**520**	출39	요18	잠15	빌 2
29	**526**	출40	요19	잠16	빌 3
30	**532**	레 1	요20	잠17	빌 4
31	**537**	레2·3	요21	잠18	골 1

April 04

날짜	page	가정		개인	
1	**543**	레 4	시1·2	잠19	골 2
2	**547**	레 5	시3·4	잠20	골 3
3	**551**	레 6	시5·6	잠21	골 4
4	**556**	레 7	시7·8	잠22	살전1
5	**560**	레 8	시 9	잠23	살전2
6	**565**	레 9	시10	잠24	살전3
7	**569**	레10	시11·12	잠25	살전4
8	**573**	레11·12	시13·14	잠26	살전5
9	**578**	레13	시15·16	잠27	살후1
10	**583**	레14	시17	잠28	살후2
11	**589**	레15	시18	잠29	살후3
12	**594**	레16	시19	잠30	딤전1
13	**599**	레17	시20·21	잠31	딤전2
14	**603**	레18	시22	전 1	딤전3
15	**607**	레19	시23·24	전 2	딤전4
16	**611**	레20	시25	전 3	딤전5
17	**616**	레21	시26·27	전 4	딤전6
18	**620**	레22	시28·29	전 5	딤후1
19	**625**	레23	시30	전 6	딤후2
20	**629**	레24	시31	전 7	딤후3
21	**634**	레25	시32	전 8	딤후4
22	**639**	레26	시33	전 9	딛 1
23	**644**	레27	시34	전10	딛 2
24	**648**	민 1	시35	전11	딛 3
25	**653**	민 2	시36	전12	몬 1
26	**656**	민 3	시37	아 1	히 1
27	**662**	민 4	시38	아 2	히 2
28	**666**	민 5	시39	아 3	히 3
29	**670**	민 6	시40·41	아 4	히 4
30	**675**	민 7	시42·43	아 5	히 5

May 05					
날짜	page	가정		개인	
1	**683**	민 8	시44	아 6	히 6
2	**687**	민 9	시45	아 7	히 7
3	**691**	민10	시46·47	아 8	히 8
4	**695**	민11	시48	사 1	히 9
5	**700**	민12·13	시49	사 2	히10
6	**706**	민14	시50	사3·4	히11
7	**712**	민15	시51	사 5	히12
8	**718**	민16	시52~54	사 6	히13
9	**724**	민17·18	시55	사 7	약 1
10	**730**	민19	시56·57	사8·9:1~7	약 2
11	**735**	민20	시58·59	사9:8~10:4	약 3
12	**740**	민21	시60·61	사10:5~34	약 4
13	**745**	민22	시62·63	사11·12	약 5
14	**751**	민23	시64·65	사13	벧전1
15	**756**	민24	시66·67	사14	벧전2
16	**761**	민25	시68	사15	벧전3
17	**766**	민26	시69	사16	벧전4
18	**772**	민27	시70·71	사17·18	벧전5
19	**776**	민28	시72	사19·20	벧후1
20	**781**	민29	시73	사21	벧후2
21	**786**	민30	시74	사22	벧후3
22	**790**	민31	시75·76	사23	요일1
23	**795**	민32	시77	사24	요일2
24	**800**	민33	시78:1~37	사25	요일3
25	**806**	민34	시78:38~72	사26	요일4
26	**810**	민35	시79	사27	요일5
27	**815**	민36	시80	사28	요이1
28	**819**	신 1	시81·82	사29	요삼1
29	**824**	신 2	시83·84	사30	유 1
30	**831**	신 3	시85	사31	계 1
31	**835**	신 4	시86·87	사32	계 2

June 06					
날짜	page	가정		개인	
1	**843**	신 5	시88	사33	계 3
2	**848**	신 6	시89	사34	계 4
3	**853**	신 7	시90	사35	계 5
4	**856**	신 8	시91	사36	계 6
5	**860**	신 9	시92·93	사37	계 7
6	**866**	신10	시94	사38	계 8
7	**870**	신11	시95·96	사39	계 9
8	**874**	신12	시97·98	사40	계10
9	**879**	신13·14	시99~101	사41	계11
10	**885**	신15	시102	사42	계12
11	**890**	신16	시103	사43	계13
12	**894**	신17	시104	사44	계14
13	**900**	신18	시105	사45	계15
14	**905**	신19	시106	사46	계16
15	**910**	신20	시107	사47	계17
16	**914**	신21	시108·109	사48	계18
17	**920**	신22	시110·111	사49	계19
18	**925**	신23	시112·113	사50	계20
19	**929**	신24	시114·115	사51	계21
20	**934**	신25	시116	사52	계22
21	**938**	신26	시117·118	사53	마 1
22	**942**	신27·28:1~19	시119:1~24	사54	마 2
23	**947**	신28:20~68	시119:25~48	사55	마 3
24	**953**	신29	시119:49~72	사56	마 4
25	**957**	신30	시119:73~96	사57	마 5
26	**963**	신31	시119:97~120	사58	마 6
27	**968**	신32	시119:121~144	사59	마 7
28	**974**	신33·34	시119:145~176	사60	마 8
29	**981**	수 1	시120~122	사61	마 9
30	**985**	수 2	시123~125	사62	마10

맥체인 성경 읽기표

QT와 성경통독을 하나로

[맥체인성경365_목차]

구약 page

창세기(창)	1	역대하(대하)	1908	다니엘(단)	1644
출애굽기(출)	298	에스라(스)	3	호세아(호)	1713
레위기(레)	532	느헤미야(느)	62	요엘(욜)	1770
민수기(민)	648	에스더(에)	147	아모스(암)	1785
신명기(신)	819	욥기(욥)	206	오바댜(옵)	1844
여호수아(수)	981	시편(시)	544/1228	요나(욘)	1850
사사기(삿)	1102	잠언(잠)	442	미가(미)	1874
룻기(룻)	1246	전도서(전)	605	나훔(나)	1915
사무엘상(삼상)	1264	아가(아)	660	하박국(합)	1932
사무엘하(삼하)	1414	이사야(사)	697	스바냐(습)	1949
열왕기상(왕상)	1540	예레미야(렘)	1015	학개(학)	1967
열왕기하(왕하)	1669	예레미야애가(애)	1342	스가랴(슥)	1977
역대상(대상)	1787	에스겔(겔)	1371	말라기(말)	2057

신약 page

마태복음(마)	2/941	에베소서(엡)	485/1556	히브리서(히)	661/1757
마가복음(막)	179/1112	빌립보서(빌)	518/1593	야고보서(약)	729/1832
누가복음(눅)	277/1813	골로새서(골)	540/1616	베드로전서(벧전)	754/1860
요한복음(요)	424/1962	데살로니가전서(살전)	560/1638	베드로후서(벧후)	780/1892
사도행전(행)	4/1073	데살로니가후서(살후)	582/1670	요한일서(요일)	794/1909
로마서(롬)	182/1266	디모데전서(딤전)	598/1686	요한이서(요이)	818/1937
고린도전서(고전)	280/1359	디모데후서(딤후)	624/1718	요한삼서(요삼)	823/1941
고린도후서(고후)	376/1444	디도서(딛)	643/1739	유다서(유)	829/1947
갈라디아서(갈)	448/1519	빌레몬서(몬)	655/1752	요한계시록(계)	834/1952

새벽기도회 살리기 · 구역모임(소그룹) 살리기

마틴로이드존스, 존스토트 목사가 수십년간 사용했던 검증된 방식

[맥체인 성경 읽기표]

맥체인 성경 읽기표는 1842년 맥체인이 자신이 목양하던 성베드로교회 성도들의 영적 성장을 위해 개발한 것으로, 매일 구약과 신약을 각각 2장씩 읽음으로써 1년에 구약 1회, 신약과 시편을 각 2회 정독할 수 있도록 만든 표입니다. 이와 같은 맥체인의 방법에 따라 신구약 성경 전체를 골고루 4등분해서 동시에 읽으면, 성경에 기록된 장구한 구속사를 크게 네 시대로 나누어 동시에 묵상할 수 있습니다.

(1) 창세기 ~ 역대하 : 만물의 시작과 이스라엘의 시작
(2) 에스라 ~ 말라기 : 이스라엘의 멸망과 새 시대의 시작
(3) 마태복음 ~ 요한복음 : 예수의 복음사역과 십자가 구속
(4) 사도행전 ~ 요한계시록 : 교회의 시작과 선교

▶ 《맥체인 성경 365》 말씀연결 사용하는 법

① 네 성경 본문의 소주제를 통해 중심 단어나 문장을 말씀으로 묵상한다.
② 네 본문의 말씀을 순서대로, 천천히 읽는다.
③ 두 본문에서 반복되는 단어나 유사한 문맥을 찾아 서로 연결한다.
④ 본문에서 반대의 뜻을 가진 단어나 문장을 찾는다.
⑤ 두 권의 책에서 공통되는 하나님의 말씀을 연결하여 기록한다.
⑥ 연결되는 말씀을 다른 두 권으로 확대하여 네 권 전체에 흐르는 하나님의 생각과 베푸신 은혜를 누리고, 그 내용을 적어본다.
⑦ 본문에서 지도자나 인도자로부터 배운 신학 주제나 교리들이 함축하고 있는 문맥의 짝을 찾아본다.
⑧ 중심 주제를 필두로, 삶에 적용할 일들을 적어보고 생활 중에 실천함으로써 변화를 경험해 본다.
⑨ 하나님이 오늘 나에게 주신 말씀들을 통하여 가르침, 명령과 약속 권면, 경고 및 행해야 할 일들을 하나님과 대화하는 마음으로(기도) 성경읽기를 마무리한다.

July 07

날짜	page	가정		개인	
1	**991**	수 3	시126~128	사63	마11
2	**995**	수 4	시129~131	사64	마12
3	**1000**	수5·6:1~5	시132~134	사65	마13
4	**1006**	수6:6~27	시135·136	사66	마14
5	**1013**	수 7	시137·138	렘 1	마15
6	**1018**	수 8	시139	렘 2	마16
7	**1025**	수 9	시140·141	렘 3	마17
8	**1031**	수10	시142·143	렘 4	마18
9	**1038**	수11	시144	렘 5	마19
10	**1043**	수12·13	시145	렘 6	마20
11	**1050**	수14·15	시146·147	렘 7	마21
12	**1058**	수16·17	시148	렘 8	마22
13	**1064**	수18·19	시149·150	렘 9	마23
14	**1071**	수20·21	행 1	렘10	마24
15	**1078**	수22	행 2	렘11	마25
16	**1087**	수23	행 3	렘12	마26
17	**1094**	수24	행 4	렘13	마27
18	**1102**	삿 1	행 5	렘14	마28
19	**1108**	삿 2	행 6	렘15	막 1
20	**1114**	삿 3	행 7	렘16	막 2
21	**1121**	삿 4	행 8	렘17	막 3
22	**1127**	삿 5	행 9	렘18	막 4
23	**1134**	삿 6	행10	렘19	막 5
24	**1142**	삿 7	행11	렘20	막 6
25	**1149**	삿 8	행12	렘21	막 7
26	**1154**	삿 9	행13	렘22	막 8
27	**1164**	삿10·11:1~11	행14	렘23	막 9
28	**1171**	삿11:12~40	행15	렘24	막10
29	**1178**	삿12	행16	렘25	막11
30	**1185**	삿13	행17	렘26	막12
31	**1192**	삿14	행18	렘27	막13

August 08

날짜	page	가정		개인	
1	**1199**	삿15	행19	렘28	막14
2	**1206**	삿16	행20	렘29	막15
3	**1214**	삿17	행21	렘30·31	막16
4	**1222**	삿18	행22	렘32	시1·2
5	**1228**	삿19	행23	렘33	시3·4
6	**1234**	삿20	행24	렘34	시5·6
7	**1241**	삿21	행25	렘35	시7·8
8	**1246**	룻 1	행26	렘36·37	시 9
9	**1253**	룻 2	행27	렘38	시10
10	**1259**	룻3·4	행28	렘39	시11·12
11	**1264**	삼상1	롬 1	렘40	시13·14
12	**1270**	삼상2	롬 2	렘41	시15·16
13	**1275**	삼상3	롬 3	렘42	시17
14	**1280**	삼상4	롬 4	렘43	시18
15	**1285**	삼상5·6	롬 5	렘44	시19
16	**1292**	삼상7·8	롬 6	렘45	시20·21
17	**1296**	삼상9	롬 7	렘46	시22
18	**1302**	삼상10	롬 8	렘47	시23·24
19	**1307**	삼상11	롬 9	렘48	시25
20	**1313**	삼상12	롬10	렘49	시26·27
21	**1319**	삼상13	롬11	렘50	시28·29
22	**1326**	삼상14	롬12	렘51	시30
23	**1334**	삼상15	롬13	렘52	시31
24	**1340**	삼상16	롬14	애 1	시32
25	**1345**	삼상17	롬15	애 2	시33
26	**1352**	삼상18	롬16	애 3	시34
27	**1358**	삼상19	고전1	애 4	시35
28	**1363**	삼상20	고전2	애 5	시36
29	**1368**	삼상21·22	고전3	겔 1	시37
30	**1374**	삼상23	고전4	겔 2	시38
31	**1379**	삼상24	고전5	겔 3	시39

September 09

날짜	page	가정		개인	
1	**1385**	삼상25	고전 6	겔 4	시40·41
2	**1391**	삼상26	고전 7	겔 5	시42·43
3	**1396**	삼상27	고전 8	겔 6	시44
4	**1400**	삼상28	고전 9	겔 7	시45·46
5	**1405**	삼상29·30	고전10	겔 8	시47
6	**1411**	삼상31	고전11	겔 9	시48
7	**1414**	삼하 1	고전12	겔10	시49
8	**1419**	삼하 2	고전13	겔11	시50
9	**1424**	삼하 3	고전14	겔12	시51
10	**1430**	삼하4·5	고전15	겔13	시52~54
11	**1438**	삼하 6	고전16	겔14	시55
12	**1442**	삼하 7	고후 1	겔15	시56·57
13	**1447**	삼하8·9	고후 2	겔16	시58·59
14	**1454**	삼하10	고후 3	겔17	시60·61
15	**1459**	삼하11	고후 4	겔18	시62·63
16	**1464**	삼하12	고후 5	겔19	시64·65
17	**1469**	삼하13	고후 6	겔20	시66·67
18	**1476**	삼하14	고후 7	겔21	시68
19	**1483**	삼하15	고후 8	겔22	시69
20	**1489**	삼하16	고후 9	겔23	시70·71
21	**1495**	삼하17	고후10	겔24	시72
22	**1500**	삼하18	고후11	겔25	시73
23	**1506**	삼하19	고후12	겔26	시74
24	**1513**	삼하20	고후13	겔27	시75·76
25	**1518**	삼하21	갈 1	겔28	시77
26	**1523**	삼하22	갈 2	겔29	시78:1~37
27	**1529**	삼하23	갈 3	겔30	시78:38~72
28	**1535**	삼하24	갈 4	겔31	시79
29	**1540**	왕상 1	갈 5	겔32	시80
30	**1547**	왕상 2	갈 6	겔33	시81·82

October 10

날짜	page	가정		개인	
1	**1555**	왕상 3	엡 1	겔34	시83·84
2	**1560**	왕상4·5	엡 2	겔35	시85
3	**1565**	왕상 6	엡 3	겔36	시86
4	**1571**	왕상 7	엡 4	겔37	시87·88
5	**1578**	왕상 8	엡 5	겔38	시89
6	**1586**	왕상 9	엡 6	겔39	시90
7	**1591**	왕상10	빌 1	겔40	시91
8	**1598**	왕상11	빌 2	겔41	시92·93
9	**1603**	왕상12	빌 3	겔42	시94
10	**1608**	왕상13	빌 4	겔43	시95·96
11	**1614**	왕상14	골 1	겔44	시97·98
12	**1620**	왕상15	골 2	겔45	시99~101
13	**1625**	왕상16	골 3	겔46	시102
14	**1631**	왕상17	골 4	겔47	시103
15	**1635**	왕상18	살전 1	겔48	시104
16	**1642**	왕상19	살전 2	단 1	시105
17	**1647**	왕상20	살전 3	단 2	시106
18	**1655**	왕상21	살전 4	단 3	시107
19	**1661**	왕상22	살전 5	단 4	시108·109
20	**1669**	왕하 1	살후 1	단 5	시110·111
21	**1674**	왕하 2	살후 2	단 6	시112·113
22	**1679**	왕하 3	살후 3	단 7	시114·115
23	**1684**	왕하 4	딤전 1	단 8	시116
24	**1690**	왕하 5	딤전 2	단 9	시117·118
25	**1695**	왕하 6	딤전 3	단10	시119:1~24
26	**1700**	왕하 7	딤전 4	단11	시119:25~48
27	**1706**	왕하 8	딤전 5	단12	시119:49~72
28	**1710**	왕하 9	딤전 6	호 1	시119:73~96
29	**1715**	왕하10	딤후 1	호 2	시119:97~120
30	**1721**	왕하11·12	딤후 2	호3·4	시119:121~144
31	**1726**	왕하13	딤후 3	호5·6	시119:145~176

November 11

날짜	page	가정		개인	
1	**1733**	왕하14	딤후4	호 7	시120~122
2	**1737**	왕하15	딛 1	호 8	시123~125
3	**1741**	왕하16	딛 2	호 9	시126~128
4	**1745**	왕하17	딛 3	호10	시129~131
5	**1750**	왕하18	몬 1	호11	시132~134
6	**1755**	왕하19	히 1	호12	시135·136
7	**1760**	왕하20	히 2	호13	시137·138
8	**1765**	왕하21	히 3	호14	시139
9	**1768**	왕하22	히 4	욜 1	시140·141
10	**1773**	왕하23	히 5	욜 2	시142
11	**1778**	왕하24	히 6	욜 3	시143
12	**1782**	왕하25	히 7	암 1	시144
13	**1787**	대상1·2	히 8	암 2	시145
14	**1793**	대상3·4	히 9	암 3	시146·147
15	**1799**	대상5·6	히10	암 4	시148·150
16	**1807**	대상7·8	히11	암 5	눅1:1~38
17	**1815**	대상9·10	히12	암 6	눅1:39~80
18	**1822**	대상11·12	히13	암 7	눅 2
19	**1830**	대상13·14	약 1	암 8	눅 3
20	**1836**	대상15	약 2	암 9	눅 4
21	**1841**	대상16	약 3	옵 1	눅 5
22	**1847**	대상17	약 4	욘 1	눅 6
23	**1853**	대상18	약 5	욘 2	눅 7
24	**1858**	대상19·20	벧전1	욘 3	눅 8
25	**1864**	대상21	벧전2	욘 4	눅 9
26	**1871**	대상22	벧전3	미 1	눅10
27	**1877**	대상23	벧전4	미 2	눅11
28	**1882**	대상24·25	벧전5	미 3	눅12
29	**1889**	대상26·27	벧후1	미 4	눅13
30	**1896**	대상28	벧후2	미 5	눅14

December 12

날짜	page	가정		개인	
1	**1903**	대상29	벧후3	미 6	눅15
2	**1908**	대하 1	요일 1	미 7	눅16
3	**1912**	대하 2	요일 2	나 1	눅17
4	**1917**	대하3·4	요일 3	나 2	눅18
5	**1923**	대하5·6:1~11	요일 4	나 3	눅19
6	**1929**	대하6:12~42	요일 5	합 1	눅20
7	**1935**	대하 7	요이 1	합 2	눅21
8	**1940**	대하 8	요삼 1	합 3	눅22
9	**1946**	대하 9	유 1	습 1	눅23
10	**1952**	대하10	계 1	습 2	눅24
11	**1958**	대하11·12	계 2	습 3	요 1
12	**1965**	대하13	계 3	학 1	요 2
13	**1969**	대하14·15	계 4	학 2	요 3
14	**1975**	대하16	계 5	슥 1	요 4
15	**1980**	대하17	계 6	슥 2	요 5
16	**1985**	대하18	계 7	슥 3	요 6
17	**1992**	대하19·20	계 8	슥 4	요 7
18	**1998**	대하21	계 9	슥 5	요 8
19	**2004**	대하22·23	계10	슥 6	요 9
20	**2009**	대하24	계11	슥 7	요10
21	**2015**	대하25	계12	슥 8	요11
22	**2021**	대하26	계13	슥 9	요12
23	**2027**	대하27·28	계14	슥10	요13
24	**2033**	대하29	계15	슥11	요14
25	**2038**	대하30	계16	슥12·13:1	요15
26	**2043**	대하31	계17	슥13:2~9	요16
27	**2048**	대하32	계18	슥14	요17
28	**2054**	대하33	계19	말 1	요18
29	**2060**	대하34	계20	말 2	요19
30	**2066**	대하35	계21	말 3	요20
31	**2072**	대하36	계22	말 4	요21

⊕ 맥체인 성경 읽기표 ⊕

January 01

날짜	page	가정		개인	
1	**1**	창 1	마 1	스 1	행 1
2	**5**	창 2	마 2	스 2	행 2
3	**12**	창 3	마 3	스 3	행 3
4	**16**	창 4	마 4	스 4	행 4
5	**22**	창 5	마 5	스 5	행 5
6	**28**	창 6	마 6	스 6	행 6
7	**33**	창 7	마 7	스 7	행 7
8	**39**	창 8	마 8	스 8	행 8
9	**46**	창9·10	마 9	스 9	행 9
10	**53**	창11	마10	스10	행10
11	**60**	창12	마11	느 1	행11
12	**65**	창13	마12	느 2	행12
13	**70**	창14	마13	느 3	행13
14	**78**	창15	마14	느 4	행14
15	**83**	창16	마15	느 5	행15
16	**89**	창17	마16	느 6	행16
17	**95**	창18	마17	느 7	행17
18	**102**	창19	마18	느 8	행18
19	**108**	창20	마19	느 9	행19
20	**115**	창21	마20	느10	행20
21	**121**	창22	마21	느11	행21
22	**128**	창23	마22	느12	행22
23	**135**	창24	마23	느13	행23
24	**144**	창25	마24	에 1	행24
25	**150**	창26	마25	에 2	행25
26	**157**	창27	마26	에 3	행26
27	**165**	창28	마27	에 4	행27
28	**172**	창29	마28	에 5	행28
29	**177**	창30	막 1	에 6	롬 1
30	**184**	창31	막 2	에 7	롬 2
31	**190**	창32	막 3	에 8	롬 3

February 02

날짜	page	가정		개인	
1	**197**	창33	막 4	에9·10	롬 4
2	**202**	창34	막 5	욥 1	롬 5
3	**208**	창35·36	막 6	욥 2	롬 6
4	**216**	창37	막 7	욥 3	롬 7
5	**222**	창38	막 8	욥 4	롬 8
6	**228**	창39	막 9	욥 5	롬 9
7	**234**	창40	막10	욥 6	롬10
8	**239**	창41	막11	욥 7	롬11
9	**246**	창42	막12	욥 8	롬12
10	**252**	창43	막13	욥 9	롬13
11	**258**	창44	막14	욥10	롬14
12	**265**	창45	막15	욥11	롬15
13	**271**	창46	막16	욥12	롬16
14	**276**	창47	눅1:1~38	욥13	고전1
15	**282**	창48	눅1:39~80	욥14	고전2
16	**286**	창49	눅 2	욥15	고전3
17	**292**	창50	눅 3	욥16·17	고전4
18	**298**	출 1	눅 4	욥18	고전5
19	**303**	출 2	눅 5	욥19	고전6
20	**308**	출 3	눅 6	욥20	고전7
21	**315**	출 4	눅 7	욥21	고전8
22	**321**	출 5	눅 8	욥22	고전9
23	**327**	출 6	눅 9	욥23	고전10
24	**334**	출 7	눅10	욥24	고전11
25	**340**	출 8	눅11	욥25·26	고전12
26	**346**	출 9	눅12	욥27	고전13
27	**352**	출10	눅13	욥28	고전14
28	**359**	출11·12:1~21	눅14	욥29	고전15

March 03

날짜	page	가정		개인	
1	**367**	출12:22~51	눅15	욥30	고전16
2	**372**	출13	눅16	욥31	고후 1
3	**377**	출14	눅17	욥32	고후 2
4	**382**	출15	눅18	욥33	고후 3
5	**388**	출16	눅19	욥34	고후 4
6	**394**	출17	눅20	욥35	고후 5
7	**399**	출18	눅21	욥36	고후 6
8	**404**	출19	눅22	욥37	고후 7
9	**411**	출20	눅23	욥38	고후 8
10	**417**	출21	눅24	욥39	고후 9
11	**422**	출22	요 1	욥40	고후10
12	**428**	출23	요 2	욥41	고후11
13	**433**	출24	요 3	욥42	고후12
14	**438**	출25	요 4	잠 1	고후13
15	**444**	출26	요 5	잠 2	갈 1
16	**449**	출27	요 6	잠 3	갈 2
17	**456**	출28	요 7	잠 4	갈 3
18	**463**	출29	요 8	잠 5	갈 4
19	**470**	출30	요 9	잠 6	갈 5
20	**476**	출31	요10	잠 7	갈 6
21	**480**	출32	요11	잠 8	엡 1
22	**487**	출33	요12	잠 9	엡 2
23	**492**	출34	요13	잠10	엡 3
24	**498**	출35	요14	잠11	엡 4
25	**504**	출36	요15	잠12	엡 5
26	**509**	출37	요16	잠13	엡 6
27	**514**	출38	요17	잠14	빌 1
28	**520**	출39	요18	잠15	빌 2
29	**526**	출40	요19	잠16	빌 3
30	**532**	레 1	요20	잠17	빌 4
31	**537**	레2·3	요21	잠18	골 1

April 04

날짜	page	가정		개인	
1	**543**	레 4	시1·2	잠19	골 2
2	**547**	레 5	시3·4	잠20	골 3
3	**551**	레 6	시5·6	잠21	골 4
4	**556**	레 7	시7·8	잠22	살전1
5	**560**	레 8	시 9	잠23	살전2
6	**565**	레 9	시10	잠24	살전3
7	**569**	레10	시11·12	잠25	살전4
8	**573**	레11·12	시13·14	잠26	살전5
9	**578**	레13	시15·16	잠27	살후1
10	**583**	레14	시17	잠28	살후2
11	**589**	레15	시18	잠29	살후3
12	**594**	레16	시19	잠30	딤전1
13	**599**	레17	시20·21	잠31	딤전2
14	**603**	레18	시22	전 1	딤전3
15	**607**	레19	시23·24	전 2	딤전4
16	**611**	레20	시25	전 3	딤전5
17	**616**	레21	시26·27	전 4	딤전6
18	**620**	레22	시28·29	전 5	딤후1
19	**625**	레23	시30	전 6	딤후2
20	**629**	레24	시31	전 7	딤후3
21	**634**	레25	시32	전 8	딤후4
22	**639**	레26	시33	전 9	딛 1
23	**644**	레27	시34	전10	딛 2
24	**648**	민 1	시35	전11	딛 3
25	**653**	민 2	시36	전12	몬 1
26	**656**	민 3	시37	아 1	히 1
27	**662**	민 4	시38	아 2	히 2
28	**666**	민 5	시39	아 3	히 3
29	**670**	민 6	시40·41	아 4	히 4
30	**675**	민 7	시42·43	아 5	히 5

May 05

날짜	page	가정		개인	
1	**683**	민 8	시44	아 6	히 6
2	**687**	민 9	시45	아 7	히 7
3	**691**	민10	시46·47	아 8	히 8
4	**695**	민11	시48	사 1	히 9
5	**700**	민12·13	시49	사 2	히10
6	**706**	민14	시50	사3·4	히11
7	**712**	민15	시51	사 5	히12
8	**718**	민16	시52~54	사 6	히13
9	**724**	민17·18	시55	사 7	약 1
10	**730**	민19	시56·57	사8·9:1~7	약 2
11	**735**	민20	시58·59	사9:8~10:4	약 3
12	**740**	민21	시60·61	사10:5~34	약 4
13	**745**	민22	시62·63	사11·12	약 5
14	**751**	민23	시64·65	사13	벧전1
15	**756**	민24	시66·67	사14	벧전2
16	**761**	민25	시68	사15	벧전3
17	**766**	민26	시69	사16	벧전4
18	**772**	민27	시70·71	사17·18	벧전5
19	**776**	민28	시72	사19·20	벧후1
20	**781**	민29	시73	사21	벧후2
21	**786**	민30	시74	사22	벧후3
22	**790**	민31	시75·76	사23	요일1
23	**795**	민32	시77	사24	요일2
24	**800**	민33	시78:1~37	사25	요일3
25	**806**	민34	시78:38~72	사26	요일4
26	**810**	민35	시79	사27	요일5
27	**815**	민36	시80	사28	요이1
28	**819**	신 1	시81·82	사29	요삼1
29	**824**	신 2	시83·84	사30	유 1
30	**831**	신 3	시85	사31	계 1
31	**835**	신 4	시86·87	사32	계 2

June 06

날짜	page	가정		개인	
1	**843**	신 5	시88	사33	계 3
2	**848**	신 6	시89	사34	계 4
3	**853**	신 7	시90	사35	계 5
4	**856**	신 8	시91	사36	계 6
5	**860**	신 9	시92·93	사37	계 7
6	**866**	신10	시94	사38	계 8
7	**870**	신11	시95·96	사39	계 9
8	**874**	신12	시97·98	사40	계10
9	**879**	신13·14	시99~101	사41	계11
10	**885**	신15	시102	사42	계12
11	**890**	신16	시103	사43	계13
12	**894**	신17	시104	사44	계14
13	**900**	신18	시105	사45	계15
14	**905**	신19	시106	사46	계16
15	**910**	신20	시107	사47	계17
16	**914**	신21	시108·109	사48	계18
17	**920**	신22	시110·111	사49	계19
18	**925**	신23	시112·113	사50	계20
19	**929**	신24	시114·115	사51	계21
20	**934**	신25	시116	사52	계22
21	**938**	신26	시117·118	사53	마 1
22	**942**	신27·28:1~19	시119:1~24	사54	마 2
23	**947**	신28:20~68	시119:25~48	사55	마 3
24	**953**	신29	시119:49~72	사56	마 4
25	**957**	신30	시119:73~96	사57	마 5
26	**963**	신31	시119:97~120	사58	마 6
27	**968**	신32	시119:121~144	사59	마 7
28	**974**	신33·34	시119:145~176	사60	마 8
29	**981**	수 1	시120~122	사61	마 9
30	**985**	수 2	시123~125	사62	마10

[맥체인 성경 읽기표]

맥체인 성경 읽기표는 1842년 맥체인이 자신이 목양하던 성베드로교회 성도들의 영적 성장을 위해 개발한 것으로, 매일 구약과 신약을 각각 2장씩 읽음으로써 1년에 구약 1회, 신약과 시편을 각 2회 정독할 수 있도록 만든 표입니다. 이와 같은 맥체인의 방법에 따라 신구약 성경 전체를 골고루 4등분해서 동시에 읽으면, 성경에 기록된 장구한 구속사를 크게 네 시대로 나누어 동시에 묵상할 수 있습니다.

(1) 창세기 ~ 역대하 : 만물의 시작과 이스라엘의 시작
(2) 에스라 ~ 말라기 : 이스라엘의 멸망과 새 시대의 시작
(3) 마태복음 ~ 요한복음 : 예수의 복음사역과 십자가 구속
(4) 사도행전 ~ 요한계시록 : 교회의 시작과 선교

▶ 《맥체인 성경 365》 말씀연결 사용하는 법

① 네 성경 본문의 소주제를 통해 중심 단어나 문장을 말씀으로 묵상한다.
② 네 본문의 말씀을 순서대로, 천천히 읽는다.
③ 두 본문에서 반복되는 단어나 유사한 문맥을 찾아 서로 연결한다.
④ 본문에서 반대의 뜻을 가진 단어나 문장을 찾는다.
⑤ 두 권의 책에서 공통되는 하나님의 말씀을 연결하여 기록한다.
⑥ 연결되는 말씀을 다른 두 권으로 확대하여 네 권 전체에 흐르는 하나님의 생각과 베푸신 은혜를 누리고, 그 내용을 적어본다.
⑦ 본문에서 지도자나 인도자로부터 배운 신학 주제나 교리들이 함축하고 있는 문맥의 짝을 찾아본다.
⑧ 중심 주제를 필두로, 삶에 적용할 일들을 적어보고 생활 중에 실천함으로써 변화를 경험해 본다.
⑨ 하나님이 오늘 나에게 주신 말씀들을 통하여 가르침, 명령과 약속 권면, 경고 및 행해야 할 일들을 하나님과 대화하는 마음으로(기도) 성경읽기를 마무리한다.

July 07

날짜	page	가정		개인	
1	**991**	수 3	시126~128	사63	마11
2	**995**	수 4	시129~131	사64	마12
3	**1000**	수5·6:1~5	시132~134	사65	마13
4	**1006**	수6:6~27	시135·136	사66	마14
5	**1013**	수 7	시137·138	렘 1	마15
6	**1018**	수 8	시139	렘 2	마16
7	**1025**	수 9	시140·141	렘 3	마17
8	**1031**	수10	시142·143	렘 4	마18
9	**1038**	수11	시144	렘 5	마19
10	**1043**	수12·13	시145	렘 6	마20
11	**1050**	수14·15	시146·147	렘 7	마21
12	**1058**	수16·17	시148	렘 8	마22
13	**1064**	수18·19	시149·150	렘 9	마23
14	**1071**	수20·21	행 1	렘10	마24
15	**1078**	수22	행 2	렘11	마25
16	**1087**	수23	행 3	렘12	마26
17	**1094**	수24	행 4	렘13	마27
18	**1102**	삿 1	행 5	렘14	마28
19	**1108**	삿 2	행 6	렘15	막 1
20	**1114**	삿 3	행 7	렘16	막 2
21	**1121**	삿 4	행 8	렘17	막 3
22	**1127**	삿 5	행 9	렘18	막 4
23	**1134**	삿 6	행10	렘19	막 5
24	**1142**	삿 7	행11	렘20	막 6
25	**1149**	삿 8	행12	렘21	막 7
26	**1154**	삿 9	행13	렘22	막 8
27	**1164**	삿10·11:1~11	행14	렘23	막 9
28	**1171**	삿11:12~40	행15	렘24	막10
29	**1178**	삿12	행16	렘25	막11
30	**1185**	삿13	행17	렘26	막12
31	**1192**	삿14	행18	렘27	막13

August 08

날짜	page	가정		개인	
1	**1199**	삿15	행19	렘28	막14
2	**1206**	삿16	행20	렘29	막15
3	**1214**	삿17	행21	렘30·31	막16
4	**1222**	삿18	행22	렘32	시1·2
5	**1228**	삿19	행23	렘33	시3·4
6	**1234**	삿20	행24	렘34	시5·6
7	**1241**	삿21	행25	렘35	시7·8
8	**1246**	룻 1	행26	렘36·37	시 9
9	**1253**	룻 2	행27	렘38	시10
10	**1259**	룻3·4	행28	렘39	시11·12
11	**1264**	삼상1	롬 1	렘40	시13·14
12	**1270**	삼상2	롬 2	렘41	시15·16
13	**1275**	삼상3	롬 3	렘42	시17
14	**1280**	삼상4	롬 4	렘43	시18
15	**1285**	삼상5·6	롬 5	렘44	시19
16	**1292**	삼상7·8	롬 6	렘45	시20·21
17	**1296**	삼상9	롬 7	렘46	시22
18	**1302**	삼상10	롬 8	렘47	시23·24
19	**1307**	삼상11	롬 9	렘48	시25
20	**1313**	삼상12	롬10	렘49	시26·27
21	**1319**	삼상13	롬11	렘50	시28·29
22	**1326**	삼상14	롬12	렘51	시30
23	**1334**	삼상15	롬13	렘52	시31
24	**1340**	삼상16	롬14	애 1	시32
25	**1345**	삼상17	롬15	애 2	시33
26	**1352**	삼상18	롬16	애 3	시34
27	**1358**	삼상19	고전1	애 4	시35
28	**1363**	삼상20	고전2	애 5	시36
29	**1368**	삼상21·22	고전3	겔 1	시37
30	**1374**	삼상23	고전4	겔 2	시38
31	**1379**	삼상24	고전5	겔 3	시39

September 09

날짜	page	가정		개인	
1	1385	삼상25	고전 6	겔 4	시40·41
2	1391	삼상26	고전 7	겔 5	시42·43
3	1396	삼상27	고전 8	겔 6	시44
4	1400	삼상28	고전 9	겔 7	시45·46
5	1405	삼상29·30	고전10	겔 8	시47
6	1411	삼상31	고전11	겔 9	시48
7	1414	삼하 1	고전12	겔10	시49
8	1419	삼하 2	고전13	겔11	시50
9	1424	삼하 3	고전14	겔12	시51
10	1430	삼하4·5	고전15	겔13	시52~54
11	1438	삼하 6	고전16	겔14	시55
12	1442	삼하 7	고후 1	겔15	시56·57
13	1447	삼하8·9	고후 2	겔16	시58·59
14	1454	삼하10	고후 3	겔17	시60·61
15	1459	삼하11	고후 4	겔18	시62·63
16	1464	삼하12	고후 5	겔19	시64·65
17	1469	삼하13	고후 6	겔20	시66·67
18	1476	삼하14	고후 7	겔21	시68
19	1483	삼하15	고후 8	겔22	시69
20	1489	삼하16	고후 9	겔23	시70·71
21	1495	삼하17	고후10	겔24	시72
22	1500	삼하18	고후11	겔25	시73
23	1506	삼하19	고후12	겔26	시74
24	1513	삼하20	고후13	겔27	시75·76
25	1518	삼하21	갈 1	겔28	시77
26	1523	삼하22	갈 2	겔29	시78:1~37
27	1529	삼하23	갈 3	겔30	시78:38~72
28	1535	삼하24	갈 4	겔31	시79
29	1540	왕상 1	갈 5	겔32	시80
30	1547	왕상 2	갈 6	겔33	시81·82

October 10

날짜	page	가정		개인	
1	1555	왕상 3	엡 1	겔34	시83·84
2	1560	왕상4·5	엡 2	겔35	시85
3	1565	왕상 6	엡 3	겔36	시86
4	1571	왕상 7	엡 4	겔37	시87·88
5	1578	왕상 8	엡 5	겔38	시89
6	1586	왕상 9	엡 6	겔39	시90
7	1591	왕상10	빌 1	겔40	시91
8	1598	왕상11	빌 2	겔41	시92·93
9	1603	왕상12	빌 3	겔42	시94
10	1608	왕상13	빌 4	겔43	시95·96
11	1614	왕상14	골 1	겔44	시97·98
12	1620	왕상15	골 2	겔45	시99~101
13	1625	왕상16	골 3	겔46	시102
14	1631	왕상17	골 4	겔47	시103
15	1635	왕상18	살전 1	겔48	시104
16	1642	왕상19	살전 2	단 1	시105
17	1647	왕상20	살전 3	단 2	시106
18	1655	왕상21	살전 4	단 3	시107
19	1661	왕상22	살전 5	단 4	시108·109
20	1669	왕하 1	살후 1	단 5	시110·111
21	1674	왕하 2	살후 2	단 6	시112·113
22	1679	왕하 3	살후 3	단 7	시114·115
23	1684	왕하 4	딤전 1	단 8	시116
24	1690	왕하 5	딤전 2	단 9	시117·118
25	1695	왕하 6	딤전 3	단10	시119:1~24
26	1700	왕하 7	딤전 4	단11	시119:25~48
27	1706	왕하 8	딤전 5	단12	시119:49~72
28	1710	왕하 9	딤전 6	호 1	시119:73~96
29	1715	왕하10	딤후 1	호 2	시119:97~120
30	1721	왕하11·12	딤후 2	호3·4	시119:121~144
31	1726	왕하13	딤후 3	호5·6	시119:145~176

November 11

날짜	page	가정		개인	
1	1733	왕하14	딤후4	호 7	시120~122
2	1737	왕하15	딛 1	호 8	시123~125
3	1741	왕하16	딛 2	호 9	시126~128
4	1745	왕하17	딛 3	호10	시129~131
5	1750	왕하18	몬 1	호11	시132~134
6	1755	왕하19	히 1	호12	시135·136
7	1760	왕하20	히 2	호13	시137·138
8	1765	왕하21	히 3	호14	시139
9	1768	왕하22	히 4	욜 1	시140·141
10	1773	왕하23	히 5	욜 2	시142
11	1778	왕하24	히 6	욜 3	시143
12	1782	왕하25	히 7	암 1	시144
13	1787	대상1·2	히 8	암 2	시145
14	1793	대상3·4	히 9	암 3	시146·147
15	1799	대상5·6	히10	암 4	시148·150
16	1807	대상7·8	히11	암 5	눅1:1~38
17	1815	대상9·10	히12	암 6	눅1:39~80
18	1822	대상11·12	히13	암 7	눅 2
19	1830	대상13·14	약 1	암 8	눅 3
20	1836	대상15	약 2	암 9	눅 4
21	1841	대상16	약 3	옵 1	눅 5
22	1847	대상17	약 4	욘 1	눅 6
23	1853	대상18	약 5	욘 2	눅 7
24	1858	대상19·20	벧전1	욘 3	눅 8
25	1864	대상21	벧전2	욘 4	눅 9
26	1871	대상22	벧전3	미 1	눅10
27	1877	대상23	벧전4	미 2	눅11
28	1882	대상24·25	벧전5	미 3	눅12
29	1889	대상26·27	벧후1	미 4	눅13
30	1896	대상28	벧후2	미 5	눅14

December 12

날짜	page	가정		개인	
1	1903	대상29	벧후3	미 6	눅15
2	1908	대하 1	요일 1	미 7	눅16
3	1912	대하 2	요일 2	나 1	눅17
4	1917	대하3·4	요일 3	나 2	눅18
5	1923	대하5·6:1~11	요일 4	나 3	눅19
6	1929	대하6:12~42	요일 5	합 1	눅20
7	1935	대하 7	요이 1	합 2	눅21
8	1940	대하 8	요삼 1	합 3	눅22
9	1946	대하 9	유 1	습 1	눅23
10	1952	대하10	계 1	습 2	눅24
11	1958	대하11·12	계 2	습 3	요 1
12	1965	대하13	계 3	학 1	요 2
13	1969	대하14·15	계 4	학 2	요 3
14	1975	대하16	계 5	슥 1	요 4
15	1980	대하17	계 6	슥 2	요 5
16	1985	대하18	계 7	슥 3	요 6
17	1992	대하19·20	계 8	슥 4	요 7
18	1998	대하21	계 9	슥 5	요 8
19	2004	대하22·23	계10	슥 6	요 9
20	2009	대하24	계11	슥 7	요10
21	2015	대하25	계12	슥 8	요11
22	2021	대하26	계13	슥 9	요12
23	2027	대하27·28	계14	슥10	요13
24	2033	대하29	계15	슥11	요14
25	2038	대하30	계16	슥12·13:1	요15
26	2043	대하31	계17	슥13:2~9	요16
27	2048	대하32	계18	슥14	요17
28	2054	대하33	계19	말 1	요18
29	2060	대하34	계20	말 2	요19
30	2066	대하35	계21	말 3	요20
31	2072	대하36	계22	말 4	요21

⊕ 맥체인 성경 읽기표 ⊕

January 01

날짜	page	가정		개인	
1	**1**	창 1	마 1	스 1	행 1
2	**5**	창 2	마 2	스 2	행 2
3	**12**	창 3	마 3	스 3	행 3
4	**16**	창 4	마 4	스 4	행 4
5	**22**	창 5	마 5	스 5	행 5
6	**28**	창 6	마 6	스 6	행 6
7	**33**	창 7	마 7	스 7	행 7
8	**39**	창 8	마 8	스 8	행 8
9	**46**	창9·10	마 9	스 9	행 9
10	**53**	창11	마10	스10	행10
11	**60**	창12	마11	느 1	행11
12	**65**	창13	마12	느 2	행12
13	**70**	창14	마13	느 3	행13
14	**78**	창15	마14	느 4	행14
15	**83**	창16	마15	느 5	행15
16	**89**	창17	마16	느 6	행16
17	**95**	창18	마17	느 7	행17
18	**102**	창19	마18	느 8	행18
19	**108**	창20	마19	느 9	행19
20	**115**	창21	마20	느10	행20
21	**121**	창22	마21	느11	행21
22	**128**	창23	마22	느12	행22
23	**135**	창24	마23	느13	행23
24	**144**	창25	마24	에 1	행24
25	**150**	창26	마25	에 2	행25
26	**157**	창27	마26	에 3	행26
27	**165**	창28	마27	에 4	행27
28	**172**	창29	마28	에 5	행28
29	**177**	창30	막 1	에 6	롬 1
30	**184**	창31	막 2	에 7	롬 2
31	**190**	창32	막 3	에 8	롬 3

February 02

날짜	page	가정		개인	
1	**197**	창33	막 4	에9·10	롬 4
2	**202**	창34	막 5	욥 1	롬 5
3	**208**	창35·36	막 6	욥 2	롬 6
4	**216**	창37	막 7	욥 3	롬 7
5	**222**	창38	막 8	욥 4	롬 8
6	**228**	창39	막 9	욥 5	롬 9
7	**234**	창40	막10	욥 6	롬10
8	**239**	창41	막11	욥 7	롬11
9	**246**	창42	막12	욥 8	롬12
10	**252**	창43	막13	욥 9	롬13
11	**258**	창44	막14	욥10	롬14
12	**265**	창45	막15	욥11	롬15
13	**271**	창46	막16	욥12	롬16
14	**276**	창47	눅1:1~38	욥13	고전1
15	**282**	창48	눅1:39~80	욥14	고전2
16	**286**	창49	눅 2	욥15	고전3
17	**292**	창50	눅 3	욥16·17	고전4
18	**298**	출 1	눅 4	욥18	고전5
19	**303**	출 2	눅 5	욥19	고전6
20	**308**	출 3	눅 6	욥20	고전7
21	**315**	출 4	눅 7	욥21	고전8
22	**321**	출 5	눅 8	욥22	고전9
23	**327**	출 6	눅 9	욥23	고전10
24	**334**	출 7	눅10	욥24	고전11
25	**340**	출 8	눅11	욥25·26	고전12
26	**346**	출 9	눅12	욥27	고전13
27	**352**	출10	눅13	욥28	고전14
28	**359**	출11·12:1~21	눅14	욥29	고전15

March 03

날짜	page	가정		개인	
1	**367**	출12:22~51	눅15	욥30	고전16
2	**372**	출13	눅16	욥31	고후 1
3	**377**	출14	눅17	욥32	고후 2
4	**382**	출15	눅18	욥33	고후 3
5	**388**	출16	눅19	욥34	고후 4
6	**394**	출17	눅20	욥35	고후 5
7	**399**	출18	눅21	욥36	고후 6
8	**404**	출19	눅22	욥37	고후 7
9	**411**	출20	눅23	욥38	고후 8
10	**417**	출21	눅24	욥39	고후 9
11	**422**	출22	요 1	욥40	고후10
12	**428**	출23	요 2	욥41	고후11
13	**433**	출24	요 3	욥42	고후12
14	**438**	출25	요 4	잠 1	고후13
15	**444**	출26	요 5	잠 2	갈 1
16	**449**	출27	요 6	잠 3	갈 2
17	**456**	출28	요 7	잠 4	갈 3
18	**463**	출29	요 8	잠 5	갈 4
19	**470**	출30	요 9	잠 6	갈 5
20	**476**	출31	요10	잠 7	갈 6
21	**480**	출32	요11	잠 8	엡 1
22	**487**	출33	요12	잠 9	엡 2
23	**492**	출34	요13	잠10	엡 3
24	**498**	출35	요14	잠11	엡 4
25	**504**	출36	요15	잠12	엡 5
26	**509**	출37	요16	잠13	엡 6
27	**514**	출38	요17	잠14	빌 1
28	**520**	출39	요18	잠15	빌 2
29	**526**	출40	요19	잠16	빌 3
30	**532**	레 1	요20	잠17	빌 4
31	**537**	레2·3	요21	잠18	골 1

April 04

날짜	page	가정		개인	
1	**543**	레 4	시1·2	잠19	골 2
2	**547**	레 5	시3·4	잠20	골 3
3	**551**	레 6	시5·6	잠21	골 4
4	**556**	레 7	시7·8	잠22	살전1
5	**560**	레 8	시 9	잠23	살전2
6	**565**	레 9	시10	잠24	살전3
7	**569**	레10	시11·12	잠25	살전4
8	**573**	레11·12	시13·14	잠26	살전5
9	**578**	레13	시15·16	잠27	살후1
10	**583**	레14	시17	잠28	살후2
11	**589**	레15	시18	잠29	살후3
12	**594**	레16	시19	잠30	딤전1
13	**599**	레17	시20·21	잠31	딤전2
14	**603**	레18	시22	전 1	딤전3
15	**607**	레19	시23·24	전 2	딤전4
16	**611**	레20	시25	전 3	딤전5
17	**616**	레21	시26·27	전 4	딤전6
18	**620**	레22	시28·29	전 5	딤후1
19	**625**	레23	시30	전 6	딤후2
20	**629**	레24	시31	전 7	딤후3
21	**634**	레25	시32	전 8	딤후4
22	**639**	레26	시33	전 9	딛 1
23	**644**	레27	시34	전10	딛 2
24	**648**	민 1	시35	전11	딛 3
25	**653**	민 2	시36	전12	몬 1
26	**656**	민 3	시37	아 1	히 1
27	**662**	민 4	시38	아 2	히 2
28	**666**	민 5	시39	아 3	히 3
29	**670**	민 6	시40·41	아 4	히 4
30	**675**	민 7	시42·43	아 5	히 5

May 05

날짜	page	가정		개인	
1	**683**	민 8	시44	아 6	히 6
2	**687**	민 9	시45	아 7	히 7
3	**691**	민10	시46·47	아 8	히 8
4	**695**	민11	시48	사 1	히 9
5	**700**	민12·13	시49	사 2	히10
6	**706**	민14	시50	사3·4	히11
7	**712**	민15	시51	사 5	히12
8	**718**	민16	시52~54	사 6	히13
9	**724**	민17·18	시55	사 7	약 1
10	**730**	민19	시56·57	사8·9:1~7	약 2
11	**735**	민20	시58·59	사9:8~10:4	약 3
12	**740**	민21	시60·61	사10:5~34	약 4
13	**745**	민22	시62·63	사11·12	약 5
14	**751**	민23	시64·65	사13	벧전1
15	**756**	민24	시66·67	사14	벧전2
16	**761**	민25	시68	사15	벧전3
17	**766**	민26	시69	사16	벧전4
18	**772**	민27	시70·71	사17·18	벧전5
19	**776**	민28	시72	사19·20	벧후1
20	**781**	민29	시73	사21	벧후2
21	**786**	민30	시74	사22	벧후3
22	**790**	민31	시75·76	사23	요일1
23	**795**	민32	시77	사24	요일2
24	**800**	민33	시78:1~37	사25	요일3
25	**806**	민34	시78:38~72	사26	요일4
26	**810**	민35	시79	사27	요일5
27	**815**	민36	시80	사28	요이1
28	**819**	신 1	시81·82	사29	요삼1
29	**824**	신 2	시83·84	사30	유 1
30	**831**	신 3	시85	사31	계 1
31	**835**	신 4	시86·87	사32	계 2

June 06

날짜	page	가정		개인	
1	**843**	신 5	시88	사33	계 3
2	**848**	신 6	시89	사34	계 4
3	**853**	신 7	시90	사35	계 5
4	**856**	신 8	시91	사36	계 6
5	**860**	신 9	시92·93	사37	계 7
6	**866**	신10	시94	사38	계 8
7	**870**	신11	시95·96	사39	계 9
8	**874**	신12	시97·98	사40	계10
9	**879**	신13·14	시99~101	사41	계11
10	**885**	신15	시102	사42	계12
11	**890**	신16	시103	사43	계13
12	**894**	신17	시104	사44	계14
13	**900**	신18	시105	사45	계15
14	**905**	신19	시106	사46	계16
15	**910**	신20	시107	사47	계17
16	**914**	신21	시108·109	사48	계18
17	**920**	신22	시110·111	사49	계19
18	**925**	신23	시112·113	사50	계20
19	**929**	신24	시114·115	사51	계21
20	**934**	신25	시116	사52	계22
21	**938**	신26	시117·118	사53	마 1
22	**942**	신27·28:1~19	시119:1~24	사54	마 2
23	**947**	신28:20~68	시119:25~48	사55	마 3
24	**953**	신29	시119:49~72	사56	마 4
25	**957**	신30	시119:73~96	사57	마 5
26	**963**	신31	시119:97~120	사58	마 6
27	**968**	신32	시119:121~144	사59	마 7
28	**974**	신33·34	시119:145~176	사60	마 8
29	**981**	수 1	시120~122	사61	마 9
30	**985**	수 2	시123~125	사62	마10

[맥체인 성경 읽기표]

맥체인 성경 읽기표는 1842년 맥체인이 자신이 목양하던 성베드로교회 성도들의 영적 성장을 위해 개발한 것으로, 매일 구약과 신약을 각각 2장씩 읽음으로써 1년에 구약 1회, 신약과 시편을 각 2회 정독할 수 있도록 만든 표입니다. 이와 같은 맥체인의 방법에 따라 신구약 성경 전체를 골고루 4등분해서 동시에 읽으면, 성경에 기록된 장구한 구속사를 크게 네 시대로 나누어 동시에 묵상할 수 있습니다.

(1) 창세기 ~ 역대하 : 만물의 시작과 이스라엘의 시작
(2) 에스라 ~ 말라기 : 이스라엘의 멸망과 새 시대의 시작
(3) 마태복음 ~ 요한복음 : 예수의 복음사역과 십자가 구속
(4) 사도행전 ~ 요한계시록 : 교회의 시작과 선교

▶ 《맥체인 성경 365》 말씀연결 사용하는 법

① 네 성경 본문의 소주제를 통해 중심 단어나 문장을 말씀으로 묵상한다.
② 네 본문의 말씀을 순서대로, 천천히 읽는다.
③ 두 본문에서 반복되는 단어나 유사한 문맥을 찾아 서로 연결한다.
④ 본문에서 반대의 뜻을 가진 단어나 문장을 찾는다.
⑤ 두 권의 책에서 공통되는 하나님의 말씀을 연결하여 기록한다.
⑥ 연결되는 말씀을 다른 두 권으로 확대하여 네 권 전체에 흐르는 하나님의 생각과 베푸신 은혜를 누리고, 그 내용을 적어본다.
⑦ 본문에서 지도자나 인도자로부터 배운 신학 주제나 교리들이 함축하고 있는 문맥의 짝을 찾아본다.
⑧ 중심 주제를 필두로, 삶에 적용할 일들을 적어보고 생활 중에 실천함으로써 변화를 경험해 본다.
⑨ 하나님이 오늘 나에게 주신 말씀들을 통하여 가르침, 명령과 약속 권면, 경고 및 행해야 할 일들을 하나님과 대화하는 마음으로(기도) 성경읽기를 마무리한다.

July 07

날짜	page	가정		개인	
1	**991**	수 3	시126~128	사63	마11
2	**995**	수 4	시129~131	사64	마12
3	**1000**	수5·6:1~5	시132~134	사65	마13
4	**1006**	수6:6~27	시135·136	사66	마14
5	**1013**	수 7	시137·138	렘 1	마15
6	**1018**	수 8	시139	렘 2	마16
7	**1025**	수 9	시140·141	렘 3	마17
8	**1031**	수10	시142·143	렘 4	마18
9	**1038**	수11	시144	렘 5	마19
10	**1043**	수12·13	시145	렘 6	마20
11	**1050**	수14·15	시146·147	렘 7	마21
12	**1058**	수16·17	시148	렘 8	마22
13	**1064**	수18·19	시149·150	렘 9	마23
14	**1071**	수20·21	행 1	렘10	마24
15	**1078**	수22	행 2	렘11	마25
16	**1087**	수23	행 3	렘12	마26
17	**1094**	수24	행 4	렘13	마27
18	**1102**	삿 1	행 5	렘14	마28
19	**1108**	삿 2	행 6	렘15	막 1
20	**1114**	삿 3	행 7	렘16	막 2
21	**1121**	삿 4	행 8	렘17	막 3
22	**1127**	삿 5	행 9	렘18	막 4
23	**1134**	삿 6	행10	렘19	막 5
24	**1142**	삿 7	행11	렘20	막 6
25	**1149**	삿 8	행12	렘21	막 7
26	**1154**	삿 9	행13	렘22	막 8
27	**1164**	삿10·11:1~11	행14	렘23	막 9
28	**1171**	삿11:12~40	행15	렘24	막10
29	**1178**	삿12	행16	렘25	막11
30	**1185**	삿13	행17	렘26	막12
31	**1192**	삿14	행18	렘27	막13

August 08

날짜	page	가정		개인	
1	**1199**	삿15	행19	렘28	막14
2	**1206**	삿16	행20	렘29	막15
3	**1214**	삿17	행21	렘30·31	막16
4	**1222**	삿18	행22	렘32	시1·2
5	**1228**	삿19	행23	렘33	시3·4
6	**1234**	삿20	행24	렘34	시5·6
7	**1241**	삿21	행25	렘35	시7·8
8	**1246**	룻 1	행26	렘36·37	시 9
9	**1253**	룻 2	행27	렘38	시10
10	**1259**	룻3·4	행28	렘39	시11·12
11	**1264**	삼상1	롬 1	렘40	시13·14
12	**1270**	삼상2	롬 2	렘41	시15·16
13	**1275**	삼상3	롬 3	렘42	시17
14	**1280**	삼상4	롬 4	렘43	시18
15	**1285**	삼상5·6	롬 5	렘44	시19
16	**1292**	삼상7·8	롬 6	렘45	시20·21
17	**1296**	삼상9	롬 7	렘46	시22
18	**1302**	삼상10	롬 8	렘47	시23·24
19	**1307**	삼상11	롬 9	렘48	시25
20	**1313**	삼상12	롬10	렘49	시26·27
21	**1319**	삼상13	롬11	렘50	시28·29
22	**1326**	삼상14	롬12	렘51	시30
23	**1334**	삼상15	롬13	렘52	시31
24	**1340**	삼상16	롬14	애 1	시32
25	**1345**	삼상17	롬15	애 2	시33
26	**1352**	삼상18	롬16	애 3	시34
27	**1358**	삼상19	고전1	애 4	시35
28	**1363**	삼상20	고전2	애 5	시36
29	**1368**	삼상21·22	고전3	겔 1	시37
30	**1374**	삼상23	고전4	겔 2	시38
31	**1379**	삼상24	고전5	겔 3	시39

September 09

날짜	page	가정		개인	
1	**1385**	삼상25	고전 6	겔 4	시40·41
2	**1391**	삼상26	고전 7	겔 5	시42·43
3	**1396**	삼상27	고전 8	겔 6	시44
4	**1400**	삼상28	고전 9	겔 7	시45·46
5	**1405**	삼상29·30	고전10	겔 8	시47
6	**1411**	삼상31	고전11	겔 9	시48
7	**1414**	삼하 1	고전12	겔10	시49
8	**1419**	삼하 2	고전13	겔11	시50
9	**1424**	삼하 3	고전14	겔12	시51
10	**1430**	삼하4·5	고전15	겔13	시52~54
11	**1438**	삼하 6	고전16	겔14	시55
12	**1442**	삼하 7	고후 1	겔15	시56·57
13	**1447**	삼하8·9	고후 2	겔16	시58·59
14	**1454**	삼하10	고후 3	겔17	시60·61
15	**1459**	삼하11	고후 4	겔18	시62·63
16	**1464**	삼하12	고후 5	겔19	시64·65
17	**1469**	삼하13	고후 6	겔20	시66·67
18	**1476**	삼하14	고후 7	겔21	시68
19	**1483**	삼하15	고후 8	겔22	시69
20	**1489**	삼하16	고후 9	겔23	시70·71
21	**1495**	삼하17	고후10	겔24	시72
22	**1500**	삼하18	고후11	겔25	시73
23	**1506**	삼하19	고후12	겔26	시74
24	**1513**	삼하20	고후13	겔27	시75·76
25	**1518**	삼하21	갈 1	겔28	시77
26	**1523**	삼하22	갈 2	겔29	시78:1~37
27	**1529**	삼하23	갈 3	겔30	시78:38~72
28	**1535**	삼하24	갈 4	겔31	시79
29	**1540**	왕상 1	갈 5	겔32	시80
30	**1547**	왕상 2	갈 6	겔33	시81·82

October 10

날짜	page	가정		개인	
1	**1555**	왕상 3	엡 1	겔34	시83·84
2	**1560**	왕상4·5	엡 2	겔35	시85
3	**1565**	왕상 6	엡 3	겔36	시86
4	**1571**	왕상 7	엡 4	겔37	시87·88
5	**1578**	왕상 8	엡 5	겔38	시89
6	**1586**	왕상 9	엡 6	겔39	시90
7	**1591**	왕상10	빌 1	겔40	시91
8	**1598**	왕상11	빌 2	겔41	시92·93
9	**1603**	왕상12	빌 3	겔42	시94
10	**1608**	왕상13	빌 4	겔43	시95·96
11	**1614**	왕상14	골 1	겔44	시97·98
12	**1620**	왕상15	골 2	겔45	시99~101
13	**1625**	왕상16	골 3	겔46	시102
14	**1631**	왕상17	골 4	겔47	시103
15	**1635**	왕상18	살전 1	겔48	시104
16	**1642**	왕상19	살전 2	단 1	시105
17	**1647**	왕상20	살전 3	단 2	시106
18	**1655**	왕상21	살전 4	단 3	시107
19	**1661**	왕상22	살전 5	단 4	시108·109
20	**1669**	왕하 1	살후 1	단 5	시110·111
21	**1674**	왕하 2	살후 2	단 6	시112·113
22	**1679**	왕하 3	살후 3	단 7	시114·115
23	**1684**	왕하 4	딤전 1	단 8	시116
24	**1690**	왕하 5	딤전 2	단 9	시117·118
25	**1695**	왕하 6	딤전 3	단10	시119:1~24
26	**1700**	왕하 7	딤전 4	단11	시119:25~48
27	**1706**	왕하 8	딤전 5	단12	시119:49~72
28	**1710**	왕하 9	딤전 6	호 1	시119:73~96
29	**1715**	왕하10	딤후 1	호 2	시119:97~120
30	**1721**	왕하11·12	딤후 2	호3·4	시119:121~144
31	**1726**	왕하13	딤후 3	호5·6	시119:145~176

November 11

날짜	page	가정		개인	
1	**1733**	왕하14	딤후4	호 7	시120~122
2	**1737**	왕하15	딛 1	호 8	시123~125
3	**1741**	왕하16	딛 2	호 9	시126~128
4	**1745**	왕하17	딛 3	호10	시129~131
5	**1750**	왕하18	몬 1	호11	시132~134
6	**1755**	왕하19	히 1	호12	시135·136
7	**1760**	왕하20	히 2	호13	시137·138
8	**1765**	왕하21	히 3	호14	시139
9	**1768**	왕하22	히 4	욜 1	시140·141
10	**1773**	왕하23	히 5	욜 2	시142
11	**1778**	왕하24	히 6	욜 3	시143
12	**1782**	왕하25	히 7	암 1	시144
13	**1787**	대상1·2	히 8	암 2	시145
14	**1793**	대상3·4	히 9	암 3	시146·147
15	**1799**	대상5·6	히10	암 4	시148·150
16	**1807**	대상7·8	히11	암 5	눅1:1~38
17	**1815**	대상9·10	히12	암 6	눅1:39~80
18	**1822**	대상11·12	히13	암 7	눅 2
19	**1830**	대상13·14	약 1	암 8	눅 3
20	**1836**	대상15	약 2	암 9	눅 4
21	**1841**	대상16	약 3	옵 1	눅 5
22	**1847**	대상17	약 4	욘 1	눅 6
23	**1853**	대상18	약 5	욘 2	눅 7
24	**1858**	대상19·20	벧전1	욘 3	눅 8
25	**1864**	대상21	벧전2	욘 4	눅 9
26	**1871**	대상22	벧전3	미 1	눅10
27	**1877**	대상23	벧전4	미 2	눅11
28	**1882**	대상24·25	벧전5	미 3	눅12
29	**1889**	대상26·27	벧후1	미 4	눅13
30	**1896**	대상28	벧후2	미 5	눅14

December 12

날짜	page	가정		개인	
1	**1903**	대상29	벧후3	미 6	눅15
2	**1908**	대하 1	요일 1	미 7	눅16
3	**1912**	대하 2	요일 2	나 1	눅17
4	**1917**	대하3·4	요일 3	나 2	눅18
5	**1923**	대하5·6:1~11	요일 4	나 3	눅19
6	**1929**	대하6:12~42	요일 5	합 1	눅20
7	**1935**	대하 7	요이 1	합 2	눅21
8	**1940**	대하 8	요삼 1	합 3	눅22
9	**1946**	대하 9	유 1	습 1	눅23
10	**1952**	대하10	계 1	습 2	눅24
11	**1958**	대하11·12	계 2	습 3	요 1
12	**1965**	대하13	계 3	학 1	요 2
13	**1969**	대하14·15	계 4	학 2	요 3
14	**1975**	대하16	계 5	슥 1	요 4
15	**1980**	대하17	계 6	슥 2	요 5
16	**1985**	대하18	계 7	슥 3	요 6
17	**1992**	대하19·20	계 8	슥 4	요 7
18	**1998**	대하21	계 9	슥 5	요 8
19	**2004**	대하22·23	계10	슥 6	요 9
20	**2009**	대하24	계11	슥 7	요10
21	**2015**	대하25	계12	슥 8	요11
22	**2021**	대하26	계13	슥 9	요12
23	**2027**	대하27·28	계14	슥10	요13
24	**2033**	대하29	계15	슥11	요14
25	**2038**	대하30	계16	슥12·13:1	요15
26	**2043**	대하31	계17	슥13:2~9	요16
27	**2048**	대하32	계18	슥14	요17
28	**2054**	대하33	계19	말 1	요18
29	**2060**	대하34	계20	말 2	요19
30	**2066**	대하35	계21	말 3	요20
31	**2072**	대하36	계22	말 4	요21

⊕ 맥체인 성경 읽기표 ⊕

January 01

날짜	page	가정		개인	
1	**1**	창 1	마 1	스 1	행 1
2	**5**	창 2	마 2	스 2	행 2
3	**12**	창 3	마 3	스 3	행 3
4	**16**	창 4	마 4	스 4	행 4
5	**22**	창 5	마 5	스 5	행 5
6	**28**	창 6	마 6	스 6	행 6
7	**33**	창 7	마 7	스 7	행 7
8	**39**	창 8	마 8	스 8	행 8
9	**46**	창9·10	마 9	스 9	행 9
10	**53**	창11	마10	스10	행10
11	**60**	창12	마11	느 1	행11
12	**65**	창13	마12	느 2	행12
13	**70**	창14	마13	느 3	행13
14	**78**	창15	마14	느 4	행14
15	**83**	창16	마15	느 5	행15
16	**89**	창17	마16	느 6	행16
17	**95**	창18	마17	느 7	행17
18	**102**	창19	마18	느 8	행18
19	**108**	창20	마19	느 9	행19
20	**115**	창21	마20	느10	행20
21	**121**	창22	마21	느11	행21
22	**128**	창23	마22	느12	행22
23	**135**	창24	마23	느13	행23
24	**144**	창25	마24	에 1	행24
25	**150**	창26	마25	에 2	행25
26	**157**	창27	마26	에 3	행26
27	**165**	창28	마27	에 4	행27
28	**172**	창29	마28	에 5	행28
29	**177**	창30	막 1	에 6	롬 1
30	**184**	창31	막 2	에 7	롬 2
31	**190**	창32	막 3	에 8	롬 3

February 02

날짜	page	가정		개인	
1	**197**	창33	막 4	에9·10	롬 4
2	**202**	창34	막 5	욥 1	롬 5
3	**208**	창35·36	막 6	욥 2	롬 6
4	**216**	창37	막 7	욥 3	롬 7
5	**222**	창38	막 8	욥 4	롬 8
6	**228**	창39	막 9	욥 5	롬 9
7	**234**	창40	막10	욥 6	롬10
8	**239**	창41	막11	욥 7	롬11
9	**246**	창42	막12	욥 8	롬12
10	**252**	창43	막13	욥 9	롬13
11	**258**	창44	막14	욥10	롬14
12	**265**	창45	막15	욥11	롬15
13	**271**	창46	막16	욥12	롬16
14	**276**	창47	눅1:1~38	욥13	고전1
15	**282**	창48	눅1:39~80	욥14	고전2
16	**286**	창49	눅 2	욥15	고전3
17	**292**	창50	눅 3	욥16·17	고전4
18	**298**	출 1	눅 4	욥18	고전5
19	**303**	출 2	눅 5	욥19	고전6
20	**308**	출 3	눅 6	욥20	고전7
21	**315**	출 4	눅 7	욥21	고전8
22	**321**	출 5	눅 8	욥22	고전9
23	**327**	출 6	눅 9	욥23	고전10
24	**334**	출 7	눅10	욥24	고전11
25	**340**	출 8	눅11	욥25·26	고전12
26	**346**	출 9	눅12	욥27	고전13
27	**352**	출10	눅13	욥28	고전14
28	**359**	출11·12:1~21	눅14	욥29	고전15

March 03

날짜	page	가정		개인	
1	**367**	출12:22~51	눅15	욥30	고전16
2	**372**	출13	눅16	욥31	고후 1
3	**377**	출14	눅17	욥32	고후 2
4	**382**	출15	눅18	욥33	고후 3
5	**388**	출16	눅19	욥34	고후 4
6	**394**	출17	눅20	욥35	고후 5
7	**399**	출18	눅21	욥36	고후 6
8	**404**	출19	눅22	욥37	고후 7
9	**411**	출20	눅23	욥38	고후 8
10	**417**	출21	눅24	욥39	고후 9
11	**422**	출22	요 1	욥40	고후10
12	**428**	출23	요 2	욥41	고후11
13	**433**	출24	요 3	욥42	고후12
14	**438**	출25	요 4	잠 1	고후13
15	**444**	출26	요 5	잠 2	갈 1
16	**449**	출27	요 6	잠 3	갈 2
17	**456**	출28	요 7	잠 4	갈 3
18	**463**	출29	요 8	잠 5	갈 4
19	**470**	출30	요 9	잠 6	갈 5
20	**476**	출31	요10	잠 7	갈 6
21	**480**	출32	요11	잠 8	엡 1
22	**487**	출33	요12	잠 9	엡 2
23	**492**	출34	요13	잠10	엡 3
24	**498**	출35	요14	잠11	엡 4
25	**504**	출36	요15	잠12	엡 5
26	**509**	출37	요16	잠13	엡 6
27	**514**	출38	요17	잠14	빌 1
28	**520**	출39	요18	잠15	빌 2
29	**526**	출40	요19	잠16	빌 3
30	**532**	레 1	요20	잠17	빌 4
31	**537**	레2·3	요21	잠18	골 1

April 04

날짜	page	가정		개인	
1	**543**	레 4	시1·2	잠19	골 2
2	**547**	레 5	시3·4	잠20	골 3
3	**551**	레 6	시5·6	잠21	골 4
4	**556**	레 7	시7·8	잠22	살전1
5	**560**	레 8	시 9	잠23	살전2
6	**565**	레 9	시10	잠24	살전3
7	**569**	레10	시11·12	잠25	살전4
8	**573**	레11·12	시13·14	잠26	살전5
9	**578**	레13	시15·16	잠27	살후1
10	**583**	레14	시17	잠28	살후2
11	**589**	레15	시18	잠29	살후3
12	**594**	레16	시19	잠30	딤전1
13	**599**	레17	시20·21	잠31	딤전2
14	**603**	레18	시22	전 1	딤전3
15	**607**	레19	시23·24	전 2	딤전4
16	**611**	레20	시25	전 3	딤전5
17	**616**	레21	시26·27	전 4	딤전6
18	**620**	레22	시28·29	전 5	딤후1
19	**625**	레23	시30	전 6	딤후2
20	**629**	레24	시31	전 7	딤후3
21	**634**	레25	시32	전 8	딤후4
22	**639**	레26	시33	전 9	딛 1
23	**644**	레27	시34	전10	딛 2
24	**648**	민 1	시35	전11	딛 3
25	**653**	민 2	시36	전12	몬 1
26	**656**	민 3	시37	아 1	히 1
27	**662**	민 4	시38	아 2	히 2
28	**666**	민 5	시39	아 3	히 3
29	**670**	민 6	시40·41	아 4	히 4
30	**675**	민 7	시42·43	아 5	히 5

May 05

날짜	page	가정		개인	
1	**683**	민 8	시44	아 6	히 6
2	**687**	민 9	시45	아 7	히 7
3	**691**	민10	시46·47	아 8	히 8
4	**695**	민11	시48	사 1	히 9
5	**700**	민12·13	시49	사 2	히10
6	**706**	민14	시50	사3·4	히11
7	**712**	민15	시51	사 5	히12
8	**718**	민16	시52~54	사 6	히13
9	**724**	민17·18	시55	사 7	약 1
10	**730**	민19	시56·57	사8·9:1~7	약 2
11	**735**	민20	시58·59	사9:8~10:4	약 3
12	**740**	민21	시60·61	사10:5~34	약 4
13	**745**	민22	시62·63	사11·12	약 5
14	**751**	민23	시64·65	사13	벧전1
15	**756**	민24	시66·67	사14	벧전2
16	**761**	민25	시68	사15	벧전3
17	**766**	민26	시69	사16	벧전4
18	**772**	민27	시70·71	사17·18	벧전5
19	**776**	민28	시72	사19·20	벧후1
20	**781**	민29	시73	사21	벧후2
21	**786**	민30	시74	사22	벧후3
22	**790**	민31	시75·76	사23	요일1
23	**795**	민32	시77	사24	요일2
24	**800**	민33	시78:1~37	사25	요일3
25	**806**	민34	시78:38~72	사26	요일4
26	**810**	민35	시79	사27	요일5
27	**815**	민36	시80	사28	요이1
28	**819**	신 1	시81·82	사29	요삼1
29	**824**	신 2	시83·84	사30	유 1
30	**831**	신 3	시85	사31	계 1
31	**835**	신 4	시86·87	사32	계 2

June 06

날짜	page	가정		개인	
1	**843**	신 5	시88	사33	계 3
2	**848**	신 6	시89	사34	계 4
3	**853**	신 7	시90	사35	계 5
4	**856**	신 8	시91	사36	계 6
5	**860**	신 9	시92·93	사37	계 7
6	**866**	신10	시94	사38	계 8
7	**870**	신11	시95·96	사39	계 9
8	**874**	신12	시97·98	사40	계10
9	**879**	신13·14	시99~101	사41	계11
10	**885**	신15	시102	사42	계12
11	**890**	신16	시103	사43	계13
12	**894**	신17	시104	사44	계14
13	**900**	신18	시105	사45	계15
14	**905**	신19	시106	사46	계16
15	**910**	신20	시107	사47	계17
16	**914**	신21	시108·109	사48	계18
17	**920**	신22	시110·111	사49	계19
18	**925**	신23	시112·113	사50	계20
19	**929**	신24	시114·115	사51	계21
20	**934**	신25	시116	사52	계22
21	**938**	신26	시117·118	사53	마 1
22	**942**	신27·28:1~19	시119:1~24	사54	마 2
23	**947**	신28:20~68	시119:25~48	사55	마 3
24	**953**	신29	시119:49~72	사56	마 4
25	**957**	신30	시119:73~96	사57	마 5
26	**963**	신31	시119:97~120	사58	마 6
27	**968**	신32	시119:121~144	사59	마 7
28	**974**	신33·34	시119:145~176	사60	마 8
29	**981**	수 1	시120~122	사61	마 9
30	**985**	수 2	시123~125	사62	마10

[맥체인 성경 읽기표]

맥체인 성경 읽기표는 1842년 맥체인이 자신이 목양하던 성베드로교회 성도들의 영적 성장을 위해 개발한 것으로, 매일 구약과 신약을 각각 2장씩 읽음으로써 1년에 구약 1회, 신약과 시편을 각 2회 정독할 수 있도록 만든 표입니다. 이와 같은 맥체인의 방법에 따라 신구약 성경 전체를 골고루 4등분해서 동시에 읽으면, 성경에 기록된 장구한 구속사를 크게 네 시대로 나누어 동시에 묵상할 수 있습니다.

(1) 창세기 ~ 역대하 : 만물의 시작과 이스라엘의 시작
(2) 에스라 ~ 말라기 : 이스라엘의 멸망과 새 시대의 시작
(3) 마태복음 ~ 요한복음 : 예수의 복음사역과 십자가 구속
(4) 사도행전 ~ 요한계시록 : 교회의 시작과 선교

▶《맥체인 성경 365》 말씀연결 사용하는 법

① 네 성경 본문의 소주제를 통해 중심 단어나 문장을 말씀으로 묵상한다.
② 네 본문의 말씀을 순서대로, 천천히 읽는다.
③ 두 본문에서 반복되는 단어나 유사한 문맥을 찾아 서로 연결한다.
④ 본문에서 반대의 뜻을 가진 단어나 문장을 찾는다.
⑤ 두 권의 책에서 공통되는 하나님의 말씀을 연결하여 기록한다.
⑥ 연결되는 말씀을 다른 두 권으로 확대하여 네 권 전체에 흐르는 하나님의 생각과 베푸신 은혜를 누리고, 그 내용을 적어본다.
⑦ 본문에서 지도자나 인도자로부터 배운 신학 주제나 교리들이 함축하고 있는 문맥의 짝을 찾아본다.
⑧ 중심 주제를 필두로, 삶에 적용할 일들을 적어보고 생활 중에 실천함으로써 변화를 경험해 본다.
⑨ 하나님이 오늘 나에게 주신 말씀들을 통하여 가르침, 명령과 약속 권면, 경고 및 행해야 할 일들을 하나님과 대화하는 마음으로(기도) 성경읽기를 마무리한다.

July 07

날짜	page	가정		개인	
1	**991**	수 3	시126~128	사63	마11
2	**995**	수 4	시129~131	사64	마12
3	**1000**	수5·6:1~5	시132~134	사65	마13
4	**1006**	수6:6~27	시135·136	사66	마14
5	**1013**	수 7	시137·138	렘 1	마15
6	**1018**	수 8	시139	렘 2	마16
7	**1025**	수 9	시140·141	렘 3	마17
8	**1031**	수10	시142·143	렘 4	마18
9	**1038**	수11	시144	렘 5	마19
10	**1043**	수12·13	시145	렘 6	마20
11	**1050**	수14·15	시146·147	렘 7	마21
12	**1058**	수16·17	시148	렘 8	마22
13	**1064**	수18·19	시149·150	렘 9	마23
14	**1071**	수20·21	행 1	렘10	마24
15	**1078**	수22	행 2	렘11	마25
16	**1087**	수23	행 3	렘12	마26
17	**1094**	수24	행 4	렘13	마27
18	**1102**	삿 1	행 5	렘14	마28
19	**1108**	삿 2	행 6	렘15	막 1
20	**1114**	삿 3	행 7	렘16	막 2
21	**1121**	삿 4	행 8	렘17	막 3
22	**1127**	삿 5	행 9	렘18	막 4
23	**1134**	삿 6	행10	렘19	막 5
24	**1142**	삿 7	행11	렘20	막 6
25	**1149**	삿 8	행12	렘21	막 7
26	**1154**	삿 9	행13	렘22	막 8
27	**1164**	삿10·11:1~11	행14	렘23	막 9
28	**1171**	삿11:12~40	행15	렘24	막10
29	**1178**	삿12	행16	렘25	막11
30	**1185**	삿13	행17	렘26	막12
31	**1192**	삿14	행18	렘27	막13

August 08

날짜	page	가정		개인	
1	**1199**	삿15	행19	렘28	막14
2	**1206**	삿16	행20	렘29	막15
3	**1214**	삿17	행21	렘30·31	막16
4	**1222**	삿18	행22	렘32	시1·2
5	**1228**	삿19	행23	렘33	시3·4
6	**1234**	삿20	행24	렘34	시5·6
7	**1241**	삿21	행25	렘35	시7·8
8	**1246**	룻 1	행26	렘36·37	시 9
9	**1253**	룻 2	행27	렘38	시10
10	**1259**	룻3·4	행28	렘39	시11·12
11	**1264**	삼상1	롬 1	렘40	시13·14
12	**1270**	삼상2	롬 2	렘41	시15·16
13	**1275**	삼상3	롬 3	렘42	시17
14	**1280**	삼상4	롬 4	렘43	시18
15	**1285**	삼상5·6	롬 5	렘44	시19
16	**1292**	삼상7·8	롬 6	렘45	시20·21
17	**1296**	삼상9	롬 7	렘46	시22
18	**1302**	삼상10	롬 8	렘47	시23·24
19	**1307**	삼상11	롬 9	렘48	시25
20	**1313**	삼상12	롬10	렘49	시26·27
21	**1319**	삼상13	롬11	렘50	시28·29
22	**1326**	삼상14	롬12	렘51	시30
23	**1334**	삼상15	롬13	렘52	시31
24	**1340**	삼상16	롬14	애 1	시32
25	**1345**	삼상17	롬15	애 2	시33
26	**1352**	삼상18	롬16	애 3	시34
27	**1358**	삼상19	고전1	애 4	시35
28	**1363**	삼상20	고전2	애 5	시36
29	**1368**	삼상21·22	고전3	겔 1	시37
30	**1374**	삼상23	고전4	겔 2	시38
31	**1379**	삼상24	고전5	겔 3	시39

September 09

날짜	page	가정		개인	
1	1385	삼상25	고전 6	겔 4	시40·41
2	1391	삼상26	고전 7	겔 5	시42·43
3	1396	삼상27	고전 8	겔 6	시44
4	1400	삼상28	고전 9	겔 7	시45·46
5	1405	삼상29·30	고전10	겔 8	시47
6	1411	삼상31	고전11	겔 9	시48
7	1414	삼하 1	고전12	겔10	시49
8	1419	삼하 2	고전13	겔11	시50
9	1424	삼하 3	고전14	겔12	시51
10	1430	삼하4·5	고전15	겔13	시52~54
11	1438	삼하 6	고전16	겔14	시55
12	1442	삼하 7	고후 1	겔15	시56·57
13	1447	삼하8·9	고후 2	겔16	시58·59
14	1454	삼하10	고후 3	겔17	시60·61
15	1459	삼하11	고후 4	겔18	시62·63
16	1464	삼하12	고후 5	겔19	시64·65
17	1469	삼하13	고후 6	겔20	시66·67
18	1476	삼하14	고후 7	겔21	시68
19	1483	삼하15	고후 8	겔22	시69
20	1489	삼하16	고후 9	겔23	시70·71
21	1495	삼하17	고후10	겔24	시72
22	1500	삼하18	고후11	겔25	시73
23	1506	삼하19	고후12	겔26	시74
24	1513	삼하20	고후13	겔27	시75·76
25	1518	삼하21	갈 1	겔28	시77
26	1523	삼하22	갈 2	겔29	시78:1~37
27	1529	삼하23	갈 3	겔30	시78:38~72
28	1535	삼하24	갈 4	겔31	시79
29	1540	왕상 1	갈 5	겔32	시80
30	1547	왕상 2	갈 6	겔33	시81·82

October 10

날짜	page	가정		개인	
1	1555	왕상 3	엡 1	겔34	시83·84
2	1560	왕상4·5	엡 2	겔35	시85
3	1565	왕상 6	엡 3	겔36	시86
4	1571	왕상 7	엡 4	겔37	시87·88
5	1578	왕상 8	엡 5	겔38	시89
6	1586	왕상 9	엡 6	겔39	시90
7	1591	왕상10	빌 1	겔40	시91
8	1598	왕상11	빌 2	겔41	시92·93
9	1603	왕상12	빌 3	겔42	시94
10	1608	왕상13	빌 4	겔43	시95·96
11	1614	왕상14	골 1	겔44	시97·98
12	1620	왕상15	골 2	겔45	시99~101
13	1625	왕상16	골 3	겔46	시102
14	1631	왕상17	골 4	겔47	시103
15	1635	왕상18	살전 1	겔48	시104
16	1642	왕상19	살전 2	단 1	시105
17	1647	왕상20	살전 3	단 2	시106
18	1655	왕상21	살전 4	단 3	시107
19	1661	왕상22	살전 5	단 4	시108·109
20	1669	왕하 1	살후 1	단 5	시110·111
21	1674	왕하 2	살후 2	단 6	시112·113
22	1679	왕하 3	살후 3	단 7	시114·115
23	1684	왕하 4	딤전 1	단 8	시116
24	1690	왕하 5	딤전 2	단 9	시117·118
25	1695	왕하 6	딤전 3	단10	시119:1~24
26	1700	왕하 7	딤전 4	단11	시119:25~48
27	1706	왕하 8	딤전 5	단12	시119:49~72
28	1710	왕하 9	딤전 6	호 1	시119:73~96
29	1715	왕하10	딤후 1	호 2	시119:97~120
30	1721	왕하11·12	딤후 2	호3·4	시119:121~144
31	1726	왕하13	딤후 3	호5·6	시119:145~176

November 11

날짜	page	가정		개인	
1	**1733**	왕하14	딤후4	호 7	시120~122
2	**1737**	왕하15	딛 1	호 8	시123~125
3	**1741**	왕하16	딛 2	호 9	시126~128
4	**1745**	왕하17	딛 3	호10	시129~131
5	**1750**	왕하18	몬 1	호11	시132~134
6	**1755**	왕하19	히 1	호12	시135·136
7	**1760**	왕하20	히 2	호13	시137·138
8	**1765**	왕하21	히 3	호14	시139
9	**1768**	왕하22	히 4	욜 1	시140·141
10	**1773**	왕하23	히 5	욜 2	시142
11	**1778**	왕하24	히 6	욜 3	시143
12	**1782**	왕하25	히 7	암 1	시144
13	**1787**	대상1·2	히 8	암 2	시145
14	**1793**	대상3·4	히 9	암 3	시146·147
15	**1799**	대상5·6	히10	암 4	시148·150
16	**1807**	대상7·8	히11	암 5	눅1:1~38
17	**1815**	대상9·10	히12	암 6	눅1:39~80
18	**1822**	대상11·12	히13	암 7	눅 2
19	**1830**	대상13·14	약 1	암 8	눅 3
20	**1836**	대상15	약 2	암 9	눅 4
21	**1841**	대상16	약 3	옵 1	눅 5
22	**1847**	대상17	약 4	욘 1	눅 6
23	**1853**	대상18	약 5	욘 2	눅 7
24	**1858**	대상19·20	벧전1	욘 3	눅 8
25	**1864**	대상21	벧전2	욘 4	눅 9
26	**1871**	대상22	벧전3	미 1	눅10
27	**1877**	대상23	벧전4	미 2	눅11
28	**1882**	대상24·25	벧전5	미 3	눅12
29	**1889**	대상26·27	벧후1	미 4	눅13
30	**1896**	대상28	벧후2	미 5	눅14

December 12

날짜	page	가정		개인	
1	**1903**	대상29	벧후3	미 6	눅15
2	**1908**	대하 1	요일 1	미 7	눅16
3	**1912**	대하 2	요일 2	나 1	눅17
4	**1917**	대하3·4	요일 3	나 2	눅18
5	**1923**	대하5·6:1~11	요일 4	나 3	눅19
6	**1929**	대하6:12~42	요일 5	합 1	눅20
7	**1935**	대하 7	요이 1	합 2	눅21
8	**1940**	대하 8	요삼 1	합 3	눅22
9	**1946**	대하 9	유 1	습 1	눅23
10	**1952**	대하10	계 1	습 2	눅24
11	**1958**	대하11·12	계 2	습 3	요 1
12	**1965**	대하13	계 3	학 1	요 2
13	**1969**	대하14·15	계 4	학 2	요 3
14	**1975**	대하16	계 5	슥 1	요 4
15	**1980**	대하17	계 6	슥 2	요 5
16	**1985**	대하18	계 7	슥 3	요 6
17	**1992**	대하19·20	계 8	슥 4	요 7
18	**1998**	대하21	계 9	슥 5	요 8
19	**2004**	대하22·23	계10	슥 6	요 9
20	**2009**	대하24	계11	슥 7	요10
21	**2015**	대하25	계12	슥 8	요11
22	**2021**	대하26	계13	슥 9	요12
23	**2027**	대하27·28	계14	슥10	요13
24	**2033**	대하29	계15	슥11	요14
25	**2038**	대하30	계16	슥12·13:1	요15
26	**2043**	대하31	계17	슥13:2~9	요16
27	**2048**	대하32	계18	슥14	요17
28	**2054**	대하33	계19	말 1	요18
29	**2060**	대하34	계20	말 2	요19
30	**2066**	대하35	계21	말 3	요20
31	**2072**	대하36	계22	말 4	요21

맥체인 성경 읽기표

January 01

날짜	page	가정		개인	
1	1	창 1	마 1	스 1	행 1
2	5	창 2	마 2	스 2	행 2
3	12	창 3	마 3	스 3	행 3
4	16	창 4	마 4	스 4	행 4
5	22	창 5	마 5	스 5	행 5
6	28	창 6	마 6	스 6	행 6
7	33	창 7	마 7	스 7	행 7
8	39	창 8	마 8	스 8	행 8
9	46	창9·10	마 9	스 9	행 9
10	53	창11	마10	스10	행10
11	60	창12	마11	느 1	행11
12	65	창13	마12	느 2	행12
13	70	창14	마13	느 3	행13
14	78	창15	마14	느 4	행14
15	83	창16	마15	느 5	행15
16	89	창17	마16	느 6	행16
17	95	창18	마17	느 7	행17
18	102	창19	마18	느 8	행18
19	108	창20	마19	느 9	행19
20	115	창21	마20	느10	행20
21	121	창22	마21	느11	행21
22	128	창23	마22	느12	행22
23	135	창24	마23	느13	행23
24	144	창25	마24	에 1	행24
25	150	창26	마25	에 2	행25
26	157	창27	마26	에 3	행26
27	165	창28	마27	에 4	행27
28	172	창29	마28	에 5	행28
29	177	창30	막 1	에 6	롬 1
30	184	창31	막 2	에 7	롬 2
31	190	창32	막 3	에 8	롬 3

February 02

날짜	page	가정		개인	
1	197	창33	막 4	에9·10	롬 4
2	202	창34	막 5	욥 1	롬 5
3	208	창35·36	막 6	욥 2	롬 6
4	216	창37	막 7	욥 3	롬 7
5	222	창38	막 8	욥 4	롬 8
6	228	창39	막 9	욥 5	롬 9
7	234	창40	막10	욥 6	롬10
8	239	창41	막11	욥 7	롬11
9	246	창42	막12	욥 8	롬12
10	252	창43	막13	욥 9	롬13
11	258	창44	막14	욥10	롬14
12	265	창45	막15	욥11	롬15
13	271	창46	막16	욥12	롬16
14	276	창47	눅1:1~38	욥13	고전1
15	282	창48	눅1:39~80	욥14	고전2
16	286	창49	눅 2	욥15	고전3
17	292	창50	눅 3	욥16·17	고전4
18	298	출 1	눅 4	욥18	고전5
19	303	출 2	눅 5	욥19	고전6
20	308	출 3	눅 6	욥20	고전7
21	315	출 4	눅 7	욥21	고전8
22	321	출 5	눅 8	욥22	고전9
23	327	출 6	눅 9	욥23	고전10
24	334	출 7	눅10	욥24	고전11
25	340	출 8	눅11	욥25·26	고전12
26	346	출 9	눅12	욥27	고전13
27	352	출10	눅13	욥28	고전14
28	359	출11·12:1~21	눅14	욥29	고전15

March 03

날짜	page	가정		개인	
1	**367**	출12:22~51	눅15	욥30	고전16
2	**372**	출13	눅16	욥31	고후 1
3	**377**	출14	눅17	욥32	고후 2
4	**382**	출15	눅18	욥33	고후 3
5	**388**	출16	눅19	욥34	고후 4
6	**394**	출17	눅20	욥35	고후 5
7	**399**	출18	눅21	욥36	고후 6
8	**404**	출19	눅22	욥37	고후 7
9	**411**	출20	눅23	욥38	고후 8
10	**417**	출21	눅24	욥39	고후 9
11	**422**	출22	요 1	욥40	고후10
12	**428**	출23	요 2	욥41	고후11
13	**433**	출24	요 3	욥42	고후12
14	**438**	출25	요 4	잠 1	고후13
15	**444**	출26	요 5	잠 2	갈 1
16	**449**	출27	요 6	잠 3	갈 2
17	**456**	출28	요 7	잠 4	갈 3
18	**463**	출29	요 8	잠 5	갈 4
19	**470**	출30	요 9	잠 6	갈 5
20	**476**	출31	요10	잠 7	갈 6
21	**480**	출32	요11	잠 8	엡 1
22	**487**	출33	요12	잠 9	엡 2
23	**492**	출34	요13	잠10	엡 3
24	**498**	출35	요14	잠11	엡 4
25	**504**	출36	요15	잠12	엡 5
26	**509**	출37	요16	잠13	엡 6
27	**514**	출38	요17	잠14	빌 1
28	**520**	출39	요18	잠15	빌 2
29	**526**	출40	요19	잠16	빌 3
30	**532**	레 1	요20	잠17	빌 4
31	**537**	레2·3	요21	잠18	골 1

April 04

날짜	page	가정		개인	
1	**543**	레 4	시1·2	잠19	골 2
2	**547**	레 5	시3·4	잠20	골 3
3	**551**	레 6	시5·6	잠21	골 4
4	**556**	레 7	시7·8	잠22	살전1
5	**560**	레 8	시 9	잠23	살전2
6	**565**	레 9	시10	잠24	살전3
7	**569**	레10	시11·12	잠25	살전4
8	**573**	레11·12	시13·14	잠26	살전5
9	**578**	레13	시15·16	잠27	살후1
10	**583**	레14	시17	잠28	살후2
11	**589**	레15	시18	잠29	살후3
12	**594**	레16	시19	잠30	딤전1
13	**599**	레17	시20·21	잠31	딤전2
14	**603**	레18	시22	전 1	딤전3
15	**607**	레19	시23·24	전 2	딤전4
16	**611**	레20	시25	전 3	딤전5
17	**616**	레21	시26·27	전 4	딤전6
18	**620**	레22	시28·29	전 5	딤후1
19	**625**	레23	시30	전 6	딤후2
20	**629**	레24	시31	전 7	딤후3
21	**634**	레25	시32	전 8	딤후4
22	**639**	레26	시33	전 9	딛 1
23	**644**	레27	시34	전10	딛 2
24	**648**	민 1	시35	전11	딛 3
25	**653**	민 2	시36	전12	몬 1
26	**656**	민 3	시37	아 1	히 1
27	**662**	민 4	시38	아 2	히 2
28	**666**	민 5	시39	아 3	히 3
29	**670**	민 6	시40·41	아 4	히 4
30	**675**	민 7	시42·43	아 5	히 5

May 05

날짜	page	가정		개인	
1	**683**	민 8	시44	아 6	히 6
2	**687**	민 9	시45	아 7	히 7
3	**691**	민10	시46·47	아 8	히 8
4	**695**	민11	시48	사 1	히 9
5	**700**	민12·13	시49	사 2	히10
6	**706**	민14	시50	사3·4	히11
7	**712**	민15	시51	사 5	히12
8	**718**	민16	시52~54	사 6	히13
9	**724**	민17·18	시55	사 7	약 1
10	**730**	민19	시56·57	사8·9:1~7	약 2
11	**735**	민20	시58·59	사9:8~10:4	약 3
12	**740**	민21	시60·61	사10:5~34	약 4
13	**745**	민22	시62·63	사11·12	약 5
14	**751**	민23	시64·65	사13	벧전1
15	**756**	민24	시66·67	사14	벧전2
16	**761**	민25	시68	사15	벧전3
17	**766**	민26	시69	사16	벧전4
18	**772**	민27	시70·71	사17·18	벧전5
19	**776**	민28	시72	사19·20	벧후1
20	**781**	민29	시73	사21	벧후2
21	**786**	민30	시74	사22	벧후3
22	**790**	민31	시75·76	사23	요일1
23	**795**	민32	시77	사24	요일2
24	**800**	민33	시78:1~37	사25	요일3
25	**806**	민34	시78:38~72	사26	요일4
26	**810**	민35	시79	사27	요일5
27	**815**	민36	시80	사28	요이1
28	**819**	신 1	시81·82	사29	요삼1
29	**824**	신 2	시83·84	사30	유 1
30	**831**	신 3	시85	사31	계 1
31	**835**	신 4	시86·87	사32	계 2

June 06

날짜	page	가정		개인	
1	**843**	신 5	시88	사33	계 3
2	**848**	신 6	시89	사34	계 4
3	**853**	신 7	시90	사35	계 5
4	**856**	신 8	시91	사36	계 6
5	**860**	신 9	시92·93	사37	계 7
6	**866**	신10	시94	사38	계 8
7	**870**	신11	시95·96	사39	계 9
8	**874**	신12	시97·98	사40	계10
9	**879**	신13·14	시99~101	사41	계11
10	**885**	신15	시102	사42	계12
11	**890**	신16	시103	사43	계13
12	**894**	신17	시104	사44	계14
13	**900**	신18	시105	사45	계15
14	**905**	신19	시106	사46	계16
15	**910**	신20	시107	사47	계17
16	**914**	신21	시108·109	사48	계18
17	**920**	신22	시110·111	사49	계19
18	**925**	신23	시112·113	사50	계20
19	**929**	신24	시114·115	사51	계21
20	**934**	신25	시116	사52	계22
21	**938**	신26	시117·118	사53	마 1
22	**942**	신27·28:1~19	시119:1~24	사54	마 2
23	**947**	신28:20~68	시119:25~48	사55	마 3
24	**953**	신29	시119:49~72	사56	마 4
25	**957**	신30	시119:73~96	사57	마 5
26	**963**	신31	시119:97~120	사58	마 6
27	**968**	신32	시119:121~144	사59	마 7
28	**974**	신33·34	시119:145~176	사60	마 8
29	**981**	수 1	시120~122	사61	마 9
30	**985**	수 2	시123~125	사62	마10

[맥체인 성경 읽기표]

맥체인 성경 읽기표는 1842년 맥체인이 자신이 목양하던 성베드로교회 성도들의 영적 성장을 위해 개발한 것으로, 매일 구약과 신약을 각각 2장씩 읽음으로써 1년에 구약 1회, 신약과 시편을 각 2회 정독할 수 있도록 만든 표입니다. 이와 같은 맥체인의 방법에 따라 신구약 성경 전체를 골고루 4등분해서 동시에 읽으면, 성경에 기록된 장구한 구속사를 크게 네 시대로 나누어 동시에 묵상할 수 있습니다.

(1) 창세기 ~ 역대하 : 만물의 시작과 이스라엘의 시작
(2) 에스라 ~ 말라기 : 이스라엘의 멸망과 새 시대의 시작
(3) 마태복음 ~ 요한복음 : 예수의 복음사역과 십자가 구속
(4) 사도행전 ~ 요한계시록 : 교회의 시작과 선교

▶ 《맥체인 성경 365》 말씀연결 사용하는 법

① 네 성경 본문의 소주제를 통해 중심 단어나 문장을 말씀으로 묵상한다.
② 네 본문의 말씀을 순서대로, 천천히 읽는다.
③ 두 본문에서 반복되는 단어나 유사한 문맥을 찾아 서로 연결한다.
④ 본문에서 반대의 뜻을 가진 단어나 문장을 찾는다.
⑤ 두 권의 책에서 공통되는 하나님의 말씀을 연결하여 기록한다.
⑥ 연결되는 말씀을 다른 두 권으로 확대하여 네 권 전체에 흐르는 하나님의 생각과 베푸신 은혜를 누리고, 그 내용을 적어본다.
⑦ 본문에서 지도자나 인도자로부터 배운 신학 주제나 교리들이 함축하고 있는 문맥의 짝을 찾아본다.
⑧ 중심 주제를 필두로, 삶에 적용할 일들을 적어보고 생활 중에 실천함으로써 변화를 경험해 본다.
⑨ 하나님이 오늘 나에게 주신 말씀들을 통하여 가르침, 명령과 약속 권면, 경고 및 행해야 할 일들을 하나님과 대화하는 마음으로(기도) 성경읽기를 마무리한다.

July 07

날짜	page	가정		개인	
1	**991**	수 3	시126~128	사63	마11
2	**995**	수 4	시129~131	사64	마12
3	**1000**	수5·6:1~5	시132~134	사65	마13
4	**1006**	수6:6~27	시135·136	사66	마14
5	**1013**	수 7	시137·138	렘 1	마15
6	**1018**	수 8	시139	렘 2	마16
7	**1025**	수 9	시140·141	렘 3	마17
8	**1031**	수10	시142·143	렘 4	마18
9	**1038**	수11	시144	렘 5	마19
10	**1043**	수12·13	시145	렘 6	마20
11	**1050**	수14·15	시146·147	렘 7	마21
12	**1058**	수16·17	시148	렘 8	마22
13	**1064**	수18·19	시149·150	렘 9	마23
14	**1071**	수20·21	행 1	렘10	마24
15	**1078**	수22	행 2	렘11	마25
16	**1087**	수23	행 3	렘12	마26
17	**1094**	수24	행 4	렘13	마27
18	**1102**	삿 1	행 5	렘14	마28
19	**1108**	삿 2	행 6	렘15	막 1
20	**1114**	삿 3	행 7	렘16	막 2
21	**1121**	삿 4	행 8	렘17	막 3
22	**1127**	삿 5	행 9	렘18	막 4
23	**1134**	삿 6	행10	렘19	막 5
24	**1142**	삿 7	행11	렘20	막 6
25	**1149**	삿 8	행12	렘21	막 7
26	**1154**	삿 9	행13	렘22	막 8
27	**1164**	삿10·11:1~11	행14	렘23	막 9
28	**1171**	삿11:12~40	행15	렘24	막10
29	**1178**	삿12	행16	렘25	막11
30	**1185**	삿13	행17	렘26	막12
31	**1192**	삿14	행18	렘27	막13

August 08

날짜	page	가정		개인	
1	**1199**	삿15	행19	렘28	막14
2	**1206**	삿16	행20	렘29	막15
3	**1214**	삿17	행21	렘30·31	막16
4	**1222**	삿18	행22	렘32	시1·2
5	**1228**	삿19	행23	렘33	시3·4
6	**1234**	삿20	행24	렘34	시5·6
7	**1241**	삿21	행25	렘35	시7·8
8	**1246**	룻 1	행26	렘36·37	시 9
9	**1253**	룻 2	행27	렘38	시10
10	**1259**	룻3·4	행28	렘39	시11·12
11	**1264**	삼상1	롬 1	렘40	시13·14
12	**1270**	삼상2	롬 2	렘41	시15·16
13	**1275**	삼상3	롬 3	렘42	시17
14	**1280**	삼상4	롬 4	렘43	시18
15	**1285**	삼상5·6	롬 5	렘44	시19
16	**1292**	삼상7·8	롬 6	렘45	시20·21
17	**1296**	삼상9	롬 7	렘46	시22
18	**1302**	삼상10	롬 8	렘47	시23·24
19	**1307**	삼상11	롬 9	렘48	시25
20	**1313**	삼상12	롬10	렘49	시26·27
21	**1319**	삼상13	롬11	렘50	시28·29
22	**1326**	삼상14	롬12	렘51	시30
23	**1334**	삼상15	롬13	렘52	시31
24	**1340**	삼상16	롬14	애 1	시32
25	**1345**	삼상17	롬15	애 2	시33
26	**1352**	삼상18	롬16	애 3	시34
27	**1358**	삼상19	고전1	애 4	시35
28	**1363**	삼상20	고전2	애 5	시36
29	**1368**	삼상21·22	고전3	겔 1	시37
30	**1374**	삼상23	고전4	겔 2	시38
31	**1379**	삼상24	고전5	겔 3	시39

September 09

날짜	page	가정		개인	
1	**1385**	삼상25	고전 6	겔 4	시40·41
2	**1391**	삼상26	고전 7	겔 5	시42·43
3	**1396**	삼상27	고전 8	겔 6	시44
4	**1400**	삼상28	고전 9	겔 7	시45·46
5	**1405**	삼상29·30	고전10	겔 8	시47
6	**1411**	삼상31	고전11	겔 9	시48
7	**1414**	삼하 1	고전12	겔10	시49
8	**1419**	삼하 2	고전13	겔11	시50
9	**1424**	삼하 3	고전14	겔12	시51
10	**1430**	삼하4·5	고전15	겔13	시52~54
11	**1438**	삼하 6	고전16	겔14	시55
12	**1442**	삼하 7	고후 1	겔15	시56·57
13	**1447**	삼하8·9	고후 2	겔16	시58·59
14	**1454**	삼하10	고후 3	겔17	시60·61
15	**1459**	삼하11	고후 4	겔18	시62·63
16	**1464**	삼하12	고후 5	겔19	시64·65
17	**1469**	삼하13	고후 6	겔20	시66·67
18	**1476**	삼하14	고후 7	겔21	시68
19	**1483**	삼하15	고후 8	겔22	시69
20	**1489**	삼하16	고후 9	겔23	시70·71
21	**1495**	삼하17	고후10	겔24	시72
22	**1500**	삼하18	고후11	겔25	시73
23	**1506**	삼하19	고후12	겔26	시74
24	**1513**	삼하20	고후13	겔27	시75·76
25	**1518**	삼하21	갈 1	겔28	시77
26	**1523**	삼하22	갈 2	겔29	시78:1~37
27	**1529**	삼하23	갈 3	겔30	시78:38~72
28	**1535**	삼하24	갈 4	겔31	시79
29	**1540**	왕상 1	갈 5	겔32	시80
30	**1547**	왕상 2	갈 6	겔33	시81·82

October 10

날짜	page	가정		개인	
1	**1555**	왕상 3	엡 1	겔34	시83·84
2	**1560**	왕상4·5	엡 2	겔35	시85
3	**1565**	왕상 6	엡 3	겔36	시86
4	**1571**	왕상 7	엡 4	겔37	시87·88
5	**1578**	왕상 8	엡 5	겔38	시89
6	**1586**	왕상 9	엡 6	겔39	시90
7	**1591**	왕상10	빌 1	겔40	시91
8	**1598**	왕상11	빌 2	겔41	시92·93
9	**1603**	왕상12	빌 3	겔42	시94
10	**1608**	왕상13	빌 4	겔43	시95·96
11	**1614**	왕상14	골 1	겔44	시97·98
12	**1620**	왕상15	골 2	겔45	시99~101
13	**1625**	왕상16	골 3	겔46	시102
14	**1631**	왕상17	골 4	겔47	시103
15	**1635**	왕상18	살전 1	겔48	시104
16	**1642**	왕상19	살전 2	단 1	시105
17	**1647**	왕상20	살전 3	단 2	시106
18	**1655**	왕상21	살전 4	단 3	시107
19	**1661**	왕상22	살전 5	단 4	시108·109
20	**1669**	왕하 1	살후 1	단 5	시110·111
21	**1674**	왕하 2	살후 2	단 6	시112·113
22	**1679**	왕하 3	살후 3	단 7	시114·115
23	**1684**	왕하 4	딤전 1	단 8	시116
24	**1690**	왕하 5	딤전 2	단 9	시117·118
25	**1695**	왕하 6	딤전 3	단10	시119:1~24
26	**1700**	왕하 7	딤전 4	단11	시119:25~48
27	**1706**	왕하 8	딤전 5	단12	시119:49~72
28	**1710**	왕하 9	딤전 6	호 1	시119:73~96
29	**1715**	왕하10	딤후 1	호 2	시119:97~120
30	**1721**	왕하11·12	딤후 2	호3·4	시119:121~144
31	**1726**	왕하13	딤후 3	호5·6	시119:145~176

November 11

날짜	page	가정		개인	
1	**1733**	왕하14	딤후4	호 7	시120~122
2	**1737**	왕하15	딛 1	호 8	시123~125
3	**1741**	왕하16	딛 2	호 9	시126~128
4	**1745**	왕하17	딛 3	호10	시129~131
5	**1750**	왕하18	몬 1	호11	시132~134
6	**1755**	왕하19	히 1	호12	시135·136
7	**1760**	왕하20	히 2	호13	시137·138
8	**1765**	왕하21	히 3	호14	시139
9	**1768**	왕하22	히 4	욜 1	시140·141
10	**1773**	왕하23	히 5	욜 2	시142
11	**1778**	왕하24	히 6	욜 3	시143
12	**1782**	왕하25	히 7	암 1	시144
13	**1787**	대상1·2	히 8	암 2	시145
14	**1793**	대상3·4	히 9	암 3	시146·147
15	**1799**	대상5·6	히10	암 4	시148·150
16	**1807**	대상7·8	히11	암 5	눅1:1~38
17	**1815**	대상9·10	히12	암 6	눅1:39~80
18	**1822**	대상11·12	히13	암 7	눅 2
19	**1830**	대상13·14	약 1	암 8	눅 3
20	**1836**	대상15	약 2	암 9	눅 4
21	**1841**	대상16	약 3	옵 1	눅 5
22	**1847**	대상17	약 4	욘 1	눅 6
23	**1853**	대상18	약 5	욘 2	눅 7
24	**1858**	대상19·20	벧전1	욘 3	눅 8
25	**1864**	대상21	벧전2	욘 4	눅 9
26	**1871**	대상22	벧전3	미 1	눅10
27	**1877**	대상23	벧전4	미 2	눅11
28	**1882**	대상24·25	벧전5	미 3	눅12
29	**1889**	대상26·27	벧후1	미 4	눅13
30	**1896**	대상28	벧후2	미 5	눅14

December 12

날짜	page	가정		개인	
1	**1903**	대상29	벧후3	미 6	눅15
2	**1908**	대하 1	요일 1	미 7	눅16
3	**1912**	대하 2	요일 2	나 1	눅17
4	**1917**	대하3·4	요일 3	나 2	눅18
5	**1923**	대하5·6:1~11	요일 4	나 3	눅19
6	**1929**	대하6:12~42	요일 5	합 1	눅20
7	**1935**	대하 7	요이 1	합 2	눅21
8	**1940**	대하 8	요삼 1	합 3	눅22
9	**1946**	대하 9	유 1	습 1	눅23
10	**1952**	대하10	계 1	습 2	눅24
11	**1958**	대하11·12	계 2	습 3	요 1
12	**1965**	대하13	계 3	학 1	요 2
13	**1969**	대하14·15	계 4	학 2	요 3
14	**1975**	대하16	계 5	슥 1	요 4
15	**1980**	대하17	계 6	슥 2	요 5
16	**1985**	대하18	계 7	슥 3	요 6
17	**1992**	대하19·20	계 8	슥 4	요 7
18	**1998**	대하21	계 9	슥 5	요 8
19	**2004**	대하22·23	계10	슥 6	요 9
20	**2009**	대하24	계11	슥 7	요10
21	**2015**	대하25	계12	슥 8	요11
22	**2021**	대하26	계13	슥 9	요12
23	**2027**	대하27·28	계14	슥10	요13
24	**2033**	대하29	계15	슥11	요14
25	**2038**	대하30	계16	슥12·13:1	요15
26	**2043**	대하31	계17	슥13:2~9	요16
27	**2048**	대하32	계18	슥14	요17
28	**2054**	대하33	계19	말 1	요18
29	**2060**	대하34	계20	말 2	요19
30	**2066**	대하35	계21	말 3	요20
31	**2072**	대하36	계22	말 4	요21

⊕ 맥체인 성경 읽기표 ⊕

January 01

날짜	page	가정		개인	
1	1	창 1	마 1	스 1	행 1
2	5	창 2	마 2	스 2	행 2
3	12	창 3	마 3	스 3	행 3
4	16	창 4	마 4	스 4	행 4
5	22	창 5	마 5	스 5	행 5
6	28	창 6	마 6	스 6	행 6
7	33	창 7	마 7	스 7	행 7
8	39	창 8	마 8	스 8	행 8
9	46	창9·10	마 9	스 9	행 9
10	53	창11	마10	스10	행10
11	60	창12	마11	느 1	행11
12	65	창13	마12	느 2	행12
13	70	창14	마13	느 3	행13
14	78	창15	마14	느 4	행14
15	83	창16	마15	느 5	행15
16	89	창17	마16	느 6	행16
17	95	창18	마17	느 7	행17
18	102	창19	마18	느 8	행18
19	108	창20	마19	느 9	행19
20	115	창21	마20	느10	행20
21	121	창22	마21	느11	행21
22	128	창23	마22	느12	행22
23	135	창24	마23	느13	행23
24	144	창25	마24	에 1	행24
25	150	창26	마25	에 2	행25
26	157	창27	마26	에 3	행26
27	165	창28	마27	에 4	행27
28	172	창29	마28	에 5	행28
29	177	창30	막 1	에 6	롬 1
30	184	창31	막 2	에 7	롬 2
31	190	창32	막 3	에 8	롬 3

February 02

날짜	page	가정		개인	
1	197	창33	막 4	에9·10	롬 4
2	202	창34	막 5	욥 1	롬 5
3	208	창35·36	막 6	욥 2	롬 6
4	216	창37	막 7	욥 3	롬 7
5	222	창38	막 8	욥 4	롬 8
6	228	창39	막 9	욥 5	롬 9
7	234	창40	막10	욥 6	롬10
8	239	창41	막11	욥 7	롬11
9	246	창42	막12	욥 8	롬12
10	252	창43	막13	욥 9	롬13
11	258	창44	막14	욥10	롬14
12	265	창45	막15	욥11	롬15
13	271	창46	막16	욥12	롬16
14	276	창47	눅1:1~38	욥13	고전1
15	282	창48	눅1:39~80	욥14	고전2
16	286	창49	눅 2	욥15	고전3
17	292	창50	눅 3	욥16·17	고전4
18	298	출 1	눅 4	욥18	고전5
19	303	출 2	눅 5	욥19	고전6
20	308	출 3	눅 6	욥20	고전7
21	315	출 4	눅 7	욥21	고전8
22	321	출 5	눅 8	욥22	고전9
23	327	출 6	눅 9	욥23	고전10
24	334	출 7	눅10	욥24	고전11
25	340	출 8	눅11	욥25·26	고전12
26	346	출 9	눅12	욥27	고전13
27	352	출10	눅13	욥28	고전14
28	359	출11·12:1~21	눅14	욥29	고전15

March 03

날짜	page	가정		개인	
1	**367**	출12:22~51	눅15	욥30	고전16
2	**372**	출13	눅16	욥31	고후 1
3	**377**	출14	눅17	욥32	고후 2
4	**382**	출15	눅18	욥33	고후 3
5	**388**	출16	눅19	욥34	고후 4
6	**394**	출17	눅20	욥35	고후 5
7	**399**	출18	눅21	욥36	고후 6
8	**404**	출19	눅22	욥37	고후 7
9	**411**	출20	눅23	욥38	고후 8
10	**417**	출21	눅24	욥39	고후 9
11	**422**	출22	요 1	욥40	고후10
12	**428**	출23	요 2	욥41	고후11
13	**433**	출24	요 3	욥42	고후12
14	**438**	출25	요 4	잠 1	고후13
15	**444**	출26	요 5	잠 2	갈 1
16	**449**	출27	요 6	잠 3	갈 2
17	**456**	출28	요 7	잠 4	갈 3
18	**463**	출29	요 8	잠 5	갈 4
19	**470**	출30	요 9	잠 6	갈 5
20	**476**	출31	요10	잠 7	갈 6
21	**480**	출32	요11	잠 8	엡 1
22	**487**	출33	요12	잠 9	엡 2
23	**492**	출34	요13	잠10	엡 3
24	**498**	출35	요14	잠11	엡 4
25	**504**	출36	요15	잠12	엡 5
26	**509**	출37	요16	잠13	엡 6
27	**514**	출38	요17	잠14	빌 1
28	**520**	출39	요18	잠15	빌 2
29	**526**	출40	요19	잠16	빌 3
30	**532**	레 1	요20	잠17	빌 4
31	**537**	레2·3	요21	잠18	골 1

April 04

날짜	page	가정		개인	
1	**543**	레 4	시1·2	잠19	골 2
2	**547**	레 5	시3·4	잠20	골 3
3	**551**	레 6	시5·6	잠21	골 4
4	**556**	레 7	시7·8	잠22	살전1
5	**560**	레 8	시 9	잠23	살전2
6	**565**	레 9	시10	잠24	살전3
7	**569**	레10	시11·12	잠25	살전4
8	**573**	레11·12	시13·14	잠26	살전5
9	**578**	레13	시15·16	잠27	살후1
10	**583**	레14	시17	잠28	살후2
11	**589**	레15	시18	잠29	살후3
12	**594**	레16	시19	잠30	딤전1
13	**599**	레17	시20·21	잠31	딤전2
14	**603**	레18	시22	전 1	딤전3
15	**607**	레19	시23·24	전 2	딤전4
16	**611**	레20	시25	전 3	딤전5
17	**616**	레21	시26·27	전 4	딤전6
18	**620**	레22	시28·29	전 5	딤후1
19	**625**	레23	시30	전 6	딤후2
20	**629**	레24	시31	전 7	딤후3
21	**634**	레25	시32	전 8	딤후4
22	**639**	레26	시33	전 9	딛 1
23	**644**	레27	시34	전10	딛 2
24	**648**	민 1	시35	전11	딛 3
25	**653**	민 2	시36	전12	몬 1
26	**656**	민 3	시37	아 1	히 1
27	**662**	민 4	시38	아 2	히 2
28	**666**	민 5	시39	아 3	히 3
29	**670**	민 6	시40·41	아 4	히 4
30	**675**	민 7	시42·43	아 5	히 5

May 05

날짜	page	가정		개인	
1	**683**	민 8	시44	아 6	히 6
2	**687**	민 9	시45	아 7	히 7
3	**691**	민10	시46·47	아 8	히 8
4	**695**	민11	시48	사 1	히 9
5	**700**	민12·13	시49	사 2	히10
6	**706**	민14	시50	사3·4	히11
7	**712**	민15	시51	사 5	히12
8	**718**	민16	시52~54	사 6	히13
9	**724**	민17·18	시55	사 7	약 1
10	**730**	민19	시56·57	사8·9:1~7	약 2
11	**735**	민20	시58·59	사9:8~10:4	약 3
12	**740**	민21	시60·61	사10:5~34	약 4
13	**745**	민22	시62·63	사11·12	약 5
14	**751**	민23	시64·65	사13	벧전1
15	**756**	민24	시66·67	사14	벧전2
16	**761**	민25	시68	사15	벧전3
17	**766**	민26	시69	사16	벧전4
18	**772**	민27	시70·71	사17·18	벧전5
19	**776**	민28	시72	사19·20	벧후1
20	**781**	민29	시73	사21	벧후2
21	**786**	민30	시74	사22	벧후3
22	**790**	민31	시75·76	사23	요일1
23	**795**	민32	시77	사24	요일2
24	**800**	민33	시78:1~37	사25	요일3
25	**806**	민34	시78:38~72	사26	요일4
26	**810**	민35	시79	사27	요일5
27	**815**	민36	시80	사28	요이1
28	**819**	신 1	시81·82	사29	요삼1
29	**824**	신 2	시83·84	사30	유 1
30	**831**	신 3	시85	사31	계 1
31	**835**	신 4	시86·87	사32	계 2

June 06

날짜	page	가정		개인	
1	**843**	신 5	시88	사33	계 3
2	**848**	신 6	시89	사34	계 4
3	**853**	신 7	시90	사35	계 5
4	**856**	신 8	시91	사36	계 6
5	**860**	신 9	시92·93	사37	계 7
6	**866**	신10	시94	사38	계 8
7	**870**	신11	시95·96	사39	계 9
8	**874**	신12	시97·98	사40	계10
9	**879**	신13·14	시99~101	사41	계11
10	**885**	신15	시102	사42	계12
11	**890**	신16	시103	사43	계13
12	**894**	신17	시104	사44	계14
13	**900**	신18	시105	사45	계15
14	**905**	신19	시106	사46	계16
15	**910**	신20	시107	사47	계17
16	**914**	신21	시108·109	사48	계18
17	**920**	신22	시110·111	사49	계19
18	**925**	신23	시112·113	사50	계20
19	**929**	신24	시114·115	사51	계21
20	**934**	신25	시116	사52	계22
21	**938**	신26	시117·118	사53	마 1
22	**942**	신27·28:1~19	시119:1~24	사54	마 2
23	**947**	신28:20~68	시119:25~48	사55	마 3
24	**953**	신29	시119:49~72	사56	마 4
25	**957**	신30	시119:73~96	사57	마 5
26	**963**	신31	시119:97~120	사58	마 6
27	**968**	신32	시119:121~144	사59	마 7
28	**974**	신33·34	시119:145~176	사60	마 8
29	**981**	수 1	시120~122	사61	마 9
30	**985**	수 2	시123~125	사62	마10

[맥체인 성경 읽기표]

맥체인 성경 읽기표는 1842년 맥체인이 자신이 목양하던 성베드로교회 성도들의 영적 성장을 위해 개발한 것으로, 매일 구약과 신약을 각각 2장씩 읽음으로써 1년에 구약 1회, 신약과 시편을 각 2회 정독할 수 있도록 만든 표입니다. 이와 같은 맥체인의 방법에 따라 신구약 성경 전체를 골고루 4등분해서 동시에 읽으면, 성경에 기록된 장구한 구속사를 크게 네 시대로 나누어 동시에 묵상할 수 있습니다.

(1) 창세기 ~ 역대하 : 만물의 시작과 이스라엘의 시작
(2) 에스라 ~ 말라기 : 이스라엘의 멸망과 새 시대의 시작
(3) 마태복음 ~ 요한복음 : 예수의 복음사역과 십자가 구속
(4) 사도행전 ~ 요한계시록 : 교회의 시작과 선교

▶《맥체인 성경 365》말씀연결 사용하는 법

① 네 성경 본문의 소주제를 통해 중심 단어나 문장을 말씀으로 묵상한다.
② 네 본문의 말씀을 순서대로, 천천히 읽는다.
③ 두 본문에서 반복되는 단어나 유사한 문맥을 찾아 서로 연결한다.
④ 본문에서 반대의 뜻을 가진 단어나 문장을 찾는다.
⑤ 두 권의 책에서 공통되는 하나님의 말씀을 연결하여 기록한다.
⑥ 연결되는 말씀을 다른 두 권으로 확대하여 네 권 전체에 흐르는 하나님의 생각과 베푸신 은혜를 누리고, 그 내용을 적어본다.
⑦ 본문에서 지도자나 인도자로부터 배운 신학 주제나 교리들이 함축하고 있는 문맥의 짝을 찾아본다.
⑧ 중심 주제를 필두로, 삶에 적용할 일들을 적어보고 생활 중에 실천함으로써 변화를 경험해 본다.
⑨ 하나님이 오늘 나에게 주신 말씀들을 통하여 가르침, 명령과 약속 권면, 경고 및 행해야 할 일들을 하나님과 대화하는 마음으로(기도) 성경읽기를 마무리한다.

July 07

날짜	page	가정		개인	
1	**991**	수 3	시126~128	사63	마11
2	**995**	수 4	시129~131	사64	마12
3	**1000**	수5·6:1~5	시132~134	사65	마13
4	**1006**	수6:6~27	시135·136	사66	마14
5	**1013**	수 7	시137·138	렘 1	마15
6	**1018**	수 8	시139	렘 2	마16
7	**1025**	수 9	시140·141	렘 3	마17
8	**1031**	수10	시142·143	렘 4	마18
9	**1038**	수11	시144	렘 5	마19
10	**1043**	수12·13	시145	렘 6	마20
11	**1050**	수14·15	시146·147	렘 7	마21
12	**1058**	수16·17	시148	렘 8	마22
13	**1064**	수18·19	시149·150	렘 9	마23
14	**1071**	수20·21	행 1	렘10	마24
15	**1078**	수22	행 2	렘11	마25
16	**1087**	수23	행 3	렘12	마26
17	**1094**	수24	행 4	렘13	마27
18	**1102**	삿 1	행 5	렘14	마28
19	**1108**	삿 2	행 6	렘15	막 1
20	**1114**	삿 3	행 7	렘16	막 2
21	**1121**	삿 4	행 8	렘17	막 3
22	**1127**	삿 5	행 9	렘18	막 4
23	**1134**	삿 6	행10	렘19	막 5
24	**1142**	삿 7	행11	렘20	막 6
25	**1149**	삿 8	행12	렘21	막 7
26	**1154**	삿 9	행13	렘22	막 8
27	**1164**	삿10·11:1~11	행14	렘23	막 9
28	**1171**	삿11:12~40	행15	렘24	막10
29	**1178**	삿12	행16	렘25	막11
30	**1185**	삿13	행17	렘26	막12
31	**1192**	삿14	행18	렘27	막13

August 08

날짜	page	가정		개인	
1	**1199**	삿15	행19	렘28	막14
2	**1206**	삿16	행20	렘29	막15
3	**1214**	삿17	행21	렘30·31	막16
4	**1222**	삿18	행22	렘32	시1·2
5	**1228**	삿19	행23	렘33	시3·4
6	**1234**	삿20	행24	렘34	시5·6
7	**1241**	삿21	행25	렘35	시7·8
8	**1246**	룻 1	행26	렘36·37	시 9
9	**1253**	룻 2	행27	렘38	시10
10	**1259**	룻3·4	행28	렘39	시11·12
11	**1264**	삼상1	롬 1	렘40	시13·14
12	**1270**	삼상2	롬 2	렘41	시15·16
13	**1275**	삼상3	롬 3	렘42	시17
14	**1280**	삼상4	롬 4	렘43	시18
15	**1285**	삼상5·6	롬 5	렘44	시19
16	**1292**	삼상7·8	롬 6	렘45	시20·21
17	**1296**	삼상9	롬 7	렘46	시22
18	**1302**	삼상10	롬 8	렘47	시23·24
19	**1307**	삼상11	롬 9	렘48	시25
20	**1313**	삼상12	롬10	렘49	시26·27
21	**1319**	삼상13	롬11	렘50	시28·29
22	**1326**	삼상14	롬12	렘51	시30
23	**1334**	삼상15	롬13	렘52	시31
24	**1340**	삼상16	롬14	애 1	시32
25	**1345**	삼상17	롬15	애 2	시33
26	**1352**	삼상18	롬16	애 3	시34
27	**1358**	삼상19	고전1	애 4	시35
28	**1363**	삼상20	고전2	애 5	시36
29	**1368**	삼상21·22	고전3	겔 1	시37
30	**1374**	삼상23	고전4	겔 2	시38
31	**1379**	삼상24	고전5	겔 3	시39

September 09

날짜	page	가정		개인	
1	1385	삼상25	고전 6	겔 4	시40·41
2	1391	삼상26	고전 7	겔 5	시42·43
3	1396	삼상27	고전 8	겔 6	시44
4	1400	삼상28	고전 9	겔 7	시45·46
5	1405	삼상29·30	고전10	겔 8	시47
6	1411	삼상31	고전11	겔 9	시48
7	1414	삼하 1	고전12	겔10	시49
8	1419	삼하 2	고전13	겔11	시50
9	1424	삼하 3	고전14	겔12	시51
10	1430	삼하4·5	고전15	겔13	시52~54
11	1438	삼하 6	고전16	겔14	시55
12	1442	삼하 7	고후 1	겔15	시56·57
13	1447	삼하8·9	고후 2	겔16	시58·59
14	1454	삼하10	고후 3	겔17	시60·61
15	1459	삼하11	고후 4	겔18	시62·63
16	1464	삼하12	고후 5	겔19	시64·65
17	1469	삼하13	고후 6	겔20	시66·67
18	1476	삼하14	고후 7	겔21	시68
19	1483	삼하15	고후 8	겔22	시69
20	1489	삼하16	고후 9	겔23	시70·71
21	1495	삼하17	고후10	겔24	시72
22	1500	삼하18	고후11	겔25	시73
23	1506	삼하19	고후12	겔26	시74
24	1513	삼하20	고후13	겔27	시75·76
25	1518	삼하21	갈 1	겔28	시77
26	1523	삼하22	갈 2	겔29	시78:1~37
27	1529	삼하23	갈 3	겔30	시78:38~72
28	1535	삼하24	갈 4	겔31	시79
29	1540	왕상 1	갈 5	겔32	시80
30	1547	왕상 2	갈 6	겔33	시81·82

October 10

날짜	page	가정		개인	
1	1555	왕상 3	엡 1	겔34	시83·84
2	1560	왕상4·5	엡 2	겔35	시85
3	1565	왕상 6	엡 3	겔36	시86
4	1571	왕상 7	엡 4	겔37	시87·88
5	1578	왕상 8	엡 5	겔38	시89
6	1586	왕상 9	엡 6	겔39	시90
7	1591	왕상10	빌 1	겔40	시91
8	1598	왕상11	빌 2	겔41	시92·93
9	1603	왕상12	빌 3	겔42	시94
10	1608	왕상13	빌 4	겔43	시95·96
11	1614	왕상14	골 1	겔44	시97·98
12	1620	왕상15	골 2	겔45	시99~101
13	1625	왕상16	골 3	겔46	시102
14	1631	왕상17	골 4	겔47	시103
15	1635	왕상18	살전 1	겔48	시104
16	1642	왕상19	살전 2	단 1	시105
17	1647	왕상20	살전 3	단 2	시106
18	1655	왕상21	살전 4	단 3	시107
19	1661	왕상22	살전 5	단 4	시108·109
20	1669	왕하 1	살후 1	단 5	시110·111
21	1674	왕하 2	살후 2	단 6	시112·113
22	1679	왕하 3	살후 3	단 7	시114·115
23	1684	왕하 4	딤전 1	단 8	시116
24	1690	왕하 5	딤전 2	단 9	시117·118
25	1695	왕하 6	딤전 3	단10	시119:1~24
26	1700	왕하 7	딤전 4	단11	시119:25~48
27	1706	왕하 8	딤전 5	단12	시119:49~72
28	1710	왕하 9	딤전 6	호 1	시119:73~96
29	1715	왕하10	딤후 1	호 2	시119:97~120
30	1721	왕하11·12	딤후 2	호3·4	시119:121~144
31	1726	왕하13	딤후 3	호5·6	시119:145~176

November 11

날짜	page	가정		개인	
1	**1733**	왕하14	딤후4	호 7	시120~122
2	**1737**	왕하15	딛 1	호 8	시123~125
3	**1741**	왕하16	딛 2	호 9	시126~128
4	**1745**	왕하17	딛 3	호10	시129~131
5	**1750**	왕하18	몬 1	호11	시132~134
6	**1755**	왕하19	히 1	호12	시135·136
7	**1760**	왕하20	히 2	호13	시137·138
8	**1765**	왕하21	히 3	호14	시139
9	**1768**	왕하22	히 4	욜 1	시140·141
10	**1773**	왕하23	히 5	욜 2	시142
11	**1778**	왕하24	히 6	욜 3	시143
12	**1782**	왕하25	히 7	암 1	시144
13	**1787**	대상1·2	히 8	암 2	시145
14	**1793**	대상3·4	히 9	암 3	시146·147
15	**1799**	대상5·6	히10	암 4	시148·150
16	**1807**	대상7·8	히11	암 5	눅1:1~38
17	**1815**	대상9·10	히12	암 6	눅1:39~80
18	**1822**	대상11·12	히13	암 7	눅 2
19	**1830**	대상13·14	약 1	암 8	눅 3
20	**1836**	대상15	약 2	암 9	눅 4
21	**1841**	대상16	약 3	옵 1	눅 5
22	**1847**	대상17	약 4	욘 1	눅 6
23	**1853**	대상18	약 5	욘 2	눅 7
24	**1858**	대상19·20	벧전1	욘 3	눅 8
25	**1864**	대상21	벧전2	욘 4	눅 9
26	**1871**	대상22	벧전3	미 1	눅10
27	**1877**	대상23	벧전4	미 2	눅11
28	**1882**	대상24·25	벧전5	미 3	눅12
29	**1889**	대상26·27	벧후1	미 4	눅13
30	**1896**	대상28	벧후2	미 5	눅14

December 12

날짜	page	가정		개인	
1	**1903**	대상29	벧후3	미 6	눅15
2	**1908**	대하 1	요일 1	미 7	눅16
3	**1912**	대하 2	요일 2	나 1	눅17
4	**1917**	대하3·4	요일 3	나 2	눅18
5	**1923**	대하5·6:1~11	요일 4	나 3	눅19
6	**1929**	대하6:12~42	요일 5	합 1	눅20
7	**1935**	대하 7	요이 1	합 2	눅21
8	**1940**	대하 8	요삼 1	합 3	눅22
9	**1946**	대하 9	유 1	습 1	눅23
10	**1952**	대하10	계 1	습 2	눅24
11	**1958**	대하11·12	계 2	습 3	요 1
12	**1965**	대하13	계 3	학 1	요 2
13	**1969**	대하14·15	계 4	학 2	요 3
14	**1975**	대하16	계 5	슥 1	요 4
15	**1980**	대하17	계 6	슥 2	요 5
16	**1985**	대하18	계 7	슥 3	요 6
17	**1992**	대하19·20	계 8	슥 4	요 7
18	**1998**	대하21	계 9	슥 5	요 8
19	**2004**	대하22·23	계10	슥 6	요 9
20	**2009**	대하24	계11	슥 7	요10
21	**2015**	대하25	계12	슥 8	요11
22	**2021**	대하26	계13	슥 9	요12
23	**2027**	대하27·28	계14	슥10	요13
24	**2033**	대하29	계15	슥11	요14
25	**2038**	대하30	계16	슥12·13:1	요15
26	**2043**	대하31	계17	슥13:2~9	요16
27	**2048**	대하32	계18	슥14	요17
28	**2054**	대하33	계19	말 1	요18
29	**2060**	대하34	계20	말 2	요19
30	**2066**	대하35	계21	말 3	요20
31	**2072**	대하36	계22	말 4	요21

⊕ 맥체인 성경 읽기표 ⊕

January 01

날짜	page	가정		개인	
1	**1**	창 1	마 1	스 1	행 1
2	**5**	창 2	마 2	스 2	행 2
3	**12**	창 3	마 3	스 3	행 3
4	**16**	창 4	마 4	스 4	행 4
5	**22**	창 5	마 5	스 5	행 5
6	**28**	창 6	마 6	스 6	행 6
7	**33**	창 7	마 7	스 7	행 7
8	**39**	창 8	마 8	스 8	행 8
9	**46**	창9·10	마 9	스 9	행 9
10	**53**	창11	마10	스10	행10
11	**60**	창12	마11	느 1	행11
12	**65**	창13	마12	느 2	행12
13	**70**	창14	마13	느 3	행13
14	**78**	창15	마14	느 4	행14
15	**83**	창16	마15	느 5	행15
16	**89**	창17	마16	느 6	행16
17	**95**	창18	마17	느 7	행17
18	**102**	창19	마18	느 8	행18
19	**108**	창20	마19	느 9	행19
20	**115**	창21	마20	느10	행20
21	**121**	창22	마21	느11	행21
22	**128**	창23	마22	느12	행22
23	**135**	창24	마23	느13	행23
24	**144**	창25	마24	에 1	행24
25	**150**	창26	마25	에 2	행25
26	**157**	창27	마26	에 3	행26
27	**165**	창28	마27	에 4	행27
28	**172**	창29	마28	에 5	행28
29	**177**	창30	막 1	에 6	롬 1
30	**184**	창31	막 2	에 7	롬 2
31	**190**	창32	막 3	에 8	롬 3

February 02

날짜	page	가정		개인	
1	**197**	창33	막 4	에9·10	롬 4
2	**202**	창34	막 5	욥 1	롬 5
3	**208**	창35·36	막 6	욥 2	롬 6
4	**216**	창37	막 7	욥 3	롬 7
5	**222**	창38	막 8	욥 4	롬 8
6	**228**	창39	막 9	욥 5	롬 9
7	**234**	창40	막10	욥 6	롬10
8	**239**	창41	막11	욥 7	롬11
9	**246**	창42	막12	욥 8	롬12
10	**252**	창43	막13	욥 9	롬13
11	**258**	창44	막14	욥10	롬14
12	**265**	창45	막15	욥11	롬15
13	**271**	창46	막16	욥12	롬16
14	**276**	창47	눅1:1~38	욥13	고전1
15	**282**	창48	눅1:39~80	욥14	고전2
16	**286**	창49	눅 2	욥15	고전3
17	**292**	창50	눅 3	욥16·17	고전4
18	**298**	출 1	눅 4	욥18	고전5
19	**303**	출 2	눅 5	욥19	고전6
20	**308**	출 3	눅 6	욥20	고전7
21	**315**	출 4	눅 7	욥21	고전8
22	**321**	출 5	눅 8	욥22	고전9
23	**327**	출 6	눅 9	욥23	고전10
24	**334**	출 7	눅10	욥24	고전11
25	**340**	출 8	눅11	욥25·26	고전12
26	**346**	출 9	눅12	욥27	고전13
27	**352**	출10	눅13	욥28	고전14
28	**359**	출11·12:1~21	눅14	욥29	고전15

March 03

날짜	page	가정		개인	
1	**367**	출12:22~51	눅15	욥30	고전16
2	**372**	출13	눅16	욥31	고후 1
3	**377**	출14	눅17	욥32	고후 2
4	**382**	출15	눅18	욥33	고후 3
5	**388**	출16	눅19	욥34	고후 4
6	**394**	출17	눅20	욥35	고후 5
7	**399**	출18	눅21	욥36	고후 6
8	**404**	출19	눅22	욥37	고후 7
9	**411**	출20	눅23	욥38	고후 8
10	**417**	출21	눅24	욥39	고후 9
11	**422**	출22	요 1	욥40	고후10
12	**428**	출23	요 2	욥41	고후11
13	**433**	출24	요 3	욥42	고후12
14	**438**	출25	요 4	잠 1	고후13
15	**444**	출26	요 5	잠 2	갈 1
16	**449**	출27	요 6	잠 3	갈 2
17	**456**	출28	요 7	잠 4	갈 3
18	**463**	출29	요 8	잠 5	갈 4
19	**470**	출30	요 9	잠 6	갈 5
20	**476**	출31	요10	잠 7	갈 6
21	**480**	출32	요11	잠 8	엡 1
22	**487**	출33	요12	잠 9	엡 2
23	**492**	출34	요13	잠10	엡 3
24	**498**	출35	요14	잠11	엡 4
25	**504**	출36	요15	잠12	엡 5
26	**509**	출37	요16	잠13	엡 6
27	**514**	출38	요17	잠14	빌 1
28	**520**	출39	요18	잠15	빌 2
29	**526**	출40	요19	잠16	빌 3
30	**532**	레 1	요20	잠17	빌 4
31	**537**	레2·3	요21	잠18	골 1

April 04

날짜	page	가정		개인	
1	**543**	레 4	시1·2	잠19	골 2
2	**547**	레 5	시3·4	잠20	골 3
3	**551**	레 6	시5·6	잠21	골 4
4	**556**	레 7	시7·8	잠22	살전1
5	**560**	레 8	시 9	잠23	살전2
6	**565**	레 9	시10	잠24	살전3
7	**569**	레10	시11·12	잠25	살전4
8	**573**	레11·12	시13·14	잠26	살전5
9	**578**	레13	시15·16	잠27	살후1
10	**583**	레14	시17	잠28	살후2
11	**589**	레15	시18	잠29	살후3
12	**594**	레16	시19	잠30	딤전1
13	**599**	레17	시20·21	잠31	딤전2
14	**603**	레18	시22	전 1	딤전3
15	**607**	레19	시23·24	전 2	딤전4
16	**611**	레20	시25	전 3	딤전5
17	**616**	레21	시26·27	전 4	딤전6
18	**620**	레22	시28·29	전 5	딤후1
19	**625**	레23	시30	전 6	딤후2
20	**629**	레24	시31	전 7	딤후3
21	**634**	레25	시32	전 8	딤후4
22	**639**	레26	시33	전 9	딛 1
23	**644**	레27	시34	전10	딛 2
24	**648**	민 1	시35	전11	딛 3
25	**653**	민 2	시36	전12	몬 1
26	**656**	민 3	시37	아 1	히 1
27	**662**	민 4	시38	아 2	히 2
28	**666**	민 5	시39	아 3	히 3
29	**670**	민 6	시40·41	아 4	히 4
30	**675**	민 7	시42·43	아 5	히 5

May 05

날짜	page	가정		개인	
1	**683**	민 8	시44	아 6	히 6
2	**687**	민 9	시45	아 7	히 7
3	**691**	민10	시46·47	아 8	히 8
4	**695**	민11	시48	사 1	히 9
5	**700**	민12·13	시49	사 2	히10
6	**706**	민14	시50	사3·4	히11
7	**712**	민15	시51	사 5	히12
8	**718**	민16	시52~54	사 6	히13
9	**724**	민17·18	시55	사 7	약 1
10	**730**	민19	시56·57	사8·9:1~7	약 2
11	**735**	민20	시58·59	사9:8~10:4	약 3
12	**740**	민21	시60·61	사10:5~34	약 4
13	**745**	민22	시62·63	사11·12	약 5
14	**751**	민23	시64·65	사13	벧전1
15	**756**	민24	시66·67	사14	벧전2
16	**761**	민25	시68	사15	벧전3
17	**766**	민26	시69	사16	벧전4
18	**772**	민27	시70·71	사17·18	벧전5
19	**776**	민28	시72	사19·20	벧후1
20	**781**	민29	시73	사21	벧후2
21	**786**	민30	시74	사22	벧후3
22	**790**	민31	시75·76	사23	요일1
23	**795**	민32	시77	사24	요일2
24	**800**	민33	시78:1~37	사25	요일3
25	**806**	민34	시78:38~72	사26	요일4
26	**810**	민35	시79	사27	요일5
27	**815**	민36	시80	사28	요이1
28	**819**	신 1	시81·82	사29	요삼1
29	**824**	신 2	시83·84	사30	유 1
30	**831**	신 3	시85	사31	계 1
31	**835**	신 4	시86·87	사32	계 2

June 06

날짜	page	가정		개인	
1	**843**	신 5	시88	사33	계 3
2	**848**	신 6	시89	사34	계 4
3	**853**	신 7	시90	사35	계 5
4	**856**	신 8	시91	사36	계 6
5	**860**	신 9	시92·93	사37	계 7
6	**866**	신10	시94	사38	계 8
7	**870**	신11	시95·96	사39	계 9
8	**874**	신12	시97·98	사40	계10
9	**879**	신13·14	시99~101	사41	계11
10	**885**	신15	시102	사42	계12
11	**890**	신16	시103	사43	계13
12	**894**	신17	시104	사44	계14
13	**900**	신18	시105	사45	계15
14	**905**	신19	시106	사46	계16
15	**910**	신20	시107	사47	계17
16	**914**	신21	시108·109	사48	계18
17	**920**	신22	시110·111	사49	계19
18	**925**	신23	시112·113	사50	계20
19	**929**	신24	시114·115	사51	계21
20	**934**	신25	시116	사52	계22
21	**938**	신26	시117·118	사53	마 1
22	**942**	신27·28:1~19	시119:1~24	사54	마 2
23	**947**	신28:20~68	시119:25~48	사55	마 3
24	**953**	신29	시119:49~72	사56	마 4
25	**957**	신30	시119:73~96	사57	마 5
26	**963**	신31	시119:97~120	사58	마 6
27	**968**	신32	시119:121~144	사59	마 7
28	**974**	신33·34	시119:145~176	사60	마 8
29	**981**	수 1	시120~122	사61	마 9
30	**985**	수 2	시123~125	사62	마10

[맥체인 성경 읽기표]

맥체인 성경 읽기표는 1842년 맥체인이 자신이 목양하던 성베드로교회 성도들의 영적 성장을 위해 개발한 것으로, 매일 구약과 신약을 각각 2장씩 읽음으로써 1년에 구약 1회, 신약과 시편을 각 2회 정독할 수 있도록 만든 표입니다. 이와 같은 맥체인의 방법에 따라 신구약 성경 전체를 골고루 4등분해서 동시에 읽으면, 성경에 기록된 장구한 구속사를 크게 네 시대로 나누어 동시에 묵상할 수 있습니다.

(1) 창세기 ~ 역대하 : 만물의 시작과 이스라엘의 시작

(2) 에스라 ~ 말라기 : 이스라엘의 멸망과 새 시대의 시작

(3) 마태복음 ~ 요한복음 : 예수의 복음사역과 십자가 구속

(4) 사도행전 ~ 요한계시록 : 교회의 시작과 선교

▶ 《맥체인 성경 365》 말씀연결 사용하는 법

① 네 성경 본문의 소주제를 통해 중심 단어나 문장을 말씀으로 묵상한다.

② 네 본문의 말씀을 순서대로, 천천히 읽는다.

③ 두 본문에서 반복되는 단어나 유사한 문맥을 찾아 서로 연결한다.

④ 본문에서 반대의 뜻을 가진 단어나 문장을 찾는다.

⑤ 두 권의 책에서 공통되는 하나님의 말씀을 연결하여 기록한다.

⑥ 연결되는 말씀을 다른 두 권으로 확대하여 네 권 전체에 흐르는 하나님의 생각과 베푸신 은혜를 누리고, 그 내용을 적어본다.

⑦ 본문에서 지도자나 인도자로부터 배운 신학 주제나 교리들이 함축하고 있는 문맥의 짝을 찾아본다.

⑧ 중심 주제를 필두로, 삶에 적용할 일들을 적어보고 생활 중에 실천함으로써 변화를 경험해 본다.

⑨ 하나님이 오늘 나에게 주신 말씀들을 통하여 가르침, 명령과 약속 권면, 경고 및 행해야 할 일들을 하나님과 대화하는 마음으로(기도) 성경읽기를 마무리한다.

July 07

날짜	page	가정		개인	
1	**991**	수 3	시126~128	사63	마11
2	**995**	수 4	시129~131	사64	마12
3	**1000**	수5·6:1~5	시132~134	사65	마13
4	**1006**	수6:6~27	시135·136	사66	마14
5	**1013**	수 7	시137·138	렘 1	마15
6	**1018**	수 8	시139	렘 2	마16
7	**1025**	수 9	시140·141	렘 3	마17
8	**1031**	수10	시142·143	렘 4	마18
9	**1038**	수11	시144	렘 5	마19
10	**1043**	수12·13	시145	렘 6	마20
11	**1050**	수14·15	시146·147	렘 7	마21
12	**1058**	수16·17	시148	렘 8	마22
13	**1064**	수18·19	시149·150	렘 9	마23
14	**1071**	수20·21	행 1	렘10	마24
15	**1078**	수22	행 2	렘11	마25
16	**1087**	수23	행 3	렘12	마26
17	**1094**	수24	행 4	렘13	마27
18	**1102**	삿 1	행 5	렘14	마28
19	**1108**	삿 2	행 6	렘15	막 1
20	**1114**	삿 3	행 7	렘16	막 2
21	**1121**	삿 4	행 8	렘17	막 3
22	**1127**	삿 5	행 9	렘18	막 4
23	**1134**	삿 6	행10	렘19	막 5
24	**1142**	삿 7	행11	렘20	막 6
25	**1149**	삿 8	행12	렘21	막 7
26	**1154**	삿 9	행13	렘22	막 8
27	**1164**	삿10·11:1~11	행14	렘23	막 9
28	**1171**	삿11:12·40	행15	렘24	막10
29	**1178**	삿12	행16	렘25	막11
30	**1185**	삿13	행17	렘26	막12
31	**1192**	삿14	행18	렘27	막13

August 08

날짜	page	가정		개인	
1	**1199**	삿15	행19	렘28	막14
2	**1206**	삿16	행20	렘29	막15
3	**1214**	삿17	행21	렘30·31	막16
4	**1222**	삿18	행22	렘32	시1·2
5	**1228**	삿19	행23	렘33	시3·4
6	**1234**	삿20	행24	렘34	시5·6
7	**1241**	삿21	행25	렘35	시7·8
8	**1246**	룻 1	행26	렘36·37	시 9
9	**1253**	룻 2	행27	렘38	시10
10	**1259**	룻3·4	행28	렘39	시11·12
11	**1264**	삼상1	롬 1	렘40	시13·14
12	**1270**	삼상2	롬 2	렘41	시15·16
13	**1275**	삼상3	롬 3	렘42	시17
14	**1280**	삼상4	롬 4	렘43	시18
15	**1285**	삼상5·6	롬 5	렘44	시19
16	**1292**	삼상7·8	롬 6	렘45	시20·21
17	**1296**	삼상9	롬 7	렘46	시22
18	**1302**	삼상10	롬 8	렘47	시23·24
19	**1307**	삼상11	롬 9	렘48	시25
20	**1313**	삼상12	롬10	렘49	시26·27
21	**1319**	삼상13	롬11	렘50	시28·29
22	**1326**	삼상14	롬12	렘51	시30
23	**1334**	삼상15	롬13	렘52	시31
24	**1340**	삼상16	롬14	애 1	시32
25	**1345**	삼상17	롬15	애 2	시33
26	**1352**	삼상18	롬16	애 3	시34
27	**1358**	삼상19	고전1	애 4	시35
28	**1363**	삼상20	고전2	애 5	시36
29	**1368**	삼상21·22	고전3	겔 1	시37
30	**1374**	삼상23	고전4	겔 2	시38
31	**1379**	삼상24	고전5	겔 3	시39

September 09

날짜	page	가정		개인	
1	**1385**	삼상25	고전 6	겔 4	시40·41
2	**1391**	삼상26	고전 7	겔 5	시42·43
3	**1396**	삼상27	고전 8	겔 6	시44
4	**1400**	삼상28	고전 9	겔 7	시45·46
5	**1405**	삼상29·30	고전10	겔 8	시47
6	**1411**	삼상31	고전11	겔 9	시48
7	**1414**	삼하 1	고전12	겔10	시49
8	**1419**	삼하 2	고전13	겔11	시50
9	**1424**	삼하 3	고전14	겔12	시51
10	**1430**	삼하4·5	고전15	겔13	시52~54
11	**1438**	삼하 6	고전16	겔14	시55
12	**1442**	삼하 7	고후 1	겔15	시56·57
13	**1447**	삼하8·9	고후 2	겔16	시58·59
14	**1454**	삼하10	고후 3	겔17	시60·61
15	**1459**	삼하11	고후 4	겔18	시62·63
16	**1464**	삼하12	고후 5	겔19	시64·65
17	**1469**	삼하13	고후 6	겔20	시66·67
18	**1476**	삼하14	고후 7	겔21	시68
19	**1483**	삼하15	고후 8	겔22	시69
20	**1489**	삼하16	고후 9	겔23	시70·71
21	**1495**	삼하17	고후10	겔24	시72
22	**1500**	삼하18	고후11	겔25	시73
23	**1506**	삼하19	고후12	겔26	시74
24	**1513**	삼하20	고후13	겔27	시75·76
25	**1518**	삼하21	갈 1	겔28	시77
26	**1523**	삼하22	갈 2	겔29	시78:1~37
27	**1529**	삼하23	갈 3	겔30	시78:38~72
28	**1535**	삼하24	갈 4	겔31	시79
29	**1540**	왕상 1	갈 5	겔32	시80
30	**1547**	왕상 2	갈 6	겔33	시81·82

October 10

날짜	page	가정		개인	
1	**1555**	왕상 3	엡 1	겔34	시83·84
2	**1560**	왕상4·5	엡 2	겔35	시85
3	**1565**	왕상 6	엡 3	겔36	시86
4	**1571**	왕상 7	엡 4	겔37	시87·88
5	**1578**	왕상 8	엡 5	겔38	시89
6	**1586**	왕상 9	엡 6	겔39	시90
7	**1591**	왕상10	빌 1	겔40	시91
8	**1598**	왕상11	빌 2	겔41	시92·93
9	**1603**	왕상12	빌 3	겔42	시94
10	**1608**	왕상13	빌 4	겔43	시95·96
11	**1614**	왕상14	골 1	겔44	시97·98
12	**1620**	왕상15	골 2	겔45	시99~101
13	**1625**	왕상16	골 3	겔46	시102
14	**1631**	왕상17	골 4	겔47	시103
15	**1635**	왕상18	살전 1	겔48	시104
16	**1642**	왕상19	살전 2	단 1	시105
17	**1647**	왕상20	살전 3	단 2	시106
18	**1655**	왕상21	살전 4	단 3	시107
19	**1661**	왕상22	살전 5	단 4	시108·109
20	**1669**	왕하 1	살후 1	단 5	시110·111
21	**1674**	왕하 2	살후 2	단 6	시112·113
22	**1679**	왕하 3	살후 3	단 7	시114·115
23	**1684**	왕하 4	딤전 1	단 8	시116
24	**1690**	왕하 5	딤전 2	단 9	시117·118
25	**1695**	왕하 6	딤전 3	단10	시119:1~24
26	**1700**	왕하 7	딤전 4	단11	시119:25~48
27	**1706**	왕하 8	딤전 5	단12	시119:49~72
28	**1710**	왕하 9	딤전 6	호 1	시119:73~96
29	**1715**	왕하10	딤후 1	호 2	시119:97~120
30	**1721**	왕하11·12	딤후 2	호3·4	시119:121~144
31	**1726**	왕하13	딤후 3	호5·6	시119:145~176

November 11

날짜	page	가정		개인	
1	1733	왕하14	딤후4	호 7	시120~122
2	1737	왕하15	딛 1	호 8	시123~125
3	1741	왕하16	딛 2	호 9	시126~128
4	1745	왕하17	딛 3	호10	시129~131
5	1750	왕하18	몬 1	호11	시132~134
6	1755	왕하19	히 1	호12	시135·136
7	1760	왕하20	히 2	호13	시137·138
8	1765	왕하21	히 3	호14	시139
9	1768	왕하22	히 4	욜 1	시140·141
10	1773	왕하23	히 5	욜 2	시142
11	1778	왕하24	히 6	욜 3	시143
12	1782	왕하25	히 7	암 1	시144
13	1787	대상1·2	히 8	암 2	시145
14	1793	대상3·4	히 9	암 3	시146·147
15	1799	대상5·6	히10	암 4	시148·150
16	1807	대상7·8	히11	암 5	눅1:1~38
17	1815	대상9·10	히12	암 6	눅1:39~80
18	1822	대상11·12	히13	암 7	눅 2
19	1830	대상13·14	약 1	암 8	눅 3
20	1836	대상15	약 2	암 9	눅 4
21	1841	대상16	약 3	옵 1	눅 5
22	1847	대상17	약 4	욘 1	눅 6
23	1853	대상18	약 5	욘 2	눅 7
24	1858	대상19·20	벧전1	욘 3	눅 8
25	1864	대상21	벧전2	욘 4	눅 9
26	1871	대상22	벧전3	미 1	눅10
27	1877	대상23	벧전4	미 2	눅11
28	1882	대상24·25	벧전5	미 3	눅12
29	1889	대상26·27	벧후1	미 4	눅13
30	1896	대상28	벧후2	미 5	눅14

December 12

날짜	page	가정		개인	
1	1903	대상29	벧후3	미 6	눅15
2	1908	대하 1	요일 1	미 7	눅16
3	1912	대하 2	요일 2	나 1	눅17
4	1917	대하3·4	요일 3	나 2	눅18
5	1923	대하5·6:1~11	요일 4	나 3	눅19
6	1929	대하6:12~42	요일 5	합 1	눅20
7	1935	대하 7	요이 1	합 2	눅21
8	1940	대하 8	요삼 1	합 3	눅22
9	1946	대하 9	유 1	습 1	눅23
10	1952	대하10	계 1	습 2	눅24
11	1958	대하11·12	계 2	습 3	요 1
12	1965	대하13	계 3	학 1	요 2
13	1969	대하14·15	계 4	학 2	요 3
14	1975	대하16	계 5	슥 1	요 4
15	1980	대하17	계 6	슥 2	요 5
16	1985	대하18	계 7	슥 3	요 6
17	1992	대하19·20	계 8	슥 4	요 7
18	1998	대하21	계 9	슥 5	요 8
19	2004	대하22·23	계10	슥 6	요 9
20	2009	대하24	계11	슥 7	요10
21	2015	대하25	계12	슥 8	요11
22	2021	대하26	계13	슥 9	요12
23	2027	대하27·28	계14	슥10	요13
24	2033	대하29	계15	슥11	요14
25	2038	대하30	계16	슥12·13:1	요15
26	2043	대하31	계17	슥13:2~9	요16
27	2048	대하32	계18	슥14	요17
28	2054	대하33	계19	말 1	요18
29	2060	대하34	계20	말 2	요19
30	2066	대하35	계21	말 3	요20
31	2072	대하36	계22	말 4	요21

⊕ 맥체인 성경 읽기표 ⊕

January 01

날짜	page	가정		개인	
1	1	창 1	마 1	스 1	행 1
2	5	창 2	마 2	스 2	행 2
3	12	창 3	마 3	스 3	행 3
4	16	창 4	마 4	스 4	행 4
5	22	창 5	마 5	스 5	행 5
6	28	창 6	마 6	스 6	행 6
7	33	창 7	마 7	스 7	행 7
8	39	창 8	마 8	스 8	행 8
9	46	창9·10	마 9	스 9	행 9
10	53	창11	마10	스10	행10
11	60	창12	마11	느 1	행11
12	65	창13	마12	느 2	행12
13	70	창14	마13	느 3	행13
14	78	창15	마14	느 4	행14
15	83	창16	마15	느 5	행15
16	89	창17	마16	느 6	행16
17	95	창18	마17	느 7	행17
18	102	창19	마18	느 8	행18
19	108	창20	마19	느 9	행19
20	115	창21	마20	느10	행20
21	121	창22	마21	느11	행21
22	128	창23	마22	느12	행22
23	135	창24	마23	느13	행23
24	144	창25	마24	에 1	행24
25	150	창26	마25	에 2	행25
26	157	창27	마26	에 3	행26
27	165	창28	마27	에 4	행27
28	172	창29	마28	에 5	행28
29	177	창30	막 1	에 6	롬 1
30	184	창31	막 2	에 7	롬 2
31	190	창32	막 3	에 8	롬 3

February 02

날짜	page	가정		개인	
1	197	창33	막 4	에9·10	롬 4
2	202	창34	막 5	욥 1	롬 5
3	208	창35·36	막 6	욥 2	롬 6
4	216	창37	막 7	욥 3	롬 7
5	222	창38	막 8	욥 4	롬 8
6	228	창39	막 9	욥 5	롬 9
7	234	창40	막10	욥 6	롬10
8	239	창41	막11	욥 7	롬11
9	246	창42	막12	욥 8	롬12
10	252	창43	막13	욥 9	롬13
11	258	창44	막14	욥10	롬14
12	265	창45	막15	욥11	롬15
13	271	창46	막16	욥12	롬16
14	276	창47	눅1:1~38	욥13	고전1
15	282	창48	눅1:39~80	욥14	고전2
16	286	창49	눅 2	욥15	고전3
17	292	창50	눅 3	욥16·17	고전4
18	298	출 1	눅 4	욥18	고전5
19	303	출 2	눅 5	욥19	고전6
20	308	출 3	눅 6	욥20	고전7
21	315	출 4	눅 7	욥21	고전8
22	321	출 5	눅 8	욥22	고전9
23	327	출 6	눅 9	욥23	고전10
24	334	출 7	눅10	욥24	고전11
25	340	출 8	눅11	욥25·26	고전12
26	346	출 9	눅12	욥27	고전13
27	352	출10	눅13	욥28	고전14
28	359	출11·12:1~21	눅14	욥29	고전15

March 03

날짜	page	가정		개인	
1	**367**	출12:22~51	눅15	욥30	고전16
2	**372**	출13	눅16	욥31	고후 1
3	**377**	출14	눅17	욥32	고후 2
4	**382**	출15	눅18	욥33	고후 3
5	**388**	출16	눅19	욥34	고후 4
6	**394**	출17	눅20	욥35	고후 5
7	**399**	출18	눅21	욥36	고후 6
8	**404**	출19	눅22	욥37	고후 7
9	**411**	출20	눅23	욥38	고후 8
10	**417**	출21	눅24	욥39	고후 9
11	**422**	출22	요 1	욥40	고후10
12	**428**	출23	요 2	욥41	고후11
13	**433**	출24	요 3	욥42	고후12
14	**438**	출25	요 4	잠 1	고후13
15	**444**	출26	요 5	잠 2	갈 1
16	**449**	출27	요 6	잠 3	갈 2
17	**456**	출28	요 7	잠 4	갈 3
18	**463**	출29	요 8	잠 5	갈 4
19	**470**	출30	요 9	잠 6	갈 5
20	**476**	출31	요10	잠 7	갈 6
21	**480**	출32	요11	잠 8	엡 1
22	**487**	출33	요12	잠 9	엡 2
23	**492**	출34	요13	잠10	엡 3
24	**498**	출35	요14	잠11	엡 4
25	**504**	출36	요15	잠12	엡 5
26	**509**	출37	요16	잠13	엡 6
27	**514**	출38	요17	잠14	빌 1
28	**520**	출39	요18	잠15	빌 2
29	**526**	출40	요19	잠16	빌 3
30	**532**	레 1	요20	잠17	빌 4
31	**537**	레2·3	요21	잠18	골 1

April 04

날짜	page	가정		개인	
1	**543**	레 4	시1·2	잠19	골 2
2	**547**	레 5	시3·4	잠20	골 3
3	**551**	레 6	시5·6	잠21	골 4
4	**556**	레 7	시7·8	잠22	살전1
5	**560**	레 8	시 9	잠23	살전2
6	**565**	레 9	시10	잠24	살전3
7	**569**	레10	시11·12	잠25	살전4
8	**573**	레11·12	시13·14	잠26	살전5
9	**578**	레13	시15·16	잠27	살후1
10	**583**	레14	시17	잠28	살후2
11	**589**	레15	시18	잠29	살후3
12	**594**	레16	시19	잠30	딤전1
13	**599**	레17	시20·21	잠31	딤전2
14	**603**	레18	시22	전 1	딤전3
15	**607**	레19	시23·24	전 2	딤전4
16	**611**	레20	시25	전 3	딤전5
17	**616**	레21	시26·27	전 4	딤전6
18	**620**	레22	시28·29	전 5	딤후1
19	**625**	레23	시30	전 6	딤후2
20	**629**	레24	시31	전 7	딤후3
21	**634**	레25	시32	전 8	딤후4
22	**639**	레26	시33	전 9	딛 1
23	**644**	레27	시34	전10	딛 2
24	**648**	민 1	시35	전11	딛 3
25	**653**	민 2	시36	전12	몬 1
26	**656**	민 3	시37	아 1	히 1
27	**662**	민 4	시38	아 2	히 2
28	**666**	민 5	시39	아 3	히 3
29	**670**	민 6	시40·41	아 4	히 4
30	**675**	민 7	시42·43	아 5	히 5

May 05

날짜	page	가정		개인	
1	**683**	민 8	시44	아 6	히 6
2	**687**	민 9	시45	아 7	히 7
3	**691**	민10	시46·47	아 8	히 8
4	**695**	민11	시48	사 1	히 9
5	**700**	민12·13	시49	사 2	히10
6	**706**	민14	시50	사3·4	히11
7	**712**	민15	시51	사 5	히12
8	**718**	민16	시52~54	사 6	히13
9	**724**	민17·18	시55	사 7	약 1
10	**730**	민19	시56·57	사8·9:1~7	약 2
11	**735**	민20	시58·59	사9:8~10:4	약 3
12	**740**	민21	시60·61	사10:5~34	약 4
13	**745**	민22	시62·63	사11·12	약 5
14	**751**	민23	시64·65	사13	벧전1
15	**756**	민24	시66·67	사14	벧전2
16	**761**	민25	시68	사15	벧전3
17	**766**	민26	시69	사16	벧전4
18	**772**	민27	시70·71	사17·18	벧전5
19	**776**	민28	시72	사19·20	벧후1
20	**781**	민29	시73	사21	벧후2
21	**786**	민30	시74	사22	벧후3
22	**790**	민31	시75·76	사23	요일1
23	**795**	민32	시77	사24	요일2
24	**800**	민33	시78:1~37	사25	요일3
25	**806**	민34	시78:38~72	사26	요일4
26	**810**	민35	시79	사27	요일5
27	**815**	민36	시80	사28	요이1
28	**819**	신 1	시81·82	사29	요삼1
29	**824**	신 2	시83·84	사30	유 1
30	**831**	신 3	시85	사31	계 1
31	**835**	신 4	시86·87	사32	계 2

June 06

날짜	page	가정		개인	
1	**843**	신 5	시88	사33	계 3
2	**848**	신 6	시89	사34	계 4
3	**853**	신 7	시90	사35	계 5
4	**856**	신 8	시91	사36	계 6
5	**860**	신 9	시92·93	사37	계 7
6	**866**	신10	시94	사38	계 8
7	**870**	신11	시95·96	사39	계 9
8	**874**	신12	시97·98	사40	계10
9	**879**	신13·14	시99~101	사41	계11
10	**885**	신15	시102	사42	계12
11	**890**	신16	시103	사43	계13
12	**894**	신17	시104	사44	계14
13	**900**	신18	시105	사45	계15
14	**905**	신19	시106	사46	계16
15	**910**	신20	시107	사47	계17
16	**914**	신21	시108·109	사48	계18
17	**920**	신22	시110·111	사49	계19
18	**925**	신23	시112·113	사50	계20
19	**929**	신24	시114·115	사51	계21
20	**934**	신25	시116	사52	계22
21	**938**	신26	시117·118	사53	마 1
22	**942**	신27·28:1~19	시119:1~24	사54	마 2
23	**947**	신28:20~68	시119:25~48	사55	마 3
24	**953**	신29	시119:49~72	사56	마 4
25	**957**	신30	시119:73~96	사57	마 5
26	**963**	신31	시119:97~120	사58	마 6
27	**968**	신32	시119:121~144	사59	마 7
28	**974**	신33·34	시119:145~176	사60	마 8
29	**981**	수 1	시120~122	사61	마 9
30	**985**	수 2	시123~125	사62	마10

맥체인 성경 읽기표

QT와 성경통독을 하나로

[맥체인성경365_목차]

구약 page

창세기(창)	1	역대하(대하)	1908	다니엘(단)	1644
출애굽기(출)	298	에스라(스)	3	호세아(호)	1713
레위기(레)	532	느헤미야(느)	62	요엘(욜)	1770
민수기(민)	648	에스더(에)	147	아모스(암)	1785
신명기(신)	819	욥기(욥)	206	오바댜(옵)	1844
여호수아(수)	981	시편(시)	544/1228	요나(욘)	1850
사사기(삿)	1102	잠언(잠)	442	미가(미)	1874
룻기(룻)	1246	전도서(전)	605	나훔(나)	1915
사무엘상(삼상)	1264	아가(아)	660	하박국(합)	1932
사무엘하(삼하)	1414	이사야(사)	697	스바냐(습)	1949
열왕기상(왕상)	1540	예레미야(렘)	1015	학개(학)	1967
열왕기하(왕하)	1669	예레미야애가(애)	1342	스가랴(슥)	1977
역대상(대상)	1787	에스겔(겔)	1371	말라기(말)	2057

신약 page

마태복음(마)	2/941	에베소서(엡)	485/1556	히브리서(히)	661/1757
마가복음(막)	179/1112	빌립보서(빌)	518/1593	야고보서(약)	729/1832
누가복음(눅)	277/1813	골로새서(골)	540/1616	베드로전서(벧전)	754/1860
요한복음(요)	424/1962	데살로니가전서(살전)	560/1638	베드로후서(벧후)	780/1892
사도행전(행)	4/1073	데살로니가후서(살후)	582/1670	요한일서(요일)	794/1909
로마서(롬)	182/1266	디모데전서(딤전)	598/1686	요한이서(요이)	818/1937
고린도전서(고전)	280/1359	디모데후서(딤후)	624/1718	요한삼서(요삼)	823/1941
고린도후서(고후)	376/1444	디도서(딛)	643/1739	유다서(유)	829/1947
갈라디아서(갈)	448/1519	빌레몬서(몬)	655/1752	요한계시록(계)	834/1952

[맥체인 성경 읽기표]

맥체인 성경 읽기표는 1842년 맥체인이 자신이 목양하던 성베드로교회 성도들의 영적 성장을 위해 개발한 것으로, 매일 구약과 신약을 각각 2장씩 읽음으로써 1년에 구약 1회, 신약과 시편을 각 2회 정독할 수 있도록 만든 표입니다. 이와 같은 맥체인의 방법에 따라 신구약 성경 전체를 골고루 4등분해서 동시에 읽으면, 성경에 기록된 장구한 구속사를 크게 네 시대로 나누어 동시에 묵상할 수 있습니다.

(1) 창세기 ~ 역대하 : 만물의 시작과 이스라엘의 시작
(2) 에스라 ~ 말라기 : 이스라엘의 멸망과 새 시대의 시작
(3) 마태복음 ~ 요한복음 : 예수의 복음사역과 십자가 구속
(4) 사도행전 ~ 요한계시록 : 교회의 시작과 선교

▶ 《맥체인 성경 365》 말씀연결 사용하는 법

① 네 성경 본문의 소주제를 통해 중심 단어나 문장을 말씀으로 묵상한다.
② 네 본문의 말씀을 순서대로, 천천히 읽는다.
③ 두 본문에서 반복되는 단어나 유사한 문맥을 찾아 서로 연결한다.
④ 본문에서 반대의 뜻을 가진 단어나 문장을 찾는다.
⑤ 두 권의 책에서 공통되는 하나님의 말씀을 연결하여 기록한다.
⑥ 연결되는 말씀을 다른 두 권으로 확대하여 네 권 전체에 흐르는 하나님의 생각과 베푸신 은혜를 누리고, 그 내용을 적어본다.
⑦ 본문에서 지도자나 인도자로부터 배운 신학 주제나 교리들이 함축하고 있는 문맥의 짝을 찾아본다.
⑧ 중심 주제를 필두로, 삶에 적용할 일들을 적어보고 생활 중에 실천함으로써 변화를 경험해 본다.
⑨ 하나님이 오늘 나에게 주신 말씀들을 통하여 가르침, 명령과 약속 권면, 경고 및 행해야 할 일들을 하나님과 대화하는 마음으로(기도) 성경읽기를 마무리한다.

July 07					
날짜	page	가정		개인	
1	991	수 3	시126~128	사63	마11
2	995	수 4	시129~131	사64	마12
3	1000	수5·6:1~5	시132~134	사65	마13
4	1006	수6:6~27	시135·136	사66	마14
5	1013	수 7	시137·138	렘 1	마15
6	1018	수 8	시139	렘 2	마16
7	1025	수 9	시140·141	렘 3	마17
8	1031	수10	시142·143	렘 4	마18
9	1038	수11	시144	렘 5	마19
10	1043	수12·13	시145	렘 6	마20
11	1050	수14·15	시146·147	렘 7	마21
12	1058	수16·17	시148	렘 8	마22
13	1064	수18·19	시149·150	렘 9	마23
14	1071	수20·21	행 1	렘10	마24
15	1078	수22	행 2	렘11	마25
16	1087	수23	행 3	렘12	마26
17	1094	수24	행 4	렘13	마27
18	1102	삿 1	행 5	렘14	마28
19	1108	삿 2	행 6	렘15	막 1
20	1114	삿 3	행 7	렘16	막 2
21	1121	삿 4	행 8	렘17	막 3
22	1127	삿 5	행 9	렘18	막 4
23	1134	삿 6	행10	렘19	막 5
24	1142	삿 7	행11	렘20	막 6
25	1149	삿 8	행12	렘21	막 7
26	1154	삿 9	행13	렘22	막 8
27	1164	삿10·11:1~11	행14	렘23	막 9
28	1171	삿11:12~40	행15	렘24	막10
29	1178	삿12	행16	렘25	막11
30	1185	삿13	행17	렘26	막12
31	1192	삿14	행18	렘27	막13

August 08					
날짜	page	가정		개인	
1	1199	삿15	행19	렘28	막14
2	1206	삿16	행20	렘29	막15
3	1214	삿17	행21	렘30·31	막16
4	1222	삿18	행22	렘32	시1·2
5	1228	삿19	행23	렘33	시3·4
6	1234	삿20	행24	렘34	시5·6
7	1241	삿21	행25	렘35	시7·8
8	1246	룻 1	행26	렘36·37	시 9
9	1253	룻 2	행27	렘38	시10
10	1259	룻3·4	행28	렘39	시11·12
11	1264	삼상1	롬 1	렘40	시13·14
12	1270	삼상2	롬 2	렘41	시15·16
13	1275	삼상3	롬 3	렘42	시17
14	1280	삼상4	롬 4	렘43	시18
15	1285	삼상5·6	롬 5	렘44	시19
16	1292	삼상7·8	롬 6	렘45	시20·21
17	1296	삼상9	롬 7	렘46	시22
18	1302	삼상10	롬 8	렘47	시23·24
19	1307	삼상11	롬 9	렘48	시25
20	1313	삼상12	롬10	렘49	시26·27
21	1319	삼상13	롬11	렘50	시28·29
22	1326	삼상14	롬12	렘51	시30
23	1334	삼상15	롬13	렘52	시31
24	1340	삼상16	롬14	애 1	시32
25	1345	삼상17	롬15	애 2	시33
26	1352	삼상18	롬16	애 3	시34
27	1358	삼상19	고전1	애 4	시35
28	1363	삼상20	고전2	애 5	시36
29	1368	삼상21·22	고전3	겔 1	시37
30	1374	삼상23	고전4	겔 2	시38
31	1379	삼상24	고전5	겔 3	시39

September 09

날짜	page	가정		개인	
1	1385	삼상25	고전 6	겔 4	시40·41
2	1391	삼상26	고전 7	겔 5	시42·43
3	1396	삼상27	고전 8	겔 6	시44
4	1400	삼상28	고전 9	겔 7	시45·46
5	1405	삼상29·30	고전10	겔 8	시47
6	1411	삼상31	고전11	겔 9	시48
7	1414	삼하 1	고전12	겔10	시49
8	1419	삼하 2	고전13	겔11	시50
9	1424	삼하 3	고전14	겔12	시51
10	1430	삼하4·5	고전15	겔13	시52~54
11	1438	삼하 6	고전16	겔14	시55
12	1442	삼하 7	고후 1	겔15	시56·57
13	1447	삼하8·9	고후 2	겔16	시58·59
14	1454	삼하10	고후 3	겔17	시60·61
15	1459	삼하11	고후 4	겔18	시62·63
16	1464	삼하12	고후 5	겔19	시64·65
17	1469	삼하13	고후 6	겔20	시66·67
18	1476	삼하14	고후 7	겔21	시68
19	1483	삼하15	고후 8	겔22	시69
20	1489	삼하16	고후 9	겔23	시70·71
21	1495	삼하17	고후10	겔24	시72
22	1500	삼하18	고후11	겔25	시73
23	1506	삼하19	고후12	겔26	시74
24	1513	삼하20	고후13	겔27	시75·76
25	1518	삼하21	갈 1	겔28	시77
26	1523	삼하22	갈 2	겔29	시78:1~37
27	1529	삼하23	갈 3	겔30	시78:38~72
28	1535	삼하24	갈 4	겔31	시79
29	1540	왕상 1	갈 5	겔32	시80
30	1547	왕상 2	갈 6	겔33	시81·82

October 10

날짜	page	가정		개인	
1	1555	왕상 3	엡 1	겔34	시83·84
2	1560	왕상4·5	엡 2	겔35	시85
3	1565	왕상 6	엡 3	겔36	시86
4	1571	왕상 7	엡 4	겔37	시87·88
5	1578	왕상 8	엡 5	겔38	시89
6	1586	왕상 9	엡 6	겔39	시90
7	1591	왕상10	빌 1	겔40	시91
8	1598	왕상11	빌 2	겔41	시92·93
9	1603	왕상12	빌 3	겔42	시94
10	1608	왕상13	빌 4	겔43	시95·96
11	1614	왕상14	골 1	겔44	시97·98
12	1620	왕상15	골 2	겔45	시99~101
13	1625	왕상16	골 3	겔46	시102
14	1631	왕상17	골 4	겔47	시103
15	1635	왕상18	살전 1	겔48	시104
16	1642	왕상19	살전 2	단 1	시105
17	1647	왕상20	살전 3	단 2	시106
18	1655	왕상21	살전 4	단 3	시107
19	1661	왕상22	살전 5	단 4	시108·109
20	1669	왕하 1	살후 1	단 5	시110·111
21	1674	왕하 2	살후 2	단 6	시112·113
22	1679	왕하 3	살후 3	단 7	시114·115
23	1684	왕하 4	딤전 1	단 8	시116
24	1690	왕하 5	딤전 2	단 9	시117·118
25	1695	왕하 6	딤전 3	단10	시119:1~24
26	1700	왕하 7	딤전 4	단11	시119:25~48
27	1706	왕하 8	딤전 5	단12	시119:49~72
28	1710	왕하 9	딤전 6	호 1	시119:73~96
29	1715	왕하10	딤후 1	호 2	시119:97~120
30	1721	왕하11·12	딤후 2	호3·4	시119:121~144
31	1726	왕하13	딤후 3	호5·6	시119:145~176

November 11

날짜	page	가정		개인	
1	1733	왕하14	딤후4	호 7	시120~122
2	1737	왕하15	딛 1	호 8	시123~125
3	1741	왕하16	딛 2	호 9	시126~128
4	1745	왕하17	딛 3	호10	시129~131
5	1750	왕하18	몬 1	호11	시132~134
6	1755	왕하19	히 1	호12	시135·136
7	1760	왕하20	히 2	호13	시137·138
8	1765	왕하21	히 3	호14	시139
9	1768	왕하22	히 4	욜 1	시140·141
10	1773	왕하23	히 5	욜 2	시142
11	1778	왕하24	히 6	욜 3	시143
12	1782	왕하25	히 7	암 1	시144
13	1787	대상1·2	히 8	암 2	시145
14	1793	대상3·4	히 9	암 3	시146·147
15	1799	대상5·6	히10	암 4	시148·150
16	1807	대상7·8	히11	암 5	눅1:1~38
17	1815	대상9·10	히12	암 6	눅1:39~80
18	1822	대상11·12	히13	암 7	눅 2
19	1830	대상13·14	약 1	암 8	눅 3
20	1836	대상15	약 2	암 9	눅 4
21	1841	대상16	약 3	옵 1	눅 5
22	1847	대상17	약 4	욘 1	눅 6
23	1853	대상18	약 5	욘 2	눅 7
24	1858	대상19·20	벧전1	욘 3	눅 8
25	1864	대상21	벧전2	욘 4	눅 9
26	1871	대상22	벧전3	미 1	눅10
27	1877	대상23	벧전4	미 2	눅11
28	1882	대상24·25	벧전5	미 3	눅12
29	1889	대상26·27	벧후1	미 4	눅13
30	1896	대상28	벧후2	미 5	눅14

December 12

날짜	page	가정		개인	
1	1903	대상29	벧후3	미 6	눅15
2	1908	대하 1	요일 1	미 7	눅16
3	1912	대하 2	요일 2	나 1	눅17
4	1917	대하3·4	요일 3	나 2	눅18
5	1923	대하5·6:1~11	요일 4	나 3	눅19
6	1929	대하6:12~42	요일 5	합 1	눅20
7	1935	대하 7	요이 1	합 2	눅21
8	1940	대하 8	요삼 1	합 3	눅22
9	1946	대하 9	유 1	습 1	눅23
10	1952	대하10	계 1	습 2	눅24
11	1958	대하11·12	계 2	습 3	요 1
12	1965	대하13	계 3	학 1	요 2
13	1969	대하14·15	계 4	학 2	요 3
14	1975	대하16	계 5	슥 1	요 4
15	1980	대하17	계 6	슥 2	요 5
16	1985	대하18	계 7	슥 3	요 6
17	1992	대하19·20	계 8	슥 4	요 7
18	1998	대하21	계 9	슥 5	요 8
19	2004	대하22·23	계10	슥 6	요 9
20	2009	대하24	계11	슥 7	요10
21	2015	대하25	계12	슥 8	요11
22	2021	대하26	계13	슥 9	요12
23	2027	대하27·28	계14	슥10	요13
24	2033	대하29	계15	슥11	요14
25	2038	대하30	계16	슥12·13:1	요15
26	2043	대하31	계17	슥13:2~9	요16
27	2048	대하32	계18	슥14	요17
28	2054	대하33	계19	말 1	요18
29	2060	대하34	계20	말 2	요19
30	2066	대하35	계21	말 3	요20
31	2072	대하36	계22	말 4	요21

맥체인 성경 읽기표

January 01

날짜	page	가정		개인	
1	**1**	창 1	마 1	스 1	행 1
2	**5**	창 2	마 2	스 2	행 2
3	**12**	창 3	마 3	스 3	행 3
4	**16**	창 4	마 4	스 4	행 4
5	**22**	창 5	마 5	스 5	행 5
6	**28**	창 6	마 6	스 6	행 6
7	**33**	창 7	마 7	스 7	행 7
8	**39**	창 8	마 8	스 8	행 8
9	**46**	창9·10	마 9	스 9	행 9
10	**53**	창11	마10	스10	행10
11	**60**	창12	마11	느 1	행11
12	**65**	창13	마12	느 2	행12
13	**70**	창14	마13	느 3	행13
14	**78**	창15	마14	느 4	행14
15	**83**	창16	마15	느 5	행15
16	**89**	창17	마16	느 6	행16
17	**95**	창18	마17	느 7	행17
18	**102**	창19	마18	느 8	행18
19	**108**	창20	마19	느 9	행19
20	**115**	창21	마20	느10	행20
21	**121**	창22	마21	느11	행21
22	**128**	창23	마22	느12	행22
23	**135**	창24	마23	느13	행23
24	**144**	창25	마24	에 1	행24
25	**150**	창26	마25	에 2	행25
26	**157**	창27	마26	에 3	행26
27	**165**	창28	마27	에 4	행27
28	**172**	창29	마28	에 5	행28
29	**177**	창30	막 1	에 6	롬 1
30	**184**	창31	막 2	에 7	롬 2
31	**190**	창32	막 3	에 8	롬 3

February 02

날짜	page	가정		개인	
1	**197**	창33	막 4	에9·10	롬 4
2	**202**	창34	막 5	욥 1	롬 5
3	**208**	창35·36	막 6	욥 2	롬 6
4	**216**	창37	막 7	욥 3	롬 7
5	**222**	창38	막 8	욥 4	롬 8
6	**228**	창39	막 9	욥 5	롬 9
7	**234**	창40	막10	욥 6	롬10
8	**239**	창41	막11	욥 7	롬11
9	**246**	창42	막12	욥 8	롬12
10	**252**	창43	막13	욥 9	롬13
11	**258**	창44	막14	욥10	롬14
12	**265**	창45	막15	욥11	롬15
13	**271**	창46	막16	욥12	롬16
14	**276**	창47	눅1:1~38	욥13	고전1
15	**282**	창48	눅1:39~80	욥14	고전2
16	**286**	창49	눅 2	욥15	고전3
17	**292**	창50	눅 3	욥16·17	고전4
18	**298**	출 1	눅 4	욥18	고전5
19	**303**	출 2	눅 5	욥19	고전6
20	**308**	출 3	눅 6	욥20	고전7
21	**315**	출 4	눅 7	욥21	고전8
22	**321**	출 5	눅 8	욥22	고전9
23	**327**	출 6	눅 9	욥23	고전10
24	**334**	출 7	눅10	욥24	고전11
25	**340**	출 8	눅11	욥25·26	고전12
26	**346**	출 9	눅12	욥27	고전13
27	**352**	출10	눅13	욥28	고전14
28	**359**	출11·12:1~21	눅14	욥29	고전15

March 03

날짜	page	가정		개인	
1	**367**	출12:22~51	눅15	욥30	고전16
2	**372**	출13	눅16	욥31	고후 1
3	**377**	출14	눅17	욥32	고후 2
4	**382**	출15	눅18	욥33	고후 3
5	**388**	출16	눅19	욥34	고후 4
6	**394**	출17	눅20	욥35	고후 5
7	**399**	출18	눅21	욥36	고후 6
8	**404**	출19	눅22	욥37	고후 7
9	**411**	출20	눅23	욥38	고후 8
10	**417**	출21	눅24	욥39	고후 9
11	**422**	출22	요 1	욥40	고후10
12	**428**	출23	요 2	욥41	고후11
13	**433**	출24	요 3	욥42	고후12
14	**438**	출25	요 4	잠 1	고후13
15	**444**	출26	요 5	잠 2	갈 1
16	**449**	출27	요 6	잠 3	갈 2
17	**456**	출28	요 7	잠 4	갈 3
18	**463**	출29	요 8	잠 5	갈 4
19	**470**	출30	요 9	잠 6	갈 5
20	**476**	출31	요10	잠 7	갈 6
21	**480**	출32	요11	잠 8	엡 1
22	**487**	출33	요12	잠 9	엡 2
23	**492**	출34	요13	잠10	엡 3
24	**498**	출35	요14	잠11	엡 4
25	**504**	출36	요15	잠12	엡 5
26	**509**	출37	요16	잠13	엡 6
27	**514**	출38	요17	잠14	빌 1
28	**520**	출39	요18	잠15	빌 2
29	**526**	출40	요19	잠16	빌 3
30	**532**	레 1	요20	잠17	빌 4
31	**537**	레2·3	요21	잠18	골 1

April 04

날짜	page	가정		개인	
1	**543**	레 4	시1·2	잠19	골 2
2	**547**	레 5	시3·4	잠20	골 3
3	**551**	레 6	시5·6	잠21	골 4
4	**556**	레 7	시7·8	잠22	살전1
5	**560**	레 8	시 9	잠23	살전2
6	**565**	레 9	시10	잠24	살전3
7	**569**	레10	시11·12	잠25	살전4
8	**573**	레11·12	시13·14	잠26	살전5
9	**578**	레13	시15·16	잠27	살후1
10	**583**	레14	시17	잠28	살후2
11	**589**	레15	시18	잠29	살후3
12	**594**	레16	시19	잠30	딤전1
13	**599**	레17	시20·21	잠31	딤전2
14	**603**	레18	시22	전 1	딤전3
15	**607**	레19	시23·24	전 2	딤전4
16	**611**	레20	시25	전 3	딤전5
17	**616**	레21	시26·27	전 4	딤전6
18	**620**	레22	시28·29	전 5	딤후1
19	**625**	레23	시30	전 6	딤후2
20	**629**	레24	시31	전 7	딤후3
21	**634**	레25	시32	전 8	딤후4
22	**639**	레26	시33	전 9	딛 1
23	**644**	레27	시34	전10	딛 2
24	**648**	민 1	시35	전11	딛 3
25	**653**	민 2	시36	전12	몬 1
26	**656**	민 3	시37	아 1	히 1
27	**662**	민 4	시38	아 2	히 2
28	**666**	민 5	시39	아 3	히 3
29	**670**	민 6	시40·41	아 4	히 4
30	**675**	민 7	시42·43	아 5	히 5

May 05

날짜	page	가정		개인	
1	683	민 8	시44	아 6	히 6
2	687	민 9	시45	아 7	히 7
3	691	민10	시46·47	아 8	히 8
4	695	민11	시48	사 1	히 9
5	700	민12·13	시49	사 2	히10
6	706	민14	시50	사3·4	히11
7	712	민15	시51	사 5	히12
8	718	민16	시52~54	사 6	히13
9	724	민17·18	시55	사 7	약 1
10	730	민19	시56·57	사8·9:1~7	약 2
11	735	민20	시58·59	사9:8~10:4	약 3
12	740	민21	시60·61	사10:5~34	약 4
13	745	민22	시62·63	사11·12	약 5
14	751	민23	시64·65	사13	벧전1
15	756	민24	시66·67	사14	벧전2
16	761	민25	시68	사15	벧전3
17	766	민26	시69	사16	벧전4
18	772	민27	시70·71	사17·18	벧전5
19	776	민28	시72	사19·20	벧후1
20	781	민29	시73	사21	벧후2
21	786	민30	시74	사22	벧후3
22	790	민31	시75·76	사23	요일1
23	795	민32	시77	사24	요일2
24	800	민33	시78:1~37	사25	요일3
25	806	민34	시78:38~72	사26	요일4
26	810	민35	시79	사27	요일5
27	815	민36	시80	사28	요이1
28	819	신 1	시81·82	사29	요삼1
29	824	신 2	시83·84	사30	유 1
30	831	신 3	시85	사31	계 1
31	835	신 4	시86·87	사32	계 2

June 06

날짜	page	가정		개인	
1	843	신 5	시88	사33	계 3
2	848	신 6	시89	사34	계 4
3	853	신 7	시90	사35	계 5
4	856	신 8	시91	사36	계 6
5	860	신 9	시92·93	사37	계 7
6	866	신10	시94	사38	계 8
7	870	신11	시95·96	사39	계 9
8	874	신12	시97·98	사40	계10
9	879	신13·14	시99~101	사41	계11
10	885	신15	시102	사42	계12
11	890	신16	시103	사43	계13
12	894	신17	시104	사44	계14
13	900	신18	시105	사45	계15
14	905	신19	시106	사46	계16
15	910	신20	시107	사47	계17
16	914	신21	시108·109	사48	계18
17	920	신22	시110·111	사49	계19
18	925	신23	시112·113	사50	계20
19	929	신24	시114·115	사51	계21
20	934	신25	시116	사52	계22
21	938	신26	시117·118	사53	마 1
22	942	신27·28:1~19	시119:1~24	사54	마 2
23	947	신28:20~68	시119:25~48	사55	마 3
24	953	신29	시119:49~72	사56	마 4
25	957	신30	시119:73~96	사57	마 5
26	963	신31	시119:97~120	사58	마 6
27	968	신32	시119:121~144	사59	마 7
28	974	신33·34	시119:145~176	사60	마 8
29	981	수 1	시120~122	사61	마 9
30	985	수 2	시123~125	사62	마10

[맥체인 성경 읽기표]

맥체인 성경 읽기표는 1842년 맥체인이 자신이 목양하던 성베드로교회 성도들의 영적 성장을 위해 개발한 것으로, 매일 구약과 신약을 각각 2장씩 읽음으로써 1년에 구약 1회, 신약과 시편을 각 2회 정독할 수 있도록 만든 표입니다. 이와 같은 맥체인의 방법에 따라 신구약 성경 전체를 골고루 4등분해서 동시에 읽으면, 성경에 기록된 장구한 구속사를 크게 네 시대로 나누어 동시에 묵상할 수 있습니다.

(1) 창세기 ~ 역대하 : 만물의 시작과 이스라엘의 시작
(2) 에스라 ~ 말라기 : 이스라엘의 멸망과 새 시대의 시작
(3) 마태복음 ~ 요한복음 : 예수의 복음사역과 십자가 구속
(4) 사도행전 ~ 요한계시록 : 교회의 시작과 선교

▶《맥체인 성경 365》 말씀연결 사용하는 법

① 네 성경 본문의 소주제를 통해 중심 단어나 문장을 말씀으로 묵상한다.
② 네 본문의 말씀을 순서대로, 천천히 읽는다.
③ 두 본문에서 반복되는 단어나 유사한 문맥을 찾아 서로 연결한다.
④ 본문에서 반대의 뜻을 가진 단어나 문장을 찾는다.
⑤ 두 권의 책에서 공통되는 하나님의 말씀을 연결하여 기록한다.
⑥ 연결되는 말씀을 다른 두 권으로 확대하여 네 권 전체에 흐르는 하나님의 생각과 베푸신 은혜를 누리고, 그 내용을 적어본다.
⑦ 본문에서 지도자나 인도자로부터 배운 신학 주제나 교리들이 함축하고 있는 문맥의 짝을 찾아본다.
⑧ 중심 주제를 필두로, 삶에 적용할 일들을 적어보고 생활 중에 실천함으로써 변화를 경험해 본다.
⑨ 하나님이 오늘 나에게 주신 말씀들을 통하여 가르침, 명령과 약속 권면, 경고 및 행해야 할 일들을 하나님과 대화하는 마음으로(기도) 성경읽기를 마무리한다.

July 07					
날짜	page	가정		개인	
1	**991**	수 3	시126~128	사63	마11
2	**995**	수 4	시129~131	사64	마12
3	**1000**	수5·6:1~5	시132~134	사65	마13
4	**1006**	수6:6~27	시135·136	사66	마14
5	**1013**	수 7	시137·138	렘 1	마15
6	**1018**	수 8	시139	렘 2	마16
7	**1025**	수 9	시140·141	렘 3	마17
8	**1031**	수10	시142·143	렘 4	마18
9	**1038**	수11	시144	렘 5	마19
10	**1043**	수12·13	시145	렘 6	마20
11	**1050**	수14·15	시146·147	렘 7	마21
12	**1058**	수16·17	시148	렘 8	마22
13	**1064**	수18·19	시149·150	렘 9	마23
14	**1071**	수20·21	행 1	렘10	마24
15	**1078**	수22	행 2	렘11	마25
16	**1087**	수23	행 3	렘12	마26
17	**1094**	수24	행 4	렘13	마27
18	**1102**	삿 1	행 5	렘14	마28
19	**1108**	삿 2	행 6	렘15	막 1
20	**1114**	삿 3	행 7	렘16	막 2
21	**1121**	삿 4	행 8	렘17	막 3
22	**1127**	삿 5	행 9	렘18	막 4
23	**1134**	삿 6	행10	렘19	막 5
24	**1142**	삿 7	행11	렘20	막 6
25	**1149**	삿 8	행12	렘21	막 7
26	**1154**	삿 9	행13	렘22	막 8
27	**1164**	삿10·11:1~11	행14	렘23	막 9
28	**1171**	삿11:12~40	행15	렘24	막10
29	**1178**	삿12	행16	렘25	막11
30	**1185**	삿13	행17	렘26	막12
31	**1192**	삿14	행18	렘27	막13

August 08					
날짜	page	가정		개인	
1	**1199**	삿15	행19	렘28	막14
2	**1206**	삿16	행20	렘29	막15
3	**1214**	삿17	행21	렘30·31	막16
4	**1222**	삿18	행22	렘32	시1·2
5	**1228**	삿19	행23	렘33	시3·4
6	**1234**	삿20	행24	렘34	시5·6
7	**1241**	삿21	행25	렘35	시7·8
8	**1246**	룻 1	행26	렘36·37	시 9
9	**1253**	룻 2	행27	렘38	시10
10	**1259**	룻3·4	행28	렘39	시11·12
11	**1264**	삼상1	롬 1	렘40	시13·14
12	**1270**	삼상2	롬 2	렘41	시15·16
13	**1275**	삼상3	롬 3	렘42	시17
14	**1280**	삼상4	롬 4	렘43	시18
15	**1285**	삼상5·6	롬 5	렘44	시19
16	**1292**	삼상7·8	롬 6	렘45	시20·21
17	**1296**	삼상9	롬 7	렘46	시22
18	**1302**	삼상10	롬 8	렘47	시23·24
19	**1307**	삼상11	롬 9	렘48	시25
20	**1313**	삼상12	롬10	렘49	시26·27
21	**1319**	삼상13	롬11	렘50	시28·29
22	**1326**	삼상14	롬12	렘51	시30
23	**1334**	삼상15	롬13	렘52	시31
24	**1340**	삼상16	롬14	애 1	시32
25	**1345**	삼상17	롬15	애 2	시33
26	**1352**	삼상18	롬16	애 3	시34
27	**1358**	삼상19	고전1	애 4	시35
28	**1363**	삼상20	고전2	애 5	시36
29	**1368**	삼상21·22	고전3	겔 1	시37
30	**1374**	삼상23	고전4	겔 2	시38
31	**1379**	삼상24	고전5	겔 3	시39

September 09

날짜	page	가정		개인	
1	**1385**	삼상25	고전 6	겔 4	시40·41
2	**1391**	삼상26	고전 7	겔 5	시42·43
3	**1396**	삼상27	고전 8	겔 6	시44
4	**1400**	삼상28	고전 9	겔 7	시45·46
5	**1405**	삼상29·30	고전10	겔 8	시47
6	**1411**	삼상31	고전11	겔 9	시48
7	**1414**	삼하 1	고전12	겔10	시49
8	**1419**	삼하 2	고전13	겔11	시50
9	**1424**	삼하 3	고전14	겔12	시51
10	**1430**	삼하4·5	고전15	겔13	시52~54
11	**1438**	삼하 6	고전16	겔14	시55
12	**1442**	삼하 7	고후 1	겔15	시56·57
13	**1447**	삼하8·9	고후 2	겔16	시58·59
14	**1454**	삼하10	고후 3	겔17	시60·61
15	**1459**	삼하11	고후 4	겔18	시62·63
16	**1464**	삼하12	고후 5	겔19	시64·65
17	**1469**	삼하13	고후 6	겔20	시66·67
18	**1476**	삼하14	고후 7	겔21	시68
19	**1483**	삼하15	고후 8	겔22	시69
20	**1489**	삼하16	고후 9	겔23	시70·71
21	**1495**	삼하17	고후10	겔24	시72
22	**1500**	삼하18	고후11	겔25	시73
23	**1506**	삼하19	고후12	겔26	시74
24	**1513**	삼하20	고후13	겔27	시75·76
25	**1518**	삼하21	갈 1	겔28	시77
26	**1523**	삼하22	갈 2	겔29	시78:1~37
27	**1529**	삼하23	갈 3	겔30	시78:38~72
28	**1535**	삼하24	갈 4	겔31	시79
29	**1540**	왕상 1	갈 5	겔32	시80
30	**1547**	왕상 2	갈 6	겔33	시81·82

October 10

날짜	page	가정		개인	
1	**1555**	왕상 3	엡 1	겔34	시83·84
2	**1560**	왕상4·5	엡 2	겔35	시85
3	**1565**	왕상 6	엡 3	겔36	시86
4	**1571**	왕상 7	엡 4	겔37	시87·88
5	**1578**	왕상 8	엡 5	겔38	시89
6	**1586**	왕상 9	엡 6	겔39	시90
7	**1591**	왕상10	빌 1	겔40	시91
8	**1598**	왕상11	빌 2	겔41	시92·93
9	**1603**	왕상12	빌 3	겔42	시94
10	**1608**	왕상13	빌 4	겔43	시95·96
11	**1614**	왕상14	골 1	겔44	시97·98
12	**1620**	왕상15	골 2	겔45	시99~101
13	**1625**	왕상16	골 3	겔46	시102
14	**1631**	왕상17	골 4	겔47	시103
15	**1635**	왕상18	살전 1	겔48	시104
16	**1642**	왕상19	살전 2	단 1	시105
17	**1647**	왕상20	살전 3	단 2	시106
18	**1655**	왕상21	살전 4	단 3	시107
19	**1661**	왕상22	살전 5	단 4	시108·109
20	**1669**	왕하 1	살후 1	단 5	시110·111
21	**1674**	왕하 2	살후 2	단 6	시112·113
22	**1679**	왕하 3	살후 3	단 7	시114·115
23	**1684**	왕하 4	딤전 1	단 8	시116
24	**1690**	왕하 5	딤전 2	단 9	시117·118
25	**1695**	왕하 6	딤전 3	단10	시119:1~24
26	**1700**	왕하 7	딤전 4	단11	시119:25~48
27	**1706**	왕하 8	딤전 5	단12	시119:49~72
28	**1710**	왕하 9	딤전 6	호 1	시119:73~96
29	**1715**	왕하10	딤후 1	호 2	시119:97~120
30	**1721**	왕하11·12	딤후 2	호3·4	시119:121~144
31	**1726**	왕하13	딤후 3	호5·6	시119:145~176

November 11

날짜	page	가정		개인	
1	**1733**	왕하14	딤후4	호 7	시120~122
2	**1737**	왕하15	딛 1	호 8	시123~125
3	**1741**	왕하16	딛 2	호 9	시126~128
4	**1745**	왕하17	딛 3	호10	시129~131
5	**1750**	왕하18	몬 1	호11	시132~134
6	**1755**	왕하19	히 1	호12	시135·136
7	**1760**	왕하20	히 2	호13	시137·138
8	**1765**	왕하21	히 3	호14	시139
9	**1768**	왕하22	히 4	욜 1	시140·141
10	**1773**	왕하23	히 5	욜 2	시142
11	**1778**	왕하24	히 6	욜 3	시143
12	**1782**	왕하25	히 7	암 1	시144
13	**1787**	대상1·2	히 8	암 2	시145
14	**1793**	대상3·4	히 9	암 3	시146·147
15	**1799**	대상5·6	히10	암 4	시148·150
16	**1807**	대상7·8	히11	암 5	눅1:1~38
17	**1815**	대상9·10	히12	암 6	눅1:39~80
18	**1822**	대상11·12	히13	암 7	눅 2
19	**1830**	대상13·14	약 1	암 8	눅 3
20	**1836**	대상15	약 2	암 9	눅 4
21	**1841**	대상16	약 3	옵 1	눅 5
22	**1847**	대상17	약 4	욘 1	눅 6
23	**1853**	대상18	약 5	욘 2	눅 7
24	**1858**	대상19·20	벧전1	욘 3	눅 8
25	**1864**	대상21	벧전2	욘 4	눅 9
26	**1871**	대상22	벧전3	미 1	눅10
27	**1877**	대상23	벧전4	미 2	눅11
28	**1882**	대상24·25	벧전5	미 3	눅12
29	**1889**	대상26·27	벧후1	미 4	눅13
30	**1896**	대상28	벧후2	미 5	눅14

December 12

날짜	page	가정		개인	
1	**1903**	대상29	벧후3	미 6	눅15
2	**1908**	대하 1	요일 1	미 7	눅16
3	**1912**	대하 2	요일 2	나 1	눅17
4	**1917**	대하3·4	요일 3	나 2	눅18
5	**1923**	대하5·6:1~11	요일 4	나 3	눅19
6	**1929**	대하6:12~42	요일 5	합 1	눅20
7	**1935**	대하 7	요이 1	합 2	눅21
8	**1940**	대하 8	요삼 1	합 3	눅22
9	**1946**	대하 9	유 1	습 1	눅23
10	**1952**	대하10	계 1	습 2	눅24
11	**1958**	대하11·12	계 2	습 3	요 1
12	**1965**	대하13	계 3	학 1	요 2
13	**1969**	대하14·15	계 4	학 2	요 3
14	**1975**	대하16	계 5	슥 1	요 4
15	**1980**	대하17	계 6	슥 2	요 5
16	**1985**	대하18	계 7	슥 3	요 6
17	**1992**	대하19·20	계 8	슥 4	요 7
18	**1998**	대하21	계 9	슥 5	요 8
19	**2004**	대하22·23	계10	슥 6	요 9
20	**2009**	대하24	계11	슥 7	요10
21	**2015**	대하25	계12	슥 8	요11
22	**2021**	대하26	계13	슥 9	요12
23	**2027**	대하27·28	계14	슥10	요13
24	**2033**	대하29	계15	슥11	요14
25	**2038**	대하30	계16	슥12·13:1	요15
26	**2043**	대하31	계17	슥13:2~9	요16
27	**2048**	대하32	계18	슥14	요17
28	**2054**	대하33	계19	말 1	요18
29	**2060**	대하34	계20	말 2	요19
30	**2066**	대하35	계21	말 3	요20
31	**2072**	대하36	계22	말 4	요21

⊕ 맥체인 성경 읽기표 ⊕

January 01					
날짜	page	가정		개인	
1	1	창 1	마 1	스 1	행 1
2	5	창 2	마 2	스 2	행 2
3	12	창 3	마 3	스 3	행 3
4	16	창 4	마 4	스 4	행 4
5	22	창 5	마 5	스 5	행 5
6	28	창 6	마 6	스 6	행 6
7	33	창 7	마 7	스 7	행 7
8	39	창 8	마 8	스 8	행 8
9	46	창9·10	마 9	스 9	행 9
10	53	창11	마10	스10	행10
11	60	창12	마11	느 1	행11
12	65	창13	마12	느 2	행12
13	70	창14	마13	느 3	행13
14	78	창15	마14	느 4	행14
15	83	창16	마15	느 5	행15
16	89	창17	마16	느 6	행16
17	95	창18	마17	느 7	행17
18	102	창19	마18	느 8	행18
19	108	창20	마19	느 9	행19
20	115	창21	마20	느10	행20
21	121	창22	마21	느11	행21
22	128	창23	마22	느12	행22
23	135	창24	마23	느13	행23
24	144	창25	마24	에 1	행24
25	150	창26	마25	에 2	행25
26	157	창27	마26	에 3	행26
27	165	창28	마27	에 4	행27
28	172	창29	마28	에 5	행28
29	177	창30	막 1	에 6	롬 1
30	184	창31	막 2	에 7	롬 2
31	190	창32	막 3	에 8	롬 3

February 02					
날짜	page	가정		개인	
1	197	창33	막 4	에9·10	롬 4
2	202	창34	막 5	욥 1	롬 5
3	208	창35·36	막 6	욥 2	롬 6
4	216	창37	막 7	욥 3	롬 7
5	222	창38	막 8	욥 4	롬 8
6	228	창39	막 9	욥 5	롬 9
7	234	창40	막10	욥 6	롬10
8	239	창41	막11	욥 7	롬11
9	246	창42	막12	욥 8	롬12
10	252	창43	막13	욥 9	롬13
11	258	창44	막14	욥10	롬14
12	265	창45	막15	욥11	롬15
13	271	창46	막16	욥12	롬16
14	276	창47	눅1:1~38	욥13	고전1
15	282	창48	눅1:39~80	욥14	고전2
16	286	창49	눅 2	욥15	고전3
17	292	창50	눅 3	욥16·17	고전4
18	298	출 1	눅 4	욥18	고전5
19	303	출 2	눅 5	욥19	고전6
20	308	출 3	눅 6	욥20	고전7
21	315	출 4	눅 7	욥21	고전8
22	321	출 5	눅 8	욥22	고전9
23	327	출 6	눅 9	욥23	고전10
24	334	출 7	눅10	욥24	고전11
25	340	출 8	눅11	욥25·26	고전12
26	346	출 9	눅12	욥27	고전13
27	352	출10	눅13	욥28	고전14
28	359	출11·12:1~21	눅14	욥29	고전15

March 03

날짜	page	가정		개인	
1	**367**	출12:22~51	눅15	욥30	고전16
2	**372**	출13	눅16	욥31	고후 1
3	**377**	출14	눅17	욥32	고후 2
4	**382**	출15	눅18	욥33	고후 3
5	**388**	출16	눅19	욥34	고후 4
6	**394**	출17	눅20	욥35	고후 5
7	**399**	출18	눅21	욥36	고후 6
8	**404**	출19	눅22	욥37	고후 7
9	**411**	출20	눅23	욥38	고후 8
10	**417**	출21	눅24	욥39	고후 9
11	**422**	출22	요 1	욥40	고후10
12	**428**	출23	요 2	욥41	고후11
13	**433**	출24	요 3	욥42	고후12
14	**438**	출25	요 4	잠 1	고후13
15	**444**	출26	요 5	잠 2	갈 1
16	**449**	출27	요 6	잠 3	갈 2
17	**456**	출28	요 7	잠 4	갈 3
18	**463**	출29	요 8	잠 5	갈 4
19	**470**	출30	요 9	잠 6	갈 5
20	**476**	출31	요10	잠 7	갈 6
21	**480**	출32	요11	잠 8	엡 1
22	**487**	출33	요12	잠 9	엡 2
23	**492**	출34	요13	잠10	엡 3
24	**498**	출35	요14	잠11	엡 4
25	**504**	출36	요15	잠12	엡 5
26	**509**	출37	요16	잠13	엡 6
27	**514**	출38	요17	잠14	빌 1
28	**520**	출39	요18	잠15	빌 2
29	**526**	출40	요19	잠16	빌 3
30	**532**	레 1	요20	잠17	빌 4
31	**537**	레2·3	요21	잠18	골 1

April 04

날짜	page	가정		개인	
1	**543**	레 4	시1·2	잠19	골 2
2	**547**	레 5	시3·4	잠20	골 3
3	**551**	레 6	시5·6	잠21	골 4
4	**556**	레 7	시7·8	잠22	살전1
5	**560**	레 8	시 9	잠23	살전2
6	**565**	레 9	시10	잠24	살전3
7	**569**	레10	시11·12	잠25	살전4
8	**573**	레11·12	시13·14	잠26	살전5
9	**578**	레13	시15·16	잠27	살후1
10	**583**	레14	시17	잠28	살후2
11	**589**	레15	시18	잠29	살후3
12	**594**	레16	시19	잠30	딤전1
13	**599**	레17	시20·21	잠31	딤전2
14	**603**	레18	시22	전 1	딤전3
15	**607**	레19	시23·24	전 2	딤전4
16	**611**	레20	시25	전 3	딤전5
17	**616**	레21	시26·27	전 4	딤전6
18	**620**	레22	시28·29	전 5	딤후1
19	**625**	레23	시30	전 6	딤후2
20	**629**	레24	시31	전 7	딤후3
21	**634**	레25	시32	전 8	딤후4
22	**639**	레26	시33	전 9	딛 1
23	**644**	레27	시34	전10	딛 2
24	**648**	민 1	시35	전11	딛 3
25	**653**	민 2	시36	전12	몬 1
26	**656**	민 3	시37	아 1	히 1
27	**662**	민 4	시38	아 2	히 2
28	**666**	민 5	시39	아 3	히 3
29	**670**	민 6	시40·41	아 4	히 4
30	**675**	민 7	시42·43	아 5	히 5

May 05

날짜	page	가정		개인	
1	**683**	민 8	시44	아 6	히 6
2	**687**	민 9	시45	아 7	히 7
3	**691**	민10	시46·47	아 8	히 8
4	**695**	민11	시48	사 1	히 9
5	**700**	민12·13	시49	사 2	히10
6	**706**	민14	시50	사3·4	히11
7	**712**	민15	시51	사 5	히12
8	**718**	민16	시52~54	사 6	히13
9	**724**	민17·18	시55	사 7	약 1
10	**730**	민19	시56·57	사8·9:1~7	약 2
11	**735**	민20	시58·59	사9:8~10:4	약 3
12	**740**	민21	시60·61	사10:5~34	약 4
13	**745**	민22	시62·63	사11·12	약 5
14	**751**	민23	시64·65	사13	벧전1
15	**756**	민24	시66·67	사14	벧전2
16	**761**	민25	시68	사15	벧전3
17	**766**	민26	시69	사16	벧전4
18	**772**	민27	시70·71	사17·18	벧전5
19	**776**	민28	시72	사19·20	벧후1
20	**781**	민29	시73	사21	벧후2
21	**786**	민30	시74	사22	벧후3
22	**790**	민31	시75·76	사23	요일1
23	**795**	민32	시77	사24	요일2
24	**800**	민33	시78:1~37	사25	요일3
25	**806**	민34	시78:38~72	사26	요일4
26	**810**	민35	시79	사27	요일5
27	**815**	민36	시80	사28	요이1
28	**819**	신 1	시81·82	사29	요삼1
29	**824**	신 2	시83·84	사30	유 1
30	**831**	신 3	시85	사31	계 1
31	**835**	신 4	시86·87	사32	계 2

June 06

날짜	page	가정		개인	
1	**843**	신 5	시88	사33	계 3
2	**848**	신 6	시89	사34	계 4
3	**853**	신 7	시90	사35	계 5
4	**856**	신 8	시91	사36	계 6
5	**860**	신 9	시92·93	사37	계 7
6	**866**	신10	시94	사38	계 8
7	**870**	신11	시95·96	사39	계 9
8	**874**	신12	시97·98	사40	계10
9	**879**	신13·14	시99~101	사41	계11
10	**885**	신15	시102	사42	계12
11	**890**	신16	시103	사43	계13
12	**894**	신17	시104	사44	계14
13	**900**	신18	시105	사45	계15
14	**905**	신19	시106	사46	계16
15	**910**	신20	시107	사47	계17
16	**914**	신21	시108·109	사48	계18
17	**920**	신22	시110·111	사49	계19
18	**925**	신23	시112·113	사50	계20
19	**929**	신24	시114·115	사51	계21
20	**934**	신25	시116	사52	계22
21	**938**	신26	시117·118	사53	마 1
22	**942**	신27·28:1~19	시119:1~24	사54	마 2
23	**947**	신28:20~68	시119:25~48	사55	마 3
24	**953**	신29	시119:49~72	사56	마 4
25	**957**	신30	시119:73~96	사57	마 5
26	**963**	신31	시119:97~120	사58	마 6
27	**968**	신32	시119:121~144	사59	마 7
28	**974**	신33·34	시119:145~176	사60	마 8
29	**981**	수 1	시120~122	사61	마 9
30	**985**	수 2	시123~125	사62	마10

[맥체인 성경 읽기표]

맥체인 성경 읽기표는 1842년 맥체인이 자신이 목양하던 성베드로교회 성도들의 영적 성장을 위해 개발한 것으로, 매일 구약과 신약을 각각 2장씩 읽음으로써 1년에 구약 1회, 신약과 시편을 각 2회 정독할 수 있도록 만든 표입니다. 이와 같은 맥체인의 방법에 따라 신구약 성경 전체를 골고루 4등분해서 동시에 읽으면, 성경에 기록된 장구한 구속사를 크게 네 시대로 나누어 동시에 묵상할 수 있습니다.

(1) 창세기 ~ 역대하 : 만물의 시작과 이스라엘의 시작
(2) 에스라 ~ 말라기 : 이스라엘의 멸망과 새 시대의 시작
(3) 마태복음 ~ 요한복음 : 예수의 복음사역과 십자가 구속
(4) 사도행전 ~ 요한계시록 : 교회의 시작과 선교

▶《맥체인 성경 365》 말씀연결 사용하는 법

① 네 성경 본문의 소주제를 통해 중심 단어나 문장을 말씀으로 묵상한다.
② 네 본문의 말씀을 순서대로, 천천히 읽는다.
③ 두 본문에서 반복되는 단어나 유사한 문맥을 찾아 서로 연결한다.
④ 본문에서 반대의 뜻을 가진 단어나 문장을 찾는다.
⑤ 두 권의 책에서 공통되는 하나님의 말씀을 연결하여 기록한다.
⑥ 연결되는 말씀을 다른 두 권으로 확대하여 네 권 전체에 흐르는 하나님의 생각과 베푸신 은혜를 누리고, 그 내용을 적어본다.
⑦ 본문에서 지도자나 인도자로부터 배운 신학 주제나 교리들이 함축하고 있는 문맥의 짝을 찾아본다.
⑧ 중심 주제를 필두로, 삶에 적용할 일들을 적어보고 생활 중에 실천함으로써 변화를 경험해 본다.
⑨ 하나님이 오늘 나에게 주신 말씀들을 통하여 가르침, 명령과 약속 권면, 경고 및 행해야 할 일들을 하나님과 대화하는 마음으로(기도) 성경읽기를 마무리한다.

July 07

날짜	page	가정		개인	
1	**991**	수 3	시126~128	사63	마11
2	**995**	수 4	시129~131	사64	마12
3	**1000**	수5·6:1~5	시132~134	사65	마13
4	**1006**	수6:6~27	시135·136	사66	마14
5	**1013**	수 7	시137·138	렘 1	마15
6	**1018**	수 8	시139	렘 2	마16
7	**1025**	수 9	시140·141	렘 3	마17
8	**1031**	수10	시142·143	렘 4	마18
9	**1038**	수11	시144	렘 5	마19
10	**1043**	수12·13	시145	렘 6	마20
11	**1050**	수14·15	시146·147	렘 7	마21
12	**1058**	수16·17	시148	렘 8	마22
13	**1064**	수18·19	시149·150	렘 9	마23
14	**1071**	수20·21	행 1	렘10	마24
15	**1078**	수22	행 2	렘11	마25
16	**1087**	수23	행 3	렘12	마26
17	**1094**	수24	행 4	렘13	마27
18	**1102**	삿 1	행 5	렘14	마28
19	**1108**	삿 2	행 6	렘15	막 1
20	**1114**	삿 3	행 7	렘16	막 2
21	**1121**	삿 4	행 8	렘17	막 3
22	**1127**	삿 5	행 9	렘18	막 4
23	**1134**	삿 6	행10	렘19	막 5
24	**1142**	삿 7	행11	렘20	막 6
25	**1149**	삿 8	행12	렘21	막 7
26	**1154**	삿 9	행13	렘22	막 8
27	**1164**	삿10·11:1~11	행14	렘23	막 9
28	**1171**	삿11:12~40	행15	렘24	막10
29	**1178**	삿12	행16	렘25	막11
30	**1185**	삿13	행17	렘26	막12
31	**1192**	삿14	행18	렘27	막13

August 08

날짜	page	가정		개인	
1	**1199**	삿15	행19	렘28	막14
2	**1206**	삿16	행20	렘29	막15
3	**1214**	삿17	행21	렘30·31	막16
4	**1222**	삿18	행22	렘32	시1·2
5	**1228**	삿19	행23	렘33	시3·4
6	**1234**	삿20	행24	렘34	시5·6
7	**1241**	삿21	행25	렘35	시7·8
8	**1246**	룻 1	행26	렘36·37	시 9
9	**1253**	룻 2	행27	렘38	시10
10	**1259**	룻3·4	행28	렘39	시11·12
11	**1264**	삼상1	롬 1	렘40	시13·14
12	**1270**	삼상2	롬 2	렘41	시15·16
13	**1275**	삼상3	롬 3	렘42	시17
14	**1280**	삼상4	롬 4	렘43	시18
15	**1285**	삼상5·6	롬 5	렘44	시19
16	**1292**	삼상7·8	롬 6	렘45	시20·21
17	**1296**	삼상9	롬 7	렘46	시22
18	**1302**	삼상10	롬 8	렘47	시23·24
19	**1307**	삼상11	롬 9	렘48	시25
20	**1313**	삼상12	롬10	렘49	시26·27
21	**1319**	삼상13	롬11	렘50	시28·29
22	**1326**	삼상14	롬12	렘51	시30
23	**1334**	삼상15	롬13	렘52	시31
24	**1340**	삼상16	롬14	애 1	시32
25	**1345**	삼상17	롬15	애 2	시33
26	**1352**	삼상18	롬16	애 3	시34
27	**1358**	삼상19	고전1	애 4	시35
28	**1363**	삼상20	고전2	애 5	시36
29	**1368**	삼상21·22	고전3	겔 1	시37
30	**1374**	삼상23	고전4	겔 2	시38
31	**1379**	삼상24	고전5	겔 3	시39

September 09

날짜	page	가정		개인	
1	**1385**	삼상25	고전 6	겔 4	시40·41
2	**1391**	삼상26	고전 7	겔 5	시42·43
3	**1396**	삼상27	고전 8	겔 6	시44
4	**1400**	삼상28	고전 9	겔 7	시45·46
5	**1405**	삼상29·30	고전10	겔 8	시47
6	**1411**	삼상31	고전11	겔 9	시48
7	**1414**	삼하 1	고전12	겔10	시49
8	**1419**	삼하 2	고전13	겔11	시50
9	**1424**	삼하 3	고전14	겔12	시51
10	**1430**	삼하4·5	고전15	겔13	시52~54
11	**1438**	삼하 6	고전16	겔14	시55
12	**1442**	삼하 7	고후 1	겔15	시56·57
13	**1447**	삼하8·9	고후 2	겔16	시58·59
14	**1454**	삼하10	고후 3	겔17	시60·61
15	**1459**	삼하11	고후 4	겔18	시62·63
16	**1464**	삼하12	고후 5	겔19	시64·65
17	**1469**	삼하13	고후 6	겔20	시66·67
18	**1476**	삼하14	고후 7	겔21	시68
19	**1483**	삼하15	고후 8	겔22	시69
20	**1489**	삼하16	고후 9	겔23	시70·71
21	**1495**	삼하17	고후10	겔24	시72
22	**1500**	삼하18	고후11	겔25	시73
23	**1506**	삼하19	고후12	겔26	시74
24	**1513**	삼하20	고후13	겔27	시75·76
25	**1518**	삼하21	갈 1	겔28	시77
26	**1523**	삼하22	갈 2	겔29	시78:1~37
27	**1529**	삼하23	갈 3	겔30	시78:38~72
28	**1535**	삼하24	갈 4	겔31	시79
29	**1540**	왕상 1	갈 5	겔32	시80
30	**1547**	왕상 2	갈 6	겔33	시81·82

October 10

날짜	page	가정		개인	
1	**1555**	왕상 3	엡 1	겔34	시83·84
2	**1560**	왕상4·5	엡 2	겔35	시85
3	**1565**	왕상 6	엡 3	겔36	시86
4	**1571**	왕상 7	엡 4	겔37	시87·88
5	**1578**	왕상 8	엡 5	겔38	시89
6	**1586**	왕상 9	엡 6	겔39	시90
7	**1591**	왕상10	빌 1	겔40	시91
8	**1598**	왕상11	빌 2	겔41	시92·93
9	**1603**	왕상12	빌 3	겔42	시94
10	**1608**	왕상13	빌 4	겔43	시95·96
11	**1614**	왕상14	골 1	겔44	시97·98
12	**1620**	왕상15	골 2	겔45	시99~101
13	**1625**	왕상16	골 3	겔46	시102
14	**1631**	왕상17	골 4	겔47	시103
15	**1635**	왕상18	살전 1	겔48	시104
16	**1642**	왕상19	살전 2	단 1	시105
17	**1647**	왕상20	살전 3	단 2	시106
18	**1655**	왕상21	살전 4	단 3	시107
19	**1661**	왕상22	살전 5	단 4	시108·109
20	**1669**	왕하 1	살후 1	단 5	시110·111
21	**1674**	왕하 2	살후 2	단 6	시112·113
22	**1679**	왕하 3	살후 3	단 7	시114·115
23	**1684**	왕하 4	딤전 1	단 8	시116
24	**1690**	왕하 5	딤전 2	단 9	시117·118
25	**1695**	왕하 6	딤전 3	단10	시119:1~24
26	**1700**	왕하 7	딤전 4	단11	시119:25~48
27	**1706**	왕하 8	딤전 5	단12	시119:49~72
28	**1710**	왕하 9	딤전 6	호 1	시119:73~96
29	**1715**	왕하10	딤후 1	호 2	시119:97~120
30	**1721**	왕하11·12	딤후 2	호3·4	시119:121~144
31	**1726**	왕하13	딤후 3	호5·6	시119:145~176

November 11

날짜	page	가정		개인	
1	**1733**	왕하14	딤후4	호 7	시120~122
2	**1737**	왕하15	딛 1	호 8	시123~125
3	**1741**	왕하16	딛 2	호 9	시126~128
4	**1745**	왕하17	딛 3	호10	시129~131
5	**1750**	왕하18	몬 1	호11	시132~134
6	**1755**	왕하19	히 1	호12	시135·136
7	**1760**	왕하20	히 2	호13	시137·138
8	**1765**	왕하21	히 3	호14	시139
9	**1768**	왕하22	히 4	욜 1	시140·141
10	**1773**	왕하23	히 5	욜 2	시142
11	**1778**	왕하24	히 6	욜 3	시143
12	**1782**	왕하25	히 7	암 1	시144
13	**1787**	대상1·2	히 8	암 2	시145
14	**1793**	대상3·4	히 9	암 3	시146·147
15	**1799**	대상5·6	히10	암 4	시148·150
16	**1807**	대상7·8	히11	암 5	눅1:1~38
17	**1815**	대상9·10	히12	암 6	눅1:39~80
18	**1822**	대상11·12	히13	암 7	눅 2
19	**1830**	대상13·14	약 1	암 8	눅 3
20	**1836**	대상15	약 2	암 9	눅 4
21	**1841**	대상16	약 3	옵 1	눅 5
22	**1847**	대상17	약 4	욘 1	눅 6
23	**1853**	대상18	약 5	욘 2	눅 7
24	**1858**	대상19·20	벧전1	욘 3	눅 8
25	**1864**	대상21	벧전2	욘 4	눅 9
26	**1871**	대상22	벧전3	미 1	눅10
27	**1877**	대상23	벧전4	미 2	눅11
28	**1882**	대상24·25	벧전5	미 3	눅12
29	**1889**	대상26·27	벧후1	미 4	눅13
30	**1896**	대상28	벧후2	미 5	눅14

December 12

날짜	page	가정		개인	
1	**1903**	대상29	벧후3	미 6	눅15
2	**1908**	대하 1	요일 1	미 7	눅16
3	**1912**	대하 2	요일 2	나 1	눅17
4	**1917**	대하3·4	요일 3	나 2	눅18
5	**1923**	대하5·6:1~11	요일 4	나 3	눅19
6	**1929**	대하6:12~42	요일 5	합 1	눅20
7	**1935**	대하 7	요이 1	합 2	눅21
8	**1940**	대하 8	요삼 1	합 3	눅22
9	**1946**	대하 9	유 1	습 1	눅23
10	**1952**	대하10	계 1	습 2	눅24
11	**1958**	대하11·12	계 2	습 3	요 1
12	**1965**	대하13	계 3	학 1	요 2
13	**1969**	대하14·15	계 4	학 2	요 3
14	**1975**	대하16	계 5	슥 1	요 4
15	**1980**	대하17	계 6	슥 2	요 5
16	**1985**	대하18	계 7	슥 3	요 6
17	**1992**	대하19·20	계 8	슥 4	요 7
18	**1998**	대하21	계 9	슥 5	요 8
19	**2004**	대하22·23	계10	슥 6	요 9
20	**2009**	대하24	계11	슥 7	요10
21	**2015**	대하25	계12	슥 8	요11
22	**2021**	대하26	계13	슥 9	요12
23	**2027**	대하27·28	계14	슥10	요13
24	**2033**	대하29	계15	슥11	요14
25	**2038**	대하30	계16	슥12·13:1	요15
26	**2043**	대하31	계17	슥13:2~9	요16
27	**2048**	대하32	계18	슥14	요17
28	**2054**	대하33	계19	말 1	요18
29	**2060**	대하34	계20	말 2	요19
30	**2066**	대하35	계21	말 3	요20
31	**2072**	대하36	계22	말 4	요21

⊕ 맥체인 성경 읽기표 ⊕

January 01

날짜	page	가정		개인	
1	**1**	창 1	마 1	스 1	행 1
2	**5**	창 2	마 2	스 2	행 2
3	**12**	창 3	마 3	스 3	행 3
4	**16**	창 4	마 4	스 4	행 4
5	**22**	창 5	마 5	스 5	행 5
6	**28**	창 6	마 6	스 6	행 6
7	**33**	창 7	마 7	스 7	행 7
8	**39**	창 8	마 8	스 8	행 8
9	**46**	창9·10	마 9	스 9	행 9
10	**53**	창11	마10	스10	행10
11	**60**	창12	마11	느 1	행11
12	**65**	창13	마12	느 2	행12
13	**70**	창14	마13	느 3	행13
14	**78**	창15	마14	느 4	행14
15	**83**	창16	마15	느 5	행15
16	**89**	창17	마16	느 6	행16
17	**95**	창18	마17	느 7	행17
18	**102**	창19	마18	느 8	행18
19	**108**	창20	마19	느 9	행19
20	**115**	창21	마20	느10	행20
21	**121**	창22	마21	느11	행21
22	**128**	창23	마22	느12	행22
23	**135**	창24	마23	느13	행23
24	**144**	창25	마24	에 1	행24
25	**150**	창26	마25	에 2	행25
26	**157**	창27	마26	에 3	행26
27	**165**	창28	마27	에 4	행27
28	**172**	창29	마28	에 5	행28
29	**177**	창30	막 1	에 6	롬 1
30	**184**	창31	막 2	에 7	롬 2
31	**190**	창32	막 3	에 8	롬 3

February 02

날짜	page	가정		개인	
1	**197**	창33	막 4	에9·10	롬 4
2	**202**	창34	막 5	욥 1	롬 5
3	**208**	창35·36	막 6	욥 2	롬 6
4	**216**	창37	막 7	욥 3	롬 7
5	**222**	창38	막 8	욥 4	롬 8
6	**228**	창39	막 9	욥 5	롬 9
7	**234**	창40	막10	욥 6	롬10
8	**239**	창41	막11	욥 7	롬11
9	**246**	창42	막12	욥 8	롬12
10	**252**	창43	막13	욥 9	롬13
11	**258**	창44	막14	욥10	롬14
12	**265**	창45	막15	욥11	롬15
13	**271**	창46	막16	욥12	롬16
14	**276**	창47	눅1:1~38	욥13	고전1
15	**282**	창48	눅1:39~80	욥14	고전2
16	**286**	창49	눅 2	욥15	고전3
17	**292**	창50	눅 3	욥16·17	고전4
18	**298**	출 1	눅 4	욥18	고전5
19	**303**	출 2	눅 5	욥19	고전6
20	**308**	출 3	눅 6	욥20	고전7
21	**315**	출 4	눅 7	욥21	고전8
22	**321**	출 5	눅 8	욥22	고전9
23	**327**	출 6	눅 9	욥23	고전10
24	**334**	출 7	눅10	욥24	고전11
25	**340**	출 8	눅11	욥25·26	고전12
26	**346**	출 9	눅12	욥27	고전13
27	**352**	출10	눅13	욥28	고전14
28	**359**	출11·12:1~21	눅14	욥29	고전15

March 03

날짜	page	가정		개인	
1	**367**	출12:22~51	눅15	욥30	고전16
2	**372**	출13	눅16	욥31	고후 1
3	**377**	출14	눅17	욥32	고후 2
4	**382**	출15	눅18	욥33	고후 3
5	**388**	출16	눅19	욥34	고후 4
6	**394**	출17	눅20	욥35	고후 5
7	**399**	출18	눅21	욥36	고후 6
8	**404**	출19	눅22	욥37	고후 7
9	**411**	출20	눅23	욥38	고후 8
10	**417**	출21	눅24	욥39	고후 9
11	**422**	출22	요 1	욥40	고후10
12	**428**	출23	요 2	욥41	고후11
13	**433**	출24	요 3	욥42	고후12
14	**438**	출25	요 4	잠 1	고후13
15	**444**	출26	요 5	잠 2	갈 1
16	**449**	출27	요 6	잠 3	갈 2
17	**456**	출28	요 7	잠 4	갈 3
18	**463**	출29	요 8	잠 5	갈 4
19	**470**	출30	요 9	잠 6	갈 5
20	**476**	출31	요10	잠 7	갈 6
21	**480**	출32	요11	잠 8	엡 1
22	**487**	출33	요12	잠 9	엡 2
23	**492**	출34	요13	잠10	엡 3
24	**498**	출35	요14	잠11	엡 4
25	**504**	출36	요15	잠12	엡 5
26	**509**	출37	요16	잠13	엡 6
27	**514**	출38	요17	잠14	빌 1
28	**520**	출39	요18	잠15	빌 2
29	**526**	출40	요19	잠16	빌 3
30	**532**	레 1	요20	잠17	빌 4
31	**537**	레2·3	요21	잠18	골 1

April 04

날짜	page	가정		개인	
1	**543**	레 4	시1·2	잠19	골 2
2	**547**	레 5	시3·4	잠20	골 3
3	**551**	레 6	시5·6	잠21	골 4
4	**556**	레 7	시7·8	잠22	살전1
5	**560**	레 8	시 9	잠23	살전2
6	**565**	레 9	시10	잠24	살전3
7	**569**	레10	시11·12	잠25	살전4
8	**573**	레11·12	시13·14	잠26	살전5
9	**578**	레13	시15·16	잠27	살후1
10	**583**	레14	시17	잠28	살후2
11	**589**	레15	시18	잠29	살후3
12	**594**	레16	시19	잠30	딤전1
13	**599**	레17	시20·21	잠31	딤전2
14	**603**	레18	시22	전 1	딤전3
15	**607**	레19	시23·24	전 2	딤전4
16	**611**	레20	시25	전 3	딤전5
17	**616**	레21	시26·27	전 4	딤전6
18	**620**	레22	시28·29	전 5	딤후1
19	**625**	레23	시30	전 6	딤후2
20	**629**	레24	시31	전 7	딤후3
21	**634**	레25	시32	전 8	딤후4
22	**639**	레26	시33	전 9	딛 1
23	**644**	레27	시34	전10	딛 2
24	**648**	민 1	시35	전11	딛 3
25	**653**	민 2	시36	전12	몬 1
26	**656**	민 3	시37	아 1	히 1
27	**662**	민 4	시38	아 2	히 2
28	**666**	민 5	시39	아 3	히 3
29	**670**	민 6	시40·41	아 4	히 4
30	**675**	민 7	시42·43	아 5	히 5

May 05

날짜	page	가정		개인	
1	**683**	민 8	시44	아 6	히 6
2	**687**	민 9	시45	아 7	히 7
3	**691**	민10	시46·47	아 8	히 8
4	**695**	민11	시48	사 1	히 9
5	**700**	민12·13	시49	사 2	히10
6	**706**	민14	시50	사3·4	히11
7	**712**	민15	시51	사 5	히12
8	**718**	민16	시52~54	사 6	히13
9	**724**	민17·18	시55	사 7	약 1
10	**730**	민19	시56·57	사8·9:1~7	약 2
11	**735**	민20	시58·59	사9:8~10:4	약 3
12	**740**	민21	시60·61	사10:5~34	약 4
13	**745**	민22	시62·63	사11·12	약 5
14	**751**	민23	시64·65	사13	벧전1
15	**756**	민24	시66·67	사14	벧전2
16	**761**	민25	시68	사15	벧전3
17	**766**	민26	시69	사16	벧전4
18	**772**	민27	시70·71	사17·18	벧전5
19	**776**	민28	시72	사19·20	벧후1
20	**781**	민29	시73	사21	벧후2
21	**786**	민30	시74	사22	벧후3
22	**790**	민31	시75·76	사23	요일1
23	**795**	민32	시77	사24	요일2
24	**800**	민33	시78:1~37	사25	요일3
25	**806**	민34	시78:38~72	사26	요일4
26	**810**	민35	시79	사27	요일5
27	**815**	민36	시80	사28	요이1
28	**819**	신 1	시81·82	사29	요삼1
29	**824**	신 2	시83·84	사30	유 1
30	**831**	신 3	시85	사31	계 1
31	**835**	신 4	시86·87	사32	계 2

June 06

날짜	page	가정		개인	
1	**843**	신 5	시88	사33	계 3
2	**848**	신 6	시89	사34	계 4
3	**853**	신 7	시90	사35	계 5
4	**856**	신 8	시91	사36	계 6
5	**860**	신 9	시92·93	사37	계 7
6	**866**	신10	시94	사38	계 8
7	**870**	신11	시95·96	사39	계 9
8	**874**	신12	시97·98	사40	계10
9	**879**	신13·14	시99~101	사41	계11
10	**885**	신15	시102	사42	계12
11	**890**	신16	시103	사43	계13
12	**894**	신17	시104	사44	계14
13	**900**	신18	시105	사45	계15
14	**905**	신19	시106	사46	계16
15	**910**	신20	시107	사47	계17
16	**914**	신21	시108·109	사48	계18
17	**920**	신22	시110·111	사49	계19
18	**925**	신23	시112·113	사50	계20
19	**929**	신24	시114·115	사51	계21
20	**934**	신25	시116	사52	계22
21	**938**	신26	시117·118	사53	마 1
22	**942**	신27·28:1~19	시119:1~24	사54	마 2
23	**947**	신28:20~68	시119:25~48	사55	마 3
24	**953**	신29	시119:49~72	사56	마 4
25	**957**	신30	시119:73~96	사57	마 5
26	**963**	신31	시119:97~120	사58	마 6
27	**968**	신32	시119:121~144	사59	마 7
28	**974**	신33·34	시119:145~176	사60	마 8
29	**981**	수 1	시120~122	사61	마 9
30	**985**	수 2	시123~125	사62	마10

맥체인 성경 읽기표

QT와 성경통독을 하나로

[맥체인성경365_목차]

구약 page

권	page	권	page	권	page
창세기(창)	1	역대하(대하)	1908	다니엘(단)	1644
출애굽기(출)	298	에스라(스)	3	호세아(호)	1713
레위기(레)	532	느헤미야(느)	62	요엘(욜)	1770
민수기(민)	648	에스더(에)	147	아모스(암)	1785
신명기(신)	819	욥기(욥)	206	오바댜(옵)	1844
여호수아(수)	981	시편(시)	544/1228	요나(욘)	1850
사사기(삿)	1102	잠언(잠)	442	미가(미)	1874
룻기(룻)	1246	전도서(전)	605	나훔(나)	1915
사무엘상(삼상)	1264	아가(아)	660	하박국(합)	1932
사무엘하(삼하)	1414	이사야(사)	697	스바냐(습)	1949
열왕기상(왕상)	1540	예레미야(렘)	1015	학개(학)	1967
열왕기하(왕하)	1669	예레미야애가(애)	1342	스가랴(슥)	1977
역대상(대상)	1787	에스겔(겔)	1371	말라기(말)	2057

신약 page

권	page	권	page	권	page
마태복음(마)	2/941	에베소서(엡)	485/1556	히브리서(히)	661/1757
마가복음(막)	179/1112	빌립보서(빌)	518/1593	야고보서(약)	729/1832
누가복음(눅)	277/1813	골로새서(골)	540/1616	베드로전서(벧전)	754/1860
요한복음(요)	424/1962	데살로니가전서(살전)	560/1638	베드로후서(벧후)	780/1892
사도행전(행)	4/1073	데살로니가후서(살후)	582/1670	요한일서(요일)	794/1909
로마서(롬)	182/1266	디모데전서(딤전)	598/1686	요한이서(요이)	818/1937
고린도전서(고전)	280/1359	디모데후서(딤후)	624/1718	요한삼서(요삼)	823/1941
고린도후서(고후)	376/1444	디도서(딛)	643/1739	유다서(유)	829/1947
갈라디아서(갈)	448/1519	빌레몬서(몬)	655/1752	요한계시록(계)	834/1952

새벽기도회 살리기 · 구역모임(소그룹) 살리기

마틴로이드존스, 존스토트 목사가 수십년간 사용했던 검증된 방식

[맥체인 성경 읽기표]

맥체인 성경 읽기표는 1842년 맥체인이 자신이 목양하던 성베드로교회 성도들의 영적 성장을 위해 개발한 것으로, 매일 구약과 신약을 각각 2장씩 읽음으로써 1년에 구약 1회, 신약과 시편을 각 2회 정독할 수 있도록 만든 표입니다. 이와 같은 맥체인의 방법에 따라 신구약 성경 전체를 골고루 4등분해서 동시에 읽으면, 성경에 기록된 장구한 구속사를 크게 네 시대로 나누어 동시에 묵상할 수 있습니다.

(1) 창세기 ~ 역대하 : 만물의 시작과 이스라엘의 시작
(2) 에스라 ~ 말라기 : 이스라엘의 멸망과 새 시대의 시작
(3) 마태복음 ~ 요한복음 : 예수의 복음사역과 십자가 구속
(4) 사도행전 ~ 요한계시록 : 교회의 시작과 선교

▶ 《맥체인 성경 365》 말씀연결 사용하는 법

① 네 성경 본문의 소주제를 통해 중심 단어나 문장을 말씀으로 묵상한다.
② 네 본문의 말씀을 순서대로, 천천히 읽는다.
③ 두 본문에서 반복되는 단어나 유사한 문맥을 찾아 서로 연결한다.
④ 본문에서 반대의 뜻을 가진 단어나 문장을 찾는다.
⑤ 두 권의 책에서 공통되는 하나님의 말씀을 연결하여 기록한다.
⑥ 연결되는 말씀을 다른 두 권으로 확대하여 네 권 전체에 흐르는 하나님의 생각과 베푸신 은혜를 누리고, 그 내용을 적어본다.
⑦ 본문에서 지도자나 인도자로부터 배운 신학 주제나 교리들이 함축하고 있는 문맥의 짝을 찾아본다.
⑧ 중심 주제를 필두로, 삶에 적용할 일들을 적어보고 생활 중에 실천함으로써 변화를 경험해 본다.
⑨ 하나님이 오늘 나에게 주신 말씀들을 통하여 가르침, 명령과 약속 권면, 경고 및 행해야 할 일들을 하나님과 대화하는 마음으로(기도) 성경읽기를 마무리한다.

July 07

날짜	page	가정		개인	
1	991	수 3	시126~128	사63	마11
2	995	수 4	시129~131	사64	마12
3	1000	수5·6:1~5	시132~134	사65	마13
4	1006	수6:6~27	시135·136	사66	마14
5	1013	수 7	시137·138	렘 1	마15
6	1018	수 8	시139	렘 2	마16
7	1025	수 9	시140·141	렘 3	마17
8	1031	수10	시142·143	렘 4	마18
9	1038	수11	시144	렘 5	마19
10	1043	수12·13	시145	렘 6	마20
11	1050	수14·15	시146·147	렘 7	마21
12	1058	수16·17	시148	렘 8	마22
13	1064	수18·19	시149·150	렘 9	마23
14	1071	수20·21	행 1	렘10	마24
15	1078	수22	행 2	렘11	마25
16	1087	수23	행 3	렘12	마26
17	1094	수24	행 4	렘13	마27
18	1102	삿 1	행 5	렘14	마28
19	1108	삿 2	행 6	렘15	막 1
20	1114	삿 3	행 7	렘16	막 2
21	1121	삿 4	행 8	렘17	막 3
22	1127	삿 5	행 9	렘18	막 4
23	1134	삿 6	행10	렘19	막 5
24	1142	삿 7	행11	렘20	막 6
25	1149	삿 8	행12	렘21	막 7
26	1154	삿 9	행13	렘22	막 8
27	1164	삿10·11:1~11	행14	렘23	막 9
28	1171	삿11:12~40	행15	렘24	막10
29	1178	삿12	행16	렘25	막11
30	1185	삿13	행17	렘26	막12
31	1192	삿14	행18	렘27	막13

August 08

날짜	page	가정		개인	
1	1199	삿15	행19	렘28	막14
2	1206	삿16	행20	렘29	막15
3	1214	삿17	행21	렘30·31	막16
4	1222	삿18	행22	렘32	시1·2
5	1228	삿19	행23	렘33	시3·4
6	1234	삿20	행24	렘34	시5·6
7	1241	삿21	행25	렘35	시7·8
8	1246	룻 1	행26	렘36·37	시 9
9	1253	룻 2	행27	렘38	시10
10	1259	룻3·4	행28	렘39	시11·12
11	1264	삼상1	롬 1	렘40	시13·14
12	1270	삼상2	롬 2	렘41	시15·16
13	1275	삼상3	롬 3	렘42	시17
14	1280	삼상4	롬 4	렘43	시18
15	1285	삼상5·6	롬 5	렘44	시19
16	1292	삼상7·8	롬 6	렘45	시20·21
17	1296	삼상9	롬 7	렘46	시22
18	1302	삼상10	롬 8	렘47	시23·24
19	1307	삼상11	롬 9	렘48	시25
20	1313	삼상12	롬10	렘49	시26·27
21	1319	삼상13	롬11	렘50	시28·29
22	1326	삼상14	롬12	렘51	시30
23	1334	삼상15	롬13	렘52	시31
24	1340	삼상16	롬14	애 1	시32
25	1345	삼상17	롬15	애 2	시33
26	1352	삼상18	롬16	애 3	시34
27	1358	삼상19	고전1	애 4	시35
28	1363	삼상20	고전2	애 5	시36
29	1368	삼상21·22	고전3	겔 1	시37
30	1374	삼상23	고전4	겔 2	시38
31	1379	삼상24	고전5	겔 3	시39

September 09

날짜	page	가정		개인	
1	**1385**	삼상25	고전 6	겔 4	시40·41
2	**1391**	삼상26	고전 7	겔 5	시42·43
3	**1396**	삼상27	고전 8	겔 6	시44
4	**1400**	삼상28	고전 9	겔 7	시45·46
5	**1405**	삼상29·30	고전10	겔 8	시47
6	**1411**	삼상31	고전11	겔 9	시48
7	**1414**	삼하 1	고전12	겔10	시49
8	**1419**	삼하 2	고전13	겔11	시50
9	**1424**	삼하 3	고전14	겔12	시51
10	**1430**	삼하4·5	고전15	겔13	시52~54
11	**1438**	삼하 6	고전16	겔14	시55
12	**1442**	삼하 7	고후 1	겔15	시56·57
13	**1447**	삼하8·9	고후 2	겔16	시58·59
14	**1454**	삼하10	고후 3	겔17	시60·61
15	**1459**	삼하11	고후 4	겔18	시62·63
16	**1464**	삼하12	고후 5	겔19	시64·65
17	**1469**	삼하13	고후 6	겔20	시66·67
18	**1476**	삼하14	고후 7	겔21	시68
19	**1483**	삼하15	고후 8	겔22	시69
20	**1489**	삼하16	고후 9	겔23	시70·71
21	**1495**	삼하17	고후10	겔24	시72
22	**1500**	삼하18	고후11	겔25	시73
23	**1506**	삼하19	고후12	겔26	시74
24	**1513**	삼하20	고후13	겔27	시75·76
25	**1518**	삼하21	갈 1	겔28	시77
26	**1523**	삼하22	갈 2	겔29	시78:1~37
27	**1529**	삼하23	갈 3	겔30	시78:38~72
28	**1535**	삼하24	갈 4	겔31	시79
29	**1540**	왕상 1	갈 5	겔32	시80
30	**1547**	왕상 2	갈 6	겔33	시81·82

October 10

날짜	page	가정		개인	
1	**1555**	왕상 3	엡 1	겔34	시83·84
2	**1560**	왕상4·5	엡 2	겔35	시85
3	**1565**	왕상 6	엡 3	겔36	시86
4	**1571**	왕상 7	엡 4	겔37	시87·88
5	**1578**	왕상 8	엡 5	겔38	시89
6	**1586**	왕상 9	엡 6	겔39	시90
7	**1591**	왕상10	빌 1	겔40	시91
8	**1598**	왕상11	빌 2	겔41	시92·93
9	**1603**	왕상12	빌 3	겔42	시94
10	**1608**	왕상13	빌 4	겔43	시95·96
11	**1614**	왕상14	골 1	겔44	시97·98
12	**1620**	왕상15	골 2	겔45	시99~101
13	**1625**	왕상16	골 3	겔46	시102
14	**1631**	왕상17	골 4	겔47	시103
15	**1635**	왕상18	살전 1	겔48	시104
16	**1642**	왕상19	살전 2	단 1	시105
17	**1647**	왕상20	살전 3	단 2	시106
18	**1655**	왕상21	살전 4	단 3	시107
19	**1661**	왕상22	살전 5	단 4	시108·109
20	**1669**	왕하 1	살후 1	단 5	시110·111
21	**1674**	왕하 2	살후 2	단 6	시112·113
22	**1679**	왕하 3	살후 3	단 7	시114·115
23	**1684**	왕하 4	딤전 1	단 8	시116
24	**1690**	왕하 5	딤전 2	단 9	시117·118
25	**1695**	왕하 6	딤전 3	단10	시119:1~24
26	**1700**	왕하 7	딤전 4	단11	시119:25~48
27	**1706**	왕하 8	딤전 5	단12	시119:49~72
28	**1710**	왕하 9	딤전 6	호 1	시119:73~96
29	**1715**	왕하10	딤후 1	호 2	시119:97~120
30	**1721**	왕하11·12	딤후 2	호3·4	시119:121~144
31	**1726**	왕하13	딤후 3	호5·6	시119:145~176

November 11

날짜	page	가정		개인	
1	**1733**	왕하14	딤후4	호 7	시120~122
2	**1737**	왕하15	딛 1	호 8	시123~125
3	**1741**	왕하16	딛 2	호 9	시126~128
4	**1745**	왕하17	딛 3	호10	시129~131
5	**1750**	왕하18	몬 1	호11	시132~134
6	**1755**	왕하19	히 1	호12	시135·136
7	**1760**	왕하20	히 2	호13	시137·138
8	**1765**	왕하21	히 3	호14	시139
9	**1768**	왕하22	히 4	욜 1	시140·141
10	**1773**	왕하23	히 5	욜 2	시142
11	**1778**	왕하24	히 6	욜 3	시143
12	**1782**	왕하25	히 7	암 1	시144
13	**1787**	대상1·2	히 8	암 2	시145
14	**1793**	대상3·4	히 9	암 3	시146·147
15	**1799**	대상5·6	히10	암 4	시148·150
16	**1807**	대상7·8	히11	암 5	눅1:1~38
17	**1815**	대상9·10	히12	암 6	눅1:39~80
18	**1822**	대상11·12	히13	암 7	눅 2
19	**1830**	대상13·14	약 1	암 8	눅 3
20	**1836**	대상15	약 2	암 9	눅 4
21	**1841**	대상16	약 3	옵 1	눅 5
22	**1847**	대상17	약 4	욘 1	눅 6
23	**1853**	대상18	약 5	욘 2	눅 7
24	**1858**	대상19·20	벧전1	욘 3	눅 8
25	**1864**	대상21	벧전2	욘 4	눅 9
26	**1871**	대상22	벧전3	미 1	눅10
27	**1877**	대상23	벧전4	미 2	눅11
28	**1882**	대상24·25	벧전5	미 3	눅12
29	**1889**	대상26·27	벧후1	미 4	눅13
30	**1896**	대상28	벧후2	미 5	눅14

December 12

날짜	page	가정		개인	
1	**1903**	대상29	벧후3	미 6	눅15
2	**1908**	대하 1	요일 1	미 7	눅16
3	**1912**	대하 2	요일 2	나 1	눅17
4	**1917**	대하3·4	요일 3	나 2	눅18
5	**1923**	대하5·6:1~11	요일 4	나 3	눅19
6	**1929**	대하6:12~42	요일 5	합 1	눅20
7	**1935**	대하 7	요이 1	합 2	눅21
8	**1940**	대하 8	요삼 1	합 3	눅22
9	**1946**	대하 9	유 1	습 1	눅23
10	**1952**	대하10	계 1	습 2	눅24
11	**1958**	대하11·12	계 2	습 3	요 1
12	**1965**	대하13	계 3	학 1	요 2
13	**1969**	대하14·15	계 4	학 2	요 3
14	**1975**	대하16	계 5	슥 1	요 4
15	**1980**	대하17	계 6	슥 2	요 5
16	**1985**	대하18	계 7	슥 3	요 6
17	**1992**	대하19·20	계 8	슥 4	요 7
18	**1998**	대하21	계 9	슥 5	요 8
19	**2004**	대하22·23	계10	슥 6	요 9
20	**2009**	대하24	계11	슥 7	요10
21	**2015**	대하25	계12	슥 8	요11
22	**2021**	대하26	계13	슥 9	요12
23	**2027**	대하27·28	계14	슥10	요13
24	**2033**	대하29	계15	슥11	요14
25	**2038**	대하30	계16	슥12·13:1	요15
26	**2043**	대하31	계17	슥13:2~9	요16
27	**2048**	대하32	계18	슥14	요17
28	**2054**	대하33	계19	말 1	요18
29	**2060**	대하34	계20	말 2	요19
30	**2066**	대하35	계21	말 3	요20
31	**2072**	대하36	계22	말 4	요21

⊕ 맥체인 성경 읽기표 ⊕

January 01

날짜	page	가정		개인	
1	**1**	창 1	마 1	스 1	행 1
2	**5**	창 2	마 2	스 2	행 2
3	**12**	창 3	마 3	스 3	행 3
4	**16**	창 4	마 4	스 4	행 4
5	**22**	창 5	마 5	스 5	행 5
6	**28**	창 6	마 6	스 6	행 6
7	**33**	창 7	마 7	스 7	행 7
8	**39**	창 8	마 8	스 8	행 8
9	**46**	창9·10	마 9	스 9	행 9
10	**53**	창11	마10	스10	행10
11	**60**	창12	마11	느 1	행11
12	**65**	창13	마12	느 2	행12
13	**70**	창14	마13	느 3	행13
14	**78**	창15	마14	느 4	행14
15	**83**	창16	마15	느 5	행15
16	**89**	창17	마16	느 6	행16
17	**95**	창18	마17	느 7	행17
18	**102**	창19	마18	느 8	행18
19	**108**	창20	마19	느 9	행19
20	**115**	창21	마20	느10	행20
21	**121**	창22	마21	느11	행21
22	**128**	창23	마22	느12	행22
23	**135**	창24	마23	느13	행23
24	**144**	창25	마24	에 1	행24
25	**150**	창26	마25	에 2	행25
26	**157**	창27	마26	에 3	행26
27	**165**	창28	마27	에 4	행27
28	**172**	창29	마28	에 5	행28
29	**177**	창30	막 1	에 6	롬 1
30	**184**	창31	막 2	에 7	롬 2
31	**190**	창32	막 3	에 8	롬 3

February 02

날짜	page	가정		개인	
1	**197**	창33	막 4	에9·10	롬 4
2	**202**	창34	막 5	욥 1	롬 5
3	**208**	창35·36	막 6	욥 2	롬 6
4	**216**	창37	막 7	욥 3	롬 7
5	**222**	창38	막 8	욥 4	롬 8
6	**228**	창39	막 9	욥 5	롬 9
7	**234**	창40	막10	욥 6	롬10
8	**239**	창41	막11	욥 7	롬11
9	**246**	창42	막12	욥 8	롬12
10	**252**	창43	막13	욥 9	롬13
11	**258**	창44	막14	욥10	롬14
12	**265**	창45	막15	욥11	롬15
13	**271**	창46	막16	욥12	롬16
14	**276**	창47	눅1:1~38	욥13	고전1
15	**282**	창48	눅1:39~80	욥14	고전2
16	**286**	창49	눅 2	욥15	고전3
17	**292**	창50	눅 3	욥16·17	고전4
18	**298**	출 1	눅 4	욥18	고전5
19	**303**	출 2	눅 5	욥19	고전6
20	**308**	출 3	눅 6	욥20	고전7
21	**315**	출 4	눅 7	욥21	고전8
22	**321**	출 5	눅 8	욥22	고전9
23	**327**	출 6	눅 9	욥23	고전10
24	**334**	출 7	눅10	욥24	고전11
25	**340**	출 8	눅11	욥25·26	고전12
26	**346**	출 9	눅12	욥27	고전13
27	**352**	출10	눅13	욥28	고전14
28	**359**	출11·12:1~21	눅14	욥29	고전15

March 03

날짜	page	가정		개인	
1	**367**	출12:22~51	눅15	욥30	고전16
2	**372**	출13	눅16	욥31	고후 1
3	**377**	출14	눅17	욥32	고후 2
4	**382**	출15	눅18	욥33	고후 3
5	**388**	출16	눅19	욥34	고후 4
6	**394**	출17	눅20	욥35	고후 5
7	**399**	출18	눅21	욥36	고후 6
8	**404**	출19	눅22	욥37	고후 7
9	**411**	출20	눅23	욥38	고후 8
10	**417**	출21	눅24	욥39	고후 9
11	**422**	출22	요 1	욥40	고후10
12	**428**	출23	요 2	욥41	고후11
13	**433**	출24	요 3	욥42	고후12
14	**438**	출25	요 4	잠 1	고후13
15	**444**	출26	요 5	잠 2	갈 1
16	**449**	출27	요 6	잠 3	갈 2
17	**456**	출28	요 7	잠 4	갈 3
18	**463**	출29	요 8	잠 5	갈 4
19	**470**	출30	요 9	잠 6	갈 5
20	**476**	출31	요10	잠 7	갈 6
21	**480**	출32	요11	잠 8	엡 1
22	**487**	출33	요12	잠 9	엡 2
23	**492**	출34	요13	잠10	엡 3
24	**498**	출35	요14	잠11	엡 4
25	**504**	출36	요15	잠12	엡 5
26	**509**	출37	요16	잠13	엡 6
27	**514**	출38	요17	잠14	빌 1
28	**520**	출39	요18	잠15	빌 2
29	**526**	출40	요19	잠16	빌 3
30	**532**	레 1	요20	잠17	빌 4
31	**537**	레2·3	요21	잠18	골 1

April 04

날짜	page	가정		개인	
1	**543**	레 4	시1·2	잠19	골 2
2	**547**	레 5	시3·4	잠20	골 3
3	**551**	레 6	시5·6	잠21	골 4
4	**556**	레 7	시7·8	잠22	살전1
5	**560**	레 8	시 9	잠23	살전2
6	**565**	레 9	시10	잠24	살전3
7	**569**	레10	시11·12	잠25	살전4
8	**573**	레11·12	시13·14	잠26	살전5
9	**578**	레13	시15·16	잠27	살후1
10	**583**	레14	시17	잠28	살후2
11	**589**	레15	시18	잠29	살후3
12	**594**	레16	시19	잠30	딤전1
13	**599**	레17	시20·21	잠31	딤전2
14	**603**	레18	시22	전 1	딤전3
15	**607**	레19	시23·24	전 2	딤전4
16	**611**	레20	시25	전 3	딤전5
17	**616**	레21	시26·27	전 4	딤전6
18	**620**	레22	시28·29	전 5	딤후1
19	**625**	레23	시30	전 6	딤후2
20	**629**	레24	시31	전 7	딤후3
21	**634**	레25	시32	전 8	딤후4
22	**639**	레26	시33	전 9	딛 1
23	**644**	레27	시34	전10	딛 2
24	**648**	민 1	시35	전11	딛 3
25	**653**	민 2	시36	전12	몬 1
26	**656**	민 3	시37	아 1	히 1
27	**662**	민 4	시38	아 2	히 2
28	**666**	민 5	시39	아 3	히 3
29	**670**	민 6	시40·41	아 4	히 4
30	**675**	민 7	시42·43	아 5	히 5

May 05

날짜	page	가정		개인	
1	**683**	민 8	시44	아 6	히 6
2	**687**	민 9	시45	아 7	히 7
3	**691**	민10	시46·47	아 8	히 8
4	**695**	민11	시48	사 1	히 9
5	**700**	민12·13	시49	사 2	히10
6	**706**	민14	시50	사3·4	히11
7	**712**	민15	시51	사 5	히12
8	**718**	민16	시52~54	사 6	히13
9	**724**	민17·18	시55	사 7	약 1
10	**730**	민19	시56·57	사8·9:1~7	약 2
11	**735**	민20	시58·59	사9:8~10:4	약 3
12	**740**	민21	시60·61	사10:5~34	약 4
13	**745**	민22	시62·63	사11·12	약 5
14	**751**	민23	시64·65	사13	벧전1
15	**756**	민24	시66·67	사14	벧전2
16	**761**	민25	시68	사15	벧전3
17	**766**	민26	시69	사16	벧전4
18	**772**	민27	시70·71	사17·18	벧전5
19	**776**	민28	시72	사19·20	벧후1
20	**781**	민29	시73	사21	벧후2
21	**786**	민30	시74	사22	벧후3
22	**790**	민31	시75·76	사23	요일1
23	**795**	민32	시77	사24	요일2
24	**800**	민33	시78:1~37	사25	요일3
25	**806**	민34	시78:38~72	사26	요일4
26	**810**	민35	시79	사27	요일5
27	**815**	민36	시80	사28	요이1
28	**819**	신 1	시81·82	사29	요삼1
29	**824**	신 2	시83·84	사30	유 1
30	**831**	신 3	시85	사31	계 1
31	**835**	신 4	시86·87	사32	계 2

June 06

날짜	page	가정		개인	
1	**843**	신 5	시88	사33	계 3
2	**848**	신 6	시89	사34	계 4
3	**853**	신 7	시90	사35	계 5
4	**856**	신 8	시91	사36	계 6
5	**860**	신 9	시92·93	사37	계 7
6	**866**	신10	시94	사38	계 8
7	**870**	신11	시95·96	사39	계 9
8	**874**	신12	시97·98	사40	계10
9	**879**	신13·14	시99~101	사41	계11
10	**885**	신15	시102	사42	계12
11	**890**	신16	시103	사43	계13
12	**894**	신17	시104	사44	계14
13	**900**	신18	시105	사45	계15
14	**905**	신19	시106	사46	계16
15	**910**	신20	시107	사47	계17
16	**914**	신21	시108·109	사48	계18
17	**920**	신22	시110·111	사49	계19
18	**925**	신23	시112·113	사50	계20
19	**929**	신24	시114·115	사51	계21
20	**934**	신25	시116	사52	계22
21	**938**	신26	시117·118	사53	마 1
22	**942**	신27·28:1~19	시119:1~24	사54	마 2
23	**947**	신28:20~68	시119:25~48	사55	마 3
24	**953**	신29	시119:49~72	사56	마 4
25	**957**	신30	시119:73~96	사57	마 5
26	**963**	신31	시119:97~120	사58	마 6
27	**968**	신32	시119:121~144	사59	마 7
28	**974**	신33·34	시119:145~176	사60	마 8
29	**981**	수 1	시120~122	사61	마 9
30	**985**	수 2	시123~125	사62	마10

맥체인 성경 읽기표

QT와 성경통독을 하나로

[맥체인성경365_목차]

구약 page

책	page	책	page	책	page
창세기(창)	1	역대하(대하)	1908	다니엘(단)	1644
출애굽기(출)	298	에스라(스)	3	호세아(호)	1713
레위기(레)	532	느헤미야(느)	62	요엘(욜)	1770
민수기(민)	648	에스더(에)	147	아모스(암)	1785
신명기(신)	819	욥기(욥)	206	오바댜(옵)	1844
여호수아(수)	981	시편(시)	544/1228	요나(욘)	1850
사사기(삿)	1102	잠언(잠)	442	미가(미)	1874
룻기(룻)	1246	전도서(전)	605	나훔(나)	1915
사무엘상(삼상)	1264	아가(아)	660	하박국(합)	1932
사무엘하(삼하)	1414	이사야(사)	697	스바냐(습)	1949
열왕기상(왕상)	1540	예레미야(렘)	1015	학개(학)	1967
열왕기하(왕하)	1669	예레미야애가(애)	1342	스가랴(슥)	1977
역대상(대상)	1787	에스겔(겔)	1371	말라기(말)	2057

신약 page

책	page	책	page	책	page
마태복음(마)	2/941	에베소서(엡)	485/1556	히브리서(히)	661/1757
마가복음(막)	179/1112	빌립보서(빌)	518/1593	야고보서(약)	729/1832
누가복음(눅)	277/1813	골로새서(골)	540/1616	베드로전서(벧전)	754/1860
요한복음(요)	424/1962	데살로니가전서(살전)	560/1638	베드로후서(벧후)	780/1892
사도행전(행)	4/1073	데살로니가후서(살후)	582/1670	요한일서(요일)	794/1909
로마서(롬)	182/1266	디모데전서(딤전)	598/1686	요한이서(요이)	818/1937
고린도전서(고전)	280/1359	디모데후서(딤후)	624/1718	요한삼서(요삼)	823/1941
고린도후서(고후)	376/1444	디도서(딛)	643/1739	유다서(유)	829/1947
갈라디아서(갈)	448/1519	빌레몬서(몬)	655/1752	요한계시록(계)	834/1952

새벽기도회 살리기 · 구역모임(소그룹) 살리기

마틴로이드존스, 존스토트 목사가 수십년간 사용했던 검증된 방식

[맥체인 성경 읽기표]

맥체인 성경 읽기표는 1842년 맥체인이 자신이 목양하던 성베드로교회 성도들의 영적 성장을 위해 개발한 것으로, 매일 구약과 신약을 각각 2장씩 읽음으로써 1년에 구약 1회, 신약과 시편을 각 2회 정독할 수 있도록 만든 표입니다. 이와 같은 맥체인의 방법에 따라 신구약 성경 전체를 골고루 4등분해서 동시에 읽으면, 성경에 기록된 장구한 구속사를 크게 네 시대로 나누어 동시에 묵상할 수 있습니다.

(1) 창세기 ~ 역대하 : 만물의 시작과 이스라엘의 시작
(2) 에스라 ~ 말라기 : 이스라엘의 멸망과 새 시대의 시작
(3) 마태복음 ~ 요한복음 : 예수의 복음사역과 십자가 구속
(4) 사도행전 ~ 요한계시록 : 교회의 시작과 선교

▶ 《맥체인 성경 365》 말씀연결 사용하는 법

① 네 성경 본문의 소주제를 통해 중심 단어나 문장을 말씀으로 묵상한다.
② 네 본문의 말씀을 순서대로, 천천히 읽는다.
③ 두 본문에서 반복되는 단어나 유사한 문맥을 찾아 서로 연결한다.
④ 본문에서 반대의 뜻을 가진 단어나 문장을 찾는다.
⑤ 두 권의 책에서 공통되는 하나님의 말씀을 연결하여 기록한다.
⑥ 연결되는 말씀을 다른 두 권으로 확대하여 네 권 전체에 흐르는 하나님의 생각과 베푸신 은혜를 누리고, 그 내용을 적어본다.
⑦ 본문에서 지도자나 인도자로부터 배운 신학 주제나 교리들이 함축하고 있는 문맥의 짝을 찾아본다.
⑧ 중심 주제를 필두로, 삶에 적용할 일들을 적어보고 생활 중에 실천함으로써 변화를 경험해 본다.
⑨ 하나님이 오늘 나에게 주신 말씀들을 통하여 가르침, 명령과 약속 권면, 경고 및 행해야 할 일들을 하나님과 대화하는 마음으로(기도) 성경읽기를 마무리한다.

July 07					
날짜	page	가정		개인	
1	**991**	수 3	시126~128	사63	마11
2	**995**	수 4	시129~131	사64	마12
3	**1000**	수5·6:1~5	시132~134	사65	마13
4	**1006**	수6:6~27	시135·136	사66	마14
5	**1013**	수 7	시137·138	렘 1	마15
6	**1018**	수 8	시139	렘 2	마16
7	**1025**	수 9	시140·141	렘 3	마17
8	**1031**	수10	시142·143	렘 4	마18
9	**1038**	수11	시144	렘 5	마19
10	**1043**	수12·13	시145	렘 6	마20
11	**1050**	수14·15	시146·147	렘 7	마21
12	**1058**	수16·17	시148	렘 8	마22
13	**1064**	수18·19	시149·150	렘 9	마23
14	**1071**	수20·21	행 1	렘10	마24
15	**1078**	수22	행 2	렘11	마25
16	**1087**	수23	행 3	렘12	마26
17	**1094**	수24	행 4	렘13	마27
18	**1102**	삿 1	행 5	렘14	마28
19	**1108**	삿 2	행 6	렘15	막 1
20	**1114**	삿 3	행 7	렘16	막 2
21	**1121**	삿 4	행 8	렘17	막 3
22	**1127**	삿 5	행 9	렘18	막 4
23	**1134**	삿 6	행10	렘19	막 5
24	**1142**	삿 7	행11	렘20	막 6
25	**1149**	삿 8	행12	렘21	막 7
26	**1154**	삿 9	행13	렘22	막 8
27	**1164**	삿10·11:1~11	행14	렘23	막 9
28	**1171**	삿11:12~40	행15	렘24	막10
29	**1178**	삿12	행16	렘25	막11
30	**1185**	삿13	행17	렘26	막12
31	**1192**	삿14	행18	렘27	막13

August 08					
날짜	page	가정		개인	
1	**1199**	삿15	행19	렘28	막14
2	**1206**	삿16	행20	렘29	막15
3	**1214**	삿17	행21	렘30·31	막16
4	**1222**	삿18	행22	렘32	시1·2
5	**1228**	삿19	행23	렘33	시3·4
6	**1234**	삿20	행24	렘34	시5·6
7	**1241**	삿21	행25	렘35	시7·8
8	**1246**	룻 1	행26	렘36·37	시 9
9	**1253**	룻 2	행27	렘38	시10
10	**1259**	룻3·4	행28	렘39	시11·12
11	**1264**	삼상1	롬 1	렘40	시13·14
12	**1270**	삼상2	롬 2	렘41	시15·16
13	**1275**	삼상3	롬 3	렘42	시17
14	**1280**	삼상4	롬 4	렘43	시18
15	**1285**	삼상5·6	롬 5	렘44	시19
16	**1292**	삼상7·8	롬 6	렘45	시20·21
17	**1296**	삼상9	롬 7	렘46	시22
18	**1302**	삼상10	롬 8	렘47	시23·24
19	**1307**	삼상11	롬 9	렘48	시25
20	**1313**	삼상12	롬10	렘49	시26·27
21	**1319**	삼상13	롬11	렘50	시28·29
22	**1326**	삼상14	롬12	렘51	시30
23	**1334**	삼상15	롬13	렘52	시31
24	**1340**	삼상16	롬14	애 1	시32
25	**1345**	삼상17	롬15	애 2	시33
26	**1352**	삼상18	롬16	애 3	시34
27	**1358**	삼상19	고전1	애 4	시35
28	**1363**	삼상20	고전2	애 5	시36
29	**1368**	삼상21·22	고전3	겔 1	시37
30	**1374**	삼상23	고전4	겔 2	시38
31	**1379**	삼상24	고전5	겔 3	시39

September 09

날짜	page	가정		개인	
1	**1385**	삼상25	고전 6	겔 4	시40·41
2	**1391**	삼상26	고전 7	겔 5	시42·43
3	**1396**	삼상27	고전 8	겔 6	시44
4	**1400**	삼상28	고전 9	겔 7	시45·46
5	**1405**	삼상29·30	고전10	겔 8	시47
6	**1411**	삼상31	고전11	겔 9	시48
7	**1414**	삼하 1	고전12	겔10	시49
8	**1419**	삼하 2	고전13	겔11	시50
9	**1424**	삼하 3	고전14	겔12	시51
10	**1430**	삼하4·5	고전15	겔13	시52~54
11	**1438**	삼하 6	고전16	겔14	시55
12	**1442**	삼하 7	고후 1	겔15	시56·57
13	**1447**	삼하8·9	고후 2	겔16	시58·59
14	**1454**	삼하10	고후 3	겔17	시60·61
15	**1459**	삼하11	고후 4	겔18	시62·63
16	**1464**	삼하12	고후 5	겔19	시64·65
17	**1469**	삼하13	고후 6	겔20	시66·67
18	**1476**	삼하14	고후 7	겔21	시68
19	**1483**	삼하15	고후 8	겔22	시69
20	**1489**	삼하16	고후 9	겔23	시70·71
21	**1495**	삼하17	고후10	겔24	시72
22	**1500**	삼하18	고후11	겔25	시73
23	**1506**	삼하19	고후12	겔26	시74
24	**1513**	삼하20	고후13	겔27	시75·76
25	**1518**	삼하21	갈 1	겔28	시77
26	**1523**	삼하22	갈 2	겔29	시78:1~37
27	**1529**	삼하23	갈 3	겔30	시78:38~72
28	**1535**	삼하24	갈 4	겔31	시79
29	**1540**	왕상 1	갈 5	겔32	시80
30	**1547**	왕상 2	갈 6	겔33	시81·82

October 10

날짜	page	가정		개인	
1	**1555**	왕상 3	엡 1	겔34	시83·84
2	**1560**	왕상4·5	엡 2	겔35	시85
3	**1565**	왕상 6	엡 3	겔36	시86
4	**1571**	왕상 7	엡 4	겔37	시87·88
5	**1578**	왕상 8	엡 5	겔38	시89
6	**1586**	왕상 9	엡 6	겔39	시90
7	**1591**	왕상10	빌 1	겔40	시91
8	**1598**	왕상11	빌 2	겔41	시92·93
9	**1603**	왕상12	빌 3	겔42	시94
10	**1608**	왕상13	빌 4	겔43	시95·96
11	**1614**	왕상14	골 1	겔44	시97·98
12	**1620**	왕상15	골 2	겔45	시99~101
13	**1625**	왕상16	골 3	겔46	시102
14	**1631**	왕상17	골 4	겔47	시103
15	**1635**	왕상18	살전 1	겔48	시104
16	**1642**	왕상19	살전 2	단 1	시105
17	**1647**	왕상20	살전 3	단 2	시106
18	**1655**	왕상21	살전 4	단 3	시107
19	**1661**	왕상22	살전 5	단 4	시108·109
20	**1669**	왕하 1	살후 1	단 5	시110·111
21	**1674**	왕하 2	살후 2	단 6	시112·113
22	**1679**	왕하 3	살후 3	단 7	시114·115
23	**1684**	왕하 4	딤전 1	단 8	시116
24	**1690**	왕하 5	딤전 2	단 9	시117·118
25	**1695**	왕하 6	딤전 3	단10	시119:1~24
26	**1700**	왕하 7	딤전 4	단11	시119:25~48
27	**1706**	왕하 8	딤전 5	단12	시119:49~72
28	**1710**	왕하 9	딤전 6	호 1	시119:73~96
29	**1715**	왕하10	딤후 1	호 2	시119:97~120
30	**1721**	왕하11·12	딤후 2	호3·4	시119:121~144
31	**1726**	왕하13	딤후 3	호5·6	시119:145~176

November 11

날짜	page	가정		개인	
1	**1733**	왕하14	딤후4	호 7	시120~122
2	**1737**	왕하15	딛 1	호 8	시123~125
3	**1741**	왕하16	딛 2	호 9	시126~128
4	**1745**	왕하17	딛 3	호10	시129~131
5	**1750**	왕하18	몬 1	호11	시132~134
6	**1755**	왕하19	히 1	호12	시135·136
7	**1760**	왕하20	히 2	호13	시137·138
8	**1765**	왕하21	히 3	호14	시139
9	**1768**	왕하22	히 4	욜 1	시140·141
10	**1773**	왕하23	히 5	욜 2	시142
11	**1778**	왕하24	히 6	욜 3	시143
12	**1782**	왕하25	히 7	암 1	시144
13	**1787**	대상1·2	히 8	암 2	시145
14	**1793**	대상3·4	히 9	암 3	시146·147
15	**1799**	대상5·6	히10	암 4	시148·150
16	**1807**	대상7·8	히11	암 5	눅1:1~38
17	**1815**	대상9·10	히12	암 6	눅1:39~80
18	**1822**	대상11·12	히13	암 7	눅 2
19	**1830**	대상13·14	약 1	암 8	눅 3
20	**1836**	대상15	약 2	암 9	눅 4
21	**1841**	대상16	약 3	옵 1	눅 5
22	**1847**	대상17	약 4	욘 1	눅 6
23	**1853**	대상18	약 5	욘 2	눅 7
24	**1858**	대상19·20	벧전1	욘 3	눅 8
25	**1864**	대상21	벧전2	욘 4	눅 9
26	**1871**	대상22	벧전3	미 1	눅10
27	**1877**	대상23	벧전4	미 2	눅11
28	**1882**	대상24·25	벧전5	미 3	눅12
29	**1889**	대상26·27	벧후1	미 4	눅13
30	**1896**	대상28	벧후2	미 5	눅14

December 12

날짜	page	가정		개인	
1	**1903**	대상29	벧후3	미 6	눅15
2	**1908**	대하 1	요일 1	미 7	눅16
3	**1912**	대하 2	요일 2	나 1	눅17
4	**1917**	대하3·4	요일 3	나 2	눅18
5	**1923**	대하5·6:1~11	요일 4	나 3	눅19
6	**1929**	대하6:12~42	요일 5	합 1	눅20
7	**1935**	대하 7	요이 1	합 2	눅21
8	**1940**	대하 8	요삼 1	합 3	눅22
9	**1946**	대하 9	유 1	습 1	눅23
10	**1952**	대하10	계 1	습 2	눅24
11	**1958**	대하11·12	계 2	습 3	요 1
12	**1965**	대하13	계 3	학 1	요 2
13	**1969**	대하14·15	계 4	학 2	요 3
14	**1975**	대하16	계 5	슥 1	요 4
15	**1980**	대하17	계 6	슥 2	요 5
16	**1985**	대하18	계 7	슥 3	요 6
17	**1992**	대하19·20	계 8	슥 4	요 7
18	**1998**	대하21	계 9	슥 5	요 8
19	**2004**	대하22·23	계10	슥 6	요 9
20	**2009**	대하24	계11	슥 7	요10
21	**2015**	대하25	계12	슥 8	요11
22	**2021**	대하26	계13	슥 9	요12
23	**2027**	대하27·28	계14	슥10	요13
24	**2033**	대하29	계15	슥11	요14
25	**2038**	대하30	계16	슥12·13:1	요15
26	**2043**	대하31	계17	슥13:2~9	요16
27	**2048**	대하32	계18	슥14	요17
28	**2054**	대하33	계19	말 1	요18
29	**2060**	대하34	계20	말 2	요19
30	**2066**	대하35	계21	말 3	요20
31	**2072**	대하36	계22	말 4	요21

⊕ 맥체인 성경 읽기표 ⊕

January 01

날짜	page	가정		개인	
1	**1**	창 1	마 1	스 1	행 1
2	**5**	창 2	마 2	스 2	행 2
3	**12**	창 3	마 3	스 3	행 3
4	**16**	창 4	마 4	스 4	행 4
5	**22**	창 5	마 5	스 5	행 5
6	**28**	창 6	마 6	스 6	행 6
7	**33**	창 7	마 7	스 7	행 7
8	**39**	창 8	마 8	스 8	행 8
9	**46**	창9·10	마 9	스 9	행 9
10	**53**	창11	마10	스10	행10
11	**60**	창12	마11	느 1	행11
12	**65**	창13	마12	느 2	행12
13	**70**	창14	마13	느 3	행13
14	**78**	창15	마14	느 4	행14
15	**83**	창16	마15	느 5	행15
16	**89**	창17	마16	느 6	행16
17	**95**	창18	마17	느 7	행17
18	**102**	창19	마18	느 8	행18
19	**108**	창20	마19	느 9	행19
20	**115**	창21	마20	느10	행20
21	**121**	창22	마21	느11	행21
22	**128**	창23	마22	느12	행22
23	**135**	창24	마23	느13	행23
24	**144**	창25	마24	에 1	행24
25	**150**	창26	마25	에 2	행25
26	**157**	창27	마26	에 3	행26
27	**165**	창28	마27	에 4	행27
28	**172**	창29	마28	에 5	행28
29	**177**	창30	막 1	에 6	롬 1
30	**184**	창31	막 2	에 7	롬 2
31	**190**	창32	막 3	에 8	롬 3

February 02

날짜	page	가정		개인	
1	**197**	창33	막 4	에9·10	롬 4
2	**202**	창34	막 5	욥 1	롬 5
3	**208**	창35·36	막 6	욥 2	롬 6
4	**216**	창37	막 7	욥 3	롬 7
5	**222**	창38	막 8	욥 4	롬 8
6	**228**	창39	막 9	욥 5	롬 9
7	**234**	창40	막10	욥 6	롬10
8	**239**	창41	막11	욥 7	롬11
9	**246**	창42	막12	욥 8	롬12
10	**252**	창43	막13	욥 9	롬13
11	**258**	창44	막14	욥10	롬14
12	**265**	창45	막15	욥11	롬15
13	**271**	창46	막16	욥12	롬16
14	**276**	창47	눅1:1~38	욥13	고전1
15	**282**	창48	눅1:39~80	욥14	고전2
16	**286**	창49	눅 2	욥15	고전3
17	**292**	창50	눅 3	욥16·17	고전4
18	**298**	출 1	눅 4	욥18	고전5
19	**303**	출 2	눅 5	욥19	고전6
20	**308**	출 3	눅 6	욥20	고전7
21	**315**	출 4	눅 7	욥21	고전8
22	**321**	출 5	눅 8	욥22	고전9
23	**327**	출 6	눅 9	욥23	고전10
24	**334**	출 7	눅10	욥24	고전11
25	**340**	출 8	눅11	욥25·26	고전12
26	**346**	출 9	눅12	욥27	고전13
27	**352**	출10	눅13	욥28	고전14
28	**359**	출11·12:1~21	눅14	욥29	고전15

March 03

날짜	page	가정		개인	
1	**367**	출12:22~51	눅15	욥30	고전16
2	**372**	출13	눅16	욥31	고후 1
3	**377**	출14	눅17	욥32	고후 2
4	**382**	출15	눅18	욥33	고후 3
5	**388**	출16	눅19	욥34	고후 4
6	**394**	출17	눅20	욥35	고후 5
7	**399**	출18	눅21	욥36	고후 6
8	**404**	출19	눅22	욥37	고후 7
9	**411**	출20	눅23	욥38	고후 8
10	**417**	출21	눅24	욥39	고후 9
11	**422**	출22	요 1	욥40	고후10
12	**428**	출23	요 2	욥41	고후11
13	**433**	출24	요 3	욥42	고후12
14	**438**	출25	요 4	잠 1	고후13
15	**444**	출26	요 5	잠 2	갈 1
16	**449**	출27	요 6	잠 3	갈 2
17	**456**	출28	요 7	잠 4	갈 3
18	**463**	출29	요 8	잠 5	갈 4
19	**470**	출30	요 9	잠 6	갈 5
20	**476**	출31	요10	잠 7	갈 6
21	**480**	출32	요11	잠 8	엡 1
22	**487**	출33	요12	잠 9	엡 2
23	**492**	출34	요13	잠10	엡 3
24	**498**	출35	요14	잠11	엡 4
25	**504**	출36	요15	잠12	엡 5
26	**509**	출37	요16	잠13	엡 6
27	**514**	출38	요17	잠14	빌 1
28	**520**	출39	요18	잠15	빌 2
29	**526**	출40	요19	잠16	빌 3
30	**532**	레 1	요20	잠17	빌 4
31	**537**	레2·3	요21	잠18	골 1

April 04

날짜	page	가정		개인	
1	**543**	레 4	시1·2	잠19	골 2
2	**547**	레 5	시3·4	잠20	골 3
3	**551**	레 6	시5·6	잠21	골 4
4	**556**	레 7	시7·8	잠22	살전1
5	**560**	레 8	시 9	잠23	살전2
6	**565**	레 9	시10	잠24	살전3
7	**569**	레10	시11·12	잠25	살전4
8	**573**	레11·12	시13·14	잠26	살전5
9	**578**	레13	시15·16	잠27	살후1
10	**583**	레14	시17	잠28	살후2
11	**589**	레15	시18	잠29	살후3
12	**594**	레16	시19	잠30	딤전1
13	**599**	레17	시20·21	잠31	딤전2
14	**603**	레18	시22	전 1	딤전3
15	**607**	레19	시23·24	전 2	딤전4
16	**611**	레20	시25	전 3	딤전5
17	**616**	레21	시26·27	전 4	딤전6
18	**620**	레22	시28·29	전 5	딤후1
19	**625**	레23	시30	전 6	딤후2
20	**629**	레24	시31	전 7	딤후3
21	**634**	레25	시32	전 8	딤후4
22	**639**	레26	시33	전 9	딛 1
23	**644**	레27	시34	전10	딛 2
24	**648**	민 1	시35	전11	딛 3
25	**653**	민 2	시36	전12	몬 1
26	**656**	민 3	시37	아 1	히 1
27	**662**	민 4	시38	아 2	히 2
28	**666**	민 5	시39	아 3	히 3
29	**670**	민 6	시40·41	아 4	히 4
30	**675**	민 7	시42·43	아 5	히 5

May 05

날짜	page	가정		개인	
1	**683**	민 8	시44	아 6	히 6
2	**687**	민 9	시45	아 7	히 7
3	**691**	민10	시46·47	아 8	히 8
4	**695**	민11	시48	사 1	히 9
5	**700**	민12·13	시49	사 2	히10
6	**706**	민14	시50	사3·4	히11
7	**712**	민15	시51	사 5	히12
8	**718**	민16	시52~54	사 6	히13
9	**724**	민17·18	시55	사 7	약 1
10	**730**	민19	시56·57	사8·9:1~7	약 2
11	**735**	민20	시58·59	사9:8~10:4	약 3
12	**740**	민21	시60·61	사10:5~34	약 4
13	**745**	민22	시62·63	사11·12	약 5
14	**751**	민23	시64·65	사13	벧전1
15	**756**	민24	시66·67	사14	벧전2
16	**761**	민25	시68	사15	벧전3
17	**766**	민26	시69	사16	벧전4
18	**772**	민27	시70·71	사17·18	벧전5
19	**776**	민28	시72	사19·20	벧후1
20	**781**	민29	시73	사21	벧후2
21	**786**	민30	시74	사22	벧후3
22	**790**	민31	시75·76	사23	요일1
23	**795**	민32	시77	사24	요일2
24	**800**	민33	시78:1~37	사25	요일3
25	**806**	민34	시78:38~72	사26	요일4
26	**810**	민35	시79	사27	요일5
27	**815**	민36	시80	사28	요이1
28	**819**	신 1	시81·82	사29	요삼1
29	**824**	신 2	시83·84	사30	유 1
30	**831**	신 3	시85	사31	계 1
31	**835**	신 4	시86·87	사32	계 2

June 06

날짜	page	가정		개인	
1	**843**	신 5	시88	사33	계 3
2	**848**	신 6	시89	사34	계 4
3	**853**	신 7	시90	사35	계 5
4	**856**	신 8	시91	사36	계 6
5	**860**	신 9	시92·93	사37	계 7
6	**866**	신10	시94	사38	계 8
7	**870**	신11	시95·96	사39	계 9
8	**874**	신12	시97·98	사40	계10
9	**879**	신13·14	시99~101	사41	계11
10	**885**	신15	시102	사42	계12
11	**890**	신16	시103	사43	계13
12	**894**	신17	시104	사44	계14
13	**900**	신18	시105	사45	계15
14	**905**	신19	시106	사46	계16
15	**910**	신20	시107	사47	계17
16	**914**	신21	시108·109	사48	계18
17	**920**	신22	시110·111	사49	계19
18	**925**	신23	시112·113	사50	계20
19	**929**	신24	시114·115	사51	계21
20	**934**	신25	시116	사52	계22
21	**938**	신26	시117·118	사53	마 1
22	**942**	신27·28:1~19	시119:1~24	사54	마 2
23	**947**	신28:20~68	시119:25~48	사55	마 3
24	**953**	신29	시119:49~72	사56	마 4
25	**957**	신30	시119:73~96	사57	마 5
26	**963**	신31	시119:97~120	사58	마 6
27	**968**	신32	시119:121~144	사59	마 7
28	**974**	신33·34	시119:145~176	사60	마 8
29	**981**	수 1	시120~122	사61	마 9
30	**985**	수 2	시123~125	사62	마10

[맥체인 성경 읽기표]

맥체인 성경 읽기표는 1842년 맥체인이 자신이 목양하던 성베드로교회 성도들의 영적 성장을 위해 개발한 것으로, 매일 구약과 신약을 각각 2장씩 읽음으로써 1년에 구약 1회, 신약과 시편을 각 2회 정독할 수 있도록 만든 표입니다. 이와 같은 맥체인의 방법에 따라 신구약 성경 전체를 골고루 4등분해서 동시에 읽으면, 성경에 기록된 장구한 구속사를 크게 네 시대로 나누어 동시에 묵상할 수 있습니다.

(1) 창세기 ~ 역대하 : 만물의 시작과 이스라엘의 시작
(2) 에스라 ~ 말라기 : 이스라엘의 멸망과 새 시대의 시작
(3) 마태복음 ~ 요한복음 : 예수의 복음사역과 십자가 구속
(4) 사도행전 ~ 요한계시록 : 교회의 시작과 선교

▶ 《맥체인 성경 365》 말씀연결 사용하는 법

① 네 성경 본문의 소주제를 통해 중심 단어나 문장을 말씀으로 묵상한다.
② 네 본문의 말씀을 순서대로, 천천히 읽는다.
③ 두 본문에서 반복되는 단어나 유사한 문맥을 찾아 서로 연결한다.
④ 본문에서 반대의 뜻을 가진 단어나 문장을 찾는다.
⑤ 두 권의 책에서 공통되는 하나님의 말씀을 연결하여 기록한다.
⑥ 연결되는 말씀을 다른 두 권으로 확대하여 네 권 전체에 흐르는 하나님의 생각과 베푸신 은혜를 누리고, 그 내용을 적어본다.
⑦ 본문에서 지도자나 인도자로부터 배운 신학 주제나 교리들이 함축하고 있는 문맥의 짝을 찾아본다.
⑧ 중심 주제를 필두로, 삶에 적용할 일들을 적어보고 생활 중에 실천함으로써 변화를 경험해 본다.
⑨ 하나님이 오늘 나에게 주신 말씀들을 통하여 가르침, 명령과 약속 권면, 경고 및 행해야 할 일들을 하나님과 대화하는 마음으로(기도) 성경읽기를 마무리한다.

July 07

날짜	page	가정		개인	
1	991	수 3	시126~128	사63	마11
2	995	수 4	시129~131	사64	마12
3	1000	수5·6:1~5	시132~134	사65	마13
4	1006	수6:6~27	시135·136	사66	마14
5	1013	수 7	시137·138	렘 1	마15
6	1018	수 8	시139	렘 2	마16
7	1025	수 9	시140·141	렘 3	마17
8	1031	수10	시142·143	렘 4	마18
9	1038	수11	시144	렘 5	마19
10	1043	수12·13	시145	렘 6	마20
11	1050	수14·15	시146·147	렘 7	마21
12	1058	수16·17	시148	렘 8	마22
13	1064	수18·19	시149·150	렘 9	마23
14	1071	수20·21	행 1	렘10	마24
15	1078	수22	행 2	렘11	마25
16	1087	수23	행 3	렘12	마26
17	1094	수24	행 4	렘13	마27
18	1102	삿 1	행 5	렘14	마28
19	1108	삿 2	행 6	렘15	막 1
20	1114	삿 3	행 7	렘16	막 2
21	1121	삿 4	행 8	렘17	막 3
22	1127	삿 5	행 9	렘18	막 4
23	1134	삿 6	행10	렘19	막 5
24	1142	삿 7	행11	렘20	막 6
25	1149	삿 8	행12	렘21	막 7
26	1154	삿 9	행13	렘22	막 8
27	1164	삿10·11:1~11	행14	렘23	막 9
28	1171	삿11:12~40	행15	렘24	막10
29	1178	삿12	행16	렘25	막11
30	1185	삿13	행17	렘26	막12
31	1192	삿14	행18	렘27	막13

August 08

날짜	page	가정		개인	
1	1199	삿15	행19	렘28	막14
2	1206	삿16	행20	렘29	막15
3	1214	삿17	행21	렘30·31	막16
4	1222	삿18	행22	렘32	시1·2
5	1228	삿19	행23	렘33	시3·4
6	1234	삿20	행24	렘34	시5·6
7	1241	삿21	행25	렘35	시7·8
8	1246	룻 1	행26	렘36·37	시 9
9	1253	룻 2	행27	렘38	시10
10	1259	룻3·4	행28	렘39	시11·12
11	1264	삼상1	롬 1	렘40	시13·14
12	1270	삼상2	롬 2	렘41	시15·16
13	1275	삼상3	롬 3	렘42	시17
14	1280	삼상4	롬 4	렘43	시18
15	1285	삼상5·6	롬 5	렘44	시19
16	1292	삼상7·8	롬 6	렘45	시20·21
17	1296	삼상9	롬 7	렘46	시22
18	1302	삼상10	롬 8	렘47	시23·24
19	1307	삼상11	롬 9	렘48	시25
20	1313	삼상12	롬10	렘49	시26·27
21	1319	삼상13	롬11	렘50	시28·29
22	1326	삼상14	롬12	렘51	시30
23	1334	삼상15	롬13	렘52	시31
24	1340	삼상16	롬14	애 1	시32
25	1345	삼상17	롬15	애 2	시33
26	1352	삼상18	롬16	애 3	시34
27	1358	삼상19	고전1	애 4	시35
28	1363	삼상20	고전2	애 5	시36
29	1368	삼상21·22	고전3	겔 1	시37
30	1374	삼상23	고전4	겔 2	시38
31	1379	삼상24	고전5	겔 3	시39

September 09

날짜	page	가정		개인	
1	**1385**	삼상25	고전 6	겔 4	시40·41
2	**1391**	삼상26	고전 7	겔 5	시42·43
3	**1396**	삼상27	고전 8	겔 6	시44
4	**1400**	삼상28	고전 9	겔 7	시45·46
5	**1405**	삼상29·30	고전10	겔 8	시47
6	**1411**	삼상31	고전11	겔 9	시48
7	**1414**	삼하 1	고전12	겔10	시49
8	**1419**	삼하 2	고전13	겔11	시50
9	**1424**	삼하 3	고전14	겔12	시51
10	**1430**	삼하4·5	고전15	겔13	시52~54
11	**1438**	삼하 6	고전16	겔14	시55
12	**1442**	삼하 7	고후 1	겔15	시56·57
13	**1447**	삼하8·9	고후 2	겔16	시58·59
14	**1454**	삼하10	고후 3	겔17	시60·61
15	**1459**	삼하11	고후 4	겔18	시62·63
16	**1464**	삼하12	고후 5	겔19	시64·65
17	**1469**	삼하13	고후 6	겔20	시66·67
18	**1476**	삼하14	고후 7	겔21	시68
19	**1483**	삼하15	고후 8	겔22	시69
20	**1489**	삼하16	고후 9	겔23	시70·71
21	**1495**	삼하17	고후10	겔24	시72
22	**1500**	삼하18	고후11	겔25	시73
23	**1506**	삼하19	고후12	겔26	시74
24	**1513**	삼하20	고후13	겔27	시75·76
25	**1518**	삼하21	갈 1	겔28	시77
26	**1523**	삼하22	갈 2	겔29	시78:1~37
27	**1529**	삼하23	갈 3	겔30	시78:38~72
28	**1535**	삼하24	갈 4	겔31	시79
29	**1540**	왕상 1	갈 5	겔32	시80
30	**1547**	왕상 2	갈 6	겔33	시81·82

October 10

날짜	page	가정		개인	
1	**1555**	왕상 3	엡 1	겔34	시83·84
2	**1560**	왕상4·5	엡 2	겔35	시85
3	**1565**	왕상 6	엡 3	겔36	시86
4	**1571**	왕상 7	엡 4	겔37	시87·88
5	**1578**	왕상 8	엡 5	겔38	시89
6	**1586**	왕상 9	엡 6	겔39	시90
7	**1591**	왕상10	빌 1	겔40	시91
8	**1598**	왕상11	빌 2	겔41	시92·93
9	**1603**	왕상12	빌 3	겔42	시94
10	**1608**	왕상13	빌 4	겔43	시95·96
11	**1614**	왕상14	골 1	겔44	시97·98
12	**1620**	왕상15	골 2	겔45	시99~101
13	**1625**	왕상16	골 3	겔46	시102
14	**1631**	왕상17	골 4	겔47	시103
15	**1635**	왕상18	살전 1	겔48	시104
16	**1642**	왕상19	살전 2	단 1	시105
17	**1647**	왕상20	살전 3	단 2	시106
18	**1655**	왕상21	살전 4	단 3	시107
19	**1661**	왕상22	살전 5	단 4	시108·109
20	**1669**	왕하 1	살후 1	단 5	시110·111
21	**1674**	왕하 2	살후 2	단 6	시112·113
22	**1679**	왕하 3	살후 3	단 7	시114·115
23	**1684**	왕하 4	딤전 1	단 8	시116
24	**1690**	왕하 5	딤전 2	단 9	시117·118
25	**1695**	왕하 6	딤전 3	단10	시119:1~24
26	**1700**	왕하 7	딤전 4	단11	시119:25~48
27	**1706**	왕하 8	딤전 5	단12	시119:49~72
28	**1710**	왕하 9	딤전 6	호 1	시119:73~96
29	**1715**	왕하10	딤후 1	호 2	시119:97~120
30	**1721**	왕하11·12	딤후 2	호3·4	시119:121~144
31	**1726**	왕하13	딤후 3	호5·6	시119:145~176

November 11

날짜	page	가정		개인	
1	**1733**	왕하14	딤후4	호 7	시120~122
2	**1737**	왕하15	딛 1	호 8	시123~125
3	**1741**	왕하16	딛 2	호 9	시126~128
4	**1745**	왕하17	딛 3	호10	시129~131
5	**1750**	왕하18	몬 1	호11	시132~134
6	**1755**	왕하19	히 1	호12	시135·136
7	**1760**	왕하20	히 2	호13	시137·138
8	**1765**	왕하21	히 3	호14	시139
9	**1768**	왕하22	히 4	욜 1	시140·141
10	**1773**	왕하23	히 5	욜 2	시142
11	**1778**	왕하24	히 6	욜 3	시143
12	**1782**	왕하25	히 7	암 1	시144
13	**1787**	대상1·2	히 8	암 2	시145
14	**1793**	대상3·4	히 9	암 3	시146·147
15	**1799**	대상5·6	히10	암 4	시148·150
16	**1807**	대상7·8	히11	암 5	눅1:1~38
17	**1815**	대상9·10	히12	암 6	눅1:39~80
18	**1822**	대상11·12	히13	암 7	눅 2
19	**1830**	대상13·14	약 1	암 8	눅 3
20	**1836**	대상15	약 2	암 9	눅 4
21	**1841**	대상16	약 3	옵 1	눅 5
22	**1847**	대상17	약 4	욘 1	눅 6
23	**1853**	대상18	약 5	욘 2	눅 7
24	**1858**	대상19·20	벧전1	욘 3	눅 8
25	**1864**	대상21	벧전2	욘 4	눅 9
26	**1871**	대상22	벧전3	미 1	눅10
27	**1877**	대상23	벧전4	미 2	눅11
28	**1882**	대상24·25	벧전5	미 3	눅12
29	**1889**	대상26·27	벧후1	미 4	눅13
30	**1896**	대상28	벧후2	미 5	눅14

December 12

날짜	page	가정		개인	
1	**1903**	대상29	벧후3	미 6	눅15
2	**1908**	대하 1	요일 1	미 7	눅16
3	**1912**	대하 2	요일 2	나 1	눅17
4	**1917**	대하3·4	요일 3	나 2	눅18
5	**1923**	대하5·6:1~11	요일 4	나 3	눅19
6	**1929**	대하6:12~42	요일 5	합 1	눅20
7	**1935**	대하 7	요이 1	합 2	눅21
8	**1940**	대하 8	요삼 1	합 3	눅22
9	**1946**	대하 9	유 1	습 1	눅23
10	**1952**	대하10	계 1	습 2	눅24
11	**1958**	대하11·12	계 2	습 3	요 1
12	**1965**	대하13	계 3	학 1	요 2
13	**1969**	대하14·15	계 4	학 2	요 3
14	**1975**	대하16	계 5	슥 1	요 4
15	**1980**	대하17	계 6	슥 2	요 5
16	**1985**	대하18	계 7	슥 3	요 6
17	**1992**	대하19·20	계 8	슥 4	요 7
18	**1998**	대하21	계 9	슥 5	요 8
19	**2004**	대하22·23	계10	슥 6	요 9
20	**2009**	대하24	계11	슥 7	요10
21	**2015**	대하25	계12	슥 8	요11
22	**2021**	대하26	계13	슥 9	요12
23	**2027**	대하27·28	계14	슥10	요13
24	**2033**	대하29	계15	슥11	요14
25	**2038**	대하30	계16	슥12·13:1	요15
26	**2043**	대하31	계17	슥13:2~9	요16
27	**2048**	대하32	계18	슥14	요17
28	**2054**	대하33	계19	말 1	요18
29	**2060**	대하34	계20	말 2	요19
30	**2066**	대하35	계21	말 3	요20
31	**2072**	대하36	계22	말 4	요21

⊕ 맥체인 성경 읽기표 ⊕

January 01

날짜	page	가정		개인	
1	**1**	창 1	마 1	스 1	행 1
2	**5**	창 2	마 2	스 2	행 2
3	**12**	창 3	마 3	스 3	행 3
4	**16**	창 4	마 4	스 4	행 4
5	**22**	창 5	마 5	스 5	행 5
6	**28**	창 6	마 6	스 6	행 6
7	**33**	창 7	마 7	스 7	행 7
8	**39**	창 8	마 8	스 8	행 8
9	**46**	창9·10	마 9	스 9	행 9
10	**53**	창11	마10	스10	행10
11	**60**	창12	마11	느 1	행11
12	**65**	창13	마12	느 2	행12
13	**70**	창14	마13	느 3	행13
14	**78**	창15	마14	느 4	행14
15	**83**	창16	마15	느 5	행15
16	**89**	창17	마16	느 6	행16
17	**95**	창18	마17	느 7	행17
18	**102**	창19	마18	느 8	행18
19	**108**	창20	마19	느 9	행19
20	**115**	창21	마20	느10	행20
21	**121**	창22	마21	느11	행21
22	**128**	창23	마22	느12	행22
23	**135**	창24	마23	느13	행23
24	**144**	창25	마24	에 1	행24
25	**150**	창26	마25	에 2	행25
26	**157**	창27	마26	에 3	행26
27	**165**	창28	마27	에 4	행27
28	**172**	창29	마28	에 5	행28
29	**177**	창30	막 1	에 6	롬 1
30	**184**	창31	막 2	에 7	롬 2
31	**190**	창32	막 3	에 8	롬 3

February 02

날짜	page	가정		개인	
1	**197**	창33	막 4	에9·10	롬 4
2	**202**	창34	막 5	욥 1	롬 5
3	**208**	창35·36	막 6	욥 2	롬 6
4	**216**	창37	막 7	욥 3	롬 7
5	**222**	창38	막 8	욥 4	롬 8
6	**228**	창39	막 9	욥 5	롬 9
7	**234**	창40	막10	욥 6	롬10
8	**239**	창41	막11	욥 7	롬11
9	**246**	창42	막12	욥 8	롬12
10	**252**	창43	막13	욥 9	롬13
11	**258**	창44	막14	욥10	롬14
12	**265**	창45	막15	욥11	롬15
13	**271**	창46	막16	욥12	롬16
14	**276**	창47	눅1:1~38	욥13	고전1
15	**282**	창48	눅1:39~80	욥14	고전2
16	**286**	창49	눅 2	욥15	고전3
17	**292**	창50	눅 3	욥16·17	고전4
18	**298**	출 1	눅 4	욥18	고전5
19	**303**	출 2	눅 5	욥19	고전6
20	**308**	출 3	눅 6	욥20	고전7
21	**315**	출 4	눅 7	욥21	고전8
22	**321**	출 5	눅 8	욥22	고전9
23	**327**	출 6	눅 9	욥23	고전10
24	**334**	출 7	눅10	욥24	고전11
25	**340**	출 8	눅11	욥25·26	고전12
26	**346**	출 9	눅12	욥27	고전13
27	**352**	출10	눅13	욥28	고전14
28	**359**	출11·12:1~21	눅14	욥29	고전15

March 03					
날짜	page	가정		개인	
1	**367**	출12:22~51	눅15	욥30	고전16
2	**372**	출13	눅16	욥31	고후 1
3	**377**	출14	눅17	욥32	고후 2
4	**382**	출15	눅18	욥33	고후 3
5	**388**	출16	눅19	욥34	고후 4
6	**394**	출17	눅20	욥35	고후 5
7	**399**	출18	눅21	욥36	고후 6
8	**404**	출19	눅22	욥37	고후 7
9	**411**	출20	눅23	욥38	고후 8
10	**417**	출21	눅24	욥39	고후 9
11	**422**	출22	요 1	욥40	고후10
12	**428**	출23	요 2	욥41	고후11
13	**433**	출24	요 3	욥42	고후12
14	**438**	출25	요 4	잠 1	고후13
15	**444**	출26	요 5	잠 2	갈 1
16	**449**	출27	요 6	잠 3	갈 2
17	**456**	출28	요 7	잠 4	갈 3
18	**463**	출29	요 8	잠 5	갈 4
19	**470**	출30	요 9	잠 6	갈 5
20	**476**	출31	요10	잠 7	갈 6
21	**480**	출32	요11	잠 8	엡 1
22	**487**	출33	요12	잠 9	엡 2
23	**492**	출34	요13	잠10	엡 3
24	**498**	출35	요14	잠11	엡 4
25	**504**	출36	요15	잠12	엡 5
26	**509**	출37	요16	잠13	엡 6
27	**514**	출38	요17	잠14	빌 1
28	**520**	출39	요18	잠15	빌 2
29	**526**	출40	요19	잠16	빌 3
30	**532**	레 1	요20	잠17	빌 4
31	**537**	레2·3	요21	잠18	골 1

April 04					
날짜	page	가정		개인	
1	**543**	레 4	시1·2	잠19	골 2
2	**547**	레 5	시3·4	잠20	골 3
3	**551**	레 6	시5·6	잠21	골 4
4	**556**	레 7	시7·8	잠22	살전1
5	**560**	레 8	시 9	잠23	살전2
6	**565**	레 9	시10	잠24	살전3
7	**569**	레10	시11·12	잠25	살전4
8	**573**	레11·12	시13·14	잠26	살전5
9	**578**	레13	시15·16	잠27	살후1
10	**583**	레14	시17	잠28	살후2
11	**589**	레15	시18	잠29	살후3
12	**594**	레16	시19	잠30	딤전1
13	**599**	레17	시20·21	잠31	딤전2
14	**603**	레18	시22	전 1	딤전3
15	**607**	레19	시23·24	전 2	딤전4
16	**611**	레20	시25	전 3	딤전5
17	**616**	레21	시26·27	전 4	딤전6
18	**620**	레22	시28·29	전 5	딤후1
19	**625**	레23	시30	전 6	딤후2
20	**629**	레24	시31	전 7	딤후3
21	**634**	레25	시32	전 8	딤후4
22	**639**	레26	시33	전 9	딛 1
23	**644**	레27	시34	전10	딛 2
24	**648**	민 1	시35	전11	딛 3
25	**653**	민 2	시36	전12	몬 1
26	**656**	민 3	시37	아 1	히 1
27	**662**	민 4	시38	아 2	히 2
28	**666**	민 5	시39	아 3	히 3
29	**670**	민 6	시40·41	아 4	히 4
30	**675**	민 7	시42·43	아 5	히 5

May 05

날짜	page	가정		개인	
1	**683**	민 8	시44	아 6	히 6
2	**687**	민 9	시45	아 7	히 7
3	**691**	민10	시46·47	아 8	히 8
4	**695**	민11	시48	사 1	히 9
5	**700**	민12·13	시49	사 2	히10
6	**706**	민14	시50	사3·4	히11
7	**712**	민15	시51	사 5	히12
8	**718**	민16	시52~54	사 6	히13
9	**724**	민17·18	시55	사 7	약 1
10	**730**	민19	시56·57	사8·9:1~7	약 2
11	**735**	민20	시58·59	사9:8~10:4	약 3
12	**740**	민21	시60·61	사10:5~34	약 4
13	**745**	민22	시62·63	사11·12	약 5
14	**751**	민23	시64·65	사13	벧전1
15	**756**	민24	시66·67	사14	벧전2
16	**761**	민25	시68	사15	벧전3
17	**766**	민26	시69	사16	벧전4
18	**772**	민27	시70·71	사17·18	벧전5
19	**776**	민28	시72	사19·20	벧후1
20	**781**	민29	시73	사21	벧후2
21	**786**	민30	시74	사22	벧후3
22	**790**	민31	시75·76	사23	요일1
23	**795**	민32	시77	사24	요일2
24	**800**	민33	시78:1~37	사25	요일3
25	**806**	민34	시78:38~72	사26	요일4
26	**810**	민35	시79	사27	요일5
27	**815**	민36	시80	사28	요이1
28	**819**	신 1	시81·82	사29	요삼1
29	**824**	신 2	시83·84	사30	유 1
30	**831**	신 3	시85	사31	계 1
31	**835**	신 4	시86·87	사32	계 2

June 06

날짜	page	가정		개인	
1	**843**	신 5	시88	사33	계 3
2	**848**	신 6	시89	사34	계 4
3	**853**	신 7	시90	사35	계 5
4	**856**	신 8	시91	사36	계 6
5	**860**	신 9	시92·93	사37	계 7
6	**866**	신10	시94	사38	계 8
7	**870**	신11	시95·96	사39	계 9
8	**874**	신12	시97·98	사40	계10
9	**879**	신13·14	시99~101	사41	계11
10	**885**	신15	시102	사42	계12
11	**890**	신16	시103	사43	계13
12	**894**	신17	시104	사44	계14
13	**900**	신18	시105	사45	계15
14	**905**	신19	시106	사46	계16
15	**910**	신20	시107	사47	계17
16	**914**	신21	시108·109	사48	계18
17	**920**	신22	시110·111	사49	계19
18	**925**	신23	시112·113	사50	계20
19	**929**	신24	시114·115	사51	계21
20	**934**	신25	시116	사52	계22
21	**938**	신26	시117·118	사53	마 1
22	**942**	신27·28:1~19	시119:1~24	사54	마 2
23	**947**	신28:20~68	시119:25~48	사55	마 3
24	**953**	신29	시119:49~72	사56	마 4
25	**957**	신30	시119:73~96	사57	마 5
26	**963**	신31	시119:97~120	사58	마 6
27	**968**	신32	시119:121~144	사59	마 7
28	**974**	신33·34	시119:145~176	사60	마 8
29	**981**	수 1	시120~122	사61	마 9
30	**985**	수 2	시123~125	사62	마10

맥체인 성경 읽기표

QT와 성경통독을 하나로

[맥체인성경365_목차]

구약 page

성경	page	성경	page	성경	page
창세기(창)	1	역대하(대하)	1908	다니엘(단)	1644
출애굽기(출)	298	에스라(스)	3	호세아(호)	1713
레위기(레)	532	느헤미야(느)	62	요엘(욜)	1770
민수기(민)	648	에스더(에)	147	아모스(암)	1785
신명기(신)	819	욥기(욥)	206	오바댜(옵)	1844
여호수아(수)	981	시편(시)	544/1228	요나(욘)	1850
사사기(삿)	1102	잠언(잠)	442	미가(미)	1874
룻기(룻)	1246	전도서(전)	605	나훔(나)	1915
사무엘상(삼상)	1264	아가(아)	660	하박국(합)	1932
사무엘하(삼하)	1414	이사야(사)	697	스바냐(습)	1949
열왕기상(왕상)	1540	예레미야(렘)	1015	학개(학)	1967
열왕기하(왕하)	1669	예레미야애가(애)	1342	스가랴(슥)	1977
역대상(대상)	1787	에스겔(겔)	1371	말라기(말)	2057

신약 page

성경	page	성경	page	성경	page
마태복음(마)	2/941	에베소서(엡)	485/1556	히브리서(히)	661/1757
마가복음(막)	179/1112	빌립보서(빌)	518/1593	야고보서(약)	729/1832
누가복음(눅)	277/1813	골로새서(골)	540/1616	베드로전서(벧전)	754/1860
요한복음(요)	424/1962	데살로니가전서(살전)	560/1638	베드로후서(벧후)	780/1892
사도행전(행)	4/1073	데살로니가후서(살후)	582/1670	요한일서(요일)	794/1909
로마서(롬)	182/1266	디모데전서(딤전)	598/1686	요한이서(요이)	818/1937
고린도전서(고전)	280/1359	디모데후서(딤후)	624/1718	요한삼서(요삼)	823/1941
고린도후서(고후)	376/1444	디도서(딛)	643/1739	유다서(유)	829/1947
갈라디아서(갈)	448/1519	빌레몬서(몬)	655/1752	요한계시록(계)	834/1952

새벽기도회 살리기 · 구역모임(소그룹) 살리기

마틴로이드존스, 존스토트 목사가 수십년간 사용했던 검증된 방식

[맥체인 성경 읽기표]

맥체인 성경 읽기표는 1842년 맥체인이 자신이 목양하던 성베드로교회 성도들의 영적 성장을 위해 개발한 것으로, 매일 구약과 신약을 각각 2장씩 읽음으로써 1년에 구약 1회, 신약과 시편을 각 2회 정독할 수 있도록 만든 표입니다. 이와 같은 맥체인의 방법에 따라 신구약 성경 전체를 골고루 4등분해서 동시에 읽으면, 성경에 기록된 장구한 구속사를 크게 네 시대로 나누어 동시에 묵상할 수 있습니다.

(1) 창세기 ~ 역대하 : 만물의 시작과 이스라엘의 시작
(2) 에스라 ~ 말라기 : 이스라엘의 멸망과 새 시대의 시작
(3) 마태복음 ~ 요한복음 : 예수의 복음사역과 십자가 구속
(4) 사도행전 ~ 요한계시록 : 교회의 시작과 선교

▶《맥체인 성경 365》말씀연결 사용하는 법

① 네 성경 본문의 소주제를 통해 중심 단어나 문장을 말씀으로 묵상한다.
② 네 본문의 말씀을 순서대로, 천천히 읽는다.
③ 두 본문에서 반복되는 단어나 유사한 문맥을 찾아 서로 연결한다.
④ 본문에서 반대의 뜻을 가진 단어나 문장을 찾는다.
⑤ 두 권의 책에서 공통되는 하나님의 말씀을 연결하여 기록한다.
⑥ 연결되는 말씀을 다른 두 권으로 확대하여 네 권 전체에 흐르는 하나님의 생각과 베푸신 은혜를 누리고, 그 내용을 적어본다.
⑦ 본문에서 지도자나 인도자로부터 배운 신학 주제나 교리들이 함축하고 있는 문맥의 짝을 찾아본다.
⑧ 중심 주제를 필두로, 삶에 적용할 일들을 적어보고 생활 중에 실천함으로써 변화를 경험해 본다.
⑨ 하나님이 오늘 나에게 주신 말씀들을 통하여 가르침, 명령과 약속 권면, 경고 및 행해야 할 일들을 하나님과 대화하는 마음으로(기도) 성경읽기를 마무리한다.

July 07

날짜	page	가정		개인	
1	**991**	수 3	시126~128	사63	마11
2	**995**	수 4	시129~131	사64	마12
3	**1000**	수5·6:1~5	시132~134	사65	마13
4	**1006**	수6:6~27	시135·136	사66	마14
5	**1013**	수 7	시137·138	렘 1	마15
6	**1018**	수 8	시139	렘 2	마16
7	**1025**	수 9	시140·141	렘 3	마17
8	**1031**	수10	시142·143	렘 4	마18
9	**1038**	수11	시144	렘 5	마19
10	**1043**	수12·13	시145	렘 6	마20
11	**1050**	수14·15	시146·147	렘 7	마21
12	**1058**	수16·17	시148	렘 8	마22
13	**1064**	수18·19	시149·150	렘 9	마23
14	**1071**	수20·21	행 1	렘10	마24
15	**1078**	수22	행 2	렘11	마25
16	**1087**	수23	행 3	렘12	마26
17	**1094**	수24	행 4	렘13	마27
18	**1102**	삿 1	행 5	렘14	마28
19	**1108**	삿 2	행 6	렘15	막 1
20	**1114**	삿 3	행 7	렘16	막 2
21	**1121**	삿 4	행 8	렘17	막 3
22	**1127**	삿 5	행 9	렘18	막 4
23	**1134**	삿 6	행10	렘19	막 5
24	**1142**	삿 7	행11	렘20	막 6
25	**1149**	삿 8	행12	렘21	막 7
26	**1154**	삿 9	행13	렘22	막 8
27	**1164**	삿10·11:1~11	행14	렘23	막 9
28	**1171**	삿11:12~40	행15	렘24	막10
29	**1178**	삿12	행16	렘25	막11
30	**1185**	삿13	행17	렘26	막12
31	**1192**	삿14	행18	렘27	막13

August 08

날짜	page	가정		개인	
1	**1199**	삿15	행19	렘28	막14
2	**1206**	삿16	행20	렘29	막15
3	**1214**	삿17	행21	렘30·31	막16
4	**1222**	삿18	행22	렘32	시1·2
5	**1228**	삿19	행23	렘33	시3·4
6	**1234**	삿20	행24	렘34	시5·6
7	**1241**	삿21	행25	렘35	시7·8
8	**1246**	룻 1	행26	렘36·37	시 9
9	**1253**	룻 2	행27	렘38	시10
10	**1259**	룻3·4	행28	렘39	시11·12
11	**1264**	삼상1	롬 1	렘40	시13·14
12	**1270**	삼상2	롬 2	렘41	시15·16
13	**1275**	삼상3	롬 3	렘42	시17
14	**1280**	삼상4	롬 4	렘43	시18
15	**1285**	삼상5·6	롬 5	렘44	시19
16	**1292**	삼상7·8	롬 6	렘45	시20·21
17	**1296**	삼상9	롬 7	렘46	시22
18	**1302**	삼상10	롬 8	렘47	시23·24
19	**1307**	삼상11	롬 9	렘48	시25
20	**1313**	삼상12	롬10	렘49	시26·27
21	**1319**	삼상13	롬11	렘50	시28·29
22	**1326**	삼상14	롬12	렘51	시30
23	**1334**	삼상15	롬13	렘52	시31
24	**1340**	삼상16	롬14	애 1	시32
25	**1345**	삼상17	롬15	애 2	시33
26	**1352**	삼상18	롬16	애 3	시34
27	**1358**	삼상19	고전1	애 4	시35
28	**1363**	삼상20	고전2	애 5	시36
29	**1368**	삼상21·22	고전3	겔 1	시37
30	**1374**	삼상23	고전4	겔 2	시38
31	**1379**	삼상24	고전5	겔 3	시39

September 09

날짜	page	가정		개인	
1	**1385**	삼상25	고전 6	겔 4	시40·41
2	**1391**	삼상26	고전 7	겔 5	시42·43
3	**1396**	삼상27	고전 8	겔 6	시44
4	**1400**	삼상28	고전 9	겔 7	시45·46
5	**1405**	삼상29·30	고전10	겔 8	시47
6	**1411**	삼상31	고전11	겔 9	시48
7	**1414**	삼하 1	고전12	겔10	시49
8	**1419**	삼하 2	고전13	겔11	시50
9	**1424**	삼하 3	고전14	겔12	시51
10	**1430**	삼하4·5	고전15	겔13	시52~54
11	**1438**	삼하 6	고전16	겔14	시55
12	**1442**	삼하 7	고후 1	겔15	시56·57
13	**1447**	삼하8·9	고후 2	겔16	시58·59
14	**1454**	삼하10	고후 3	겔17	시60·61
15	**1459**	삼하11	고후 4	겔18	시62·63
16	**1464**	삼하12	고후 5	겔19	시64·65
17	**1469**	삼하13	고후 6	겔20	시66·67
18	**1476**	삼하14	고후 7	겔21	시68
19	**1483**	삼하15	고후 8	겔22	시69
20	**1489**	삼하16	고후 9	겔23	시70·71
21	**1495**	삼하17	고후10	겔24	시72
22	**1500**	삼하18	고후11	겔25	시73
23	**1506**	삼하19	고후12	겔26	시74
24	**1513**	삼하20	고후13	겔27	시75·76
25	**1518**	삼하21	갈 1	겔28	시77
26	**1523**	삼하22	갈 2	겔29	시78:1~37
27	**1529**	삼하23	갈 3	겔30	시78:38~72
28	**1535**	삼하24	갈 4	겔31	시79
29	**1540**	왕상 1	갈 5	겔32	시80
30	**1547**	왕상 2	갈 6	겔33	시81·82

October 10

날짜	page	가정		개인	
1	**1555**	왕상 3	엡 1	겔34	시83·84
2	**1560**	왕상4·5	엡 2	겔35	시85
3	**1565**	왕상 6	엡 3	겔36	시86
4	**1571**	왕상 7	엡 4	겔37	시87·88
5	**1578**	왕상 8	엡 5	겔38	시89
6	**1586**	왕상 9	엡 6	겔39	시90
7	**1591**	왕상10	빌 1	겔40	시91
8	**1598**	왕상11	빌 2	겔41	시92·93
9	**1603**	왕상12	빌 3	겔42	시94
10	**1608**	왕상13	빌 4	겔43	시95·96
11	**1614**	왕상14	골 1	겔44	시97·98
12	**1620**	왕상15	골 2	겔45	시99~101
13	**1625**	왕상16	골 3	겔46	시102
14	**1631**	왕상17	골 4	겔47	시103
15	**1635**	왕상18	살전 1	겔48	시104
16	**1642**	왕상19	살전 2	단 1	시105
17	**1647**	왕상20	살전 3	단 2	시106
18	**1655**	왕상21	살전 4	단 3	시107
19	**1661**	왕상22	살전 5	단 4	시108·109
20	**1669**	왕하 1	살후 1	단 5	시110·111
21	**1674**	왕하 2	살후 2	단 6	시112·113
22	**1679**	왕하 3	살후 3	단 7	시114·115
23	**1684**	왕하 4	딤전 1	단 8	시116
24	**1690**	왕하 5	딤전 2	단 9	시117·118
25	**1695**	왕하 6	딤전 3	단10	시119:1~24
26	**1700**	왕하 7	딤전 4	단11	시119:25~48
27	**1706**	왕하 8	딤전 5	단12	시119:49~72
28	**1710**	왕하 9	딤전 6	호 1	시119:73~96
29	**1715**	왕하10	딤후 1	호 2	시119:97~120
30	**1721**	왕하11·12	딤후 2	호3·4	시119:121~144
31	**1726**	왕하13	딤후 3	호5·6	시119:145~176

November 11

날짜	page	가정		개인	
1	1733	왕하14	딤후4	호 7	시120~122
2	1737	왕하15	딛 1	호 8	시123~125
3	1741	왕하16	딛 2	호 9	시126~128
4	1745	왕하17	딛 3	호10	시129~131
5	1750	왕하18	몬 1	호11	시132~134
6	1755	왕하19	히 1	호12	시135·136
7	1760	왕하20	히 2	호13	시137·138
8	1765	왕하21	히 3	호14	시139
9	1768	왕하22	히 4	욜 1	시140·141
10	1773	왕하23	히 5	욜 2	시142
11	1778	왕하24	히 6	욜 3	시143
12	1782	왕하25	히 7	암 1	시144
13	1787	대상1·2	히 8	암 2	시145
14	1793	대상3·4	히 9	암 3	시146·147
15	1799	대상5·6	히10	암 4	시148·150
16	1807	대상7·8	히11	암 5	눅1:1~38
17	1815	대상9·10	히12	암 6	눅1:39~80
18	1822	대상11·12	히13	암 7	눅 2
19	1830	대상13·14	약 1	암 8	눅 3
20	1836	대상15	약 2	암 9	눅 4
21	1841	대상16	약 3	옵 1	눅 5
22	1847	대상17	약 4	욘 1	눅 6
23	1853	대상18	약 5	욘 2	눅 7
24	1858	대상19·20	벧전1	욘 3	눅 8
25	1864	대상21	벧전2	욘 4	눅 9
26	1871	대상22	벧전3	미 1	눅10
27	1877	대상23	벧전4	미 2	눅11
28	1882	대상24·25	벧전5	미 3	눅12
29	1889	대상26·27	벧후1	미 4	눅13
30	1896	대상28	벧후2	미 5	눅14

December 12

날짜	page	가정		개인	
1	1903	대상29	벧후3	미 6	눅15
2	1908	대하 1	요일 1	미 7	눅16
3	1912	대하 2	요일 2	나 1	눅17
4	1917	대하3·4	요일 3	나 2	눅18
5	1923	대하5·6:1~11	요일 4	나 3	눅19
6	1929	대하6:12~42	요일 5	합 1	눅20
7	1935	대하 7	요이 1	합 2	눅21
8	1940	대하 8	요삼 1	합 3	눅22
9	1946	대하 9	유 1	습 1	눅23
10	1952	대하10	계 1	습 2	눅24
11	1958	대하11·12	계 2	습 3	요 1
12	1965	대하13	계 3	학 1	요 2
13	1969	대하14·15	계 4	학 2	요 3
14	1975	대하16	계 5	슥 1	요 4
15	1980	대하17	계 6	슥 2	요 5
16	1985	대하18	계 7	슥 3	요 6
17	1992	대하19·20	계 8	슥 4	요 7
18	1998	대하21	계 9	슥 5	요 8
19	2004	대하22·23	계10	슥 6	요 9
20	2009	대하24	계11	슥 7	요10
21	2015	대하25	계12	슥 8	요11
22	2021	대하26	계13	슥 9	요12
23	2027	대하27·28	계14	슥10	요13
24	2033	대하29	계15	슥11	요14
25	2038	대하30	계16	슥12·13:1	요15
26	2043	대하31	계17	슥13:2~9	요16
27	2048	대하32	계18	슥14	요17
28	2054	대하33	계19	말 1	요18
29	2060	대하34	계20	말 2	요19
30	2066	대하35	계21	말 3	요20
31	2072	대하36	계22	말 4	요21

⊕ 맥체인 성경 읽기표 ⊕

January 01

날짜	page	가정		개인	
1	**1**	창 1	마 1	스 1	행 1
2	**5**	창 2	마 2	스 2	행 2
3	**12**	창 3	마 3	스 3	행 3
4	**16**	창 4	마 4	스 4	행 4
5	**22**	창 5	마 5	스 5	행 5
6	**28**	창 6	마 6	스 6	행 6
7	**33**	창 7	마 7	스 7	행 7
8	**39**	창 8	마 8	스 8	행 8
9	**46**	창9·10	마 9	스 9	행 9
10	**53**	창11	마10	스10	행10
11	**60**	창12	마11	느 1	행11
12	**65**	창13	마12	느 2	행12
13	**70**	창14	마13	느 3	행13
14	**78**	창15	마14	느 4	행14
15	**83**	창16	마15	느 5	행15
16	**89**	창17	마16	느 6	행16
17	**95**	창18	마17	느 7	행17
18	**102**	창19	마18	느 8	행18
19	**108**	창20	마19	느 9	행19
20	**115**	창21	마20	느10	행20
21	**121**	창22	마21	느11	행21
22	**128**	창23	마22	느12	행22
23	**135**	창24	마23	느13	행23
24	**144**	창25	마24	에 1	행24
25	**150**	창26	마25	에 2	행25
26	**157**	창27	마26	에 3	행26
27	**165**	창28	마27	에 4	행27
28	**172**	창29	마28	에 5	행28
29	**177**	창30	막 1	에 6	롬 1
30	**184**	창31	막 2	에 7	롬 2
31	**190**	창32	막 3	에 8	롬 3

February 02

날짜	page	가정		개인	
1	**197**	창33	막 4	에9·10	롬 4
2	**202**	창34	막 5	욥 1	롬 5
3	**208**	창35·36	막 6	욥 2	롬 6
4	**216**	창37	막 7	욥 3	롬 7
5	**222**	창38	막 8	욥 4	롬 8
6	**228**	창39	막 9	욥 5	롬 9
7	**234**	창40	막10	욥 6	롬10
8	**239**	창41	막11	욥 7	롬11
9	**246**	창42	막12	욥 8	롬12
10	**252**	창43	막13	욥 9	롬13
11	**258**	창44	막14	욥10	롬14
12	**265**	창45	막15	욥11	롬15
13	**271**	창46	막16	욥12	롬16
14	**276**	창47	눅1:1~38	욥13	고전1
15	**282**	창48	눅1:39~80	욥14	고전2
16	**286**	창49	눅 2	욥15	고전3
17	**292**	창50	눅 3	욥16·17	고전4
18	**298**	출 1	눅 4	욥18	고전5
19	**303**	출 2	눅 5	욥19	고전6
20	**308**	출 3	눅 6	욥20	고전7
21	**315**	출 4	눅 7	욥21	고전8
22	**321**	출 5	눅 8	욥22	고전9
23	**327**	출 6	눅 9	욥23	고전10
24	**334**	출 7	눅10	욥24	고전11
25	**340**	출 8	눅11	욥25 26	고전12
26	**346**	출 9	눅12	욥27	고전13
27	**352**	출10	눅13	욥28	고전14
28	**359**	출11·12:1~21	눅14	욥29	고전15

March 03

날짜	page	가정		개인	
1	**367**	출12:22~51	눅15	욥30	고전16
2	**372**	출13	눅16	욥31	고후 1
3	**377**	출14	눅17	욥32	고후 2
4	**382**	출15	눅18	욥33	고후 3
5	**388**	출16	눅19	욥34	고후 4
6	**394**	출17	눅20	욥35	고후 5
7	**399**	출18	눅21	욥36	고후 6
8	**404**	출19	눅22	욥37	고후 7
9	**411**	출20	눅23	욥38	고후 8
10	**417**	출21	눅24	욥39	고후 9
11	**422**	출22	요 1	욥40	고후10
12	**428**	출23	요 2	욥41	고후11
13	**433**	출24	요 3	욥42	고후12
14	**438**	출25	요 4	잠 1	고후13
15	**444**	출26	요 5	잠 2	갈 1
16	**449**	출27	요 6	잠 3	갈 2
17	**456**	출28	요 7	잠 4	갈 3
18	**463**	출29	요 8	잠 5	갈 4
19	**470**	출30	요 9	잠 6	갈 5
20	**476**	출31	요10	잠 7	갈 6
21	**480**	출32	요11	잠 8	엡 1
22	**487**	출33	요12	잠 9	엡 2
23	**492**	출34	요13	잠10	엡 3
24	**498**	출35	요14	잠11	엡 4
25	**504**	출36	요15	잠12	엡 5
26	**509**	출37	요16	잠13	엡 6
27	**514**	출38	요17	잠14	빌 1
28	**520**	출39	요18	잠15	빌 2
29	**526**	출40	요19	잠16	빌 3
30	**532**	레 1	요20	잠17	빌 4
31	**537**	레2·3	요21	잠18	골 1

April 04

날짜	page	가정		개인	
1	**543**	레 4	시1·2	잠19	골 2
2	**547**	레 5	시3·4	잠20	골 3
3	**551**	레 6	시5·6	잠21	골 4
4	**556**	레 7	시7·8	잠22	살전1
5	**560**	레 8	시 9	잠23	살전2
6	**565**	레 9	시10	잠24	살전3
7	**569**	레10	시11·12	잠25	살전4
8	**573**	레11·12	시13·14	잠26	살전5
9	**578**	레13	시15·16	잠27	살후1
10	**583**	레14	시17	잠28	살후2
11	**589**	레15	시18	잠29	살후3
12	**594**	레16	시19	잠30	딤전1
13	**599**	레17	시20·21	잠31	딤전2
14	**603**	레18	시22	전 1	딤전3
15	**607**	레19	시23·24	전 2	딤전4
16	**611**	레20	시25	전 3	딤전5
17	**616**	레21	시26·27	전 4	딤전6
18	**620**	레22	시28·29	전 5	딤후1
19	**625**	레23	시30	전 6	딤후2
20	**629**	레24	시31	전 7	딤후3
21	**634**	레25	시32	전 8	딤후4
22	**639**	레26	시33	전 9	딛 1
23	**644**	레27	시34	전10	딛 2
24	**648**	민 1	시35	전11	딛 3
25	**653**	민 2	시36	전12	몬 1
26	**656**	민 3	시37	아 1	히 1
27	**662**	민 4	시38	아 2	히 2
28	**666**	민 5	시39	아 3	히 3
29	**670**	민 6	시40·41	아 4	히 4
30	**675**	민 7	시42·43	아 5	히 5

May 05

날짜	page	가정		개인	
1	**683**	민 8	시44	아 6	히 6
2	**687**	민 9	시45	아 7	히 7
3	**691**	민10	시46·47	아 8	히 8
4	**695**	민11	시48	사 1	히 9
5	**700**	민12·13	시49	사 2	히10
6	**706**	민14	시50	사3·4	히11
7	**712**	민15	시51	사 5	히12
8	**718**	민16	시52~54	사 6	히13
9	**724**	민17·18	시55	사 7	약 1
10	**730**	민19	시56·57	사8·9:1~7	약 2
11	**735**	민20	시58·59	사9:8~10:4	약 3
12	**740**	민21	시60·61	사10:5~34	약 4
13	**745**	민22	시62·63	사11·12	약 5
14	**751**	민23	시64·65	사13	벧전1
15	**756**	민24	시66·67	사14	벧전2
16	**761**	민25	시68	사15	벧전3
17	**766**	민26	시69	사16	벧전4
18	**772**	민27	시70·71	사17·18	벧전5
19	**776**	민28	시72	사19·20	벧후1
20	**781**	민29	시73	사21	벧후2
21	**786**	민30	시74	사22	벧후3
22	**790**	민31	시75·76	사23	요일1
23	**795**	민32	시77	사24	요일2
24	**800**	민33	시78:1~37	사25	요일3
25	**806**	민34	시78:38~72	사26	요일4
26	**810**	민35	시79	사27	요일5
27	**815**	민36	시80	사28	요이1
28	**819**	신 1	시81·82	사29	요삼1
29	**824**	신 2	시83·84	사30	유 1
30	**831**	신 3	시85	사31	계 1
31	**835**	신 4	시86·87	사32	계 2

June 06

날짜	page	가정		개인	
1	**843**	신 5	시88	사33	계 3
2	**848**	신 6	시89	사34	계 4
3	**853**	신 7	시90	사35	계 5
4	**856**	신 8	시91	사36	계 6
5	**860**	신 9	시92·93	사37	계 7
6	**866**	신10	시94	사38	계 8
7	**870**	신11	시95·96	사39	계 9
8	**874**	신12	시97·98	사40	계10
9	**879**	신13·14	시99~101	사41	계11
10	**885**	신15	시102	사42	계12
11	**890**	신16	시103	사43	계13
12	**894**	신17	시104	사44	계14
13	**900**	신18	시105	사45	계15
14	**905**	신19	시106	사46	계16
15	**910**	신20	시107	사47	계17
16	**914**	신21	시108·109	사48	계18
17	**920**	신22	시110·111	사49	계19
18	**925**	신23	시112·113	사50	계20
19	**929**	신24	시114·115	사51	계21
20	**934**	신25	시116	사52	계22
21	**938**	신26	시117·118	사53	마 1
22	**942**	신27·28:1~19	시119:1~24	사54	마 2
23	**947**	신28:20~68	시119:25~48	사55	마 3
24	**953**	신29	시119:49~72	사56	마 4
25	**957**	신30	시119:73~96	사57	마 5
26	**963**	신31	시119:97~120	사58	마 6
27	**968**	신32	시119:121~144	사59	마 7
28	**974**	신33·34	시119:145~176	사60	마 8
29	**981**	수 1	시120~122	사61	마 9
30	**985**	수 2	시123~125	사62	마10

[맥체인 성경 읽기표]

맥체인 성경 읽기표는 1842년 맥체인이 자신이 목양하던 성베드로교회 성도들의 영적 성장을 위해 개발한 것으로, 매일 구약과 신약을 각각 2장씩 읽음으로써 1년에 구약 1회, 신약과 시편을 각 2회 정독할 수 있도록 만든 표입니다. 이와 같은 맥체인의 방법에 따라 신구약 성경 전체를 골고루 4등분해서 동시에 읽으면, 성경에 기록된 장구한 구속사를 크게 네 시대로 나누어 동시에 묵상할 수 있습니다.

(1) 창세기 ~ 역대하 : 만물의 시작과 이스라엘의 시작
(2) 에스라 ~ 말라기 : 이스라엘의 멸망과 새 시대의 시작
(3) 마태복음 ~ 요한복음 : 예수의 복음사역과 십자가 구속
(4) 사도행전 ~ 요한계시록 : 교회의 시작과 선교

▶《맥체인 성경 365》말씀연결 사용하는 법

① 네 성경 본문의 소주제를 통해 중심 단어나 문장을 말씀으로 묵상한다.
② 네 본문의 말씀을 순서대로, 천천히 읽는다.
③ 두 본문에서 반복되는 단어나 유사한 문맥을 찾아 서로 연결한다.
④ 본문에서 반대의 뜻을 가진 단어나 문장을 찾는다.
⑤ 두 권의 책에서 공통되는 하나님의 말씀을 연결하여 기록한다.
⑥ 연결되는 말씀을 다른 두 권으로 확대하여 네 권 전체에 흐르는 하나님의 생각과 베푸신 은혜를 누리고, 그 내용을 적어본다.
⑦ 본문에서 지도자나 인도자로부터 배운 신학 주제나 교리들이 함축하고 있는 문맥의 짝을 찾아본다.
⑧ 중심 주제를 필두로, 삶에 적용할 일들을 적어보고 생활 중에 실천함으로써 변화를 경험해 본다.
⑨ 하나님이 오늘 나에게 주신 말씀들을 통하여 가르침, 명령과 약속 권면, 경고 및 행해야 할 일들을 하나님과 대화하는 마음으로(기도) 성경읽기를 마무리한다.

July 07

날짜	page	가정		개인	
1	991	수 3	시126~128	사63	마11
2	995	수 4	시129~131	사64	마12
3	1000	수5·6:1~5	시132~134	사65	마13
4	1006	수6:6~27	시135·136	사66	마14
5	1013	수 7	시137·138	렘 1	마15
6	1018	수 8	시139	렘 2	마16
7	1025	수 9	시140·141	렘 3	마17
8	1031	수10	시142·143	렘 4	마18
9	1038	수11	시144	렘 5	마19
10	1043	수12·13	시145	렘 6	마20
11	1050	수14·15	시146·147	렘 7	마21
12	1058	수16·17	시148	렘 8	마22
13	1064	수18·19	시149·150	렘 9	마23
14	1071	수20·21	행 1	렘10	마24
15	1078	수22	행 2	렘11	마25
16	1087	수23	행 3	렘12	마26
17	1094	수24	행 4	렘13	마27
18	1102	삿 1	행 5	렘14	마28
19	1108	삿 2	행 6	렘15	막 1
20	1114	삿 3	행 7	렘16	막 2
21	1121	삿 4	행 8	렘17	막 3
22	1127	삿 5	행 9	렘18	막 4
23	1134	삿 6	행10	렘19	막 5
24	1142	삿 7	행11	렘20	막 6
25	1149	삿 8	행12	렘21	막 7
26	1154	삿 9	행13	렘22	막 8
27	1164	삿10·11:1~11	행14	렘23	막 9
28	1171	삿11:12~40	행15	렘24	막10
29	1178	삿12	행16	렘25	막11
30	1185	삿13	행17	렘26	막12
31	1192	삿14	행18	렘27	막13

August 08

날짜	page	가정		개인	
1	1199	삿15	행19	렘28	막14
2	1206	삿16	행20	렘29	막15
3	1214	삿17	행21	렘30·31	막16
4	1222	삿18	행22	렘32	시1·2
5	1228	삿19	행23	렘33	시3·4
6	1234	삿20	행24	렘34	시5·6
7	1241	삿21	행25	렘35	시7·8
8	1246	룻 1	행26	렘36·37	시 9
9	1253	룻 2	행27	렘38	시10
10	1259	룻3·4	행28	렘39	시11·12
11	1264	삼상1	롬 1	렘40	시13·14
12	1270	삼상2	롬 2	렘41	시15·16
13	1275	삼상3	롬 3	렘42	시17
14	1280	삼상4	롬 4	렘43	시18
15	1285	삼상5·6	롬 5	렘44	시19
16	1292	삼상7·8	롬 6	렘45	시20·21
17	1296	삼상9	롬 7	렘46	시22
18	1302	삼상10	롬 8	렘47	시23·24
19	1307	삼상11	롬 9	렘48	시25
20	1313	삼상12	롬10	렘49	시26·27
21	1319	삼상13	롬11	렘50	시28·29
22	1326	삼상14	롬12	렘51	시30
23	1334	삼상15	롬13	렘52	시31
24	1340	삼상16	롬14	애 1	시32
25	1345	삼상17	롬15	애 2	시33
26	1352	삼상18	롬16	애 3	시34
27	1358	삼상19	고전1	애 4	시35
28	1363	삼상20	고전2	애 5	시36
29	1368	삼상21·22	고전3	겔 1	시37
30	1374	삼상23	고전4	겔 2	시38
31	1379	삼상24	고전5	겔 3	시39

September 09

날짜	page	가정		개인	
1	**1385**	삼상25	고전 6	겔 4	시40·41
2	**1391**	삼상26	고전 7	겔 5	시42·43
3	**1396**	삼상27	고전 8	겔 6	시44
4	**1400**	삼상28	고전 9	겔 7	시45·46
5	**1405**	삼상29·30	고전10	겔 8	시47
6	**1411**	삼상31	고전11	겔 9	시48
7	**1414**	삼하 1	고전12	겔10	시49
8	**1419**	삼하 2	고전13	겔11	시50
9	**1424**	삼하 3	고전14	겔12	시51
10	**1430**	삼하4·5	고전15	겔13	시52~54
11	**1438**	삼하 6	고전16	겔14	시55
12	**1442**	삼하 7	고후 1	겔15	시56·57
13	**1447**	삼하8·9	고후 2	겔16	시58·59
14	**1454**	삼하10	고후 3	겔17	시60·61
15	**1459**	삼하11	고후 4	겔18	시62·63
16	**1464**	삼하12	고후 5	겔19	시64·65
17	**1469**	삼하13	고후 6	겔20	시66·67
18	**1476**	삼하14	고후 7	겔21	시68
19	**1483**	삼하15	고후 8	겔22	시69
20	**1489**	삼하16	고후 9	겔23	시70·71
21	**1495**	삼하17	고후10	겔24	시72
22	**1500**	삼하18	고후11	겔25	시73
23	**1506**	삼하19	고후12	겔26	시74
24	**1513**	삼하20	고후13	겔27	시75·76
25	**1518**	삼하21	갈 1	겔28	시77
26	**1523**	삼하22	갈 2	겔29	시78:1~37
27	**1529**	삼하23	갈 3	겔30	시78:38~72
28	**1535**	삼하24	갈 4	겔31	시79
29	**1540**	왕상 1	갈 5	겔32	시80
30	**1547**	왕상 2	갈 6	겔33	시81·82

October 10

날짜	page	가정		개인	
1	**1555**	왕상 3	엡 1	겔34	시83·84
2	**1560**	왕상4·5	엡 2	겔35	시85
3	**1565**	왕상 6	엡 3	겔36	시86
4	**1571**	왕상 7	엡 4	겔37	시87·88
5	**1578**	왕상 8	엡 5	겔38	시89
6	**1586**	왕상 9	엡 6	겔39	시90
7	**1591**	왕상10	빌 1	겔40	시91
8	**1598**	왕상11	빌 2	겔41	시92·93
9	**1603**	왕상12	빌 3	겔42	시94
10	**1608**	왕상13	빌 4	겔43	시95·96
11	**1614**	왕상14	골 1	겔44	시97·98
12	**1620**	왕상15	골 2	겔45	시99~101
13	**1625**	왕상16	골 3	겔46	시102
14	**1631**	왕상17	골 4	겔47	시103
15	**1635**	왕상18	살전 1	겔48	시104
16	**1642**	왕상19	살전 2	단 1	시105
17	**1647**	왕상20	살전 3	단 2	시106
18	**1655**	왕상21	살전 4	단 3	시107
19	**1661**	왕상22	살전 5	단 4	시108·109
20	**1669**	왕하 1	살후 1	단 5	시110·111
21	**1674**	왕하 2	살후 2	단 6	시112·113
22	**1679**	왕하 3	살후 3	단 7	시114·115
23	**1684**	왕하 4	딤전 1	단 8	시116
24	**1690**	왕하 5	딤전 2	단 9	시117·118
25	**1695**	왕하 6	딤전 3	단10	시119:1~24
26	**1700**	왕하 7	딤전 4	단11	시119:25~48
27	**1706**	왕하 8	딤전 5	단12	시119:49~72
28	**1710**	왕하 9	딤전 6	호 1	시119:73~96
29	**1715**	왕하10	딤후 1	호 2	시119:97~120
30	**1721**	왕하11·12	딤후 2	호3·4	시119:121~144
31	**1726**	왕하13	딤후 3	호5·6	시119:145~176

November 11

날짜	page	가정		개인	
1	**1733**	왕하14	딤후4	호 7	시120~122
2	**1737**	왕하15	딛 1	호 8	시123~125
3	**1741**	왕하16	딛 2	호 9	시126~128
4	**1745**	왕하17	딛 3	호10	시129~131
5	**1750**	왕하18	몬 1	호11	시132~134
6	**1755**	왕하19	히 1	호12	시135·136
7	**1760**	왕하20	히 2	호13	시137·138
8	**1765**	왕하21	히 3	호14	시139
9	**1768**	왕하22	히 4	욜 1	시140·141
10	**1773**	왕하23	히 5	욜 2	시142
11	**1778**	왕하24	히 6	욜 3	시143
12	**1782**	왕하25	히 7	암 1	시144
13	**1787**	대상1·2	히 8	암 2	시145
14	**1793**	대상3·4	히 9	암 3	시146·147
15	**1799**	대상5·6	히10	암 4	시148·150
16	**1807**	대상7·8	히11	암 5	눅1:1~38
17	**1815**	대상9·10	히12	암 6	눅1:39~80
18	**1822**	대상11·12	히13	암 7	눅 2
19	**1830**	대상13·14	약 1	암 8	눅 3
20	**1836**	대상15	약 2	암 9	눅 4
21	**1841**	대상16	약 3	옵 1	눅 5
22	**1847**	대상17	약 4	욘 1	눅 6
23	**1853**	대상18	약 5	욘 2	눅 7
24	**1858**	대상19·20	벧전1	욘 3	눅 8
25	**1864**	대상21	벧전2	욘 4	눅 9
26	**1871**	대상22	벧전3	미 1	눅10
27	**1877**	대상23	벧전4	미 2	눅11
28	**1882**	대상24·25	벧전5	미 3	눅12
29	**1889**	대상26·27	벧후1	미 4	눅13
30	**1896**	대상28	벧후2	미 5	눅14

December 12

날짜	page	가정		개인	
1	**1903**	대상29	벧후3	미 6	눅15
2	**1908**	대하 1	요일 1	미 7	눅16
3	**1912**	대하 2	요일 2	나 1	눅17
4	**1917**	대하3·4	요일 3	나 2	눅18
5	**1923**	대하5·6:1~11	요일 4	나 3	눅19
6	**1929**	대하6:12~42	요일 5	합 1	눅20
7	**1935**	대하 7	요이 1	합 2	눅21
8	**1940**	대하 8	요삼 1	합 3	눅22
9	**1946**	대하 9	유 1	습 1	눅23
10	**1952**	대하10	계 1	습 2	눅24
11	**1958**	대하11·12	계 2	습 3	요 1
12	**1965**	대하13	계 3	학 1	요 2
13	**1969**	대하14·15	계 4	학 2	요 3
14	**1975**	대하16	계 5	슥 1	요 4
15	**1980**	대하17	계 6	슥 2	요 5
16	**1985**	대하18	계 7	슥 3	요 6
17	**1992**	대하19·20	계 8	슥 4	요 7
18	**1998**	대하21	계 9	슥 5	요 8
19	**2004**	대하22·23	계10	슥 6	요 9
20	**2009**	대하24	계11	슥 7	요10
21	**2015**	대하25	계12	슥 8	요11
22	**2021**	대하26	계13	슥 9	요12
23	**2027**	대하27·28	계14	슥10	요13
24	**2033**	대하29	계15	슥11	요14
25	**2038**	대하30	계16	슥12·13:1	요15
26	**2043**	대하31	계17	슥13:2~9	요16
27	**2048**	대하32	계18	슥14	요17
28	**2054**	대하33	계19	말 1	요18
29	**2060**	대하34	계20	말 2	요19
30	**2066**	대하35	계21	말 3	요20
31	**2072**	대하36	계22	말 4	요21

⊕ 맥체인 성경 읽기표 ⊕

January 01

날짜	page	가정		개인	
1	**1**	창 1	마 1	스 1	행 1
2	**5**	창 2	마 2	스 2	행 2
3	**12**	창 3	마 3	스 3	행 3
4	**16**	창 4	마 4	스 4	행 4
5	**22**	창 5	마 5	스 5	행 5
6	**28**	창 6	마 6	스 6	행 6
7	**33**	창 7	마 7	스 7	행 7
8	**39**	창 8	마 8	스 8	행 8
9	**46**	창9·10	마 9	스 9	행 9
10	**53**	창11	마10	스10	행10
11	**60**	창12	마11	느 1	행11
12	**65**	창13	마12	느 2	행12
13	**70**	창14	마13	느 3	행13
14	**78**	창15	마14	느 4	행14
15	**83**	창16	마15	느 5	행15
16	**89**	창17	마16	느 6	행16
17	**95**	창18	마17	느 7	행17
18	**102**	창19	마18	느 8	행18
19	**108**	창20	마19	느 9	행19
20	**115**	창21	마20	느10	행20
21	**121**	창22	마21	느11	행21
22	**128**	창23	마22	느12	행22
23	**135**	창24	마23	느13	행23
24	**144**	창25	마24	에 1	행24
25	**150**	창26	마25	에 2	행25
26	**157**	창27	마26	에 3	행26
27	**165**	창28	마27	에 4	행27
28	**172**	창29	마28	에 5	행28
29	**177**	창30	막 1	에 6	롬 1
30	**184**	창31	막 2	에 7	롬 2
31	**190**	창32	막 3	에 8	롬 3

February 02

날짜	page	가정		개인	
1	**197**	창33	막 4	에9·10	롬 4
2	**202**	창34	막 5	욥 1	롬 5
3	**208**	창35·36	막 6	욥 2	롬 6
4	**216**	창37	막 7	욥 3	롬 7
5	**222**	창38	막 8	욥 4	롬 8
6	**228**	창39	막 9	욥 5	롬 9
7	**234**	창40	막10	욥 6	롬10
8	**239**	창41	막11	욥 7	롬11
9	**246**	창42	막12	욥 8	롬12
10	**252**	창43	막13	욥 9	롬13
11	**258**	창44	막14	욥10	롬14
12	**265**	창45	막15	욥11	롬15
13	**271**	창46	막16	욥12	롬16
14	**276**	창47	눅1:1~38	욥13	고전1
15	**282**	창48	눅1:39~80	욥14	고전2
16	**286**	창49	눅 2	욥15	고전3
17	**292**	창50	눅 3	욥16·17	고전4
18	**298**	출 1	눅 4	욥18	고전5
19	**303**	출 2	눅 5	욥19	고전6
20	**308**	출 3	눅 6	욥20	고전7
21	**315**	출 4	눅 7	욥21	고전8
22	**321**	출 5	눅 8	욥22	고전9
23	**327**	출 6	눅 9	욥23	고전10
24	**334**	출 7	눅10	욥24	고전11
25	**340**	출 8	눅11	욥25·26	고전12
26	**346**	출 9	눅12	욥27	고전13
27	**352**	출10	눅13	욥28	고전14
28	**359**	출11·12:1~21	눅14	욥29	고전15

March 03

날짜	page	가정		개인	
1	**367**	출12:22~51	눅15	욥30	고전16
2	**372**	출13	눅16	욥31	고후 1
3	**377**	출14	눅17	욥32	고후 2
4	**382**	출15	눅18	욥33	고후 3
5	**388**	출16	눅19	욥34	고후 4
6	**394**	출17	눅20	욥35	고후 5
7	**399**	출18	눅21	욥36	고후 6
8	**404**	출19	눅22	욥37	고후 7
9	**411**	출20	눅23	욥38	고후 8
10	**417**	출21	눅24	욥39	고후 9
11	**422**	출22	요 1	욥40	고후10
12	**428**	출23	요 2	욥41	고후11
13	**433**	출24	요 3	욥42	고후12
14	**438**	출25	요 4	잠 1	고후13
15	**444**	출26	요 5	잠 2	갈 1
16	**449**	출27	요 6	잠 3	갈 2
17	**456**	출28	요 7	잠 4	갈 3
18	**463**	출29	요 8	잠 5	갈 4
19	**470**	출30	요 9	잠 6	갈 5
20	**476**	출31	요10	잠 7	갈 6
21	**480**	출32	요11	잠 8	엡 1
22	**487**	출33	요12	잠 9	엡 2
23	**492**	출34	요13	잠10	엡 3
24	**498**	출35	요14	잠11	엡 4
25	**504**	출36	요15	잠12	엡 5
26	**509**	출37	요16	잠13	엡 6
27	**514**	출38	요17	잠14	빌 1
28	**520**	출39	요18	잠15	빌 2
29	**526**	출40	요19	잠16	빌 3
30	**532**	레 1	요20	잠17	빌 4
31	**537**	레2·3	요21	잠18	골 1

April 04

날짜	page	가정		개인	
1	**543**	레 4	시1·2	잠19	골 2
2	**547**	레 5	시3·4	잠20	골 3
3	**551**	레 6	시5·6	잠21	골 4
4	**556**	레 7	시7·8	잠22	살전1
5	**560**	레 8	시 9	잠23	살전2
6	**565**	레 9	시10	잠24	살전3
7	**569**	레10	시11·12	잠25	살전4
8	**573**	레11·12	시13·14	잠26	살전5
9	**578**	레13	시15·16	잠27	살후1
10	**583**	레14	시17	잠28	살후2
11	**589**	레15	시18	잠29	살후3
12	**594**	레16	시19	잠30	딤전1
13	**599**	레17	시20·21	잠31	딤전2
14	**603**	레18	시22	전 1	딤전3
15	**607**	레19	시23·24	전 2	딤전4
16	**611**	레20	시25	전 3	딤전5
17	**616**	레21	시26·27	전 4	딤전6
18	**620**	레22	시28·29	전 5	딤후1
19	**625**	레23	시30	전 6	딤후2
20	**629**	레24	시31	전 7	딤후3
21	**634**	레25	시32	전 8	딤후4
22	**639**	레26	시33	전 9	딛 1
23	**644**	레27	시34	전10	딛 2
24	**648**	민 1	시35	전11	딛 3
25	**653**	민 2	시36	전12	몬 1
26	**656**	민 3	시37	아 1	히 1
27	**662**	민 4	시38	아 2	히 2
28	**666**	민 5	시39	아 3	히 3
29	**670**	민 6	시40·41	아 4	히 4
30	**675**	민 7	시42·43	아 5	히 5

May 05

날짜	page	가정		개인	
1	**683**	민 8	시44	아 6	히 6
2	**687**	민 9	시45	아 7	히 7
3	**691**	민10	시46·47	아 8	히 8
4	**695**	민11	시48	사 1	히 9
5	**700**	민12·13	시49	사 2	히10
6	**706**	민14	시50	사3·4	히11
7	**712**	민15	시51	사 5	히12
8	**718**	민16	시52~54	사 6	히13
9	**724**	민17·18	시55	사 7	약 1
10	**730**	민19	시56·57	사8·9:1~7	약 2
11	**735**	민20	시58·59	사9:8~10:4	약 3
12	**740**	민21	시60·61	사10:5~34	약 4
13	**745**	민22	시62·63	사11·12	약 5
14	**751**	민23	시64·65	사13	벧전1
15	**756**	민24	시66·67	사14	벧전2
16	**761**	민25	시68	사15	벧전3
17	**766**	민26	시69	사16	벧전4
18	**772**	민27	시70·71	사17·18	벧전5
19	**776**	민28	시72	사19·20	벧후1
20	**781**	민29	시73	사21	벧후2
21	**786**	민30	시74	사22	벧후3
22	**790**	민31	시75·76	사23	요일1
23	**795**	민32	시77	사24	요일2
24	**800**	민33	시78:1~37	사25	요일3
25	**806**	민34	시78:38~72	사26	요일4
26	**810**	민35	시79	사27	요일5
27	**815**	민36	시80	사28	요이1
28	**819**	신 1	시81·82	사29	요삼1
29	**824**	신 2	시83·84	사30	유 1
30	**831**	신 3	시85	사31	계 1
31	**835**	신 4	시86·87	사32	계 2

June 06

날짜	page	가정		개인	
1	**843**	신 5	시88	사33	계 3
2	**848**	신 6	시89	사34	계 4
3	**853**	신 7	시90	사35	계 5
4	**856**	신 8	시91	사36	계 6
5	**860**	신 9	시92·93	사37	계 7
6	**866**	신10	시94	사38	계 8
7	**870**	신11	시95·96	사39	계 9
8	**874**	신12	시97·98	사40	계10
9	**879**	신13·14	시99~101	사41	계11
10	**885**	신15	시102	사42	계12
11	**890**	신16	시103	사43	계13
12	**894**	신17	시104	사44	계14
13	**900**	신18	시105	사45	계15
14	**905**	신19	시106	사46	계16
15	**910**	신20	시107	사47	계17
16	**914**	신21	시108·109	사48	계18
17	**920**	신22	시110·111	사49	계19
18	**925**	신23	시112·113	사50	계20
19	**929**	신24	시114·115	사51	계21
20	**934**	신25	시116	사52	계22
21	**938**	신26	시117·118	사53	마 1
22	**942**	신27·28:1~19	시119:1~24	사54	마 2
23	**947**	신28:20~68	시119:25~48	사55	마 3
24	**953**	신29	시119:49~72	사56	마 4
25	**957**	신30	시119:73~96	사57	마 5
26	**963**	신31	시119:97~120	사58	마 6
27	**968**	신32	시119:121~144	사59	마 7
28	**974**	신33·34	시119:145~176	사60	마 8
29	**981**	수 1	시120~122	사61	마 9
30	**985**	수 2	시123~125	사62	마10

[맥체인 성경 읽기표]

맥체인 성경 읽기표는 1842년 맥체인이 자신이 목양하던 성베드로교회 성도들의 영적 성장을 위해 개발한 것으로, 매일 구약과 신약을 각각 2장씩 읽음으로써 1년에 구약 1회, 신약과 시편을 각 2회 정독할 수 있도록 만든 표입니다. 이와 같은 맥체인의 방법에 따라 신구약 성경 전체를 골고루 4등분해서 동시에 읽으면, 성경에 기록된 장구한 구속사를 크게 네 시대로 나누어 동시에 묵상할 수 있습니다.

(1) 창세기 ~ 역대하 : 만물의 시작과 이스라엘의 시작
(2) 에스라 ~ 말라기 : 이스라엘의 멸망과 새 시대의 시작
(3) 마태복음 ~ 요한복음 : 예수의 복음사역과 십자가 구속
(4) 사도행전 ~ 요한계시록 : 교회의 시작과 선교

▶ 《맥체인 성경 365》 말씀연결 사용하는 법

① 네 성경 본문의 소주제를 통해 중심 단어나 문장을 말씀으로 묵상한다.
② 네 본문의 말씀을 순서대로, 천천히 읽는다.
③ 두 본문에서 반복되는 단어나 유사한 문맥을 찾아 서로 연결한다.
④ 본문에서 반대의 뜻을 가진 단어나 문장을 찾는다.
⑤ 두 권의 책에서 공통되는 하나님의 말씀을 연결하여 기록한다.
⑥ 연결되는 말씀을 다른 두 권으로 확대하여 네 권 전체에 흐르는 하나님의 생각과 베푸신 은혜를 누리고, 그 내용을 적어본다.
⑦ 본문에서 지도자나 인도자로부터 배운 신학 주제나 교리들이 함축하고 있는 문맥의 짝을 찾아본다.
⑧ 중심 주제를 필두로, 삶에 적용할 일들을 적어보고 생활 중에 실천함으로써 변화를 경험해 본다.
⑨ 하나님이 오늘 나에게 주신 말씀들을 통하여 가르침, 명령과 약속 권면, 경고 및 행해야 할 일들을 하나님과 대화하는 마음으로(기도) 성경읽기를 마무리한다.

July 07					
날짜	page	가정		개인	
1	991	수 3	시126~128	사63	마11
2	995	수 4	시129~131	사64	마12
3	1000	수5·6:1~5	시132~134	사65	마13
4	1006	수6:6~27	시135·136	사66	마14
5	1013	수 7	시137·138	렘 1	마15
6	1018	수 8	시139	렘 2	마16
7	1025	수 9	시140·141	렘 3	마17
8	1031	수10	시142·143	렘 4	마18
9	1038	수11	시144	렘 5	마19
10	1043	수12·13	시145	렘 6	마20
11	1050	수14·15	시146·147	렘 7	마21
12	1058	수16·17	시148	렘 8	마22
13	1064	수18·19	시149·150	렘 9	마23
14	1071	수20·21	행 1	렘10	마24
15	1078	수22	행 2	렘11	마25
16	1087	수23	행 3	렘12	마26
17	1094	수24	행 4	렘13	마27
18	1102	삿 1	행 5	렘14	마28
19	1108	삿 2	행 6	렘15	막 1
20	1114	삿 3	행 7	렘16	막 2
21	1121	삿 4	행 8	렘17	막 3
22	1127	삿 5	행 9	렘18	막 4
23	1134	삿 6	행10	렘19	막 5
24	1142	삿 7	행11	렘20	막 6
25	1149	삿 8	행12	렘21	막 7
26	1154	삿 9	행13	렘22	막 8
27	1164	삿10·11:1~11	행14	렘23	막 9
28	1171	삿11:12~40	행15	렘24	막10
29	1178	삿12	행16	렘25	막11
30	1185	삿13	행17	렘26	막12
31	1192	삿14	행18	렘27	막13

August 08					
날짜	page	가정		개인	
1	1199	삿15	행19	렘28	막14
2	1206	삿16	행20	렘29	막15
3	1214	삿17	행21	렘30·31	막16
4	1222	삿18	행22	렘32	시1·2
5	1228	삿19	행23	렘33	시3·4
6	1234	삿20	행24	렘34	시5·6
7	1241	삿21	행25	렘35	시7·8
8	1246	룻 1	행26	렘36·37	시 9
9	1253	룻 2	행27	렘38	시10
10	1259	룻3·4	행28	렘39	시11·12
11	1264	삼상1	롬 1	렘40	시13·14
12	1270	삼상2	롬 2	렘41	시15·16
13	1275	삼상3	롬 3	렘42	시17
14	1280	삼상4	롬 4	렘43	시18
15	1285	삼상5·6	롬 5	렘44	시19
16	1292	삼상7·8	롬 6	렘45	시20·21
17	1296	삼상9	롬 7	렘46	시22
18	1302	삼상10	롬 8	렘47	시23·24
19	1307	삼상11	롬 9	렘48	시25
20	1313	삼상12	롬10	렘49	시26·27
21	1319	삼상13	롬11	렘50	시28·29
22	1326	삼상14	롬12	렘51	시30
23	1334	삼상15	롬13	렘52	시31
24	1340	삼상16	롬14	애 1	시32
25	1345	삼상17	롬15	애 2	시33
26	1352	삼상18	롬16	애 3	시34
27	1358	삼상19	고전1	애 4	시35
28	1363	삼상20	고전2	애 5	시36
29	1368	삼상21·22	고전3	겔 1	시37
30	1374	삼상23	고전4	겔 2	시38
31	1379	삼상24	고전5	겔 3	시39

September 09

날짜	page	가정		개인	
1	**1385**	삼상25	고전 6	겔 4	시40·41
2	**1391**	삼상26	고전 7	겔 5	시42·43
3	**1396**	삼상27	고전 8	겔 6	시44
4	**1400**	삼상28	고전 9	겔 7	시45·46
5	**1405**	삼상29·30	고전10	겔 8	시47
6	**1411**	삼상31	고전11	겔 9	시48
7	**1414**	삼하 1	고전12	겔10	시49
8	**1419**	삼하 2	고전13	겔11	시50
9	**1424**	삼하 3	고전14	겔12	시51
10	**1430**	삼하4·5	고전15	겔13	시52~54
11	**1438**	삼하 6	고전16	겔14	시55
12	**1442**	삼하 7	고후 1	겔15	시56·57
13	**1447**	삼하8·9	고후 2	겔16	시58·59
14	**1454**	삼하10	고후 3	겔17	시60·61
15	**1459**	삼하11	고후 4	겔18	시62·63
16	**1464**	삼하12	고후 5	겔19	시64·65
17	**1469**	삼하13	고후 6	겔20	시66·67
18	**1476**	삼하14	고후 7	겔21	시68
19	**1483**	삼하15	고후 8	겔22	시69
20	**1489**	삼하16	고후 9	겔23	시70·71
21	**1495**	삼하17	고후10	겔24	시72
22	**1500**	삼하18	고후11	겔25	시73
23	**1506**	삼하19	고후12	겔26	시74
24	**1513**	삼하20	고후13	겔27	시75·76
25	**1518**	삼하21	갈 1	겔28	시77
26	**1523**	삼하22	갈 2	겔29	시78:1~37
27	**1529**	삼하23	갈 3	겔30	시78:38~72
28	**1535**	삼하24	갈 4	겔31	시79
29	**1540**	왕상 1	갈 5	겔32	시80
30	**1547**	왕상 2	갈 6	겔33	시81·82

October 10

날짜	page	가정		개인	
1	**1555**	왕상 3	엡 1	겔34	시83·84
2	**1560**	왕상4·5	엡 2	겔35	시85
3	**1565**	왕상 6	엡 3	겔36	시86
4	**1571**	왕상 7	엡 4	겔37	시87·88
5	**1578**	왕상 8	엡 5	겔38	시89
6	**1586**	왕상 9	엡 6	겔39	시90
7	**1591**	왕상10	빌 1	겔40	시91
8	**1598**	왕상11	빌 2	겔41	시92·93
9	**1603**	왕상12	빌 3	겔42	시94
10	**1608**	왕상13	빌 4	겔43	시95·96
11	**1614**	왕상14	골 1	겔44	시97·98
12	**1620**	왕상15	골 2	겔45	시99~101
13	**1625**	왕상16	골 3	겔46	시102
14	**1631**	왕상17	골 4	겔47	시103
15	**1635**	왕상18	살전 1	겔48	시104
16	**1642**	왕상19	살전 2	단 1	시105
17	**1647**	왕상20	살전 3	단 2	시106
18	**1655**	왕상21	살전 4	단 3	시107
19	**1661**	왕상22	살전 5	단 4	시108·109
20	**1669**	왕하 1	살후 1	단 5	시110·111
21	**1674**	왕하 2	살후 2	단 6	시112·113
22	**1679**	왕하 3	살후 3	단 7	시114·115
23	**1684**	왕하 4	딤전 1	단 8	시116
24	**1690**	왕하 5	딤전 2	단 9	시117·118
25	**1695**	왕하 6	딤전 3	단10	시119:1~24
26	**1700**	왕하 7	딤전 4	단11	시119:25~48
27	**1706**	왕하 8	딤전 5	단12	시119:49~72
28	**1710**	왕하 9	딤전 6	호 1	시119:73~96
29	**1715**	왕하10	딤후 1	호 2	시119:97~120
30	**1721**	왕하11·12	딤후 2	호3·4	시119:121~144
31	**1726**	왕하13	딤후 3	호5·6	시119:145~176

November 11					
날짜	page	가정		개인	
1	1733	왕하14	딤후4	호 7	시120~122
2	1737	왕하15	딛 1	호 8	시123~125
3	1741	왕하16	딛 2	호 9	시126~128
4	1745	왕하17	딛 3	호10	시129~131
5	1750	왕하18	몬 1	호11	시132~134
6	1755	왕하19	히 1	호12	시135·136
7	1760	왕하20	히 2	호13	시137·138
8	1765	왕하21	히 3	호14	시139
9	1768	왕하22	히 4	욜 1	시140·141
10	1773	왕하23	히 5	욜 2	시142
11	1778	왕하24	히 6	욜 3	시143
12	1782	왕하25	히 7	암 1	시144
13	1787	대상1·2	히 8	암 2	시145
14	1793	대상3·4	히 9	암 3	시146·147
15	1799	대상5·6	히10	암 4	시148·150
16	1807	대상7·8	히11	암 5	눅1:1~38
17	1815	대상9·10	히12	암 6	눅1:39~80
18	1822	대상11·12	히13	암 7	눅 2
19	1830	대상13·14	약 1	암 8	눅 3
20	1836	대상15	약 2	암 9	눅 4
21	1841	대상16	약 3	옵 1	눅 5
22	1847	대상17	약 4	욘 1	눅 6
23	1853	대상18	약 5	욘 2	눅 7
24	1858	대상19·20	벧전1	욘 3	눅 8
25	1864	대상21	벧전2	욘 4	눅 9
26	1871	대상22	벧전3	미 1	눅10
27	1877	대상23	벧전4	미 2	눅11
28	1882	대상24·25	벧전5	미 3	눅12
29	1889	대상26·27	벧후1	미 4	눅13
30	1896	대상28	벧후2	미 5	눅14

December 12					
날짜	page	가정		개인	
1	1903	대상29	벧후3	미 6	눅15
2	1908	대하 1	요일 1	미 7	눅16
3	1912	대하 2	요일 2	나 1	눅17
4	1917	대하3·4	요일 3	나 2	눅18
5	1923	대하5·6:1~11	요일 4	나 3	눅19
6	1929	대하6:12~42	요일 5	합 1	눅20
7	1935	대하 7	요이 1	합 2	눅21
8	1940	대하 8	요삼 1	합 3	눅22
9	1946	대하 9	유 1	습 1	눅23
10	1952	대하10	계 1	습 2	눅24
11	1958	대하11·12	계 2	습 3	요 1
12	1965	대하13	계 3	학 1	요 2
13	1969	대하14·15	계 4	학 2	요 3
14	1975	대하16	계 5	슥 1	요 4
15	1980	대하17	계 6	슥 2	요 5
16	1985	대하18	계 7	슥 3	요 6
17	1992	대하19·20	계 8	슥 4	요 7
18	1998	대하21	계 9	슥 5	요 8
19	2004	대하22·23	계10	슥 6	요 9
20	2009	대하24	계11	슥 7	요10
21	2015	대하25	계12	슥 8	요11
22	2021	대하26	계13	슥 9	요12
23	2027	대하27·28	계14	슥10	요13
24	2033	대하29	계15	슥11	요14
25	2038	대하30	계16	슥12·13:1	요15
26	2043	대하31	계17	슥13:2~9	요16
27	2048	대하32	계18	슥14	요17
28	2054	대하33	계19	말 1	요18
29	2060	대하34	계20	말 2	요19
30	2066	대하35	계21	말 3	요20
31	2072	대하36	계22	말 4	요21

⊕ 맥체인 성경 읽기표 ⊕

January 01

날짜	page	가정		개인	
1	**1**	창 1	마 1	스 1	행 1
2	**5**	창 2	마 2	스 2	행 2
3	**12**	창 3	마 3	스 3	행 3
4	**16**	창 4	마 4	스 4	행 4
5	**22**	창 5	마 5	스 5	행 5
6	**28**	창 6	마 6	스 6	행 6
7	**33**	창 7	마 7	스 7	행 7
8	**39**	창 8	마 8	스 8	행 8
9	**46**	창9·10	마 9	스 9	행 9
10	**53**	창11	마10	스10	행10
11	**60**	창12	마11	느 1	행11
12	**65**	창13	마12	느 2	행12
13	**70**	창14	마13	느 3	행13
14	**78**	창15	마14	느 4	행14
15	**83**	창16	마15	느 5	행15
16	**89**	창17	마16	느 6	행16
17	**95**	창18	마17	느 7	행17
18	**102**	창19	마18	느 8	행18
19	**108**	창20	마19	느 9	행19
20	**115**	창21	마20	느10	행20
21	**121**	창22	마21	느11	행21
22	**128**	창23	마22	느12	행22
23	**135**	창24	마23	느13	행23
24	**144**	창25	마24	에 1	행24
25	**150**	창26	마25	에 2	행25
26	**157**	창27	마26	에 3	행26
27	**165**	창28	마27	에 4	행27
28	**172**	창29	마28	에 5	행28
29	**177**	창30	막 1	에 6	롬 1
30	**184**	창31	막 2	에 7	롬 2
31	**190**	창32	막 3	에 8	롬 3

February 02

날짜	page	가정		개인	
1	**197**	창33	막 4	에9·10	롬 4
2	**202**	창34	막 5	욥 1	롬 5
3	**208**	창35·36	막 6	욥 2	롬 6
4	**216**	창37	막 7	욥 3	롬 7
5	**222**	창38	막 8	욥 4	롬 8
6	**228**	창39	막 9	욥 5	롬 9
7	**234**	창40	막10	욥 6	롬10
8	**239**	창41	막11	욥 7	롬11
9	**246**	창42	막12	욥 8	롬12
10	**252**	창43	막13	욥 9	롬13
11	**258**	창44	막14	욥10	롬14
12	**265**	창45	막15	욥11	롬15
13	**271**	창46	막16	욥12	롬16
14	**276**	창47	눅1:1~38	욥13	고전1
15	**282**	창48	눅1:39~80	욥14	고전2
16	**286**	창49	눅 2	욥15	고전3
17	**292**	창50	눅 3	욥16·17	고전4
18	**298**	출 1	눅 4	욥18	고전5
19	**303**	출 2	눅 5	욥19	고전6
20	**308**	출 3	눅 6	욥20	고전7
21	**315**	출 4	눅 7	욥21	고전8
22	**321**	출 5	눅 8	욥22	고전9
23	**327**	출 6	눅 9	욥23	고전10
24	**334**	출 7	눅10	욥24	고전11
25	**340**	출 8	눅11	욥25·26	고전12
26	**346**	출 9	눅12	욥27	고전13
27	**352**	출10	눅13	욥28	고전14
28	**359**	출11·12:1~21	눅14	욥29	고전15

March 03

날짜	page	가정		개인	
1	**367**	출12:22~51	눅15	욥30	고전16
2	**372**	출13	눅16	욥31	고후 1
3	**377**	출14	눅17	욥32	고후 2
4	**382**	출15	눅18	욥33	고후 3
5	**388**	출16	눅19	욥34	고후 4
6	**394**	출17	눅20	욥35	고후 5
7	**399**	출18	눅21	욥36	고후 6
8	**404**	출19	눅22	욥37	고후 7
9	**411**	출20	눅23	욥38	고후 8
10	**417**	출21	눅24	욥39	고후 9
11	**422**	출22	요 1	욥40	고후10
12	**428**	출23	요 2	욥41	고후11
13	**433**	출24	요 3	욥42	고후12
14	**438**	출25	요 4	잠 1	고후13
15	**444**	출26	요 5	잠 2	갈 1
16	**449**	출27	요 6	잠 3	갈 2
17	**456**	출28	요 7	잠 4	갈 3
18	**463**	출29	요 8	잠 5	갈 4
19	**470**	출30	요 9	잠 6	갈 5
20	**476**	출31	요10	잠 7	갈 6
21	**480**	출32	요11	잠 8	엡 1
22	**487**	출33	요12	잠 9	엡 2
23	**492**	출34	요13	잠10	엡 3
24	**498**	출35	요14	잠11	엡 4
25	**504**	출36	요15	잠12	엡 5
26	**509**	출37	요16	잠13	엡 6
27	**514**	출38	요17	잠14	빌 1
28	**520**	출39	요18	잠15	빌 2
29	**526**	출40	요19	잠16	빌 3
30	**532**	레 1	요20	잠17	빌 4
31	**537**	레2·3	요21	잠18	골 1

April 04

날짜	page	가정		개인	
1	**543**	레 4	시1·2	잠19	골 2
2	**547**	레 5	시3·4	잠20	골 3
3	**551**	레 6	시5·6	잠21	골 4
4	**556**	레 7	시7·8	잠22	살전1
5	**560**	레 8	시 9	잠23	살전2
6	**565**	레 9	시10	잠24	살전3
7	**569**	레10	시11·12	잠25	살전4
8	**573**	레11·12	시13·14	잠26	살전5
9	**578**	레13	시15·16	잠27	살후1
10	**583**	레14	시17	잠28	살후2
11	**589**	레15	시18	잠29	살후3
12	**594**	레16	시19	잠30	딤전1
13	**599**	레17	시20·21	잠31	딤전2
14	**603**	레18	시22	전 1	딤전3
15	**607**	레19	시23·24	전 2	딤전4
16	**611**	레20	시25	전 3	딤전5
17	**616**	레21	시26·27	전 4	딤전6
18	**620**	레22	시28·29	전 5	딤후1
19	**625**	레23	시30	전 6	딤후2
20	**629**	레24	시31	전 7	딤후3
21	**634**	레25	시32	전 8	딤후4
22	**639**	레26	시33	전 9	딛 1
23	**644**	레27	시34	전10	딛 2
24	**648**	민 1	시35	전11	딛 3
25	**653**	민 2	시36	전12	몬 1
26	**656**	민 3	시37	아 1	히 1
27	**662**	민 4	시38	아 2	히 2
28	**666**	민 5	시39	아 3	히 3
29	**670**	민 6	시40·41	아 4	히 4
30	**675**	민 7	시42·43	아 5	히 5

May 05

날짜	page	가정		개인	
1	**683**	민 8	시44	아 6	히 6
2	**687**	민 9	시45	아 7	히 7
3	**691**	민10	시46·47	아 8	히 8
4	**695**	민11	시48	사 1	히 9
5	**700**	민12·13	시49	사 2	히10
6	**706**	민14	시50	사3·4	히11
7	**712**	민15	시51	사 5	히12
8	**718**	민16	시52~54	사 6	히13
9	**724**	민17·18	시55	사 7	약 1
10	**730**	민19	시56·57	사8·9:1~7	약 2
11	**735**	민20	시58·59	사9:8~10:4	약 3
12	**740**	민21	시60·61	사10:5~34	약 4
13	**745**	민22	시62·63	사11·12	약 5
14	**751**	민23	시64·65	사13	벧전1
15	**756**	민24	시66·67	사14	벧전2
16	**761**	민25	시68	사15	벧전3
17	**766**	민26	시69	사16	벧전4
18	**772**	민27	시70·71	사17·18	벧전5
19	**776**	민28	시72	사19·20	벧후1
20	**781**	민29	시73	사21	벧후2
21	**786**	민30	시74	사22	벧후3
22	**790**	민31	시75·76	사23	요일1
23	**795**	민32	시77	사24	요일2
24	**800**	민33	시78:1~37	사25	요일3
25	**806**	민34	시78:38~72	사26	요일4
26	**810**	민35	시79	사27	요일5
27	**815**	민36	시80	사28	요이1
28	**819**	신 1	시81·82	사29	요삼1
29	**824**	신 2	시83·84	사30	유 1
30	**831**	신 3	시85	사31	계 1
31	**835**	신 4	시86·87	사32	계 2

June 06

날짜	page	가정		개인	
1	**843**	신 5	시88	사33	계 3
2	**848**	신 6	시89	사34	계 4
3	**853**	신 7	시90	사35	계 5
4	**856**	신 8	시91	사36	계 6
5	**860**	신 9	시92·93	사37	계 7
6	**866**	신10	시94	사38	계 8
7	**870**	신11	시95·96	사39	계 9
8	**874**	신12	시97·98	사40	계10
9	**879**	신13·14	시99~101	사41	계11
10	**885**	신15	시102	사42	계12
11	**890**	신16	시103	사43	계13
12	**894**	신17	시104	사44	계14
13	**900**	신18	시105	사45	계15
14	**905**	신19	시106	사46	계16
15	**910**	신20	시107	사47	계17
16	**914**	신21	시108·109	사48	계18
17	**920**	신22	시110·111	사49	계19
18	**925**	신23	시112·113	사50	계20
19	**929**	신24	시114·115	사51	계21
20	**934**	신25	시116	사52	계22
21	**938**	신26	시117·118	사53	마 1
22	**942**	신27·28:1~19	시119:1~24	사54	마 2
23	**947**	신28:20~68	시119:25~48	사55	마 3
24	**953**	신29	시119:49~72	사56	마 4
25	**957**	신30	시119:73~96	사57	마 5
26	**963**	신31	시119:97~120	사58	마 6
27	**968**	신32	시119:121~144	사59	마 7
28	**974**	신33·34	시119:145~176	사60	마 8
29	**981**	수 1	시120~122	사61	마 9
30	**985**	수 2	시123~125	사62	마10

[맥체인 성경 읽기표]

맥체인 성경 읽기표는 1842년 맥체인이 자신이 목양하던 성베드로교회 성도들의 영적 성장을 위해 개발한 것으로, 매일 구약과 신약을 각각 2장씩 읽음으로써 1년에 구약 1회, 신약과 시편을 각 2회 정독할 수 있도록 만든 표입니다. 이와 같은 맥체인의 방법에 따라 신구약 성경 전체를 골고루 4등분해서 동시에 읽으면, 성경에 기록된 장구한 구속사를 크게 네 시대로 나누어 동시에 묵상할 수 있습니다.

(1) 창세기 ~ 역대하 : 만물의 시작과 이스라엘의 시작
(2) 에스라 ~ 말라기 : 이스라엘의 멸망과 새 시대의 시작
(3) 마태복음 ~ 요한복음 : 예수의 복음사역과 십자가 구속
(4) 사도행전 ~ 요한계시록 : 교회의 시작과 선교

▶ 《맥체인 성경 365》 말씀연결 사용하는 법

① 네 성경 본문의 소주제를 통해 중심 단어나 문장을 말씀으로 묵상한다.
② 네 본문의 말씀을 순서대로, 천천히 읽는다.
③ 두 본문에서 반복되는 단어나 유사한 문맥을 찾아 서로 연결한다.
④ 본문에서 반대의 뜻을 가진 단어나 문장을 찾는다.
⑤ 두 권의 책에서 공통되는 하나님의 말씀을 연결하여 기록한다.
⑥ 연결되는 말씀을 다른 두 권으로 확대하여 네 권 전체에 흐르는 하나님의 생각과 베푸신 은혜를 누리고, 그 내용을 적어본다.
⑦ 본문에서 지도자나 인도자로부터 배운 신학 주제나 교리들이 함축하고 있는 문맥의 짝을 찾아본다.
⑧ 중심 주제를 필두로, 삶에 적용할 일들을 적어보고 생활 중에 실천함으로써 변화를 경험해 본다.
⑨ 하나님이 오늘 나에게 주신 말씀들을 통하여 가르침, 명령과 약속 권면, 경고 및 행해야 할 일들을 하나님과 대화하는 마음으로(기도) 성경읽기를 마무리한다.

July 07

날짜	page	가정		개인	
1	991	수 3	시126~128	사63	마11
2	995	수 4	시129~131	사64	마12
3	1000	수5·6:1~5	시132~134	사65	마13
4	1006	수6:6~27	시135·136	사66	마14
5	1013	수 7	시137·138	렘 1	마15
6	1018	수 8	시139	렘 2	마16
7	1025	수 9	시140·141	렘 3	마17
8	1031	수10	시142·143	렘 4	마18
9	1038	수11	시144	렘 5	마19
10	1043	수12·13	시145	렘 6	마20
11	1050	수14·15	시146·147	렘 7	마21
12	1058	수16·17	시148	렘 8	마22
13	1064	수18·19	시149·150	렘 9	마23
14	1071	수20·21	행 1	렘10	마24
15	1078	수22	행 2	렘11	마25
16	1087	수23	행 3	렘12	마26
17	1094	수24	행 4	렘13	마27
18	1102	삿 1	행 5	렘14	마28
19	1108	삿 2	행 6	렘15	막 1
20	1114	삿 3	행 7	렘16	막 2
21	1121	삿 4	행 8	렘17	막 3
22	1127	삿 5	행 9	렘18	막 4
23	1134	삿 6	행10	렘19	막 5
24	1142	삿 7	행11	렘20	막 6
25	1149	삿 8	행12	렘21	막 7
26	1154	삿 9	행13	렘22	막 8
27	1164	삿10·11:1~11	행14	렘23	막 9
28	1171	삿11:12~40	행15	렘24	막10
29	1178	삿12	행16	렘25	막11
30	1185	삿13	행17	렘26	막12
31	1192	삿14	행18	렘27	막13

August 08

날짜	page	가정		개인	
1	1199	삿15	행19	렘28	막14
2	1206	삿16	행20	렘29	막15
3	1214	삿17	행21	렘30·31	막16
4	1222	삿18	행22	렘32	시1·2
5	1228	삿19	행23	렘33	시3·4
6	1234	삿20	행24	렘34	시5·6
7	1241	삿21	행25	렘35	시7·8
8	1246	룻 1	행26	렘36·37	시 9
9	1253	룻 2	행27	렘38	시10
10	1259	룻3·4	행28	렘39	시11·12
11	1264	삼상1	롬 1	렘40	시13·14
12	1270	삼상2	롬 2	렘41	시15·16
13	1275	삼상3	롬 3	렘42	시17
14	1280	삼상4	롬 4	렘43	시18
15	1285	삼상5·6	롬 5	렘44	시19
16	1292	삼상7·8	롬 6	렘45	시20·21
17	1296	삼상9	롬 7	렘46	시22
18	1302	삼상10	롬 8	렘47	시23·24
19	1307	삼상11	롬 9	렘48	시25
20	1313	삼상12	롬10	렘49	시26·27
21	1319	삼상13	롬11	렘50	시28·29
22	1326	삼상14	롬12	렘51	시30
23	1334	삼상15	롬13	렘52	시31
24	1340	삼상16	롬14	애 1	시32
25	1345	삼상17	롬15	애 2	시33
26	1352	삼상18	롬16	애 3	시34
27	1358	삼상19	고전1	애 4	시35
28	1363	삼상20	고전2	애 5	시36
29	1368	삼상21·22	고전3	겔 1	시37
30	1374	삼상23	고전4	겔 2	시38
31	1379	삼상24	고전5	겔 3	시39

September 09

날짜	page	가정		개인	
1	**1385**	삼상25	고전 6	겔 4	시40·41
2	**1391**	삼상26	고전 7	겔 5	시42·43
3	**1396**	삼상27	고전 8	겔 6	시44
4	**1400**	삼상28	고전 9	겔 7	시45·46
5	**1405**	삼상29·30	고전10	겔 8	시47
6	**1411**	삼상31	고전11	겔 9	시48
7	**1414**	삼하 1	고전12	겔10	시49
8	**1419**	삼하 2	고전13	겔11	시50
9	**1424**	삼하 3	고전14	겔12	시51
10	**1430**	삼하4·5	고전15	겔13	시52~54
11	**1438**	삼하 6	고전16	겔14	시55
12	**1442**	삼하 7	고후 1	겔15	시56·57
13	**1447**	삼하8·9	고후 2	겔16	시58·59
14	**1454**	삼하10	고후 3	겔17	시60·61
15	**1459**	삼하11	고후 4	겔18	시62·63
16	**1464**	삼하12	고후 5	겔19	시64·65
17	**1469**	삼하13	고후 6	겔20	시66·67
18	**1476**	삼하14	고후 7	겔21	시68
19	**1483**	삼하15	고후 8	겔22	시69
20	**1489**	삼하16	고후 9	겔23	시70·71
21	**1495**	삼하17	고후10	겔24	시72
22	**1500**	삼하18	고후11	겔25	시73
23	**1506**	삼하19	고후12	겔26	시74
24	**1513**	삼하20	고후13	겔27	시75·76
25	**1518**	삼하21	갈 1	겔28	시77
26	**1523**	삼하22	갈 2	겔29	시78:1~37
27	**1529**	삼하23	갈 3	겔30	시78:38~72
28	**1535**	삼하24	갈 4	겔31	시79
29	**1540**	왕상 1	갈 5	겔32	시80
30	**1547**	왕상 2	갈 6	겔33	시81·82

October 10

날짜	page	가정		개인	
1	**1555**	왕상 3	엡 1	겔34	시83·84
2	**1560**	왕상4·5	엡 2	겔35	시85
3	**1565**	왕상 6	엡 3	겔36	시86
4	**1571**	왕상 7	엡 4	겔37	시87·88
5	**1578**	왕상 8	엡 5	겔38	시89
6	**1586**	왕상 9	엡 6	겔39	시90
7	**1591**	왕상10	빌 1	겔40	시91
8	**1598**	왕상11	빌 2	겔41	시92·93
9	**1603**	왕상12	빌 3	겔42	시94
10	**1608**	왕상13	빌 4	겔43	시95·96
11	**1614**	왕상14	골 1	겔44	시97·98
12	**1620**	왕상15	골 2	겔45	시99~101
13	**1625**	왕상16	골 3	겔46	시102
14	**1631**	왕상17	골 4	겔47	시103
15	**1635**	왕상18	살전 1	겔48	시104
16	**1642**	왕상19	살전 2	단 1	시105
17	**1647**	왕상20	살전 3	단 2	시106
18	**1655**	왕상21	살전 4	단 3	시107
19	**1661**	왕상22	살전 5	단 4	시108·109
20	**1669**	왕하 1	살후 1	단 5	시110·111
21	**1674**	왕하 2	살후 2	단 6	시112·113
22	**1679**	왕하 3	살후 3	단 7	시114·115
23	**1684**	왕하 4	딤전 1	단 8	시116
24	**1690**	왕하 5	딤전 2	단 9	시117·118
25	**1695**	왕하 6	딤전 3	단10	시119:1~24
26	**1700**	왕하 7	딤전 4	단11	시119:25~48
27	**1706**	왕하 8	딤전 5	단12	시119:49~72
28	**1710**	왕하 9	딤전 6	호 1	시119:73~96
29	**1715**	왕하10	딤후 1	호 2	시119:97~120
30	**1721**	왕하11·12	딤후 2	호3·4	시119:121~144
31	**1726**	왕하13	딤후 3	호5·6	시119:145~176

November 11

날짜	page	가정		개인	
1	**1733**	왕하14	딤후4	호 7	시120~122
2	**1737**	왕하15	딛 1	호 8	시123~125
3	**1741**	왕하16	딛 2	호 9	시126~128
4	**1745**	왕하17	딛 3	호10	시129~131
5	**1750**	왕하18	몬 1	호11	시132~134
6	**1755**	왕하19	히 1	호12	시135·136
7	**1760**	왕하20	히 2	호13	시137·138
8	**1765**	왕하21	히 3	호14	시139
9	**1768**	왕하22	히 4	욜 1	시140·141
10	**1773**	왕하23	히 5	욜 2	시142
11	**1778**	왕하24	히 6	욜 3	시143
12	**1782**	왕하25	히 7	암 1	시144
13	**1787**	대상1·2	히 8	암 2	시145
14	**1793**	대상3·4	히 9	암 3	시146·147
15	**1799**	대상5·6	히10	암 4	시148·150
16	**1807**	대상7·8	히11	암 5	눅1:1~38
17	**1815**	대상9·10	히12	암 6	눅1:39~80
18	**1822**	대상11·12	히13	암 7	눅 2
19	**1830**	대상13·14	약 1	암 8	눅 3
20	**1836**	대상15	약 2	암 9	눅 4
21	**1841**	대상16	약 3	옵 1	눅 5
22	**1847**	대상17	약 4	욘 1	눅 6
23	**1853**	대상18	약 5	욘 2	눅 7
24	**1858**	대상19·20	벧전1	욘 3	눅 8
25	**1864**	대상21	벧전2	욘 4	눅 9
26	**1871**	대상22	벧전3	미 1	눅10
27	**1877**	대상23	벧전4	미 2	눅11
28	**1882**	대상24·25	벧전5	미 3	눅12
29	**1889**	대상26·27	벧후1	미 4	눅13
30	**1896**	대상28	벧후2	미 5	눅14

December 12

날짜	page	가정		개인	
1	**1903**	대상29	벧후3	미 6	눅15
2	**1908**	대하 1	요일 1	미 7	눅16
3	**1912**	대하 2	요일 2	나 1	눅17
4	**1917**	대하3·4	요일 3	나 2	눅18
5	**1923**	대하5·6:1~11	요일 4	나 3	눅19
6	**1929**	대하6:12~42	요일 5	합 1	눅20
7	**1935**	대하 7	요이 1	합 2	눅21
8	**1940**	대하 8	요삼 1	합 3	눅22
9	**1946**	대하 9	유 1	습 1	눅23
10	**1952**	대하10	계 1	습 2	눅24
11	**1958**	대하11·12	계 2	습 3	요 1
12	**1965**	대하13	계 3	학 1	요 2
13	**1969**	대하14·15	계 4	학 2	요 3
14	**1975**	대하16	계 5	슥 1	요 4
15	**1980**	대하17	계 6	슥 2	요 5
16	**1985**	대하18	계 7	슥 3	요 6
17	**1992**	대하19·20	계 8	슥 4	요 7
18	**1998**	대하21	계 9	슥 5	요 8
19	**2004**	대하22·23	계10	슥 6	요 9
20	**2009**	대하24	계11	슥 7	요10
21	**2015**	대하25	계12	슥 8	요11
22	**2021**	대하26	계13	슥 9	요12
23	**2027**	대하27·28	계14	슥10	요13
24	**2033**	대하29	계15	슥11	요14
25	**2038**	대하30	계16	슥12·13:1	요15
26	**2043**	대하31	계17	슥13:2~9	요16
27	**2048**	대하32	계18	슥14	요17
28	**2054**	대하33	계19	말 1	요18
29	**2060**	대하34	계20	말 2	요19
30	**2066**	대하35	계21	말 3	요20
31	**2072**	대하36	계22	말 4	요21

⊕ 맥체인 성경 읽기표 ⊕

January 01

날짜	page	가정		개인	
1	**1**	창 1	마 1	스 1	행 1
2	**5**	창 2	마 2	스 2	행 2
3	**12**	창 3	마 3	스 3	행 3
4	**16**	창 4	마 4	스 4	행 4
5	**22**	창 5	마 5	스 5	행 5
6	**28**	창 6	마 6	스 6	행 6
7	**33**	창 7	마 7	스 7	행 7
8	**39**	창 8	마 8	스 8	행 8
9	**46**	창9·10	마 9	스 9	행 9
10	**53**	창11	마10	스10	행10
11	**60**	창12	마11	느 1	행11
12	**65**	창13	마12	느 2	행12
13	**70**	창14	마13	느 3	행13
14	**78**	창15	마14	느 4	행14
15	**83**	창16	마15	느 5	행15
16	**89**	창17	마16	느 6	행16
17	**95**	창18	마17	느 7	행17
18	**102**	창19	마18	느 8	행18
19	**108**	창20	마19	느 9	행19
20	**115**	창21	마20	느10	행20
21	**121**	창22	마21	느11	행21
22	**128**	창23	마22	느12	행22
23	**135**	창24	마23	느13	행23
24	**144**	창25	마24	에 1	행24
25	**150**	창26	마25	에 2	행25
26	**157**	창27	마26	에 3	행26
27	**165**	창28	마27	에 4	행27
28	**172**	창29	마28	에 5	행28
29	**177**	창30	막 1	에 6	롬 1
30	**184**	창31	막 2	에 7	롬 2
31	**190**	창32	막 3	에 8	롬 3

February 02

날짜	page	가정		개인	
1	**197**	창33	막 4	에9·10	롬 4
2	**202**	창34	막 5	욥 1	롬 5
3	**208**	창35·36	막 6	욥 2	롬 6
4	**216**	창37	막 7	욥 3	롬 7
5	**222**	창38	막 8	욥 4	롬 8
6	**228**	창39	막 9	욥 5	롬 9
7	**234**	창40	막10	욥 6	롬10
8	**239**	창41	막11	욥 7	롬11
9	**246**	창42	막12	욥 8	롬12
10	**252**	창43	막13	욥 9	롬13
11	**258**	창44	막14	욥10	롬14
12	**265**	창45	막15	욥11	롬15
13	**271**	창46	막16	욥12	롬16
14	**276**	창47	눅1:1~38	욥13	고전1
15	**282**	창48	눅1:39~80	욥14	고전2
16	**286**	창49	눅 2	욥15	고전3
17	**292**	창50	눅 3	욥16·17	고전4
18	**298**	출 1	눅 4	욥18	고전5
19	**303**	출 2	눅 5	욥19	고전6
20	**308**	출 3	눅 6	욥20	고전7
21	**315**	출 4	눅 7	욥21	고전8
22	**321**	출 5	눅 8	욥22	고전9
23	**327**	출 6	눅 9	욥23	고전10
24	**334**	출 7	눅10	욥24	고전11
25	**340**	출 8	눅11	욥25 26	고전12
26	**346**	출 9	눅12	욥27	고전13
27	**352**	출10	눅13	욥28	고전14
28	**359**	출11·12:1~21	눅14	욥29	고전15

March 03

날짜	page	가정		개인	
1	**367**	출12:22~51	눅15	욥30	고전16
2	**372**	출13	눅16	욥31	고후 1
3	**377**	출14	눅17	욥32	고후 2
4	**382**	출15	눅18	욥33	고후 3
5	**388**	출16	눅19	욥34	고후 4
6	**394**	출17	눅20	욥35	고후 5
7	**399**	출18	눅21	욥36	고후 6
8	**404**	출19	눅22	욥37	고후 7
9	**411**	출20	눅23	욥38	고후 8
10	**417**	출21	눅24	욥39	고후 9
11	**422**	출22	요 1	욥40	고후10
12	**428**	출23	요 2	욥41	고후11
13	**433**	출24	요 3	욥42	고후12
14	**438**	출25	요 4	잠 1	고후13
15	**444**	출26	요 5	잠 2	갈 1
16	**449**	출27	요 6	잠 3	갈 2
17	**456**	출28	요 7	잠 4	갈 3
18	**463**	출29	요 8	잠 5	갈 4
19	**470**	출30	요 9	잠 6	갈 5
20	**476**	출31	요10	잠 7	갈 6
21	**480**	출32	요11	잠 8	엡 1
22	**487**	출33	요12	잠 9	엡 2
23	**492**	출34	요13	잠10	엡 3
24	**498**	출35	요14	잠11	엡 4
25	**504**	출36	요15	잠12	엡 5
26	**509**	출37	요16	잠13	엡 6
27	**514**	출38	요17	잠14	빌 1
28	**520**	출39	요18	잠15	빌 2
29	**526**	출40	요19	잠16	빌 3
30	**532**	레 1	요20	잠17	빌 4
31	**537**	레2·3	요21	잠18	골 1

April 04

날짜	page	가정		개인	
1	**543**	레 4	시1·2	잠19	골 2
2	**547**	레 5	시3·4	잠20	골 3
3	**551**	레 6	시5·6	잠21	골 4
4	**556**	레 7	시7·8	잠22	살전1
5	**560**	레 8	시 9	잠23	살전2
6	**565**	레 9	시10	잠24	살전3
7	**569**	레10	시11·12	잠25	살전4
8	**573**	레11·12	시13·14	잠26	살전5
9	**578**	레13	시15·16	잠27	살후1
10	**583**	레14	시17	잠28	살후2
11	**589**	레15	시18	잠29	살후3
12	**594**	레16	시19	잠30	딤전1
13	**599**	레17	시20·21	잠31	딤전2
14	**603**	레18	시22	전 1	딤전3
15	**607**	레19	시23·24	전 2	딤전4
16	**611**	레20	시25	전 3	딤전5
17	**616**	레21	시26·27	전 4	딤전6
18	**620**	레22	시28·29	전 5	딤후1
19	**625**	레23	시30	전 6	딤후2
20	**629**	레24	시31	전 7	딤후3
21	**634**	레25	시32	전 8	딤후4
22	**639**	레26	시33	전 9	딛 1
23	**644**	레27	시34	전10	딛 2
24	**648**	민 1	시35	전11	딛 3
25	**653**	민 2	시36	전12	몬 1
26	**656**	민 3	시37	아 1	히 1
27	**662**	민 4	시38	아 2	히 2
28	**666**	민 5	시39	아 3	히 3
29	**670**	민 6	시40·41	아 4	히 4
30	**675**	민 7	시42·43	아 5	히 5

May 05

날짜	page	가정		개인	
1	**683**	민 8	시44	아 6	히 6
2	**687**	민 9	시45	아 7	히 7
3	**691**	민10	시46·47	아 8	히 8
4	**695**	민11	시48	사 1	히 9
5	**700**	민12·13	시49	사 2	히10
6	**706**	민14	시50	사3·4	히11
7	**712**	민15	시51	사 5	히12
8	**718**	민16	시52~54	사 6	히13
9	**724**	민17·18	시55	사 7	약 1
10	**730**	민19	시56·57	사8·9:1~7	약 2
11	**735**	민20	시58·59	사9:8~10:4	약 3
12	**740**	민21	시60·61	사10:5~34	약 4
13	**745**	민22	시62·63	사11·12	약 5
14	**751**	민23	시64·65	사13	벧전1
15	**756**	민24	시66·67	사14	벧전2
16	**761**	민25	시68	사15	벧전3
17	**766**	민26	시69	사16	벧전4
18	**772**	민27	시70·71	사17·18	벧전5
19	**776**	민28	시72	사19·20	벧후1
20	**781**	민29	시73	사21	벧후2
21	**786**	민30	시74	사22	벧후3
22	**790**	민31	시75·76	사23	요일1
23	**795**	민32	시77	사24	요일2
24	**800**	민33	시78:1~37	사25	요일3
25	**806**	민34	시78:38~72	사26	요일4
26	**810**	민35	시79	사27	요일5
27	**815**	민36	시80	사28	요이1
28	**819**	신 1	시81·82	사29	요삼1
29	**824**	신 2	시83·84	사30	유 1
30	**831**	신 3	시85	사31	계 1
31	**835**	신 4	시86·87	사32	계 2

June 06

날짜	page	가정		개인	
1	**843**	신 5	시88	사33	계 3
2	**848**	신 6	시89	사34	계 4
3	**853**	신 7	시90	사35	계 5
4	**856**	신 8	시91	사36	계 6
5	**860**	신 9	시92·93	사37	계 7
6	**866**	신10	시94	사38	계 8
7	**870**	신11	시95·96	사39	계 9
8	**874**	신12	시97·98	사40	계10
9	**879**	신13·14	시99~101	사41	계11
10	**885**	신15	시102	사42	계12
11	**890**	신16	시103	사43	계13
12	**894**	신17	시104	사44	계14
13	**900**	신18	시105	사45	계15
14	**905**	신19	시106	사46	계16
15	**910**	신20	시107	사47	계17
16	**914**	신21	시108·109	사48	계18
17	**920**	신22	시110·111	사49	계19
18	**925**	신23	시112·113	사50	계20
19	**929**	신24	시114·115	사51	계21
20	**934**	신25	시116	사52	계22
21	**938**	신26	시117·118	사53	마 1
22	**942**	신27·28:1~19	시119:1~24	사54	마 2
23	**947**	신28:20~68	시119:25~48	사55	마 3
24	**953**	신29	시119:49~72	사56	마 4
25	**957**	신30	시119:73~96	사57	마 5
26	**963**	신31	시119:97~120	사58	마 6
27	**968**	신32	시119:121~144	사59	마 7
28	**974**	신33·34	시119:145~176	사60	마 8
29	**981**	수 1	시120~122	사61	마 9
30	**985**	수 2	시123~125	사62	마10

맥체인 성경 읽기표

QT와 성경통독을 하나로

[맥체인성경365_목차]

구약 page

책	page	책	page	책	page
창세기(창)	1	역대하(대하)	1908	다니엘(단)	1644
출애굽기(출)	298	에스라(스)	3	호세아(호)	1713
레위기(레)	532	느헤미야(느)	62	요엘(욜)	1770
민수기(민)	648	에스더(에)	147	아모스(암)	1785
신명기(신)	819	욥기(욥)	206	오바댜(옵)	1844
여호수아(수)	981	시편(시)	544/1228	요나(욘)	1850
사사기(삿)	1102	잠언(잠)	442	미가(미)	1874
룻기(룻)	1246	전도서(전)	605	나훔(나)	1915
사무엘상(삼상)	1264	아가(아)	660	하박국(합)	1932
사무엘하(삼하)	1414	이사야(사)	697	스바냐(습)	1949
열왕기상(왕상)	1540	예레미야(렘)	1015	학개(학)	1967
열왕기하(왕하)	1669	예레미야애가(애)	1342	스가랴(슥)	1977
역대상(대상)	1787	에스겔(겔)	1371	말라기(말)	2057

신약 page

책	page	책	page	책	page
마태복음(마)	2/941	에베소서(엡)	485/1556	히브리서(히)	661/1757
마가복음(막)	179/1112	빌립보서(빌)	518/1593	야고보서(약)	729/1832
누가복음(눅)	277/1813	골로새서(골)	540/1616	베드로전서(벧전)	754/1860
요한복음(요)	424/1962	데살로니가전서(살전)	560/1638	베드로후서(벧후)	780/1892
사도행전(행)	4/1073	데살로니가후서(살후)	582/1670	요한일서(요일)	794/1909
로마서(롬)	182/1266	디모데전서(딤전)	598/1686	요한이서(요이)	818/1937
고린도전서(고전)	280/1359	디모데후서(딤후)	624/1718	요한삼서(요삼)	823/1941
고린도후서(고후)	376/1444	디도서(딛)	643/1739	유다서(유)	829/1947
갈라디아서(갈)	448/1519	빌레몬서(몬)	655/1752	요한계시록(계)	834/1952

새벽기도회 살리기 · 구역모임(소그룹) 살리기

마틴로이드존스, 존스토트 목사가 수십년간 사용했던 검증된 방식

신교횃불 www.ccm2u.com

[맥체인 성경 읽기표]

맥체인 성경 읽기표는 1842년 맥체인이 자신이 목양하던 성베드로교회 성도들의 영적 성장을 위해 개발한 것으로, 매일 구약과 신약을 각각 2장씩 읽음으로써 1년에 구약 1회, 신약과 시편을 각 2회 정독할 수 있도록 만든 표입니다. 이와 같은 맥체인의 방법에 따라 신구약 성경 전체를 골고루 4등분해서 동시에 읽으면, 성경에 기록된 장구한 구속사를 크게 네 시대로 나누어 동시에 묵상할 수 있습니다.

(1) 창세기 ~ 역대하 : 만물의 시작과 이스라엘의 시작
(2) 에스라 ~ 말라기 : 이스라엘의 멸망과 새 시대의 시작
(3) 마태복음 ~ 요한복음 : 예수의 복음사역과 십자가 구속
(4) 사도행전 ~ 요한계시록 : 교회의 시작과 선교

▶《맥체인 성경 365》 말씀연결 사용하는 법

① 네 성경 본문의 소주제를 통해 중심 단어나 문장을 말씀으로 묵상한다.
② 네 본문의 말씀을 순서대로, 천천히 읽는다.
③ 두 본문에서 반복되는 단어나 유사한 문맥을 찾아 서로 연결한다.
④ 본문에서 반대의 뜻을 가진 단어나 문장을 찾는다.
⑤ 두 권의 책에서 공통되는 하나님의 말씀을 연결하여 기록한다.
⑥ 연결되는 말씀을 다른 두 권으로 확대하여 네 권 전체에 흐르는 하나님의 생각과 베푸신 은혜를 누리고, 그 내용을 적어본다.
⑦ 본문에서 지도자나 인도자로부터 배운 신학 주제나 교리들이 함축하고 있는 문맥의 짝을 찾아본다.
⑧ 중심 주제를 필두로, 삶에 적용할 일들을 적어보고 생활 중에 실천함으로써 변화를 경험해 본다.
⑨ 하나님이 오늘 나에게 주신 말씀들을 통하여 가르침, 명령과 약속 권면, 경고 및 행해야 할 일들을 하나님과 대화하는 마음으로(기도) 성경읽기를 마무리한다.

July 07

날짜	page	가정		개인	
1	**991**	수 3	시126~128	사63	마11
2	**995**	수 4	시129~131	사64	마12
3	**1000**	수5·6:1~5	시132~134	사65	마13
4	**1006**	수6:6~27	시135·136	사66	마14
5	**1013**	수 7	시137·138	렘 1	마15
6	**1018**	수 8	시139	렘 2	마16
7	**1025**	수 9	시140·141	렘 3	마17
8	**1031**	수10	시142·143	렘 4	마18
9	**1038**	수11	시144	렘 5	마19
10	**1043**	수12·13	시145	렘 6	마20
11	**1050**	수14·15	시146·147	렘 7	마21
12	**1058**	수16·17	시148	렘 8	마22
13	**1064**	수18·19	시149·150	렘 9	마23
14	**1071**	수20·21	행 1	렘10	마24
15	**1078**	수22	행 2	렘11	마25
16	**1087**	수23	행 3	렘12	마26
17	**1094**	수24	행 4	렘13	마27
18	**1102**	삿 1	행 5	렘14	마28
19	**1108**	삿 2	행 6	렘15	막 1
20	**1114**	삿 3	행 7	렘16	막 2
21	**1121**	삿 4	행 8	렘17	막 3
22	**1127**	삿 5	행 9	렘18	막 4
23	**1134**	삿 6	행10	렘19	막 5
24	**1142**	삿 7	행11	렘20	막 6
25	**1149**	삿 8	행12	렘21	막 7
26	**1154**	삿 9	행13	렘22	막 8
27	**1164**	삿10·11:1~11	행14	렘23	막 9
28	**1171**	삿11:12~40	행15	렘24	막10
29	**1178**	삿12	행16	렘25	막11
30	**1185**	삿13	행17	렘26	막12
31	**1192**	삿14	행18	렘27	막13

August 08

날짜	page	가정		개인	
1	**1199**	삿15	행19	렘28	막14
2	**1206**	삿16	행20	렘29	막15
3	**1214**	삿17	행21	렘30·31	막16
4	**1222**	삿18	행22	렘32	시1·2
5	**1228**	삿19	행23	렘33	시3·4
6	**1234**	삿20	행24	렘34	시5·6
7	**1241**	삿21	행25	렘35	시7·8
8	**1246**	룻 1	행26	렘36·37	시 9
9	**1253**	룻 2	행27	렘38	시10
10	**1259**	룻3·4	행28	렘39	시11·12
11	**1264**	삼상1	롬 1	렘40	시13·14
12	**1270**	삼상2	롬 2	렘41	시15·16
13	**1275**	삼상3	롬 3	렘42	시17
14	**1280**	삼상4	롬 4	렘43	시18
15	**1285**	삼상5·6	롬 5	렘44	시19
16	**1292**	삼상7·8	롬 6	렘45	시20·21
17	**1296**	삼상9	롬 7	렘46	시22
18	**1302**	삼상10	롬 8	렘47	시23·24
19	**1307**	삼상11	롬 9	렘48	시25
20	**1313**	삼상12	롬10	렘49	시26·27
21	**1319**	삼상13	롬11	렘50	시28·29
22	**1326**	삼상14	롬12	렘51	시30
23	**1334**	삼상15	롬13	렘52	시31
24	**1340**	삼상16	롬14	애 1	시32
25	**1345**	삼상17	롬15	애 2	시33
26	**1352**	삼상18	롬16	애 3	시34
27	**1358**	삼상19	고전1	애 4	시35
28	**1363**	삼상20	고전2	애 5	시36
29	**1368**	삼상21·22	고전3	겔 1	시37
30	**1374**	삼상23	고전4	겔 2	시38
31	**1379**	삼상24	고전5	겔 3	시39

September 09

날짜	page	가정		개인	
1	1385	삼상25	고전 6	겔 4	시40·41
2	1391	삼상26	고전 7	겔 5	시42·43
3	1396	삼상27	고전 8	겔 6	시44
4	1400	삼상28	고전 9	겔 7	시45·46
5	1405	삼상29·30	고전10	겔 8	시47
6	1411	삼상31	고전11	겔 9	시48
7	1414	삼하 1	고전12	겔10	시49
8	1419	삼하 2	고전13	겔11	시50
9	1424	삼하 3	고전14	겔12	시51
10	1430	삼하4·5	고전15	겔13	시52~54
11	1438	삼하 6	고전16	겔14	시55
12	1442	삼하 7	고후 1	겔15	시56·57
13	1447	삼하8·9	고후 2	겔16	시58·59
14	1454	삼하10	고후 3	겔17	시60·61
15	1459	삼하11	고후 4	겔18	시62·63
16	1464	삼하12	고후 5	겔19	시64·65
17	1469	삼하13	고후 6	겔20	시66·67
18	1476	삼하14	고후 7	겔21	시68
19	1483	삼하15	고후 8	겔22	시69
20	1489	삼하16	고후 9	겔23	시70·71
21	1495	삼하17	고후10	겔24	시72
22	1500	삼하18	고후11	겔25	시73
23	1506	삼하19	고후12	겔26	시74
24	1513	삼하20	고후13	겔27	시75·76
25	1518	삼하21	갈 1	겔28	시77
26	1523	삼하22	갈 2	겔29	시78:1~37
27	1529	삼하23	갈 3	겔30	시78:38~72
28	1535	삼하24	갈 4	겔31	시79
29	1540	왕상 1	갈 5	겔32	시80
30	1547	왕상 2	갈 6	겔33	시81·82

October 10

날짜	page	가정		개인	
1	1555	왕상 3	엡 1	겔34	시83·84
2	1560	왕상4·5	엡 2	겔35	시85
3	1565	왕상 6	엡 3	겔36	시86
4	1571	왕상 7	엡 4	겔37	시87·88
5	1578	왕상 8	엡 5	겔38	시89
6	1586	왕상 9	엡 6	겔39	시90
7	1591	왕상10	빌 1	겔40	시91
8	1598	왕상11	빌 2	겔41	시92·93
9	1603	왕상12	빌 3	겔42	시94
10	1608	왕상13	빌 4	겔43	시95·96
11	1614	왕상14	골 1	겔44	시97·98
12	1620	왕상15	골 2	겔45	시99~101
13	1625	왕상16	골 3	겔46	시102
14	1631	왕상17	골 4	겔47	시103
15	1635	왕상18	살전 1	겔48	시104
16	1642	왕상19	살전 2	단 1	시105
17	1647	왕상20	살전 3	단 2	시106
18	1655	왕상21	살전 4	단 3	시107
19	1661	왕상22	살전 5	단 4	시108·109
20	1669	왕하 1	살후 1	단 5	시110·111
21	1674	왕하 2	살후 2	단 6	시112·113
22	1679	왕하 3	살후 3	단 7	시114·115
23	1684	왕하 4	딤전 1	단 8	시116
24	1690	왕하 5	딤전 2	단 9	시117·118
25	1695	왕하 6	딤전 3	단10	시119:1~24
26	1700	왕하 7	딤전 4	단11	시119:25~48
27	1706	왕하 8	딤전 5	단12	시119:49~72
28	1710	왕하 9	딤전 6	호 1	시119:73~96
29	1715	왕하10	딤후 1	호 2	시119:97~120
30	1721	왕하11·12	딤후 2	호3·4	시119:121~144
31	1726	왕하13	딤후 3	호5·6	시119:145~176

November 11

날짜	page	가정		개인	
1	**1733**	왕하14	딤후4	호 7	시120~122
2	**1737**	왕하15	딛 1	호 8	시123~125
3	**1741**	왕하16	딛 2	호 9	시126~128
4	**1745**	왕하17	딛 3	호10	시129~131
5	**1750**	왕하18	몬 1	호11	시132~134
6	**1755**	왕하19	히 1	호12	시135·136
7	**1760**	왕하20	히 2	호13	시137·138
8	**1765**	왕하21	히 3	호14	시139
9	**1768**	왕하22	히 4	욜 1	시140·141
10	**1773**	왕하23	히 5	욜 2	시142
11	**1778**	왕하24	히 6	욜 3	시143
12	**1782**	왕하25	히 7	암 1	시144
13	**1787**	대상1·2	히 8	암 2	시145
14	**1793**	대상3·4	히 9	암 3	시146·147
15	**1799**	대상5·6	히10	암 4	시148·150
16	**1807**	대상7·8	히11	암 5	눅1:1~38
17	**1815**	대상9·10	히12	암 6	눅1:39~80
18	**1822**	대상11·12	히13	암 7	눅 2
19	**1830**	대상13·14	약 1	암 8	눅 3
20	**1836**	대상15	약 2	암 9	눅 4
21	**1841**	대상16	약 3	옵 1	눅 5
22	**1847**	대상17	약 4	욘 1	눅 6
23	**1853**	대상18	약 5	욘 2	눅 7
24	**1858**	대상19·20	벧전1	욘 3	눅 8
25	**1864**	대상21	벧전2	욘 4	눅 9
26	**1871**	대상22	벧전3	미 1	눅10
27	**1877**	대상23	벧전4	미 2	눅11
28	**1882**	대상24·25	벧전5	미 3	눅12
29	**1889**	대상26·27	벧후1	미 4	눅13
30	**1896**	대상28	벧후2	미 5	눅14

December 12

날짜	page	가정		개인	
1	**1903**	대상29	벧후3	미 6	눅15
2	**1908**	대하 1	요일 1	미 7	눅16
3	**1912**	대하 2	요일 2	나 1	눅17
4	**1917**	대하3·4	요일 3	나 2	눅18
5	**1923**	대하5·6:1~11	요일 4	나 3	눅19
6	**1929**	대하6:12~42	요일 5	합 1	눅20
7	**1935**	대하 7	요이 1	합 2	눅21
8	**1940**	대하 8	요삼 1	합 3	눅22
9	**1946**	대하 9	유 1	습 1	눅23
10	**1952**	대하10	계 1	습 2	눅24
11	**1958**	대하11·12	계 2	습 3	요 1
12	**1965**	대하13	계 3	학 1	요 2
13	**1969**	대하14·15	계 4	학 2	요 3
14	**1975**	대하16	계 5	슥 1	요 4
15	**1980**	대하17	계 6	슥 2	요 5
16	**1985**	대하18	계 7	슥 3	요 6
17	**1992**	대하19·20	계 8	슥 4	요 7
18	**1998**	대하21	계 9	슥 5	요 8
19	**2004**	대하22·23	계10	슥 6	요 9
20	**2009**	대하24	계11	슥 7	요10
21	**2015**	대하25	계12	슥 8	요11
22	**2021**	대하26	계13	슥 9	요12
23	**2027**	대하27·28	계14	슥10	요13
24	**2033**	대하29	계15	슥11	요14
25	**2038**	대하30	계16	슥12·13:1	요15
26	**2043**	대하31	계17	슥13:2~9	요16
27	**2048**	대하32	계18	슥14	요17
28	**2054**	대하33	계19	말 1	요18
29	**2060**	대하34	계20	말 2	요19
30	**2066**	대하35	계21	말 3	요20
31	**2072**	대하36	계22	말 4	요21

⊕ 맥체인 성경 읽기표 ⊕

January 01

날짜	page	가정		개인	
1	1	창 1	마 1	스 1	행 1
2	5	창 2	마 2	스 2	행 2
3	12	창 3	마 3	스 3	행 3
4	16	창 4	마 4	스 4	행 4
5	22	창 5	마 5	스 5	행 5
6	28	창 6	마 6	스 6	행 6
7	33	창 7	마 7	스 7	행 7
8	39	창 8	마 8	스 8	행 8
9	46	창9·10	마 9	스 9	행 9
10	53	창11	마10	스10	행10
11	60	창12	마11	느 1	행11
12	65	창13	마12	느 2	행12
13	70	창14	마13	느 3	행13
14	78	창15	마14	느 4	행14
15	83	창16	마15	느 5	행15
16	89	창17	마16	느 6	행16
17	95	창18	마17	느 7	행17
18	102	창19	마18	느 8	행18
19	108	창20	마19	느 9	행19
20	115	창21	마20	느10	행20
21	121	창22	마21	느11	행21
22	128	창23	마22	느12	행22
23	135	창24	마23	느13	행23
24	144	창25	마24	에 1	행24
25	150	창26	마25	에 2	행25
26	157	창27	마26	에 3	행26
27	165	창28	마27	에 4	행27
28	172	창29	마28	에 5	행28
29	177	창30	막 1	에 6	롬 1
30	184	창31	막 2	에 7	롬 2
31	190	창32	막 3	에 8	롬 3

February 02

날짜	page	가정		개인	
1	197	창33	막 4	에9·10	롬 4
2	202	창34	막 5	욥 1	롬 5
3	208	창35·36	막 6	욥 2	롬 6
4	216	창37	막 7	욥 3	롬 7
5	222	창38	막 8	욥 4	롬 8
6	228	창39	막 9	욥 5	롬 9
7	234	창40	막10	욥 6	롬10
8	239	창41	막11	욥 7	롬11
9	246	창42	막12	욥 8	롬12
10	252	창43	막13	욥 9	롬13
11	258	창44	막14	욥10	롬14
12	265	창45	막15	욥11	롬15
13	271	창46	막16	욥12	롬16
14	276	창47	눅1:1~38	욥13	고전1
15	282	창48	눅1:39~80	욥14	고전2
16	286	창49	눅 2	욥15	고전3
17	292	창50	눅 3	욥16·17	고전4
18	298	출 1	눅 4	욥18	고전5
19	303	출 2	눅 5	욥19	고전6
20	308	출 3	눅 6	욥20	고전7
21	315	출 4	눅 7	욥21	고전8
22	321	출 5	눅 8	욥22	고전9
23	327	출 6	눅 9	욥23	고전10
24	334	출 7	눅10	욥24	고전11
25	340	출 8	눅11	욥25 26	고전12
26	346	출 9	눅12	욥27	고전13
27	352	출10	눅13	욥28	고전14
28	359	출11·12:1~21	눅14	욥29	고전15

March 03

날짜	page	가정		개인	
1	**367**	출12:22~51	눅15	욥30	고전16
2	**372**	출13	눅16	욥31	고후 1
3	**377**	출14	눅17	욥32	고후 2
4	**382**	출15	눅18	욥33	고후 3
5	**388**	출16	눅19	욥34	고후 4
6	**394**	출17	눅20	욥35	고후 5
7	**399**	출18	눅21	욥36	고후 6
8	**404**	출19	눅22	욥37	고후 7
9	**411**	출20	눅23	욥38	고후 8
10	**417**	출21	눅24	욥39	고후 9
11	**422**	출22	요 1	욥40	고후10
12	**428**	출23	요 2	욥41	고후11
13	**433**	출24	요 3	욥42	고후12
14	**438**	출25	요 4	잠 1	고후13
15	**444**	출26	요 5	잠 2	갈 1
16	**449**	출27	요 6	잠 3	갈 2
17	**456**	출28	요 7	잠 4	갈 3
18	**463**	출29	요 8	잠 5	갈 4
19	**470**	출30	요 9	잠 6	갈 5
20	**476**	출31	요10	잠 7	갈 6
21	**480**	출32	요11	잠 8	엡 1
22	**487**	출33	요12	잠 9	엡 2
23	**492**	출34	요13	잠10	엡 3
24	**498**	출35	요14	잠11	엡 4
25	**504**	출36	요15	잠12	엡 5
26	**509**	출37	요16	잠13	엡 6
27	**514**	출38	요17	잠14	빌 1
28	**520**	출39	요18	잠15	빌 2
29	**526**	출40	요19	잠16	빌 3
30	**532**	레 1	요20	잠17	빌 4
31	**537**	레2·3	요21	잠18	골 1

April 04

날짜	page	가정		개인	
1	**543**	레 4	시1·2	잠19	골 2
2	**547**	레 5	시3·4	잠20	골 3
3	**551**	레 6	시5·6	잠21	골 4
4	**556**	레 7	시7·8	잠22	살전1
5	**560**	레 8	시 9	잠23	살전2
6	**565**	레 9	시10	잠24	살전3
7	**569**	레10	시11·12	잠25	살전4
8	**573**	레11·12	시13·14	잠26	살전5
9	**578**	레13	시15·16	잠27	살후1
10	**583**	레14	시17	잠28	살후2
11	**589**	레15	시18	잠29	살후3
12	**594**	레16	시19	잠30	딤전1
13	**599**	레17	시20·21	잠31	딤전2
14	**603**	레18	시22	전 1	딤전3
15	**607**	레19	시23·24	전 2	딤전4
16	**611**	레20	시25	전 3	딤전5
17	**616**	레21	시26·27	전 4	딤전6
18	**620**	레22	시28·29	전 5	딤후1
19	**625**	레23	시30	전 6	딤후2
20	**629**	레24	시31	전 7	딤후3
21	**634**	레25	시32	전 8	딤후4
22	**639**	레26	시33	전 9	딛 1
23	**644**	레27	시34	전10	딛 2
24	**648**	민 1	시35	전11	딛 3
25	**653**	민 2	시36	전12	몬 1
26	**656**	민 3	시37	아 1	히 1
27	**662**	민 4	시38	아 2	히 2
28	**666**	민 5	시39	아 3	히 3
29	**670**	민 6	시40·41	아 4	히 4
30	**675**	민 7	시42·43	아 5	히 5

May 05					
날짜	page	가정		개인	
1	683	민 8	시44	아 6	히 6
2	687	민 9	시45	아 7	히 7
3	691	민10	시46·47	아 8	히 8
4	695	민11	시48	사 1	히 9
5	700	민12·13	시49	사 2	히10
6	706	민14	시50	사3·4	히11
7	712	민15	시51	사 5	히12
8	718	민16	시52~54	사 6	히13
9	724	민17·18	시55	사 7	약 1
10	730	민19	시56·57	사8·9:1~7	약 2
11	735	민20	시58·59	사9:8~10:4	약 3
12	740	민21	시60·61	사10:5~34	약 4
13	745	민22	시62·63	사11·12	약 5
14	751	민23	시64·65	사13	벧전1
15	756	민24	시66·67	사14	벧전2
16	761	민25	시68	사15	벧전3
17	766	민26	시69	사16	벧전4
18	772	민27	시70·71	사17·18	벧전5
19	776	민28	시72	사19·20	벧후1
20	781	민29	시73	사21	벧후2
21	786	민30	시74	사22	벧후3
22	790	민31	시75·76	사23	요일1
23	795	민32	시77	사24	요일2
24	800	민33	시78:1~37	사25	요일3
25	806	민34	시78:38~72	사26	요일4
26	810	민35	시79	사27	요일5
27	815	민36	시80	사28	요이1
28	819	신 1	시81·82	사29	요삼1
29	824	신 2	시83·84	사30	유 1
30	831	신 3	시85	사31	계 1
31	835	신 4	시86·87	사32	계 2

June 06					
날짜	page	가정		개인	
1	843	신 5	시88	사33	계 3
2	848	신 6	시89	사34	계 4
3	853	신 7	시90	사35	계 5
4	856	신 8	시91	사36	계 6
5	860	신 9	시92·93	사37	계 7
6	866	신10	시94	사38	계 8
7	870	신11	시95·96	사39	계 9
8	874	신12	시97·98	사40	계10
9	879	신13·14	시99~101	사41	계11
10	885	신15	시102	사42	계12
11	890	신16	시103	사43	계13
12	894	신17	시104	사44	계14
13	900	신18	시105	사45	계15
14	905	신19	시106	사46	계16
15	910	신20	시107	사47	계17
16	914	신21	시108·109	사48	계18
17	920	신22	시110·111	사49	계19
18	925	신23	시112·113	사50	계20
19	929	신24	시114·115	사51	계21
20	934	신25	시116	사52	계22
21	938	신26	시117·118	사53	마 1
22	942	신27·28:1~19	시119:1~24	사54	마 2
23	947	신28:20~68	시119:25~48	사55	마 3
24	953	신29	시119:49~72	사56	마 4
25	957	신30	시119:73~96	사57	마 5
26	963	신31	시119:97~120	사58	마 6
27	968	신32	시119:121~144	사59	마 7
28	974	신33·34	시119:145~176	사60	마 8
29	981	수 1	시120~122	사61	마 9
30	985	수 2	시123~125	사62	마10

맥체인 성경 읽기표

QT와 성경통독을 하나로

[맥체인성경365_목차]

구약 page

책	page	책	page	책	page
창세기(창)	1	역대하(대하)	1908	다니엘(단)	1644
출애굽기(출)	298	에스라(스)	3	호세아(호)	1713
레위기(레)	532	느헤미야(느)	62	요엘(욜)	1770
민수기(민)	648	에스더(에)	147	아모스(암)	1785
신명기(신)	819	욥기(욥)	206	오바댜(옵)	1844
여호수아(수)	981	시편(시)	544/1228	요나(욘)	1850
사사기(삿)	1102	잠언(잠)	442	미가(미)	1874
룻기(룻)	1246	전도서(전)	605	나훔(나)	1915
사무엘상(삼상)	1264	아가(아)	660	하박국(합)	1932
사무엘하(삼하)	1414	이사야(사)	697	스바냐(습)	1949
열왕기상(왕상)	1540	예레미야(렘)	1015	학개(학)	1967
열왕기하(왕하)	1669	예레미야애가(애)	1342	스가랴(슥)	1977
역대상(대상)	1787	에스겔(겔)	1371	말라기(말)	2057

신약 page

책	page	책	page	책	page
마태복음(마)	2/941	에베소서(엡)	485/1556	히브리서(히)	661/1757
마가복음(막)	179/1112	빌립보서(빌)	518/1593	야고보서(약)	729/1832
누가복음(눅)	277/1813	골로새서(골)	540/1616	베드로전서(벧전)	754/1860
요한복음(요)	424/1962	데살로니가전서(살전)	560/1638	베드로후서(벧후)	780/1892
사도행전(행)	4/1073	데살로니가후서(살후)	582/1670	요한일서(요일)	794/1909
로마서(롬)	182/1266	디모데전서(딤전)	598/1686	요한이서(요이)	818/1937
고린도전서(고전)	280/1359	디모데후서(딤후)	624/1718	요한삼서(요삼)	823/1941
고린도후서(고후)	376/1444	디도서(딛)	643/1739	유다서(유)	829/1947
갈라디아서(갈)	448/1519	빌레몬서(몬)	655/1752	요한계시록(계)	834/1952

새벽기도회 살리기 · 구역모임(소그룹) 살리기

마틴로이드존스, 존스토트 목사가 수십년간 사용했던 검증된 방식

[맥체인 성경 읽기표]

맥체인 성경 읽기표는 1842년 맥체인이 자신이 목양하던 성베드로교회 성도들의 영적 성장을 위해 개발한 것으로, 매일 구약과 신약을 각각 2장씩 읽음으로써 1년에 구약 1회, 신약과 시편을 각 2회 정독할 수 있도록 만든 표입니다. 이와 같은 맥체인의 방법에 따라 신구약 성경 전체를 골고루 4등분해서 동시에 읽으면, 성경에 기록된 장구한 구속사를 크게 네 시대로 나누어 동시에 묵상할 수 있습니다.

(1) 창세기 ~ 역대하 : 만물의 시작과 이스라엘의 시작
(2) 에스라 ~ 말라기 : 이스라엘의 멸망과 새 시대의 시작
(3) 마태복음 ~ 요한복음 : 예수의 복음사역과 십자가 구속
(4) 사도행전 ~ 요한계시록 : 교회의 시작과 선교

▶ 《맥체인 성경 365》 말씀연결 사용하는 법

① 네 성경 본문의 소주제를 통해 중심 단어나 문장을 말씀으로 묵상한다.
② 네 본문의 말씀을 순서대로, 천천히 읽는다.
③ 두 본문에서 반복되는 단어나 유사한 문맥을 찾아 서로 연결한다.
④ 본문에서 반대의 뜻을 가진 단어나 문장을 찾는다.
⑤ 두 권의 책에서 공통되는 하나님의 말씀을 연결하여 기록한다.
⑥ 연결되는 말씀을 다른 두 권으로 확대하여 네 권 전체에 흐르는 하나님의 생각과 베푸신 은혜를 누리고, 그 내용을 적어본다.
⑦ 본문에서 지도자나 인도자로부터 배운 신학 주제나 교리들이 함축하고 있는 문맥의 짝을 찾아본다.
⑧ 중심 주제를 필두로, 삶에 적용할 일들을 적어보고 생활 중에 실천함으로써 변화를 경험해 본다.
⑨ 하나님이 오늘 나에게 주신 말씀들을 통하여 가르침, 명령과 약속 권면, 경고 및 행해야 할 일들을 하나님과 대화하는 마음으로(기도) 성경읽기를 마무리한다.

July 07

날짜	page	가정		개인	
1	**991**	수 3	시126~128	사63	마11
2	**995**	수 4	시129~131	사64	마12
3	**1000**	수5·6:1~5	시132~134	사65	마13
4	**1006**	수6:6~27	시135·136	사66	마14
5	**1013**	수 7	시137·138	렘 1	마15
6	**1018**	수 8	시139	렘 2	마16
7	**1025**	수 9	시140·141	렘 3	마17
8	**1031**	수10	시142·143	렘 4	마18
9	**1038**	수11	시144	렘 5	마19
10	**1043**	수12·13	시145	렘 6	마20
11	**1050**	수14·15	시146·147	렘 7	마21
12	**1058**	수16·17	시148	렘 8	마22
13	**1064**	수18·19	시149·150	렘 9	마23
14	**1071**	수20·21	행 1	렘10	마24
15	**1078**	수22	행 2	렘11	마25
16	**1087**	수23	행 3	렘12	마26
17	**1094**	수24	행 4	렘13	마27
18	**1102**	삿 1	행 5	렘14	마28
19	**1108**	삿 2	행 6	렘15	막 1
20	**1114**	삿 3	행 7	렘16	막 2
21	**1121**	삿 4	행 8	렘17	막 3
22	**1127**	삿 5	행 9	렘18	막 4
23	**1134**	삿 6	행10	렘19	막 5
24	**1142**	삿 7	행11	렘20	막 6
25	**1149**	삿 8	행12	렘21	막 7
26	**1154**	삿 9	행13	렘22	막 8
27	**1164**	삿10·11:1~11	행14	렘23	막 9
28	**1171**	삿11:12~40	행15	렘24	막10
29	**1178**	삿12	행16	렘25	막11
30	**1185**	삿13	행17	렘26	막12
31	**1192**	삿14	행18	렘27	막13

August 08

날짜	page	가정		개인	
1	**1199**	삿15	행19	렘28	막14
2	**1206**	삿16	행20	렘29	막15
3	**1214**	삿17	행21	렘30·31	막16
4	**1222**	삿18	행22	렘32	시1·2
5	**1228**	삿19	행23	렘33	시3·4
6	**1234**	삿20	행24	렘34	시5·6
7	**1241**	삿21	행25	렘35	시7·8
8	**1246**	룻 1	행26	렘36·37	시 9
9	**1253**	룻 2	행27	렘38	시10
10	**1259**	룻3·4	행28	렘39	시11·12
11	**1264**	삼상1	롬 1	렘40	시13·14
12	**1270**	삼상2	롬 2	렘41	시15·16
13	**1275**	삼상3	롬 3	렘42	시17
14	**1280**	삼상4	롬 4	렘43	시18
15	**1285**	삼상5·6	롬 5	렘44	시19
16	**1292**	삼상7·8	롬 6	렘45	시20·21
17	**1296**	삼상9	롬 7	렘46	시22
18	**1302**	삼상10	롬 8	렘47	시23·24
19	**1307**	삼상11	롬 9	렘48	시25
20	**1313**	삼상12	롬10	렘49	시26·27
21	**1319**	삼상13	롬11	렘50	시28·29
22	**1326**	삼상14	롬12	렘51	시30
23	**1334**	삼상15	롬13	렘52	시31
24	**1340**	삼상16	롬14	애 1	시32
25	**1345**	삼상17	롬15	애 2	시33
26	**1352**	삼상18	롬16	애 3	시34
27	**1358**	삼상19	고전1	애 4	시35
28	**1363**	삼상20	고전2	애 5	시36
29	**1368**	삼상21·22	고전3	겔 1	시37
30	**1374**	삼상23	고전4	겔 2	시38
31	**1379**	삼상24	고전5	겔 3	시39

September 09

날짜	page	가정		개인	
1	1385	삼상25	고전 6	겔 4	시40·41
2	1391	삼상26	고전 7	겔 5	시42·43
3	1396	삼상27	고전 8	겔 6	시44
4	1400	삼상28	고전 9	겔 7	시45·46
5	1405	삼상29·30	고전10	겔 8	시47
6	1411	삼상31	고전11	겔 9	시48
7	1414	삼하 1	고전12	겔10	시49
8	1419	삼하 2	고전13	겔11	시50
9	1424	삼하 3	고전14	겔12	시51
10	1430	삼하4·5	고전15	겔13	시52~54
11	1438	삼하 6	고전16	겔14	시55
12	1442	삼하 7	고후 1	겔15	시56·57
13	1447	삼하8·9	고후 2	겔16	시58·59
14	1454	삼하10	고후 3	겔17	시60·61
15	1459	삼하11	고후 4	겔18	시62·63
16	1464	삼하12	고후 5	겔19	시64·65
17	1469	삼하13	고후 6	겔20	시66·67
18	1476	삼하14	고후 7	겔21	시68
19	1483	삼하15	고후 8	겔22	시69
20	1489	삼하16	고후 9	겔23	시70·71
21	1495	삼하17	고후10	겔24	시72
22	1500	삼하18	고후11	겔25	시73
23	1506	삼하19	고후12	겔26	시74
24	1513	삼하20	고후13	겔27	시75·76
25	1518	삼하21	갈 1	겔28	시77
26	1523	삼하22	갈 2	겔29	시78:1~37
27	1529	삼하23	갈 3	겔30	시78:38~72
28	1535	삼하24	갈 4	겔31	시79
29	1540	왕상 1	갈 5	겔32	시80
30	1547	왕상 2	갈 6	겔33	시81·82

October 10

날짜	page	가정		개인	
1	1555	왕상 3	엡 1	겔34	시83·84
2	1560	왕상4·5	엡 2	겔35	시85
3	1565	왕상 6	엡 3	겔36	시86
4	1571	왕상 7	엡 4	겔37	시87·88
5	1578	왕상 8	엡 5	겔38	시89
6	1586	왕상 9	엡 6	겔39	시90
7	1591	왕상10	빌 1	겔40	시91
8	1598	왕상11	빌 2	겔41	시92·93
9	1603	왕상12	빌 3	겔42	시94
10	1608	왕상13	빌 4	겔43	시95·96
11	1614	왕상14	골 1	겔44	시97·98
12	1620	왕상15	골 2	겔45	시99~101
13	1625	왕상16	골 3	겔46	시102
14	1631	왕상17	골 4	겔47	시103
15	1635	왕상18	살전 1	겔48	시104
16	1642	왕상19	살전 2	단 1	시105
17	1647	왕상20	살전 3	단 2	시106
18	1655	왕상21	살전 4	단 3	시107
19	1661	왕상22	살전 5	단 4	시108·109
20	1669	왕하 1	살후 1	단 5	시110·111
21	1674	왕하 2	살후 2	단 6	시112·113
22	1679	왕하 3	살후 3	단 7	시114·115
23	1684	왕하 4	딤전 1	단 8	시116
24	1690	왕하 5	딤전 2	단 9	시117·118
25	1695	왕하 6	딤전 3	단10	시119:1~24
26	1700	왕하 7	딤전 4	단11	시119:25~48
27	1706	왕하 8	딤전 5	단12	시119:49~72
28	1710	왕하 9	딤전 6	호 1	시119:73~96
29	1715	왕하10	딤후 1	호 2	시119:97~120
30	1721	왕하11·12	딤후 2	호3·4	시119:121~144
31	1726	왕하13	딤후 3	호5·6	시119:145~176

November 11

날짜	page	가정		개인	
1	**1733**	왕하14	딤후4	호 7	시120~122
2	**1737**	왕하15	딛 1	호 8	시123~125
3	**1741**	왕하16	딛 2	호 9	시126~128
4	**1745**	왕하17	딛 3	호10	시129~131
5	**1750**	왕하18	몬 1	호11	시132~134
6	**1755**	왕하19	히 1	호12	시135·136
7	**1760**	왕하20	히 2	호13	시137·138
8	**1765**	왕하21	히 3	호14	시139
9	**1768**	왕하22	히 4	욜 1	시140·141
10	**1773**	왕하23	히 5	욜 2	시142
11	**1778**	왕하24	히 6	욜 3	시143
12	**1782**	왕하25	히 7	암 1	시144
13	**1787**	대상1·2	히 8	암 2	시145
14	**1793**	대상3·4	히 9	암 3	시146·147
15	**1799**	대상5·6	히10	암 4	시148·150
16	**1807**	대상7·8	히11	암 5	눅1:1~38
17	**1815**	대상9·10	히12	암 6	눅1:39~80
18	**1822**	대상11·12	히13	암 7	눅 2
19	**1830**	대상13·14	약 1	암 8	눅 3
20	**1836**	대상15	약 2	암 9	눅 4
21	**1841**	대상16	약 3	옵 1	눅 5
22	**1847**	대상17	약 4	욘 1	눅 6
23	**1853**	대상18	약 5	욘 2	눅 7
24	**1858**	대상19·20	벧전1	욘 3	눅 8
25	**1864**	대상21	벧전2	욘 4	눅 9
26	**1871**	대상22	벧전3	미 1	눅10
27	**1877**	대상23	벧전4	미 2	눅11
28	**1882**	대상24·25	벧전5	미 3	눅12
29	**1889**	대상26·27	벧후1	미 4	눅13
30	**1896**	대상28	벧후2	미 5	눅14

December 12

날짜	page	가정		개인	
1	**1903**	대상29	벧후3	미 6	눅15
2	**1908**	대하 1	요일 1	미 7	눅16
3	**1912**	대하 2	요일 2	나 1	눅17
4	**1917**	대하3·4	요일 3	나 2	눅18
5	**1923**	대하5·6:1~11	요일 4	나 3	눅19
6	**1929**	대하6:12~42	요일 5	합 1	눅20
7	**1935**	대하 7	요이 1	합 2	눅21
8	**1940**	대하 8	요삼 1	합 3	눅22
9	**1946**	대하 9	유 1	습 1	눅23
10	**1952**	대하10	계 1	습 2	눅24
11	**1958**	대하11·12	계 2	습 3	요 1
12	**1965**	대하13	계 3	학 1	요 2
13	**1969**	대하14·15	계 4	학 2	요 3
14	**1975**	대하16	계 5	슥 1	요 4
15	**1980**	대하17	계 6	슥 2	요 5
16	**1985**	대하18	계 7	슥 3	요 6
17	**1992**	대하19·20	계 8	슥 4	요 7
18	**1998**	대하21	계 9	슥 5	요 8
19	**2004**	대하22·23	계10	슥 6	요 9
20	**2009**	대하24	계11	슥 7	요10
21	**2015**	대하25	계12	슥 8	요11
22	**2021**	대하26	계13	슥 9	요12
23	**2027**	대하27·28	계14	슥10	요13
24	**2033**	대하29	계15	슥11	요14
25	**2038**	대하30	계16	슥12·13:1	요15
26	**2043**	대하31	계17	슥13:2~9	요16
27	**2048**	대하32	계18	슥14	요17
28	**2054**	대하33	계19	말 1	요18
29	**2060**	대하34	계20	말 2	요19
30	**2066**	대하35	계21	말 3	요20
31	**2072**	대하36	계22	말 4	요21

⊕ 맥체인 성경 읽기표 ⊕

January 01

날짜	page	가정		개인	
1	**1**	창 1	마 1	스 1	행 1
2	**5**	창 2	마 2	스 2	행 2
3	**12**	창 3	마 3	스 3	행 3
4	**16**	창 4	마 4	스 4	행 4
5	**22**	창 5	마 5	스 5	행 5
6	**28**	창 6	마 6	스 6	행 6
7	**33**	창 7	마 7	스 7	행 7
8	**39**	창 8	마 8	스 8	행 8
9	**46**	창9·10	마 9	스 9	행 9
10	**53**	창11	마10	스10	행10
11	**60**	창12	마11	느 1	행11
12	**65**	창13	마12	느 2	행12
13	**70**	창14	마13	느 3	행13
14	**78**	창15	마14	느 4	행14
15	**83**	창16	마15	느 5	행15
16	**89**	창17	마16	느 6	행16
17	**95**	창18	마17	느 7	행17
18	**102**	창19	마18	느 8	행18
19	**108**	창20	마19	느 9	행19
20	**115**	창21	마20	느10	행20
21	**121**	창22	마21	느11	행21
22	**128**	창23	마22	느12	행22
23	**135**	창24	마23	느13	행23
24	**144**	창25	마24	에 1	행24
25	**150**	창26	마25	에 2	행25
26	**157**	창27	마26	에 3	행26
27	**165**	창28	마27	에 4	행27
28	**172**	창29	마28	에 5	행28
29	**177**	창30	막 1	에 6	롬 1
30	**184**	창31	막 2	에 7	롬 2
31	**190**	창32	막 3	에 8	롬 3

February 02

날짜	page	가정		개인	
1	**197**	창33	막 4	에9·10	롬 4
2	**202**	창34	막 5	욥 1	롬 5
3	**208**	창35·36	막 6	욥 2	롬 6
4	**216**	창37	막 7	욥 3	롬 7
5	**222**	창38	막 8	욥 4	롬 8
6	**228**	창39	막 9	욥 5	롬 9
7	**234**	창40	막10	욥 6	롬10
8	**239**	창41	막11	욥 7	롬11
9	**246**	창42	막12	욥 8	롬12
10	**252**	창43	막13	욥 9	롬13
11	**258**	창44	막14	욥10	롬14
12	**265**	창45	막15	욥11	롬15
13	**271**	창46	막16	욥12	롬16
14	**276**	창47	눅1:1~38	욥13	고전1
15	**282**	창48	눅1:39~80	욥14	고전2
16	**286**	창49	눅 2	욥15	고전3
17	**292**	창50	눅 3	욥16·17	고전4
18	**298**	출 1	눅 4	욥18	고전5
19	**303**	출 2	눅 5	욥19	고전6
20	**308**	출 3	눅 6	욥20	고전7
21	**315**	출 4	눅 7	욥21	고전8
22	**321**	출 5	눅 8	욥22	고전9
23	**327**	출 6	눅 9	욥23	고전10
24	**334**	출 7	눅10	욥24	고전11
25	**340**	출 8	눅11	욥25·26	고전12
26	**346**	출 9	눅12	욥27	고전13
27	**352**	출10	눅13	욥28	고전14
28	**359**	출11·12:1~21	눅14	욥29	고전15

March 03

날짜	page	가정		개인	
1	**367**	출12:22~51	눅15	욥30	고전16
2	**372**	출13	눅16	욥31	고후 1
3	**377**	출14	눅17	욥32	고후 2
4	**382**	출15	눅18	욥33	고후 3
5	**388**	출16	눅19	욥34	고후 4
6	**394**	출17	눅20	욥35	고후 5
7	**399**	출18	눅21	욥36	고후 6
8	**404**	출19	눅22	욥37	고후 7
9	**411**	출20	눅23	욥38	고후 8
10	**417**	출21	눅24	욥39	고후 9
11	**422**	출22	요 1	욥40	고후10
12	**428**	출23	요 2	욥41	고후11
13	**433**	출24	요 3	욥42	고후12
14	**438**	출25	요 4	잠 1	고후13
15	**444**	출26	요 5	잠 2	갈 1
16	**449**	출27	요 6	잠 3	갈 2
17	**456**	출28	요 7	잠 4	갈 3
18	**463**	출29	요 8	잠 5	갈 4
19	**470**	출30	요 9	잠 6	갈 5
20	**476**	출31	요10	잠 7	갈 6
21	**480**	출32	요11	잠 8	엡 1
22	**487**	출33	요12	잠 9	엡 2
23	**492**	출34	요13	잠10	엡 3
24	**498**	출35	요14	잠11	엡 4
25	**504**	출36	요15	잠12	엡 5
26	**509**	출37	요16	잠13	엡 6
27	**514**	출38	요17	잠14	빌 1
28	**520**	출39	요18	잠15	빌 2
29	**526**	출40	요19	잠16	빌 3
30	**532**	레 1	요20	잠17	빌 4
31	**537**	레2·3	요21	잠18	골 1

April 04

날짜	page	가정		개인	
1	**543**	레 4	시1·2	잠19	골 2
2	**547**	레 5	시3·4	잠20	골 3
3	**551**	레 6	시5·6	잠21	골 4
4	**556**	레 7	시7·8	잠22	살전1
5	**560**	레 8	시 9	잠23	살전2
6	**565**	레 9	시10	잠24	살전3
7	**569**	레10	시11·12	잠25	살전4
8	**573**	레11·12	시13·14	잠26	살전5
9	**578**	레13	시15·16	잠27	살후1
10	**583**	레14	시17	잠28	살후2
11	**589**	레15	시18	잠29	살후3
12	**594**	레16	시19	잠30	딤전1
13	**599**	레17	시20·21	잠31	딤전2
14	**603**	레18	시22	전 1	딤전3
15	**607**	레19	시23·24	전 2	딤전4
16	**611**	레20	시25	전 3	딤전5
17	**616**	레21	시26·27	전 4	딤전6
18	**620**	레22	시28·29	전 5	딤후1
19	**625**	레23	시30	전 6	딤후2
20	**629**	레24	시31	전 7	딤후3
21	**634**	레25	시32	전 8	딤후4
22	**639**	레26	시33	전 9	딛 1
23	**644**	레27	시34	전10	딛 2
24	**648**	민 1	시35	전11	딛 3
25	**653**	민 2	시36	전12	몬 1
26	**656**	민 3	시37	아 1	히 1
27	**662**	민 4	시38	아 2	히 2
28	**666**	민 5	시39	아 3	히 3
29	**670**	민 6	시40·41	아 4	히 4
30	**675**	민 7	시42·43	아 5	히 5

May 05

날짜	page	가정		개인	
1	**683**	민 8	시44	아 6	히 6
2	**687**	민 9	시45	아 7	히 7
3	**691**	민10	시46·47	아 8	히 8
4	**695**	민11	시48	사 1	히 9
5	**700**	민12·13	시49	사 2	히10
6	**706**	민14	시50	사3·4	히11
7	**712**	민15	시51	사 5	히12
8	**718**	민16	시52~54	사 6	히13
9	**724**	민17·18	시55	사 7	약 1
10	**730**	민19	시56·57	사8·9:1~7	약 2
11	**735**	민20	시58·59	사9:8~10:4	약 3
12	**740**	민21	시60·61	사10:5~34	약 4
13	**745**	민22	시62·63	사11·12	약 5
14	**751**	민23	시64·65	사13	벧전1
15	**756**	민24	시66·67	사14	벧전2
16	**761**	민25	시68	사15	벧전3
17	**766**	민26	시69	사16	벧전4
18	**772**	민27	시70·71	사17·18	벧전5
19	**776**	민28	시72	사19·20	벧후1
20	**781**	민29	시73	사21	벧후2
21	**786**	민30	시74	사22	벧후3
22	**790**	민31	시75·76	사23	요일1
23	**795**	민32	시77	사24	요일2
24	**800**	민33	시78:1~37	사25	요일3
25	**806**	민34	시78:38~72	사26	요일4
26	**810**	민35	시79	사27	요일5
27	**815**	민36	시80	사28	요이1
28	**819**	신 1	시81·82	사29	요삼1
29	**824**	신 2	시83·84	사30	유 1
30	**831**	신 3	시85	사31	계 1
31	**835**	신 4	시86·87	사32	계 2

June 06

날짜	page	가정		개인	
1	**843**	신 5	시88	사33	계 3
2	**848**	신 6	시89	사34	계 4
3	**853**	신 7	시90	사35	계 5
4	**856**	신 8	시91	사36	계 6
5	**860**	신 9	시92·93	사37	계 7
6	**866**	신10	시94	사38	계 8
7	**870**	신11	시95·96	사39	계 9
8	**874**	신12	시97·98	사40	계10
9	**879**	신13·14	시99~101	사41	계11
10	**885**	신15	시102	사42	계12
11	**890**	신16	시103	사43	계13
12	**894**	신17	시104	사44	계14
13	**900**	신18	시105	사45	계15
14	**905**	신19	시106	사46	계16
15	**910**	신20	시107	사47	계17
16	**914**	신21	시108·109	사48	계18
17	**920**	신22	시110·111	사49	계19
18	**925**	신23	시112·113	사50	계20
19	**929**	신24	시114·115	사51	계21
20	**934**	신25	시116	사52	계22
21	**938**	신26	시117·118	사53	마 1
22	**942**	신27·28:1~19	시119:1~24	사54	마 2
23	**947**	신28:20~68	시119:25~48	사55	마 3
24	**953**	신29	시119:49~72	사56	마 4
25	**957**	신30	시119:73~96	사57	마 5
26	**963**	신31	시119:97~120	사58	마 6
27	**968**	신32	시119:121~144	사59	마 7
28	**974**	신33·34	시119:145~176	사60	마 8
29	**981**	수 1	시120~122	사61	마 9
30	**985**	수 2	시123~125	사62	마10

[맥체인 성경 읽기표]

맥체인 성경 읽기표는 1842년 맥체인이 자신이 목양하던 성베드로교회 성도들의 영적 성장을 위해 개발한 것으로, 매일 구약과 신약을 각각 2장씩 읽음으로써 1년에 구약 1회, 신약과 시편을 각 2회 정독할 수 있도록 만든 표입니다. 이와 같은 맥체인의 방법에 따라 신구약 성경 전체를 골고루 4등분해서 동시에 읽으면, 성경에 기록된 장구한 구속사를 크게 네 시대로 나누어 동시에 묵상할 수 있습니다.

(1) 창세기 ~ 역대하 : 만물의 시작과 이스라엘의 시작
(2) 에스라 ~ 말라기 : 이스라엘의 멸망과 새 시대의 시작
(3) 마태복음 ~ 요한복음 : 예수의 복음사역과 십자가 구속
(4) 사도행전 ~ 요한계시록 : 교회의 시작과 선교

▶《맥체인 성경 365》 말씀연결 사용하는 법

① 네 성경 본문의 소주제를 통해 중심 단어나 문장을 말씀으로 묵상한다.
② 네 본문의 말씀을 순서대로, 천천히 읽는다.
③ 두 본문에서 반복되는 단어나 유사한 문맥을 찾아 서로 연결한다.
④ 본문에서 반대의 뜻을 가진 단어나 문장을 찾는다.
⑤ 두 권의 책에서 공통되는 하나님의 말씀을 연결하여 기록한다.
⑥ 연결되는 말씀을 다른 두 권으로 확대하여 네 권 전체에 흐르는 하나님의 생각과 베푸신 은혜를 누리고, 그 내용을 적어본다.
⑦ 본문에서 지도자나 인도자로부터 배운 신학 주제나 교리들이 함축하고 있는 문맥의 짝을 찾아본다.
⑧ 중심 주제를 필두로, 삶에 적용할 일들을 적어보고 생활 중에 실천함으로써 변화를 경험해 본다.
⑨ 하나님이 오늘 나에게 주신 말씀들을 통하여 가르침, 명령과 약속 권면, 경고 및 행해야 할 일들을 하나님과 대화하는 마음으로(기도) 성경읽기를 마무리한다.

July 07					
날짜	page	가정		개인	
1	**991**	수 3	시126~128	사63	마11
2	**995**	수 4	시129~131	사64	마12
3	**1000**	수5·6:1~5	시132~134	사65	마13
4	**1006**	수6:6~27	시135·136	사66	마14
5	**1013**	수 7	시137·138	렘 1	마15
6	**1018**	수 8	시139	렘 2	마16
7	**1025**	수 9	시140·141	렘 3	마17
8	**1031**	수10	시142·143	렘 4	마18
9	**1038**	수11	시144	렘 5	마19
10	**1043**	수12·13	시145	렘 6	마20
11	**1050**	수14·15	시146·147	렘 7	마21
12	**1058**	수16·17	시148	렘 8	마22
13	**1064**	수18·19	시149·150	렘 9	마23
14	**1071**	수20·21	행 1	렘10	마24
15	**1078**	수22	행 2	렘11	마25
16	**1087**	수23	행 3	렘12	마26
17	**1094**	수24	행 4	렘13	마27
18	**1102**	삿 1	행 5	렘14	마28
19	**1108**	삿 2	행 6	렘15	막 1
20	**1114**	삿 3	행 7	렘16	막 2
21	**1121**	삿 4	행 8	렘17	막 3
22	**1127**	삿 5	행 9	렘18	막 4
23	**1134**	삿 6	행10	렘19	막 5
24	**1142**	삿 7	행11	렘20	막 6
25	**1149**	삿 8	행12	렘21	막 7
26	**1154**	삿 9	행13	렘22	막 8
27	**1164**	삿10·11:1~11	행14	렘23	막 9
28	**1171**	삿11:12~40	행15	렘24	막10
29	**1178**	삿12	행16	렘25	막11
30	**1185**	삿13	행17	렘26	막12
31	**1192**	삿14	행18	렘27	막13

August 08					
날짜	page	가정		개인	
1	**1199**	삿15	행19	렘28	막14
2	**1206**	삿16	행20	렘29	막15
3	**1214**	삿17	행21	렘30·31	막16
4	**1222**	삿18	행22	렘32	시1·2
5	**1228**	삿19	행23	렘33	시3·4
6	**1234**	삿20	행24	렘34	시5·6
7	**1241**	삿21	행25	렘35	시7·8
8	**1246**	룻 1	행26	렘36·37	시 9
9	**1253**	룻 2	행27	렘38	시10
10	**1259**	룻3·4	행28	렘39	시11·12
11	**1264**	삼상1	롬 1	렘40	시13·14
12	**1270**	삼상2	롬 2	렘41	시15·16
13	**1275**	삼상3	롬 3	렘42	시17
14	**1280**	삼상4	롬 4	렘43	시18
15	**1285**	삼상5·6	롬 5	렘44	시19
16	**1292**	삼상7·8	롬 6	렘45	시20·21
17	**1296**	삼상9	롬 7	렘46	시22
18	**1302**	삼상10	롬 8	렘47	시23·24
19	**1307**	삼상11	롬 9	렘48	시25
20	**1313**	삼상12	롬10	렘49	시26·27
21	**1319**	삼상13	롬11	렘50	시28·29
22	**1326**	삼상14	롬12	렘51	시30
23	**1334**	삼상15	롬13	렘52	시31
24	**1340**	삼상16	롬14	애 1	시32
25	**1345**	삼상17	롬15	애 2	시33
26	**1352**	삼상18	롬16	애 3	시34
27	**1358**	삼상19	고전1	애 4	시35
28	**1363**	삼상20	고전2	애 5	시36
29	**1368**	삼상21·22	고전3	겔 1	시37
30	**1374**	삼상23	고전4	겔 2	시38
31	**1379**	삼상24	고전5	겔 3	시39

September 09

날짜	page	가정		개인	
1	**1385**	삼상25	고전 6	겔 4	시40·41
2	**1391**	삼상26	고전 7	겔 5	시42·43
3	**1396**	삼상27	고전 8	겔 6	시44
4	**1400**	삼상28	고전 9	겔 7	시45·46
5	**1405**	삼상29·30	고전10	겔 8	시47
6	**1411**	삼상31	고전11	겔 9	시48
7	**1414**	삼하 1	고전12	겔10	시49
8	**1419**	삼하 2	고전13	겔11	시50
9	**1424**	삼하 3	고전14	겔12	시51
10	**1430**	삼하4·5	고전15	겔13	시52~54
11	**1438**	삼하 6	고전16	겔14	시55
12	**1442**	삼하 7	고후 1	겔15	시56·57
13	**1447**	삼하8·9	고후 2	겔16	시58·59
14	**1454**	삼하10	고후 3	겔17	시60·61
15	**1459**	삼하11	고후 4	겔18	시62·63
16	**1464**	삼하12	고후 5	겔19	시64·65
17	**1469**	삼하13	고후 6	겔20	시66·67
18	**1476**	삼하14	고후 7	겔21	시68
19	**1483**	삼하15	고후 8	겔22	시69
20	**1489**	삼하16	고후 9	겔23	시70·71
21	**1495**	삼하17	고후10	겔24	시72
22	**1500**	삼하18	고후11	겔25	시73
23	**1506**	삼하19	고후12	겔26	시74
24	**1513**	삼하20	고후13	겔27	시75·76
25	**1518**	삼하21	갈 1	겔28	시77
26	**1523**	삼하22	갈 2	겔29	시78:1~37
27	**1529**	삼하23	갈 3	겔30	시78:38~72
28	**1535**	삼하24	갈 4	겔31	시79
29	**1540**	왕상 1	갈 5	겔32	시80
30	**1547**	왕상 2	갈 6	겔33	시81·82

October 10

날짜	page	가정		개인	
1	**1555**	왕상 3	엡 1	겔34	시83·84
2	**1560**	왕상4·5	엡 2	겔35	시85
3	**1565**	왕상 6	엡 3	겔36	시86
4	**1571**	왕상 7	엡 4	겔37	시87·88
5	**1578**	왕상 8	엡 5	겔38	시89
6	**1586**	왕상 9	엡 6	겔39	시90
7	**1591**	왕상10	빌 1	겔40	시91
8	**1598**	왕상11	빌 2	겔41	시92·93
9	**1603**	왕상12	빌 3	겔42	시94
10	**1608**	왕상13	빌 4	겔43	시95·96
11	**1614**	왕상14	골 1	겔44	시97·98
12	**1620**	왕상15	골 2	겔45	시99~101
13	**1625**	왕상16	골 3	겔46	시102
14	**1631**	왕상17	골 4	겔47	시103
15	**1635**	왕상18	살전 1	겔48	시104
16	**1642**	왕상19	살전 2	단 1	시105
17	**1647**	왕상20	살전 3	단 2	시106
18	**1655**	왕상21	살전 4	단 3	시107
19	**1661**	왕상22	살전 5	단 4	시108·109
20	**1669**	왕하 1	살후 1	단 5	시110·111
21	**1674**	왕하 2	살후 2	단 6	시112·113
22	**1679**	왕하 3	살후 3	단 7	시114·115
23	**1684**	왕하 4	딤전 1	단 8	시116
24	**1690**	왕하 5	딤전 2	단 9	시117·118
25	**1695**	왕하 6	딤전 3	단10	시119:1~24
26	**1700**	왕하 7	딤전 4	단11	시119:25~48
27	**1706**	왕하 8	딤전 5	단12	시119:49~72
28	**1710**	왕하 9	딤전 6	호 1	시119:73~96
29	**1715**	왕하10	딤후 1	호 2	시119:97~120
30	**1721**	왕하11·12	딤후 2	호3·4	시119:121~144
31	**1726**	왕하13	딤후 3	호5·6	시119:145~176

November 11

날짜	page	가정		개인	
1	**1733**	왕하14	딤후4	호 7	시120~122
2	**1737**	왕하15	딛 1	호 8	시123~125
3	**1741**	왕하16	딛 2	호 9	시126~128
4	**1745**	왕하17	딛 3	호10	시129~131
5	**1750**	왕하18	몬 1	호11	시132~134
6	**1755**	왕하19	히 1	호12	시135·136
7	**1760**	왕하20	히 2	호13	시137·138
8	**1765**	왕하21	히 3	호14	시139
9	**1768**	왕하22	히 4	욜 1	시140·141
10	**1773**	왕하23	히 5	욜 2	시142
11	**1778**	왕하24	히 6	욜 3	시143
12	**1782**	왕하25	히 7	암 1	시144
13	**1787**	대상1·2	히 8	암 2	시145
14	**1793**	대상3·4	히 9	암 3	시146·147
15	**1799**	대상5·6	히10	암 4	시148·150
16	**1807**	대상7·8	히11	암 5	눅1:1~38
17	**1815**	대상9·10	히12	암 6	눅1:39~80
18	**1822**	대상11·12	히13	암 7	눅 2
19	**1830**	대상13·14	약 1	암 8	눅 3
20	**1836**	대상15	약 2	암 9	눅 4
21	**1841**	대상16	약 3	옵 1	눅 5
22	**1847**	대상17	약 4	욘 1	눅 6
23	**1853**	대상18	약 5	욘 2	눅 7
24	**1858**	대상19·20	벧전1	욘 3	눅 8
25	**1864**	대상21	벧전2	욘 4	눅 9
26	**1871**	대상22	벧전3	미 1	눅10
27	**1877**	대상23	벧전4	미 2	눅11
28	**1882**	대상24·25	벧전5	미 3	눅12
29	**1889**	대상26·27	벧후1	미 4	눅13
30	**1896**	대상28	벧후2	미 5	눅14

December 12

날짜	page	가정		개인	
1	**1903**	대상29	벧후3	미 6	눅15
2	**1908**	대하 1	요일 1	미 7	눅16
3	**1912**	대하 2	요일 2	나 1	눅17
4	**1917**	대하3·4	요일 3	나 2	눅18
5	**1923**	대하5·6:1~11	요일 4	나 3	눅19
6	**1929**	대하6:12~42	요일 5	합 1	눅20
7	**1935**	대하 7	요이 1	합 2	눅21
8	**1940**	대하 8	요삼 1	합 3	눅22
9	**1946**	대하 9	유 1	습 1	눅23
10	**1952**	대하10	계 1	습 2	눅24
11	**1958**	대하11·12	계 2	습 3	요 1
12	**1965**	대하13	계 3	학 1	요 2
13	**1969**	대하14·15	계 4	학 2	요 3
14	**1975**	대하16	계 5	슥 1	요 4
15	**1980**	대하17	계 6	슥 2	요 5
16	**1985**	대하18	계 7	슥 3	요 6
17	**1992**	대하19·20	계 8	슥 4	요 7
18	**1998**	대하21	계 9	슥 5	요 8
19	**2004**	대하22·23	계10	슥 6	요 9
20	**2009**	대하24	계11	슥 7	요10
21	**2015**	대하25	계12	슥 8	요11
22	**2021**	대하26	계13	슥 9	요12
23	**2027**	대하27·28	계14	슥10	요13
24	**2033**	대하29	계15	슥11	요14
25	**2038**	대하30	계16	슥12·13:1	요15
26	**2043**	대하31	계17	슥13:2~9	요16
27	**2048**	대하32	계18	슥14	요17
28	**2054**	대하33	계19	말 1	요18
29	**2060**	대하34	계20	말 2	요19
30	**2066**	대하35	계21	말 3	요20
31	**2072**	대하36	계22	말 4	요21

맥체인 성경 읽기표

January 01					
날짜	page	가정		개인	
1	1	창 1	마 1	스 1	행 1
2	5	창 2	마 2	스 2	행 2
3	12	창 3	마 3	스 3	행 3
4	16	창 4	마 4	스 4	행 4
5	22	창 5	마 5	스 5	행 5
6	28	창 6	마 6	스 6	행 6
7	33	창 7	마 7	스 7	행 7
8	39	창 8	마 8	스 8	행 8
9	46	창9·10	마 9	스 9	행 9
10	53	창11	마10	스10	행10
11	60	창12	마11	느 1	행11
12	65	창13	마12	느 2	행12
13	70	창14	마13	느 3	행13
14	78	창15	마14	느 4	행14
15	83	창16	마15	느 5	행15
16	89	창17	마16	느 6	행16
17	95	창18	마17	느 7	행17
18	102	창19	마18	느 8	행18
19	108	창20	마19	느 9	행19
20	115	창21	마20	느10	행20
21	121	창22	마21	느11	행21
22	128	창23	마22	느12	행22
23	135	창24	마23	느13	행23
24	144	창25	마24	에 1	행24
25	150	창26	마25	에 2	행25
26	157	창27	마26	에 3	행26
27	165	창28	마27	에 4	행27
28	172	창29	마28	에 5	행28
29	177	창30	막 1	에 6	롬 1
30	184	창31	막 2	에 7	롬 2
31	190	창32	막 3	에 8	롬 3

February 02					
날짜	page	가정		개인	
1	197	창33	막 4	에9·10	롬 4
2	202	창34	막 5	욥 1	롬 5
3	208	창35·36	막 6	욥 2	롬 6
4	216	창37	막 7	욥 3	롬 7
5	222	창38	막 8	욥 4	롬 8
6	228	창39	막 9	욥 5	롬 9
7	234	창40	막10	욥 6	롬10
8	239	창41	막11	욥 7	롬11
9	246	창42	막12	욥 8	롬12
10	252	창43	막13	욥 9	롬13
11	258	창44	막14	욥10	롬14
12	265	창45	막15	욥11	롬15
13	271	창46	막16	욥12	롬16
14	276	창47	눅1:1~38	욥13	고전1
15	282	창48	눅1:39~80	욥14	고전2
16	286	창49	눅 2	욥15	고전3
17	292	창50	눅 3	욥16·17	고전4
18	298	출 1	눅 4	욥18	고전5
19	303	출 2	눅 5	욥19	고전6
20	308	출 3	눅 6	욥20	고전7
21	315	출 4	눅 7	욥21	고전8
22	321	출 5	눅 8	욥22	고전9
23	327	출 6	눅 9	욥23	고전10
24	334	출 7	눅10	욥24	고전11
25	340	출 8	눅11	욥25·26	고전12
26	346	출 9	눅12	욥27	고전13
27	352	출10	눅13	욥28	고전14
28	359	출11·12:1~21	눅14	욥29	고전15

March 03

날짜	page	가정		개인	
1	**367**	출12:22~51	눅15	욥30	고전16
2	**372**	출13	눅16	욥31	고후 1
3	**377**	출14	눅17	욥32	고후 2
4	**382**	출15	눅18	욥33	고후 3
5	**388**	출16	눅19	욥34	고후 4
6	**394**	출17	눅20	욥35	고후 5
7	**399**	출18	눅21	욥36	고후 6
8	**404**	출19	눅22	욥37	고후 7
9	**411**	출20	눅23	욥38	고후 8
10	**417**	출21	눅24	욥39	고후 9
11	**422**	출22	요 1	욥40	고후10
12	**428**	출23	요 2	욥41	고후11
13	**433**	출24	요 3	욥42	고후12
14	**438**	출25	요 4	잠 1	고후13
15	**444**	출26	요 5	잠 2	갈 1
16	**449**	출27	요 6	잠 3	갈 2
17	**456**	출28	요 7	잠 4	갈 3
18	**463**	출29	요 8	잠 5	갈 4
19	**470**	출30	요 9	잠 6	갈 5
20	**476**	출31	요10	잠 7	갈 6
21	**480**	출32	요11	잠 8	엡 1
22	**487**	출33	요12	잠 9	엡 2
23	**492**	출34	요13	잠10	엡 3
24	**498**	출35	요14	잠11	엡 4
25	**504**	출36	요15	잠12	엡 5
26	**509**	출37	요16	잠13	엡 6
27	**514**	출38	요17	잠14	빌 1
28	**520**	출39	요18	잠15	빌 2
29	**526**	출40	요19	잠16	빌 3
30	**532**	레 1	요20	잠17	빌 4
31	**537**	레2·3	요21	잠18	골 1

April 04

날짜	page	가정		개인	
1	**543**	레 4	시1·2	잠19	골 2
2	**547**	레 5	시3·4	잠20	골 3
3	**551**	레 6	시5·6	잠21	골 4
4	**556**	레 7	시7·8	잠22	살전1
5	**560**	레 8	시 9	잠23	살전2
6	**565**	레 9	시10	잠24	살전3
7	**569**	레10	시11·12	잠25	살전4
8	**573**	레11·12	시13·14	잠26	살전5
9	**578**	레13	시15·16	잠27	살후1
10	**583**	레14	시17	잠28	살후2
11	**589**	레15	시18	잠29	살후3
12	**594**	레16	시19	잠30	딤전1
13	**599**	레17	시20·21	잠31	딤전2
14	**603**	레18	시22	전 1	딤전3
15	**607**	레19	시23·24	전 2	딤전4
16	**611**	레20	시25	전 3	딤전5
17	**616**	레21	시26·27	전 4	딤전6
18	**620**	레22	시28·29	전 5	딤후1
19	**625**	레23	시30	전 6	딤후2
20	**629**	레24	시31	전 7	딤후3
21	**634**	레25	시32	전 8	딤후4
22	**639**	레26	시33	전 9	딛 1
23	**644**	레27	시34	전10	딛 2
24	**648**	민 1	시35	전11	딛 3
25	**653**	민 2	시36	전12	몬 1
26	**656**	민 3	시37	아 1	히 1
27	**662**	민 4	시38	아 2	히 2
28	**666**	민 5	시39	아 3	히 3
29	**670**	민 6	시40·41	아 4	히 4
30	**675**	민 7	시42·43	아 5	히 5

May 05

날짜	page	가정		개인	
1	**683**	민 8	시44	아 6	히 6
2	**687**	민 9	시45	아 7	히 7
3	**691**	민10	시46·47	아 8	히 8
4	**695**	민11	시48	사 1	히 9
5	**700**	민12·13	시49	사 2	히10
6	**706**	민14	시50	사3·4	히11
7	**712**	민15	시51	사 5	히12
8	**718**	민16	시52~54	사 6	히13
9	**724**	민17·18	시55	사 7	약 1
10	**730**	민19	시56·57	사8·9:1~7	약 2
11	**735**	민20	시58·59	사9:8~10:4	약 3
12	**740**	민21	시60·61	사10:5~34	약 4
13	**745**	민22	시62·63	사11·12	약 5
14	**751**	민23	시64·65	사13	벧전1
15	**756**	민24	시66·67	사14	벧전2
16	**761**	민25	시68	사15	벧전3
17	**766**	민26	시69	사16	벧전4
18	**772**	민27	시70·71	사17·18	벧전5
19	**776**	민28	시72	사19·20	벧후1
20	**781**	민29	시73	사21	벧후2
21	**786**	민30	시74	사22	벧후3
22	**790**	민31	시75·76	사23	요일1
23	**795**	민32	시77	사24	요일2
24	**800**	민33	시78:1~37	사25	요일3
25	**806**	민34	시78:38~72	사26	요일4
26	**810**	민35	시79	사27	요일5
27	**815**	민36	시80	사28	요이1
28	**819**	신 1	시81·82	사29	요삼1
29	**824**	신 2	시83·84	사30	유 1
30	**831**	신 3	시85	사31	계 1
31	**835**	신 4	시86·87	사32	계 2

June 06

날짜	page	가정		개인	
1	**843**	신 5	시88	사33	계 3
2	**848**	신 6	시89	사34	계 4
3	**853**	신 7	시90	사35	계 5
4	**856**	신 8	시91	사36	계 6
5	**860**	신 9	시92·93	사37	계 7
6	**866**	신10	시94	사38	계 8
7	**870**	신11	시95·96	사39	계 9
8	**874**	신12	시97·98	사40	계10
9	**879**	신13·14	시99~101	사41	계11
10	**885**	신15	시102	사42	계12
11	**890**	신16	시103	사43	계13
12	**894**	신17	시104	사44	계14
13	**900**	신18	시105	사45	계15
14	**905**	신19	시106	사46	계16
15	**910**	신20	시107	사47	계17
16	**914**	신21	시108·109	사48	계18
17	**920**	신22	시110·111	사49	계19
18	**925**	신23	시112·113	사50	계20
19	**929**	신24	시114·115	사51	계21
20	**934**	신25	시116	사52	계22
21	**938**	신26	시117·118	사53	마 1
22	**942**	신27·28:1~19	시119:1~24	사54	마 2
23	**947**	신28:20~68	시119:25~48	사55	마 3
24	**953**	신29	시119:49~72	사56	마 4
25	**957**	신30	시119:73~96	사57	마 5
26	**963**	신31	시119:97~120	사58	마 6
27	**968**	신32	시119:121~144	사59	마 7
28	**974**	신33·34	시119:145~176	사60	마 8
29	**981**	수 1	시120~122	사61	마 9
30	**985**	수 2	시123~125	사62	마10

맥체인 성경 읽기표

QT와 성경통독을 하나로

[맥체인성경365_목차]

구약 page

창세기(창)	1	역대하(대하)	1908	다니엘(단)	1644
출애굽기(출)	298	에스라(스)	3	호세아(호)	1713
레위기(레)	532	느헤미야(느)	62	요엘(욜)	1770
민수기(민)	648	에스더(에)	147	아모스(암)	1785
신명기(신)	819	욥기(욥)	206	오바댜(옵)	1844
여호수아(수)	981	시편(시)	544/1228	요나(욘)	1850
사사기(삿)	1102	잠언(잠)	442	미가(미)	1874
룻기(룻)	1246	전도서(전)	605	나훔(나)	1915
사무엘상(삼상)	1264	아가(아)	660	하박국(합)	1932
사무엘하(삼하)	1414	이사야(사)	697	스바냐(습)	1949
열왕기상(왕상)	1540	예레미야(렘)	1015	학개(학)	1967
열왕기하(왕하)	1669	예레미야애가(애)	1342	스가랴(슥)	1977
역대상(대상)	1787	에스겔(겔)	1371	말라기(말)	2057

신약 page

마태복음(마)	2/941	에베소서(엡)	485/1556	히브리서(히)	661/1757
마가복음(막)	179/1112	빌립보서(빌)	518/1593	야고보서(약)	729/1832
누가복음(눅)	277/1813	골로새서(골)	540/1616	베드로전서(벧전)	754/1860
요한복음(요)	424/1962	데살로니가전서(살전)	560/1638	베드로후서(벧후)	780/1892
사도행전(행)	4/1073	데살로니가후서(살후)	582/1670	요한일서(요일)	794/1909
로마서(롬)	182/1266	디모데전서(딤전)	598/1686	요한이서(요이)	818/1937
고린도전서(고전)	280/1359	디모데후서(딤후)	624/1718	요한삼서(요삼)	823/1941
고린도후서(고후)	376/1444	디도서(딛)	643/1739	유다서(유)	829/1947
갈라디아서(갈)	448/1519	빌레몬서(몬)	655/1752	요한계시록(계)	834/1952

[맥체인 성경 읽기표]

맥체인 성경 읽기표는 1842년 맥체인이 자신이 목양하던 성베드로교회 성도들의 영적 성장을 위해 개발한 것으로, 매일 구약과 신약을 각각 2장씩 읽음으로써 1년에 구약 1회, 신약과 시편을 각 2회 정독할 수 있도록 만든 표입니다. 이와 같은 맥체인의 방법에 따라 신구약 성경 전체를 골고루 4등분해서 동시에 읽으면, 성경에 기록된 장구한 구속사를 크게 네 시대로 나누어 동시에 묵상할 수 있습니다.

(1) 창세기 ~ 역대하 : 만물의 시작과 이스라엘의 시작
(2) 에스라 ~ 말라기 : 이스라엘의 멸망과 새 시대의 시작
(3) 마태복음 ~ 요한복음 : 예수의 복음사역과 십자가 구속
(4) 사도행전 ~ 요한계시록 : 교회의 시작과 선교

▶ 《맥체인 성경 365》 말씀연결 사용하는 법

① 네 성경 본문의 소주제를 통해 중심 단어나 문장을 말씀으로 묵상한다.
② 네 본문의 말씀을 순서대로, 천천히 읽는다.
③ 두 본문에서 반복되는 단어나 유사한 문맥을 찾아 서로 연결한다.
④ 본문에서 반대의 뜻을 가진 단어나 문장을 찾는다.
⑤ 두 권의 책에서 공통되는 하나님의 말씀을 연결하여 기록한다.
⑥ 연결되는 말씀을 다른 두 권으로 확대하여 네 권 전체에 흐르는 하나님의 생각과 베푸신 은혜를 누리고, 그 내용을 적어본다.
⑦ 본문에서 지도자나 인도자로부터 배운 신학 주제나 교리들이 함축하고 있는 문맥의 짝을 찾아본다.
⑧ 중심 주제를 필두로, 삶에 적용할 일들을 적어보고 생활 중에 실천함으로써 변화를 경험해 본다.
⑨ 하나님이 오늘 나에게 주신 말씀들을 통하여 가르침, 명령과 약속 권면, 경고 및 행해야 할 일들을 하나님과 대화하는 마음으로(기도) 성경읽기를 마무리한다.

July 07

날짜	page	가정		개인	
1	991	수 3	시126~128	사63	마11
2	995	수 4	시129~131	사64	마12
3	1000	수5·6:1~5	시132~134	사65	마13
4	1006	수6:6~27	시135·136	사66	마14
5	1013	수 7	시137·138	렘 1	마15
6	1018	수 8	시139	렘 2	마16
7	1025	수 9	시140·141	렘 3	마17
8	1031	수10	시142·143	렘 4	마18
9	1038	수11	시144	렘 5	마19
10	1043	수12·13	시145	렘 6	마20
11	1050	수14·15	시146·147	렘 7	마21
12	1058	수16·17	시148	렘 8	마22
13	1064	수18·19	시149·150	렘 9	마23
14	1071	수20·21	행 1	렘10	마24
15	1078	수22	행 2	렘11	마25
16	1087	수23	행 3	렘12	마26
17	1094	수24	행 4	렘13	마27
18	1102	삿 1	행 5	렘14	마28
19	1108	삿 2	행 6	렘15	막 1
20	1114	삿 3	행 7	렘16	막 2
21	1121	삿 4	행 8	렘17	막 3
22	1127	삿 5	행 9	렘18	막 4
23	1134	삿 6	행10	렘19	막 5
24	1142	삿 7	행11	렘20	막 6
25	1149	삿 8	행12	렘21	막 7
26	1154	삿 9	행13	렘22	막 8
27	1164	삿10·11:1~11	행14	렘23	막 9
28	1171	삿11:12~40	행15	렘24	막10
29	1178	삿12	행16	렘25	막11
30	1185	삿13	행17	렘26	막12
31	1192	삿14	행18	렘27	막13

August 08

날짜	page	가정		개인	
1	1199	삿15	행19	렘28	막14
2	1206	삿16	행20	렘29	막15
3	1214	삿17	행21	렘30·31	막16
4	1222	삿18	행22	렘32	시1·2
5	1228	삿19	행23	렘33	시3·4
6	1234	삿20	행24	렘34	시5·6
7	1241	삿21	행25	렘35	시7·8
8	1246	룻 1	행26	렘36·37	시 9
9	1253	룻 2	행27	렘38	시10
10	1259	룻3·4	행28	렘39	시11·12
11	1264	삼상1	롬 1	렘40	시13·14
12	1270	삼상2	롬 2	렘41	시15·16
13	1275	삼상3	롬 3	렘42	시17
14	1280	삼상4	롬 4	렘43	시18
15	1285	삼상5·6	롬 5	렘44	시19
16	1292	삼상7·8	롬 6	렘45	시20·21
17	1296	삼상9	롬 7	렘46	시22
18	1302	삼상10	롬 8	렘47	시23·24
19	1307	삼상11	롬 9	렘48	시25
20	1313	삼상12	롬10	렘49	시26·27
21	1319	삼상13	롬11	렘50	시28·29
22	1326	삼상14	롬12	렘51	시30
23	1334	삼상15	롬13	렘52	시31
24	1340	삼상16	롬14	애 1	시32
25	1345	삼상17	롬15	애 2	시33
26	1352	삼상18	롬16	애 3	시34
27	1358	삼상19	고전1	애 4	시35
28	1363	삼상20	고전2	애 5	시36
29	1368	삼상21·22	고전3	겔 1	시37
30	1374	삼상23	고전4	겔 2	시38
31	1379	삼상24	고전5	겔 3	시39

September 09

날짜	page	가정		개인	
1	1385	삼상25	고전 6	겔 4	시40·41
2	1391	삼상26	고전 7	겔 5	시42·43
3	1396	삼상27	고전 8	겔 6	시44
4	1400	삼상28	고전 9	겔 7	시45·46
5	1405	삼상29·30	고전10	겔 8	시47
6	1411	삼상31	고전11	겔 9	시48
7	1414	삼하 1	고전12	겔10	시49
8	1419	삼하 2	고전13	겔11	시50
9	1424	삼하 3	고전14	겔12	시51
10	1430	삼하4·5	고전15	겔13	시52~54
11	1438	삼하 6	고전16	겔14	시55
12	1442	삼하 7	고후 1	겔15	시56·57
13	1447	삼하8·9	고후 2	겔16	시58·59
14	1454	삼하10	고후 3	겔17	시60·61
15	1459	삼하11	고후 4	겔18	시62·63
16	1464	삼하12	고후 5	겔19	시64·65
17	1469	삼하13	고후 6	겔20	시66·67
18	1476	삼하14	고후 7	겔21	시68
19	1483	삼하15	고후 8	겔22	시69
20	1489	삼하16	고후 9	겔23	시70·71
21	1495	삼하17	고후10	겔24	시72
22	1500	삼하18	고후11	겔25	시73
23	1506	삼하19	고후12	겔26	시74
24	1513	삼하20	고후13	겔27	시75·76
25	1518	삼하21	갈 1	겔28	시77
26	1523	삼하22	갈 2	겔29	시78:1~37
27	1529	삼하23	갈 3	겔30	시78:38~72
28	1535	삼하24	갈 4	겔31	시79
29	1540	왕상 1	갈 5	겔32	시80
30	1547	왕상 2	갈 6	겔33	시81·82

October 10

날짜	page	가정		개인	
1	1555	왕상 3	엡 1	겔34	시83·84
2	1560	왕상4·5	엡 2	겔35	시85
3	1565	왕상 6	엡 3	겔36	시86
4	1571	왕상 7	엡 4	겔37	시87·88
5	1578	왕상 8	엡 5	겔38	시89
6	1586	왕상 9	엡 6	겔39	시90
7	1591	왕상10	빌 1	겔40	시91
8	1598	왕상11	빌 2	겔41	시92·93
9	1603	왕상12	빌 3	겔42	시94
10	1608	왕상13	빌 4	겔43	시95·96
11	1614	왕상14	골 1	겔44	시97·98
12	1620	왕상15	골 2	겔45	시99~101
13	1625	왕상16	골 3	겔46	시102
14	1631	왕상17	골 4	겔47	시103
15	1635	왕상18	살전 1	겔48	시104
16	1642	왕상19	살전 2	단 1	시105
17	1647	왕상20	살전 3	단 2	시106
18	1655	왕상21	살전 4	단 3	시107
19	1661	왕상22	살전 5	단 4	시108·109
20	1669	왕하 1	살후 1	단 5	시110·111
21	1674	왕하 2	살후 2	단 6	시112·113
22	1679	왕하 3	살후 3	단 7	시114·115
23	1684	왕하 4	딤전 1	단 8	시116
24	1690	왕하 5	딤전 2	단 9	시117·118
25	1695	왕하 6	딤전 3	단10	시119:1~24
26	1700	왕하 7	딤전 4	단11	시119:25~48
27	1706	왕하 8	딤전 5	단12	시119:49~72
28	1710	왕하 9	딤전 6	호 1	시119:73~96
29	1715	왕하10	딤후 1	호 2	시119:97~120
30	1721	왕하11·12	딤후 2	호3·4	시119:121~144
31	1726	왕하13	딤후 3	호5·6	시119:145~176

November 11

날짜	page	가정		개인	
1	**1733**	왕하14	딤후4	호 7	시120~122
2	**1737**	왕하15	딛 1	호 8	시123~125
3	**1741**	왕하16	딛 2	호 9	시126~128
4	**1745**	왕하17	딛 3	호10	시129~131
5	**1750**	왕하18	몬 1	호11	시132~134
6	**1755**	왕하19	히 1	호12	시135·136
7	**1760**	왕하20	히 2	호13	시137·138
8	**1765**	왕하21	히 3	호14	시139
9	**1768**	왕하22	히 4	욜 1	시140·141
10	**1773**	왕하23	히 5	욜 2	시142
11	**1778**	왕하24	히 6	욜 3	시143
12	**1782**	왕하25	히 7	암 1	시144
13	**1787**	대상1·2	히 8	암 2	시145
14	**1793**	대상3·4	히 9	암 3	시146·147
15	**1799**	대상5·6	히10	암 4	시148·150
16	**1807**	대상7·8	히11	암 5	눅1:1~38
17	**1815**	대상9·10	히12	암 6	눅1:39~80
18	**1822**	대상11·12	히13	암 7	눅 2
19	**1830**	대상13·14	약 1	암 8	눅 3
20	**1836**	대상15	약 2	암 9	눅 4
21	**1841**	대상16	약 3	옵 1	눅 5
22	**1847**	대상17	약 4	욘 1	눅 6
23	**1853**	대상18	약 5	욘 2	눅 7
24	**1858**	대상19·20	벧전1	욘 3	눅 8
25	**1864**	대상21	벧전2	욘 4	눅 9
26	**1871**	대상22	벧전3	미 1	눅10
27	**1877**	대상23	벧전4	미 2	눅11
28	**1882**	대상24·25	벧전5	미 3	눅12
29	**1889**	대상26·27	벧후1	미 4	눅13
30	**1896**	대상28	벧후2	미 5	눅14

December 12

날짜	page	가정		개인	
1	**1903**	대상29	벧후3	미 6	눅15
2	**1908**	대하 1	요일 1	미 7	눅16
3	**1912**	대하 2	요일 2	나 1	눅17
4	**1917**	대하3·4	요일 3	나 2	눅18
5	**1923**	대하5·6:1~11	요일 4	나 3	눅19
6	**1929**	대하6:12~42	요일 5	합 1	눅20
7	**1935**	대하 7	요이 1	합 2	눅21
8	**1940**	대하 8	요삼 1	합 3	눅22
9	**1946**	대하 9	유 1	습 1	눅23
10	**1952**	대하10	계 1	습 2	눅24
11	**1958**	대하11·12	계 2	습 3	요 1
12	**1965**	대하13	계 3	학 1	요 2
13	**1969**	대하14·15	계 4	학 2	요 3
14	**1975**	대하16	계 5	슥 1	요 4
15	**1980**	대하17	계 6	슥 2	요 5
16	**1985**	대하18	계 7	슥 3	요 6
17	**1992**	대하19·20	계 8	슥 4	요 7
18	**1998**	대하21	계 9	슥 5	요 8
19	**2004**	대하22·23	계10	슥 6	요 9
20	**2009**	대하24	계11	슥 7	요10
21	**2015**	대하25	계12	슥 8	요11
22	**2021**	대하26	계13	슥 9	요12
23	**2027**	대하27·28	계14	슥10	요13
24	**2033**	대하29	계15	슥11	요14
25	**2038**	대하30	계16	슥12·13:1	요15
26	**2043**	대하31	계17	슥13:2~9	요16
27	**2048**	대하32	계18	슥14	요17
28	**2054**	대하33	계19	말 1	요18
29	**2060**	대하34	계20	말 2	요19
30	**2066**	대하35	계21	말 3	요20
31	**2072**	대하36	계22	말 4	요21

⊕ 맥체인 성경 읽기표 ⊕

January 01					
날짜	page	가정		개인	
1	1	창 1	마 1	스 1	행 1
2	5	창 2	마 2	스 2	행 2
3	12	창 3	마 3	스 3	행 3
4	16	창 4	마 4	스 4	행 4
5	22	창 5	마 5	스 5	행 5
6	28	창 6	마 6	스 6	행 6
7	33	창 7	마 7	스 7	행 7
8	39	창 8	마 8	스 8	행 8
9	46	창9·10	마 9	스 9	행 9
10	53	창11	마10	스10	행10
11	60	창12	마11	느 1	행11
12	65	창13	마12	느 2	행12
13	70	창14	마13	느 3	행13
14	78	창15	마14	느 4	행14
15	83	창16	마15	느 5	행15
16	89	창17	마16	느 6	행16
17	95	창18	마17	느 7	행17
18	102	창19	마18	느 8	행18
19	108	창20	마19	느 9	행19
20	115	창21	마20	느10	행20
21	121	창22	마21	느11	행21
22	128	창23	마22	느12	행22
23	135	창24	마23	느13	행23
24	144	창25	마24	에 1	행24
25	150	창26	마25	에 2	행25
26	157	창27	마26	에 3	행26
27	165	창28	마27	에 4	행27
28	172	창29	마28	에 5	행28
29	177	창30	막 1	에 6	롬 1
30	184	창31	막 2	에 7	롬 2
31	190	창32	막 3	에 8	롬 3

February 02					
날짜	page	가정		개인	
1	197	창33	막 4	에9·10	롬 4
2	202	창34	막 5	욥 1	롬 5
3	208	창35·36	막 6	욥 2	롬 6
4	216	창37	막 7	욥 3	롬 7
5	222	창38	막 8	욥 4	롬 8
6	228	창39	막 9	욥 5	롬 9
7	234	창40	막10	욥 6	롬10
8	239	창41	막11	욥 7	롬11
9	246	창42	막12	욥 8	롬12
10	252	창43	막13	욥 9	롬13
11	258	창44	막14	욥10	롬14
12	265	창45	막15	욥11	롬15
13	271	창46	막16	욥12	롬16
14	276	창47	눅1:1~38	욥13	고전1
15	282	창48	눅1:39~80	욥14	고전2
16	286	창49	눅 2	욥15	고전3
17	292	창50	눅 3	욥16·17	고전4
18	298	출 1	눅 4	욥18	고전5
19	303	출 2	눅 5	욥19	고전6
20	308	출 3	눅 6	욥20	고전7
21	315	출 4	눅 7	욥21	고전8
22	321	출 5	눅 8	욥22	고전9
23	327	출 6	눅 9	욥23	고전10
24	334	출 7	눅10	욥24	고전11
25	340	출 8	눅11	욥25 26	고전12
26	346	출 9	눅12	욥27	고전13
27	352	출10	눅13	욥28	고전14
28	359	출11·12:1~21	눅14	욥29	고전15

March 03

날짜	page	가정		개인	
1	367	출12:22~51	눅15	욥30	고전16
2	372	출13	눅16	욥31	고후 1
3	377	출14	눅17	욥32	고후 2
4	382	출15	눅18	욥33	고후 3
5	388	출16	눅19	욥34	고후 4
6	394	출17	눅20	욥35	고후 5
7	399	출18	눅21	욥36	고후 6
8	404	출19	눅22	욥37	고후 7
9	411	출20	눅23	욥38	고후 8
10	417	출21	눅24	욥39	고후 9
11	422	출22	요 1	욥40	고후10
12	428	출23	요 2	욥41	고후11
13	433	출24	요 3	욥42	고후12
14	438	출25	요 4	잠 1	고후13
15	444	출26	요 5	잠 2	갈 1
16	449	출27	요 6	잠 3	갈 2
17	456	출28	요 7	잠 4	갈 3
18	463	출29	요 8	잠 5	갈 4
19	470	출30	요 9	잠 6	갈 5
20	476	출31	요10	잠 7	갈 6
21	480	출32	요11	잠 8	엡 1
22	487	출33	요12	잠 9	엡 2
23	492	출34	요13	잠10	엡 3
24	498	출35	요14	잠11	엡 4
25	504	출36	요15	잠12	엡 5
26	509	출37	요16	잠13	엡 6
27	514	출38	요17	잠14	빌 1
28	520	출39	요18	잠15	빌 2
29	526	출40	요19	잠16	빌 3
30	532	레 1	요20	잠17	빌 4
31	537	레2·3	요21	잠18	골 1

April 04

날짜	page	가정		개인	
1	543	레 4	시1·2	잠19	골 2
2	547	레 5	시3·4	잠20	골 3
3	551	레 6	시5·6	잠21	골 4
4	556	레 7	시7·8	잠22	살전1
5	560	레 8	시 9	잠23	살전2
6	565	레 9	시10	잠24	살전3
7	569	레10	시11·12	잠25	살전4
8	573	레11·12	시13·14	잠26	살전5
9	578	레13	시15·16	잠27	살후1
10	583	레14	시17	잠28	살후2
11	589	레15	시18	잠29	살후3
12	594	레16	시19	잠30	딤전1
13	599	레17	시20·21	잠31	딤전2
14	603	레18	시22	전 1	딤전3
15	607	레19	시23·24	전 2	딤전4
16	611	레20	시25	전 3	딤전5
17	616	레21	시26·27	전 4	딤전6
18	620	레22	시28·29	전 5	딤후1
19	625	레23	시30	전 6	딤후2
20	629	레24	시31	전 7	딤후3
21	634	레25	시32	전 8	딤후4
22	639	레26	시33	전 9	딛 1
23	644	레27	시34	전10	딛 2
24	648	민 1	시35	전11	딛 3
25	653	민 2	시36	전12	몬 1
26	656	민 3	시37	아 1	히 1
27	662	민 4	시38	아 2	히 2
28	666	민 5	시39	아 3	히 3
29	670	민 6	시40·41	아 4	히 4
30	675	민 7	시42·43	아 5	히 5

May 05

날짜	page	가정		개인	
1	**683**	민 8	시44	아 6	히 6
2	**687**	민 9	시45	아 7	히 7
3	**691**	민10	시46·47	아 8	히 8
4	**695**	민11	시48	사 1	히 9
5	**700**	민12·13	시49	사 2	히10
6	**706**	민14	시50	사3·4	히11
7	**712**	민15	시51	사 5	히12
8	**718**	민16	시52~54	사 6	히13
9	**724**	민17·18	시55	사 7	약 1
10	**730**	민19	시56·57	사8·9:1~7	약 2
11	**735**	민20	시58·59	사9:8~10:4	약 3
12	**740**	민21	시60·61	사10:5~34	약 4
13	**745**	민22	시62·63	사11·12	약 5
14	**751**	민23	시64·65	사13	벧전1
15	**756**	민24	시66·67	사14	벧전2
16	**761**	민25	시68	사15	벧전3
17	**766**	민26	시69	사16	벧전4
18	**772**	민27	시70·71	사17·18	벧전5
19	**776**	민28	시72	사19·20	벧후1
20	**781**	민29	시73	사21	벧후2
21	**786**	민30	시74	사22	벧후3
22	**790**	민31	시75·76	사23	요일1
23	**795**	민32	시77	사24	요일2
24	**800**	민33	시78:1~37	사25	요일3
25	**806**	민34	시78:38~72	사26	요일4
26	**810**	민35	시79	사27	요일5
27	**815**	민36	시80	사28	요이1
28	**819**	신 1	시81·82	사29	요삼1
29	**824**	신 2	시83·84	사30	유 1
30	**831**	신 3	시85	사31	계 1
31	**835**	신 4	시86·87	사32	계 2

June 06

날짜	page	가정		개인	
1	**843**	신 5	시88	사33	계 3
2	**848**	신 6	시89	사34	계 4
3	**853**	신 7	시90	사35	계 5
4	**856**	신 8	시91	사36	계 6
5	**860**	신 9	시92·93	사37	계 7
6	**866**	신10	시94	사38	계 8
7	**870**	신11	시95·96	사39	계 9
8	**874**	신12	시97·98	사40	계10
9	**879**	신13·14	시99~101	사41	계11
10	**885**	신15	시102	사42	계12
11	**890**	신16	시103	사43	계13
12	**894**	신17	시104	사44	계14
13	**900**	신18	시105	사45	계15
14	**905**	신19	시106	사46	계16
15	**910**	신20	시107	사47	계17
16	**914**	신21	시108·109	사48	계18
17	**920**	신22	시110·111	사49	계19
18	**925**	신23	시112·113	사50	계20
19	**929**	신24	시114·115	사51	계21
20	**934**	신25	시116	사52	계22
21	**938**	신26	시117·118	사53	마 1
22	**942**	신27·28:1~19	시119:1~24	사54	마 2
23	**947**	신28:20~68	시119:25~48	사55	마 3
24	**953**	신29	시119:49~72	사56	마 4
25	**957**	신30	시119:73~96	사57	마 5
26	**963**	신31	시119:97~120	사58	마 6
27	**968**	신32	시119:121~144	사59	마 7
28	**974**	신33·34	시119:145~176	사60	마 8
29	**981**	수 1	시120~122	사61	마 9
30	**985**	수 2	시123~125	사62	마10

맥체인 성경 읽기표

QT와 성경통독을 하나로

[맥체인성경365_목차]

구약 page

창세기(창)	1	역대하(대하)	1908	다니엘(단)	1644
출애굽기(출)	298	에스라(스)	3	호세아(호)	1713
레위기(레)	532	느헤미야(느)	62	요엘(욜)	1770
민수기(민)	648	에스더(에)	147	아모스(암)	1785
신명기(신)	819	욥기(욥)	206	오바댜(옵)	1844
여호수아(수)	981	시편(시)	544/1228	요나(욘)	1850
사사기(삿)	1102	잠언(잠)	442	미가(미)	1874
룻기(룻)	1246	전도서(전)	605	나훔(나)	1915
사무엘상(삼상)	1264	아가(아)	660	하박국(합)	1932
사무엘하(삼하)	1414	이사야(사)	697	스바냐(습)	1949
열왕기상(왕상)	1540	예레미야(렘)	1015	학개(학)	1967
열왕기하(왕하)	1669	예레미야애가(애)	1342	스가랴(슥)	1977
역대상(대상)	1787	에스겔(겔)	1371	말라기(말)	2057

신약 page

마태복음(마)	2/941	에베소서(엡)	485/1556	히브리서(히)	661/1757
마가복음(막)	179/1112	빌립보서(빌)	518/1593	야고보서(약)	729/1832
누가복음(눅)	277/1813	골로새서(골)	540/1616	베드로전서(벧전)	754/1860
요한복음(요)	424/1962	데살로니가전서(살전)	560/1638	베드로후서(벧후)	780/1892
사도행전(행)	4/1073	데살로니가후서(살후)	582/1670	요한일서(요일)	794/1909
로마서(롬)	182/1266	디모데전서(딤전)	598/1686	요한이서(요이)	818/1937
고린도전서(고전)	280/1359	디모데후서(딤후)	624/1718	요한삼서(요삼)	823/1941
고린도후서(고후)	376/1444	디도서(딛)	643/1739	유다서(유)	829/1947
갈라디아서(갈)	448/1519	빌레몬서(몬)	655/1752	요한계시록(계)	834/1952

새벽기도회 살리기 · 구역모임(소그룹) 살리기

마틴로이드존스, 존스토트 목사가 수십년간 사용했던 검증된 방식

[맥체인 성경 읽기표]

맥체인 성경 읽기표는 1842년 맥체인이 자신이 목양하던 성베드로교회 성도들의 영적 성장을 위해 개발한 것으로, 매일 구약과 신약을 각각 2장씩 읽음으로써 1년에 구약 1회, 신약과 시편을 각 2회 정독할 수 있도록 만든 표입니다. 이와 같은 맥체인의 방법에 따라 신구약 성경 전체를 골고루 4등분해서 동시에 읽으면, 성경에 기록된 장구한 구속사를 크게 네 시대로 나누어 동시에 묵상할 수 있습니다.

(1) 창세기 ~ 역대하 : 만물의 시작과 이스라엘의 시작
(2) 에스라 ~ 말라기 : 이스라엘의 멸망과 새 시대의 시작
(3) 마태복음 ~ 요한복음 : 예수의 복음사역과 십자가 구속
(4) 사도행전 ~ 요한계시록 : 교회의 시작과 선교

▶ 《맥체인 성경 365》 말씀연결 사용하는 법

① 네 성경 본문의 소주제를 통해 중심 단어나 문장을 말씀으로 묵상한다.
② 네 본문의 말씀을 순서대로, 천천히 읽는다.
③ 두 본문에서 반복되는 단어나 유사한 문맥을 찾아 서로 연결한다.
④ 본문에서 반대의 뜻을 가진 단어나 문장을 찾는다.
⑤ 두 권의 책에서 공통되는 하나님의 말씀을 연결하여 기록한다.
⑥ 연결되는 말씀을 다른 두 권으로 확대하여 네 권 전체에 흐르는 하나님의 생각과 베푸신 은혜를 누리고, 그 내용을 적어본다.
⑦ 본문에서 지도자나 인도자로부터 배운 신학 주제나 교리들이 함축하고 있는 문맥의 짝을 찾아본다.
⑧ 중심 주제를 필두로, 삶에 적용할 일들을 적어보고 생활 중에 실천함으로써 변화를 경험해 본다.
⑨ 하나님이 오늘 나에게 주신 말씀들을 통하여 가르침, 명령과 약속 권면, 경고 및 행해야 할 일들을 하나님과 대화하는 마음으로(기도) 성경읽기를 마무리한다.

July 07					
날짜	page	가정		개인	
1	**991**	수 3	시126~128	사63	마11
2	**995**	수 4	시129~131	사64	마12
3	**1000**	수5·6:1~5	시132~134	사65	마13
4	**1006**	수6:6~27	시135·136	사66	마14
5	**1013**	수 7	시137·138	렘 1	마15
6	**1018**	수 8	시139	렘 2	마16
7	**1025**	수 9	시140·141	렘 3	마17
8	**1031**	수10	시142·143	렘 4	마18
9	**1038**	수11	시144	렘 5	마19
10	**1043**	수12·13	시145	렘 6	마20
11	**1050**	수14·15	시146·147	렘 7	마21
12	**1058**	수16·17	시148	렘 8	마22
13	**1064**	수18·19	시149·150	렘 9	마23
14	**1071**	수20·21	행 1	렘10	마24
15	**1078**	수22	행 2	렘11	마25
16	**1087**	수23	행 3	렘12	마26
17	**1094**	수24	행 4	렘13	마27
18	**1102**	삿 1	행 5	렘14	마28
19	**1108**	삿 2	행 6	렘15	막 1
20	**1114**	삿 3	행 7	렘16	막 2
21	**1121**	삿 4	행 8	렘17	막 3
22	**1127**	삿 5	행 9	렘18	막 4
23	**1134**	삿 6	행10	렘19	막 5
24	**1142**	삿 7	행11	렘20	막 6
25	**1149**	삿 8	행12	렘21	막 7
26	**1154**	삿 9	행13	렘22	막 8
27	**1164**	삿10·11:1~11	행14	렘23	막 9
28	**1171**	삿11:12~40	행15	렘24	막10
29	**1178**	삿12	행16	렘25	막11
30	**1185**	삿13	행17	렘26	막12
31	**1192**	삿14	행18	렘27	막13

August 08					
날짜	page	가정		개인	
1	**1199**	삿15	행19	렘28	막14
2	**1206**	삿16	행20	렘29	막15
3	**1214**	삿17	행21	렘30·31	막16
4	**1222**	삿18	행22	렘32	시1·2
5	**1228**	삿19	행23	렘33	시3·4
6	**1234**	삿20	행24	렘34	시5·6
7	**1241**	삿21	행25	렘35	시7·8
8	**1246**	룻 1	행26	렘36·37	시 9
9	**1253**	룻 2	행27	렘38	시10
10	**1259**	룻3·4	행28	렘39	시11·12
11	**1264**	삼상1	롬 1	렘40	시13·14
12	**1270**	삼상2	롬 2	렘41	시15·16
13	**1275**	삼상3	롬 3	렘42	시17
14	**1280**	삼상4	롬 4	렘43	시18
15	**1285**	삼상5·6	롬 5	렘44	시19
16	**1292**	삼상7·8	롬 6	렘45	시20·21
17	**1296**	삼상9	롬 7	렘46	시22
18	**1302**	삼상10	롬 8	렘47	시23·24
19	**1307**	삼상11	롬 9	렘48	시25
20	**1313**	삼상12	롬10	렘49	시26·27
21	**1319**	삼상13	롬11	렘50	시28·29
22	**1326**	삼상14	롬12	렘51	시30
23	**1334**	삼상15	롬13	렘52	시31
24	**1340**	삼상16	롬14	애 1	시32
25	**1345**	삼상17	롬15	애 2	시33
26	**1352**	삼상18	롬16	애 3	시34
27	**1358**	삼상19	고전1	애 4	시35
28	**1363**	삼상20	고전2	애 5	시36
29	**1368**	삼상21·22	고전3	겔 1	시37
30	**1374**	삼상23	고전4	겔 2	시38
31	**1379**	삼상24	고전5	겔 3	시39

September 09

날짜	page	가정		개인	
1	1385	삼상25	고전 6	겔 4	시40·41
2	1391	삼상26	고전 7	겔 5	시42·43
3	1396	삼상27	고전 8	겔 6	시44
4	1400	삼상28	고전 9	겔 7	시45·46
5	1405	삼상29·30	고전10	겔 8	시47
6	1411	삼상31	고전11	겔 9	시48
7	1414	삼하 1	고전12	겔10	시49
8	1419	삼하 2	고전13	겔11	시50
9	1424	삼하 3	고전14	겔12	시51
10	1430	삼하4·5	고전15	겔13	시52~54
11	1438	삼하 6	고전16	겔14	시55
12	1442	삼하 7	고후 1	겔15	시56·57
13	1447	삼하8·9	고후 2	겔16	시58·59
14	1454	삼하10	고후 3	겔17	시60·61
15	1459	삼하11	고후 4	겔18	시62·63
16	1464	삼하12	고후 5	겔19	시64·65
17	1469	삼하13	고후 6	겔20	시66·67
18	1476	삼하14	고후 7	겔21	시68
19	1483	삼하15	고후 8	겔22	시69
20	1489	삼하16	고후 9	겔23	시70·71
21	1495	삼하17	고후10	겔24	시72
22	1500	삼하18	고후11	겔25	시73
23	1506	삼하19	고후12	겔26	시74
24	1513	삼하20	고후13	겔27	시75·76
25	1518	삼하21	갈 1	겔28	시77
26	1523	삼하22	갈 2	겔29	시78:1~37
27	1529	삼하23	갈 3	겔30	시78:38~72
28	1535	삼하24	갈 4	겔31	시79
29	1540	왕상 1	갈 5	겔32	시80
30	1547	왕상 2	갈 6	겔33	시81·82

October 10

날짜	page	가정		개인	
1	1555	왕상 3	엡 1	겔34	시83·84
2	1560	왕상4·5	엡 2	겔35	시85
3	1565	왕상 6	엡 3	겔36	시86
4	1571	왕상 7	엡 4	겔37	시87·88
5	1578	왕상 8	엡 5	겔38	시89
6	1586	왕상 9	엡 6	겔39	시90
7	1591	왕상10	빌 1	겔40	시91
8	1598	왕상11	빌 2	겔41	시92·93
9	1603	왕상12	빌 3	겔42	시94
10	1608	왕상13	빌 4	겔43	시95·96
11	1614	왕상14	골 1	겔44	시97·98
12	1620	왕상15	골 2	겔45	시99~101
13	1625	왕상16	골 3	겔46	시102
14	1631	왕상17	골 4	겔47	시103
15	1635	왕상18	살전 1	겔48	시104
16	1642	왕상19	살전 2	단 1	시105
17	1647	왕상20	살전 3	단 2	시106
18	1655	왕상21	살전 4	단 3	시107
19	1661	왕상22	살전 5	단 4	시108·109
20	1669	왕하 1	살후 1	단 5	시110·111
21	1674	왕하 2	살후 2	단 6	시112·113
22	1679	왕하 3	살후 3	단 7	시114·115
23	1684	왕하 4	딤전 1	단 8	시116
24	1690	왕하 5	딤전 2	단 9	시117·118
25	1695	왕하 6	딤전 3	단10	시119:1~24
26	1700	왕하 7	딤전 4	단11	시119:25~48
27	1706	왕하 8	딤전 5	단12	시119:49~72
28	1710	왕하 9	딤전 6	호 1	시119:73~96
29	1715	왕하10	딤후 1	호 2	시119:97~120
30	1721	왕하11·12	딤후 2	호3·4	시119:121~144
31	1726	왕하13	딤후 3	호5·6	시119:145~176

November 11

날짜	page	가정		개인	
1	1733	왕하14	딤후4	호 7	시120~122
2	1737	왕하15	딛 1	호 8	시123~125
3	1741	왕하16	딛 2	호 9	시126~128
4	1745	왕하17	딛 3	호10	시129~131
5	1750	왕하18	몬 1	호11	시132~134
6	1755	왕하19	히 1	호12	시135·136
7	1760	왕하20	히 2	호13	시137·138
8	1765	왕하21	히 3	호14	시139
9	1768	왕하22	히 4	욜 1	시140·141
10	1773	왕하23	히 5	욜 2	시142
11	1778	왕하24	히 6	욜 3	시143
12	1782	왕하25	히 7	암 1	시144
13	1787	대상1·2	히 8	암 2	시145
14	1793	대상3·4	히 9	암 3	시146·147
15	1799	대상5·6	히10	암 4	시148·150
16	1807	대상7·8	히11	암 5	눅1:1~38
17	1815	대상9·10	히12	암 6	눅1:39~80
18	1822	대상11·12	히13	암 7	눅 2
19	1830	대상13·14	약 1	암 8	눅 3
20	1836	대상15	약 2	암 9	눅 4
21	1841	대상16	약 3	옵 1	눅 5
22	1847	대상17	약 4	욘 1	눅 6
23	1853	대상18	약 5	욘 2	눅 7
24	1858	대상19·20	벧전1	욘 3	눅 8
25	1864	대상21	벧전2	욘 4	눅 9
26	1871	대상22	벧전3	미 1	눅10
27	1877	대상23	벧전4	미 2	눅11
28	1882	대상24·25	벧전5	미 3	눅12
29	1889	대상26·27	벧후1	미 4	눅13
30	1896	대상28	벧후2	미 5	눅14

December 12

날짜	page	가정		개인	
1	1903	대상29	벧후3	미 6	눅15
2	1908	대하 1	요일 1	미 7	눅16
3	1912	대하 2	요일 2	나 1	눅17
4	1917	대하3·4	요일 3	나 2	눅18
5	1923	대하5·6:1~11	요일 4	나 3	눅19
6	1929	대하6:12~42	요일 5	합 1	눅20
7	1935	대하 7	요이 1	합 2	눅21
8	1940	대하 8	요삼 1	합 3	눅22
9	1946	대하 9	유 1	습 1	눅23
10	1952	대하10	계 1	습 2	눅24
11	1958	대하11·12	계 2	습 3	요 1
12	1965	대하13	계 3	학 1	요 2
13	1969	대하14·15	계 4	학 2	요 3
14	1975	대하16	계 5	슥 1	요 4
15	1980	대하17	계 6	슥 2	요 5
16	1985	대하18	계 7	슥 3	요 6
17	1992	대하19·20	계 8	슥 4	요 7
18	1998	대하21	계 9	슥 5	요 8
19	2004	대하22·23	계10	슥 6	요 9
20	2009	대하24	계11	슥 7	요10
21	2015	대하25	계12	슥 8	요11
22	2021	대하26	계13	슥 9	요12
23	2027	대하27·28	계14	슥10	요13
24	2033	대하29	계15	슥11	요14
25	2038	대하30	계16	슥12:13:1	요15
26	2043	대하31	계17	슥13:2~9	요16
27	2048	대하32	계18	슥14	요17
28	2054	대하33	계19	말 1	요18
29	2060	대하34	계20	말 2	요19
30	2066	대하35	계21	말 3	요20
31	2072	대하36	계22	말 4	요21

⊕ 맥체인 성경 읽기표 ⊕

January 01					
날짜	page	가정		개인	
1	**1**	창 1	마 1	스 1	행 1
2	**5**	창 2	마 2	스 2	행 2
3	**12**	창 3	마 3	스 3	행 3
4	**16**	창 4	마 4	스 4	행 4
5	**22**	창 5	마 5	스 5	행 5
6	**28**	창 6	마 6	스 6	행 6
7	**33**	창 7	마 7	스 7	행 7
8	**39**	창 8	마 8	스 8	행 8
9	**46**	창9·10	마 9	스 9	행 9
10	**53**	창11	마10	스10	행10
11	**60**	창12	마11	느 1	행11
12	**65**	창13	마12	느 2	행12
13	**70**	창14	마13	느 3	행13
14	**78**	창15	마14	느 4	행14
15	**83**	창16	마15	느 5	행15
16	**89**	창17	마16	느 6	행16
17	**95**	창18	마17	느 7	행17
18	**102**	창19	마18	느 8	행18
19	**108**	창20	마19	느 9	행19
20	**115**	창21	마20	느10	행20
21	**121**	창22	마21	느11	행21
22	**128**	창23	마22	느12	행22
23	**135**	창24	마23	느13	행23
24	**144**	창25	마24	에 1	행24
25	**150**	창26	마25	에 2	행25
26	**157**	창27	마26	에 3	행26
27	**165**	창28	마27	에 4	행27
28	**172**	창29	마28	에 5	행28
29	**177**	창30	막 1	에 6	롬 1
30	**184**	창31	막 2	에 7	롬 2
31	**190**	창32	막 3	에 8	롬 3

February 02					
날짜	page	가정		개인	
1	**197**	창33	막 4	에9·10	롬 4
2	**202**	창34	막 5	욥 1	롬 5
3	**208**	창35·36	막 6	욥 2	롬 6
4	**216**	창37	막 7	욥 3	롬 7
5	**222**	창38	막 8	욥 4	롬 8
6	**228**	창39	막 9	욥 5	롬 9
7	**234**	창40	막10	욥 6	롬10
8	**239**	창41	막11	욥 7	롬11
9	**246**	창42	막12	욥 8	롬12
10	**252**	창43	막13	욥 9	롬13
11	**258**	창44	막14	욥10	롬14
12	**265**	창45	막15	욥11	롬15
13	**271**	창46	막16	욥12	롬16
14	**276**	창47	눅1:1~38	욥13	고전1
15	**282**	창48	눅1:39~80	욥14	고전2
16	**286**	창49	눅 2	욥15	고전3
17	**292**	창50	눅 3	욥16·17	고전4
18	**298**	출 1	눅 4	욥18	고전5
19	**303**	출 2	눅 5	욥19	고전6
20	**308**	출 3	눅 6	욥20	고전7
21	**315**	출 4	눅 7	욥21	고전8
22	**321**	출 5	눅 8	욥22	고전9
23	**327**	출 6	눅 9	욥23	고전10
24	**334**	출 7	눅10	욥24	고전11
25	**340**	출 8	눅11	욥25 26	고전12
26	**346**	출 9	눅12	욥27	고전13
27	**352**	출10	눅13	욥28	고전14
28	**359**	출11·12:1~21	눅14	욥29	고전15

March 03

날짜	page	가정		개인	
1	**367**	출12:22~51	눅15	욥30	고전16
2	**372**	출13	눅16	욥31	고후 1
3	**377**	출14	눅17	욥32	고후 2
4	**382**	출15	눅18	욥33	고후 3
5	**388**	출16	눅19	욥34	고후 4
6	**394**	출17	눅20	욥35	고후 5
7	**399**	출18	눅21	욥36	고후 6
8	**404**	출19	눅22	욥37	고후 7
9	**411**	출20	눅23	욥38	고후 8
10	**417**	출21	눅24	욥39	고후 9
11	**422**	출22	요 1	욥40	고후10
12	**428**	출23	요 2	욥41	고후11
13	**433**	출24	요 3	욥42	고후12
14	**438**	출25	요 4	잠 1	고후13
15	**444**	출26	요 5	잠 2	갈 1
16	**449**	출27	요 6	잠 3	갈 2
17	**456**	출28	요 7	잠 4	갈 3
18	**463**	출29	요 8	잠 5	갈 4
19	**470**	출30	요 9	잠 6	갈 5
20	**476**	출31	요10	잠 7	갈 6
21	**480**	출32	요11	잠 8	엡 1
22	**487**	출33	요12	잠 9	엡 2
23	**492**	출34	요13	잠10	엡 3
24	**498**	출35	요14	잠11	엡 4
25	**504**	출36	요15	잠12	엡 5
26	**509**	출37	요16	잠13	엡 6
27	**514**	출38	요17	잠14	빌 1
28	**520**	출39	요18	잠15	빌 2
29	**526**	출40	요19	잠16	빌 3
30	**532**	레 1	요20	잠17	빌 4
31	**537**	레2·3	요21	잠18	골 1

April 04

날짜	page	가정		개인	
1	**543**	레 4	시1·2	잠19	골 2
2	**547**	레 5	시3·4	잠20	골 3
3	**551**	레 6	시5·6	잠21	골 4
4	**556**	레 7	시7·8	잠22	살전1
5	**560**	레 8	시 9	잠23	살전2
6	**565**	레 9	시10	잠24	살전3
7	**569**	레10	시11·12	잠25	살전4
8	**573**	레11·12	시13·14	잠26	살전5
9	**578**	레13	시15·16	잠27	살후1
10	**583**	레14	시17	잠28	살후2
11	**589**	레15	시18	잠29	살후3
12	**594**	레16	시19	잠30	딤전1
13	**599**	레17	시20·21	잠31	딤전2
14	**603**	레18	시22	전 1	딤전3
15	**607**	레19	시23·24	전 2	딤전4
16	**611**	레20	시25	전 3	딤전5
17	**616**	레21	시26·27	전 4	딤전6
18	**620**	레22	시28·29	전 5	딤후1
19	**625**	레23	시30	전 6	딤후2
20	**629**	레24	시31	전 7	딤후3
21	**634**	레25	시32	전 8	딤후4
22	**639**	레26	시33	전 9	딛 1
23	**644**	레27	시34	전10	딛 2
24	**648**	민 1	시35	전11	딛 3
25	**653**	민 2	시36	전12	몬 1
26	**656**	민 3	시37	아 1	히 1
27	**662**	민 4	시38	아 2	히 2
28	**666**	민 5	시39	아 3	히 3
29	**670**	민 6	시40·41	아 4	히 4
30	**675**	민 7	시42·43	아 5	히 5

May 05

날짜	page	가정		개인	
1	**683**	민 8	시44	아 6	히 6
2	**687**	민 9	시45	아 7	히 7
3	**691**	민10	시46·47	아 8	히 8
4	**695**	민11	시48	사 1	히 9
5	**700**	민12·13	시49	사 2	히10
6	**706**	민14	시50	사3·4	히11
7	**712**	민15	시51	사 5	히12
8	**718**	민16	시52~54	사 6	히13
9	**724**	민17·18	시55	사 7	약 1
10	**730**	민19	시56·57	사8·9:1~7	약 2
11	**735**	민20	시58·59	사9:8~10:4	약 3
12	**740**	민21	시60·61	사10:5~34	약 4
13	**745**	민22	시62·63	사11·12	약 5
14	**751**	민23	시64·65	사13	벧전1
15	**756**	민24	시66·67	사14	벧전2
16	**761**	민25	시68	사15	벧전3
17	**766**	민26	시69	사16	벧전4
18	**772**	민27	시70·71	사17·18	벧전5
19	**776**	민28	시72	사19·20	벧후1
20	**781**	민29	시73	사21	벧후2
21	**786**	민30	시74	사22	벧후3
22	**790**	민31	시75·76	사23	요일1
23	**795**	민32	시77	사24	요일2
24	**800**	민33	시78:1~37	사25	요일3
25	**806**	민34	시78:38~72	사26	요일4
26	**810**	민35	시79	사27	요일5
27	**815**	민36	시80	사28	요이1
28	**819**	신 1	시81·82	사29	요삼1
29	**824**	신 2	시83·84	사30	유 1
30	**831**	신 3	시85	사31	계 1
31	**835**	신 4	시86·87	사32	계 2

June 06

날짜	page	가정		개인	
1	**843**	신 5	시88	사33	계 3
2	**848**	신 6	시89	사34	계 4
3	**853**	신 7	시90	사35	계 5
4	**856**	신 8	시91	사36	계 6
5	**860**	신 9	시92·93	사37	계 7
6	**866**	신10	시94	사38	계 8
7	**870**	신11	시95·96	사39	계 9
8	**874**	신12	시97·98	사40	계10
9	**879**	신13·14	시99~101	사41	계11
10	**885**	신15	시102	사42	계12
11	**890**	신16	시103	사43	계13
12	**894**	신17	시104	사44	계14
13	**900**	신18	시105	사45	계15
14	**905**	신19	시106	사46	계16
15	**910**	신20	시107	사47	계17
16	**914**	신21	시108·109	사48	계18
17	**920**	신22	시110·111	사49	계19
18	**925**	신23	시112·113	사50	계20
19	**929**	신24	시114·115	사51	계21
20	**934**	신25	시116	사52	계22
21	**938**	신26	시117·118	사53	마 1
22	**942**	신27·28:1~19	시119:1~24	사54	마 2
23	**947**	신28:20~68	시119:25~48	사55	마 3
24	**953**	신29	시119:49~72	사56	마 4
25	**957**	신30	시119:73~96	사57	마 5
26	**963**	신31	시119:97~120	사58	마 6
27	**968**	신32	시119:121~144	사59	마 7
28	**974**	신33·34	시119:145~176	사60	마 8
29	**981**	수 1	시120~122	사61	마 9
30	**985**	수 2	시123~125	사62	마10

맥체인 성경 읽기표

QT와 성경통독을 하나로

[맥체인성경365_목차]

구약 page

창세기(창)	1	역대하(대하)	1908	다니엘(단)	1644
출애굽기(출)	298	에스라(스)	3	호세아(호)	1713
레위기(레)	532	느헤미야(느)	62	요엘(욜)	1770
민수기(민)	648	에스더(에)	147	아모스(암)	1785
신명기(신)	819	욥기(욥)	206	오바댜(옵)	1844
여호수아(수)	981	시편(시)	544/1228	요나(욘)	1850
사사기(삿)	1102	잠언(잠)	442	미가(미)	1874
룻기(룻)	1246	전도서(전)	605	나훔(나)	1915
사무엘상(삼상)	1264	아가(아)	660	하박국(합)	1932
사무엘하(삼하)	1414	이사야(사)	697	스바냐(습)	1949
열왕기상(왕상)	1540	예레미야(렘)	1015	학개(학)	1967
열왕기하(왕하)	1669	예레미야애가(애)	1342	스가랴(슥)	1977
역대상(대상)	1787	에스겔(겔)	1371	말라기(말)	2057

신약 page

마태복음(마)	2/941	에베소서(엡)	485/1556	히브리서(히)	661/1757
마가복음(막)	179/1112	빌립보서(빌)	518/1593	야고보서(약)	729/1832
누가복음(눅)	277/1813	골로새서(골)	540/1616	베드로전서(벧전)	754/1860
요한복음(요)	424/1962	데살로니가전서(살전)	560/1638	베드로후서(벧후)	780/1892
사도행전(행)	4/1073	데살로니가후서(살후)	582/1670	요한일서(요일)	794/1909
로마서(롬)	182/1266	디모데전서(딤전)	598/1686	요한이서(요이)	818/1937
고린도전서(고전)	280/1359	디모데후서(딤후)	624/1718	요한삼서(요삼)	823/1941
고린도후시(고후)	376/1444	디도시(딛)	643/1739	유다서(유)	829/1947
갈라디아서(갈)	448/1519	빌레몬서(몬)	655/1752	요한계시록(계)	834/1952

새벽기도회 살리기 · 구역모임(소그룹) 살리기

마틴로이드존스, 존스토트 목사가 수십년간 사용했던 검증된 방식

신교횃불 www.ccm2u.com

[맥체인 성경 읽기표]

맥체인 성경 읽기표는 1842년 맥체인이 자신이 목양하던 성베드로교회 성도들의 영적 성장을 위해 개발한 것으로, 매일 구약과 신약을 각각 2장씩 읽음으로써 1년에 구약 1회, 신약과 시편을 각 2회 정독할 수 있도록 만든 표입니다. 이와 같은 맥체인의 방법에 따라 신구약 성경 전체를 골고루 4등분해서 동시에 읽으면, 성경에 기록된 장구한 구속사를 크게 네 시대로 나누어 동시에 묵상할 수 있습니다.

(1) 창세기 ~ 역대하 : 만물의 시작과 이스라엘의 시작
(2) 에스라 ~ 말라기 : 이스라엘의 멸망과 새 시대의 시작
(3) 마태복음 ~ 요한복음 : 예수의 복음사역과 십자가 구속
(4) 사도행전 ~ 요한계시록 : 교회의 시작과 선교

▶ 《맥체인 성경 365》 말씀연결 사용하는 법

① 네 성경 본문의 소주제를 통해 중심 단어나 문장을 말씀으로 묵상한다.
② 네 본문의 말씀을 순서대로, 천천히 읽는다.
③ 두 본문에서 반복되는 단어나 유사한 문맥을 찾아 서로 연결한다.
④ 본문에서 반대의 뜻을 가진 단어나 문장을 찾는다.
⑤ 두 권의 책에서 공통되는 하나님의 말씀을 연결하여 기록한다.
⑥ 연결되는 말씀을 다른 두 권으로 확대하여 네 권 전체에 흐르는 하나님의 생각과 베푸신 은혜를 누리고, 그 내용을 적어본다.
⑦ 본문에서 지도자나 인도자로부터 배운 신학 주제나 교리들이 함축하고 있는 문맥의 짝을 찾아본다.
⑧ 중심 주제를 필두로, 삶에 적용할 일들을 적어보고 생활 중에 실천함으로써 변화를 경험해 본다.
⑨ 하나님이 오늘 나에게 주신 말씀들을 통하여 가르침, 명령과 약속 권면, 경고 및 행해야 할 일들을 하나님과 대화하는 마음으로(기도) 성경읽기를 마무리한다.

July 07					
날짜	page	가정		개인	
1	**991**	수 3	시126~128	사63	마11
2	**995**	수 4	시129~131	사64	마12
3	**1000**	수5·6:1~5	시132~134	사65	마13
4	**1006**	수6:6~27	시135·136	사66	마14
5	**1013**	수 7	시137·138	렘 1	마15
6	**1018**	수 8	시139	렘 2	마16
7	**1025**	수 9	시140·141	렘 3	마17
8	**1031**	수10	시142·143	렘 4	마18
9	**1038**	수11	시144	렘 5	마19
10	**1043**	수12·13	시145	렘 6	마20
11	**1050**	수14·15	시146·147	렘 7	마21
12	**1058**	수16·17	시148	렘 8	마22
13	**1064**	수18·19	시149·150	렘 9	마23
14	**1071**	수20·21	행 1	렘10	마24
15	**1078**	수22	행 2	렘11	마25
16	**1087**	수23	행 3	렘12	마26
17	**1094**	수24	행 4	렘13	마27
18	**1102**	삿 1	행 5	렘14	마28
19	**1108**	삿 2	행 6	렘15	막 1
20	**1114**	삿 3	행 7	렘16	막 2
21	**1121**	삿 4	행 8	렘17	막 3
22	**1127**	삿 5	행 9	렘18	막 4
23	**1134**	삿 6	행10	렘19	막 5
24	**1142**	삿 7	행11	렘20	막 6
25	**1149**	삿 8	행12	렘21	막 7
26	**1154**	삿 9	행13	렘22	막 8
27	**1164**	삿10·11:1~11	행14	렘23	막 9
28	**1171**	삿11:12~40	행15	렘24	막10
29	**1178**	삿12	행16	렘25	막11
30	**1185**	삿13	행17	렘26	막12
31	**1192**	삿14	행18	렘27	막13

August 08					
날짜	page	가정		개인	
1	**1199**	삿15	행19	렘28	막14
2	**1206**	삿16	행20	렘29	막15
3	**1214**	삿17	행21	렘30·31	막16
4	**1222**	삿18	행22	렘32	시1·2
5	**1228**	삿19	행23	렘33	시3·4
6	**1234**	삿20	행24	렘34	시5·6
7	**1241**	삿21	행25	렘35	시7·8
8	**1246**	룻 1	행26	렘36·37	시 9
9	**1253**	룻 2	행27	렘38	시10
10	**1259**	룻3·4	행28	렘39	시11·12
11	**1264**	삼상1	롬 1	렘40	시13·14
12	**1270**	삼상2	롬 2	렘41	시15·16
13	**1275**	삼상3	롬 3	렘42	시17
14	**1280**	삼상4	롬 4	렘43	시18
15	**1285**	삼상5·6	롬 5	렘44	시19
16	**1292**	삼상7·8	롬 6	렘45	시20·21
17	**1296**	삼상9	롬 7	렘46	시22
18	**1302**	삼상10	롬 8	렘47	시23·24
19	**1307**	삼상11	롬 9	렘48	시25
20	**1313**	삼상12	롬10	렘49	시26·27
21	**1319**	삼상13	롬11	렘50	시28·29
22	**1326**	삼상14	롬12	렘51	시30
23	**1334**	삼상15	롬13	렘52	시31
24	**1340**	삼상16	롬14	애 1	시32
25	**1345**	삼상17	롬15	애 2	시33
26	**1352**	삼상18	롬16	애 3	시34
27	**1358**	삼상19	고전1	애 4	시35
28	**1363**	삼상20	고전2	애 5	시36
29	**1368**	삼상21·22	고전3	겔 1	시37
30	**1374**	삼상23	고전4	겔 2	시38
31	**1379**	삼상24	고전5	겔 3	시39

September 09

날짜	page	가정		개인	
1	**1385**	삼상25	고전 6	겔 4	시40·41
2	**1391**	삼상26	고전 7	겔 5	시42·43
3	**1396**	삼상27	고전 8	겔 6	시44
4	**1400**	삼상28	고전 9	겔 7	시45·46
5	**1405**	삼상29·30	고전10	겔 8	시47
6	**1411**	삼상31	고전11	겔 9	시48
7	**1414**	삼하 1	고전12	겔10	시49
8	**1419**	삼하 2	고전13	겔11	시50
9	**1424**	삼하 3	고전14	겔12	시51
10	**1430**	삼하4·5	고전15	겔13	시52~54
11	**1438**	삼하 6	고전16	겔14	시55
12	**1442**	삼하 7	고후 1	겔15	시56·57
13	**1447**	삼하8·9	고후 2	겔16	시58·59
14	**1454**	삼하10	고후 3	겔17	시60·61
15	**1459**	삼하11	고후 4	겔18	시62·63
16	**1464**	삼하12	고후 5	겔19	시64·65
17	**1469**	삼하13	고후 6	겔20	시66·67
18	**1476**	삼하14	고후 7	겔21	시68
19	**1483**	삼하15	고후 8	겔22	시69
20	**1489**	삼하16	고후 9	겔23	시70·71
21	**1495**	삼하17	고후10	겔24	시72
22	**1500**	삼하18	고후11	겔25	시73
23	**1506**	삼하19	고후12	겔26	시74
24	**1513**	삼하20	고후13	겔27	시75·76
25	**1518**	삼하21	갈 1	겔28	시77
26	**1523**	삼하22	갈 2	겔29	시78:1~37
27	**1529**	삼하23	갈 3	겔30	시78:38~72
28	**1535**	삼하24	갈 4	겔31	시79
29	**1540**	왕상 1	갈 5	겔32	시80
30	**1547**	왕상 2	갈 6	겔33	시81·82

October 10

날짜	page	가정		개인	
1	**1555**	왕상 3	엡 1	겔34	시83·84
2	**1560**	왕상4·5	엡 2	겔35	시85
3	**1565**	왕상 6	엡 3	겔36	시86
4	**1571**	왕상 7	엡 4	겔37	시87·88
5	**1578**	왕상 8	엡 5	겔38	시89
6	**1586**	왕상 9	엡 6	겔39	시90
7	**1591**	왕상10	빌 1	겔40	시91
8	**1598**	왕상11	빌 2	겔41	시92·93
9	**1603**	왕상12	빌 3	겔42	시94
10	**1608**	왕상13	빌 4	겔43	시95·96
11	**1614**	왕상14	골 1	겔44	시97·98
12	**1620**	왕상15	골 2	겔45	시99~101
13	**1625**	왕상16	골 3	겔46	시102
14	**1631**	왕상17	골 4	겔47	시103
15	**1635**	왕상18	살전 1	겔48	시104
16	**1642**	왕상19	살전 2	단 1	시105
17	**1647**	왕상20	살전 3	단 2	시106
18	**1655**	왕상21	살전 4	단 3	시107
19	**1661**	왕상22	살전 5	단 4	시108·109
20	**1669**	왕하 1	살후 1	단 5	시110·111
21	**1674**	왕하 2	살후 2	단 6	시112·113
22	**1679**	왕하 3	살후 3	단 7	시114·115
23	**1684**	왕하 4	딤전 1	단 8	시116
24	**1690**	왕하 5	딤전 2	단 9	시117·118
25	**1695**	왕하 6	딤전 3	단10	시119:1~24
26	**1700**	왕하 7	딤전 4	단11	시119:25~48
27	**1706**	왕하 8	딤전 5	단12	시119:49~72
28	**1710**	왕하 9	딤전 6	호 1	시119:73~96
29	**1715**	왕하10	딤후 1	호 2	시119:97~120
30	**1721**	왕하11·12	딤후 2	호3·4	시119:121~144
31	**1726**	왕하13	딤후 3	호5·6	시119:145~176

November 11

날짜	page	가정		개인	
1	**1733**	왕하14	딤후4	호 7	시120~122
2	**1737**	왕하15	딛 1	호 8	시123~125
3	**1741**	왕하16	딛 2	호 9	시126~128
4	**1745**	왕하17	딛 3	호10	시129~131
5	**1750**	왕하18	몬 1	호11	시132~134
6	**1755**	왕하19	히 1	호12	시135·136
7	**1760**	왕하20	히 2	호13	시137·138
8	**1765**	왕하21	히 3	호14	시139
9	**1768**	왕하22	히 4	욜 1	시140·141
10	**1773**	왕하23	히 5	욜 2	시142
11	**1778**	왕하24	히 6	욜 3	시143
12	**1782**	왕하25	히 7	암 1	시144
13	**1787**	대상1·2	히 8	암 2	시145
14	**1793**	대상3·4	히 9	암 3	시146·147
15	**1799**	대상5·6	히10	암 4	시148·150
16	**1807**	대상7·8	히11	암 5	눅1:1~38
17	**1815**	대상9·10	히12	암 6	눅1:39~80
18	**1822**	대상11·12	히13	암 7	눅 2
19	**1830**	대상13·14	약 1	암 8	눅 3
20	**1836**	대상15	약 2	암 9	눅 4
21	**1841**	대상16	약 3	옵 1	눅 5
22	**1847**	대상17	약 4	욘 1	눅 6
23	**1853**	대상18	약 5	욘 2	눅 7
24	**1858**	대상19·20	벧전1	욘 3	눅 8
25	**1864**	대상21	벧전2	욘 4	눅 9
26	**1871**	대상22	벧전3	미 1	눅10
27	**1877**	대상23	벧전4	미 2	눅11
28	**1882**	대상24·25	벧전5	미 3	눅12
29	**1889**	대상26·27	벧후1	미 4	눅13
30	**1896**	대상28	벧후2	미 5	눅14

December 12

날짜	page	가정		개인	
1	**1903**	대상29	벧후3	미 6	눅15
2	**1908**	대하 1	요일 1	미 7	눅16
3	**1912**	대하 2	요일 2	나 1	눅17
4	**1917**	대하3·4	요일 3	나 2	눅18
5	**1923**	대하5·6:1~11	요일 4	나 3	눅19
6	**1929**	대하6:12~42	요일 5	합 1	눅20
7	**1935**	대하 7	요이 1	합 2	눅21
8	**1940**	대하 8	요삼 1	합 3	눅22
9	**1946**	대하 9	유 1	습 1	눅23
10	**1952**	대하10	계 1	습 2	눅24
11	**1958**	대하11·12	계 2	습 3	요 1
12	**1965**	대하13	계 3	학 1	요 2
13	**1969**	대하14·15	계 4	학 2	요 3
14	**1975**	대하16	계 5	슥 1	요 4
15	**1980**	대하17	계 6	슥 2	요 5
16	**1985**	대하18	계 7	슥 3	요 6
17	**1992**	대하19·20	계 8	슥 4	요 7
18	**1998**	대하21	계 9	슥 5	요 8
19	**2004**	대하22·23	계10	슥 6	요 9
20	**2009**	대하24	계11	슥 7	요10
21	**2015**	대하25	계12	슥 8	요11
22	**2021**	대하26	계13	슥 9	요12
23	**2027**	대하27·28	계14	슥10	요13
24	**2033**	대하29	계15	슥11	요14
25	**2038**	대하30	계16	슥12·13:1	요15
26	**2043**	대하31	계17	슥13:2~9	요16
27	**2048**	대하32	계18	슥14	요17
28	**2054**	대하33	계19	말 1	요18
29	**2060**	대하34	계20	말 2	요19
30	**2066**	대하35	계21	말 3	요20
31	**2072**	대하36	계22	말 4	요21

⊕ 맥체인 성경 읽기표 ⊕

January 01

날짜	page	가정		개인	
1	**1**	창 1	마 1	스 1	행 1
2	**5**	창 2	마 2	스 2	행 2
3	**12**	창 3	마 3	스 3	행 3
4	**16**	창 4	마 4	스 4	행 4
5	**22**	창 5	마 5	스 5	행 5
6	**28**	창 6	마 6	스 6	행 6
7	**33**	창 7	마 7	스 7	행 7
8	**39**	창 8	마 8	스 8	행 8
9	**46**	창9·10	마 9	스 9	행 9
10	**53**	창11	마10	스10	행10
11	**60**	창12	마11	느 1	행11
12	**65**	창13	마12	느 2	행12
13	**70**	창14	마13	느 3	행13
14	**78**	창15	마14	느 4	행14
15	**83**	창16	마15	느 5	행15
16	**89**	창17	마16	느 6	행16
17	**95**	창18	마17	느 7	행17
18	**102**	창19	마18	느 8	행18
19	**108**	창20	마19	느 9	행19
20	**115**	창21	마20	느10	행20
21	**121**	창22	마21	느11	행21
22	**128**	창23	마22	느12	행22
23	**135**	창24	마23	느13	행23
24	**144**	창25	마24	에 1	행24
25	**150**	창26	마25	에 2	행25
26	**157**	창27	마26	에 3	행26
27	**165**	창28	마27	에 4	행27
28	**172**	창29	마28	에 5	행28
29	**177**	창30	막 1	에 6	롬 1
30	**184**	창31	막 2	에 7	롬 2
31	**190**	창32	막 3	에 8	롬 3

February 02

날짜	page	가정		개인	
1	**197**	창33	막 4	에9·10	롬 4
2	**202**	창34	막 5	욥 1	롬 5
3	**208**	창35·36	막 6	욥 2	롬 6
4	**216**	창37	막 7	욥 3	롬 7
5	**222**	창38	막 8	욥 4	롬 8
6	**228**	창39	막 9	욥 5	롬 9
7	**234**	창40	막10	욥 6	롬10
8	**239**	창41	막11	욥 7	롬11
9	**246**	창42	막12	욥 8	롬12
10	**252**	창43	막13	욥 9	롬13
11	**258**	창44	막14	욥10	롬14
12	**265**	창45	막15	욥11	롬15
13	**271**	창46	막16	욥12	롬16
14	**276**	창47	눅1:1~38	욥13	고전1
15	**282**	창48	눅1:39~80	욥14	고전2
16	**286**	창49	눅 2	욥15	고전3
17	**292**	창50	눅 3	욥16·17	고전4
18	**298**	출 1	눅 4	욥18	고전5
19	**303**	출 2	눅 5	욥19	고전6
20	**308**	출 3	눅 6	욥20	고전7
21	**315**	출 4	눅 7	욥21	고전8
22	**321**	출 5	눅 8	욥22	고전9
23	**327**	출 6	눅 9	욥23	고전10
24	**334**	출 7	눅10	욥24	고전11
25	**340**	출 8	눅11	욥25 26	고전12
26	**346**	출 9	눅12	욥27	고전13
27	**352**	출10	눅13	욥28	고전14
28	**359**	출11·12:1~21	눅14	욥29	고전15

March 03

날짜	page	가정		개인	
1	**367**	출12:22~51	눅15	욥30	고전16
2	**372**	출13	눅16	욥31	고후 1
3	**377**	출14	눅17	욥32	고후 2
4	**382**	출15	눅18	욥33	고후 3
5	**388**	출16	눅19	욥34	고후 4
6	**394**	출17	눅20	욥35	고후 5
7	**399**	출18	눅21	욥36	고후 6
8	**404**	출19	눅22	욥37	고후 7
9	**411**	출20	눅23	욥38	고후 8
10	**417**	출21	눅24	욥39	고후 9
11	**422**	출22	요 1	욥40	고후10
12	**428**	출23	요 2	욥41	고후11
13	**433**	출24	요 3	욥42	고후12
14	**438**	출25	요 4	잠 1	고후13
15	**444**	출26	요 5	잠 2	갈 1
16	**449**	출27	요 6	잠 3	갈 2
17	**456**	출28	요 7	잠 4	갈 3
18	**463**	출29	요 8	잠 5	갈 4
19	**470**	출30	요 9	잠 6	갈 5
20	**476**	출31	요10	잠 7	갈 6
21	**480**	출32	요11	잠 8	엡 1
22	**487**	출33	요12	잠 9	엡 2
23	**492**	출34	요13	잠10	엡 3
24	**498**	출35	요14	잠11	엡 4
25	**504**	출36	요15	잠12	엡 5
26	**509**	출37	요16	잠13	엡 6
27	**514**	출38	요17	잠14	빌 1
28	**520**	출39	요18	잠15	빌 2
29	**526**	출40	요19	잠16	빌 3
30	**532**	레 1	요20	잠17	빌 4
31	**537**	레2·3	요21	잠18	골 1

April 04

날짜	page	가정		개인	
1	**543**	레 4	시1·2	잠19	골 2
2	**547**	레 5	시3·4	잠20	골 3
3	**551**	레 6	시5·6	잠21	골 4
4	**556**	레 7	시7·8	잠22	살전1
5	**560**	레 8	시 9	잠23	살전2
6	**565**	레 9	시10	잠24	살전3
7	**569**	레10	시11·12	잠25	살전4
8	**573**	레11·12	시13·14	잠26	살전5
9	**578**	레13	시15·16	잠27	살후1
10	**583**	레14	시17	잠28	살후2
11	**589**	레15	시18	잠29	살후3
12	**594**	레16	시19	잠30	딤전1
13	**599**	레17	시20·21	잠31	딤전2
14	**603**	레18	시22	전 1	딤전3
15	**607**	레19	시23·24	전 2	딤전4
16	**611**	레20	시25	전 3	딤전5
17	**616**	레21	시26·27	전 4	딤전6
18	**620**	레22	시28·29	전 5	딤후1
19	**625**	레23	시30	전 6	딤후2
20	**629**	레24	시31	전 7	딤후3
21	**634**	레25	시32	전 8	딤후4
22	**639**	레26	시33	전 9	딛 1
23	**644**	레27	시34	전10	딛 2
24	**648**	민 1	시35	전11	딛 3
25	**653**	민 2	시36	전12	몬 1
26	**656**	민 3	시37	아 1	히 1
27	**662**	민 4	시38	아 2	히 2
28	**666**	민 5	시39	아 3	히 3
29	**670**	민 6	시40·41	아 4	히 4
30	**675**	민 7	시42·43	아 5	히 5

May 05

날짜	page	가정		개인	
1	**683**	민 8	시44	아 6	히 6
2	**687**	민 9	시45	아 7	히 7
3	**691**	민10	시46·47	아 8	히 8
4	**695**	민11	시48	사 1	히 9
5	**700**	민12·13	시49	사 2	히10
6	**706**	민14	시50	사3·4	히11
7	**712**	민15	시51	사 5	히12
8	**718**	민16	시52~54	사 6	히13
9	**724**	민17·18	시55	사 7	약 1
10	**730**	민19	시56·57	사8·9:1~7	약 2
11	**735**	민20	시58·59	사9:8~10:4	약 3
12	**740**	민21	시60·61	사10:5~34	약 4
13	**745**	민22	시62·63	사11·12	약 5
14	**751**	민23	시64·65	사13	벧전1
15	**756**	민24	시66·67	사14	벧전2
16	**761**	민25	시68	사15	벧전3
17	**766**	민26	시69	사16	벧전4
18	**772**	민27	시70·71	사17·18	벧전5
19	**776**	민28	시72	사19·20	벧후1
20	**781**	민29	시73	사21	벧후2
21	**786**	민30	시74	사22	벧후3
22	**790**	민31	시75·76	사23	요일1
23	**795**	민32	시77	사24	요일2
24	**800**	민33	시78:1~37	사25	요일3
25	**806**	민34	시78:38~72	사26	요일4
26	**810**	민35	시79	사27	요일5
27	**815**	민36	시80	사28	요이1
28	**819**	신 1	시81·82	사29	요삼1
29	**824**	신 2	시83·84	사30	유 1
30	**831**	신 3	시85	사31	계 1
31	**835**	신 4	시86·87	사32	계 2

June 06

날짜	page	가정		개인	
1	**843**	신 5	시88	사33	계 3
2	**848**	신 6	시89	사34	계 4
3	**853**	신 7	시90	사35	계 5
4	**856**	신 8	시91	사36	계 6
5	**860**	신 9	시92·93	사37	계 7
6	**866**	신10	시94	사38	계 8
7	**870**	신11	시95·96	사39	계 9
8	**874**	신12	시97·98	사40	계10
9	**879**	신13·14	시99~101	사41	계11
10	**885**	신15	시102	사42	계12
11	**890**	신16	시103	사43	계13
12	**894**	신17	시104	사44	계14
13	**900**	신18	시105	사45	계15
14	**905**	신19	시106	사46	계16
15	**910**	신20	시107	사47	계17
16	**914**	신21	시108·109	사48	계18
17	**920**	신22	시110·111	사49	계19
18	**925**	신23	시112·113	사50	계20
19	**929**	신24	시114·115	사51	계21
20	**934**	신25	시116	사52	계22
21	**938**	신26	시117·118	사53	마 1
22	**942**	신27·28:1~19	시119:1~24	사54	마 2
23	**947**	신28:20~68	시119:25~48	사55	마 3
24	**953**	신29	시119:49~72	사56	마 4
25	**957**	신30	시119:73~96	사57	마 5
26	**963**	신31	시119:97~120	사58	마 6
27	**968**	신32	시119:121~144	사59	마 7
28	**974**	신33·34	시119:145~176	사60	마 8
29	**981**	수 1	시120~122	사61	마 9
30	**985**	수 2	시123~125	사62	마10

맥체인 성경 읽기표

QT와 성경통독을 하나로

[맥체인성경365_목차]

구약 page

창세기(창)	1	역대하(대하)	1908	다니엘(단)	1644
출애굽기(출)	298	에스라(스)	3	호세아(호)	1713
레위기(레)	532	느헤미야(느)	62	요엘(욜)	1770
민수기(민)	648	에스더(에)	147	아모스(암)	1785
신명기(신)	819	욥기(욥)	206	오바댜(옵)	1844
여호수아(수)	981	시편(시)	544/1228	요나(욘)	1850
사사기(삿)	1102	잠언(잠)	442	미가(미)	1874
룻기(룻)	1246	전도서(전)	605	나훔(나)	1915
사무엘상(삼상)	1264	아가(아)	660	하박국(합)	1932
사무엘하(삼하)	1414	이사야(사)	697	스바냐(습)	1949
열왕기상(왕상)	1540	예레미야(렘)	1015	학개(학)	1967
열왕기하(왕하)	1669	예레미야애가(애)	1342	스가랴(슥)	1977
역대상(대상)	1787	에스겔(겔)	1371	말라기(말)	2057

신약 page

마태복음(마)	2/941	에베소서(엡)	485/1556	히브리서(히)	661/1757
마가복음(막)	179/1112	빌립보서(빌)	518/1593	야고보서(약)	729/1832
누가복음(눅)	277/1813	골로새서(골)	540/1616	베드로전서(벧전)	754/1860
요한복음(요)	424/1962	데살로니가전서(살전)	560/1638	베드로후서(벧후)	780/1892
사도행전(행)	4/1073	데살로니가후서(살후)	582/1670	요한일서(요일)	794/1909
로마서(롬)	182/1266	디모데전서(딤전)	598/1686	요한이서(요이)	818/1937
고린도전서(고전)	280/1359	디모데후서(딤후)	624/1718	요한삼서(요삼)	823/1941
고린도후서(고후)	370/1444	디도서(딛)	643/1739	유다서(유)	829/1947
갈라디아서(갈)	448/1519	빌레몬서(몬)	655/1752	요한계시록(계)	834/1952

새벽기도회 살리기 · 구역모임(소그룹) 살리기

마틴로이드존스, 존스토트 목사가 수십년간 사용했던 검증된 방식

신교횃불 www.ccm2u.com

[맥체인 성경 읽기표]

맥체인 성경 읽기표는 1842년 맥체인이 자신이 목양하던 성베드로교회 성도들의 영적 성장을 위해 개발한 것으로, 매일 구약과 신약을 각각 2장씩 읽음으로써 1년에 구약 1회, 신약과 시편을 각 2회 정독할 수 있도록 만든 표입니다. 이와 같은 맥체인의 방법에 따라 신구약 성경 전체를 골고루 4등분해서 동시에 읽으면, 성경에 기록된 장구한 구속사를 크게 네 시대로 나누어 동시에 묵상할 수 있습니다.

(1) 창세기 ~ 역대하 : 만물의 시작과 이스라엘의 시작
(2) 에스라 ~ 말라기 : 이스라엘의 멸망과 새 시대의 시작
(3) 마태복음 ~ 요한복음 : 예수의 복음사역과 십자가 구속
(4) 사도행전 ~ 요한계시록 : 교회의 시작과 선교

▶ 《맥체인 성경 365》 말씀연결 사용하는 법

① 네 성경 본문의 소주제를 통해 중심 단어나 문장을 말씀으로 묵상한다.
② 네 본문의 말씀을 순서대로, 천천히 읽는다.
③ 두 본문에서 반복되는 단어나 유사한 문맥을 찾아 서로 연결한다.
④ 본문에서 반대의 뜻을 가진 단어나 문장을 찾는다.
⑤ 두 권의 책에서 공통되는 하나님의 말씀을 연결하여 기록한다.
⑥ 연결되는 말씀을 다른 두 권으로 확대하여 네 권 전체에 흐르는 하나님의 생각과 베푸신 은혜를 누리고, 그 내용을 적어본다.
⑦ 본문에서 지도자나 인도자로부터 배운 신학 주제나 교리들이 함축하고 있는 문맥의 짝을 찾아본다.
⑧ 중심 주제를 필두로, 삶에 적용할 일들을 적어보고 생활 중에 실천함으로써 변화를 경험해 본다.
⑨ 하나님이 오늘 나에게 주신 말씀들을 통하여 가르침, 명령과 약속 권면, 경고 및 행해야 할 일들을 하나님과 대화하는 마음으로(기도) 성경읽기를 마무리한다.

July 07

날짜	page	가정		개인	
1	**991**	수 3	시126~128	사63	마11
2	**995**	수 4	시129~131	사64	마12
3	**1000**	수5·6:1~5	시132~134	사65	마13
4	**1006**	수6:6~27	시135·136	사66	마14
5	**1013**	수 7	시137·138	렘 1	마15
6	**1018**	수 8	시139	렘 2	마16
7	**1025**	수 9	시140·141	렘 3	마17
8	**1031**	수10	시142·143	렘 4	마18
9	**1038**	수11	시144	렘 5	마19
10	**1043**	수12·13	시145	렘 6	마20
11	**1050**	수14·15	시146·147	렘 7	마21
12	**1058**	수16·17	시148	렘 8	마22
13	**1064**	수18·19	시149·150	렘 9	마23
14	**1071**	수20·21	행 1	렘10	마24
15	**1078**	수22	행 2	렘11	마25
16	**1087**	수23	행 3	렘12	마26
17	**1094**	수24	행 4	렘13	마27
18	**1102**	삿 1	행 5	렘14	마28
19	**1108**	삿 2	행 6	렘15	막 1
20	**1114**	삿 3	행 7	렘16	막 2
21	**1121**	삿 4	행 8	렘17	막 3
22	**1127**	삿 5	행 9	렘18	막 4
23	**1134**	삿 6	행10	렘19	막 5
24	**1142**	삿 7	행11	렘20	막 6
25	**1149**	삿 8	행12	렘21	막 7
26	**1154**	삿 9	행13	렘22	막 8
27	**1164**	삿10·11:1~11	행14	렘23	막 9
28	**1171**	삿11:12~40	행15	렘24	막10
29	**1178**	삿12	행16	렘25	막11
30	**1185**	삿13	행17	렘26	막12
31	**1192**	삿14	행18	렘27	막13

August 08

날짜	page	가정		개인	
1	**1199**	삿15	행19	렘28	막14
2	**1206**	삿16	행20	렘29	막15
3	**1214**	삿17	행21	렘30·31	막16
4	**1222**	삿18	행22	렘32	시1·2
5	**1228**	삿19	행23	렘33	시3·4
6	**1234**	삿20	행24	렘34	시5·6
7	**1241**	삿21	행25	렘35	시7·8
8	**1246**	룻 1	행26	렘36·37	시 9
9	**1253**	룻 2	행27	렘38	시10
10	**1259**	룻3·4	행28	렘39	시11·12
11	**1264**	삼상1	롬 1	렘40	시13·14
12	**1270**	삼상2	롬 2	렘41	시15·16
13	**1275**	삼상3	롬 3	렘42	시17
14	**1280**	삼상4	롬 4	렘43	시18
15	**1285**	삼상5·6	롬 5	렘44	시19
16	**1292**	삼상7·8	롬 6	렘45	시20·21
17	**1296**	삼상9	롬 7	렘46	시22
18	**1302**	삼상10	롬 8	렘47	시23·24
19	**1307**	삼상11	롬 9	렘48	시25
20	**1313**	삼상12	롬10	렘49	시26·27
21	**1319**	삼상13	롬11	렘50	시28·29
22	**1326**	삼상14	롬12	렘51	시30
23	**1334**	삼상15	롬13	렘52	시31
24	**1340**	삼상16	롬14	애 1	시32
25	**1345**	삼상17	롬15	애 2	시33
26	**1352**	삼상18	롬16	애 3	시34
27	**1358**	삼상19	고전1	애 4	시35
28	**1363**	삼상20	고전2	애 5	시36
29	**1368**	삼상21·22	고전3	겔 1	시37
30	**1374**	삼상23	고전4	겔 2	시38
31	**1379**	삼상24	고전5	겔 3	시39

September 09

날짜	page	가정		개인	
1	**1385**	삼상25	고전 6	겔 4	시40·41
2	**1391**	삼상26	고전 7	겔 5	시42·43
3	**1396**	삼상27	고전 8	겔 6	시44
4	**1400**	삼상28	고전 9	겔 7	시45·46
5	**1405**	삼상29·30	고전10	겔 8	시47
6	**1411**	삼상31	고전11	겔 9	시48
7	**1414**	삼하 1	고전12	겔10	시49
8	**1419**	삼하 2	고전13	겔11	시50
9	**1424**	삼하 3	고전14	겔12	시51
10	**1430**	삼하4·5	고전15	겔13	시52~54
11	**1438**	삼하 6	고전16	겔14	시55
12	**1442**	삼하 7	고후 1	겔15	시56·57
13	**1447**	삼하8·9	고후 2	겔16	시58·59
14	**1454**	삼하10	고후 3	겔17	시60·61
15	**1459**	삼하11	고후 4	겔18	시62·63
16	**1464**	삼하12	고후 5	겔19	시64·65
17	**1469**	삼하13	고후 6	겔20	시66·67
18	**1476**	삼하14	고후 7	겔21	시68
19	**1483**	삼하15	고후 8	겔22	시69
20	**1489**	삼하16	고후 9	겔23	시70·71
21	**1495**	삼하17	고후10	겔24	시72
22	**1500**	삼하18	고후11	겔25	시73
23	**1506**	삼하19	고후12	겔26	시74
24	**1513**	삼하20	고후13	겔27	시75·76
25	**1518**	삼하21	갈 1	겔28	시77
26	**1523**	삼하22	갈 2	겔29	시78:1~37
27	**1529**	삼하23	갈 3	겔30	시78:38~72
28	**1535**	삼하24	갈 4	겔31	시79
29	**1540**	왕상 1	갈 5	겔32	시80
30	**1547**	왕상 2	갈 6	겔33	시81·82

October 10

날짜	page	가정		개인	
1	**1555**	왕상 3	엡 1	겔34	시83·84
2	**1560**	왕상4·5	엡 2	겔35	시85
3	**1565**	왕상 6	엡 3	겔36	시86
4	**1571**	왕상 7	엡 4	겔37	시87·88
5	**1578**	왕상 8	엡 5	겔38	시89
6	**1586**	왕상 9	엡 6	겔39	시90
7	**1591**	왕상10	빌 1	겔40	시91
8	**1598**	왕상11	빌 2	겔41	시92·93
9	**1603**	왕상12	빌 3	겔42	시94
10	**1608**	왕상13	빌 4	겔43	시95·96
11	**1614**	왕상14	골 1	겔44	시97·98
12	**1620**	왕상15	골 2	겔45	시99~101
13	**1625**	왕상16	골 3	겔46	시102
14	**1631**	왕상17	골 4	겔47	시103
15	**1635**	왕상18	살전 1	겔48	시104
16	**1642**	왕상19	살전 2	단 1	시105
17	**1647**	왕상20	살전 3	단 2	시106
18	**1655**	왕상21	살전 4	단 3	시107
19	**1661**	왕상22	살전 5	단 4	시108·109
20	**1669**	왕하 1	살후 1	단 5	시110·111
21	**1674**	왕하 2	살후 2	단 6	시112·113
22	**1679**	왕하 3	살후 3	단 7	시114·115
23	**1684**	왕하 4	딤전 1	단 8	시116
24	**1690**	왕하 5	딤전 2	단 9	시117·118
25	**1695**	왕하 6	딤전 3	단10	시119:1~24
26	**1700**	왕하 7	딤전 4	단11	시119:25~48
27	**1706**	왕하 8	딤전 5	단12	시119:49~72
28	**1710**	왕하 9	딤전 6	호 1	시119:73~96
29	**1715**	왕하10	딤후 1	호 2	시119:97~120
30	**1721**	왕하11·12	딤후 2	호3·4	시119:121~144
31	**1726**	왕하13	딤후 3	호5·6	시119:145~176

November 11

날짜	page	가정		개인	
1	1733	왕하14	딤후4	호 7	시120~122
2	1737	왕하15	딛 1	호 8	시123~125
3	1741	왕하16	딛 2	호 9	시126~128
4	1745	왕하17	딛 3	호10	시129~131
5	1750	왕하18	몬 1	호11	시132~134
6	1755	왕하19	히 1	호12	시135·136
7	1760	왕하20	히 2	호13	시137·138
8	1765	왕하21	히 3	호14	시139
9	1768	왕하22	히 4	욜 1	시140·141
10	1773	왕하23	히 5	욜 2	시142
11	1778	왕하24	히 6	욜 3	시143
12	1782	왕하25	히 7	암 1	시144
13	1787	대상1·2	히 8	암 2	시145
14	1793	대상3·4	히 9	암 3	시146·147
15	1799	대상5·6	히10	암 4	시148·150
16	1807	대상7·8	히11	암 5	눅1:1~38
17	1815	대상9·10	히12	암 6	눅1:39~80
18	1822	대상11·12	히13	암 7	눅 2
19	1830	대상13·14	약 1	암 8	눅 3
20	1836	대상15	약 2	암 9	눅 4
21	1841	대상16	약 3	옵 1	눅 5
22	1847	대상17	약 4	욘 1	눅 6
23	1853	대상18	약 5	욘 2	눅 7
24	1858	대상19·20	벧전1	욘 3	눅 8
25	1864	대상21	벧전2	욘 4	눅 9
26	1871	대상22	벧전3	미 1	눅10
27	1877	대상23	벧전4	미 2	눅11
28	1882	대상24·25	벧전5	미 3	눅12
29	1889	대상26·27	벧후1	미 4	눅13
30	1896	대상28	벧후2	미 5	눅14

December 12

날짜	page	가정		개인	
1	1903	대상29	벧후3	미 6	눅15
2	1908	대하 1	요일 1	미 7	눅16
3	1912	대하 2	요일 2	나 1	눅17
4	1917	대하3·4	요일 3	나 2	눅18
5	1923	대하5·6:1~11	요일 4	나 3	눅19
6	1929	대하6:12~42	요일 5	합 1	눅20
7	1935	대하 7	요이 1	합 2	눅21
8	1940	대하 8	요삼 1	합 3	눅22
9	1946	대하 9	유 1	습 1	눅23
10	1952	대하10	계 1	습 2	눅24
11	1958	대하11·12	계 2	습 3	요 1
12	1965	대하13	계 3	학 1	요 2
13	1969	대하14·15	계 4	학 2	요 3
14	1975	대하16	계 5	슥 1	요 4
15	1980	대하17	계 6	슥 2	요 5
16	1985	대하18	계 7	슥 3	요 6
17	1992	대하19·20	계 8	슥 4	요 7
18	1998	대하21	계 9	슥 5	요 8
19	2004	대하22·23	계10	슥 6	요 9
20	2009	대하24	계11	슥 7	요10
21	2015	대하25	계12	슥 8	요11
22	2021	대하26	계13	슥 9	요12
23	2027	대하27·28	계14	슥10	요13
24	2033	대하29	계15	슥11	요14
25	2038	대하30	계16	슥12·13:1	요15
26	2043	대하31	계17	슥13:2~9	요16
27	2048	대하32	계18	슥14	요17
28	2054	대하33	계19	말 1	요18
29	2060	대하34	계20	말 2	요19
30	2066	대하35	계21	말 3	요20
31	2072	대하36	계22	말 4	요21

⊕ 맥체인 성경 읽기표 ⊕

January 01

날짜	page	가정		개인	
1	**1**	창 1	마 1	스 1	행 1
2	**5**	창 2	마 2	스 2	행 2
3	**12**	창 3	마 3	스 3	행 3
4	**16**	창 4	마 4	스 4	행 4
5	**22**	창 5	마 5	스 5	행 5
6	**28**	창 6	마 6	스 6	행 6
7	**33**	창 7	마 7	스 7	행 7
8	**39**	창 8	마 8	스 8	행 8
9	**46**	창9·10	마 9	스 9	행 9
10	**53**	창11	마10	스10	행10
11	**60**	창12	마11	느 1	행11
12	**65**	창13	마12	느 2	행12
13	**70**	창14	마13	느 3	행13
14	**78**	창15	마14	느 4	행14
15	**83**	창16	마15	느 5	행15
16	**89**	창17	마16	느 6	행16
17	**95**	창18	마17	느 7	행17
18	**102**	창19	마18	느 8	행18
19	**108**	창20	마19	느 9	행19
20	**115**	창21	마20	느10	행20
21	**121**	창22	마21	느11	행21
22	**128**	창23	마22	느12	행22
23	**135**	창24	마23	느13	행23
24	**144**	창25	마24	에 1	행24
25	**150**	창26	마25	에 2	행25
26	**157**	창27	마26	에 3	행26
27	**165**	창28	마27	에 4	행27
28	**172**	창29	마28	에 5	행28
29	**177**	창30	막 1	에 6	롬 1
30	**184**	창31	막 2	에 7	롬 2
31	**190**	창32	막 3	에 8	롬 3

February 02

날짜	page	가정		개인	
1	**197**	창33	막 4	에9·10	롬 4
2	**202**	창34	막 5	욥 1	롬 5
3	**208**	창35·36	막 6	욥 2	롬 6
4	**216**	창37	막 7	욥 3	롬 7
5	**222**	창38	막 8	욥 4	롬 8
6	**228**	창39	막 9	욥 5	롬 9
7	**234**	창40	막10	욥 6	롬10
8	**239**	창41	막11	욥 7	롬11
9	**246**	창42	막12	욥 8	롬12
10	**252**	창43	막13	욥 9	롬13
11	**258**	창44	막14	욥10	롬14
12	**265**	창45	막15	욥11	롬15
13	**271**	창46	막16	욥12	롬16
14	**276**	창47	눅1:1~38	욥13	고전1
15	**282**	창48	눅1:39~80	욥14	고전2
16	**286**	창49	눅 2	욥15	고전3
17	**292**	창50	눅 3	욥16·17	고전4
18	**298**	출 1	눅 4	욥18	고전5
19	**303**	출 2	눅 5	욥19	고전6
20	**308**	출 3	눅 6	욥20	고전7
21	**315**	출 4	눅 7	욥21	고전8
22	**321**	출 5	눅 8	욥22	고전9
23	**327**	출 6	눅 9	욥23	고전10
24	**334**	출 7	눅10	욥24	고전11
25	**340**	출 8	눅11	욥25·26	고전12
26	**346**	출 9	눅12	욥27	고전13
27	**352**	출10	눅13	욥28	고전14
28	**359**	출11·12:1~21	눅14	욥29	고전15

March 03

날짜	page	가정		개인	
1	367	출12:22~51	눅15	욥30	고전16
2	372	출13	눅16	욥31	고후 1
3	377	출14	눅17	욥32	고후 2
4	382	출15	눅18	욥33	고후 3
5	388	출16	눅19	욥34	고후 4
6	394	출17	눅20	욥35	고후 5
7	399	출18	눅21	욥36	고후 6
8	404	출19	눅22	욥37	고후 7
9	411	출20	눅23	욥38	고후 8
10	417	출21	눅24	욥39	고후 9
11	422	출22	요 1	욥40	고후10
12	428	출23	요 2	욥41	고후11
13	433	출24	요 3	욥42	고후12
14	438	출25	요 4	잠 1	고후13
15	444	출26	요 5	잠 2	갈 1
16	449	출27	요 6	잠 3	갈 2
17	456	출28	요 7	잠 4	갈 3
18	463	출29	요 8	잠 5	갈 4
19	470	출30	요 9	잠 6	갈 5
20	476	출31	요10	잠 7	갈 6
21	480	출32	요11	잠 8	엡 1
22	487	출33	요12	잠 9	엡 2
23	492	출34	요13	잠10	엡 3
24	498	출35	요14	잠11	엡 4
25	504	출36	요15	잠12	엡 5
26	509	출37	요16	잠13	엡 6
27	514	출38	요17	잠14	빌 1
28	520	출39	요18	잠15	빌 2
29	526	출40	요19	잠16	빌 3
30	532	레 1	요20	잠17	빌 4
31	537	레2·3	요21	잠18	골 1

April 04

날짜	page	가정		개인	
1	543	레 4	시1·2	잠19	골 2
2	547	레 5	시3·4	잠20	골 3
3	551	레 6	시5·6	잠21	골 4
4	556	레 7	시7·8	잠22	살전1
5	560	레 8	시 9	잠23	살전2
6	565	레 9	시10	잠24	살전3
7	569	레10	시11·12	잠25	살전4
8	573	레11·12	시13·14	잠26	살전5
9	578	레13	시15·16	잠27	살후1
10	583	레14	시17	잠28	살후2
11	589	레15	시18	잠29	살후3
12	594	레16	시19	잠30	딤전1
13	599	레17	시20·21	잠31	딤전2
14	603	레18	시22	전 1	딤전3
15	607	레19	시23·24	전 2	딤전4
16	611	레20	시25	전 3	딤전5
17	616	레21	시26·27	전 4	딤전6
18	620	레22	시28·29	전 5	딤후1
19	625	레23	시30	전 6	딤후2
20	629	레24	시31	전 7	딤후3
21	634	레25	시32	전 8	딤후4
22	639	레26	시33	전 9	딛 1
23	644	레27	시34	전10	딛 2
24	648	민 1	시35	전11	딛 3
25	653	민 2	시36	전12	몬 1
26	656	민 3	시37	아 1	히 1
27	662	민 4	시38	아 2	히 2
28	666	민 5	시39	아 3	히 3
29	670	민 6	시40·41	아 4	히 4
30	675	민 7	시42·43	아 5	히 5

May 05

날짜	page	가정		개인	
1	**683**	민 8	시44	아 6	히 6
2	**687**	민 9	시45	아 7	히 7
3	**691**	민10	시46·47	아 8	히 8
4	**695**	민11	시48	사 1	히 9
5	**700**	민12·13	시49	사 2	히10
6	**706**	민14	시50	사3·4	히11
7	**712**	민15	시51	사 5	히12
8	**718**	민16	시52~54	사 6	히13
9	**724**	민17·18	시55	사 7	약 1
10	**730**	민19	시56·57	사8·9:1~7	약 2
11	**735**	민20	시58·59	사9:8~10:4	약 3
12	**740**	민21	시60·61	사10:5~34	약 4
13	**745**	민22	시62·63	사11·12	약 5
14	**751**	민23	시64·65	사13	벧전1
15	**756**	민24	시66·67	사14	벧전2
16	**761**	민25	시68	사15	벧전3
17	**766**	민26	시69	사16	벧전4
18	**772**	민27	시70·71	사17·18	벧전5
19	**776**	민28	시72	사19·20	벧후1
20	**781**	민29	시73	사21	벧후2
21	**786**	민30	시74	사22	벧후3
22	**790**	민31	시75·76	사23	요일1
23	**795**	민32	시77	사24	요일2
24	**800**	민33	시78:1~37	사25	요일3
25	**806**	민34	시78:38~72	사26	요일4
26	**810**	민35	시79	사27	요일5
27	**815**	민36	시80	사28	요이1
28	**819**	신 1	시81·82	사29	요삼1
29	**824**	신 2	시83·84	사30	유 1
30	**831**	신 3	시85	사31	계 1
31	**835**	신 4	시86·87	사32	계 2

June 06

날짜	page	가정		개인	
1	**843**	신 5	시88	사33	계 3
2	**848**	신 6	시89	사34	계 4
3	**853**	신 7	시90	사35	계 5
4	**856**	신 8	시91	사36	계 6
5	**860**	신 9	시92·93	사37	계 7
6	**866**	신10	시94	사38	계 8
7	**870**	신11	시95·96	사39	계 9
8	**874**	신12	시97·98	사40	계10
9	**879**	신13·14	시99~101	사41	계11
10	**885**	신15	시102	사42	계12
11	**890**	신16	시103	사43	계13
12	**894**	신17	시104	사44	계14
13	**900**	신18	시105	사45	계15
14	**905**	신19	시106	사46	계16
15	**910**	신20	시107	사47	계17
16	**914**	신21	시108·109	사48	계18
17	**920**	신22	시110·111	사49	계19
18	**925**	신23	시112·113	사50	계20
19	**929**	신24	시114·115	사51	계21
20	**934**	신25	시116	사52	계22
21	**938**	신26	시117·118	사53	마 1
22	**942**	신27·28:1~19	시119:1~24	사54	마 2
23	**947**	신28:20~68	시119:25~48	사55	마 3
24	**953**	신29	시119:49~72	사56	마 4
25	**957**	신30	시119:73~96	사57	마 5
26	**963**	신31	시119:97~120	사58	마 6
27	**968**	신32	시119:121~144	사59	마 7
28	**974**	신33·34	시119:145~176	사60	마 8
29	**981**	수 1	시120~122	사61	마 9
30	**985**	수 2	시123~125	사62	마10

[맥체인 성경 읽기표]

맥체인 성경 읽기표는 1842년 맥체인이 자신이 목양하던 성베드로교회 성도들의 영적 성장을 위해 개발한 것으로, 매일 구약과 신약을 각각 2장씩 읽음으로써 1년에 구약 1회, 신약과 시편을 각 2회 정독할 수 있도록 만든 표입니다. 이와 같은 맥체인의 방법에 따라 신구약 성경 전체를 골고루 4등분해서 동시에 읽으면, 성경에 기록된 장구한 구속사를 크게 네 시대로 나누어 동시에 묵상할 수 있습니다.

(1) 창세기 ~ 역대하 : 만물의 시작과 이스라엘의 시작
(2) 에스라 ~ 말라기 : 이스라엘의 멸망과 새 시대의 시작
(3) 마태복음 ~ 요한복음 : 예수의 복음사역과 십자가 구속
(4) 사도행전 ~ 요한계시록 : 교회의 시작과 선교

▶ 《맥체인 성경 365》 말씀연결 사용하는 법

① 네 성경 본문의 소주제를 통해 중심 단어나 문장을 말씀으로 묵상한다.
② 네 본문의 말씀을 순서대로, 천천히 읽는다.
③ 두 본문에서 반복되는 단어나 유사한 문맥을 찾아 서로 연결한다.
④ 본문에서 반대의 뜻을 가진 단어나 문장을 찾는다.
⑤ 두 권의 책에서 공통되는 하나님의 말씀을 연결하여 기록한다.
⑥ 연결되는 말씀을 다른 두 권으로 확대하여 네 권 전체에 흐르는 하나님의 생각과 베푸신 은혜를 누리고, 그 내용을 적어본다.
⑦ 본문에서 지도자나 인도자로부터 배운 신학 주제나 교리들이 함축하고 있는 문맥의 짝을 찾아본다.
⑧ 중심 주제를 필두로, 삶에 적용할 일들을 적어보고 생활 중에 실천함으로써 변화를 경험해 본다.
⑨ 하나님이 오늘 나에게 주신 말씀들을 통하여 가르침, 명령과 약속 권면, 경고 및 행해야 할 일들을 하나님과 대화하는 마음으로(기도) 성경읽기를 마무리한다.

July 07					
날짜	page	가정		개인	
1	991	수 3	시126~128	사63	마11
2	995	수 4	시129~131	사64	마12
3	1000	수5·6:1~5	시132~134	사65	마13
4	1006	수6:6~27	시135·136	사66	마14
5	1013	수 7	시137·138	렘 1	마15
6	1018	수 8	시139	렘 2	마16
7	1025	수 9	시140·141	렘 3	마17
8	1031	수10	시142·143	렘 4	마18
9	1038	수11	시144	렘 5	마19
10	1043	수12·13	시145	렘 6	마20
11	1050	수14·15	시146·147	렘 7	마21
12	1058	수16·17	시148	렘 8	마22
13	1064	수18·19	시149·150	렘 9	마23
14	1071	수20·21	행 1	렘10	마24
15	1078	수22	행 2	렘11	마25
16	1087	수23	행 3	렘12	마26
17	1094	수24	행 4	렘13	마27
18	1102	삿 1	행 5	렘14	마28
19	1108	삿 2	행 6	렘15	막 1
20	1114	삿 3	행 7	렘16	막 2
21	1121	삿 4	행 8	렘17	막 3
22	1127	삿 5	행 9	렘18	막 4
23	1134	삿 6	행10	렘19	막 5
24	1142	삿 7	행11	렘20	막 6
25	1149	삿 8	행12	렘21	막 7
26	1154	삿 9	행13	렘22	막 8
27	1164	삿10·11:1~11	행14	렘23	막 9
28	1171	삿11:12~40	행15	렘24	막10
29	1178	삿12	행16	렘25	막11
30	1185	삿13	행17	렘26	막12
31	1192	삿14	행18	렘27	막13

August 08					
날짜	page	가정		개인	
1	1199	삿15	행19	렘28	막14
2	1206	삿16	행20	렘29	막15
3	1214	삿17	행21	렘30·31	막16
4	1222	삿18	행22	렘32	시1·2
5	1228	삿19	행23	렘33	시3·4
6	1234	삿20	행24	렘34	시5·6
7	1241	삿21	행25	렘35	시7·8
8	1246	룻 1	행26	렘36·37	시 9
9	1253	룻 2	행27	렘38	시10
10	1259	룻3·4	행28	렘39	시11·12
11	1264	삼상1	롬 1	렘40	시13·14
12	1270	삼상2	롬 2	렘41	시15·16
13	1275	삼상3	롬 3	렘42	시17
14	1280	삼상4	롬 4	렘43	시18
15	1285	삼상5·6	롬 5	렘44	시19
16	1292	삼상7·8	롬 6	렘45	시20·21
17	1296	삼상9	롬 7	렘46	시22
18	1302	삼상10	롬 8	렘47	시23·24
19	1307	삼상11	롬 9	렘48	시25
20	1313	삼상12	롬10	렘49	시26·27
21	1319	삼상13	롬11	렘50	시28·29
22	1326	삼상14	롬12	렘51	시30
23	1334	삼상15	롬13	렘52	시31
24	1340	삼상16	롬14	애 1	시32
25	1345	삼상17	롬15	애 2	시33
26	1352	삼상18	롬16	애 3	시34
27	1358	삼상19	고전1	애 4	시35
28	1363	삼상20	고전2	애 5	시36
29	1368	삼상21·22	고전3	겔 1	시37
30	1374	삼상23	고전4	겔 2	시38
31	1379	삼상24	고전5	겔 3	시39

September 09

날짜	page	가정		개인	
1	1385	삼상25	고전 6	겔 4	시40·41
2	1391	삼상26	고전 7	겔 5	시42·43
3	1396	삼상27	고전 8	겔 6	시44
4	1400	삼상28	고전 9	겔 7	시45·46
5	1405	삼상29·30	고전10	겔 8	시47
6	1411	삼상31	고전11	겔 9	시48
7	1414	삼하 1	고전12	겔10	시49
8	1419	삼하 2	고전13	겔11	시50
9	1424	삼하 3	고전14	겔12	시51
10	1430	삼하4·5	고전15	겔13	시52~54
11	1438	삼하 6	고전16	겔14	시55
12	1442	삼하 7	고후 1	겔15	시56·57
13	1447	삼하8·9	고후 2	겔16	시58·59
14	1454	삼하10	고후 3	겔17	시60·61
15	1459	삼하11	고후 4	겔18	시62·63
16	1464	삼하12	고후 5	겔19	시64·65
17	1469	삼하13	고후 6	겔20	시66·67
18	1476	삼하14	고후 7	겔21	시68
19	1483	삼하15	고후 8	겔22	시69
20	1489	삼하16	고후 9	겔23	시70·71
21	1495	삼하17	고후10	겔24	시72
22	1500	삼하18	고후11	겔25	시73
23	1506	삼하19	고후12	겔26	시74
24	1513	삼하20	고후13	겔27	시75·76
25	1518	삼하21	갈 1	겔28	시77
26	1523	삼하22	갈 2	겔29	시78:1~37
27	1529	삼하23	갈 3	겔30	시78:38~72
28	1535	삼하24	갈 4	겔31	시79
29	1540	왕상 1	갈 5	겔32	시80
30	1547	왕상 2	갈 6	겔33	시81·82

October 10

날짜	page	가정		개인	
1	1555	왕상 3	엡 1	겔34	시83·84
2	1560	왕상4·5	엡 2	겔35	시85
3	1565	왕상 6	엡 3	겔36	시86
4	1571	왕상 7	엡 4	겔37	시87·88
5	1578	왕상 8	엡 5	겔38	시89
6	1586	왕상 9	엡 6	겔39	시90
7	1591	왕상10	빌 1	겔40	시91
8	1598	왕상11	빌 2	겔41	시92·93
9	1603	왕상12	빌 3	겔42	시94
10	1608	왕상13	빌 4	겔43	시95·96
11	1614	왕상14	골 1	겔44	시97·98
12	1620	왕상15	골 2	겔45	시99~101
13	1625	왕상16	골 3	겔46	시102
14	1631	왕상17	골 4	겔47	시103
15	1635	왕상18	살전 1	겔48	시104
16	1642	왕상19	살전 2	단 1	시105
17	1647	왕상20	살전 3	단 2	시106
18	1655	왕상21	살전 4	단 3	시107
19	1661	왕상22	살전 5	단 4	시108·109
20	1669	왕하 1	살후 1	단 5	시110·111
21	1674	왕하 2	살후 2	단 6	시112·113
22	1679	왕하 3	살후 3	단 7	시114·115
23	1684	왕하 4	딤전 1	단 8	시116
24	1690	왕하 5	딤전 2	단 9	시117·118
25	1695	왕하 6	딤전 3	단10	시119:1~24
26	1700	왕하 7	딤전 4	단11	시119:25~48
27	1706	왕하 8	딤전 5	단12	시119:49~72
28	1710	왕하 9	딤전 6	호 1	시119:73~96
29	1715	왕하10	딤후 1	호 2	시119:97~120
30	1721	왕하11·12	딤후 2	호3·4	시119:121~144
31	1726	왕하13	딤후 3	호5·6	시119:145~176

November 11

날짜	page	가정		개인	
1	**1733**	왕하14	딤후4	호 7	시120~122
2	**1737**	왕하15	딛 1	호 8	시123~125
3	**1741**	왕하16	딛 2	호 9	시126~128
4	**1745**	왕하17	딛 3	호10	시129~131
5	**1750**	왕하18	몬 1	호11	시132~134
6	**1755**	왕하19	히 1	호12	시135·136
7	**1760**	왕하20	히 2	호13	시137·138
8	**1765**	왕하21	히 3	호14	시139
9	**1768**	왕하22	히 4	욜 1	시140·141
10	**1773**	왕하23	히 5	욜 2	시142
11	**1778**	왕하24	히 6	욜 3	시143
12	**1782**	왕하25	히 7	암 1	시144
13	**1787**	대상1·2	히 8	암 2	시145
14	**1793**	대상3·4	히 9	암 3	시146·147
15	**1799**	대상5·6	히10	암 4	시148·150
16	**1807**	대상7·8	히11	암 5	눅1:1~38
17	**1815**	대상9·10	히12	암 6	눅1:39~80
18	**1822**	대상11·12	히13	암 7	눅 2
19	**1830**	대상13·14	약 1	암 8	눅 3
20	**1836**	대상15	약 2	암 9	눅 4
21	**1841**	대상16	약 3	옵 1	눅 5
22	**1847**	대상17	약 4	욘 1	눅 6
23	**1853**	대상18	약 5	욘 2	눅 7
24	**1858**	대상19·20	벧전1	욘 3	눅 8
25	**1864**	대상21	벧전2	욘 4	눅 9
26	**1871**	대상22	벧전3	미 1	눅10
27	**1877**	대상23	벧전4	미 2	눅11
28	**1882**	대상24·25	벧전5	미 3	눅12
29	**1889**	대상26·27	벧후1	미 4	눅13
30	**1896**	대상28	벧후2	미 5	눅14

December 12

날짜	page	가정		개인	
1	**1903**	대상29	벧후3	미 6	눅15
2	**1908**	대하 1	요일 1	미 7	눅16
3	**1912**	대하 2	요일 2	나 1	눅17
4	**1917**	대하3·4	요일 3	나 2	눅18
5	**1923**	대하5·6:1~11	요일 4	나 3	눅19
6	**1929**	대하6:12~42	요일 5	합 1	눅20
7	**1935**	대하 7	요이 1	합 2	눅21
8	**1940**	대하 8	요삼 1	합 3	눅22
9	**1946**	대하 9	유 1	습 1	눅23
10	**1952**	대하10	계 1	습 2	눅24
11	**1958**	대하11·12	계 2	습 3	요 1
12	**1965**	대하13	계 3	학 1	요 2
13	**1969**	대하14·15	계 4	학 2	요 3
14	**1975**	대하16	계 5	슥 1	요 4
15	**1980**	대하17	계 6	슥 2	요 5
16	**1985**	대하18	계 7	슥 3	요 6
17	**1992**	대하19·20	계 8	슥 4	요 7
18	**1998**	대하21	계 9	슥 5	요 8
19	**2004**	대하22·23	계10	슥 6	요 9
20	**2009**	대하24	계11	슥 7	요10
21	**2015**	대하25	계12	슥 8	요11
22	**2021**	대하26	계13	슥 9	요12
23	**2027**	대하27·28	계14	슥10	요13
24	**2033**	대하29	계15	슥11	요14
25	**2038**	대하30	계16	슥12·13:1	요15
26	**2043**	대하31	계17	슥13:2~9	요16
27	**2048**	대하32	계18	슥14	요17
28	**2054**	대하33	계19	말 1	요18
29	**2060**	대하34	계20	말 2	요19
30	**2066**	대하35	계21	말 3	요20
31	**2072**	대하36	계22	말 4	요21

⊕ 맥체인 성경 읽기표 ⊕

January 01

날짜	page	가정		개인	
1	**1**	창 1	마 1	스 1	행 1
2	**5**	창 2	마 2	스 2	행 2
3	**12**	창 3	마 3	스 3	행 3
4	**16**	창 4	마 4	스 4	행 4
5	**22**	창 5	마 5	스 5	행 5
6	**28**	창 6	마 6	스 6	행 6
7	**33**	창 7	마 7	스 7	행 7
8	**39**	창 8	마 8	스 8	행 8
9	**46**	창9·10	마 9	스 9	행 9
10	**53**	창11	마10	스10	행10
11	**60**	창12	마11	느 1	행11
12	**65**	창13	마12	느 2	행12
13	**70**	창14	마13	느 3	행13
14	**78**	창15	마14	느 4	행14
15	**83**	창16	마15	느 5	행15
16	**89**	창17	마16	느 6	행16
17	**95**	창18	마17	느 7	행17
18	**102**	창19	마18	느 8	행18
19	**108**	창20	마19	느 9	행19
20	**115**	창21	마20	느10	행20
21	**121**	창22	마21	느11	행21
22	**128**	창23	마22	느12	행22
23	**135**	창24	마23	느13	행23
24	**144**	창25	마24	에 1	행24
25	**150**	창26	마25	에 2	행25
26	**157**	창27	마26	에 3	행26
27	**165**	창28	마27	에 4	행27
28	**172**	창29	마28	에 5	행28
29	**177**	창30	막 1	에 6	롬 1
30	**184**	창31	막 2	에 7	롬 2
31	**190**	창32	막 3	에 8	롬 3

February 02

날짜	page	가정		개인	
1	**197**	창33	막 4	에9·10	롬 4
2	**202**	창34	막 5	욥 1	롬 5
3	**208**	창35·36	막 6	욥 2	롬 6
4	**216**	창37	막 7	욥 3	롬 7
5	**222**	창38	막 8	욥 4	롬 8
6	**228**	창39	막 9	욥 5	롬 9
7	**234**	창40	막10	욥 6	롬10
8	**239**	창41	막11	욥 7	롬11
9	**246**	창42	막12	욥 8	롬12
10	**252**	창43	막13	욥 9	롬13
11	**258**	창44	막14	욥10	롬14
12	**265**	창45	막15	욥11	롬15
13	**271**	창46	막16	욥12	롬16
14	**276**	창47	눅1:1~38	욥13	고전1
15	**282**	창48	눅1:39~80	욥14	고전2
16	**286**	창49	눅 2	욥15	고전3
17	**292**	창50	눅 3	욥16·17	고전4
18	**298**	출 1	눅 4	욥18	고전5
19	**303**	출 2	눅 5	욥19	고전6
20	**308**	출 3	눅 6	욥20	고전7
21	**315**	출 4	눅 7	욥21	고전8
22	**321**	출 5	눅 8	욥22	고전9
23	**327**	출 6	눅 9	욥23	고전10
24	**334**	출 7	눅10	욥24	고전11
25	**340**	출 8	눅11	욥25·26	고전12
26	**346**	출 9	눅12	욥27	고전13
27	**352**	출10	눅13	욥28	고전14
28	**359**	출11·12:1~21	눅14	욥29	고전15

March 03

날짜	page	가정		개인	
1	367	출12:22~51	눅15	욥30	고전16
2	372	출13	눅16	욥31	고후 1
3	377	출14	눅17	욥32	고후 2
4	382	출15	눅18	욥33	고후 3
5	388	출16	눅19	욥34	고후 4
6	394	출17	눅20	욥35	고후 5
7	399	출18	눅21	욥36	고후 6
8	404	출19	눅22	욥37	고후 7
9	411	출20	눅23	욥38	고후 8
10	417	출21	눅24	욥39	고후 9
11	422	출22	요 1	욥40	고후10
12	428	출23	요 2	욥41	고후11
13	433	출24	요 3	욥42	고후12
14	438	출25	요 4	잠 1	고후13
15	444	출26	요 5	잠 2	갈 1
16	449	출27	요 6	잠 3	갈 2
17	456	출28	요 7	잠 4	갈 3
18	463	출29	요 8	잠 5	갈 4
19	470	출30	요 9	잠 6	갈 5
20	476	출31	요10	잠 7	갈 6
21	480	출32	요11	잠 8	엡 1
22	487	출33	요12	잠 9	엡 2
23	492	출34	요13	잠10	엡 3
24	498	출35	요14	잠11	엡 4
25	504	출36	요15	잠12	엡 5
26	509	출37	요16	잠13	엡 6
27	514	출38	요17	잠14	빌 1
28	520	출39	요18	잠15	빌 2
29	526	출40	요19	잠16	빌 3
30	532	레 1	요20	잠17	빌 4
31	537	레2·3	요21	잠18	골 1

April 04

날짜	page	가정		개인	
1	543	레 4	시1·2	잠19	골 2
2	547	레 5	시3·4	잠20	골 3
3	551	레 6	시5·6	잠21	골 4
4	556	레 7	시7·8	잠22	살전1
5	560	레 8	시 9	잠23	살전2
6	565	레 9	시10	잠24	살전3
7	569	레10	시11·12	잠25	살전4
8	573	레11·12	시13·14	잠26	살전5
9	578	레13	시15·16	잠27	살후1
10	583	레14	시17	잠28	살후2
11	589	레15	시18	잠29	살후3
12	594	레16	시19	잠30	딤전1
13	599	레17	시20·21	잠31	딤전2
14	603	레18	시22	전 1	딤전3
15	607	레19	시23·24	전 2	딤전4
16	611	레20	시25	전 3	딤전5
17	616	레21	시26·27	전 4	딤전6
18	620	레22	시28·29	전 5	딤후1
19	625	레23	시30	전 6	딤후2
20	629	레24	시31	전 7	딤후3
21	634	레25	시32	전 8	딤후4
22	639	레26	시33	전 9	딛 1
23	644	레27	시34	전10	딛 2
24	648	민 1	시35	전11	딛 3
25	653	민 2	시36	전12	몬 1
26	656	민 3	시37	아 1	히 1
27	662	민 4	시38	아 2	히 2
28	666	민 5	시39	아 3	히 3
29	670	민 6	시40·41	아 4	히 4
30	675	민 7	시42·43	아 5	히 5

May 05					
날짜	page	가정		개인	
1	683	민 8	시44	아 6	히 6
2	687	민 9	시45	아 7	히 7
3	691	민10	시46·47	아 8	히 8
4	695	민11	시48	사 1	히 9
5	700	민12·13	시49	사 2	히10
6	706	민14	시50	사3·4	히11
7	712	민15	시51	사 5	히12
8	718	민16	시52~54	사 6	히13
9	724	민17·18	시55	사 7	약 1
10	730	민19	시56·57	사8·9:1~7	약 2
11	735	민20	시58·59	사9:8~10:4	약 3
12	740	민21	시60·61	사10:5~34	약 4
13	745	민22	시62·63	사11·12	약 5
14	751	민23	시64·65	사13	벧전1
15	756	민24	시66·67	사14	벧전2
16	761	민25	시68	사15	벧전3
17	766	민26	시69	사16	벧전4
18	772	민27	시70·71	사17·18	벧전5
19	776	민28	시72	사19·20	벧후1
20	781	민29	시73	사21	벧후2
21	786	민30	시74	사22	벧후3
22	790	민31	시75·76	사23	요일1
23	795	민32	시77	사24	요일2
24	800	민33	시78:1~37	사25	요일3
25	806	민34	시78:38~72	사26	요일4
26	810	민35	시79	사27	요일5
27	815	민36	시80	사28	요이1
28	819	신 1	시81·82	사29	요삼1
29	824	신 2	시83·84	사30	유 1
30	831	신 3	시85	사31	계 1
31	835	신 4	시86·87	사32	계 2

June 06					
날짜	page	가정		개인	
1	843	신 5	시88	사33	계 3
2	848	신 6	시89	사34	계 4
3	853	신 7	시90	사35	계 5
4	856	신 8	시91	사36	계 6
5	860	신 9	시92·93	사37	계 7
6	866	신10	시94	사38	계 8
7	870	신11	시95·96	사39	계 9
8	874	신12	시97·98	사40	계10
9	879	신13·14	시99~101	사41	계11
10	885	신15	시102	사42	계12
11	890	신16	시103	사43	계13
12	894	신17	시104	사44	계14
13	900	신18	시105	사45	계15
14	905	신19	시106	사46	계16
15	910	신20	시107	사47	계17
16	914	신21	시108·109	사48	계18
17	920	신22	시110·111	사49	계19
18	925	신23	시112·113	사50	계20
19	929	신24	시114·115	사51	계21
20	934	신25	시116	사52	계22
21	938	신26	시117·118	사53	마 1
22	942	신27·28:1~19	시119:1~24	사54	마 2
23	947	신28:20~68	시119:25~48	사55	마 3
24	953	신29	시119:49~72	사56	마 4
25	957	신30	시119:73~96	사57	마 5
26	963	신31	시119:97~120	사58	마 6
27	968	신32	시119:121~144	사59	마 7
28	974	신33·34	시119:145~176	사60	마 8
29	981	수 1	시120~122	사61	마 9
30	985	수 2	시123~125	사62	마10

맥체인 성경 읽기표

QT와 성경통독을 하나로

[맥체인성경365_목차]

구약 page

창세기(창)	1	역대하(대하)	1908	다니엘(단)	1644
출애굽기(출)	298	에스라(스)	3	호세아(호)	1713
레위기(레)	532	느헤미야(느)	62	요엘(욜)	1770
민수기(민)	648	에스더(에)	147	아모스(암)	1785
신명기(신)	819	욥기(욥)	206	오바댜(옵)	1844
여호수아(수)	981	시편(시)	544/1228	요나(욘)	1850
사사기(삿)	1102	잠언(잠)	442	미가(미)	1874
룻기(룻)	1246	전도서(전)	605	나훔(나)	1915
사무엘상(삼상)	1264	아가(아)	660	하박국(합)	1932
사무엘하(삼하)	1414	이사야(사)	697	스바냐(습)	1949
열왕기상(왕상)	1540	예레미야(렘)	1015	학개(학)	1967
열왕기하(왕하)	1669	예레미야애가(애)	1342	스가랴(슥)	1977
역대상(대상)	1787	에스겔(겔)	1371	말라기(말)	2057

신약 page

마태복음(마)	2/941	에베소서(엡)	485/1556	히브리서(히)	661/1757
마가복음(막)	179/1112	빌립보서(빌)	518/1593	야고보서(약)	729/1832
누가복음(눅)	277/1813	골로새서(골)	540/1616	베드로전서(벧전)	754/1860
요한복음(요)	424/1962	데살로니가전서(살전)	560/1638	베드로후서(벧후)	780/1892
사도행전(행)	4/1073	데살로니가후서(살후)	582/1670	요한일서(요일)	794/1909
로마서(롬)	182/1266	디모데전서(딤전)	598/1686	요한이서(요이)	818/1937
고린도전서(고전)	280/1359	디모데후서(딤후)	624/1718	요한삼서(요삼)	823/1941
고린도후서(고후)	376/1444	디도서(딛)	643/1739	유다서(유)	829/1947
갈라디아서(갈)	448/1519	빌레몬서(몬)	655/1752	요한계시록(계)	834/1952

새벽기도회 살리기 · 구역모임(소그룹) 살리기

마틴로이드존스, 존스토트 목사가 수십년간 사용했던 검증된 방식

[맥체인 성경 읽기표]

맥체인 성경 읽기표는 1842년 맥체인이 자신이 목양하던 성베드로교회 성도들의 영적 성장을 위해 개발한 것으로, 매일 구약과 신약을 각각 2장씩 읽음으로써 1년에 구약 1회, 신약과 시편을 각 2회 정독할 수 있도록 만든 표입니다. 이와 같은 맥체인의 방법에 따라 신구약 성경 전체를 골고루 4등분해서 동시에 읽으면, 성경에 기록된 장구한 구속사를 크게 네 시대로 나누어 동시에 묵상할 수 있습니다.

(1) 창세기 ~ 역대하 : 만물의 시작과 이스라엘의 시작
(2) 에스라 ~ 말라기 : 이스라엘의 멸망과 새 시대의 시작
(3) 마태복음 ~ 요한복음 : 예수의 복음사역과 십자가 구속
(4) 사도행전 ~ 요한계시록 : 교회의 시작과 선교

▶ 《맥체인 성경 365》 말씀연결 사용하는 법

① 네 성경 본문의 소주제를 통해 중심 단어나 문장을 말씀으로 묵상한다.
② 네 본문의 말씀을 순서대로, 천천히 읽는다.
③ 두 본문에서 반복되는 단어나 유사한 문맥을 찾아 서로 연결한다.
④ 본문에서 반대의 뜻을 가진 단어나 문장을 찾는다.
⑤ 두 권의 책에서 공통되는 하나님의 말씀을 연결하여 기록한다.
⑥ 연결되는 말씀을 다른 두 권으로 확대하여 네 권 전체에 흐르는 하나님의 생각과 베푸신 은혜를 누리고, 그 내용을 적어본다.
⑦ 본문에서 지도자나 인도자로부터 배운 신학 주제나 교리들이 함축하고 있는 문맥의 짝을 찾아본다.
⑧ 중심 주제를 필두로, 삶에 적용할 일들을 적어보고 생활 중에 실천함으로써 변화를 경험해 본다.
⑨ 하나님이 오늘 나에게 주신 말씀들을 통하여 가르침, 명령과 약속 권면, 경고 및 행해야 할 일들을 하나님과 대화하는 마음으로(기도) 성경읽기를 마무리한다.

July 07

날짜	page	가정		개인	
1	991	수 3	시126~128	사63	마11
2	995	수 4	시129~131	사64	마12
3	1000	수5·6:1~5	시132~134	사65	마13
4	1006	수6:6~27	시135·136	사66	마14
5	1013	수 7	시137·138	렘 1	마15
6	1018	수 8	시139	렘 2	마16
7	1025	수 9	시140·141	렘 3	마17
8	1031	수10	시142·143	렘 4	마18
9	1038	수11	시144	렘 5	마19
10	1043	수12·13	시145	렘 6	마20
11	1050	수14·15	시146·147	렘 7	마21
12	1058	수16·17	시148	렘 8	마22
13	1064	수18·19	시149·150	렘 9	마23
14	1071	수20·21	행 1	렘10	마24
15	1078	수22	행 2	렘11	마25
16	1087	수23	행 3	렘12	마26
17	1094	수24	행 4	렘13	마27
18	1102	삿 1	행 5	렘14	마28
19	1108	삿 2	행 6	렘15	막 1
20	1114	삿 3	행 7	렘16	막 2
21	1121	삿 4	행 8	렘17	막 3
22	1127	삿 5	행 9	렘18	막 4
23	1134	삿 6	행10	렘19	막 5
24	1142	삿 7	행11	렘20	막 6
25	1149	삿 8	행12	렘21	막 7
26	1154	삿 9	행13	렘22	막 8
27	1164	삿10·11:1~11	행14	렘23	막 9
28	1171	삿11:12~40	행15	렘24	막10
29	1178	삿12	행16	렘25	막11
30	1185	삿13	행17	렘26	막12
31	1192	삿14	행18	렘27	막13

August 08

날짜	page	가정		개인	
1	1199	삿15	행19	렘28	막14
2	1206	삿16	행20	렘29	막15
3	1214	삿17	행21	렘30·31	막16
4	1222	삿18	행22	렘32	시1·2
5	1228	삿19	행23	렘33	시3·4
6	1234	삿20	행24	렘34	시5·6
7	1241	삿21	행25	렘35	시7·8
8	1246	룻 1	행26	렘36·37	시 9
9	1253	룻 2	행27	렘38	시10
10	1259	룻3·4	행28	렘39	시11·12
11	1264	삼상1	롬 1	렘40	시13·14
12	1270	삼상2	롬 2	렘41	시15·16
13	1275	삼상3	롬 3	렘42	시17
14	1280	삼상4	롬 4	렘43	시18
15	1285	삼상5·6	롬 5	렘44	시19
16	1292	삼상7·8	롬 6	렘45	시20·21
17	1296	삼상9	롬 7	렘46	시22
18	1302	삼상10	롬 8	렘47	시23·24
19	1307	삼상11	롬 9	렘48	시25
20	1313	삼상12	롬10	렘49	시26·27
21	1319	삼상13	롬11	렘50	시28·29
22	1326	삼상14	롬12	렘51	시30
23	1334	삼상15	롬13	렘52	시31
24	1340	삼상16	롬14	애 1	시32
25	1345	삼상17	롬15	애 2	시33
26	1352	삼상18	롬16	애 3	시34
27	1358	삼상19	고전1	애 4	시35
28	1363	삼상20	고전2	애 5	시36
29	1368	삼상21·22	고전3	겔 1	시37
30	1374	삼상23	고전4	겔 2	시38
31	1379	삼상24	고전5	겔 3	시39

September 09

날짜	page	가정		개인	
1	**1385**	삼상25	고전 6	겔 4	시40·41
2	**1391**	삼상26	고전 7	겔 5	시42·43
3	**1396**	삼상27	고전 8	겔 6	시44
4	**1400**	삼상28	고전 9	겔 7	시45·46
5	**1405**	삼상29·30	고전10	겔 8	시47
6	**1411**	삼상31	고전11	겔 9	시48
7	**1414**	삼하 1	고전12	겔10	시49
8	**1419**	삼하 2	고전13	겔11	시50
9	**1424**	삼하 3	고전14	겔12	시51
10	**1430**	삼하4·5	고전15	겔13	시52~54
11	**1438**	삼하 6	고전16	겔14	시55
12	**1442**	삼하 7	고후 1	겔15	시56·57
13	**1447**	삼하8·9	고후 2	겔16	시58·59
14	**1454**	삼하10	고후 3	겔17	시60·61
15	**1459**	삼하11	고후 4	겔18	시62·63
16	**1464**	삼하12	고후 5	겔19	시64·65
17	**1469**	삼하13	고후 6	겔20	시66·67
18	**1476**	삼하14	고후 7	겔21	시68
19	**1483**	삼하15	고후 8	겔22	시69
20	**1489**	삼하16	고후 9	겔23	시70·71
21	**1495**	삼하17	고후10	겔24	시72
22	**1500**	삼하18	고후11	겔25	시73
23	**1506**	삼하19	고후12	겔26	시74
24	**1513**	삼하20	고후13	겔27	시75·76
25	**1518**	삼하21	갈 1	겔28	시77
26	**1523**	삼하22	갈 2	겔29	시78:1~37
27	**1529**	삼하23	갈 3	겔30	시78:38~72
28	**1535**	삼하24	갈 4	겔31	시79
29	**1540**	왕상 1	갈 5	겔32	시80
30	**1547**	왕상 2	갈 6	겔33	시81·82

October 10

날짜	page	가정		개인	
1	**1555**	왕상 3	엡 1	겔34	시83·84
2	**1560**	왕상4·5	엡 2	겔35	시85
3	**1565**	왕상 6	엡 3	겔36	시86
4	**1571**	왕상 7	엡 4	겔37	시87·88
5	**1578**	왕상 8	엡 5	겔38	시89
6	**1586**	왕상 9	엡 6	겔39	시90
7	**1591**	왕상10	빌 1	겔40	시91
8	**1598**	왕상11	빌 2	겔41	시92·93
9	**1603**	왕상12	빌 3	겔42	시94
10	**1608**	왕상13	빌 4	겔43	시95·96
11	**1614**	왕상14	골 1	겔44	시97·98
12	**1620**	왕상15	골 2	겔45	시99~101
13	**1625**	왕상16	골 3	겔46	시102
14	**1631**	왕상17	골 4	겔47	시103
15	**1635**	왕상18	살전 1	겔48	시104
16	**1642**	왕상19	살전 2	단 1	시105
17	**1647**	왕상20	살전 3	단 2	시106
18	**1655**	왕상21	살전 4	단 3	시107
19	**1661**	왕상22	살전 5	단 4	시108·109
20	**1669**	왕하 1	살후 1	단 5	시110·111
21	**1674**	왕하 2	살후 2	단 6	시112·113
22	**1679**	왕하 3	살후 3	단 7	시114·115
23	**1684**	왕하 4	딤전 1	단 8	시116
24	**1690**	왕하 5	딤전 2	단 9	시117·118
25	**1695**	왕하 6	딤전 3	단10	시119:1~24
26	**1700**	왕하 7	딤전 4	단11	시119:25~48
27	**1706**	왕하 8	딤전 5	단12	시119:49~72
28	**1710**	왕하 9	딤전 6	호 1	시119:73~96
29	**1715**	왕하10	딤후 1	호 2	시119:97~120
30	**1721**	왕하11·12	딤후 2	호3·4	시119:121~144
31	**1726**	왕하13	딤후 3	호5·6	시119:145~176

November 11

날짜	page	가정		개인	
1	1733	왕하14	딤후4	호 7	시120~122
2	1737	왕하15	딛 1	호 8	시123~125
3	1741	왕하16	딛 2	호 9	시126~128
4	1745	왕하17	딛 3	호10	시129~131
5	1750	왕하18	몬 1	호11	시132~134
6	1755	왕하19	히 1	호12	시135·136
7	1760	왕하20	히 2	호13	시137·138
8	1765	왕하21	히 3	호14	시139
9	1768	왕하22	히 4	욜 1	시140·141
10	1773	왕하23	히 5	욜 2	시142
11	1778	왕하24	히 6	욜 3	시143
12	1782	왕하25	히 7	암 1	시144
13	1787	대상1·2	히 8	암 2	시145
14	1793	대상3·4	히 9	암 3	시146·147
15	1799	대상5·6	히10	암 4	시148·150
16	1807	대상7·8	히11	암 5	눅1:1~38
17	1815	대상9·10	히12	암 6	눅1:39~80
18	1822	대상11·12	히13	암 7	눅 2
19	1830	대상13·14	약 1	암 8	눅 3
20	1836	대상15	약 2	암 9	눅 4
21	1841	대상16	약 3	옵 1	눅 5
22	1847	대상17	약 4	욘 1	눅 6
23	1853	대상18	약 5	욘 2	눅 7
24	1858	대상19·20	벧전1	욘 3	눅 8
25	1864	대상21	벧전2	욘 4	눅 9
26	1871	대상22	벧전3	미 1	눅10
27	1877	대상23	벧전4	미 2	눅11
28	1882	대상24·25	벧전5	미 3	눅12
29	1889	대상26·27	벧후1	미 4	눅13
30	1896	대상28	벧후2	미 5	눅14

December 12

날짜	page	가정		개인	
1	1903	대상29	벧후3	미 6	눅15
2	1908	대하 1	요일 1	미 7	눅16
3	1912	대하 2	요일 2	나 1	눅17
4	1917	대하3·4	요일 3	나 2	눅18
5	1923	대하5·6:1~11	요일 4	나 3	눅19
6	1929	대하6:12~42	요일 5	합 1	눅20
7	1935	대하 7	요이 1	합 2	눅21
8	1940	대하 8	요삼 1	합 3	눅22
9	1946	대하 9	유 1	습 1	눅23
10	1952	대하10	계 1	습 2	눅24
11	1958	대하11·12	계 2	습 3	요 1
12	1965	대하13	계 3	학 1	요 2
13	1969	대하14·15	계 4	학 2	요 3
14	1975	대하16	계 5	슥 1	요 4
15	1980	대하17	계 6	슥 2	요 5
16	1985	대하18	계 7	슥 3	요 6
17	1992	대하19·20	계 8	슥 4	요 7
18	1998	대하21	계 9	슥 5	요 8
19	2004	대하22·23	계10	슥 6	요 9
20	2009	대하24	계11	슥 7	요10
21	2015	대하25	계12	슥 8	요11
22	2021	대하26	계13	슥 9	요12
23	2027	대하27·28	계14	슥10	요13
24	2033	대하29	계15	슥11	요14
25	2038	대하30	계16	슥12·13:1	요15
26	2043	대하31	계17	슥13:2~9	요16
27	2048	대하32	계18	슥14	요17
28	2054	대하33	계19	말 1	요18
29	2060	대하34	계20	말 2	요19
30	2066	대하35	계21	말 3	요20
31	2072	대하36	계22	말 4	요21

⊕ 맥체인 성경 읽기표 ⊕

January 01

날짜	page	가정		개인	
1	**1**	창 1	마 1	스 1	행 1
2	**5**	창 2	마 2	스 2	행 2
3	**12**	창 3	마 3	스 3	행 3
4	**16**	창 4	마 4	스 4	행 4
5	**22**	창 5	마 5	스 5	행 5
6	**28**	창 6	마 6	스 6	행 6
7	**33**	창 7	마 7	스 7	행 7
8	**39**	창 8	마 8	스 8	행 8
9	**46**	창9·10	마 9	스 9	행 9
10	**53**	창11	마10	스10	행10
11	**60**	창12	마11	느 1	행11
12	**65**	창13	마12	느 2	행12
13	**70**	창14	마13	느 3	행13
14	**78**	창15	마14	느 4	행14
15	**83**	창16	마15	느 5	행15
16	**89**	창17	마16	느 6	행16
17	**95**	창18	마17	느 7	행17
18	**102**	창19	마18	느 8	행18
19	**108**	창20	마19	느 9	행19
20	**115**	창21	마20	느10	행20
21	**121**	창22	마21	느11	행21
22	**128**	창23	마22	느12	행22
23	**135**	창24	마23	느13	행23
24	**144**	창25	마24	에 1	행24
25	**150**	창26	마25	에 2	행25
26	**157**	창27	마26	에 3	행26
27	**165**	창28	마27	에 4	행27
28	**172**	창29	마28	에 5	행28
29	**177**	창30	막 1	에 6	롬 1
30	**184**	창31	막 2	에 7	롬 2
31	**190**	창32	막 3	에 8	롬 3

February 02

날짜	page	가정		개인	
1	**197**	창33	막 4	에9·10	롬 4
2	**202**	창34	막 5	욥 1	롬 5
3	**208**	창35·36	막 6	욥 2	롬 6
4	**216**	창37	막 7	욥 3	롬 7
5	**222**	창38	막 8	욥 4	롬 8
6	**228**	창39	막 9	욥 5	롬 9
7	**234**	창40	막10	욥 6	롬10
8	**239**	창41	막11	욥 7	롬11
9	**246**	창42	막12	욥 8	롬12
10	**252**	창43	막13	욥 9	롬13
11	**258**	창44	막14	욥10	롬14
12	**265**	창45	막15	욥11	롬15
13	**271**	창46	막16	욥12	롬16
14	**276**	창47	눅1:1~38	욥13	고전1
15	**282**	창48	눅1:39~80	욥14	고전2
16	**286**	창49	눅 2	욥15	고전3
17	**292**	창50	눅 3	욥16·17	고전4
18	**298**	출 1	눅 4	욥18	고전5
19	**303**	출 2	눅 5	욥19	고전6
20	**308**	출 3	눅 6	욥20	고전7
21	**315**	출 4	눅 7	욥21	고전8
22	**321**	출 5	눅 8	욥22	고전9
23	**327**	출 6	눅 9	욥23	고전10
24	**334**	출 7	눅10	욥24	고전11
25	**340**	출 8	눅11	욥25 26	고전12
26	**346**	출 9	눅12	욥27	고전13
27	**352**	출10	눅13	욥28	고전14
28	**359**	출11·12:1~21	눅14	욥29	고전15

March 03

날짜	page	가정		개인	
1	**367**	출12:22~51	눅15	욥30	고전16
2	**372**	출13	눅16	욥31	고후 1
3	**377**	출14	눅17	욥32	고후 2
4	**382**	출15	눅18	욥33	고후 3
5	**388**	출16	눅19	욥34	고후 4
6	**394**	출17	눅20	욥35	고후 5
7	**399**	출18	눅21	욥36	고후 6
8	**404**	출19	눅22	욥37	고후 7
9	**411**	출20	눅23	욥38	고후 8
10	**417**	출21	눅24	욥39	고후 9
11	**422**	출22	요 1	욥40	고후10
12	**428**	출23	요 2	욥41	고후11
13	**433**	출24	요 3	욥42	고후12
14	**438**	출25	요 4	잠 1	고후13
15	**444**	출26	요 5	잠 2	갈 1
16	**449**	출27	요 6	잠 3	갈 2
17	**456**	출28	요 7	잠 4	갈 3
18	**463**	출29	요 8	잠 5	갈 4
19	**470**	출30	요 9	잠 6	갈 5
20	**476**	출31	요10	잠 7	갈 6
21	**480**	출32	요11	잠 8	엡 1
22	**487**	출33	요12	잠 9	엡 2
23	**492**	출34	요13	잠10	엡 3
24	**498**	출35	요14	잠11	엡 4
25	**504**	출36	요15	잠12	엡 5
26	**509**	출37	요16	잠13	엡 6
27	**514**	출38	요17	잠14	빌 1
28	**520**	출39	요18	잠15	빌 2
29	**526**	출40	요19	잠16	빌 3
30	**532**	레 1	요20	잠17	빌 4
31	**537**	레2·3	요21	잠18	골 1

April 04

날짜	page	가정		개인	
1	**543**	레 4	시1·2	잠19	골 2
2	**547**	레 5	시3·4	잠20	골 3
3	**551**	레 6	시5·6	잠21	골 4
4	**556**	레 7	시7·8	잠22	살전1
5	**560**	레 8	시 9	잠23	살전2
6	**565**	레 9	시10	잠24	살전3
7	**569**	레10	시11·12	잠25	살전4
8	**573**	레11·12	시13·14	잠26	살전5
9	**578**	레13	시15·16	잠27	살후1
10	**583**	레14	시17	잠28	살후2
11	**589**	레15	시18	잠29	살후3
12	**594**	레16	시19	잠30	딤전1
13	**599**	레17	시20·21	잠31	딤전2
14	**603**	레18	시22	전 1	딤전3
15	**607**	레19	시23·24	전 2	딤전4
16	**611**	레20	시25	전 3	딤전5
17	**616**	레21	시26·27	전 4	딤전6
18	**620**	레22	시28·29	전 5	딤후1
19	**625**	레23	시30	전 6	딤후2
20	**629**	레24	시31	전 7	딤후3
21	**634**	레25	시32	전 8	딤후4
22	**639**	레26	시33	전 9	딛 1
23	**644**	레27	시34	전10	딛 2
24	**648**	민 1	시35	전11	딛 3
25	**653**	민 2	시36	전12	몬 1
26	**656**	민 3	시37	아 1	히 1
27	**662**	민 4	시38	아 2	히 2
28	**666**	민 5	시39	아 3	히 3
29	**670**	민 6	시40·41	아 4	히 4
30	**675**	민 7	시42·43	아 5	히 5

May 05

날짜	page	가정		개인	
1	**683**	민 8	시44	아 6	히 6
2	**687**	민 9	시45	아 7	히 7
3	**691**	민10	시46·47	아 8	히 8
4	**695**	민11	시48	사 1	히 9
5	**700**	민12·13	시49	사 2	히10
6	**706**	민14	시50	사3·4	히11
7	**712**	민15	시51	사 5	히12
8	**718**	민16	시52~54	사 6	히13
9	**724**	민17·18	시55	사 7	약 1
10	**730**	민19	시56·57	사8·9:1~7	약 2
11	**735**	민20	시58·59	사9:8~10:4	약 3
12	**740**	민21	시60·61	사10:5~34	약 4
13	**745**	민22	시62·63	사11·12	약 5
14	**751**	민23	시64·65	사13	벧전1
15	**756**	민24	시66·67	사14	벧전2
16	**761**	민25	시68	사15	벧전3
17	**766**	민26	시69	사16	벧전4
18	**772**	민27	시70·71	사17·18	벧전5
19	**776**	민28	시72	사19·20	벧후1
20	**781**	민29	시73	사21	벧후2
21	**786**	민30	시74	사22	벧후3
22	**790**	민31	시75·76	사23	요일1
23	**795**	민32	시77	사24	요일2
24	**800**	민33	시78:1~37	사25	요일3
25	**806**	민34	시78:38~72	사26	요일4
26	**810**	민35	시79	사27	요일5
27	**815**	민36	시80	사28	요이1
28	**819**	신 1	시81·82	사29	요삼1
29	**824**	신 2	시83·84	사30	유 1
30	**831**	신 3	시85	사31	계 1
31	**835**	신 4	시86·87	사32	계 2

June 06

날짜	page	가정		개인	
1	**843**	신 5	시88	사33	계 3
2	**848**	신 6	시89	사34	계 4
3	**853**	신 7	시90	사35	계 5
4	**856**	신 8	시91	사36	계 6
5	**860**	신 9	시92·93	사37	계 7
6	**866**	신10	시94	사38	계 8
7	**870**	신11	시95·96	사39	계 9
8	**874**	신12	시97·98	사40	계10
9	**879**	신13·14	시99~101	사41	계11
10	**885**	신15	시102	사42	계12
11	**890**	신16	시103	사43	계13
12	**894**	신17	시104	사44	계14
13	**900**	신18	시105	사45	계15
14	**905**	신19	시106	사46	계16
15	**910**	신20	시107	사47	계17
16	**914**	신21	시108·109	사48	계18
17	**920**	신22	시110·111	사49	계19
18	**925**	신23	시112·113	사50	계20
19	**929**	신24	시114·115	사51	계21
20	**934**	신25	시116	사52	계22
21	**938**	신26	시117·118	사53	마 1
22	**942**	신27·28:1~19	시119:1~24	사54	마 2
23	**947**	신28:20~68	시119:25~48	사55	마 3
24	**953**	신29	시119:49~72	사56	마 4
25	**957**	신30	시119:73~96	사57	마 5
26	**963**	신31	시119:97~120	사58	마 6
27	**968**	신32	시119:121~144	사59	마 7
28	**974**	신33·34	시119:145~176	사60	마 8
29	**981**	수 1	시120~122	사61	마 9
30	**985**	수 2	시123~125	사62	마10

[맥체인 성경 읽기표]

맥체인 성경 읽기표는 1842년 맥체인이 자신이 목양하던 성베드로교회 성도들의 영적 성장을 위해 개발한 것으로, 매일 구약과 신약을 각각 2장씩 읽음으로써 1년에 구약 1회, 신약과 시편을 각 2회 정독할 수 있도록 만든 표입니다. 이와 같은 맥체인의 방법에 따라 신구약 성경 전체를 골고루 4등분해서 동시에 읽으면, 성경에 기록된 장구한 구속사를 크게 네 시대로 나누어 동시에 묵상할 수 있습니다.

(1) 창세기 ~ 역대하 : 만물의 시작과 이스라엘의 시작

(2) 에스라 ~ 말라기 : 이스라엘의 멸망과 새 시대의 시작

(3) 마태복음 ~ 요한복음 : 예수의 복음사역과 십자가 구속

(4) 사도행전 ~ 요한계시록 : 교회의 시작과 선교

▶ 《맥체인 성경 365》 말씀연결 사용하는 법

① 네 성경 본문의 소주제를 통해 중심 단어나 문장을 말씀으로 묵상한다.

② 네 본문의 말씀을 순서대로, 천천히 읽는다.

③ 두 본문에서 반복되는 단어나 유사한 문맥을 찾아 서로 연결한다.

④ 본문에서 반대의 뜻을 가진 단어나 문장을 찾는다.

⑤ 두 권의 책에서 공통되는 하나님의 말씀을 연결하여 기록한다.

⑥ 연결되는 말씀을 다른 두 권으로 확대하여 네 권 전체에 흐르는 하나님의 생각과 베푸신 은혜를 누리고, 그 내용을 적어본다.

⑦ 본문에서 지도자나 인도자로부터 배운 신학 주제나 교리들이 함축하고 있는 문맥의 짝을 찾아본다.

⑧ 중심 주제를 필두로, 삶에 적용할 일들을 적어보고 생활 중에 실천함으로써 변화를 경험해 본다.

⑨ 하나님이 오늘 나에게 주신 말씀들을 통하여 가르침, 명령과 약속 권면, 경고 및 행해야 할 일들을 하나님과 대화하는 마음으로(기도) 성경읽기를 마무리한다.

July 07					
날짜	page	가정		개인	
1	**991**	수 3	시126~128	사63	마11
2	**995**	수 4	시129~131	사64	마12
3	**1000**	수5·6:1~5	시132~134	사65	마13
4	**1006**	수6:6~27	시135·136	사66	마14
5	**1013**	수 7	시137·138	렘 1	마15
6	**1018**	수 8	시139	렘 2	마16
7	**1025**	수 9	시140·141	렘 3	마17
8	**1031**	수10	시142·143	렘 4	마18
9	**1038**	수11	시144	렘 5	마19
10	**1043**	수12·13	시145	렘 6	마20
11	**1050**	수14·15	시146·147	렘 7	마21
12	**1058**	수16·17	시148	렘 8	마22
13	**1064**	수18·19	시149·150	렘 9	마23
14	**1071**	수20·21	행 1	렘10	마24
15	**1078**	수22	행 2	렘11	마25
16	**1087**	수23	행 3	렘12	마26
17	**1094**	수24	행 4	렘13	마27
18	**1102**	삿 1	행 5	렘14	마28
19	**1108**	삿 2	행 6	렘15	막 1
20	**1114**	삿 3	행 7	렘16	막 2
21	**1121**	삿 4	행 8	렘17	막 3
22	**1127**	삿 5	행 9	렘18	막 4
23	**1134**	삿 6	행10	렘19	막 5
24	**1142**	삿 7	행11	렘20	막 6
25	**1149**	삿 8	행12	렘21	막 7
26	**1154**	삿 9	행13	렘22	막 8
27	**1164**	삿10·11:1~11	행14	렘23	막 9
28	**1171**	삿11:12~40	행15	렘24	막10
29	**1178**	삿12	행16	렘25	막11
30	**1185**	삿13	행17	렘26	막12
31	**1192**	삿14	행18	렘27	막13

August 08					
날짜	page	가정		개인	
1	**1199**	삿15	행19	렘28	막14
2	**1206**	삿16	행20	렘29	막15
3	**1214**	삿17	행21	렘30·31	막16
4	**1222**	삿18	행22	렘32	시1·2
5	**1228**	삿19	행23	렘33	시3·4
6	**1234**	삿20	행24	렘34	시5·6
7	**1241**	삿21	행25	렘35	시7·8
8	**1246**	룻 1	행26	렘36·37	시 9
9	**1253**	룻 2	행27	렘38	시10
10	**1259**	룻3·4	행28	렘39	시11·12
11	**1264**	삼상1	롬 1	렘40	시13·14
12	**1270**	삼상2	롬 2	렘41	시15·16
13	**1275**	삼상3	롬 3	렘42	시17
14	**1280**	삼상4	롬 4	렘43	시18
15	**1285**	삼상5·6	롬 5	렘44	시19
16	**1292**	삼상7·8	롬 6	렘45	시20·21
17	**1296**	삼상9	롬 7	렘46	시22
18	**1302**	삼상10	롬 8	렘47	시23·24
19	**1307**	삼상11	롬 9	렘48	시25
20	**1313**	삼상12	롬10	렘49	시26·27
21	**1319**	삼상13	롬11	렘50	시28·29
22	**1326**	삼상14	롬12	렘51	시30
23	**1334**	삼상15	롬13	렘52	시31
24	**1340**	삼상16	롬14	애 1	시32
25	**1345**	삼상17	롬15	애 2	시33
26	**1352**	삼상18	롬16	애 3	시34
27	**1358**	삼상19	고전1	애 4	시35
28	**1363**	삼상20	고전2	애 5	시36
29	**1368**	삼상21·22	고전3	겔 1	시37
30	**1374**	삼상23	고전4	겔 2	시38
31	**1379**	삼상24	고전5	겔 3	시39

September 09

날짜	page	가정		개인	
1	**1385**	삼상25	고전 6	겔 4	시40·41
2	**1391**	삼상26	고전 7	겔 5	시42·43
3	**1396**	삼상27	고전 8	겔 6	시44
4	**1400**	삼상28	고전 9	겔 7	시45·46
5	**1405**	삼상29·30	고전10	겔 8	시47
6	**1411**	삼상31	고전11	겔 9	시48
7	**1414**	삼하 1	고전12	겔10	시49
8	**1419**	삼하 2	고전13	겔11	시50
9	**1424**	삼하 3	고전14	겔12	시51
10	**1430**	삼하4·5	고전15	겔13	시52~54
11	**1438**	삼하 6	고전16	겔14	시55
12	**1442**	삼하 7	고후 1	겔15	시56·57
13	**1447**	삼하8·9	고후 2	겔16	시58·59
14	**1454**	삼하10	고후 3	겔17	시60·61
15	**1459**	삼하11	고후 4	겔18	시62·63
16	**1464**	삼하12	고후 5	겔19	시64·65
17	**1469**	삼하13	고후 6	겔20	시66·67
18	**1476**	삼하14	고후 7	겔21	시68
19	**1483**	삼하15	고후 8	겔22	시69
20	**1489**	삼하16	고후 9	겔23	시70·71
21	**1495**	삼하17	고후10	겔24	시72
22	**1500**	삼하18	고후11	겔25	시73
23	**1506**	삼하19	고후12	겔26	시74
24	**1513**	삼하20	고후13	겔27	시75·76
25	**1518**	삼하21	갈 1	겔28	시77
26	**1523**	삼하22	갈 2	겔29	시78:1~37
27	**1529**	삼하23	갈 3	겔30	시78:38~72
28	**1535**	삼하24	갈 4	겔31	시79
29	**1540**	왕상 1	갈 5	겔32	시80
30	**1547**	왕상 2	갈 6	겔33	시81·82

October 10

날짜	page	가정		개인	
1	**1555**	왕상 3	엡 1	겔34	시83·84
2	**1560**	왕상4·5	엡 2	겔35	시85
3	**1565**	왕상 6	엡 3	겔36	시86
4	**1571**	왕상 7	엡 4	겔37	시87·88
5	**1578**	왕상 8	엡 5	겔38	시89
6	**1586**	왕상 9	엡 6	겔39	시90
7	**1591**	왕상10	빌 1	겔40	시91
8	**1598**	왕상11	빌 2	겔41	시92·93
9	**1603**	왕상12	빌 3	겔42	시94
10	**1608**	왕상13	빌 4	겔43	시95·96
11	**1614**	왕상14	골 1	겔44	시97·98
12	**1620**	왕상15	골 2	겔45	시99~101
13	**1625**	왕상16	골 3	겔46	시102
14	**1631**	왕상17	골 4	겔47	시103
15	**1635**	왕상18	살전 1	겔48	시104
16	**1642**	왕상19	살전 2	단 1	시105
17	**1647**	왕상20	살전 3	단 2	시106
18	**1655**	왕상21	살전 4	단 3	시107
19	**1661**	왕상22	살전 5	단 4	시108·109
20	**1669**	왕하 1	살후 1	단 5	시110·111
21	**1674**	왕하 2	살후 2	단 6	시112·113
22	**1679**	왕하 3	살후 3	단 7	시114·115
23	**1684**	왕하 4	딤전 1	단 8	시116
24	**1690**	왕하 5	딤전 2	단 9	시117·118
25	**1695**	왕하 6	딤전 3	단10	시119:1~24
26	**1700**	왕하 7	딤전 4	단11	시119:25~48
27	**1706**	왕하 8	딤전 5	단12	시119:49~72
28	**1710**	왕하 9	딤전 6	호 1	시119:73~96
29	**1715**	왕하10	딤후 1	호 2	시119:97~120
30	**1721**	왕하11·12	딤후 2	호3·4	시119:121~144
31	**1726**	왕하13	딤후 3	호5·6	시119:145~176

November 11

날짜	page	가정		개인	
1	**1733**	왕하14	딤후4	호 7	시120~122
2	**1737**	왕하15	딛 1	호 8	시123~125
3	**1741**	왕하16	딛 2	호 9	시126~128
4	**1745**	왕하17	딛 3	호10	시129~131
5	**1750**	왕하18	몬 1	호11	시132~134
6	**1755**	왕하19	히 1	호12	시135·136
7	**1760**	왕하20	히 2	호13	시137·138
8	**1765**	왕하21	히 3	호14	시139
9	**1768**	왕하22	히 4	욜 1	시140·141
10	**1773**	왕하23	히 5	욜 2	시142
11	**1778**	왕하24	히 6	욜 3	시143
12	**1782**	왕하25	히 7	암 1	시144
13	**1787**	대상1·2	히 8	암 2	시145
14	**1793**	대상3·4	히 9	암 3	시146·147
15	**1799**	대상5·6	히10	암 4	시148·150
16	**1807**	대상7·8	히11	암 5	눅1:1~38
17	**1815**	대상9·10	히12	암 6	눅1:39~80
18	**1822**	대상11·12	히13	암 7	눅 2
19	**1830**	대상13·14	약 1	암 8	눅 3
20	**1836**	대상15	약 2	암 9	눅 4
21	**1841**	대상16	약 3	옵 1	눅 5
22	**1847**	대상17	약 4	욘 1	눅 6
23	**1853**	대상18	약 5	욘 2	눅 7
24	**1858**	대상19·20	벧전1	욘 3	눅 8
25	**1864**	대상21	벧전2	욘 4	눅 9
26	**1871**	대상22	벧전3	미 1	눅10
27	**1877**	대상23	벧전4	미 2	눅11
28	**1882**	대상24·25	벧전5	미 3	눅12
29	**1889**	대상26·27	벧후1	미 4	눅13
30	**1896**	대상28	벧후2	미 5	눅14

December 12

날짜	page	가정		개인	
1	**1903**	대상29	벧후3	미 6	눅15
2	**1908**	대하 1	요일 1	미 7	눅16
3	**1912**	대하 2	요일 2	나 1	눅17
4	**1917**	대하3·4	요일 3	나 2	눅18
5	**1923**	대하5·6:1~11	요일 4	나 3	눅19
6	**1929**	대하6:12~42	요일 5	합 1	눅20
7	**1935**	대하 7	요이 1	합 2	눅21
8	**1940**	대하 8	요삼 1	합 3	눅22
9	**1946**	대하 9	유 1	습 1	눅23
10	**1952**	대하10	계 1	습 2	눅24
11	**1958**	대하11·12	계 2	습 3	요 1
12	**1965**	대하13	계 3	학 1	요 2
13	**1969**	대하14·15	계 4	학 2	요 3
14	**1975**	대하16	계 5	슥 1	요 4
15	**1980**	대하17	계 6	슥 2	요 5
16	**1985**	대하18	계 7	슥 3	요 6
17	**1992**	대하19·20	계 8	슥 4	요 7
18	**1998**	대하21	계 9	슥 5	요 8
19	**2004**	대하22·23	계10	슥 6	요 9
20	**2009**	대하24	계11	슥 7	요10
21	**2015**	대하25	계12	슥 8	요11
22	**2021**	대하26	계13	슥 9	요12
23	**2027**	대하27·28	계14	슥10	요13
24	**2033**	대하29	계15	슥11	요14
25	**2038**	대하30	계16	슥12·13:1	요15
26	**2043**	대하31	계17	슥13:2~9	요16
27	**2048**	대하32	계18	슥14	요17
28	**2054**	대하33	계19	말 1	요18
29	**2060**	대하34	계20	말 2	요19
30	**2066**	대하35	계21	말 3	요20
31	**2072**	대하36	계22	말 4	요21

⊕ 맥체인 성경 읽기표 ⊕

January 01					
날짜	page	가정		개인	
1	**1**	창 1	마 1	스 1	행 1
2	**5**	창 2	마 2	스 2	행 2
3	**12**	창 3	마 3	스 3	행 3
4	**16**	창 4	마 4	스 4	행 4
5	**22**	창 5	마 5	스 5	행 5
6	**28**	창 6	마 6	스 6	행 6
7	**33**	창 7	마 7	스 7	행 7
8	**39**	창 8	마 8	스 8	행 8
9	**46**	창9·10	마 9	스 9	행 9
10	**53**	창11	마10	스10	행10
11	**60**	창12	마11	느 1	행11
12	**65**	창13	마12	느 2	행12
13	**70**	창14	마13	느 3	행13
14	**78**	창15	마14	느 4	행14
15	**83**	창16	마15	느 5	행15
16	**89**	창17	마16	느 6	행16
17	**95**	창18	마17	느 7	행17
18	**102**	창19	마18	느 8	행18
19	**108**	창20	마19	느 9	행19
20	**115**	창21	마20	느10	행20
21	**121**	창22	마21	느11	행21
22	**128**	창23	마22	느12	행22
23	**135**	창24	마23	느13	행23
24	**144**	창25	마24	에 1	행24
25	**150**	창26	마25	에 2	행25
26	**157**	창27	마26	에 3	행26
27	**165**	창28	마27	에 4	행27
28	**172**	창29	마28	에 5	행28
29	**177**	창30	막 1	에 6	롬 1
30	**184**	창31	막 2	에 7	롬 2
31	**190**	창32	막 3	에 8	롬 3

February 02					
날짜	page	가정		개인	
1	**197**	창33	막 4	에9·10	롬 4
2	**202**	창34	막 5	욥 1	롬 5
3	**208**	창35·36	막 6	욥 2	롬 6
4	**216**	창37	막 7	욥 3	롬 7
5	**222**	창38	막 8	욥 4	롬 8
6	**228**	창39	막 9	욥 5	롬 9
7	**234**	창40	막10	욥 6	롬10
8	**239**	창41	막11	욥 7	롬11
9	**246**	창42	막12	욥 8	롬12
10	**252**	창43	막13	욥 9	롬13
11	**258**	창44	막14	욥10	롬14
12	**265**	창45	막15	욥11	롬15
13	**271**	창46	막16	욥12	롬16
14	**276**	창47	눅1:1~38	욥13	고전1
15	**282**	창48	눅1:39~80	욥14	고전2
16	**286**	창49	눅 2	욥15	고전3
17	**292**	창50	눅 3	욥16·17	고전4
18	**298**	출 1	눅 4	욥18	고전5
19	**303**	출 2	눅 5	욥19	고전6
20	**308**	출 3	눅 6	욥20	고전7
21	**315**	출 4	눅 7	욥21	고전8
22	**321**	출 5	눅 8	욥22	고전9
23	**327**	출 6	눅 9	욥23	고전10
24	**334**	출 7	눅10	욥24	고전11
25	**340**	출 8	눅11	욥25·26	고전12
26	**346**	출 9	눅12	욥27	고전13
27	**352**	출10	눅13	욥28	고전14
28	**359**	출11·12:1~21	눅14	욥29	고전15

March 03

날짜	page	가정		개인	
1	**367**	출12:22~51	눅15	욥30	고전16
2	**372**	출13	눅16	욥31	고후 1
3	**377**	출14	눅17	욥32	고후 2
4	**382**	출15	눅18	욥33	고후 3
5	**388**	출16	눅19	욥34	고후 4
6	**394**	출17	눅20	욥35	고후 5
7	**399**	출18	눅21	욥36	고후 6
8	**404**	출19	눅22	욥37	고후 7
9	**411**	출20	눅23	욥38	고후 8
10	**417**	출21	눅24	욥39	고후 9
11	**422**	출22	요 1	욥40	고후10
12	**428**	출23	요 2	욥41	고후11
13	**433**	출24	요 3	욥42	고후12
14	**438**	출25	요 4	잠 1	고후13
15	**444**	출26	요 5	잠 2	갈 1
16	**449**	출27	요 6	잠 3	갈 2
17	**456**	출28	요 7	잠 4	갈 3
18	**463**	출29	요 8	잠 5	갈 4
19	**470**	출30	요 9	잠 6	갈 5
20	**476**	출31	요10	잠 7	갈 6
21	**480**	출32	요11	잠 8	엡 1
22	**487**	출33	요12	잠 9	엡 2
23	**492**	출34	요13	잠10	엡 3
24	**498**	출35	요14	잠11	엡 4
25	**504**	출36	요15	잠12	엡 5
26	**509**	출37	요16	잠13	엡 6
27	**514**	출38	요17	잠14	빌 1
28	**520**	출39	요18	잠15	빌 2
29	**526**	출40	요19	잠16	빌 3
30	**532**	레 1	요20	잠17	빌 4
31	**537**	레2·3	요21	잠18	골 1

April 04

날짜	page	가정		개인	
1	**543**	레 4	시1·2	잠19	골 2
2	**547**	레 5	시3·4	잠20	골 3
3	**551**	레 6	시5·6	잠21	골 4
4	**556**	레 7	시7·8	잠22	살전1
5	**560**	레 8	시 9	잠23	살전2
6	**565**	레 9	시10	잠24	살전3
7	**569**	레10	시11·12	잠25	살전4
8	**573**	레11·12	시13·14	잠26	살전5
9	**578**	레13	시15·16	잠27	살후1
10	**583**	레14	시17	잠28	살후2
11	**589**	레15	시18	잠29	살후3
12	**594**	레16	시19	잠30	딤전1
13	**599**	레17	시20·21	잠31	딤전2
14	**603**	레18	시22	전 1	딤전3
15	**607**	레19	시23·24	전 2	딤전4
16	**611**	레20	시25	전 3	딤전5
17	**616**	레21	시26·27	전 4	딤전6
18	**620**	레22	시28·29	전 5	딤후1
19	**625**	레23	시30	전 6	딤후2
20	**629**	레24	시31	전 7	딤후3
21	**634**	레25	시32	전 8	딤후4
22	**639**	레26	시33	전 9	딛 1
23	**644**	레27	시34	전10	딛 2
24	**648**	민 1	시35	전11	딛 3
25	**653**	민 2	시36	전12	몬 1
26	**656**	민 3	시37	아 1	히 1
27	**662**	민 4	시38	아 2	히 2
28	**666**	민 5	시39	아 3	히 3
29	**670**	민 6	시40·41	아 4	히 4
30	**675**	민 7	시42·43	아 5	히 5

May 05

날짜	page	가정		개인	
1	**683**	민 8	시44	아 6	히 6
2	**687**	민 9	시45	아 7	히 7
3	**691**	민10	시46·47	아 8	히 8
4	**695**	민11	시48	사 1	히 9
5	**700**	민12·13	시49	사 2	히10
6	**706**	민14	시50	사3·4	히11
7	**712**	민15	시51	사 5	히12
8	**718**	민16	시52~54	사 6	히13
9	**724**	민17·18	시55	사 7	약 1
10	**730**	민19	시56·57	사8·9:1~7	약 2
11	**735**	민20	시58·59	사9:8~10:4	약 3
12	**740**	민21	시60·61	사10:5~34	약 4
13	**745**	민22	시62·63	사11·12	약 5
14	**751**	민23	시64·65	사13	벧전1
15	**756**	민24	시66·67	사14	벧전2
16	**761**	민25	시68	사15	벧전3
17	**766**	민26	시69	사16	벧전4
18	**772**	민27	시70·71	사17·18	벧전5
19	**776**	민28	시72	사19·20	벧후1
20	**781**	민29	시73	사21	벧후2
21	**786**	민30	시74	사22	벧후3
22	**790**	민31	시75·76	사23	요일1
23	**795**	민32	시77	사24	요일2
24	**800**	민33	시78:1~37	사25	요일3
25	**806**	민34	시78:38~72	사26	요일4
26	**810**	민35	시79	사27	요일5
27	**815**	민36	시80	사28	요이1
28	**819**	신 1	시81·82	사29	요삼1
29	**824**	신 2	시83·84	사30	유 1
30	**831**	신 3	시85	사31	계 1
31	**835**	신 4	시86·87	사32	계 2

June 06

날짜	page	가정		개인	
1	**843**	신 5	시88	사33	계 3
2	**848**	신 6	시89	사34	계 4
3	**853**	신 7	시90	사35	계 5
4	**856**	신 8	시91	사36	계 6
5	**860**	신 9	시92·93	사37	계 7
6	**866**	신10	시94	사38	계 8
7	**870**	신11	시95·96	사39	계 9
8	**874**	신12	시97·98	사40	계10
9	**879**	신13·14	시99~101	사41	계11
10	**885**	신15	시102	사42	계12
11	**890**	신16	시103	사43	계13
12	**894**	신17	시104	사44	계14
13	**900**	신18	시105	사45	계15
14	**905**	신19	시106	사46	계16
15	**910**	신20	시107	사47	계17
16	**914**	신21	시108·109	사48	계18
17	**920**	신22	시110·111	사49	계19
18	**925**	신23	시112·113	사50	계20
19	**929**	신24	시114·115	사51	계21
20	**934**	신25	시116	사52	계22
21	**938**	신26	시117·118	사53	마 1
22	**942**	신27·28:1~19	시119:1~24	사54	마 2
23	**947**	신28:20~68	시119:25~48	사55	마 3
24	**953**	신29	시119:49~72	사56	마 4
25	**957**	신30	시119:73~96	사57	마 5
26	**963**	신31	시119:97~120	사58	마 6
27	**968**	신32	시119:121~144	사59	마 7
28	**974**	신33·34	시119:145~176	사60	마 8
29	**981**	수 1	시120~122	사61	마 9
30	**985**	수 2	시123~125	사62	마10

[맥체인 성경 읽기표]

맥체인 성경 읽기표는 1842년 맥체인이 자신이 목양하던 성베드로교회 성도들의 영적 성장을 위해 개발한 것으로, 매일 구약과 신약을 각각 2장씩 읽음으로써 1년에 구약 1회, 신약과 시편을 각 2회 정독할 수 있도록 만든 표입니다. 이와 같은 맥체인의 방법에 따라 신구약 성경 전체를 골고루 4등분해서 동시에 읽으면, 성경에 기록된 장구한 구속사를 크게 네 시대로 나누어 동시에 묵상할 수 있습니다.

(1) 창세기 ~ 역대하 : 만물의 시작과 이스라엘의 시작
(2) 에스라 ~ 말라기 : 이스라엘의 멸망과 새 시대의 시작
(3) 마태복음 ~ 요한복음 : 예수의 복음사역과 십자가 구속
(4) 사도행전 ~ 요한계시록 : 교회의 시작과 선교

▶《맥체인 성경 365》 말씀연결 사용하는 법

① 네 성경 본문의 소주제를 통해 중심 단어나 문장을 말씀으로 묵상한다.
② 네 본문의 말씀을 순서대로, 천천히 읽는다.
③ 두 본문에서 반복되는 단어나 유사한 문맥을 찾아 서로 연결한다.
④ 본문에서 반대의 뜻을 가진 단어나 문장을 찾는다.
⑤ 두 권의 책에서 공통되는 하나님의 말씀을 연결하여 기록한다.
⑥ 연결되는 말씀을 다른 두 권으로 확대하여 네 권 전체에 흐르는 하나님의 생각과 베푸신 은혜를 누리고, 그 내용을 적어본다.
⑦ 본문에서 지도자나 인도자로부터 배운 신학 주제나 교리들이 함축하고 있는 문맥의 짝을 찾아본다.
⑧ 중심 주제를 필두로, 삶에 적용할 일들을 적어보고 생활 중에 실천함으로써 변화를 경험해 본다.
⑨ 하나님이 오늘 나에게 주신 말씀들을 통하여 가르침, 명령과 약속 권면, 경고 및 행해야 할 일들을 하나님과 대화하는 마음으로(기도) 성경읽기를 마무리한다.

July 07

날짜	page	가정		개인	
1	**991**	수 3	시126~128	사63	마11
2	**995**	수 4	시129~131	사64	마12
3	**1000**	수5·6:1~5	시132~134	사65	마13
4	**1006**	수6:6~27	시135·136	사66	마14
5	**1013**	수 7	시137·138	렘 1	마15
6	**1018**	수 8	시139	렘 2	마16
7	**1025**	수 9	시140·141	렘 3	마17
8	**1031**	수10	시142·143	렘 4	마18
9	**1038**	수11	시144	렘 5	마19
10	**1043**	수12·13	시145	렘 6	마20
11	**1050**	수14·15	시146·147	렘 7	마21
12	**1058**	수16·17	시148	렘 8	마22
13	**1064**	수18·19	시149·150	렘 9	마23
14	**1071**	수20·21	행 1	렘10	마24
15	**1078**	수22	행 2	렘11	마25
16	**1087**	수23	행 3	렘12	마26
17	**1094**	수24	행 4	렘13	마27
18	**1102**	삿 1	행 5	렘14	마28
19	**1108**	삿 2	행 6	렘15	막 1
20	**1114**	삿 3	행 7	렘16	막 2
21	**1121**	삿 4	행 8	렘17	막 3
22	**1127**	삿 5	행 9	렘18	막 4
23	**1134**	삿 6	행10	렘19	막 5
24	**1142**	삿 7	행11	렘20	막 6
25	**1149**	삿 8	행12	렘21	막 7
26	**1154**	삿 9	행13	렘22	막 8
27	**1164**	삿10·11:1~11	행14	렘23	막 9
28	**1171**	삿11:12~40	행15	렘24	막10
29	**1178**	삿12	행16	렘25	막11
30	**1185**	삿13	행17	렘26	막12
31	**1192**	삿14	행18	렘27	막13

August 08

날짜	page	가정		개인	
1	**1199**	삿15	행19	렘28	막14
2	**1206**	삿16	행20	렘29	막15
3	**1214**	삿17	행21	렘30·31	막16
4	**1222**	삿18	행22	렘32	시1·2
5	**1228**	삿19	행23	렘33	시3·4
6	**1234**	삿20	행24	렘34	시5·6
7	**1241**	삿21	행25	렘35	시7·8
8	**1246**	룻 1	행26	렘36·37	시 9
9	**1253**	룻 2	행27	렘38	시10
10	**1259**	룻3·4	행28	렘39	시11·12
11	**1264**	삼상1	롬 1	렘40	시13·14
12	**1270**	삼상2	롬 2	렘41	시15·16
13	**1275**	삼상3	롬 3	렘42	시17
14	**1280**	삼상4	롬 4	렘43	시18
15	**1285**	삼상5·6	롬 5	렘44	시19
16	**1292**	삼상7·8	롬 6	렘45	시20·21
17	**1296**	삼상9	롬 7	렘46	시22
18	**1302**	삼상10	롬 8	렘47	시23·24
19	**1307**	삼상11	롬 9	렘48	시25
20	**1313**	삼상12	롬10	렘49	시26·27
21	**1319**	삼상13	롬11	렘50	시28·29
22	**1326**	삼상14	롬12	렘51	시30
23	**1334**	삼상15	롬13	렘52	시31
24	**1340**	삼상16	롬14	애 1	시32
25	**1345**	삼상17	롬15	애 2	시33
26	**1352**	삼상18	롬16	애 3	시34
27	**1358**	삼상19	고전1	애 4	시35
28	**1363**	삼상20	고전2	애 5	시36
29	**1368**	삼상21·22	고전3	겔 1	시37
30	**1374**	삼상23	고전4	겔 2	시38
31	**1379**	삼상24	고전5	겔 3	시39

September 09

날짜	page	가정		개인	
1	1385	삼상25	고전 6	겔 4	시40·41
2	1391	삼상26	고전 7	겔 5	시42·43
3	1396	삼상27	고전 8	겔 6	시44
4	1400	삼상28	고전 9	겔 7	시45·46
5	1405	삼상29·30	고전10	겔 8	시47
6	1411	삼상31	고전11	겔 9	시48
7	1414	삼하 1	고전12	겔10	시49
8	1419	삼하 2	고전13	겔11	시50
9	1424	삼하 3	고전14	겔12	시51
10	1430	삼하4·5	고전15	겔13	시52~54
11	1438	삼하 6	고전16	겔14	시55
12	1442	삼하 7	고후 1	겔15	시56·57
13	1447	삼하8·9	고후 2	겔16	시58·59
14	1454	삼하10	고후 3	겔17	시60·61
15	1459	삼하11	고후 4	겔18	시62·63
16	1464	삼하12	고후 5	겔19	시64·65
17	1469	삼하13	고후 6	겔20	시66·67
18	1476	삼하14	고후 7	겔21	시68
19	1483	삼하15	고후 8	겔22	시69
20	1489	삼하16	고후 9	겔23	시70·71
21	1495	삼하17	고후10	겔24	시72
22	1500	삼하18	고후11	겔25	시73
23	1506	삼하19	고후12	겔26	시74
24	1513	삼하20	고후13	겔27	시75·76
25	1518	삼하21	갈 1	겔28	시77
26	1523	삼하22	갈 2	겔29	시78:1~37
27	1529	삼하23	갈 3	겔30	시78:38~72
28	1535	삼하24	갈 4	겔31	시79
29	1540	왕상 1	갈 5	겔32	시80
30	1547	왕상 2	갈 6	겔33	시81·82

October 10

날짜	page	가정		개인	
1	1555	왕상 3	엡 1	겔34	시83·84
2	1560	왕상4·5	엡 2	겔35	시85
3	1565	왕상 6	엡 3	겔36	시86
4	1571	왕상 7	엡 4	겔37	시87·88
5	1578	왕상 8	엡 5	겔38	시89
6	1586	왕상 9	엡 6	겔39	시90
7	1591	왕상10	빌 1	겔40	시91
8	1598	왕상11	빌 2	겔41	시92·93
9	1603	왕상12	빌 3	겔42	시94
10	1608	왕상13	빌 4	겔43	시95·96
11	1614	왕상14	골 1	겔44	시97·98
12	1620	왕상15	골 2	겔45	시99~101
13	1625	왕상16	골 3	겔46	시102
14	1631	왕상17	골 4	겔47	시103
15	1635	왕상18	살전 1	겔48	시104
16	1642	왕상19	살전 2	단 1	시105
17	1647	왕상20	살전 3	단 2	시106
18	1655	왕상21	살전 4	단 3	시107
19	1661	왕상22	살전 5	단 4	시108·109
20	1669	왕하 1	살후 1	단 5	시110·111
21	1674	왕하 2	살후 2	단 6	시112·113
22	1679	왕하 3	살후 3	단 7	시114·115
23	1684	왕하 4	딤전 1	단 8	시116
24	1690	왕하 5	딤전 2	단 9	시117·118
25	1695	왕하 6	딤전 3	단10	시119:1~24
26	1700	왕하 7	딤전 4	단11	시119:25~48
27	1706	왕하 8	딤전 5	단12	시119:49~72
28	1710	왕하 9	딤전 6	호 1	시119:73~96
29	1715	왕하10	딤후 1	호 2	시119:97~120
30	1721	왕하11·12	딤후 2	호3·4	시119:121~144
31	1726	왕하13	딤후 3	호5·6	시119:145~176

November 11

날짜	page	가정		개인	
1	**1733**	왕하14	딤후4	호 7	시120~122
2	**1737**	왕하15	딛 1	호 8	시123~125
3	**1741**	왕하16	딛 2	호 9	시126~128
4	**1745**	왕하17	딛 3	호10	시129~131
5	**1750**	왕하18	몬 1	호11	시132~134
6	**1755**	왕하19	히 1	호12	시135·136
7	**1760**	왕하20	히 2	호13	시137·138
8	**1765**	왕하21	히 3	호14	시139
9	**1768**	왕하22	히 4	욜 1	시140·141
10	**1773**	왕하23	히 5	욜 2	시142
11	**1778**	왕하24	히 6	욜 3	시143
12	**1782**	왕하25	히 7	암 1	시144
13	**1787**	대상1·2	히 8	암 2	시145
14	**1793**	대상3·4	히 9	암 3	시146·147
15	**1799**	대상5·6	히10	암 4	시148·150
16	**1807**	대상7·8	히11	암 5	눅1:1~38
17	**1815**	대상9·10	히12	암 6	눅1:39~80
18	**1822**	대상11·12	히13	암 7	눅 2
19	**1830**	대상13·14	약 1	암 8	눅 3
20	**1836**	대상15	약 2	암 9	눅 4
21	**1841**	대상16	약 3	옵 1	눅 5
22	**1847**	대상17	약 4	욘 1	눅 6
23	**1853**	대상18	약 5	욘 2	눅 7
24	**1858**	대상19·20	벧전1	욘 3	눅 8
25	**1864**	대상21	벧전2	욘 4	눅 9
26	**1871**	대상22	벧전3	미 1	눅10
27	**1877**	대상23	벧전4	미 2	눅11
28	**1882**	대상24·25	벧전5	미 3	눅12
29	**1889**	대상26·27	벧후1	미 4	눅13
30	**1896**	대상28	벧후2	미 5	눅14

December 12

날짜	page	가정		개인	
1	**1903**	대상29	벧후3	미 6	눅15
2	**1908**	대하 1	요일 1	미 7	눅16
3	**1912**	대하 2	요일 2	나 1	눅17
4	**1917**	대하3·4	요일 3	나 2	눅18
5	**1923**	대하5·6:1~11	요일 4	나 3	눅19
6	**1929**	대하6:12~42	요일 5	합 1	눅20
7	**1935**	대하 7	요이 1	합 2	눅21
8	**1940**	대하 8	요삼 1	합 3	눅22
9	**1946**	대하 9	유 1	습 1	눅23
10	**1952**	대하10	계 1	습 2	눅24
11	**1958**	대하11·12	계 2	습 3	요 1
12	**1965**	대하13	계 3	학 1	요 2
13	**1969**	대하14·15	계 4	학 2	요 3
14	**1975**	대하16	계 5	슥 1	요 4
15	**1980**	대하17	계 6	슥 2	요 5
16	**1985**	대하18	계 7	슥 3	요 6
17	**1992**	대하19·20	계 8	슥 4	요 7
18	**1998**	대하21	계 9	슥 5	요 8
19	**2004**	대하22·23	계10	슥 6	요 9
20	**2009**	대하24	계11	슥 7	요10
21	**2015**	대하25	계12	슥 8	요11
22	**2021**	대하26	계13	슥 9	요12
23	**2027**	대하27·28	계14	슥10	요13
24	**2033**	대하29	계15	슥11	요14
25	**2038**	대하30	계16	슥12·13:1	요15
26	**2043**	대하31	계17	슥13:2~9	요16
27	**2048**	대하32	계18	슥14	요17
28	**2054**	대하33	계19	말 1	요18
29	**2060**	대하34	계20	말 2	요19
30	**2066**	대하35	계21	말 3	요20
31	**2072**	대하36	계22	말 4	요21

⊕ 맥체인 성경 읽기표 ⊕

January 01					
날짜	page	가정		개인	
1	**1**	창 1	마 1	스 1	행 1
2	**5**	창 2	마 2	스 2	행 2
3	**12**	창 3	마 3	스 3	행 3
4	**16**	창 4	마 4	스 4	행 4
5	**22**	창 5	마 5	스 5	행 5
6	**28**	창 6	마 6	스 6	행 6
7	**33**	창 7	마 7	스 7	행 7
8	**39**	창 8	마 8	스 8	행 8
9	**46**	창9·10	마 9	스 9	행 9
10	**53**	창11	마10	스10	행10
11	**60**	창12	마11	느 1	행11
12	**65**	창13	마12	느 2	행12
13	**70**	창14	마13	느 3	행13
14	**78**	창15	마14	느 4	행14
15	**83**	창16	마15	느 5	행15
16	**89**	창17	마16	느 6	행16
17	**95**	창18	마17	느 7	행17
18	**102**	창19	마18	느 8	행18
19	**108**	창20	마19	느 9	행19
20	**115**	창21	마20	느10	행20
21	**121**	창22	마21	느11	행21
22	**128**	창23	마22	느12	행22
23	**135**	창24	마23	느13	행23
24	**144**	창25	마24	에 1	행24
25	**150**	창26	마25	에 2	행25
26	**157**	창27	마26	에 3	행26
27	**165**	창28	마27	에 4	행27
28	**172**	창29	마28	에 5	행28
29	**177**	창30	막 1	에 6	롬 1
30	**184**	창31	막 2	에 7	롬 2
31	**190**	창32	막 3	에 8	롬 3

February 02					
날짜	page	가정		개인	
1	**197**	창33	막 4	에9·10	롬 4
2	**202**	창34	막 5	욥 1	롬 5
3	**208**	창35·36	막 6	욥 2	롬 6
4	**216**	창37	막 7	욥 3	롬 7
5	**222**	창38	막 8	욥 4	롬 8
6	**228**	창39	막 9	욥 5	롬 9
7	**234**	창40	막10	욥 6	롬10
8	**239**	창41	막11	욥 7	롬11
9	**246**	창42	막12	욥 8	롬12
10	**252**	창43	막13	욥 9	롬13
11	**258**	창44	막14	욥10	롬14
12	**265**	창45	막15	욥11	롬15
13	**271**	창46	막16	욥12	롬16
14	**276**	창47	눅1:1~38	욥13	고전1
15	**282**	창48	눅1:39~80	욥14	고전2
16	**286**	창49	눅 2	욥15	고전3
17	**292**	창50	눅 3	욥16·17	고전4
18	**298**	출 1	눅 4	욥18	고전5
19	**303**	출 2	눅 5	욥19	고전6
20	**308**	출 3	눅 6	욥20	고전7
21	**315**	출 4	눅 7	욥21	고전8
22	**321**	출 5	눅 8	욥22	고전9
23	**327**	출 6	눅 9	욥23	고전10
24	**334**	출 7	눅10	욥24	고전11
25	**340**	출 8	눅11	욥25·26	고전12
26	**346**	출 9	눅12	욥27	고전13
27	**352**	출10	눅13	욥28	고전14
28	**359**	출11·12:1~21	눅14	욥29	고전15

March 03

날짜	page	가정		개인	
1	**367**	출12:22~51	눅15	욥30	고전16
2	**372**	출13	눅16	욥31	고후 1
3	**377**	출14	눅17	욥32	고후 2
4	**382**	출15	눅18	욥33	고후 3
5	**388**	출16	눅19	욥34	고후 4
6	**394**	출17	눅20	욥35	고후 5
7	**399**	출18	눅21	욥36	고후 6
8	**404**	출19	눅22	욥37	고후 7
9	**411**	출20	눅23	욥38	고후 8
10	**417**	출21	눅24	욥39	고후 9
11	**422**	출22	요 1	욥40	고후10
12	**428**	출23	요 2	욥41	고후11
13	**433**	출24	요 3	욥42	고후12
14	**438**	출25	요 4	잠 1	고후13
15	**444**	출26	요 5	잠 2	갈 1
16	**449**	출27	요 6	잠 3	갈 2
17	**456**	출28	요 7	잠 4	갈 3
18	**463**	출29	요 8	잠 5	갈 4
19	**470**	출30	요 9	잠 6	갈 5
20	**476**	출31	요10	잠 7	갈 6
21	**480**	출32	요11	잠 8	엡 1
22	**487**	출33	요12	잠 9	엡 2
23	**492**	출34	요13	잠10	엡 3
24	**498**	출35	요14	잠11	엡 4
25	**504**	출36	요15	잠12	엡 5
26	**509**	출37	요16	잠13	엡 6
27	**514**	출38	요17	잠14	빌 1
28	**520**	출39	요18	잠15	빌 2
29	**526**	출40	요19	잠16	빌 3
30	**532**	레 1	요20	잠17	빌 4
31	**537**	레2·3	요21	잠18	골 1

April 04

날짜	page	가정		개인	
1	**543**	레 4	시1·2	잠19	골 2
2	**547**	레 5	시3·4	잠20	골 3
3	**551**	레 6	시5·6	잠21	골 4
4	**556**	레 7	시7·8	잠22	살전1
5	**560**	레 8	시 9	잠23	살전2
6	**565**	레 9	시10	잠24	살전3
7	**569**	레10	시11·12	잠25	살전4
8	**573**	레11·12	시13·14	잠26	살전5
9	**578**	레13	시15·16	잠27	살후1
10	**583**	레14	시17	잠28	살후2
11	**589**	레15	시18	잠29	살후3
12	**594**	레16	시19	잠30	딤전1
13	**599**	레17	시20·21	잠31	딤전2
14	**603**	레18	시22	전 1	딤전3
15	**607**	레19	시23·24	전 2	딤전4
16	**611**	레20	시25	전 3	딤전5
17	**616**	레21	시26·27	전 4	딤전6
18	**620**	레22	시28·29	전 5	딤후1
19	**625**	레23	시30	전 6	딤후2
20	**629**	레24	시31	전 7	딤후3
21	**634**	레25	시32	전 8	딤후4
22	**639**	레26	시33	전 9	딛 1
23	**644**	레27	시34	전10	딛 2
24	**648**	민 1	시35	전11	딛 3
25	**653**	민 2	시36	전12	몬 1
26	**656**	민 3	시37	아 1	히 1
27	**662**	민 4	시38	아 2	히 2
28	**666**	민 5	시39	아 3	히 3
29	**670**	민 6	시40·41	아 4	히 4
30	**675**	민 7	시42·43	아 5	히 5

May 05

날짜	page	가정		개인	
1	**683**	민 8	시44	아 6	히 6
2	**687**	민 9	시45	아 7	히 7
3	**691**	민10	시46·47	아 8	히 8
4	**695**	민11	시48	사 1	히 9
5	**700**	민12·13	시49	사 2	히10
6	**706**	민14	시50	사3·4	히11
7	**712**	민15	시51	사 5	히12
8	**718**	민16	시52~54	사 6	히13
9	**724**	민17·18	시55	사 7	약 1
10	**730**	민19	시56·57	사8·9:1~7	약 2
11	**735**	민20	시58·59	사9:8~10:4	약 3
12	**740**	민21	시60·61	사10:5~34	약 4
13	**745**	민22	시62·63	사11·12	약 5
14	**751**	민23	시64·65	사13	벧전1
15	**756**	민24	시66·67	사14	벧전2
16	**761**	민25	시68	사15	벧전3
17	**766**	민26	시69	사16	벧전4
18	**772**	민27	시70·71	사17·18	벧전5
19	**776**	민28	시72	사19·20	벧후1
20	**781**	민29	시73	사21	벧후2
21	**786**	민30	시74	사22	벧후3
22	**790**	민31	시75·76	사23	요일1
23	**795**	민32	시77	사24	요일2
24	**800**	민33	시78:1~37	사25	요일3
25	**806**	민34	시78:38~72	사26	요일4
26	**810**	민35	시79	사27	요일5
27	**815**	민36	시80	사28	요이1
28	**819**	신 1	시81·82	사29	요삼1
29	**824**	신 2	시83·84	사30	유 1
30	**831**	신 3	시85	사31	계 1
31	**835**	신 4	시86·87	사32	계 2

June 06

날짜	page	가정		개인	
1	**843**	신 5	시88	사33	계 3
2	**848**	신 6	시89	사34	계 4
3	**853**	신 7	시90	사35	계 5
4	**856**	신 8	시91	사36	계 6
5	**860**	신 9	시92·93	사37	계 7
6	**866**	신10	시94	사38	계 8
7	**870**	신11	시95·96	사39	계 9
8	**874**	신12	시97·98	사40	계10
9	**879**	신13·14	시99~101	사41	계11
10	**885**	신15	시102	사42	계12
11	**890**	신16	시103	사43	계13
12	**894**	신17	시104	사44	계14
13	**900**	신18	시105	사45	계15
14	**905**	신19	시106	사46	계16
15	**910**	신20	시107	사47	계17
16	**914**	신21	시108·109	사48	계18
17	**920**	신22	시110·111	사49	계19
18	**925**	신23	시112·113	사50	계20
19	**929**	신24	시114·115	사51	계21
20	**934**	신25	시116	사52	계22
21	**938**	신26	시117·118	사53	마 1
22	**942**	신27·28:1~19	시119:1~24	사54	마 2
23	**947**	신28:20~68	시119:25~48	사55	마 3
24	**953**	신29	시119:49~72	사56	마 4
25	**957**	신30	시119:73~96	사57	마 5
26	**963**	신31	시119:97~120	사58	마 6
27	**968**	신32	시119:121~144	사59	마 7
28	**974**	신33·34	시119:145~176	사60	마 8
29	**981**	수 1	시120~122	사61	마 9
30	**985**	수 2	시123~125	사62	마10

맥체인 성경 읽기표

QT와 성경통독을 하나로

[맥체인성경365_목차]

구약 page

창세기(창)	1	역대하(대하)	1908	다니엘(단)	1644
출애굽기(출)	298	에스라(스)	3	호세아(호)	1713
레위기(레)	532	느헤미야(느)	62	요엘(욜)	1770
민수기(민)	648	에스더(에)	147	아모스(암)	1785
신명기(신)	819	욥기(욥)	206	오바댜(옵)	1844
여호수아(수)	981	시편(시)	544/1228	요나(욘)	1850
사사기(삿)	1102	잠언(잠)	442	미가(미)	1874
룻기(룻)	1246	전도서(전)	605	나훔(나)	1915
사무엘상(삼상)	1264	아가(아)	660	하박국(합)	1932
사무엘하(삼하)	1414	이사야(사)	697	스바냐(습)	1949
열왕기상(왕상)	1540	예레미야(렘)	1015	학개(학)	1967
열왕기하(왕하)	1669	예레미야애가(애)	1342	스가랴(슥)	1977
역대상(대상)	1787	에스겔(겔)	1371	말라기(말)	2057

신약 page

마태복음(마)	2/941	에베소서(엡)	485/1556	히브리서(히)	661/1757
마가복음(막)	179/1112	빌립보서(빌)	518/1593	야고보서(약)	729/1832
누가복음(눅)	277/1813	골로새서(골)	540/1616	베드로전서(벧전)	754/1860
요한복음(요)	424/1962	데살로니가전서(살전)	560/1638	베드로후서(벧후)	780/1892
사도행전(행)	4/1073	데살로니가후서(살후)	582/1670	요한일서(요일)	794/1909
로마서(롬)	182/1266	디모데전서(딤전)	598/1686	요한이서(요이)	818/1937
고린도전서(고전)	280/1359	디모데후서(딤후)	624/1718	요한삼서(요삼)	823/1941
고린도후서(고후)	376/1444	디도서(딛)	643/1739	유다서(유)	829/1947
갈라디아서(갈)	448/1519	빌레몬서(몬)	655/1752	요한계시록(계)	834/1952

새벽기도회 살리기 · 구역모임(소그룹) 살리기

마틴로이드존스, 존스토트 목사가 수십년간 사용했던 검증된 방식

[맥체인 성경 읽기표]

맥체인 성경 읽기표는 1842년 맥체인이 자신이 목양하던 성베드로교회 성도들의 영적 성장을 위해 개발한 것으로, 매일 구약과 신약을 각각 2장씩 읽음으로써 1년에 구약 1회, 신약과 시편을 각 2회 정독할 수 있도록 만든 표입니다. 이와 같은 맥체인의 방법에 따라 신구약 성경 전체를 골고루 4등분해서 동시에 읽으면, 성경에 기록된 장구한 구속사를 크게 네 시대로 나누어 동시에 묵상할 수 있습니다.

(1) 창세기 ~ 역대하 : 만물의 시작과 이스라엘의 시작
(2) 에스라 ~ 말라기 : 이스라엘의 멸망과 새 시대의 시작
(3) 마태복음 ~ 요한복음 : 예수의 복음사역과 십자가 구속
(4) 사도행전 ~ 요한계시록 : 교회의 시작과 선교

▶ 《맥체인 성경 365》 말씀연결 사용하는 법

① 네 성경 본문의 소주제를 통해 중심 단어나 문장을 말씀으로 묵상한다.
② 네 본문의 말씀을 순서대로, 천천히 읽는다.
③ 두 본문에서 반복되는 단어나 유사한 문맥을 찾아 서로 연결한다.
④ 본문에서 반대의 뜻을 가진 단어나 문장을 찾는다.
⑤ 두 권의 책에서 공통되는 하나님의 말씀을 연결하여 기록한다.
⑥ 연결되는 말씀을 다른 두 권으로 확대하여 네 권 전체에 흐르는 하나님의 생각과 베푸신 은혜를 누리고, 그 내용을 적어본다.
⑦ 본문에서 지도자나 인도자로부터 배운 신학 주제나 교리들이 함축하고 있는 문맥의 짝을 찾아본다.
⑧ 중심 주제를 필두로, 삶에 적용할 일들을 적어보고 생활 중에 실천함으로써 변화를 경험해 본다.
⑨ 하나님이 오늘 나에게 주신 말씀들을 통하여 가르침, 명령과 약속 권면, 경고 및 행해야 할 일들을 하나님과 대화하는 마음으로(기도) 성경읽기를 마무리한다.

July 07					
날짜	page	가정		개인	
1	991	수 3	시126~128	사63	마11
2	995	수 4	시129~131	사64	마12
3	1000	수5·6:1~5	시132~134	사65	마13
4	1006	수6:6~27	시135·136	사66	마14
5	1013	수 7	시137·138	렘 1	마15
6	1018	수 8	시139	렘 2	마16
7	1025	수 9	시140·141	렘 3	마17
8	1031	수10	시142·143	렘 4	마18
9	1038	수11	시144	렘 5	마19
10	1043	수12·13	시145	렘 6	마20
11	1050	수14·15	시146·147	렘 7	마21
12	1058	수16·17	시148	렘 8	마22
13	1064	수18·19	시149·150	렘 9	마23
14	1071	수20·21	행 1	렘10	마24
15	1078	수22	행 2	렘11	마25
16	1087	수23	행 3	렘12	마26
17	1094	수24	행 4	렘13	마27
18	1102	삿 1	행 5	렘14	마28
19	1108	삿 2	행 6	렘15	막 1
20	1114	삿 3	행 7	렘16	막 2
21	1121	삿 4	행 8	렘17	막 3
22	1127	삿 5	행 9	렘18	막 4
23	1134	삿 6	행10	렘19	막 5
24	1142	삿 7	행11	렘20	막 6
25	1149	삿 8	행12	렘21	막 7
26	1154	삿 9	행13	렘22	막 8
27	1164	삿10·11:1~11	행14	렘23	막 9
28	1171	삿11:12~40	행15	렘24	막10
29	1178	삿12	행16	렘25	막11
30	1185	삿13	행17	렘26	막12
31	1192	삿14	행18	렘27	막13

August 08					
날짜	page	가정		개인	
1	1199	삿15	행19	렘28	막14
2	1206	삿16	행20	렘29	막15
3	1214	삿17	행21	렘30·31	막16
4	1222	삿18	행22	렘32	시1·2
5	1228	삿19	행23	렘33	시3·4
6	1234	삿20	행24	렘34	시5·6
7	1241	삿21	행25	렘35	시7·8
8	1246	룻 1	행26	렘36·37	시 9
9	1253	룻 2	행27	렘38	시10
10	1259	룻3·4	행28	렘39	시11·12
11	1264	삼상1	롬 1	렘40	시13·14
12	1270	삼상2	롬 2	렘41	시15·16
13	1275	삼상3	롬 3	렘42	시17
14	1280	삼상4	롬 4	렘43	시18
15	1285	삼상5·6	롬 5	렘44	시19
16	1292	삼상7·8	롬 6	렘45	시20·21
17	1296	삼상9	롬 7	렘46	시22
18	1302	삼상10	롬 8	렘47	시23·24
19	1307	삼상11	롬 9	렘48	시25
20	1313	삼상12	롬10	렘49	시26·27
21	1319	삼상13	롬11	렘50	시28·29
22	1326	삼상14	롬12	렘51	시30
23	1334	삼상15	롬13	렘52	시31
24	1340	삼상16	롬14	애 1	시32
25	1345	삼상17	롬15	애 2	시33
26	1352	삼상18	롬16	애 3	시34
27	1358	삼상19	고전1	애 4	시35
28	1363	삼상20	고전2	애 5	시36
29	1368	삼상21·22	고전3	겔 1	시37
30	1374	삼상23	고전4	겔 2	시38
31	1379	삼상24	고전5	겔 3	시39

September 09

날짜	page	가정		개인	
1	1385	삼상25	고전 6	겔 4	시40·41
2	1391	삼상26	고전 7	겔 5	시42·43
3	1396	삼상27	고전 8	겔 6	시44
4	1400	삼상28	고전 9	겔 7	시45·46
5	1405	삼상29·30	고전10	겔 8	시47
6	1411	삼상31	고전11	겔 9	시48
7	1414	삼하 1	고전12	겔10	시49
8	1419	삼하 2	고전13	겔11	시50
9	1424	삼하 3	고전14	겔12	시51
10	1430	삼하4·5	고전15	겔13	시52~54
11	1438	삼하 6	고전16	겔14	시55
12	1442	삼하 7	고후 1	겔15	시56·57
13	1447	삼하8·9	고후 2	겔16	시58·59
14	1454	삼하10	고후 3	겔17	시60·61
15	1459	삼하11	고후 4	겔18	시62·63
16	1464	삼하12	고후 5	겔19	시64·65
17	1469	삼하13	고후 6	겔20	시66·67
18	1476	삼하14	고후 7	겔21	시68
19	1483	삼하15	고후 8	겔22	시69
20	1489	삼하16	고후 9	겔23	시70·71
21	1495	삼하17	고후10	겔24	시72
22	1500	삼하18	고후11	겔25	시73
23	1506	삼하19	고후12	겔26	시74
24	1513	삼하20	고후13	겔27	시75·76
25	1518	삼하21	갈 1	겔28	시77
26	1523	삼하22	갈 2	겔29	시78:1~37
27	1529	삼하23	갈 3	겔30	시78:38~72
28	1535	삼하24	갈 4	겔31	시79
29	1540	왕상 1	갈 5	겔32	시80
30	1547	왕상 2	갈 6	겔33	시81·82

October 10

날짜	page	가정		개인	
1	1555	왕상 3	엡 1	겔34	시83·84
2	1560	왕상4·5	엡 2	겔35	시85
3	1565	왕상 6	엡 3	겔36	시86
4	1571	왕상 7	엡 4	겔37	시87·88
5	1578	왕상 8	엡 5	겔38	시89
6	1586	왕상 9	엡 6	겔39	시90
7	1591	왕상10	빌 1	겔40	시91
8	1598	왕상11	빌 2	겔41	시92·93
9	1603	왕상12	빌 3	겔42	시94
10	1608	왕상13	빌 4	겔43	시95·96
11	1614	왕상14	골 1	겔44	시97·98
12	1620	왕상15	골 2	겔45	시99~101
13	1625	왕상16	골 3	겔46	시102
14	1631	왕상17	골 4	겔47	시103
15	1635	왕상18	살전 1	겔48	시104
16	1642	왕상19	살전 2	단 1	시105
17	1647	왕상20	살전 3	단 2	시106
18	1655	왕상21	살전 4	단 3	시107
19	1661	왕상22	살전 5	단 4	시108·109
20	1669	왕하 1	살후 1	단 5	시110·111
21	1674	왕하 2	살후 2	단 6	시112·113
22	1679	왕하 3	살후 3	단 7	시114·115
23	1684	왕하 4	딤전 1	단 8	시116
24	1690	왕하 5	딤전 2	단 9	시117·118
25	1695	왕하 6	딤전 3	단10	시119:1~24
26	1700	왕하 7	딤전 4	단11	시119:25~48
27	1706	왕하 8	딤전 5	단12	시119:49~72
28	1710	왕하 9	딤전 6	호 1	시119:73~96
29	1715	왕하10	딤후 1	호 2	시119:97~120
30	1721	왕하11·12	딤후 2	호3·4	시119:121~144
31	1726	왕하13	딤후 3	호5·6	시119:145~176

November 11

날짜	page	가정		개인	
1	1733	왕하14	딤후4	호 7	시120~122
2	1737	왕하15	딛 1	호 8	시123~125
3	1741	왕하16	딛 2	호 9	시126~128
4	1745	왕하17	딛 3	호10	시129~131
5	1750	왕하18	몬 1	호11	시132~134
6	1755	왕하19	히 1	호12	시135·136
7	1760	왕하20	히 2	호13	시137·138
8	1765	왕하21	히 3	호14	시139
9	1768	왕하22	히 4	욜 1	시140·141
10	1773	왕하23	히 5	욜 2	시142
11	1778	왕하24	히 6	욜 3	시143
12	1782	왕하25	히 7	암 1	시144
13	1787	대상1·2	히 8	암 2	시145
14	1793	대상3·4	히 9	암 3	시146·147
15	1799	대상5·6	히10	암 4	시148·150
16	1807	대상7·8	히11	암 5	눅1:1~38
17	1815	대상9·10	히12	암 6	눅1:39~80
18	1822	대상11·12	히13	암 7	눅 2
19	1830	대상13·14	약 1	암 8	눅 3
20	1836	대상15	약 2	암 9	눅 4
21	1841	대상16	약 3	옵 1	눅 5
22	1847	대상17	약 4	욘 1	눅 6
23	1853	대상18	약 5	욘 2	눅 7
24	1858	대상19·20	벧전1	욘 3	눅 8
25	1864	대상21	벧전2	욘 4	눅 9
26	1871	대상22	벧전3	미 1	눅10
27	1877	대상23	벧전4	미 2	눅11
28	1882	대상24·25	벧전5	미 3	눅12
29	1889	대상26·27	벧후1	미 4	눅13
30	1896	대상28	벧후2	미 5	눅14

December 12

날짜	page	가정		개인	
1	1903	대상29	벧후3	미 6	눅15
2	1908	대하 1	요일 1	미 7	눅16
3	1912	대하 2	요일 2	나 1	눅17
4	1917	대하3·4	요일 3	나 2	눅18
5	1923	대하5·6:1~11	요일 4	나 3	눅19
6	1929	대하6:12~42	요일 5	합 1	눅20
7	1935	대하 7	요이 1	합 2	눅21
8	1940	대하 8	요삼 1	합 3	눅22
9	1946	대하 9	유 1	습 1	눅23
10	1952	대하10	계 1	습 2	눅24
11	1958	대하11·12	계 2	습 3	요 1
12	1965	대하13	계 3	학 1	요 2
13	1969	대하14·15	계 4	학 2	요 3
14	1975	대하16	계 5	슥 1	요 4
15	1980	대하17	계 6	슥 2	요 5
16	1985	대하18	계 7	슥 3	요 6
17	1992	대하19·20	계 8	슥 4	요 7
18	1998	대하21	계 9	슥 5	요 8
19	2004	대하22·23	계10	슥 6	요 9
20	2009	대하24	계11	슥 7	요10
21	2015	대하25	계12	슥 8	요11
22	2021	대하26	계13	슥 9	요12
23	2027	대하27·28	계14	슥10	요13
24	2033	대하29	계15	슥11	요14
25	2038	대하30	계16	슥12·13:1	요15
26	2043	대하31	계17	슥13:2~9	요16
27	2048	대하32	계18	슥14	요17
28	2054	대하33	계19	말 1	요18
29	2060	대하34	계20	말 2	요19
30	2066	대하35	계21	말 3	요20
31	2072	대하36	계22	말 4	요21

맥체인 성경 읽기표

January 01

날짜	page	가정		개인	
1	**1**	창 1	마 1	스 1	행 1
2	**5**	창 2	마 2	스 2	행 2
3	**12**	창 3	마 3	스 3	행 3
4	**16**	창 4	마 4	스 4	행 4
5	**22**	창 5	마 5	스 5	행 5
6	**28**	창 6	마 6	스 6	행 6
7	**33**	창 7	마 7	스 7	행 7
8	**39**	창 8	마 8	스 8	행 8
9	**46**	창9·10	마 9	스 9	행 9
10	**53**	창11	마10	스10	행10
11	**60**	창12	마11	느 1	행11
12	**65**	창13	마12	느 2	행12
13	**70**	창14	마13	느 3	행13
14	**78**	창15	마14	느 4	행14
15	**83**	창16	마15	느 5	행15
16	**89**	창17	마16	느 6	행16
17	**95**	창18	마17	느 7	행17
18	**102**	창19	마18	느 8	행18
19	**108**	창20	마19	느 9	행19
20	**115**	창21	마20	느10	행20
21	**121**	창22	마21	느11	행21
22	**128**	창23	마22	느12	행22
23	**135**	창24	마23	느13	행23
24	**144**	창25	마24	에 1	행24
25	**150**	창26	마25	에 2	행25
26	**157**	창27	마26	에 3	행26
27	**165**	창28	마27	에 4	행27
28	**172**	창29	마28	에 5	행28
29	**177**	창30	막 1	에 6	롬 1
30	**184**	창31	막 2	에 7	롬 2
31	**190**	창32	막 3	에 8	롬 3

February 02

날짜	page	가정		개인	
1	**197**	창33	막 4	에9·10	롬 4
2	**202**	창34	막 5	욥 1	롬 5
3	**208**	창35·36	막 6	욥 2	롬 6
4	**216**	창37	막 7	욥 3	롬 7
5	**222**	창38	막 8	욥 4	롬 8
6	**228**	창39	막 9	욥 5	롬 9
7	**234**	창40	막10	욥 6	롬10
8	**239**	창41	막11	욥 7	롬11
9	**246**	창42	막12	욥 8	롬12
10	**252**	창43	막13	욥 9	롬13
11	**258**	창44	막14	욥10	롬14
12	**265**	창45	막15	욥11	롬15
13	**271**	창46	막16	욥12	롬16
14	**276**	창47	눅1:1~38	욥13	고전1
15	**282**	창48	눅1:39~80	욥14	고전2
16	**286**	창49	눅 2	욥15	고전3
17	**292**	창50	눅 3	욥16·17	고전4
18	**298**	출 1	눅 4	욥18	고전5
19	**303**	출 2	눅 5	욥19	고전6
20	**308**	출 3	눅 6	욥20	고전7
21	**315**	출 4	눅 7	욥21	고전8
22	**321**	출 5	눅 8	욥22	고전9
23	**327**	출 6	눅 9	욥23	고전10
24	**334**	출 7	눅10	욥24	고전11
25	**340**	출 8	눅11	욥25·26	고전12
26	**346**	출 9	눅12	욥27	고전13
27	**352**	출10	눅13	욥28	고전14
28	**359**	출11·12:1~21	눅14	욥29	고전15

March 03

날짜	page	가정		개인	
1	**367**	출12:22~51	눅15	욥30	고전16
2	**372**	출13	눅16	욥31	고후 1
3	**377**	출14	눅17	욥32	고후 2
4	**382**	출15	눅18	욥33	고후 3
5	**388**	출16	눅19	욥34	고후 4
6	**394**	출17	눅20	욥35	고후 5
7	**399**	출18	눅21	욥36	고후 6
8	**404**	출19	눅22	욥37	고후 7
9	**411**	출20	눅23	욥38	고후 8
10	**417**	출21	눅24	욥39	고후 9
11	**422**	출22	요 1	욥40	고후10
12	**428**	출23	요 2	욥41	고후11
13	**433**	출24	요 3	욥42	고후12
14	**438**	출25	요 4	잠 1	고후13
15	**444**	출26	요 5	잠 2	갈 1
16	**449**	출27	요 6	잠 3	갈 2
17	**456**	출28	요 7	잠 4	갈 3
18	**463**	출29	요 8	잠 5	갈 4
19	**470**	출30	요 9	잠 6	갈 5
20	**476**	출31	요10	잠 7	갈 6
21	**480**	출32	요11	잠 8	엡 1
22	**487**	출33	요12	잠 9	엡 2
23	**492**	출34	요13	잠10	엡 3
24	**498**	출35	요14	잠11	엡 4
25	**504**	출36	요15	잠12	엡 5
26	**509**	출37	요16	잠13	엡 6
27	**514**	출38	요17	잠14	빌 1
28	**520**	출39	요18	잠15	빌 2
29	**526**	출40	요19	잠16	빌 3
30	**532**	레 1	요20	잠17	빌 4
31	**537**	레2·3	요21	잠18	골 1

April 04

날짜	page	가정		개인	
1	**543**	레 4	시1·2	잠19	골 2
2	**547**	레 5	시3·4	잠20	골 3
3	**551**	레 6	시5·6	잠21	골 4
4	**556**	레 7	시7·8	잠22	살전1
5	**560**	레 8	시 9	잠23	살전2
6	**565**	레 9	시10	잠24	살전3
7	**569**	레10	시11·12	잠25	살전4
8	**573**	레11·12	시13·14	잠26	살전5
9	**578**	레13	시15·16	잠27	살후1
10	**583**	레14	시17	잠28	살후2
11	**589**	레15	시18	잠29	살후3
12	**594**	레16	시19	잠30	딤전1
13	**599**	레17	시20·21	잠31	딤전2
14	**603**	레18	시22	전 1	딤전3
15	**607**	레19	시23·24	전 2	딤전4
16	**611**	레20	시25	전 3	딤전5
17	**616**	레21	시26·27	전 4	딤전6
18	**620**	레22	시28·29	전 5	딤후1
19	**625**	레23	시30	전 6	딤후2
20	**629**	레24	시31	전 7	딤후3
21	**634**	레25	시32	전 8	딤후4
22	**639**	레26	시33	전 9	딛 1
23	**644**	레27	시34	전10	딛 2
24	**648**	민 1	시35	전11	딛 3
25	**653**	민 2	시36	전12	몬 1
26	**656**	민 3	시37	아 1	히 1
27	**662**	민 4	시38	아 2	히 2
28	**666**	민 5	시39	아 3	히 3
29	**670**	민 6	시40·41	아 4	히 4
30	**675**	민 7	시42·43	아 5	히 5

May 05

날짜	page	가정		개인	
1	**683**	민 8	시44	아 6	히 6
2	**687**	민 9	시45	아 7	히 7
3	**691**	민10	시46·47	아 8	히 8
4	**695**	민11	시48	사 1	히 9
5	**700**	민12·13	시49	사 2	히10
6	**706**	민14	시50	사3·4	히11
7	**712**	민15	시51	사 5	히12
8	**718**	민16	시52~54	사 6	히13
9	**724**	민17·18	시55	사 7	약 1
10	**730**	민19	시56·57	사8·9:1~7	약 2
11	**735**	민20	시58·59	사9:8~10:4	약 3
12	**740**	민21	시60·61	사10:5~34	약 4
13	**745**	민22	시62·63	사11·12	약 5
14	**751**	민23	시64·65	사13	벧전1
15	**756**	민24	시66·67	사14	벧전2
16	**761**	민25	시68	사15	벧전3
17	**766**	민26	시69	사16	벧전4
18	**772**	민27	시70·71	사17·18	벧전5
19	**776**	민28	시72	사19·20	벧후1
20	**781**	민29	시73	사21	벧후2
21	**786**	민30	시74	사22	벧후3
22	**790**	민31	시75·76	사23	요일1
23	**795**	민32	시77	사24	요일2
24	**800**	민33	시78:1~37	사25	요일3
25	**806**	민34	시78:38~72	사26	요일4
26	**810**	민35	시79	사27	요일5
27	**815**	민36	시80	사28	요이1
28	**819**	신 1	시81·82	사29	요삼1
29	**824**	신 2	시83·84	사30	유 1
30	**831**	신 3	시85	사31	계 1
31	**835**	신 4	시86·87	사32	계 2

June 06

날짜	page	가정		개인	
1	**843**	신 5	시88	사33	계 3
2	**848**	신 6	시89	사34	계 4
3	**853**	신 7	시90	사35	계 5
4	**856**	신 8	시91	사36	계 6
5	**860**	신 9	시92·93	사37	계 7
6	**866**	신10	시94	사38	계 8
7	**870**	신11	시95·96	사39	계 9
8	**874**	신12	시97·98	사40	계10
9	**879**	신13·14	시99~101	사41	계11
10	**885**	신15	시102	사42	계12
11	**890**	신16	시103	사43	계13
12	**894**	신17	시104	사44	계14
13	**900**	신18	시105	사45	계15
14	**905**	신19	시106	사46	계16
15	**910**	신20	시107	사47	계17
16	**914**	신21	시108·109	사48	계18
17	**920**	신22	시110·111	사49	계19
18	**925**	신23	시112·113	사50	계20
19	**929**	신24	시114·115	사51	계21
20	**934**	신25	시116	사52	계22
21	**938**	신26	시117·118	사53	마 1
22	**942**	신27·28:1~19	시119:1~24	사54	마 2
23	**947**	신28:20~68	시119:25~48	사55	마 3
24	**953**	신29	시119:49~72	사56	마 4
25	**957**	신30	시119:73~96	사57	마 5
26	**963**	신31	시119:97~120	사58	마 6
27	**968**	신32	시119:121~144	사59	마 7
28	**974**	신33·34	시119:145~176	사60	마 8
29	**981**	수 1	시120~122	사61	마 9
30	**985**	수 2	시123~125	사62	마10

맥체인 성경 읽기표

QT와 성경통독을 하나로

[맥체인성경365_목차]

구약 page

책	page	책	page	책	page
창세기(창)	1	역대하(대하)	1908	다니엘(단)	1644
출애굽기(출)	298	에스라(스)	3	호세아(호)	1713
레위기(레)	532	느헤미야(느)	62	요엘(욜)	1770
민수기(민)	648	에스더(에)	147	아모스(암)	1785
신명기(신)	819	욥기(욥)	206	오바댜(옵)	1844
여호수아(수)	981	시편(시)	544/1228	요나(욘)	1850
사사기(삿)	1102	잠언(잠)	442	미가(미)	1874
룻기(룻)	1246	전도서(전)	605	나훔(나)	1915
사무엘상(삼상)	1264	아가(아)	660	하박국(합)	1932
사무엘하(삼하)	1414	이사야(사)	697	스바냐(습)	1949
열왕기상(왕상)	1540	예레미야(렘)	1015	학개(학)	1967
열왕기하(왕하)	1669	예레미야애가(애)	1342	스가랴(슥)	1977
역대상(대상)	1787	에스겔(겔)	1371	말라기(말)	2057

신약 page

책	page	책	page	책	page
마태복음(마)	2/941	에베소서(엡)	485/1556	히브리서(히)	661/1757
마가복음(막)	179/1112	빌립보서(빌)	518/1593	야고보서(약)	729/1832
누가복음(눅)	277/1813	골로새서(골)	540/1616	베드로전서(벧전)	754/1860
요한복음(요)	424/1962	데살로니가전서(살전)	560/1638	베드로후서(벧후)	780/1892
사도행전(행)	4/1073	데살로니가후서(살후)	582/1670	요한일서(요일)	794/1909
로마서(롬)	182/1266	디모데전서(딤전)	598/1686	요한이서(요이)	818/1937
고린도전서(고전)	280/1359	디모데후서(딤후)	624/1718	요한삼서(요삼)	823/1941
고린도후서(고후)	376/1444	디도서(딛)	643/1739	유다서(유)	829/1947
갈라디아서(갈)	448/1519	빌레몬서(몬)	655/1752	요한계시록(계)	834/1952

[맥체인 성경 읽기표]

맥체인 성경 읽기표는 1842년 맥체인이 자신이 목양하던 성베드로교회 성도들의 영적 성장을 위해 개발한 것으로, 매일 구약과 신약을 각각 2장씩 읽음으로써 1년에 구약 1회, 신약과 시편을 각 2회 정독할 수 있도록 만든 표입니다. 이와 같은 맥체인의 방법에 따라 신구약 성경 전체를 골고루 4등분해서 동시에 읽으면, 성경에 기록된 장구한 구속사를 크게 네 시대로 나누어 동시에 묵상할 수 있습니다.

(1) 창세기 ~ 역대하 : 만물의 시작과 이스라엘의 시작
(2) 에스라 ~ 말라기 : 이스라엘의 멸망과 새 시대의 시작
(3) 마태복음 ~ 요한복음 : 예수의 복음사역과 십자가 구속
(4) 사도행전 ~ 요한계시록 : 교회의 시작과 선교

▶ 《맥체인 성경 365》 말씀연결 사용하는 법

① 네 성경 본문의 소주제를 통해 중심 단어나 문장을 말씀으로 묵상한다.
② 네 본문의 말씀을 순서대로, 천천히 읽는다.
③ 두 본문에서 반복되는 단어나 유사한 문맥을 찾아 서로 연결한다.
④ 본문에서 반대의 뜻을 가진 단어나 문장을 찾는다.
⑤ 두 권의 책에서 공통되는 하나님의 말씀을 연결하여 기록한다.
⑥ 연결되는 말씀을 다른 두 권으로 확대하여 네 권 전체에 흐르는 하나님의 생각과 베푸신 은혜를 누리고, 그 내용을 적어본다.
⑦ 본문에서 지도자나 인도자로부터 배운 신학 주제나 교리들이 함축하고 있는 문맥의 짝을 찾아본다.
⑧ 중심 주제를 필두로, 삶에 적용할 일들을 적어보고 생활 중에 실천함으로써 변화를 경험해 본다.
⑨ 하나님이 오늘 나에게 주신 말씀들을 통하여 가르침, 명령과 약속 권면, 경고 및 행해야 할 일들을 하나님과 대화하는 마음으로(기도) 성경읽기를 마무리한다.

July 07

날짜	page	가정		개인	
1	**991**	수 3	시126~128	사63	마11
2	**995**	수 4	시129~131	사64	마12
3	**1000**	수5·6:1~5	시132~134	사65	마13
4	**1006**	수6:6~27	시135·136	사66	마14
5	**1013**	수 7	시137·138	렘 1	마15
6	**1018**	수 8	시139	렘 2	마16
7	**1025**	수 9	시140·141	렘 3	마17
8	**1031**	수10	시142·143	렘 4	마18
9	**1038**	수11	시144	렘 5	마19
10	**1043**	수12·13	시145	렘 6	마20
11	**1050**	수14·15	시146·147	렘 7	마21
12	**1058**	수16·17	시148	렘 8	마22
13	**1064**	수18·19	시149·150	렘 9	마23
14	**1071**	수20·21	행 1	렘10	마24
15	**1078**	수22	행 2	렘11	마25
16	**1087**	수23	행 3	렘12	마26
17	**1094**	수24	행 4	렘13	마27
18	**1102**	삿 1	행 5	렘14	마28
19	**1108**	삿 2	행 6	렘15	막 1
20	**1114**	삿 3	행 7	렘16	막 2
21	**1121**	삿 4	행 8	렘17	막 3
22	**1127**	삿 5	행 9	렘18	막 4
23	**1134**	삿 6	행10	렘19	막 5
24	**1142**	삿 7	행11	렘20	막 6
25	**1149**	삿 8	행12	렘21	막 7
26	**1154**	삿 9	행13	렘22	막 8
27	**1164**	삿10·11:1~11	행14	렘23	막 9
28	**1171**	삿11:12~40	행15	렘24	막10
29	**1178**	삿12	행16	렘25	막11
30	**1185**	삿13	행17	렘26	막12
31	**1192**	삿14	행18	렘27	막13

August 08

날짜	page	가정		개인	
1	**1199**	삿15	행19	렘28	막14
2	**1206**	삿16	행20	렘29	막15
3	**1214**	삿17	행21	렘30·31	막16
4	**1222**	삿18	행22	렘32	시1·2
5	**1228**	삿19	행23	렘33	시3·4
6	**1234**	삿20	행24	렘34	시5·6
7	**1241**	삿21	행25	렘35	시7·8
8	**1246**	룻 1	행26	렘36·37	시 9
9	**1253**	룻 2	행27	렘38	시10
10	**1259**	룻3·4	행28	렘39	시11·12
11	**1264**	삼상1	롬 1	렘40	시13·14
12	**1270**	삼상2	롬 2	렘41	시15·16
13	**1275**	삼상3	롬 3	렘42	시17
14	**1280**	삼상4	롬 4	렘43	시18
15	**1285**	삼상5·6	롬 5	렘44	시19
16	**1292**	삼상7·8	롬 6	렘45	시20·21
17	**1296**	삼상9	롬 7	렘46	시22
18	**1302**	삼상10	롬 8	렘47	시23·24
19	**1307**	삼상11	롬 9	렘48	시25
20	**1313**	삼상12	롬10	렘49	시26·27
21	**1319**	삼상13	롬11	렘50	시28·29
22	**1326**	삼상14	롬12	렘51	시30
23	**1334**	삼상15	롬13	렘52	시31
24	**1340**	삼상16	롬14	애 1	시32
25	**1345**	삼상17	롬15	애 2	시33
26	**1352**	삼상18	롬16	애 3	시34
27	**1358**	삼상19	고전1	애 4	시35
28	**1363**	삼상20	고전2	애 5	시36
29	**1368**	삼상21·22	고전3	겔 1	시37
30	**1374**	삼상23	고전4	겔 2	시38
31	**1379**	삼상24	고전5	겔 3	시39

September 09

날짜	page	가정		개인	
1	1385	삼상25	고전 6	겔 4	시40·41
2	1391	삼상26	고전 7	겔 5	시42·43
3	1396	삼상27	고전 8	겔 6	시44
4	1400	삼상28	고전 9	겔 7	시45·46
5	1405	삼상29·30	고전10	겔 8	시47
6	1411	삼상31	고전11	겔 9	시48
7	1414	삼하 1	고전12	겔10	시49
8	1419	삼하 2	고전13	겔11	시50
9	1424	삼하 3	고전14	겔12	시51
10	1430	삼하4·5	고전15	겔13	시52~54
11	1438	삼하 6	고전16	겔14	시55
12	1442	삼하 7	고후 1	겔15	시56·57
13	1447	삼하8·9	고후 2	겔16	시58·59
14	1454	삼하10	고후 3	겔17	시60·61
15	1459	삼하11	고후 4	겔18	시62·63
16	1464	삼하12	고후 5	겔19	시64·65
17	1469	삼하13	고후 6	겔20	시66·67
18	1476	삼하14	고후 7	겔21	시68
19	1483	삼하15	고후 8	겔22	시69
20	1489	삼하16	고후 9	겔23	시70·71
21	1495	삼하17	고후10	겔24	시72
22	1500	삼하18	고후11	겔25	시73
23	1506	삼하19	고후12	겔26	시74
24	1513	삼하20	고후13	겔27	시75·76
25	1518	삼하21	갈 1	겔28	시77
26	1523	삼하22	갈 2	겔29	시78:1~37
27	1529	삼하23	갈 3	겔30	시78:38~72
28	1535	삼하24	갈 4	겔31	시79
29	1540	왕상 1	갈 5	겔32	시80
30	1547	왕상 2	갈 6	겔33	시81·82

October 10

날짜	page	가정		개인	
1	1555	왕상 3	엡 1	겔34	시83·84
2	1560	왕상4·5	엡 2	겔35	시85
3	1565	왕상 6	엡 3	겔36	시86
4	1571	왕상 7	엡 4	겔37	시87·88
5	1578	왕상 8	엡 5	겔38	시89
6	1586	왕상 9	엡 6	겔39	시90
7	1591	왕상10	빌 1	겔40	시91
8	1598	왕상11	빌 2	겔41	시92·93
9	1603	왕상12	빌 3	겔42	시94
10	1608	왕상13	빌 4	겔43	시95·96
11	1614	왕상14	골 1	겔44	시97·98
12	1620	왕상15	골 2	겔45	시99~101
13	1625	왕상16	골 3	겔46	시102
14	1631	왕상17	골 4	겔47	시103
15	1635	왕상18	살전 1	겔48	시104
16	1642	왕상19	살전 2	단 1	시105
17	1647	왕상20	살전 3	단 2	시106
18	1655	왕상21	살전 4	단 3	시107
19	1661	왕상22	살전 5	단 4	시108·109
20	1669	왕하 1	살후 1	단 5	시110·111
21	1674	왕하 2	살후 2	단 6	시112·113
22	1679	왕하 3	살후 3	단 7	시114·115
23	1684	왕하 4	딤전 1	단 8	시116
24	1690	왕하 5	딤전 2	단 9	시117·118
25	1695	왕하 6	딤전 3	단10	시119:1~24
26	1700	왕하 7	딤전 4	단11	시119:25~48
27	1706	왕하 8	딤전 5	단12	시119:49~72
28	1710	왕하 9	딤전 6	호 1	시119:73~96
29	1715	왕하10	딤후 1	호 2	시119:97~120
30	1721	왕하11·12	딤후 2	호3·4	시119:121~144
31	1726	왕하13	딤후 3	호5·6	시119:145~176

November 11

날짜	page	가정		개인	
1	**1733**	왕하14	딤후4	호 7	시120~122
2	**1737**	왕하15	딛 1	호 8	시123~125
3	**1741**	왕하16	딛 2	호 9	시126~128
4	**1745**	왕하17	딛 3	호10	시129~131
5	**1750**	왕하18	몬 1	호11	시132~134
6	**1755**	왕하19	히 1	호12	시135·136
7	**1760**	왕하20	히 2	호13	시137·138
8	**1765**	왕하21	히 3	호14	시139
9	**1768**	왕하22	히 4	욜 1	시140·141
10	**1773**	왕하23	히 5	욜 2	시142
11	**1778**	왕하24	히 6	욜 3	시143
12	**1782**	왕하25	히 7	암 1	시144
13	**1787**	대상1·2	히 8	암 2	시145
14	**1793**	대상3·4	히 9	암 3	시146·147
15	**1799**	대상5·6	히10	암 4	시148·150
16	**1807**	대상7·8	히11	암 5	눅1:1~38
17	**1815**	대상9·10	히12	암 6	눅1:39~80
18	**1822**	대상11·12	히13	암 7	눅 2
19	**1830**	대상13·14	약 1	암 8	눅 3
20	**1836**	대상15	약 2	암 9	눅 4
21	**1841**	대상16	약 3	옵 1	눅 5
22	**1847**	대상17	약 4	욘 1	눅 6
23	**1853**	대상18	약 5	욘 2	눅 7
24	**1858**	대상19·20	벧전1	욘 3	눅 8
25	**1864**	대상21	벧전2	욘 4	눅 9
26	**1871**	대상22	벧전3	미 1	눅10
27	**1877**	대상23	벧전4	미 2	눅11
28	**1882**	대상24·25	벧전5	미 3	눅12
29	**1889**	대상26·27	벧후1	미 4	눅13
30	**1896**	대상28	벧후2	미 5	눅14

December 12

날짜	page	가정		개인	
1	**1903**	대상29	벧후3	미 6	눅15
2	**1908**	대하 1	요일 1	미 7	눅16
3	**1912**	대하 2	요일 2	나 1	눅17
4	**1917**	대하3·4	요일 3	나 2	눅18
5	**1923**	대하5·6:1~11	요일 4	나 3	눅19
6	**1929**	대하6:12~42	요일 5	합 1	눅20
7	**1935**	대하 7	요이 1	합 2	눅21
8	**1940**	대하 8	요삼 1	합 3	눅22
9	**1946**	대하 9	유 1	습 1	눅23
10	**1952**	대하10	계 1	습 2	눅24
11	**1958**	대하11·12	계 2	습 3	요 1
12	**1965**	대하13	계 3	학 1	요 2
13	**1969**	대하14·15	계 4	학 2	요 3
14	**1975**	대하16	계 5	슥 1	요 4
15	**1980**	대하17	계 6	슥 2	요 5
16	**1985**	대하18	계 7	슥 3	요 6
17	**1992**	대하19·20	계 8	슥 4	요 7
18	**1998**	대하21	계 9	슥 5	요 8
19	**2004**	대하22·23	계10	슥 6	요 9
20	**2009**	대하24	계11	슥 7	요10
21	**2015**	대하25	계12	슥 8	요11
22	**2021**	대하26	계13	슥 9	요12
23	**2027**	대하27·28	계14	슥10	요13
24	**2033**	대하29	계15	슥11	요14
25	**2038**	대하30	계16	슥12·13:1	요15
26	**2043**	대하31	계17	슥13:2~9	요16
27	**2048**	대하32	계18	슥14	요17
28	**2054**	대하33	계19	말 1	요18
29	**2060**	대하34	계20	말 2	요19
30	**2066**	대하35	계21	말 3	요20
31	**2072**	대하36	계22	말 4	요21

⊕ 맥체인 성경 읽기표 ⊕

January 01					
날짜	page	가정		개인	
1	**1**	창 1	마 1	스 1	행 1
2	**5**	창 2	마 2	스 2	행 2
3	**12**	창 3	마 3	스 3	행 3
4	**16**	창 4	마 4	스 4	행 4
5	**22**	창 5	마 5	스 5	행 5
6	**28**	창 6	마 6	스 6	행 6
7	**33**	창 7	마 7	스 7	행 7
8	**39**	창 8	마 8	스 8	행 8
9	**46**	창9·10	마 9	스 9	행 9
10	**53**	창11	마10	스10	행10
11	**60**	창12	마11	느 1	행11
12	**65**	창13	마12	느 2	행12
13	**70**	창14	마13	느 3	행13
14	**78**	창15	마14	느 4	행14
15	**83**	창16	마15	느 5	행15
16	**89**	창17	마16	느 6	행16
17	**95**	창18	마17	느 7	행17
18	**102**	창19	마18	느 8	행18
19	**108**	창20	마19	느 9	행19
20	**115**	창21	마20	느10	행20
21	**121**	창22	마21	느11	행21
22	**128**	창23	마22	느12	행22
23	**135**	창24	마23	느13	행23
24	**144**	창25	마24	에 1	행24
25	**150**	창26	마25	에 2	행25
26	**157**	창27	마26	에 3	행26
27	**165**	창28	마27	에 4	행27
28	**172**	창29	마28	에 5	행28
29	**177**	창30	막 1	에 6	롬 1
30	**184**	창31	막 2	에 7	롬 2
31	**190**	창32	막 3	에 8	롬 3

February 02					
날짜	page	가정		개인	
1	**197**	창33	막 4	에9·10	롬 4
2	**202**	창34	막 5	욥 1	롬 5
3	**208**	창35·36	막 6	욥 2	롬 6
4	**216**	창37	막 7	욥 3	롬 7
5	**222**	창38	막 8	욥 4	롬 8
6	**228**	창39	막 9	욥 5	롬 9
7	**234**	창40	막10	욥 6	롬10
8	**239**	창41	막11	욥 7	롬11
9	**246**	창42	막12	욥 8	롬12
10	**252**	창43	막13	욥 9	롬13
11	**258**	창44	막14	욥10	롬14
12	**265**	창45	막15	욥11	롬15
13	**271**	창46	막16	욥12	롬16
14	**276**	창47	눅1:1~38	욥13	고전1
15	**282**	창48	눅1:39~80	욥14	고전2
16	**286**	창49	눅 2	욥15	고전3
17	**292**	창50	눅 3	욥16·17	고전4
18	**298**	출 1	눅 4	욥18	고전5
19	**303**	출 2	눅 5	욥19	고전6
20	**308**	출 3	눅 6	욥20	고전7
21	**315**	출 4	눅 7	욥21	고전8
22	**321**	출 5	눅 8	욥22	고전9
23	**327**	출 6	눅 9	욥23	고전10
24	**334**	출 7	눅10	욥24	고전11
25	**340**	출 8	눅11	욥25·26	고전12
26	**346**	출 9	눅12	욥27	고전13
27	**352**	출10	눅13	욥28	고전14
28	**359**	출11·12:1~21	눅14	욥29	고전15

March 03

날짜	page	가정		개인	
1	**367**	출12:22~51	눅15	욥30	고전16
2	**372**	출13	눅16	욥31	고후 1
3	**377**	출14	눅17	욥32	고후 2
4	**382**	출15	눅18	욥33	고후 3
5	**388**	출16	눅19	욥34	고후 4
6	**394**	출17	눅20	욥35	고후 5
7	**399**	출18	눅21	욥36	고후 6
8	**404**	출19	눅22	욥37	고후 7
9	**411**	출20	눅23	욥38	고후 8
10	**417**	출21	눅24	욥39	고후 9
11	**422**	출22	요 1	욥40	고후10
12	**428**	출23	요 2	욥41	고후11
13	**433**	출24	요 3	욥42	고후12
14	**438**	출25	요 4	잠 1	고후13
15	**444**	출26	요 5	잠 2	갈 1
16	**449**	출27	요 6	잠 3	갈 2
17	**456**	출28	요 7	잠 4	갈 3
18	**463**	출29	요 8	잠 5	갈 4
19	**470**	출30	요 9	잠 6	갈 5
20	**476**	출31	요10	잠 7	갈 6
21	**480**	출32	요11	잠 8	엡 1
22	**487**	출33	요12	잠 9	엡 2
23	**492**	출34	요13	잠10	엡 3
24	**498**	출35	요14	잠11	엡 4
25	**504**	출36	요15	잠12	엡 5
26	**509**	출37	요16	잠13	엡 6
27	**514**	출38	요17	잠14	빌 1
28	**520**	출39	요18	잠15	빌 2
29	**526**	출40	요19	잠16	빌 3
30	**532**	레 1	요20	잠17	빌 4
31	**537**	레2·3	요21	잠18	골 1

April 04

날짜	page	가정		개인	
1	**543**	레 4	시1·2	잠19	골 2
2	**547**	레 5	시3·4	잠20	골 3
3	**551**	레 6	시5·6	잠21	골 4
4	**556**	레 7	시7·8	잠22	살전1
5	**560**	레 8	시 9	잠23	살전2
6	**565**	레 9	시10	잠24	살전3
7	**569**	레10	시11·12	잠25	살전4
8	**573**	레11·12	시13·14	잠26	살전5
9	**578**	레13	시15·16	잠27	살후1
10	**583**	레14	시17	잠28	살후2
11	**589**	레15	시18	잠29	살후3
12	**594**	레16	시19	잠30	딤전1
13	**599**	레17	시20·21	잠31	딤전2
14	**603**	레18	시22	전 1	딤전3
15	**607**	레19	시23·24	전 2	딤전4
16	**611**	레20	시25	전 3	딤전5
17	**616**	레21	시26·27	전 4	딤전6
18	**620**	레22	시28·29	전 5	딤후1
19	**625**	레23	시30	전 6	딤후2
20	**629**	레24	시31	전 7	딤후3
21	**634**	레25	시32	전 8	딤후4
22	**639**	레26	시33	전 9	딛 1
23	**644**	레27	시34	전10	딛 2
24	**648**	민 1	시35	전11	딛 3
25	**653**	민 2	시36	전12	몬 1
26	**656**	민 3	시37	아 1	히 1
27	**662**	민 4	시38	아 2	히 2
28	**666**	민 5	시39	아 3	히 3
29	**670**	민 6	시40·41	아 4	히 4
30	**675**	민 7	시42·43	아 5	히 5

May 05

날짜	page	가정		개인	
1	**683**	민 8	시44	아 6	히 6
2	**687**	민 9	시45	아 7	히 7
3	**691**	민10	시46·47	아 8	히 8
4	**695**	민11	시48	사 1	히 9
5	**700**	민12·13	시49	사 2	히10
6	**706**	민14	시50	사3·4	히11
7	**712**	민15	시51	사 5	히12
8	**718**	민16	시52~54	사 6	히13
9	**724**	민17·18	시55	사 7	약 1
10	**730**	민19	시56·57	사8·9:1~7	약 2
11	**735**	민20	시58·59	사9:8~10:4	약 3
12	**740**	민21	시60·61	사10:5~34	약 4
13	**745**	민22	시62·63	사11·12	약 5
14	**751**	민23	시64·65	사13	벧전1
15	**756**	민24	시66·67	사14	벧전2
16	**761**	민25	시68	사15	벧전3
17	**766**	민26	시69	사16	벧전4
18	**772**	민27	시70·71	사17·18	벧전5
19	**776**	민28	시72	사19·20	벧후1
20	**781**	민29	시73	사21	벧후2
21	**786**	민30	시74	사22	벧후3
22	**790**	민31	시75·76	사23	요일1
23	**795**	민32	시77	사24	요일2
24	**800**	민33	시78:1~37	사25	요일3
25	**806**	민34	시78:38~72	사26	요일4
26	**810**	민35	시79	사27	요일5
27	**815**	민36	시80	사28	요이1
28	**819**	신 1	시81·82	사29	요삼1
29	**824**	신 2	시83·84	사30	유 1
30	**831**	신 3	시85	사31	계 1
31	**835**	신 4	시86·87	사32	계 2

June 06

날짜	page	가정		개인	
1	**843**	신 5	시88	사33	계 3
2	**848**	신 6	시89	사34	계 4
3	**853**	신 7	시90	사35	계 5
4	**856**	신 8	시91	사36	계 6
5	**860**	신 9	시92·93	사37	계 7
6	**866**	신10	시94	사38	계 8
7	**870**	신11	시95·96	사39	계 9
8	**874**	신12	시97·98	사40	계10
9	**879**	신13·14	시99~101	사41	계11
10	**885**	신15	시102	사42	계12
11	**890**	신16	시103	사43	계13
12	**894**	신17	시104	사44	계14
13	**900**	신18	시105	사45	계15
14	**905**	신19	시106	사46	계16
15	**910**	신20	시107	사47	계17
16	**914**	신21	시108·109	사48	계18
17	**920**	신22	시110·111	사49	계19
18	**925**	신23	시112·113	사50	계20
19	**929**	신24	시114·115	사51	계21
20	**934**	신25	시116	사52	계22
21	**938**	신26	시117·118	사53	마 1
22	**942**	신27·28:1~19	시119:1~24	사54	마 2
23	**947**	신28:20~68	시119:25~48	사55	마 3
24	**953**	신29	시119:49~72	사56	마 4
25	**957**	신30	시119:73~96	사57	마 5
26	**963**	신31	시119:97~120	사58	마 6
27	**968**	신32	시119:121~144	사59	마 7
28	**974**	신33·34	시119:145~176	사60	마 8
29	**981**	수 1	시120~122	사61	마 9
30	**985**	수 2	시123~125	사62	마10

[맥체인 성경 읽기표]

맥체인 성경 읽기표는 1842년 맥체인이 자신이 목양하던 성베드로교회 성도들의 영적 성장을 위해 개발한 것으로, 매일 구약과 신약을 각각 2장씩 읽음으로써 1년에 구약 1회, 신약과 시편을 각 2회 정독할 수 있도록 만든 표입니다. 이와 같은 맥체인의 방법에 따라 신구약 성경 전체를 골고루 4등분해서 동시에 읽으면, 성경에 기록된 장구한 구속사를 크게 네 시대로 나누어 동시에 묵상할 수 있습니다.

(1) 창세기 ~ 역대하 : 만물의 시작과 이스라엘의 시작
(2) 에스라 ~ 말라기 : 이스라엘의 멸망과 새 시대의 시작
(3) 마태복음 ~ 요한복음 : 예수의 복음사역과 십자가 구속
(4) 사도행전 ~ 요한계시록 : 교회의 시작과 선교

▶《맥체인 성경 365》 말씀연결 사용하는 법

① 네 성경 본문의 소주제를 통해 중심 단어나 문장을 말씀으로 묵상한다.
② 네 본문의 말씀을 순서대로, 천천히 읽는다.
③ 두 본문에서 반복되는 단어나 유사한 문맥을 찾아 서로 연결한다.
④ 본문에서 반대의 뜻을 가진 단어나 문장을 찾는다.
⑤ 두 권의 책에서 공통되는 하나님의 말씀을 연결하여 기록한다.
⑥ 연결되는 말씀을 다른 두 권으로 확대하여 네 권 전체에 흐르는 하나님의 생각과 베푸신 은혜를 누리고, 그 내용을 적어본다.
⑦ 본문에서 지도자나 인도자로부터 배운 신학 주제나 교리들이 함축하고 있는 문맥의 짝을 찾아본다.
⑧ 중심 주제를 필두로, 삶에 적용할 일들을 적어보고 생활 중에 실천함으로써 변화를 경험해 본다.
⑨ 하나님이 오늘 나에게 주신 말씀들을 통하여 가르침, 명령과 약속 권면, 경고 및 행해야 할 일들을 하나님과 대화하는 마음으로(기도) 성경읽기를 마무리한다.

July 07

날짜	page	가정		개인	
1	**991**	수 3	시126~128	사63	마11
2	**995**	수 4	시129~131	사64	마12
3	**1000**	수5·6:1~5	시132~134	사65	마13
4	**1006**	수6:6~27	시135·136	사66	마14
5	**1013**	수 7	시137·138	렘 1	마15
6	**1018**	수 8	시139	렘 2	마16
7	**1025**	수 9	시140·141	렘 3	마17
8	**1031**	수10	시142·143	렘 4	마18
9	**1038**	수11	시144	렘 5	마19
10	**1043**	수12·13	시145	렘 6	마20
11	**1050**	수14·15	시146·147	렘 7	마21
12	**1058**	수16·17	시148	렘 8	마22
13	**1064**	수18·19	시149·150	렘 9	마23
14	**1071**	수20·21	행 1	렘10	마24
15	**1078**	수22	행 2	렘11	마25
16	**1087**	수23	행 3	렘12	마26
17	**1094**	수24	행 4	렘13	마27
18	**1102**	삿 1	행 5	렘14	마28
19	**1108**	삿 2	행 6	렘15	막 1
20	**1114**	삿 3	행 7	렘16	막 2
21	**1121**	삿 4	행 8	렘17	막 3
22	**1127**	삿 5	행 9	렘18	막 4
23	**1134**	삿 6	행10	렘19	막 5
24	**1142**	삿 7	행11	렘20	막 6
25	**1149**	삿 8	행12	렘21	막 7
26	**1154**	삿 9	행13	렘22	막 8
27	**1164**	삿10·11:1~11	행14	렘23	막 9
28	**1171**	삿11:12~40	행15	렘24	막10
29	**1178**	삿12	행16	렘25	막11
30	**1185**	삿13	행17	렘26	막12
31	**1192**	삿14	행18	렘27	막13

August 08

날짜	page	가정		개인	
1	**1199**	삿15	행19	렘28	막14
2	**1206**	삿16	행20	렘29	막15
3	**1214**	삿17	행21	렘30·31	막16
4	**1222**	삿18	행22	렘32	시1·2
5	**1228**	삿19	행23	렘33	시3·4
6	**1234**	삿20	행24	렘34	시5·6
7	**1241**	삿21	행25	렘35	시7·8
8	**1246**	룻 1	행26	렘36·37	시 9
9	**1253**	룻 2	행27	렘38	시10
10	**1259**	룻3·4	행28	렘39	시11·12
11	**1264**	삼상1	롬 1	렘40	시13·14
12	**1270**	삼상2	롬 2	렘41	시15·16
13	**1275**	삼상3	롬 3	렘42	시17
14	**1280**	삼상4	롬 4	렘43	시18
15	**1285**	삼상5·6	롬 5	렘44	시19
16	**1292**	삼상7·8	롬 6	렘45	시20·21
17	**1296**	삼상9	롬 7	렘46	시22
18	**1302**	삼상10	롬 8	렘47	시23·24
19	**1307**	삼상11	롬 9	렘48	시25
20	**1313**	삼상12	롬10	렘49	시26·27
21	**1319**	삼상13	롬11	렘50	시28·29
22	**1326**	삼상14	롬12	렘51	시30
23	**1334**	삼상15	롬13	렘52	시31
24	**1340**	삼상16	롬14	애 1	시32
25	**1345**	삼상17	롬15	애 2	시33
26	**1352**	삼상18	롬16	애 3	시34
27	**1358**	삼상19	고전1	애 4	시35
28	**1363**	삼상20	고전2	애 5	시36
29	**1368**	삼상21·22	고전3	겔 1	시37
30	**1374**	삼상23	고전4	겔 2	시38
31	**1379**	삼상24	고전5	겔 3	시39

September 09

날짜	page	가정		개인	
1	**1385**	삼상25	고전 6	겔 4	시40·41
2	**1391**	삼상26	고전 7	겔 5	시42·43
3	**1396**	삼상27	고전 8	겔 6	시44
4	**1400**	삼상28	고전 9	겔 7	시45·46
5	**1405**	삼상29·30	고전10	겔 8	시47
6	**1411**	삼상31	고전11	겔 9	시48
7	**1414**	삼하 1	고전12	겔10	시49
8	**1419**	삼하 2	고전13	겔11	시50
9	**1424**	삼하 3	고전14	겔12	시51
10	**1430**	삼하4·5	고전15	겔13	시52~54
11	**1438**	삼하 6	고전16	겔14	시55
12	**1442**	삼하 7	고후 1	겔15	시56·57
13	**1447**	삼하8·9	고후 2	겔16	시58·59
14	**1454**	삼하10	고후 3	겔17	시60·61
15	**1459**	삼하11	고후 4	겔18	시62·63
16	**1464**	삼하12	고후 5	겔19	시64·65
17	**1469**	삼하13	고후 6	겔20	시66·67
18	**1476**	삼하14	고후 7	겔21	시68
19	**1483**	삼하15	고후 8	겔22	시69
20	**1489**	삼하16	고후 9	겔23	시70·71
21	**1495**	삼하17	고후10	겔24	시72
22	**1500**	삼하18	고후11	겔25	시73
23	**1506**	삼하19	고후12	겔26	시74
24	**1513**	삼하20	고후13	겔27	시75·76
25	**1518**	삼하21	갈 1	겔28	시77
26	**1523**	삼하22	갈 2	겔29	시78:1~37
27	**1529**	삼하23	갈 3	겔30	시78:38~72
28	**1535**	삼하24	갈 4	겔31	시79
29	**1540**	왕상 1	갈 5	겔32	시80
30	**1547**	왕상 2	갈 6	겔33	시81·82

October 10

날짜	page	가정		개인	
1	**1555**	왕상 3	엡 1	겔34	시83·84
2	**1560**	왕상4·5	엡 2	겔35	시85
3	**1565**	왕상 6	엡 3	겔36	시86
4	**1571**	왕상 7	엡 4	겔37	시87·88
5	**1578**	왕상 8	엡 5	겔38	시89
6	**1586**	왕상 9	엡 6	겔39	시90
7	**1591**	왕상10	빌 1	겔40	시91
8	**1598**	왕상11	빌 2	겔41	시92·93
9	**1603**	왕상12	빌 3	겔42	시94
10	**1608**	왕상13	빌 4	겔43	시95·96
11	**1614**	왕상14	골 1	겔44	시97·98
12	**1620**	왕상15	골 2	겔45	시99~101
13	**1625**	왕상16	골 3	겔46	시102
14	**1631**	왕상17	골 4	겔47	시103
15	**1635**	왕상18	살전 1	겔48	시104
16	**1642**	왕상19	살전 2	단 1	시105
17	**1647**	왕상20	살전 3	단 2	시106
18	**1655**	왕상21	살전 4	단 3	시107
19	**1661**	왕상22	살전 5	단 4	시108·109
20	**1669**	왕하 1	살후 1	단 5	시110·111
21	**1674**	왕하 2	살후 2	단 6	시112·113
22	**1679**	왕하 3	살후 3	단 7	시114·115
23	**1684**	왕하 4	딤전 1	단 8	시116
24	**1690**	왕하 5	딤전 2	단 9	시117·118
25	**1695**	왕하 6	딤전 3	단10	시119:1~24
26	**1700**	왕하 7	딤전 4	단11	시119:25~48
27	**1706**	왕하 8	딤전 5	단12	시119:49~72
28	**1710**	왕하 9	딤전 6	호 1	시119:73~96
29	**1715**	왕하10	딤후 1	호 2	시119:97~120
30	**1721**	왕하11·12	딤후 2	호3·4	시119:121~144
31	**1726**	왕하13	딤후 3	호5·6	시119:145~176

November 11

날짜	page	가정		개인	
1	**1733**	왕하14	딤후4	호 7	시120~122
2	**1737**	왕하15	딛 1	호 8	시123~125
3	**1741**	왕하16	딛 2	호 9	시126~128
4	**1745**	왕하17	딛 3	호10	시129~131
5	**1750**	왕하18	몬 1	호11	시132~134
6	**1755**	왕하19	히 1	호12	시135·136
7	**1760**	왕하20	히 2	호13	시137·138
8	**1765**	왕하21	히 3	호14	시139
9	**1768**	왕하22	히 4	욜 1	시140·141
10	**1773**	왕하23	히 5	욜 2	시142
11	**1778**	왕하24	히 6	욜 3	시143
12	**1782**	왕하25	히 7	암 1	시144
13	**1787**	대상1·2	히 8	암 2	시145
14	**1793**	대상3·4	히 9	암 3	시146·147
15	**1799**	대상5·6	히10	암 4	시148·150
16	**1807**	대상7·8	히11	암 5	눅1:1~38
17	**1815**	대상9·10	히12	암 6	눅1:39~80
18	**1822**	대상11·12	히13	암 7	눅 2
19	**1830**	대상13·14	약 1	암 8	눅 3
20	**1836**	대상15	약 2	암 9	눅 4
21	**1841**	대상16	약 3	옵 1	눅 5
22	**1847**	대상17	약 4	욘 1	눅 6
23	**1853**	대상18	약 5	욘 2	눅 7
24	**1858**	대상19·20	벧전1	욘 3	눅 8
25	**1864**	대상21	벧전2	욘 4	눅 9
26	**1871**	대상22	벧전3	미 1	눅10
27	**1877**	대상23	벧전4	미 2	눅11
28	**1882**	대상24·25	벧전5	미 3	눅12
29	**1889**	대상26·27	벧후1	미 4	눅13
30	**1896**	대상28	벧후2	미 5	눅14

December 12

날짜	page	가정		개인	
1	**1903**	대상29	벧후3	미 6	눅15
2	**1908**	대하 1	요일 1	미 7	눅16
3	**1912**	대하 2	요일 2	나 1	눅17
4	**1917**	대하3·4	요일 3	나 2	눅18
5	**1923**	대하5·6:1~11	요일 4	나 3	눅19
6	**1929**	대하6:12~42	요일 5	합 1	눅20
7	**1935**	대하 7	요이 1	합 2	눅21
8	**1940**	대하 8	요삼 1	합 3	눅22
9	**1946**	대하 9	유 1	습 1	눅23
10	**1952**	대하10	계 1	습 2	눅24
11	**1958**	대하11·12	계 2	습 3	요 1
12	**1965**	대하13	계 3	학 1	요 2
13	**1969**	대하14·15	계 4	학 2	요 3
14	**1975**	대하16	계 5	슥 1	요 4
15	**1980**	대하17	계 6	슥 2	요 5
16	**1985**	대하18	계 7	슥 3	요 6
17	**1992**	대하19·20	계 8	슥 4	요 7
18	**1998**	대하21	계 9	슥 5	요 8
19	**2004**	대하22·23	계10	슥 6	요 9
20	**2009**	대하24	계11	슥 7	요10
21	**2015**	대하25	계12	슥 8	요11
22	**2021**	대하26	계13	슥 9	요12
23	**2027**	대하27·28	계14	슥10	요13
24	**2033**	대하29	계15	슥11	요14
25	**2038**	대하30	계16	슥12·13:1	요15
26	**2043**	대하31	계17	슥13:2~9	요16
27	**2048**	대하32	계18	슥14	요17
28	**2054**	대하33	계19	말 1	요18
29	**2060**	대하34	계20	말 2	요19
30	**2066**	대하35	계21	말 3	요20
31	**2072**	대하36	계22	말 4	요21

맥체인 성경 읽기표

January 01

날짜	page	가정		개인	
1	**1**	창 1	마 1	스 1	행 1
2	**5**	창 2	마 2	스 2	행 2
3	**12**	창 3	마 3	스 3	행 3
4	**16**	창 4	마 4	스 4	행 4
5	**22**	창 5	마 5	스 5	행 5
6	**28**	창 6	마 6	스 6	행 6
7	**33**	창 7	마 7	스 7	행 7
8	**39**	창 8	마 8	스 8	행 8
9	**46**	창9·10	마 9	스 9	행 9
10	**53**	창11	마10	스10	행10
11	**60**	창12	마11	느 1	행11
12	**65**	창13	마12	느 2	행12
13	**70**	창14	마13	느 3	행13
14	**78**	창15	마14	느 4	행14
15	**83**	창16	마15	느 5	행15
16	**89**	창17	마16	느 6	행16
17	**95**	창18	마17	느 7	행17
18	**102**	창19	마18	느 8	행18
19	**108**	창20	마19	느 9	행19
20	**115**	창21	마20	느10	행20
21	**121**	창22	마21	느11	행21
22	**128**	창23	마22	느12	행22
23	**135**	창24	마23	느13	행23
24	**144**	창25	마24	에 1	행24
25	**150**	창26	마25	에 2	행25
26	**157**	창27	마26	에 3	행26
27	**165**	창28	마27	에 4	행27
28	**172**	창29	마28	에 5	행28
29	**177**	창30	막 1	에 6	롬 1
30	**184**	창31	막 2	에 7	롬 2
31	**190**	창32	막 3	에 8	롬 3

February 02

날짜	page	가정		개인	
1	**197**	창33	막 4	에9·10	롬 4
2	**202**	창34	막 5	욥 1	롬 5
3	**208**	창35·36	막 6	욥 2	롬 6
4	**216**	창37	막 7	욥 3	롬 7
5	**222**	창38	막 8	욥 4	롬 8
6	**228**	창39	막 9	욥 5	롬 9
7	**234**	창40	막10	욥 6	롬10
8	**239**	창41	막11	욥 7	롬11
9	**246**	창42	막12	욥 8	롬12
10	**252**	창43	막13	욥 9	롬13
11	**258**	창44	막14	욥10	롬14
12	**265**	창45	막15	욥11	롬15
13	**271**	창46	막16	욥12	롬16
14	**276**	창47	눅1:1~38	욥13	고전1
15	**282**	창48	눅1:39~80	욥14	고전2
16	**286**	창49	눅 2	욥15	고전3
17	**292**	창50	눅 3	욥16·17	고전4
18	**298**	출 1	눅 4	욥18	고전5
19	**303**	출 2	눅 5	욥19	고전6
20	**308**	출 3	눅 6	욥20	고전7
21	**315**	출 4	눅 7	욥21	고전8
22	**321**	출 5	눅 8	욥22	고전9
23	**327**	출 6	눅 9	욥23	고전10
24	**334**	출 7	눅10	욥24	고전11
25	**340**	출 8	눅11	욥25·26	고전12
26	**346**	출 9	눅12	욥27	고전13
27	**352**	출10	눅13	욥28	고전14
28	**359**	출11·12:1~21	눅14	욥29	고전15

March 03

날짜	page	가정		개인	
1	**367**	출12:22~51	눅15	욥30	고전16
2	**372**	출13	눅16	욥31	고후 1
3	**377**	출14	눅17	욥32	고후 2
4	**382**	출15	눅18	욥33	고후 3
5	**388**	출16	눅19	욥34	고후 4
6	**394**	출17	눅20	욥35	고후 5
7	**399**	출18	눅21	욥36	고후 6
8	**404**	출19	눅22	욥37	고후 7
9	**411**	출20	눅23	욥38	고후 8
10	**417**	출21	눅24	욥39	고후 9
11	**422**	출22	요 1	욥40	고후10
12	**428**	출23	요 2	욥41	고후11
13	**433**	출24	요 3	욥42	고후12
14	**438**	출25	요 4	잠 1	고후13
15	**444**	출26	요 5	잠 2	갈 1
16	**449**	출27	요 6	잠 3	갈 2
17	**456**	출28	요 7	잠 4	갈 3
18	**463**	출29	요 8	잠 5	갈 4
19	**470**	출30	요 9	잠 6	갈 5
20	**476**	출31	요10	잠 7	갈 6
21	**480**	출32	요11	잠 8	엡 1
22	**487**	출33	요12	잠 9	엡 2
23	**492**	출34	요13	잠10	엡 3
24	**498**	출35	요14	잠11	엡 4
25	**504**	출36	요15	잠12	엡 5
26	**509**	출37	요16	잠13	엡 6
27	**514**	출38	요17	잠14	빌 1
28	**520**	출39	요18	잠15	빌 2
29	**526**	출40	요19	잠16	빌 3
30	**532**	레 1	요20	잠17	빌 4
31	**537**	레2·3	요21	잠18	골 1

April 04

날짜	page	가정		개인	
1	**543**	레 4	시1·2	잠19	골 2
2	**547**	레 5	시3·4	잠20	골 3
3	**551**	레 6	시5·6	잠21	골 4
4	**556**	레 7	시7·8	잠22	살전1
5	**560**	레 8	시 9	잠23	살전2
6	**565**	레 9	시10	잠24	살전3
7	**569**	레10	시11·12	잠25	살전4
8	**573**	레11·12	시13·14	잠26	살전5
9	**578**	레13	시15·16	잠27	살후1
10	**583**	레14	시17	잠28	살후2
11	**589**	레15	시18	잠29	살후3
12	**594**	레16	시19	잠30	딤전1
13	**599**	레17	시20·21	잠31	딤전2
14	**603**	레18	시22	전 1	딤전3
15	**607**	레19	시23·24	전 2	딤전4
16	**611**	레20	시25	전 3	딤전5
17	**616**	레21	시26·27	전 4	딤전6
18	**620**	레22	시28·29	전 5	딤후1
19	**625**	레23	시30	전 6	딤후2
20	**629**	레24	시31	전 7	딤후3
21	**634**	레25	시32	전 8	딤후4
22	**639**	레26	시33	전 9	딛 1
23	**644**	레27	시34	전10	딛 2
24	**648**	민 1	시35	전11	딛 3
25	**653**	민 2	시36	전12	몬 1
26	**656**	민 3	시37	아 1	히 1
27	**662**	민 4	시38	아 2	히 2
28	**666**	민 5	시39	아 3	히 3
29	**670**	민 6	시40·41	아 4	히 4
30	**675**	민 7	시42·43	아 5	히 5

May 05					
날짜	page	가정		개인	
1	**683**	민 8	시44	아 6	히 6
2	**687**	민 9	시45	아 7	히 7
3	**691**	민10	시46·47	아 8	히 8
4	**695**	민11	시48	사 1	히 9
5	**700**	민12·13	시49	사 2	히10
6	**706**	민14	시50	사3·4	히11
7	**712**	민15	시51	사 5	히12
8	**718**	민16	시52~54	사 6	히13
9	**724**	민17·18	시55	사 7	약 1
10	**730**	민19	시56·57	사8·9:1~7	약 2
11	**735**	민20	시58·59	사9:8~10:4	약 3
12	**740**	민21	시60·61	사10:5~34	약 4
13	**745**	민22	시62·63	사11·12	약 5
14	**751**	민23	시64·65	사13	벧전1
15	**756**	민24	시66·67	사14	벧전2
16	**761**	민25	시68	사15	벧전3
17	**766**	민26	시69	사16	벧전4
18	**772**	민27	시70·71	사17·18	벧전5
19	**776**	민28	시72	사19·20	벧후1
20	**781**	민29	시73	사21	벧후2
21	**786**	민30	시74	사22	벧후3
22	**790**	민31	시75·76	사23	요일1
23	**795**	민32	시77	사24	요일2
24	**800**	민33	시78:1~37	사25	요일3
25	**806**	민34	시78:38~72	사26	요일4
26	**810**	민35	시79	사27	요일5
27	**815**	민36	시80	사28	요이1
28	**819**	신 1	시81·82	사29	요삼1
29	**824**	신 2	시83·84	사30	유 1
30	**831**	신 3	시85	사31	계 1
31	**835**	신 4	시86·87	사32	계 2

June 06					
날짜	page	가정		개인	
1	**843**	신 5	시88	사33	계 3
2	**848**	신 6	시89	사34	계 4
3	**853**	신 7	시90	사35	계 5
4	**856**	신 8	시91	사36	계 6
5	**860**	신 9	시92·93	사37	계 7
6	**866**	신10	시94	사38	계 8
7	**870**	신11	시95·96	사39	계 9
8	**874**	신12	시97·98	사40	계10
9	**879**	신13·14	시99~101	사41	계11
10	**885**	신15	시102	사42	계12
11	**890**	신16	시103	사43	계13
12	**894**	신17	시104	사44	계14
13	**900**	신18	시105	사45	계15
14	**905**	신19	시106	사46	계16
15	**910**	신20	시107	사47	계17
16	**914**	신21	시108·109	사48	계18
17	**920**	신22	시110·111	사49	계19
18	**925**	신23	시112·113	사50	계20
19	**929**	신24	시114·115	사51	계21
20	**934**	신25	시116	사52	계22
21	**938**	신26	시117·118	사53	마 1
22	**942**	신27·28:1~19	시119:1~24	사54	마 2
23	**947**	신28:20~68	시119:25~48	사55	마 3
24	**953**	신29	시119:49~72	사56	마 4
25	**957**	신30	시119:73~96	사57	마 5
26	**963**	신31	시119:97~120	사58	마 6
27	**968**	신32	시119:121~144	사59	마 7
28	**974**	신33·34	시119:145~176	사60	마 8
29	**981**	수 1	시120~122	사61	마 9
30	**985**	수 2	시123~125	사62	마10

맥체인 성경 읽기표

QT와 성경통독을 하나로

[맥체인성경365_목차]

구약 page

창세기(창)	1	역대하(대하)	1908	다니엘(단)	1644
출애굽기(출)	298	에스라(스)	3	호세아(호)	1713
레위기(레)	532	느헤미야(느)	62	요엘(욜)	1770
민수기(민)	648	에스더(에)	147	아모스(암)	1785
신명기(신)	819	욥기(욥)	206	오바댜(옵)	1844
여호수아(수)	981	시편(시)	544/1228	요나(욘)	1850
사사기(삿)	1102	잠언(잠)	442	미가(미)	1874
룻기(룻)	1246	전도서(전)	605	나훔(나)	1915
사무엘상(삼상)	1264	아가(아)	660	하박국(합)	1932
사무엘하(삼하)	1414	이사야(사)	697	스바냐(습)	1949
열왕기상(왕상)	1540	예레미야(렘)	1015	학개(학)	1967
열왕기하(왕하)	1669	예레미야애가(애)	1342	스가랴(슥)	1977
역대상(대상)	1787	에스겔(겔)	1371	말라기(말)	2057

신약 page

마태복음(마)	2/941	에베소서(엡)	485/1556	히브리서(히)	661/1757
마가복음(막)	179/1112	빌립보서(빌)	518/1593	야고보서(약)	729/1832
누가복음(눅)	277/1813	골로새서(골)	540/1616	베드로전서(벧전)	754/1860
요한복음(요)	424/1962	데살로니가전서(살전)	560/1638	베드로후서(벧후)	780/1892
사도행전(행)	4/1073	데살로니가후서(살후)	582/1670	요한일서(요일)	794/1909
로마서(롬)	182/1266	디모데전서(딤전)	598/1686	요한이서(요이)	818/1937
고린도전서(고전)	280/1359	디모데후서(딤후)	624/1718	요한삼서(요삼)	823/1941
고린도후서(고후)	376/1444	디도서(딛)	643/1739	유다서(유)	829/1947
갈라디아서(갈)	448/1519	빌레몬서(몬)	655/1752	요한계시록(계)	834/1952

새벽기도회 살리기 · 구역모임(소그룹) 살리기

마틴로이드존스, 존스토트 목사가 수십년간 사용했던 검증된 방식

[맥체인 성경 읽기표]

맥체인 성경 읽기표는 1842년 맥체인이 자신이 목양하던 성베드로교회 성도들의 영적 성장을 위해 개발한 것으로, 매일 구약과 신약을 각각 2장씩 읽음으로써 1년에 구약 1회, 신약과 시편을 각 2회 정독할 수 있도록 만든 표입니다. 이와 같은 맥체인의 방법에 따라 신구약 성경 전체를 골고루 4등분해서 동시에 읽으면, 성경에 기록된 장구한 구속사를 크게 네 시대로 나누어 동시에 묵상할 수 있습니다.

(1) 창세기 ~ 역대하 : 만물의 시작과 이스라엘의 시작
(2) 에스라 ~ 말라기 : 이스라엘의 멸망과 새 시대의 시작
(3) 마태복음 ~ 요한복음 : 예수의 복음사역과 십자가 구속
(4) 사도행전 ~ 요한계시록 : 교회의 시작과 선교

▶ 《맥체인 성경 365》 말씀연결 사용하는 법

① 네 성경 본문의 소주제를 통해 중심 단어나 문장을 말씀으로 묵상한다.
② 네 본문의 말씀을 순서대로, 천천히 읽는다.
③ 두 본문에서 반복되는 단어나 유사한 문맥을 찾아 서로 연결한다.
④ 본문에서 반대의 뜻을 가진 단어나 문장을 찾는다.
⑤ 두 권의 책에서 공통되는 하나님의 말씀을 연결하여 기록한다.
⑥ 연결되는 말씀을 다른 두 권으로 확대하여 네 권 전체에 흐르는 하나님의 생각과 베푸신 은혜를 누리고, 그 내용을 적어본다.
⑦ 본문에서 지도자나 인도자로부터 배운 신학 주제나 교리들이 함축하고 있는 문맥의 짝을 찾아본다.
⑧ 중심 주제를 필두로, 삶에 적용할 일들을 적어보고 생활 중에 실천함으로써 변화를 경험해 본다.
⑨ 하나님이 오늘 나에게 주신 말씀들을 통하여 가르침, 명령과 약속 권면, 경고 및 행해야 할 일들을 하나님과 대화하는 마음으로(기도) 성경읽기를 마무리한다.

July 07

날짜	page	가정		개인	
1	**991**	수 3	시126~128	사63	마11
2	**995**	수 4	시129~131	사64	마12
3	**1000**	수5·6:1~5	시132~134	사65	마13
4	**1006**	수6:6~27	시135·136	사66	마14
5	**1013**	수 7	시137·138	렘 1	마15
6	**1018**	수 8	시139	렘 2	마16
7	**1025**	수 9	시140·141	렘 3	마17
8	**1031**	수10	시142·143	렘 4	마18
9	**1038**	수11	시144	렘 5	마19
10	**1043**	수12·13	시145	렘 6	마20
11	**1050**	수14·15	시146·147	렘 7	마21
12	**1058**	수16·17	시148	렘 8	마22
13	**1064**	수18·19	시149·150	렘 9	마23
14	**1071**	수20·21	행 1	렘10	마24
15	**1078**	수22	행 2	렘11	마25
16	**1087**	수23	행 3	렘12	마26
17	**1094**	수24	행 4	렘13	마27
18	**1102**	삿 1	행 5	렘14	마28
19	**1108**	삿 2	행 6	렘15	막 1
20	**1114**	삿 3	행 7	렘16	막 2
21	**1121**	삿 4	행 8	렘17	막 3
22	**1127**	삿 5	행 9	렘18	막 4
23	**1134**	삿 6	행10	렘19	막 5
24	**1142**	삿 7	행11	렘20	막 6
25	**1149**	삿 8	행12	렘21	막 7
26	**1154**	삿 9	행13	렘22	막 8
27	**1164**	삿10·11:1~11	행14	렘23	막 9
28	**1171**	삿11:12~40	행15	렘24	막10
29	**1178**	삿12	행16	렘25	막11
30	**1185**	삿13	행17	렘26	막12
31	**1192**	삿14	행18	렘27	막13

August 08

날짜	page	가정		개인	
1	**1199**	삿15	행19	렘28	막14
2	**1206**	삿16	행20	렘29	막15
3	**1214**	삿17	행21	렘30·31	막16
4	**1222**	삿18	행22	렘32	시1·2
5	**1228**	삿19	행23	렘33	시3·4
6	**1234**	삿20	행24	렘34	시5·6
7	**1241**	삿21	행25	렘35	시7·8
8	**1246**	룻 1	행26	렘36·37	시 9
9	**1253**	룻 2	행27	렘38	시10
10	**1259**	룻3·4	행28	렘39	시11·12
11	**1264**	삼상1	롬 1	렘40	시13·14
12	**1270**	삼상2	롬 2	렘41	시15·16
13	**1275**	삼상3	롬 3	렘42	시17
14	**1280**	삼상4	롬 4	렘43	시18
15	**1285**	삼상5·6	롬 5	렘44	시19
16	**1292**	삼상7·8	롬 6	렘45	시20·21
17	**1296**	삼상9	롬 7	렘46	시22
18	**1302**	삼상10	롬 8	렘47	시23·24
19	**1307**	삼상11	롬 9	렘48	시25
20	**1313**	삼상12	롬10	렘49	시26·27
21	**1319**	삼상13	롬11	렘50	시28·29
22	**1326**	삼상14	롬12	렘51	시30
23	**1334**	삼상15	롬13	렘52	시31
24	**1340**	삼상16	롬14	애 1	시32
25	**1345**	삼상17	롬15	애 2	시33
26	**1352**	삼상18	롬16	애 3	시34
27	**1358**	삼상19	고전1	애 4	시35
28	**1363**	삼상20	고전2	애 5	시36
29	**1368**	삼상21·22	고전3	겔 1	시37
30	**1374**	삼상23	고전4	겔 2	시38
31	**1379**	삼상24	고전5	겔 3	시39

September 09

날짜	page	가정		개인	
1	1385	삼상25	고전 6	겔 4	시40·41
2	1391	삼상26	고전 7	겔 5	시42·43
3	1396	삼상27	고전 8	겔 6	시44
4	1400	삼상28	고전 9	겔 7	시45·46
5	1405	삼상29·30	고전10	겔 8	시47
6	1411	삼상31	고전11	겔 9	시48
7	1414	삼하 1	고전12	겔10	시49
8	1419	삼하 2	고전13	겔11	시50
9	1424	삼하 3	고전14	겔12	시51
10	1430	삼하4·5	고전15	겔13	시52~54
11	1438	삼하 6	고전16	겔14	시55
12	1442	삼하 7	고후 1	겔15	시56·57
13	1447	삼하8·9	고후 2	겔16	시58·59
14	1454	삼하10	고후 3	겔17	시60·61
15	1459	삼하11	고후 4	겔18	시62·63
16	1464	삼하12	고후 5	겔19	시64·65
17	1469	삼하13	고후 6	겔20	시66·67
18	1476	삼하14	고후 7	겔21	시68
19	1483	삼하15	고후 8	겔22	시69
20	1489	삼하16	고후 9	겔23	시70·71
21	1495	삼하17	고후10	겔24	시72
22	1500	삼하18	고후11	겔25	시73
23	1506	삼하19	고후12	겔26	시74
24	1513	삼하20	고후13	겔27	시75·76
25	1518	삼하21	갈 1	겔28	시77
26	1523	삼하22	갈 2	겔29	시78:1~37
27	1529	삼하23	갈 3	겔30	시78:38~72
28	1535	삼하24	갈 4	겔31	시79
29	1540	왕상 1	갈 5	겔32	시80
30	1547	왕상 2	갈 6	겔33	시81·82

October 10

날짜	page	가정		개인	
1	1555	왕상 3	엡 1	겔34	시83·84
2	1560	왕상4·5	엡 2	겔35	시85
3	1565	왕상 6	엡 3	겔36	시86
4	1571	왕상 7	엡 4	겔37	시87·88
5	1578	왕상 8	엡 5	겔38	시89
6	1586	왕상 9	엡 6	겔39	시90
7	1591	왕상10	빌 1	겔40	시91
8	1598	왕상11	빌 2	겔41	시92·93
9	1603	왕상12	빌 3	겔42	시94
10	1608	왕상13	빌 4	겔43	시95·96
11	1614	왕상14	골 1	겔44	시97·98
12	1620	왕상15	골 2	겔45	시99~101
13	1625	왕상16	골 3	겔46	시102
14	1631	왕상17	골 4	겔47	시103
15	1635	왕상18	살전 1	겔48	시104
16	1642	왕상19	살전 2	단 1	시105
17	1647	왕상20	살전 3	단 2	시106
18	1655	왕상21	살전 4	단 3	시107
19	1661	왕상22	살전 5	단 4	시108·109
20	1669	왕하 1	살후 1	단 5	시110·111
21	1674	왕하 2	살후 2	단 6	시112·113
22	1679	왕하 3	살후 3	단 7	시114·115
23	1684	왕하 4	딤전 1	단 8	시116
24	1690	왕하 5	딤전 2	단 9	시117·118
25	1695	왕하 6	딤전 3	단10	시119:1~24
26	1700	왕하 7	딤전 4	단11	시119:25~48
27	1706	왕하 8	딤전 5	단12	시119:49~72
28	1710	왕하 9	딤전 6	호 1	시119:73~96
29	1715	왕하10	딤후 1	호 2	시119:97~120
30	1721	왕하11·12	딤후 2	호3·4	시119:121~144
31	1726	왕하13	딤후 3	호5·6	시119:145~176

November 11

날짜	page	가정		개인	
1	**1733**	왕하14	딤후4	호 7	시120~122
2	**1737**	왕하15	딛 1	호 8	시123~125
3	**1741**	왕하16	딛 2	호 9	시126~128
4	**1745**	왕하17	딛 3	호10	시129~131
5	**1750**	왕하18	몬 1	호11	시132~134
6	**1755**	왕하19	히 1	호12	시135·136
7	**1760**	왕하20	히 2	호13	시137·138
8	**1765**	왕하21	히 3	호14	시139
9	**1768**	왕하22	히 4	욜 1	시140·141
10	**1773**	왕하23	히 5	욜 2	시142
11	**1778**	왕하24	히 6	욜 3	시143
12	**1782**	왕하25	히 7	암 1	시144
13	**1787**	대상1·2	히 8	암 2	시145
14	**1793**	대상3·4	히 9	암 3	시146·147
15	**1799**	대상5·6	히10	암 4	시148·150
16	**1807**	대상7·8	히11	암 5	눅1:1~38
17	**1815**	대상9·10	히12	암 6	눅1:39~80
18	**1822**	대상11·12	히13	암 7	눅 2
19	**1830**	대상13·14	약 1	암 8	눅 3
20	**1836**	대상15	약 2	암 9	눅 4
21	**1841**	대상16	약 3	옵 1	눅 5
22	**1847**	대상17	약 4	욘 1	눅 6
23	**1853**	대상18	약 5	욘 2	눅 7
24	**1858**	대상19·20	벧전1	욘 3	눅 8
25	**1864**	대상21	벧전2	욘 4	눅 9
26	**1871**	대상22	벧전3	미 1	눅10
27	**1877**	대상23	벧전4	미 2	눅11
28	**1882**	대상24·25	벧전5	미 3	눅12
29	**1889**	대상26·27	벧후1	미 4	눅13
30	**1896**	대상28	벧후2	미 5	눅14

December 12

날짜	page	가정		개인	
1	**1903**	대상29	벧후3	미 6	눅15
2	**1908**	대하 1	요일 1	미 7	눅16
3	**1912**	대하 2	요일 2	나 1	눅17
4	**1917**	대하3·4	요일 3	나 2	눅18
5	**1923**	대하5·6:1~11	요일 4	나 3	눅19
6	**1929**	대하6:12~42	요일 5	합 1	눅20
7	**1935**	대하 7	요이 1	합 2	눅21
8	**1940**	대하 8	요삼 1	합 3	눅22
9	**1946**	대하 9	유 1	습 1	눅23
10	**1952**	대하10	계 1	습 2	눅24
11	**1958**	대하11·12	계 2	습 3	요 1
12	**1965**	대하13	계 3	학 1	요 2
13	**1969**	대하14·15	계 4	학 2	요 3
14	**1975**	대하16	계 5	슥 1	요 4
15	**1980**	대하17	계 6	슥 2	요 5
16	**1985**	대하18	계 7	슥 3	요 6
17	**1992**	대하19·20	계 8	슥 4	요 7
18	**1998**	대하21	계 9	슥 5	요 8
19	**2004**	대하22·23	계10	슥 6	요 9
20	**2009**	대하24	계11	슥 7	요10
21	**2015**	대하25	계12	슥 8	요11
22	**2021**	대하26	계13	슥 9	요12
23	**2027**	대하27·28	계14	슥10	요13
24	**2033**	대하29	계15	슥11	요14
25	**2038**	대하30	계16	슥12·13:1	요15
26	**2043**	대하31	계17	슥13:2~9	요16
27	**2048**	대하32	계18	슥14	요17
28	**2054**	대하33	계19	말 1	요18
29	**2060**	대하34	계20	말 2	요19
30	**2066**	대하35	계21	말 3	요20
31	**2072**	대하36	계22	말 4	요21

맥체인 성경 읽기표

January 01

날짜	page	가정		개인	
1	**1**	창 1	마 1	스 1	행 1
2	**5**	창 2	마 2	스 2	행 2
3	**12**	창 3	마 3	스 3	행 3
4	**16**	창 4	마 4	스 4	행 4
5	**22**	창 5	마 5	스 5	행 5
6	**28**	창 6	마 6	스 6	행 6
7	**33**	창 7	마 7	스 7	행 7
8	**39**	창 8	마 8	스 8	행 8
9	**46**	창9·10	마 9	스 9	행 9
10	**53**	창11	마10	스10	행10
11	**60**	창12	마11	느 1	행11
12	**65**	창13	마12	느 2	행12
13	**70**	창14	마13	느 3	행13
14	**78**	창15	마14	느 4	행14
15	**83**	창16	마15	느 5	행15
16	**89**	창17	마16	느 6	행16
17	**95**	창18	마17	느 7	행17
18	**102**	창19	마18	느 8	행18
19	**108**	창20	마19	느 9	행19
20	**115**	창21	마20	느10	행20
21	**121**	창22	마21	느11	행21
22	**128**	창23	마22	느12	행22
23	**135**	창24	마23	느13	행23
24	**144**	창25	마24	에 1	행24
25	**150**	창26	마25	에 2	행25
26	**157**	창27	마26	에 3	행26
27	**165**	창28	마27	에 4	행27
28	**172**	창29	마28	에 5	행28
29	**177**	창30	막 1	에 6	롬 1
30	**184**	창31	막 2	에 7	롬 2
31	**190**	창32	막 3	에 8	롬 3

February 02

날짜	page	가정		개인	
1	**197**	창33	막 4	에9·10	롬 4
2	**202**	창34	막 5	욥 1	롬 5
3	**208**	창35·36	막 6	욥 2	롬 6
4	**216**	창37	막 7	욥 3	롬 7
5	**222**	창38	막 8	욥 4	롬 8
6	**228**	창39	막 9	욥 5	롬 9
7	**234**	창40	막10	욥 6	롬10
8	**239**	창41	막11	욥 7	롬11
9	**246**	창42	막12	욥 8	롬12
10	**252**	창43	막13	욥 9	롬13
11	**258**	창44	막14	욥10	롬14
12	**265**	창45	막15	욥11	롬15
13	**271**	창46	막16	욥12	롬16
14	**276**	창47	눅1:1~38	욥13	고전1
15	**282**	창48	눅1:39~80	욥14	고전2
16	**286**	창49	눅 2	욥15	고전3
17	**292**	창50	눅 3	욥16·17	고전4
18	**298**	출 1	눅 4	욥18	고전5
19	**303**	출 2	눅 5	욥19	고전6
20	**308**	출 3	눅 6	욥20	고전7
21	**315**	출 4	눅 7	욥21	고전8
22	**321**	출 5	눅 8	욥22	고전9
23	**327**	출 6	눅 9	욥23	고전10
24	**334**	출 7	눅10	욥24	고전11
25	**340**	출 8	눅11	욥25·26	고전12
26	**346**	출 9	눅12	욥27	고전13
27	**352**	출10	눅13	욥28	고전14
28	**359**	출11·12:1~21	눅14	욥29	고전15

March 03

날짜	page	가정		개인	
1	**367**	출12:22~51	눅15	욥30	고전16
2	**372**	출13	눅16	욥31	고후 1
3	**377**	출14	눅17	욥32	고후 2
4	**382**	출15	눅18	욥33	고후 3
5	**388**	출16	눅19	욥34	고후 4
6	**394**	출17	눅20	욥35	고후 5
7	**399**	출18	눅21	욥36	고후 6
8	**404**	출19	눅22	욥37	고후 7
9	**411**	출20	눅23	욥38	고후 8
10	**417**	출21	눅24	욥39	고후 9
11	**422**	출22	요 1	욥40	고후10
12	**428**	출23	요 2	욥41	고후11
13	**433**	출24	요 3	욥42	고후12
14	**438**	출25	요 4	잠 1	고후13
15	**444**	출26	요 5	잠 2	갈 1
16	**449**	출27	요 6	잠 3	갈 2
17	**456**	출28	요 7	잠 4	갈 3
18	**463**	출29	요 8	잠 5	갈 4
19	**470**	출30	요 9	잠 6	갈 5
20	**476**	출31	요10	잠 7	갈 6
21	**480**	출32	요11	잠 8	엡 1
22	**487**	출33	요12	잠 9	엡 2
23	**492**	출34	요13	잠10	엡 3
24	**498**	출35	요14	잠11	엡 4
25	**504**	출36	요15	잠12	엡 5
26	**509**	출37	요16	잠13	엡 6
27	**514**	출38	요17	잠14	빌 1
28	**520**	출39	요18	잠15	빌 2
29	**526**	출40	요19	잠16	빌 3
30	**532**	레 1	요20	잠17	빌 4
31	**537**	레2·3	요21	잠18	골 1

April 04

날짜	page	가정		개인	
1	**543**	레 4	시1·2	잠19	골 2
2	**547**	레 5	시3·4	잠20	골 3
3	**551**	레 6	시5·6	잠21	골 4
4	**556**	레 7	시7·8	잠22	살전1
5	**560**	레 8	시 9	잠23	살전2
6	**565**	레 9	시10	잠24	살전3
7	**569**	레10	시11·12	잠25	살전4
8	**573**	레11·12	시13·14	잠26	살전5
9	**578**	레13	시15·16	잠27	살후1
10	**583**	레14	시17	잠28	살후2
11	**589**	레15	시18	잠29	살후3
12	**594**	레16	시19	잠30	딤전1
13	**599**	레17	시20·21	잠31	딤전2
14	**603**	레18	시22	전 1	딤전3
15	**607**	레19	시23·24	전 2	딤전4
16	**611**	레20	시25	전 3	딤전5
17	**616**	레21	시26·27	전 4	딤전6
18	**620**	레22	시28·29	전 5	딤후1
19	**625**	레23	시30	전 6	딤후2
20	**629**	레24	시31	전 7	딤후3
21	**634**	레25	시32	전 8	딤후4
22	**639**	레26	시33	전 9	딛 1
23	**644**	레27	시34	전10	딛 2
24	**648**	민 1	시35	전11	딛 3
25	**653**	민 2	시36	전12	몬 1
26	**656**	민 3	시37	아 1	히 1
27	**662**	민 4	시38	아 2	히 2
28	**666**	민 5	시39	아 3	히 3
29	**670**	민 6	시40·41	아 4	히 4
30	**675**	민 7	시42·43	아 5	히 5

May 05

날짜	page	가정		개인	
1	**683**	민 8	시44	아 6	히 6
2	**687**	민 9	시45	아 7	히 7
3	**691**	민10	시46·47	아 8	히 8
4	**695**	민11	시48	사 1	히 9
5	**700**	민12·13	시49	사 2	히10
6	**706**	민14	시50	사3·4	히11
7	**712**	민15	시51	사 5	히12
8	**718**	민16	시52~54	사 6	히13
9	**724**	민17·18	시55	사 7	약 1
10	**730**	민19	시56·57	사8·9:1~7	약 2
11	**735**	민20	시58·59	사9:8~10:4	약 3
12	**740**	민21	시60·61	사10:5~34	약 4
13	**745**	민22	시62·63	사11·12	약 5
14	**751**	민23	시64·65	사13	벧전1
15	**756**	민24	시66·67	사14	벧전2
16	**761**	민25	시68	사15	벧전3
17	**766**	민26	시69	사16	벧전4
18	**772**	민27	시70·71	사17·18	벧전5
19	**776**	민28	시72	사19·20	벧후1
20	**781**	민29	시73	사21	벧후2
21	**786**	민30	시74	사22	벧후3
22	**790**	민31	시75·76	사23	요일1
23	**795**	민32	시77	사24	요일2
24	**800**	민33	시78:1~37	사25	요일3
25	**806**	민34	시78:38~72	사26	요일4
26	**810**	민35	시79	사27	요일5
27	**815**	민36	시80	사28	요이1
28	**819**	신 1	시81·82	사29	요삼1
29	**824**	신 2	시83·84	사30	유 1
30	**831**	신 3	시85	사31	계 1
31	**835**	신 4	시86·87	사32	계 2

June 06

날짜	page	가정		개인	
1	**843**	신 5	시88	사33	계 3
2	**848**	신 6	시89	사34	계 4
3	**853**	신 7	시90	사35	계 5
4	**856**	신 8	시91	사36	계 6
5	**860**	신 9	시92·93	사37	계 7
6	**866**	신10	시94	사38	계 8
7	**870**	신11	시95·96	사39	계 9
8	**874**	신12	시97·98	사40	계10
9	**879**	신13·14	시99~101	사41	계11
10	**885**	신15	시102	사42	계12
11	**890**	신16	시103	사43	계13
12	**894**	신17	시104	사44	계14
13	**900**	신18	시105	사45	계15
14	**905**	신19	시106	사46	계16
15	**910**	신20	시107	사47	계17
16	**914**	신21	시108·109	사48	계18
17	**920**	신22	시110·111	사49	계19
18	**925**	신23	시112·113	사50	계20
19	**929**	신24	시114·115	사51	계21
20	**934**	신25	시116	사52	계22
21	**938**	신26	시117·118	사53	마 1
22	**942**	신27·28:1~19	시119:1~24	사54	마 2
23	**947**	신28:20~68	시119:25~48	사55	마 3
24	**953**	신29	시119:49~72	사56	마 4
25	**957**	신30	시119:73~96	사57	마 5
26	**963**	신31	시119:97~120	사58	마 6
27	**968**	신32	시119:121~144	사59	마 7
28	**974**	신33·34	시119:145~176	사60	마 8
29	**981**	수 1	시120~122	사61	마 9
30	**985**	수 2	시123~125	사62	마10

맥체인 성경 읽기표

QT와 성경통독을 하나로

[맥체인성경365_목차]

구약 page

창세기(창)	1	역대하(대하)	1908	다니엘(단)	1644
출애굽기(출)	298	에스라(스)	3	호세아(호)	1713
레위기(레)	532	느헤미야(느)	62	요엘(욜)	1770
민수기(민)	648	에스더(에)	147	아모스(암)	1785
신명기(신)	819	욥기(욥)	206	오바댜(옵)	1844
여호수아(수)	981	시편(시)	544/1228	요나(욘)	1850
사사기(삿)	1102	잠언(잠)	442	미가(미)	1874
룻기(룻)	1246	전도서(전)	605	나훔(나)	1915
사무엘상(삼상)	1264	아가(아)	660	하박국(합)	1932
사무엘하(삼하)	1414	이사야(사)	697	스바냐(습)	1949
열왕기상(왕상)	1540	예레미야(렘)	1015	학개(학)	1967
열왕기하(왕하)	1669	예레미야애가(애)	1342	스가랴(슥)	1977
역대상(대상)	1787	에스겔(겔)	1371	말라기(말)	2057

신약 page

마태복음(마)	2/941	에베소서(엡)	485/1556	히브리서(히)	661/1757
마가복음(막)	179/1112	빌립보서(빌)	518/1593	야고보서(약)	729/1832
누가복음(눅)	277/1813	골로새서(골)	540/1616	베드로전서(벧전)	754/1860
요한복음(요)	424/1962	데살로니가전서(살전)	560/1638	베드로후서(벧후)	780/1892
사도행전(행)	4/1073	데살로니가후서(살후)	582/1670	요한일서(요일)	794/1909
로마서(롬)	182/1266	디모데전서(딤전)	598/1686	요한이서(요이)	818/1937
고린도전서(고전)	280/1359	디모데후서(딤후)	624/1718	요한삼서(요삼)	823/1941
고린도후서(고후)	376/1444	디도서(딛)	643/1739	유다서(유)	829/1947
갈라디아서(갈)	448/1519	빌레몬서(몬)	655/1752	요한계시록(계)	834/1952

[맥체인 성경 읽기표]

맥체인 성경 읽기표는 1842년 맥체인이 자신이 목양하던 성베드로교회 성도들의 영적 성장을 위해 개발한 것으로, 매일 구약과 신약을 각각 2장씩 읽음으로써 1년에 구약 1회, 신약과 시편을 각 2회 정독할 수 있도록 만든 표입니다. 이와 같은 맥체인의 방법에 따라 신구약 성경 전체를 골고루 4등분해서 동시에 읽으면, 성경에 기록된 장구한 구속사를 크게 네 시대로 나누어 동시에 묵상할 수 있습니다.

(1) 창세기 ~ 역대하 : 만물의 시작과 이스라엘의 시작
(2) 에스라 ~ 말라기 : 이스라엘의 멸망과 새 시대의 시작
(3) 마태복음 ~ 요한복음 : 예수의 복음사역과 십자가 구속
(4) 사도행전 ~ 요한계시록 : 교회의 시작과 선교

▶ 《맥체인 성경 365》 말씀연결 사용하는 법

① 네 성경 본문의 소주제를 통해 중심 단어나 문장을 말씀으로 묵상한다.
② 네 본문의 말씀을 순서대로, 천천히 읽는다.
③ 두 본문에서 반복되는 단어나 유사한 문맥을 찾아 서로 연결한다.
④ 본문에서 반대의 뜻을 가진 단어나 문장을 찾는다.
⑤ 두 권의 책에서 공통되는 하나님의 말씀을 연결하여 기록한다.
⑥ 연결되는 말씀을 다른 두 권으로 확대하여 네 권 전체에 흐르는 하나님의 생각과 베푸신 은혜를 누리고, 그 내용을 적어본다.
⑦ 본문에서 지도자나 인도자로부터 배운 신학 주제나 교리들이 함축하고 있는 문맥의 짝을 찾아본다.
⑧ 중심 주제를 필두로, 삶에 적용할 일들을 적어보고 생활 중에 실천함으로써 변화를 경험해 본다.
⑨ 하나님이 오늘 나에게 주신 말씀들을 통하여 가르침, 명령과 약속 권면, 경고 및 행해야 할 일들을 하나님과 대화하는 마음으로(기도) 성경읽기를 마무리한다.

July 07

날짜	page	가정		개인	
1	**991**	수 3	시126~128	사63	마11
2	**995**	수 4	시129~131	사64	마12
3	**1000**	수5·6:1~5	시132~134	사65	마13
4	**1006**	수6:6~27	시135·136	사66	마14
5	**1013**	수 7	시137·138	렘 1	마15
6	**1018**	수 8	시139	렘 2	마16
7	**1025**	수 9	시140·141	렘 3	마17
8	**1031**	수10	시142·143	렘 4	마18
9	**1038**	수11	시144	렘 5	마19
10	**1043**	수12·13	시145	렘 6	마20
11	**1050**	수14·15	시146·147	렘 7	마21
12	**1058**	수16·17	시148	렘 8	마22
13	**1064**	수18·19	시149·150	렘 9	마23
14	**1071**	수20·21	행 1	렘10	마24
15	**1078**	수22	행 2	렘11	마25
16	**1087**	수23	행 3	렘12	마26
17	**1094**	수24	행 4	렘13	마27
18	**1102**	삿 1	행 5	렘14	마28
19	**1108**	삿 2	행 6	렘15	막 1
20	**1114**	삿 3	행 7	렘16	막 2
21	**1121**	삿 4	행 8	렘17	막 3
22	**1127**	삿 5	행 9	렘18	막 4
23	**1134**	삿 6	행10	렘19	막 5
24	**1142**	삿 7	행11	렘20	막 6
25	**1149**	삿 8	행12	렘21	막 7
26	**1154**	삿 9	행13	렘22	막 8
27	**1164**	삿10·11:1~11	행14	렘23	막 9
28	**1171**	삿11:12~40	행15	렘24	막10
29	**1178**	삿12	행16	렘25	막11
30	**1185**	삿13	행17	렘26	막12
31	**1192**	삿14	행18	렘27	막13

August 08

날짜	page	가정		개인	
1	**1199**	삿15	행19	렘28	막14
2	**1206**	삿16	행20	렘29	막15
3	**1214**	삿17	행21	렘30·31	막16
4	**1222**	삿18	행22	렘32	시1·2
5	**1228**	삿19	행23	렘33	시3·4
6	**1234**	삿20	행24	렘34	시5·6
7	**1241**	삿21	행25	렘35	시7·8
8	**1246**	룻 1	행26	렘36·37	시 9
9	**1253**	룻 2	행27	렘38	시10
10	**1259**	룻3·4	행28	렘39	시11·12
11	**1264**	삼상1	롬 1	렘40	시13·14
12	**1270**	삼상2	롬 2	렘41	시15·16
13	**1275**	삼상3	롬 3	렘42	시17
14	**1280**	삼상4	롬 4	렘43	시18
15	**1285**	삼상5·6	롬 5	렘44	시19
16	**1292**	삼상7·8	롬 6	렘45	시20·21
17	**1296**	삼상9	롬 7	렘46	시22
18	**1302**	삼상10	롬 8	렘47	시23·24
19	**1307**	삼상11	롬 9	렘48	시25
20	**1313**	삼상12	롬10	렘49	시26·27
21	**1319**	삼상13	롬11	렘50	시28·29
22	**1326**	삼상14	롬12	렘51	시30
23	**1334**	삼상15	롬13	렘52	시31
24	**1340**	삼상16	롬14	애 1	시32
25	**1345**	삼상17	롬15	애 2	시33
26	**1352**	삼상18	롬16	애 3	시34
27	**1358**	삼상19	고전1	애 4	시35
28	**1363**	삼상20	고전2	애 5	시36
29	**1368**	삼상21·22	고전3	겔 1	시37
30	**1374**	삼상23	고전4	겔 2	시38
31	**1379**	삼상24	고전5	겔 3	시39

September 09

날짜	page	가정		개인	
1	1385	삼상25	고전 6	겔 4	시40·41
2	1391	삼상26	고전 7	겔 5	시42·43
3	1396	삼상27	고전 8	겔 6	시44
4	1400	삼상28	고전 9	겔 7	시45·46
5	1405	삼상29·30	고전10	겔 8	시47
6	1411	삼상31	고전11	겔 9	시48
7	1414	삼하 1	고전12	겔10	시49
8	1419	삼하 2	고전13	겔11	시50
9	1424	삼하 3	고전14	겔12	시51
10	1430	삼하4·5	고전15	겔13	시52~54
11	1438	삼하 6	고전16	겔14	시55
12	1442	삼하 7	고후 1	겔15	시56·57
13	1447	삼하8·9	고후 2	겔16	시58·59
14	1454	삼하10	고후 3	겔17	시60·61
15	1459	삼하11	고후 4	겔18	시62·63
16	1464	삼하12	고후 5	겔19	시64·65
17	1469	삼하13	고후 6	겔20	시66·67
18	1476	삼하14	고후 7	겔21	시68
19	1483	삼하15	고후 8	겔22	시69
20	1489	삼하16	고후 9	겔23	시70·71
21	1495	삼하17	고후10	겔24	시72
22	1500	삼하18	고후11	겔25	시73
23	1506	삼하19	고후12	겔26	시74
24	1513	삼하20	고후13	겔27	시75·76
25	1518	삼하21	갈 1	겔28	시77
26	1523	삼하22	갈 2	겔29	시78:1~37
27	1529	삼하23	갈 3	겔30	시78:38~72
28	1535	삼하24	갈 4	겔31	시79
29	1540	왕상 1	갈 5	겔32	시80
30	1547	왕상 2	갈 6	겔33	시81·82

October 10

날짜	page	가정		개인	
1	1555	왕상 3	엡 1	겔34	시83·84
2	1560	왕상4·5	엡 2	겔35	시85
3	1565	왕상 6	엡 3	겔36	시86
4	1571	왕상 7	엡 4	겔37	시87·88
5	1578	왕상 8	엡 5	겔38	시89
6	1586	왕상 9	엡 6	겔39	시90
7	1591	왕상10	빌 1	겔40	시91
8	1598	왕상11	빌 2	겔41	시92·93
9	1603	왕상12	빌 3	겔42	시94
10	1608	왕상13	빌 4	겔43	시95·96
11	1614	왕상14	골 1	겔44	시97·98
12	1620	왕상15	골 2	겔45	시99~101
13	1625	왕상16	골 3	겔46	시102
14	1631	왕상17	골 4	겔47	시103
15	1635	왕상18	살전 1	겔48	시104
16	1642	왕상19	살전 2	단 1	시105
17	1647	왕상20	살전 3	단 2	시106
18	1655	왕상21	살전 4	단 3	시107
19	1661	왕상22	살전 5	단 4	시108·109
20	1669	왕하 1	살후 1	단 5	시110·111
21	1674	왕하 2	살후 2	단 6	시112·113
22	1679	왕하 3	살후 3	단 7	시114·115
23	1684	왕하 4	딤전 1	단 8	시116
24	1690	왕하 5	딤전 2	단 9	시117·118
25	1695	왕하 6	딤전 3	단10	시119:1~24
26	1700	왕하 7	딤전 4	단11	시119:25~48
27	1706	왕하 8	딤전 5	단12	시119:49~72
28	1710	왕하 9	딤전 6	호 1	시119:73~96
29	1715	왕하10	딤후 1	호 2	시119:97~120
30	1721	왕하11·12	딤후 2	호3·4	시119:121~144
31	1726	왕하13	딤후 3	호5·6	시119:145~176

November 11

날짜	page	가정		개인	
1	1733	왕하14	딤후4	호 7	시120~122
2	1737	왕하15	딛 1	호 8	시123~125
3	1741	왕하16	딛 2	호 9	시126~128
4	1745	왕하17	딛 3	호10	시129~131
5	1750	왕하18	몬 1	호11	시132~134
6	1755	왕하19	히 1	호12	시135·136
7	1760	왕하20	히 2	호13	시137·138
8	1765	왕하21	히 3	호14	시139
9	1768	왕하22	히 4	욜 1	시140·141
10	1773	왕하23	히 5	욜 2	시142
11	1778	왕하24	히 6	욜 3	시143
12	1782	왕하25	히 7	암 1	시144
13	1787	대상1·2	히 8	암 2	시145
14	1793	대상3·4	히 9	암 3	시146·147
15	1799	대상5·6	히10	암 4	시148·150
16	1807	대상7·8	히11	암 5	눅1:1~38
17	1815	대상9·10	히12	암 6	눅1:39~80
18	1822	대상11·12	히13	암 7	눅 2
19	1830	대상13·14	약 1	암 8	눅 3
20	1836	대상15	약 2	암 9	눅 4
21	1841	대상16	약 3	옵 1	눅 5
22	1847	대상17	약 4	욘 1	눅 6
23	1853	대상18	약 5	욘 2	눅 7
24	1858	대상19·20	벧전1	욘 3	눅 8
25	1864	대상21	벧전2	욘 4	눅 9
26	1871	대상22	벧전3	미 1	눅10
27	1877	대상23	벧전4	미 2	눅11
28	1882	대상24·25	벧전5	미 3	눅12
29	1889	대상26·27	벧후1	미 4	눅13
30	1896	대상28	벧후2	미 5	눅14

December 12

날짜	page	가정		개인	
1	1903	대상29	벧후3	미 6	눅15
2	1908	대하 1	요일 1	미 7	눅16
3	1912	대하 2	요일 2	나 1	눅17
4	1917	대하3·4	요일 3	나 2	눅18
5	1923	대하5·6:1~11	요일 4	나 3	눅19
6	1929	대하6:12~42	요일 5	합 1	눅20
7	1935	대하 7	요이 1	합 2	눅21
8	1940	대하 8	요삼 1	합 3	눅22
9	1946	대하 9	유 1	습 1	눅23
10	1952	대하10	계 1	습 2	눅24
11	1958	대하11·12	계 2	습 3	요 1
12	1965	대하13	계 3	학 1	요 2
13	1969	대하14·15	계 4	학 2	요 3
14	1975	대하16	계 5	슥 1	요 4
15	1980	대하17	계 6	슥 2	요 5
16	1985	대하18	계 7	슥 3	요 6
17	1992	대하19·20	계 8	슥 4	요 7
18	1998	대하21	계 9	슥 5	요 8
19	2004	대하22·23	계10	슥 6	요 9
20	2009	대하24	계11	슥 7	요10
21	2015	대하25	계12	슥 8	요11
22	2021	대하26	계13	슥 9	요12
23	2027	대하27·28	계14	슥10	요13
24	2033	대하29	계15	슥11	요14
25	2038	대하30	계16	슥12·13:1	요15
26	2043	대하31	계17	슥13:2~9	요16
27	2048	대하32	계18	슥14	요17
28	2054	대하33	계19	말 1	요18
29	2060	대하34	계20	말 2	요19
30	2066	대하35	계21	말 3	요20
31	2072	대하36	계22	말 4	요21

⊕ 맥체인 성경 읽기표 ⊕

January 01

날짜	page	가정		개인	
1	**1**	창 1	마 1	스 1	행 1
2	**5**	창 2	마 2	스 2	행 2
3	**12**	창 3	마 3	스 3	행 3
4	**16**	창 4	마 4	스 4	행 4
5	**22**	창 5	마 5	스 5	행 5
6	**28**	창 6	마 6	스 6	행 6
7	**33**	창 7	마 7	스 7	행 7
8	**39**	창 8	마 8	스 8	행 8
9	**46**	창9·10	마 9	스 9	행 9
10	**53**	창11	마10	스10	행10
11	**60**	창12	마11	느 1	행11
12	**65**	창13	마12	느 2	행12
13	**70**	창14	마13	느 3	행13
14	**78**	창15	마14	느 4	행14
15	**83**	창16	마15	느 5	행15
16	**89**	창17	마16	느 6	행16
17	**95**	창18	마17	느 7	행17
18	**102**	창19	마18	느 8	행18
19	**108**	창20	마19	느 9	행19
20	**115**	창21	마20	느10	행20
21	**121**	창22	마21	느11	행21
22	**128**	창23	마22	느12	행22
23	**135**	창24	마23	느13	행23
24	**144**	창25	마24	에 1	행24
25	**150**	창26	마25	에 2	행25
26	**157**	창27	마26	에 3	행26
27	**165**	창28	마27	에 4	행27
28	**172**	창29	마28	에 5	행28
29	**177**	창30	막 1	에 6	롬 1
30	**184**	창31	막 2	에 7	롬 2
31	**190**	창32	막 3	에 8	롬 3

February 02

날짜	page	가정		개인	
1	**197**	창33	막 4	에9·10	롬 4
2	**202**	창34	막 5	욥 1	롬 5
3	**208**	창35·36	막 6	욥 2	롬 6
4	**216**	창37	막 7	욥 3	롬 7
5	**222**	창38	막 8	욥 4	롬 8
6	**228**	창39	막 9	욥 5	롬 9
7	**234**	창40	막10	욥 6	롬10
8	**239**	창41	막11	욥 7	롬11
9	**246**	창42	막12	욥 8	롬12
10	**252**	창43	막13	욥 9	롬13
11	**258**	창44	막14	욥10	롬14
12	**265**	창45	막15	욥11	롬15
13	**271**	창46	막16	욥12	롬16
14	**276**	창47	눅1:1~38	욥13	고전1
15	**282**	창48	눅1:39~80	욥14	고전2
16	**286**	창49	눅 2	욥15	고전3
17	**292**	창50	눅 3	욥16·17	고전4
18	**298**	출 1	눅 4	욥18	고전5
19	**303**	출 2	눅 5	욥19	고전6
20	**308**	출 3	눅 6	욥20	고전7
21	**315**	출 4	눅 7	욥21	고전8
22	**321**	출 5	눅 8	욥22	고전9
23	**327**	출 6	눅 9	욥23	고전10
24	**334**	출 7	눅10	욥24	고전11
25	**340**	출 8	눅11	욥25·26	고전12
26	**346**	출 9	눅12	욥27	고전13
27	**352**	출10	눅13	욥28	고전14
28	**359**	출11·12:1~21	눅14	욥29	고전15

March 03

날짜	page	가정		개인	
1	**367**	출12:22~51	눅15	욥30	고전16
2	**372**	출13	눅16	욥31	고후 1
3	**377**	출14	눅17	욥32	고후 2
4	**382**	출15	눅18	욥33	고후 3
5	**388**	출16	눅19	욥34	고후 4
6	**394**	출17	눅20	욥35	고후 5
7	**399**	출18	눅21	욥36	고후 6
8	**404**	출19	눅22	욥37	고후 7
9	**411**	출20	눅23	욥38	고후 8
10	**417**	출21	눅24	욥39	고후 9
11	**422**	출22	요 1	욥40	고후10
12	**428**	출23	요 2	욥41	고후11
13	**433**	출24	요 3	욥42	고후12
14	**438**	출25	요 4	잠 1	고후13
15	**444**	출26	요 5	잠 2	갈 1
16	**449**	출27	요 6	잠 3	갈 2
17	**456**	출28	요 7	잠 4	갈 3
18	**463**	출29	요 8	잠 5	갈 4
19	**470**	출30	요 9	잠 6	갈 5
20	**476**	출31	요10	잠 7	갈 6
21	**480**	출32	요11	잠 8	엡 1
22	**487**	출33	요12	잠 9	엡 2
23	**492**	출34	요13	잠10	엡 3
24	**498**	출35	요14	잠11	엡 4
25	**504**	출36	요15	잠12	엡 5
26	**509**	출37	요16	잠13	엡 6
27	**514**	출38	요17	잠14	빌 1
28	**520**	출39	요18	잠15	빌 2
29	**526**	출40	요19	잠16	빌 3
30	**532**	레 1	요20	잠17	빌 4
31	**537**	레2·3	요21	잠18	골 1

April 04

날짜	page	가정		개인	
1	**543**	레 4	시1·2	잠19	골 2
2	**547**	레 5	시3·4	잠20	골 3
3	**551**	레 6	시5·6	잠21	골 4
4	**556**	레 7	시7·8	잠22	살전1
5	**560**	레 8	시 9	잠23	살전2
6	**565**	레 9	시10	잠24	살전3
7	**569**	레10	시11·12	잠25	살전4
8	**573**	레11·12	시13·14	잠26	살전5
9	**578**	레13	시15·16	잠27	살후1
10	**583**	레14	시17	잠28	살후2
11	**589**	레15	시18	잠29	살후3
12	**594**	레16	시19	잠30	딤전1
13	**599**	레17	시20·21	잠31	딤전2
14	**603**	레18	시22	전 1	딤전3
15	**607**	레19	시23·24	전 2	딤전4
16	**611**	레20	시25	전 3	딤전5
17	**616**	레21	시26·27	전 4	딤전6
18	**620**	레22	시28·29	전 5	딤후1
19	**625**	레23	시30	전 6	딤후2
20	**629**	레24	시31	전 7	딤후3
21	**634**	레25	시32	전 8	딤후4
22	**639**	레26	시33	전 9	딛 1
23	**644**	레27	시34	전10	딛 2
24	**648**	민 1	시35	전11	딛 3
25	**653**	민 2	시36	전12	몬 1
26	**656**	민 3	시37	아 1	히 1
27	**662**	민 4	시38	아 2	히 2
28	**666**	민 5	시39	아 3	히 3
29	**670**	민 6	시40·41	아 4	히 4
30	**675**	민 7	시42·43	아 5	히 5

May 05

날짜	page	가정		개인	
1	**683**	민 8	시44	아 6	히 6
2	**687**	민 9	시45	아 7	히 7
3	**691**	민10	시46·47	아 8	히 8
4	**695**	민11	시48	사 1	히 9
5	**700**	민12·13	시49	사 2	히10
6	**706**	민14	시50	사3·4	히11
7	**712**	민15	시51	사 5	히12
8	**718**	민16	시52~54	사 6	히13
9	**724**	민17·18	시55	사 7	약 1
10	**730**	민19	시56·57	사8·9:1~7	약 2
11	**735**	민20	시58·59	사9:8~10:4	약 3
12	**740**	민21	시60·61	사10:5~34	약 4
13	**745**	민22	시62·63	사11·12	약 5
14	**751**	민23	시64·65	사13	벧전1
15	**756**	민24	시66·67	사14	벧전2
16	**761**	민25	시68	사15	벧전3
17	**766**	민26	시69	사16	벧전4
18	**772**	민27	시70·71	사17·18	벧전5
19	**776**	민28	시72	사19·20	벧후1
20	**781**	민29	시73	사21	벧후2
21	**786**	민30	시74	사22	벧후3
22	**790**	민31	시75·76	사23	요일1
23	**795**	민32	시77	사24	요일2
24	**800**	민33	시78:1~37	사25	요일3
25	**806**	민34	시78:38~72	사26	요일4
26	**810**	민35	시79	사27	요일5
27	**815**	민36	시80	사28	요이1
28	**819**	신 1	시81·82	사29	요삼1
29	**824**	신 2	시83·84	사30	유 1
30	**831**	신 3	시85	사31	계 1
31	**835**	신 4	시86·87	사32	계 2

June 06

날짜	page	가정		개인	
1	**843**	신 5	시88	사33	계 3
2	**848**	신 6	시89	사34	계 4
3	**853**	신 7	시90	사35	계 5
4	**856**	신 8	시91	사36	계 6
5	**860**	신 9	시92·93	사37	계 7
6	**866**	신10	시94	사38	계 8
7	**870**	신11	시95·96	사39	계 9
8	**874**	신12	시97·98	사40	계10
9	**879**	신13·14	시99~101	사41	계11
10	**885**	신15	시102	사42	계12
11	**890**	신16	시103	사43	계13
12	**894**	신17	시104	사44	계14
13	**900**	신18	시105	사45	계15
14	**905**	신19	시106	사46	계16
15	**910**	신20	시107	사47	계17
16	**914**	신21	시108·109	사48	계18
17	**920**	신22	시110·111	사49	계19
18	**925**	신23	시112·113	사50	계20
19	**929**	신24	시114·115	사51	계21
20	**934**	신25	시116	사52	계22
21	**938**	신26	시117·118	사53	마 1
22	**942**	신27·28:1~19	시119:1~24	사54	마 2
23	**947**	신28:20~68	시119:25~48	사55	마 3
24	**953**	신29	시119:49~72	사56	마 4
25	**957**	신30	시119:73~96	사57	마 5
26	**963**	신31	시119:97~120	사58	마 6
27	**968**	신32	시119:121~144	사59	마 7
28	**974**	신33·34	시119:145~176	사60	마 8
29	**981**	수 1	시120~122	사61	마 9
30	**985**	수 2	시123~125	사62	마10

맥체인 성경 읽기표

QT와 성경통독을 하나로

[맥체인성경365_목차]

구약 page

창세기(창)	1	역대하(대하)	1908	다니엘(단)	1644
출애굽기(출)	298	에스라(스)	3	호세아(호)	1713
레위기(레)	532	느헤미야(느)	62	요엘(욜)	1770
민수기(민)	648	에스더(에)	147	아모스(암)	1785
신명기(신)	819	욥기(욥)	206	오바댜(옵)	1844
여호수아(수)	981	시편(시)	544/1228	요나(욘)	1850
사사기(삿)	1102	잠언(잠)	442	미가(미)	1874
룻기(룻)	1246	전도서(전)	605	나훔(나)	1915
사무엘상(삼상)	1264	아가(아)	660	하박국(합)	1932
사무엘하(삼하)	1414	이사야(사)	697	스바냐(습)	1949
열왕기상(왕상)	1540	예레미야(렘)	1015	학개(학)	1967
열왕기하(왕하)	1669	예레미야애가(애)	1342	스가랴(슥)	1977
역대상(대상)	1787	에스겔(겔)	1371	말라기(말)	2057

신약 page

마태복음(마)	2/941	에베소서(엡)	485/1556	히브리서(히)	661/1757
마가복음(막)	179/1112	빌립보서(빌)	518/1593	야고보서(약)	729/1832
누가복음(눅)	277/1813	골로새서(골)	540/1616	베드로전서(벧전)	754/1860
요한복음(요)	424/1962	데살로니가전서(살전)	560/1638	베드로후서(벧후)	780/1892
사도행전(행)	4/1073	데살로니가후서(살후)	582/1670	요한일서(요일)	794/1909
로마서(롬)	182/1266	디모데전서(딤전)	598/1686	요한이서(요이)	818/1937
고린도전서(고전)	280/1359	디모데후서(딤후)	624/1718	요한삼서(요삼)	823/1941
고린도후서(고후)	376/1444	디도서(딛)	643/1739	유다서(유)	829/1947
갈라디아서(갈)	448/1519	빌레몬서(몬)	655/1752	요한계시록(계)	834/1952

새벽기도회 살리기 · 구역모임(소그룹) 살리기

마틴로이드존스, 존스토트 목사가 수십년간 사용했던 검증된 방식

[맥체인 성경 읽기표]

맥체인 성경 읽기표는 1842년 맥체인이 자신이 목양하던 성베드로교회 성도들의 영적 성장을 위해 개발한 것으로, 매일 구약과 신약을 각각 2장씩 읽음으로써 1년에 구약 1회, 신약과 시편을 각 2회 정독할 수 있도록 만든 표입니다. 이와 같은 맥체인의 방법에 따라 신구약 성경 전체를 골고루 4등분해서 동시에 읽으면, 성경에 기록된 장구한 구속사를 크게 네 시대로 나누어 동시에 묵상할 수 있습니다.

(1) 창세기 ~ 역대하 : 만물의 시작과 이스라엘의 시작
(2) 에스라 ~ 말라기 : 이스라엘의 멸망과 새 시대의 시작
(3) 마태복음 ~ 요한복음 : 예수의 복음사역과 십자가 구속
(4) 사도행전 ~ 요한계시록 : 교회의 시작과 선교

▶ 《맥체인 성경 365》 말씀연결 사용하는 법

① 네 성경 본문의 소주제를 통해 중심 단어나 문장을 말씀으로 묵상한다.
② 네 본문의 말씀을 순서대로, 천천히 읽는다.
③ 두 본문에서 반복되는 단어나 유사한 문맥을 찾아 서로 연결한다.
④ 본문에서 반대의 뜻을 가진 단어나 문장을 찾는다.
⑤ 두 권의 책에서 공통되는 하나님의 말씀을 연결하여 기록한다.
⑥ 연결되는 말씀을 다른 두 권으로 확대하여 네 권 전체에 흐르는 하나님의 생각과 베푸신 은혜를 누리고, 그 내용을 적어본다.
⑦ 본문에서 지도자나 인도자로부터 배운 신학 주제나 교리들이 함축하고 있는 문맥의 짝을 찾아본다.
⑧ 중심 주제를 필두로, 삶에 적용할 일들을 적어보고 생활 중에 실천함으로써 변화를 경험해 본다.
⑨ 하나님이 오늘 나에게 주신 말씀들을 통하여 가르침, 명령과 약속 권면, 경고 및 행해야 할 일들을 하나님과 대화하는 마음으로(기도) 성경읽기를 마무리한다.

July 07

날짜	page	가정		개인	
1	**991**	수 3	시126~128	사63	마11
2	**995**	수 4	시129~131	사64	마12
3	**1000**	수5·6:1~5	시132~134	사65	마13
4	**1006**	수6:6~27	시135·136	사66	마14
5	**1013**	수 7	시137·138	렘 1	마15
6	**1018**	수 8	시139	렘 2	마16
7	**1025**	수 9	시140·141	렘 3	마17
8	**1031**	수10	시142·143	렘 4	마18
9	**1038**	수11	시144	렘 5	마19
10	**1043**	수12·13	시145	렘 6	마20
11	**1050**	수14·15	시146·147	렘 7	마21
12	**1058**	수16·17	시148	렘 8	마22
13	**1064**	수18·19	시149·150	렘 9	마23
14	**1071**	수20·21	행 1	렘10	마24
15	**1078**	수22	행 2	렘11	마25
16	**1087**	수23	행 3	렘12	마26
17	**1094**	수24	행 4	렘13	마27
18	**1102**	삿 1	행 5	렘14	마28
19	**1108**	삿 2	행 6	렘15	막 1
20	**1114**	삿 3	행 7	렘16	막 2
21	**1121**	삿 4	행 8	렘17	막 3
22	**1127**	삿 5	행 9	렘18	막 4
23	**1134**	삿 6	행10	렘19	막 5
24	**1142**	삿 7	행11	렘20	막 6
25	**1149**	삿 8	행12	렘21	막 7
26	**1154**	삿 9	행13	렘22	막 8
27	**1164**	삿10·11:1~11	행14	렘23	막 9
28	**1171**	삿11:12~40	행15	렘24	막10
29	**1178**	삿12	행16	렘25	막11
30	**1185**	삿13	행17	렘26	막12
31	**1192**	삿14	행18	렘27	막13

August 08

날짜	page	가정		개인	
1	**1199**	삿15	행19	렘28	막14
2	**1206**	삿16	행20	렘29	막15
3	**1214**	삿17	행21	렘30·31	막16
4	**1222**	삿18	행22	렘32	시1·2
5	**1228**	삿19	행23	렘33	시3·4
6	**1234**	삿20	행24	렘34	시5·6
7	**1241**	삿21	행25	렘35	시7·8
8	**1246**	룻 1	행26	렘36·37	시 9
9	**1253**	룻 2	행27	렘38	시10
10	**1259**	룻3·4	행28	렘39	시11·12
11	**1264**	삼상1	롬 1	렘40	시13·14
12	**1270**	삼상2	롬 2	렘41	시15·16
13	**1275**	삼상3	롬 3	렘42	시17
14	**1280**	삼상4	롬 4	렘43	시18
15	**1285**	삼상5·6	롬 5	렘44	시19
16	**1292**	삼상7·8	롬 6	렘45	시20·21
17	**1296**	삼상9	롬 7	렘46	시22
18	**1302**	삼상10	롬 8	렘47	시23·24
19	**1307**	삼상11	롬 9	렘48	시25
20	**1313**	삼상12	롬10	렘49	시26·27
21	**1319**	삼상13	롬11	렘50	시28·29
22	**1326**	삼상14	롬12	렘51	시30
23	**1334**	삼상15	롬13	렘52	시31
24	**1340**	삼상16	롬14	애 1	시32
25	**1345**	삼상17	롬15	애 2	시33
26	**1352**	삼상18	롬16	애 3	시34
27	**1358**	삼상19	고전1	애 4	시35
28	**1363**	삼상20	고전2	애 5	시36
29	**1368**	삼상21·22	고전3	겔 1	시37
30	**1374**	삼상23	고전4	겔 2	시38
31	**1379**	삼상24	고전5	겔 3	시39

September 09

날짜	page	가정		개인	
1	1385	삼상25	고전 6	겔 4	시40·41
2	1391	삼상26	고전 7	겔 5	시42·43
3	1396	삼상27	고전 8	겔 6	시44
4	1400	삼상28	고전 9	겔 7	시45·46
5	1405	삼상29·30	고전10	겔 8	시47
6	1411	삼상31	고전11	겔 9	시48
7	1414	삼하 1	고전12	겔10	시49
8	1419	삼하 2	고전13	겔11	시50
9	1424	삼하 3	고전14	겔12	시51
10	1430	삼하4·5	고전15	겔13	시52~54
11	1438	삼하 6	고전16	겔14	시55
12	1442	삼하 7	고후 1	겔15	시56·57
13	1447	삼하8·9	고후 2	겔16	시58·59
14	1454	삼하10	고후 3	겔17	시60·61
15	1459	삼하11	고후 4	겔18	시62·63
16	1464	삼하12	고후 5	겔19	시64·65
17	1469	삼하13	고후 6	겔20	시66·67
18	1476	삼하14	고후 7	겔21	시68
19	1483	삼하15	고후 8	겔22	시69
20	1489	삼하16	고후 9	겔23	시70·71
21	1495	삼하17	고후10	겔24	시72
22	1500	삼하18	고후11	겔25	시73
23	1506	삼하19	고후12	겔26	시74
24	1513	삼하20	고후13	겔27	시75·76
25	1518	삼하21	갈 1	겔28	시77
26	1523	삼하22	갈 2	겔29	시78:1~37
27	1529	삼하23	갈 3	겔30	시78:38~72
28	1535	삼하24	갈 4	겔31	시79
29	1540	왕상 1	갈 5	겔32	시80
30	1547	왕상 2	갈 6	겔33	시81·82

October 10

날짜	page	가정		개인	
1	1555	왕상 3	엡 1	겔34	시83·84
2	1560	왕상4·5	엡 2	겔35	시85
3	1565	왕상 6	엡 3	겔36	시86
4	1571	왕상 7	엡 4	겔37	시87·88
5	1578	왕상 8	엡 5	겔38	시89
6	1586	왕상 9	엡 6	겔39	시90
7	1591	왕상10	빌 1	겔40	시91
8	1598	왕상11	빌 2	겔41	시92·93
9	1603	왕상12	빌 3	겔42	시94
10	1608	왕상13	빌 4	겔43	시95·96
11	1614	왕상14	골 1	겔44	시97·98
12	1620	왕상15	골 2	겔45	시99~101
13	1625	왕상16	골 3	겔46	시102
14	1631	왕상17	골 4	겔47	시103
15	1635	왕상18	살전 1	겔48	시104
16	1642	왕상19	살전 2	단 1	시105
17	1647	왕상20	살전 3	단 2	시106
18	1655	왕상21	살전 4	단 3	시107
19	1661	왕상22	살전 5	단 4	시108·109
20	1669	왕하 1	살후 1	단 5	시110·111
21	1674	왕하 2	살후 2	단 6	시112·113
22	1679	왕하 3	살후 3	단 7	시114·115
23	1684	왕하 4	딤전 1	단 8	시116
24	1690	왕하 5	딤전 2	단 9	시117·118
25	1695	왕하 6	딤전 3	단10	시119:1~24
26	1700	왕하 7	딤전 4	단11	시119:25~48
27	1706	왕하 8	딤전 5	단12	시119:49~72
28	1710	왕하 9	딤전 6	호 1	시119:73~96
29	1715	왕하10	딤후 1	호 2	시119:97~120
30	1721	왕하11·12	딤후 2	호3·4	시119:121~144
31	1726	왕하13	딤후 3	호5·6	시119:145~176

November 11

날짜	page	가정		개인	
1	1733	왕하14	딤후4	호 7	시120~122
2	1737	왕하15	딛 1	호 8	시123~125
3	1741	왕하16	딛 2	호 9	시126~128
4	1745	왕하17	딛 3	호10	시129~131
5	1750	왕하18	몬 1	호11	시132~134
6	1755	왕하19	히 1	호12	시135·136
7	1760	왕하20	히 2	호13	시137·138
8	1765	왕하21	히 3	호14	시139
9	1768	왕하22	히 4	욜 1	시140·141
10	1773	왕하23	히 5	욜 2	시142
11	1778	왕하24	히 6	욜 3	시143
12	1782	왕하25	히 7	암 1	시144
13	1787	대상1·2	히 8	암 2	시145
14	1793	대상3·4	히 9	암 3	시146·147
15	1799	대상5·6	히10	암 4	시148·150
16	1807	대상7·8	히11	암 5	눅1:1~38
17	1815	대상9·10	히12	암 6	눅1:39~80
18	1822	대상11·12	히13	암 7	눅 2
19	1830	대상13·14	약 1	암 8	눅 3
20	1836	대상15	약 2	암 9	눅 4
21	1841	대상16	약 3	옵 1	눅 5
22	1847	대상17	약 4	욘 1	눅 6
23	1853	대상18	약 5	욘 2	눅 7
24	1858	대상19·20	벧전1	욘 3	눅 8
25	1864	대상21	벧전2	욘 4	눅 9
26	1871	대상22	벧전3	미 1	눅10
27	1877	대상23	벧전4	미 2	눅11
28	1882	대상24·25	벧전5	미 3	눅12
29	1889	대상26·27	벧후1	미 4	눅13
30	1896	대상28	벧후2	미 5	눅14

December 12

날짜	page	가정		개인	
1	1903	대상29	벧후3	미 6	눅15
2	1908	대하 1	요일 1	미 7	눅16
3	1912	대하 2	요일 2	나 1	눅17
4	1917	대하3·4	요일 3	나 2	눅18
5	1923	대하5·6:1~11	요일 4	나 3	눅19
6	1929	대하6:12~42	요일 5	합 1	눅20
7	1935	대하 7	요이 1	합 2	눅21
8	1940	대하 8	요삼 1	합 3	눅22
9	1946	대하 9	유 1	습 1	눅23
10	1952	대하10	계 1	습 2	눅24
11	1958	대하11·12	계 2	습 3	요 1
12	1965	대하13	계 3	학 1	요 2
13	1969	대하14·15	계 4	학 2	요 3
14	1975	대하16	계 5	슥 1	요 4
15	1980	대하17	계 6	슥 2	요 5
16	1985	대하18	계 7	슥 3	요 6
17	1992	대하19·20	계 8	슥 4	요 7
18	1998	대하21	계 9	슥 5	요 8
19	2004	대하22·23	계10	슥 6	요 9
20	2009	대하24	계11	슥 7	요10
21	2015	대하25	계12	슥 8	요11
22	2021	대하26	계13	슥 9	요12
23	2027	대하27·28	계14	슥10	요13
24	2033	대하29	계15	슥11	요14
25	2038	대하30	계16	슥12·13:1	요15
26	2043	대하31	계17	슥13:2~9	요16
27	2048	대하32	계18	슥14	요17
28	2054	대하33	계19	말 1	요18
29	2060	대하34	계20	말 2	요19
30	2066	대하35	계21	말 3	요20
31	2072	대하36	계22	말 4	요21

⊕ 맥체인 성경 읽기표 ⊕

January 01

날짜	page	가정		개인	
1	**1**	창 1	마 1	스 1	행 1
2	**5**	창 2	마 2	스 2	행 2
3	**12**	창 3	마 3	스 3	행 3
4	**16**	창 4	마 4	스 4	행 4
5	**22**	창 5	마 5	스 5	행 5
6	**28**	창 6	마 6	스 6	행 6
7	**33**	창 7	마 7	스 7	행 7
8	**39**	창 8	마 8	스 8	행 8
9	**46**	창9·10	마 9	스 9	행 9
10	**53**	창11	마10	스10	행10
11	**60**	창12	마11	느 1	행11
12	**65**	창13	마12	느 2	행12
13	**70**	창14	마13	느 3	행13
14	**78**	창15	마14	느 4	행14
15	**83**	창16	마15	느 5	행15
16	**89**	창17	마16	느 6	행16
17	**95**	창18	마17	느 7	행17
18	**102**	창19	마18	느 8	행18
19	**108**	창20	마19	느 9	행19
20	**115**	창21	마20	느10	행20
21	**121**	창22	마21	느11	행21
22	**128**	창23	마22	느12	행22
23	**135**	창24	마23	느13	행23
24	**144**	창25	마24	에 1	행24
25	**150**	창26	마25	에 2	행25
26	**157**	창27	마26	에 3	행26
27	**165**	창28	마27	에 4	행27
28	**172**	창29	마28	에 5	행28
29	**177**	창30	막 1	에 6	롬 1
30	**184**	창31	막 2	에 7	롬 2
31	**190**	창32	막 3	에 8	롬 3

February 02

날짜	page	가정		개인	
1	**197**	창33	막 4	에9·10	롬 4
2	**202**	창34	막 5	욥 1	롬 5
3	**208**	창35·36	막 6	욥 2	롬 6
4	**216**	창37	막 7	욥 3	롬 7
5	**222**	창38	막 8	욥 4	롬 8
6	**228**	창39	막 9	욥 5	롬 9
7	**234**	창40	막10	욥 6	롬10
8	**239**	창41	막11	욥 7	롬11
9	**246**	창42	막12	욥 8	롬12
10	**252**	창43	막13	욥 9	롬13
11	**258**	창44	막14	욥10	롬14
12	**265**	창45	막15	욥11	롬15
13	**271**	창46	막16	욥12	롬16
14	**276**	창47	눅1:1~38	욥13	고전1
15	**282**	창48	눅1:39~80	욥14	고전2
16	**286**	창49	눅 2	욥15	고전3
17	**292**	창50	눅 3	욥16·17	고전4
18	**298**	출 1	눅 4	욥18	고전5
19	**303**	출 2	눅 5	욥19	고전6
20	**308**	출 3	눅 6	욥20	고전7
21	**315**	출 4	눅 7	욥21	고전8
22	**321**	출 5	눅 8	욥22	고전9
23	**327**	출 6	눅 9	욥23	고전10
24	**334**	출 7	눅10	욥24	고전11
25	**340**	출 8	눅11	욥25·26	고전12
26	**346**	출 9	눅12	욥27	고전13
27	**352**	출10	눅13	욥28	고전14
28	**359**	출11·12:1~21	눅14	욥29	고전15

March 03					
날짜	page	가정		개인	
1	367	출12:22~51	눅15	욥30	고전16
2	372	출13	눅16	욥31	고후 1
3	377	출14	눅17	욥32	고후 2
4	382	출15	눅18	욥33	고후 3
5	388	출16	눅19	욥34	고후 4
6	394	출17	눅20	욥35	고후 5
7	399	출18	눅21	욥36	고후 6
8	404	출19	눅22	욥37	고후 7
9	411	출20	눅23	욥38	고후 8
10	417	출21	눅24	욥39	고후 9
11	422	출22	요 1	욥40	고후10
12	428	출23	요 2	욥41	고후11
13	433	출24	요 3	욥42	고후12
14	438	출25	요 4	잠 1	고후13
15	444	출26	요 5	잠 2	갈 1
16	449	출27	요 6	잠 3	갈 2
17	456	출28	요 7	잠 4	갈 3
18	463	출29	요 8	잠 5	갈 4
19	470	출30	요 9	잠 6	갈 5
20	476	출31	요10	잠 7	갈 6
21	480	출32	요11	잠 8	엡 1
22	487	출33	요12	잠 9	엡 2
23	492	출34	요13	잠10	엡 3
24	498	출35	요14	잠11	엡 4
25	504	출36	요15	잠12	엡 5
26	509	출37	요16	잠13	엡 6
27	514	출38	요17	잠14	빌 1
28	520	출39	요18	잠15	빌 2
29	526	출40	요19	잠16	빌 3
30	532	레 1	요20	잠17	빌 4
31	537	레2·3	요21	잠18	골 1

April 04					
날짜	page	가정		개인	
1	543	레 4	시1·2	잠19	골 2
2	547	레 5	시3·4	잠20	골 3
3	551	레 6	시5·6	잠21	골 4
4	556	레 7	시7·8	잠22	살전1
5	560	레 8	시 9	잠23	살전2
6	565	레 9	시10	잠24	살전3
7	569	레10	시11·12	잠25	살전4
8	573	레11·12	시13·14	잠26	살전5
9	578	레13	시15·16	잠27	살후1
10	583	레14	시17	잠28	살후2
11	589	레15	시18	잠29	살후3
12	594	레16	시19	잠30	딤전1
13	599	레17	시20·21	잠31	딤전2
14	603	레18	시22	전 1	딤전3
15	607	레19	시23·24	전 2	딤전4
16	611	레20	시25	전 3	딤전5
17	616	레21	시26·27	전 4	딤전6
18	620	레22	시28·29	전 5	딤후1
19	625	레23	시30	전 6	딤후2
20	629	레24	시31	전 7	딤후3
21	634	레25	시32	전 8	딤후4
22	639	레26	시33	전 9	딛 1
23	644	레27	시34	전10	딛 2
24	648	민 1	시35	전11	딛 3
25	653	민 2	시36	전12	몬 1
26	656	민 3	시37	아 1	히 1
27	662	민 4	시38	아 2	히 2
28	666	민 5	시39	아 3	히 3
29	670	민 6	시40·41	아 4	히 4
30	675	민 7	시42·43	아 5	히 5

May 05

날짜	page	가정		개인	
1	683	민 8	시44	아 6	히 6
2	687	민 9	시45	아 7	히 7
3	691	민10	시46·47	아 8	히 8
4	695	민11	시48	사 1	히 9
5	700	민12·13	시49	사 2	히10
6	706	민14	시50	사3·4	히11
7	712	민15	시51	사 5	히12
8	718	민16	시52~54	사 6	히13
9	724	민17·18	시55	사 7	약 1
10	730	민19	시56·57	사8·9:1~7	약 2
11	735	민20	시58·59	사9:8~10:4	약 3
12	740	민21	시60·61	사10:5~34	약 4
13	745	민22	시62·63	사11·12	약 5
14	751	민23	시64·65	사13	벧전1
15	756	민24	시66·67	사14	벧전2
16	761	민25	시68	사15	벧전3
17	766	민26	시69	사16	벧전4
18	772	민27	시70·71	사17·18	벧전5
19	776	민28	시72	사19·20	벧후1
20	781	민29	시73	사21	벧후2
21	786	민30	시74	사22	벧후3
22	790	민31	시75·76	사23	요일1
23	795	민32	시77	사24	요일2
24	800	민33	시78:1~37	사25	요일3
25	806	민34	시78:38~72	사26	요일4
26	810	민35	시79	사27	요일5
27	815	민36	시80	사28	요이1
28	819	신 1	시81·82	사29	요삼1
29	824	신 2	시83·84	사30	유 1
30	831	신 3	시85	사31	계 1
31	835	신 4	시86·87	사32	계 2

June 06

날짜	page	가정		개인	
1	843	신 5	시88	사33	계 3
2	848	신 6	시89	사34	계 4
3	853	신 7	시90	사35	계 5
4	856	신 8	시91	사36	계 6
5	860	신 9	시92·93	사37	계 7
6	866	신10	시94	사38	계 8
7	870	신11	시95·96	사39	계 9
8	874	신12	시97·98	사40	계10
9	879	신13·14	시99~101	사41	계11
10	885	신15	시102	사42	계12
11	890	신16	시103	사43	계13
12	894	신17	시104	사44	계14
13	900	신18	시105	사45	계15
14	905	신19	시106	사46	계16
15	910	신20	시107	사47	계17
16	914	신21	시108·109	사48	계18
17	920	신22	시110·111	사49	계19
18	925	신23	시112·113	사50	계20
19	929	신24	시114·115	사51	계21
20	934	신25	시116	사52	계22
21	938	신26	시117·118	사53	마 1
22	942	신27·28:1~19	시119:1~24	사54	마 2
23	947	신28:20~68	시119:25~48	사55	마 3
24	953	신29	시119:49~72	사56	마 4
25	957	신30	시119:73~96	사57	마 5
26	963	신31	시119:97~120	사58	마 6
27	968	신32	시119:121~144	사59	마 7
28	974	신33·34	시119:145~176	사60	마 8
29	981	수 1	시120~122	사61	마 9
30	985	수 2	시123~125	사62	마10

맥체인 성경 읽기표

QT와 성경통독을 하나로

[맥체인성경365_목차]

구약 page

창세기(창)	1	역대하(대하)	1908	다니엘(단)	1644
출애굽기(출)	298	에스라(스)	3	호세아(호)	1713
레위기(레)	532	느헤미야(느)	62	요엘(욜)	1770
민수기(민)	648	에스더(에)	147	아모스(암)	1785
신명기(신)	819	욥기(욥)	206	오바댜(옵)	1844
여호수아(수)	981	시편(시)	544/1228	요나(욘)	1850
사사기(삿)	1102	잠언(잠)	442	미가(미)	1874
룻기(룻)	1246	전도서(전)	605	나훔(나)	1915
사무엘상(삼상)	1264	아가(아)	660	하박국(합)	1932
사무엘하(삼하)	1414	이사야(사)	697	스바냐(습)	1949
열왕기상(왕상)	1540	예레미야(렘)	1015	학개(학)	1967
열왕기하(왕하)	1669	예레미야애가(애)	1342	스가랴(슥)	1977
역대상(대상)	1787	에스겔(겔)	1371	말라기(말)	2057

신약 page

마태복음(마)	2/941	에베소서(엡)	485/1556	히브리서(히)	661/1757
마가복음(막)	179/1112	빌립보서(빌)	518/1593	야고보서(약)	729/1832
누가복음(눅)	277/1813	골로새서(골)	540/1616	베드로전서(벧전)	754/1860
요한복음(요)	424/1962	데살로니가전서(살전)	560/1638	베드로후서(벧후)	780/1892
사도행전(행)	4/1073	데살로니가후서(살후)	582/1670	요한일서(요일)	794/1909
로마서(롬)	182/1266	디모데전서(딤전)	598/1686	요한이서(요이)	818/1937
고린도전서(고전)	280/1359	디모데후서(딤후)	624/1718	요한삼서(요삼)	823/1941
고린도후서(고후)	376/1444	디도서(딛)	643/1739	유다서(유)	829/1947
갈라디아서(갈)	448/1519	빌레몬서(몬)	655/1752	요한계시록(계)	834/1952

새벽기도회 살리기 · 구역모임(소그룹) 살리기

마틴로이드존스, 존스토트 목사가 수십년간 사용했던 검증된 방식

[맥체인 성경 읽기표]

맥체인 성경 읽기표는 1842년 맥체인이 자신이 목양하던 성베드로교회 성도들의 영적 성장을 위해 개발한 것으로, 매일 구약과 신약을 각각 2장씩 읽음으로써 1년에 구약 1회, 신약과 시편을 각 2회 정독할 수 있도록 만든 표입니다. 이와 같은 맥체인의 방법에 따라 신구약 성경 전체를 골고루 4등분해서 동시에 읽으면, 성경에 기록된 장구한 구속사를 크게 네 시대로 나누어 동시에 묵상할 수 있습니다.

(1) 창세기 ~ 역대하 : 만물의 시작과 이스라엘의 시작
(2) 에스라 ~ 말라기 : 이스라엘의 멸망과 새 시대의 시작
(3) 마태복음 ~ 요한복음 : 예수의 복음사역과 십자가 구속
(4) 사도행전 ~ 요한계시록 : 교회의 시작과 선교

▶《맥체인 성경 365》 말씀연결 사용하는 법

① 네 성경 본문의 소주제를 통해 중심 단어나 문장을 말씀으로 묵상한다.
② 네 본문의 말씀을 순서대로, 천천히 읽는다.
③ 두 본문에서 반복되는 단어나 유사한 문맥을 찾아 서로 연결한다.
④ 본문에서 반대의 뜻을 가진 단어나 문장을 찾는다.
⑤ 두 권의 책에서 공통되는 하나님의 말씀을 연결하여 기록한다.
⑥ 연결되는 말씀을 다른 두 권으로 확대하여 네 권 전체에 흐르는 하나님의 생각과 베푸신 은혜를 누리고, 그 내용을 적어본다.
⑦ 본문에서 지도자나 인도자로부터 배운 신학 주제나 교리들이 함축하고 있는 문맥의 짝을 찾아본다.
⑧ 중심 주제를 필두로, 삶에 적용할 일들을 적어보고 생활 중에 실천함으로써 변화를 경험해 본다.
⑨ 하나님이 오늘 나에게 주신 말씀들을 통하여 가르침, 명령과 약속 권면, 경고 및 행해야 할 일들을 하나님과 대화하는 마음으로(기도) 성경읽기를 마무리한다.

July 07

날짜	page	가정		개인	
1	991	수 3	시126~128	사63	마11
2	995	수 4	시129~131	사64	마12
3	1000	수5·6:1~5	시132~134	사65	마13
4	1006	수6:6~27	시135·136	사66	마14
5	1013	수 7	시137·138	렘 1	마15
6	1018	수 8	시139	렘 2	마16
7	1025	수 9	시140·141	렘 3	마17
8	1031	수10	시142·143	렘 4	마18
9	1038	수11	시144	렘 5	마19
10	1043	수12·13	시145	렘 6	마20
11	1050	수14·15	시146·147	렘 7	마21
12	1058	수16·17	시148	렘 8	마22
13	1064	수18·19	시149·150	렘 9	마23
14	1071	수20·21	행 1	렘10	마24
15	1078	수22	행 2	렘11	마25
16	1087	수23	행 3	렘12	마26
17	1094	수24	행 4	렘13	마27
18	1102	삿 1	행 5	렘14	마28
19	1108	삿 2	행 6	렘15	막 1
20	1114	삿 3	행 7	렘16	막 2
21	1121	삿 4	행 8	렘17	막 3
22	1127	삿 5	행 9	렘18	막 4
23	1134	삿 6	행10	렘19	막 5
24	1142	삿 7	행11	렘20	막 6
25	1149	삿 8	행12	렘21	막 7
26	1154	삿 9	행13	렘22	막 8
27	1164	삿10·11:1~11	행14	렘23	막 9
28	1171	삿11:12~40	행15	렘24	막10
29	1178	삿12	행16	렘25	막11
30	1185	삿13	행17	렘26	막12
31	1192	삿14	행18	렘27	막13

August 08

날짜	page	가정		개인	
1	1199	삿15	행19	렘28	막14
2	1206	삿16	행20	렘29	막15
3	1214	삿17	행21	렘30·31	막16
4	1222	삿18	행22	렘32	시1·2
5	1228	삿19	행23	렘33	시3·4
6	1234	삿20	행24	렘34	시5·6
7	1241	삿21	행25	렘35	시7·8
8	1246	룻 1	행26	렘36·37	시 9
9	1253	룻 2	행27	렘38	시10
10	1259	룻3·4	행28	렘39	시11·12
11	1264	삼상1	롬 1	렘40	시13·14
12	1270	삼상2	롬 2	렘41	시15·16
13	1275	삼상3	롬 3	렘42	시17
14	1280	삼상4	롬 4	렘43	시18
15	1285	삼상5·6	롬 5	렘44	시19
16	1292	삼상7·8	롬 6	렘45	시20·21
17	1296	삼상9	롬 7	렘46	시22
18	1302	삼상10	롬 8	렘47	시23·24
19	1307	삼상11	롬 9	렘48	시25
20	1313	삼상12	롬10	렘49	시26·27
21	1319	삼상13	롬11	렘50	시28·29
22	1326	삼상14	롬12	렘51	시30
23	1334	삼상15	롬13	렘52	시31
24	1340	삼상16	롬14	애 1	시32
25	1345	삼상17	롬15	애 2	시33
26	1352	삼상18	롬16	애 3	시34
27	1358	삼상19	고전1	애 4	시35
28	1363	삼상20	고전2	애 5	시36
29	1368	삼상21·22	고전3	겔 1	시37
30	1374	삼상23	고전4	겔 2	시38
31	1379	삼상24	고전5	겔 3	시39

September 09

날짜	page	가정		개인	
1	1385	삼상25	고전 6	겔 4	시40·41
2	1391	삼상26	고전 7	겔 5	시42·43
3	1396	삼상27	고전 8	겔 6	시44
4	1400	삼상28	고전 9	겔 7	시45·46
5	1405	삼상29·30	고전10	겔 8	시47
6	1411	삼상31	고전11	겔 9	시48
7	1414	삼하 1	고전12	겔10	시49
8	1419	삼하 2	고전13	겔11	시50
9	1424	삼하 3	고전14	겔12	시51
10	1430	삼하4·5	고전15	겔13	시52~54
11	1438	삼하 6	고전16	겔14	시55
12	1442	삼하 7	고후 1	겔15	시56·57
13	1447	삼하8·9	고후 2	겔16	시58·59
14	1454	삼하10	고후 3	겔17	시60·61
15	1459	삼하11	고후 4	겔18	시62·63
16	1464	삼하12	고후 5	겔19	시64·65
17	1469	삼하13	고후 6	겔20	시66·67
18	1476	삼하14	고후 7	겔21	시68
19	1483	삼하15	고후 8	겔22	시69
20	1489	삼하16	고후 9	겔23	시70·71
21	1495	삼하17	고후10	겔24	시72
22	1500	삼하18	고후11	겔25	시73
23	1506	삼하19	고후12	겔26	시74
24	1513	삼하20	고후13	겔27	시75·76
25	1518	삼하21	갈 1	겔28	시77
26	1523	삼하22	갈 2	겔29	시78:1~37
27	1529	삼하23	갈 3	겔30	시78:38~72
28	1535	삼하24	갈 4	겔31	시79
29	1540	왕상 1	갈 5	겔32	시80
30	1547	왕상 2	갈 6	겔33	시81·82

October 10

날짜	page	가정		개인	
1	1555	왕상 3	엡 1	겔34	시83·84
2	1560	왕상4·5	엡 2	겔35	시85
3	1565	왕상 6	엡 3	겔36	시86
4	1571	왕상 7	엡 4	겔37	시87·88
5	1578	왕상 8	엡 5	겔38	시89
6	1586	왕상 9	엡 6	겔39	시90
7	1591	왕상10	빌 1	겔40	시91
8	1598	왕상11	빌 2	겔41	시92·93
9	1603	왕상12	빌 3	겔42	시94
10	1608	왕상13	빌 4	겔43	시95·96
11	1614	왕상14	골 1	겔44	시97·98
12	1620	왕상15	골 2	겔45	시99~101
13	1625	왕상16	골 3	겔46	시102
14	1631	왕상17	골 4	겔47	시103
15	1635	왕상18	살전 1	겔48	시104
16	1642	왕상19	살전 2	단 1	시105
17	1647	왕상20	살전 3	단 2	시106
18	1655	왕상21	살전 4	단 3	시107
19	1661	왕상22	살전 5	단 4	시108·109
20	1669	왕하 1	살후 1	단 5	시110·111
21	1674	왕하 2	살후 2	단 6	시112·113
22	1679	왕하 3	살후 3	단 7	시114·115
23	1684	왕하 4	딤전 1	단 8	시116
24	1690	왕하 5	딤전 2	단 9	시117·118
25	1695	왕하 6	딤전 3	단10	시119:1~24
26	1700	왕하 7	딤전 4	단11	시119:25~48
27	1706	왕하 8	딤전 5	단12	시119:49~72
28	1710	왕하 9	딤전 6	호 1	시119:73~96
29	1715	왕하10	딤후 1	호 2	시119:97~120
30	1721	왕하11·12	딤후 2	호3·4	시119:121~144
31	1726	왕하13	딤후 3	호5·6	시119:145~176

November 11

날짜	page	가정		개인	
1	**1733**	왕하14	딤후4	호 7	시120~122
2	**1737**	왕하15	딛 1	호 8	시123~125
3	**1741**	왕하16	딛 2	호 9	시126~128
4	**1745**	왕하17	딛 3	호10	시129~131
5	**1750**	왕하18	몬 1	호11	시132~134
6	**1755**	왕하19	히 1	호12	시135·136
7	**1760**	왕하20	히 2	호13	시137·138
8	**1765**	왕하21	히 3	호14	시139
9	**1768**	왕하22	히 4	욜 1	시140·141
10	**1773**	왕하23	히 5	욜 2	시142
11	**1778**	왕하24	히 6	욜 3	시143
12	**1782**	왕하25	히 7	암 1	시144
13	**1787**	대상1·2	히 8	암 2	시145
14	**1793**	대상3·4	히 9	암 3	시146·147
15	**1799**	대상5·6	히10	암 4	시148·150
16	**1807**	대상7·8	히11	암 5	눅1:1~38
17	**1815**	대상9·10	히12	암 6	눅1:39~80
18	**1822**	대상11·12	히13	암 7	눅 2
19	**1830**	대상13·14	약 1	암 8	눅 3
20	**1836**	대상15	약 2	암 9	눅 4
21	**1841**	대상16	약 3	옵 1	눅 5
22	**1847**	대상17	약 4	욘 1	눅 6
23	**1853**	대상18	약 5	욘 2	눅 7
24	**1858**	대상19·20	벧전1	욘 3	눅 8
25	**1864**	대상21	벧전2	욘 4	눅 9
26	**1871**	대상22	벧전3	미 1	눅10
27	**1877**	대상23	벧전4	미 2	눅11
28	**1882**	대상24·25	벧전5	미 3	눅12
29	**1889**	대상26·27	벧후1	미 4	눅13
30	**1896**	대상28	벧후2	미 5	눅14

December 12

날짜	page	가정		개인	
1	**1903**	대상29	벧후3	미 6	눅15
2	**1908**	대하 1	요일 1	미 7	눅16
3	**1912**	대하 2	요일 2	나 1	눅17
4	**1917**	대하3·4	요일 3	나 2	눅18
5	**1923**	대하5·6:1~11	요일 4	나 3	눅19
6	**1929**	대하6:12~42	요일 5	합 1	눅20
7	**1935**	대하 7	요이 1	합 2	눅21
8	**1940**	대하 8	요삼 1	합 3	눅22
9	**1946**	대하 9	유 1	습 1	눅23
10	**1952**	대하10	계 1	습 2	눅24
11	**1958**	대하11·12	계 2	습 3	요 1
12	**1965**	대하13	계 3	학 1	요 2
13	**1969**	대하14·15	계 4	학 2	요 3
14	**1975**	대하16	계 5	슥 1	요 4
15	**1980**	대하17	계 6	슥 2	요 5
16	**1985**	대하18	계 7	슥 3	요 6
17	**1992**	대하19·20	계 8	슥 4	요 7
18	**1998**	대하21	계 9	슥 5	요 8
19	**2004**	대하22·23	계10	슥 6	요 9
20	**2009**	대하24	계11	슥 7	요10
21	**2015**	대하25	계12	슥 8	요11
22	**2021**	대하26	계13	슥 9	요12
23	**2027**	대하27·28	계14	슥10	요13
24	**2033**	대하29	계15	슥11	요14
25	**2038**	대하30	계16	슥12·13:1	요15
26	**2043**	대하31	계17	슥13:2~9	요16
27	**2048**	대하32	계18	슥14	요17
28	**2054**	대하33	계19	말 1	요18
29	**2060**	대하34	계20	말 2	요19
30	**2066**	대하35	계21	말 3	요20
31	**2072**	대하36	계22	말 4	요21

⊕ 맥체인 성경 읽기표 ⊕

January 01

날짜	page	가정		개인	
1	**1**	창 1	마 1	스 1	행 1
2	**5**	창 2	마 2	스 2	행 2
3	**12**	창 3	마 3	스 3	행 3
4	**16**	창 4	마 4	스 4	행 4
5	**22**	창 5	마 5	스 5	행 5
6	**28**	창 6	마 6	스 6	행 6
7	**33**	창 7	마 7	스 7	행 7
8	**39**	창 8	마 8	스 8	행 8
9	**46**	창9·10	마 9	스 9	행 9
10	**53**	창11	마10	스10	행10
11	**60**	창12	마11	느 1	행11
12	**65**	창13	마12	느 2	행12
13	**70**	창14	마13	느 3	행13
14	**78**	창15	마14	느 4	행14
15	**83**	창16	마15	느 5	행15
16	**89**	창17	마16	느 6	행16
17	**95**	창18	마17	느 7	행17
18	**102**	창19	마18	느 8	행18
19	**108**	창20	마19	느 9	행19
20	**115**	창21	마20	느10	행20
21	**121**	창22	마21	느11	행21
22	**128**	창23	마22	느12	행22
23	**135**	창24	마23	느13	행23
24	**144**	창25	마24	에 1	행24
25	**150**	창26	마25	에 2	행25
26	**157**	창27	마26	에 3	행26
27	**165**	창28	마27	에 4	행27
28	**172**	창29	마28	에 5	행28
29	**177**	창30	막 1	에 6	롬 1
30	**184**	창31	막 2	에 7	롬 2
31	**190**	창32	막 3	에 8	롬 3

February 02

날짜	page	가정		개인	
1	**197**	창33	막 4	에9·10	롬 4
2	**202**	창34	막 5	욥 1	롬 5
3	**208**	창35·36	막 6	욥 2	롬 6
4	**216**	창37	막 7	욥 3	롬 7
5	**222**	창38	막 8	욥 4	롬 8
6	**228**	창39	막 9	욥 5	롬 9
7	**234**	창40	막10	욥 6	롬10
8	**239**	창41	막11	욥 7	롬11
9	**246**	창42	막12	욥 8	롬12
10	**252**	창43	막13	욥 9	롬13
11	**258**	창44	막14	욥10	롬14
12	**265**	창45	막15	욥11	롬15
13	**271**	창46	막16	욥12	롬16
14	**276**	창47	눅1:1~38	욥13	고전1
15	**282**	창48	눅1:39~80	욥14	고전2
16	**286**	창49	눅 2	욥15	고전3
17	**292**	창50	눅 3	욥16·17	고전4
18	**298**	출 1	눅 4	욥18	고전5
19	**303**	출 2	눅 5	욥19	고전6
20	**308**	출 3	눅 6	욥20	고전7
21	**315**	출 4	눅 7	욥21	고전8
22	**321**	출 5	눅 8	욥22	고전9
23	**327**	출 6	눅 9	욥23	고전10
24	**334**	출 7	눅10	욥24	고전11
25	**340**	출 8	눅11	욥25·26	고전12
26	**346**	출 9	눅12	욥27	고전13
27	**352**	출10	눅13	욥28	고전14
28	**359**	출11·12:1~21	눅14	욥29	고전15

March 03

날짜	page	가정		개인	
1	**367**	출12:22~51	눅15	욥30	고전16
2	**372**	출13	눅16	욥31	고후 1
3	**377**	출14	눅17	욥32	고후 2
4	**382**	출15	눅18	욥33	고후 3
5	**388**	출16	눅19	욥34	고후 4
6	**394**	출17	눅20	욥35	고후 5
7	**399**	출18	눅21	욥36	고후 6
8	**404**	출19	눅22	욥37	고후 7
9	**411**	출20	눅23	욥38	고후 8
10	**417**	출21	눅24	욥39	고후 9
11	**422**	출22	요 1	욥40	고후10
12	**428**	출23	요 2	욥41	고후11
13	**433**	출24	요 3	욥42	고후12
14	**438**	출25	요 4	잠 1	고후13
15	**444**	출26	요 5	잠 2	갈 1
16	**449**	출27	요 6	잠 3	갈 2
17	**456**	출28	요 7	잠 4	갈 3
18	**463**	출29	요 8	잠 5	갈 4
19	**470**	출30	요 9	잠 6	갈 5
20	**476**	출31	요10	잠 7	갈 6
21	**480**	출32	요11	잠 8	엡 1
22	**487**	출33	요12	잠 9	엡 2
23	**492**	출34	요13	잠10	엡 3
24	**498**	출35	요14	잠11	엡 4
25	**504**	출36	요15	잠12	엡 5
26	**509**	출37	요16	잠13	엡 6
27	**514**	출38	요17	잠14	빌 1
28	**520**	출39	요18	잠15	빌 2
29	**526**	출40	요19	잠16	빌 3
30	**532**	레 1	요20	잠17	빌 4
31	**537**	레2·3	요21	잠18	골 1

April 04

날짜	page	가정		개인	
1	**543**	레 4	시1·2	잠19	골 2
2	**547**	레 5	시3·4	잠20	골 3
3	**551**	레 6	시5·6	잠21	골 4
4	**556**	레 7	시7·8	잠22	살전1
5	**560**	레 8	시 9	잠23	살전2
6	**565**	레 9	시10	잠24	살전3
7	**569**	레10	시11·12	잠25	살전4
8	**573**	레11·12	시13·14	잠26	살전5
9	**578**	레13	시15·16	잠27	살후1
10	**583**	레14	시17	잠28	살후2
11	**589**	레15	시18	잠29	살후3
12	**594**	레16	시19	잠30	딤전1
13	**599**	레17	시20·21	잠31	딤전2
14	**603**	레18	시22	전 1	딤전3
15	**607**	레19	시23·24	전 2	딤전4
16	**611**	레20	시25	전 3	딤전5
17	**616**	레21	시26·27	전 4	딤전6
18	**620**	레22	시28·29	전 5	딤후1
19	**625**	레23	시30	전 6	딤후2
20	**629**	레24	시31	전 7	딤후3
21	**634**	레25	시32	전 8	딤후4
22	**639**	레26	시33	전 9	딛 1
23	**644**	레27	시34	전10	딛 2
24	**648**	민 1	시35	전11	딛 3
25	**653**	민 2	시36	전12	몬 1
26	**656**	민 3	시37	아 1	히 1
27	**662**	민 4	시38	아 2	히 2
28	**666**	민 5	시39	아 3	히 3
29	**670**	민 6	시40·41	아 4	히 4
30	**675**	민 7	시42·43	아 5	히 5

May 05

날짜	page	가정		개인	
1	683	민 8	시44	아 6	히 6
2	687	민 9	시45	아 7	히 7
3	691	민10	시46·47	아 8	히 8
4	695	민11	시48	사 1	히 9
5	700	민12·13	시49	사 2	히10
6	706	민14	시50	사3·4	히11
7	712	민15	시51	사 5	히12
8	718	민16	시52~54	사 6	히13
9	724	민17·18	시55	사 7	약 1
10	730	민19	시56·57	사8·9:1~7	약 2
11	735	민20	시58·59	사9:8~10:4	약 3
12	740	민21	시60·61	사10:5~34	약 4
13	745	민22	시62·63	사11·12	약 5
14	751	민23	시64·65	사13	벧전1
15	756	민24	시66·67	사14	벧전2
16	761	민25	시68	사15	벧전3
17	766	민26	시69	사16	벧전4
18	772	민27	시70·71	사17·18	벧전5
19	776	민28	시72	사19·20	벧후1
20	781	민29	시73	사21	벧후2
21	786	민30	시74	사22	벧후3
22	790	민31	시75·76	사23	요일1
23	795	민32	시77	사24	요일2
24	800	민33	시78:1~37	사25	요일3
25	806	민34	시78:38~72	사26	요일4
26	810	민35	시79	사27	요일5
27	815	민36	시80	사28	요이1
28	819	신 1	시81·82	사29	요삼1
29	824	신 2	시83·84	사30	유 1
30	831	신 3	시85	사31	계 1
31	835	신 4	시86·87	사32	계 2

June 06

날짜	page	가정		개인	
1	843	신 5	시88	사33	계 3
2	848	신 6	시89	사34	계 4
3	853	신 7	시90	사35	계 5
4	856	신 8	시91	사36	계 6
5	860	신 9	시92·93	사37	계 7
6	866	신10	시94	사38	계 8
7	870	신11	시95·96	사39	계 9
8	874	신12	시97·98	사40	계10
9	879	신13·14	시99~101	사41	계11
10	885	신15	시102	사42	계12
11	890	신16	시103	사43	계13
12	894	신17	시104	사44	계14
13	900	신18	시105	사45	계15
14	905	신19	시106	사46	계16
15	910	신20	시107	사47	계17
16	914	신21	시108·109	사48	계18
17	920	신22	시110·111	사49	계19
18	925	신23	시112·113	사50	계20
19	929	신24	시114·115	사51	계21
20	934	신25	시116	사52	계22
21	938	신26	시117·118	사53	마 1
22	942	신27·28:1~19	시119:1~24	사54	마 2
23	947	신28:20~68	시119:25~48	사55	마 3
24	953	신29	시119:49~72	사56	마 4
25	957	신30	시119:73~96	사57	마 5
26	963	신31	시119:97~120	사58	마 6
27	968	신32	시119:121~144	사59	마 7
28	974	신33·34	시119:145~176	사60	마 8
29	981	수 1	시120~122	사61	마 9
30	985	수 2	시123~125	사62	마10

맥체인 성경 읽기표

QT와 성경통독을 하나로

[맥체인성경365_목차]

구약 page

창세기(창)	1	역대하(대하)	1908	다니엘(단)	1644
출애굽기(출)	298	에스라(스)	3	호세아(호)	1713
레위기(레)	532	느헤미야(느)	62	요엘(욜)	1770
민수기(민)	648	에스더(에)	147	아모스(암)	1785
신명기(신)	819	욥기(욥)	206	오바댜(옵)	1844
여호수아(수)	981	시편(시)	544/1228	요나(욘)	1850
사사기(삿)	1102	잠언(잠)	442	미가(미)	1874
룻기(룻)	1246	전도서(전)	605	나훔(나)	1915
사무엘상(삼상)	1264	아가(아)	660	하박국(합)	1932
사무엘하(삼하)	1414	이사야(사)	697	스바냐(습)	1949
열왕기상(왕상)	1540	예레미야(렘)	1015	학개(학)	1967
열왕기하(왕하)	1669	예레미야애가(애)	1342	스가랴(슥)	1977
역대상(대상)	1787	에스겔(겔)	1371	말라기(말)	2057

신약 page

마태복음(마)	2/941	에베소서(엡)	485/1556	히브리서(히)	661/1757
마가복음(막)	179/1112	빌립보서(빌)	518/1593	야고보서(약)	729/1832
누가복음(눅)	277/1813	골로새서(골)	540/1616	베드로전서(벧전)	754/1860
요한복음(요)	424/1962	데살로니가전서(살전)	560/1638	베드로후서(벧후)	780/1892
사도행전(행)	4/1073	데살로니가후서(살후)	582/1670	요한일서(요일)	794/1909
로마서(롬)	182/1266	디모데전서(딤전)	598/1686	요한이서(요이)	818/1937
고린도전서(고전)	280/1359	디모데후서(딤후)	624/1718	요한삼서(요삼)	823/1941
고린도후서(고후)	376/1444	디도서(딛)	643/1739	유다서(유)	829/1947
갈라디아서(갈)	448/1519	빌레몬서(몬)	655/1752	요한계시록(계)	834/1952

새벽기도회 살리기 · 구역모임(소그룹) 살리기

마틴로이드존스, 존스토트 목사가 수십년간 사용했던 검증된 방식

[맥체인 성경 읽기표]

맥체인 성경 읽기표는 1842년 맥체인이 자신이 목양하던 성베드로교회 성도들의 영적 성장을 위해 개발한 것으로, 매일 구약과 신약을 각각 2장씩 읽음으로써 1년에 구약 1회, 신약과 시편을 각 2회 정독할 수 있도록 만든 표입니다. 이와 같은 맥체인의 방법에 따라 신구약 성경 전체를 골고루 4등분해서 동시에 읽으면, 성경에 기록된 장구한 구속사를 크게 네 시대로 나누어 동시에 묵상할 수 있습니다.

(1) 창세기 ~ 역대하 : 만물의 시작과 이스라엘의 시작
(2) 에스라 ~ 말라기 : 이스라엘의 멸망과 새 시대의 시작
(3) 마태복음 ~ 요한복음 : 예수의 복음사역과 십자가 구속
(4) 사도행전 ~ 요한계시록 : 교회의 시작과 선교

▶《맥체인 성경 365》 말씀연결 사용하는 법

① 네 성경 본문의 소주제를 통해 중심 단어나 문장을 말씀으로 묵상한다.
② 네 본문의 말씀을 순서대로, 천천히 읽는다.
③ 두 본문에서 반복되는 단어나 유사한 문맥을 찾아 서로 연결한다.
④ 본문에서 반대의 뜻을 가진 단어나 문장을 찾는다.
⑤ 두 권의 책에서 공통되는 하나님의 말씀을 연결하여 기록한다.
⑥ 연결되는 말씀을 다른 두 권으로 확대하여 네 권 전체에 흐르는 하나님의 생각과 베푸신 은혜를 누리고, 그 내용을 적어본다.
⑦ 본문에서 지도자나 인도자로부터 배운 신학 주제나 교리들이 함축하고 있는 문맥의 짝을 찾아본다.
⑧ 중심 주제를 필두로, 삶에 적용할 일들을 적어보고 생활 중에 실천함으로써 변화를 경험해 본다.
⑨ 하나님이 오늘 나에게 주신 말씀들을 통하여 가르침, 명령과 약속 권면, 경고 및 행해야 할 일들을 하나님과 대화하는 마음으로(기도) 성경읽기를 마무리한다.

July 07

날짜	page	가정		개인	
1	991	수 3	시126~128	사63	마11
2	995	수 4	시129~131	사64	마12
3	1000	수5·6:1~5	시132~134	사65	마13
4	1006	수6:6~27	시135·136	사66	마14
5	1013	수 7	시137·138	렘 1	마15
6	1018	수 8	시139	렘 2	마16
7	1025	수 9	시140·141	렘 3	마17
8	1031	수10	시142·143	렘 4	마18
9	1038	수11	시144	렘 5	마19
10	1043	수12·13	시145	렘 6	마20
11	1050	수14·15	시146·147	렘 7	마21
12	1058	수16·17	시148	렘 8	마22
13	1064	수18·19	시149·150	렘 9	마23
14	1071	수20·21	행 1	렘10	마24
15	1078	수22	행 2	렘11	마25
16	1087	수23	행 3	렘12	마26
17	1094	수24	행 4	렘13	마27
18	1102	삿 1	행 5	렘14	마28
19	1108	삿 2	행 6	렘15	막 1
20	1114	삿 3	행 7	렘16	막 2
21	1121	삿 4	행 8	렘17	막 3
22	1127	삿 5	행 9	렘18	막 4
23	1134	삿 6	행10	렘19	막 5
24	1142	삿 7	행11	렘20	막 6
25	1149	삿 8	행12	렘21	막 7
26	1154	삿 9	행13	렘22	막 8
27	1164	삿10·11:1~11	행14	렘23	막 9
28	1171	삿11:12~40	행15	렘24	막10
29	1178	삿12	행16	렘25	막11
30	1185	삿13	행17	렘26	막12
31	1192	삿14	행18	렘27	막13

August 08

날짜	page	가정		개인	
1	1199	삿15	행19	렘28	막14
2	1206	삿16	행20	렘29	막15
3	1214	삿17	행21	렘30·31	막16
4	1222	삿18	행22	렘32	시1·2
5	1228	삿19	행23	렘33	시3·4
6	1234	삿20	행24	렘34	시5·6
7	1241	삿21	행25	렘35	시7·8
8	1246	룻 1	행26	렘36·37	시 9
9	1253	룻 2	행27	렘38	시10
10	1259	룻3·4	행28	렘39	시11·12
11	1264	삼상1	롬 1	렘40	시13·14
12	1270	삼상2	롬 2	렘41	시15·16
13	1275	삼상3	롬 3	렘42	시17
14	1280	삼상4	롬 4	렘43	시18
15	1285	삼상5·6	롬 5	렘44	시19
16	1292	삼상7·8	롬 6	렘45	시20·21
17	1296	삼상9	롬 7	렘46	시22
18	1302	삼상10	롬 8	렘47	시23·24
19	1307	삼상11	롬 9	렘48	시25
20	1313	삼상12	롬10	렘49	시26·27
21	1319	삼상13	롬11	렘50	시28·29
22	1326	삼상14	롬12	렘51	시30
23	1334	삼상15	롬13	렘52	시31
24	1340	삼상16	롬14	애 1	시32
25	1345	삼상17	롬15	애 2	시33
26	1352	삼상18	롬16	애 3	시34
27	1358	삼상19	고전1	애 4	시35
28	1363	삼상20	고전2	애 5	시36
29	1368	삼상21·22	고전3	겔 1	시37
30	1374	삼상23	고전4	겔 2	시38
31	1379	삼상24	고전5	겔 3	시39

September 09

날짜	page	가정		개인	
1	**1385**	삼상25	고전 6	겔 4	시40·41
2	**1391**	삼상26	고전 7	겔 5	시42·43
3	**1396**	삼상27	고전 8	겔 6	시44
4	**1400**	삼상28	고전 9	겔 7	시45·46
5	**1405**	삼상29·30	고전10	겔 8	시47
6	**1411**	삼상31	고전11	겔 9	시48
7	**1414**	삼하 1	고전12	겔10	시49
8	**1419**	삼하 2	고전13	겔11	시50
9	**1424**	삼하 3	고전14	겔12	시51
10	**1430**	삼하4·5	고전15	겔13	시52~54
11	**1438**	삼하 6	고전16	겔14	시55
12	**1442**	삼하 7	고후 1	겔15	시56·57
13	**1447**	삼하8·9	고후 2	겔16	시58·59
14	**1454**	삼하10	고후 3	겔17	시60·61
15	**1459**	삼하11	고후 4	겔18	시62·63
16	**1464**	삼하12	고후 5	겔19	시64·65
17	**1469**	삼하13	고후 6	겔20	시66·67
18	**1476**	삼하14	고후 7	겔21	시68
19	**1483**	삼하15	고후 8	겔22	시69
20	**1489**	삼하16	고후 9	겔23	시70·71
21	**1495**	삼하17	고후10	겔24	시72
22	**1500**	삼하18	고후11	겔25	시73
23	**1506**	삼하19	고후12	겔26	시74
24	**1513**	삼하20	고후13	겔27	시75·76
25	**1518**	삼하21	갈 1	겔28	시77
26	**1523**	삼하22	갈 2	겔29	시78:1~37
27	**1529**	삼하23	갈 3	겔30	시78:38~72
28	**1535**	삼하24	갈 4	겔31	시79
29	**1540**	왕상 1	갈 5	겔32	시80
30	**1547**	왕상 2	갈 6	겔33	시81·82

October 10

날짜	page	가정		개인	
1	**1555**	왕상 3	엡 1	겔34	시83·84
2	**1560**	왕상4·5	엡 2	겔35	시85
3	**1565**	왕상 6	엡 3	겔36	시86
4	**1571**	왕상 7	엡 4	겔37	시87·88
5	**1578**	왕상 8	엡 5	겔38	시89
6	**1586**	왕상 9	엡 6	겔39	시90
7	**1591**	왕상10	빌 1	겔40	시91
8	**1598**	왕상11	빌 2	겔41	시92·93
9	**1603**	왕상12	빌 3	겔42	시94
10	**1608**	왕상13	빌 4	겔43	시95·96
11	**1614**	왕상14	골 1	겔44	시97·98
12	**1620**	왕상15	골 2	겔45	시99~101
13	**1625**	왕상16	골 3	겔46	시102
14	**1631**	왕상17	골 4	겔47	시103
15	**1635**	왕상18	살전 1	겔48	시104
16	**1642**	왕상19	살전 2	단 1	시105
17	**1647**	왕상20	살전 3	단 2	시106
18	**1655**	왕상21	살전 4	단 3	시107
19	**1661**	왕상22	살전 5	단 4	시108·109
20	**1669**	왕하 1	살후 1	단 5	시110·111
21	**1674**	왕하 2	살후 2	단 6	시112·113
22	**1679**	왕하 3	살후 3	단 7	시114·115
23	**1684**	왕하 4	딤전 1	단 8	시116
24	**1690**	왕하 5	딤전 2	단 9	시117·118
25	**1695**	왕하 6	딤전 3	단10	시119:1~24
26	**1700**	왕하 7	딤전 4	단11	시119:25~48
27	**1706**	왕하 8	딤전 5	단12	시119:49~72
28	**1710**	왕하 9	딤전 6	호 1	시119:73~96
29	**1715**	왕하10	딤후 1	호 2	시119:97~120
30	**1721**	왕하11·12	딤후 2	호3·4	시119:121~144
31	**1726**	왕하13	딤후 3	호5·6	시119:145~176

November 11

날짜	page	가정		개인	
1	1733	왕하14	딤후4	호 7	시120~122
2	1737	왕하15	딛 1	호 8	시123~125
3	1741	왕하16	딛 2	호 9	시126~128
4	1745	왕하17	딛 3	호10	시129~131
5	1750	왕하18	몬 1	호11	시132~134
6	1755	왕하19	히 1	호12	시135·136
7	1760	왕하20	히 2	호13	시137·138
8	1765	왕하21	히 3	호14	시139
9	1768	왕하22	히 4	욜 1	시140·141
10	1773	왕하23	히 5	욜 2	시142
11	1778	왕하24	히 6	욜 3	시143
12	1782	왕하25	히 7	암 1	시144
13	1787	대상1·2	히 8	암 2	시145
14	1793	대상3·4	히 9	암 3	시146·147
15	1799	대상5·6	히10	암 4	시148·150
16	1807	대상7·8	히11	암 5	눅1:1~38
17	1815	대상9·10	히12	암 6	눅1:39~80
18	1822	대상11·12	히13	암 7	눅 2
19	1830	대상13·14	약 1	암 8	눅 3
20	1836	대상15	약 2	암 9	눅 4
21	1841	대상16	약 3	옵 1	눅 5
22	1847	대상17	약 4	욘 1	눅 6
23	1853	대상18	약 5	욘 2	눅 7
24	1858	대상19·20	벧전1	욘 3	눅 8
25	1864	대상21	벧전2	욘 4	눅 9
26	1871	대상22	벧전3	미 1	눅10
27	1877	대상23	벧전4	미 2	눅11
28	1882	대상24·25	벧전5	미 3	눅12
29	1889	대상26·27	벧후1	미 4	눅13
30	1896	대상28	벧후2	미 5	눅14

December 12

날짜	page	가정		개인	
1	1903	대상29	벧후3	미 6	눅15
2	1908	대하 1	요일 1	미 7	눅16
3	1912	대하 2	요일 2	나 1	눅17
4	1917	대하3·4	요일 3	나 2	눅18
5	1923	대하5·6:1~11	요일 4	나 3	눅19
6	1929	대하6:12~42	요일 5	합 1	눅20
7	1935	대하 7	요이 1	합 2	눅21
8	1940	대하 8	요삼 1	합 3	눅22
9	1946	대하 9	유 1	습 1	눅23
10	1952	대하10	계 1	습 2	눅24
11	1958	대하11·12	계 2	습 3	요 1
12	1965	대하13	계 3	학 1	요 2
13	1969	대하14·15	계 4	학 2	요 3
14	1975	대하16	계 5	슥 1	요 4
15	1980	대하17	계 6	슥 2	요 5
16	1985	대하18	계 7	슥 3	요 6
17	1992	대하19·20	계 8	슥 4	요 7
18	1998	대하21	계 9	슥 5	요 8
19	2004	대하22·23	계10	슥 6	요 9
20	2009	대하24	계11	슥 7	요10
21	2015	대하25	계12	슥 8	요11
22	2021	대하26	계13	슥 9	요12
23	2027	대하27·28	계14	슥10	요13
24	2033	대하29	계15	슥11	요14
25	2038	대하30	계16	슥12·13:1	요15
26	2043	대하31	계17	슥13:2~9	요16
27	2048	대하32	계18	슥14	요17
28	2054	대하33	계19	말 1	요18
29	2060	대하34	계20	말 2	요19
30	2066	대하35	계21	말 3	요20
31	2072	대하36	계22	말 4	요21

⊕ 맥체인 성경 읽기표 ⊕

January 01

날짜	page	가정		개인	
1	**1**	창 1	마 1	스 1	행 1
2	**5**	창 2	마 2	스 2	행 2
3	**12**	창 3	마 3	스 3	행 3
4	**16**	창 4	마 4	스 4	행 4
5	**22**	창 5	마 5	스 5	행 5
6	**28**	창 6	마 6	스 6	행 6
7	**33**	창 7	마 7	스 7	행 7
8	**39**	창 8	마 8	스 8	행 8
9	**46**	창9·10	마 9	스 9	행 9
10	**53**	창11	마10	스10	행10
11	**60**	창12	마11	느 1	행11
12	**65**	창13	마12	느 2	행12
13	**70**	창14	마13	느 3	행13
14	**78**	창15	마14	느 4	행14
15	**83**	창16	마15	느 5	행15
16	**89**	창17	마16	느 6	행16
17	**95**	창18	마17	느 7	행17
18	**102**	창19	마18	느 8	행18
19	**108**	창20	마19	느 9	행19
20	**115**	창21	마20	느10	행20
21	**121**	창22	마21	느11	행21
22	**128**	창23	마22	느12	행22
23	**135**	창24	마23	느13	행23
24	**144**	창25	마24	에 1	행24
25	**150**	창26	마25	에 2	행25
26	**157**	창27	마26	에 3	행26
27	**165**	창28	마27	에 4	행27
28	**172**	창29	마28	에 5	행28
29	**177**	창30	막 1	에 6	롬 1
30	**184**	창31	막 2	에 7	롬 2
31	**190**	창32	막 3	에 8	롬 3

February 02

날짜	page	가정		개인	
1	**197**	창33	막 4	에9·10	롬 4
2	**202**	창34	막 5	욥 1	롬 5
3	**208**	창35·36	막 6	욥 2	롬 6
4	**216**	창37	막 7	욥 3	롬 7
5	**222**	창38	막 8	욥 4	롬 8
6	**228**	창39	막 9	욥 5	롬 9
7	**234**	창40	막10	욥 6	롬10
8	**239**	창41	막11	욥 7	롬11
9	**246**	창42	막12	욥 8	롬12
10	**252**	창43	막13	욥 9	롬13
11	**258**	창44	막14	욥10	롬14
12	**265**	창45	막15	욥11	롬15
13	**271**	창46	막16	욥12	롬16
14	**276**	창47	눅1:1~38	욥13	고전1
15	**282**	창48	눅1:39~80	욥14	고전2
16	**286**	창49	눅 2	욥15	고전3
17	**292**	창50	눅 3	욥16·17	고전4
18	**298**	출 1	눅 4	욥18	고전5
19	**303**	출 2	눅 5	욥19	고전6
20	**308**	출 3	눅 6	욥20	고전7
21	**315**	출 4	눅 7	욥21	고전8
22	**321**	출 5	눅 8	욥22	고전9
23	**327**	출 6	눅 9	욥23	고전10
24	**334**	출 7	눅10	욥24	고전11
25	**340**	출 8	눅11	욥25·26	고전12
26	**346**	출 9	눅12	욥27	고전13
27	**352**	출10	눅13	욥28	고전14
28	**359**	출11·12:1~21	눅14	욥29	고전15

March 03

날짜	page	가정		개인	
1	**367**	출12:22~51	눅15	욥30	고전16
2	**372**	출13	눅16	욥31	고후 1
3	**377**	출14	눅17	욥32	고후 2
4	**382**	출15	눅18	욥33	고후 3
5	**388**	출16	눅19	욥34	고후 4
6	**394**	출17	눅20	욥35	고후 5
7	**399**	출18	눅21	욥36	고후 6
8	**404**	출19	눅22	욥37	고후 7
9	**411**	출20	눅23	욥38	고후 8
10	**417**	출21	눅24	욥39	고후 9
11	**422**	출22	요 1	욥40	고후10
12	**428**	출23	요 2	욥41	고후11
13	**433**	출24	요 3	욥42	고후12
14	**438**	출25	요 4	잠 1	고후13
15	**444**	출26	요 5	잠 2	갈 1
16	**449**	출27	요 6	잠 3	갈 2
17	**456**	출28	요 7	잠 4	갈 3
18	**463**	출29	요 8	잠 5	갈 4
19	**470**	출30	요 9	잠 6	갈 5
20	**476**	출31	요10	잠 7	갈 6
21	**480**	출32	요11	잠 8	엡 1
22	**487**	출33	요12	잠 9	엡 2
23	**492**	출34	요13	잠10	엡 3
24	**498**	출35	요14	잠11	엡 4
25	**504**	출36	요15	잠12	엡 5
26	**509**	출37	요16	잠13	엡 6
27	**514**	출38	요17	잠14	빌 1
28	**520**	출39	요18	잠15	빌 2
29	**526**	출40	요19	잠16	빌 3
30	**532**	레 1	요20	잠17	빌 4
31	**537**	레2·3	요21	잠18	골 1

April 04

날짜	page	가정		개인	
1	**543**	레 4	시1·2	잠19	골 2
2	**547**	레 5	시3·4	잠20	골 3
3	**551**	레 6	시5·6	잠21	골 4
4	**556**	레 7	시7·8	잠22	살전1
5	**560**	레 8	시 9	잠23	살전2
6	**565**	레 9	시10	잠24	살전3
7	**569**	레10	시11·12	잠25	살전4
8	**573**	레11·12	시13·14	잠26	살전5
9	**578**	레13	시15·16	잠27	살후1
10	**583**	레14	시17	잠28	살후2
11	**589**	레15	시18	잠29	살후3
12	**594**	레16	시19	잠30	딤전1
13	**599**	레17	시20·21	잠31	딤전2
14	**603**	레18	시22	전 1	딤전3
15	**607**	레19	시23·24	전 2	딤전4
16	**611**	레20	시25	전 3	딤전5
17	**616**	레21	시26·27	전 4	딤전6
18	**620**	레22	시28·29	전 5	딤후1
19	**625**	레23	시30	전 6	딤후2
20	**629**	레24	시31	전 7	딤후3
21	**634**	레25	시32	전 8	딤후4
22	**639**	레26	시33	전 9	딛 1
23	**644**	레27	시34	전10	딛 2
24	**648**	민 1	시35	전11	딛 3
25	**653**	민 2	시36	전12	몬 1
26	**656**	민 3	시37	아 1	히 1
27	**662**	민 4	시38	아 2	히 2
28	**666**	민 5	시39	아 3	히 3
29	**670**	민 6	시40·41	아 4	히 4
30	**675**	민 7	시42·43	아 5	히 5

May 05

날짜	page	가정		개인	
1	**683**	민 8	시44	아 6	히 6
2	**687**	민 9	시45	아 7	히 7
3	**691**	민10	시46·47	아 8	히 8
4	**695**	민11	시48	사 1	히 9
5	**700**	민12·13	시49	사 2	히10
6	**706**	민14	시50	사3·4	히11
7	**712**	민15	시51	사 5	히12
8	**718**	민16	시52~54	사 6	히13
9	**724**	민17·18	시55	사 7	약 1
10	**730**	민19	시56·57	사8·9:1~7	약 2
11	**735**	민20	시58·59	사9:8~10:4	약 3
12	**740**	민21	시60·61	사10:5~34	약 4
13	**745**	민22	시62·63	사11·12	약 5
14	**751**	민23	시64·65	사13	벧전1
15	**756**	민24	시66·67	사14	벧전2
16	**761**	민25	시68	사15	벧전3
17	**766**	민26	시69	사16	벧전4
18	**772**	민27	시70·71	사17·18	벧전5
19	**776**	민28	시72	사19·20	벧후1
20	**781**	민29	시73	사21	벧후2
21	**786**	민30	시74	사22	벧후3
22	**790**	민31	시75·76	사23	요일1
23	**795**	민32	시77	사24	요일2
24	**800**	민33	시78:1~37	사25	요일3
25	**806**	민34	시78:38~72	사26	요일4
26	**810**	민35	시79	사27	요일5
27	**815**	민36	시80	사28	요이1
28	**819**	신 1	시81·82	사29	요삼1
29	**824**	신 2	시83·84	사30	유 1
30	**831**	신 3	시85	사31	계 1
31	**835**	신 4	시86·87	사32	계 2

June 06

날짜	page	가정		개인	
1	**843**	신 5	시88	사33	계 3
2	**848**	신 6	시89	사34	계 4
3	**853**	신 7	시90	사35	계 5
4	**856**	신 8	시91	사36	계 6
5	**860**	신 9	시92·93	사37	계 7
6	**866**	신10	시94	사38	계 8
7	**870**	신11	시95·96	사39	계 9
8	**874**	신12	시97·98	사40	계10
9	**879**	신13·14	시99~101	사41	계11
10	**885**	신15	시102	사42	계12
11	**890**	신16	시103	사43	계13
12	**894**	신17	시104	사44	계14
13	**900**	신18	시105	사45	계15
14	**905**	신19	시106	사46	계16
15	**910**	신20	시107	사47	계17
16	**914**	신21	시108·109	사48	계18
17	**920**	신22	시110·111	사49	계19
18	**925**	신23	시112·113	사50	계20
19	**929**	신24	시114·115	사51	계21
20	**934**	신25	시116	사52	계22
21	**938**	신26	시117·118	사53	마 1
22	**942**	신27·28:1~19	시119:1~24	사54	마 2
23	**947**	신28:20~68	시119:25~48	사55	마 3
24	**953**	신29	시119:49~72	사56	마 4
25	**957**	신30	시119:73~96	사57	마 5
26	**963**	신31	시119:97~120	사58	마 6
27	**968**	신32	시119:121~144	사59	마 7
28	**974**	신33·34	시119:145~176	사60	마 8
29	**981**	수 1	시120~122	사61	마 9
30	**985**	수 2	시123~125	사62	마10

JN492935

맥체인 성경 읽기표

QT와 성경통독을 하나로

맥체인 성경 읽기표

4단(1속:50장)

15,000원

03230
9 788955 469271
ISBN 89-5546-927-1

[맥체인성경365_목차]

		역대하(대하)	1908	다니엘(단)	1644
		에스라(스)	3	호세아(호)	1713
		느헤미야(느)	62	요엘(욜)	1770
	548	에스더(에)	147	아모스(암)	1785
	819	욥기(욥)	206	오바댜(옵)	1844
여호수아(수)	981	시편(시)	544/1228	요나(욘)	1850
사사기(삿)	1102	잠언(잠)	442	미가(미)	1874
룻기(룻)	1246	전도서(전)	605	나훔(나)	1915
사무엘상(삼상)	1264	아가(아)	660	하박국(합)	1932
사무엘하(삼하)	1414	이사야(사)	697	스바냐(습)	1949
열왕기상(왕상)	1540	예레미야(렘)	1015	학개(학)	1967
열왕기하(왕하)	1669	예레미야애가(애)	1342	스가랴(슥)	1977
역대상(대상)	1787	에스겔(겔)	1371	말라기(말)	2057

신약
page

마태복음(마)	2/941	에베소서(엡)	485/1556	히브리서(히)	661/1757
마가복음(막)	179/1112	빌립보서(빌)	518/1593	야고보서(약)	729/1832
누가복음(눅)	277/1813	골로새서(골)	540/1616	베드로전서(벧전)	754/1860
요한복음(요)	424/1962	데살로니가전서(살전)	560/1638	베드로후서(벧후)	780/1892
사도행전(행)	4/1073	데살로니가후서(살후)	582/1670	요한일서(요일)	794/1909
로마서(롬)	182/1266	디모데전서(딤전)	598/1686	요한이서(요이)	818/1937
고린도전서(고전)	280/1359	디모데후서(딤후)	624/1718	요한삼서(요삼)	823/1941
고린도후서(고후)	376/1444	디도서(딛)	643/1739	유다서(유)	829/1947
갈라디아서(갈)	448/1519	빌레몬서(몬)	655/1752	요한계시록(계)	834/1952

새벽기도회 살리기 · 구역모임(소그룹) 살리기

마틴로이드존스, 존스토트 목사가 수십년간 사용했던 검증된 방식

신교횃불 www.ccm2u.com